高等学校机械设计系列教材

机　械　设　计

主编　潘承怡　　向敬忠　　宋　欣
参编　冯新敏　　吴雪峰

机 械 工 业 出 版 社

本书是根据教育部高等学校机械基础课程教学指导分委员会制定的"机械设计课程教学基本要求",并针对普通高等工科院校的培养目标编写而成的。

全书共5篇15章,内容包括:第1篇总论(绪论、机械设计概论),第2篇连接(螺纹连接与螺旋传动、轴毂连接及其他连接),第3篇机械传动(带传动、链传动、齿轮传动、蜗杆传动),第4篇轴系零、部件(轴、滚动轴承、摩擦、磨损及滑动轴承、联轴器、离合器和制动器),第5篇其他零、部件(弹簧、减速器、机架类零件)。本书强调对学生设计能力和应用能力的培养,包含丰富的典型例题及详细解答,并配有适量的习题。此外,书中通过二维码链接了大量对机械零部件实物和模型的演示及讲解视频、仿真动画和彩色图片,便于学生自学和教师授课。

本书可作为高等院校机械类及近机械类各专业的教材,也可供其他相关专业的师生及工程技术人员参考。

图书在版编目(CIP)数据

机械设计/潘承怡,向敬忠,宋欣主编. —北京:机械工业出版社,2023.3(2024.7重印)
高等学校机械设计系列教材
ISBN 978-7-111-72419-3

Ⅰ.①机… Ⅱ.①潘… ②向… ③宋… Ⅲ.①机械设计-高等学校-教材 Ⅳ.①TH122

中国国家版本馆CIP数据核字(2023)第010245号

机械工业出版社(北京市百万庄大街22号 邮政编码100037)
策划编辑:余 皞　　　　　　责任编辑:余 皞
责任校对:樊钟英　王 延　　封面设计:张 静
责任印制:邓 博
北京中科印刷有限公司印刷
2024年7月第1版第2次印刷
184mm×260mm・21.5印张・532千字
标准书号:ISBN 978-7-111-72419-3
定价:69.80元

电话服务　　　　　　　　　　网络服务
客服电话:010-88361066　　　机 工 官 网:www.cmpbook.com
　　　　　010-88379833　　　机 工 官 博:weibo.com/cmp1952
　　　　　010-68326294　　　金 书 网:www.golden-book.com
封底无防伪标均为盗版　　　　机工教育服务网:www.cmpedu.com

前　言

本书是根据教育部高等学校机械基础课程教学指导分委员会制定的"机械设计课程教学基本要求",并针对普通高等工科院校的培养目标编写而成的。

当今世界科技发展迅猛,行业竞争激烈,考虑到国家对21世纪普通高等院校人才培养的需求,很多高校进行了大幅度的教学改革,精减学时,整合教学内容,并引入现代辅助教学手段,扩展课程容量,提高教学水平,以培养具有实际应用能力的自主创新型人才。另外,随着知识更新越来越快,以及动画、视频和扫描技术的发展,教材也需与时俱进,走上现代发展之路。基于以上原因,有必要编写内容更新,与工程实际及科技前沿结合更紧密的,利用二维码技术和动画、视频技术的,具有现代感的《机械设计》教材。

"机械设计"课程是机械类和近机械类专业学生的一门核心基础课程,也是很多高校的研究生统招入学考试课程,受到学生们的普遍重视。为了让学生能更好的掌握这门课程的有关知识,在有限的学时内学到的知识既有深度又有广度,而且易于理解、可操作性强,我们编写了本书。本书的主要特点如下:

1) 将编者拍摄的大量机械零部件实物和模型的演示及讲解视频,以及制作的大量三维仿真动画,以二维码的形式植于书中,学生可以通过扫描二维码观看视频和动画,内容生动、形式多样,从多角度拓展了教材内容,有利于提高教学质量和学习效率。

2) 书中包含大量实物图片,可使读者获得更好的视觉感受,能更直观的了解工程实际,同时也便于教师授课。

3) 对传统内容进行更新,与现代工程实际联系紧密,实用性强。

4) 内容简明扼要,重点突出,且知识点覆盖较全面。

5) 每章均有例题和习题,对提高学生的应用能力和考研有较大帮助。

参加本书编写的有潘承怡(第1、2、3、9、12章)、向敬忠(第5、7、8章)、宋欣(第4、6、10、15章)、冯新敏(第13、14章)、吴雪峰(第11章)。本书由潘承怡、向敬忠、宋欣主编,全书由潘承怡统稿。

书中二维码链接的视频由研究生王川、常佳豪协助拍摄和制作,动画由编者的研究生们绘制,还有些部分取材于同行的课件和网上素材,在此对他们的辛勤劳动表示衷心的感谢。本书是黑龙江省高等教育本科教育教学改革研究重点委托项目(SJGZ20220084)的研究成果,是哈尔滨理工大学重点规划教材,在编写过程中得到哈尔滨理工大学教务处和机械动力工程学院的大力支持,在此表示诚挚的谢意。

由于编者水平有限,书中难免有错误和不足之处,恳请读者批评指正。

编　者

目 录

前 言

第1篇 总 论

第1章 绪论 ………………………………… 2
- 1.1 机械与机械设计 ……………………… 2
- 1.2 本课程的研究对象、性质和任务 …… 3
- 1.3 本课程的特点和学习方法 …………… 5
- 习题 ………………………………………… 5

第2章 机械设计概论 …………………… 6
- 2.1 机械设计的基本要求和一般程序 …… 6
- 2.2 机械零件设计的准则和一般步骤 …… 8
- 2.3 机械零件的强度 ……………………… 11
- 2.4 机械零部件的标准化 ………………… 25
- 2.5 机械零件的材料和热处理的选择 …… 25
- 2.6 机械零件的制造工艺性 ……………… 26
- 2.7 机械设计新方法简介 ………………… 30
- 习题 ……………………………………… 31

第2篇 连 接

第3章 螺纹连接与螺旋传动 …………… 33
- 3.1 螺纹的形成和主要参数 ……………… 33
- 3.2 螺纹连接的基本类型和螺纹紧固件 … 35
- 3.3 螺纹连接的拧紧和防松 ……………… 38
- 3.4 螺栓连接的强度计算 ………………… 41
- 3.5 螺栓组连接的受力分析 ……………… 46
- 3.6 提高螺栓连接强度的措施 …………… 54
- 3.7 螺旋传动 ……………………………… 56
- 习题 ……………………………………… 65

第4章 轴毂连接及其他连接 …………… 67
- 4.1 键连接 ………………………………… 67
- 4.2 花键连接 ……………………………… 73
- 4.3 销连接 ………………………………… 75
- 4.4 无键连接 ……………………………… 76
- 4.5 其他连接 ……………………………… 78
- 习题 ……………………………………… 83

第3篇 机械传动

第5章 带传动 …………………………… 87
- 5.1 概述 …………………………………… 87
- 5.2 V带与V带轮 ………………………… 89
- 5.3 带传动的工作情况分析 ……………… 94
- 5.4 V带传动的设计计算 ………………… 98
- 5.5 V带传动的张紧与维护 ……………… 106
- 习题 ……………………………………… 107

第6章 链传动 …………………………… 108
- 6.1 概述 …………………………………… 108
- 6.2 滚子链和链轮 ………………………… 109
- 6.3 链传动的运动特性 …………………… 113
- 6.4 链传动的设计计算 …………………… 116
- 6.5 链传动的布置、张紧和润滑 ………… 120
- 习题 ……………………………………… 125

第7章 齿轮传动 ………………………… 126
- 7.1 概述 …………………………………… 126

7.2 齿轮传动的失效形式和设计准则 …… 127
7.3 齿轮常用材料 …………………… 130
7.4 齿轮传动的精度及其选择 ……… 131
7.5 齿轮传动的作用力及计算载荷 … 132
7.6 标准齿轮传动的强度计算 ……… 138
7.7 齿轮的结构 ……………………… 153
7.8 齿轮传动的效率和润滑 ………… 155
习题 ………………………………… 163
第 8 章 蜗杆传动 ………………… 164
    8.1 概述 ……………………………… 164
    8.2 普通圆柱蜗杆传动的主要参数和几何尺寸计算 ……………………… 168
    8.3 蜗杆传动的失效形式、设计准则、材料及结构 ………………………… 176
    8.4 普通圆柱蜗杆传动承载能力及热平衡计算 ……………………………… 179
    习题 ………………………………… 190

第 4 篇　轴系零、部件

第 9 章 轴 ………………………… 192
  9.1 轴的功用、类型及设计要求和步骤 … 192
  9.2 轴的材料 ………………………… 194
  9.3 轴的结构设计 …………………… 195
  9.4 轴的强度计算 …………………… 199
  9.5 轴的刚度计算 …………………… 207
  9.6 轴的振动稳定性概念 …………… 210
  习题 ………………………………… 210
第 10 章 滚动轴承 ……………… 212
  10.1 概述 …………………………… 212
  10.2 滚动轴承的分类 ……………… 213
  10.3 滚动轴承的代号和选择 ……… 215
  10.4 滚动轴承的受力分析、失效形式和计算准则 …………………… 221
  10.5 滚动轴承的寿命计算 ………… 224
  10.6 滚动轴承的静强度计算 ……… 230
  10.7 滚动轴承的组合设计 ………… 233
  习题 ………………………………… 242
第 11 章 摩擦、磨损及滑动轴承 …… 243
  11.1 概述 …………………………… 243
  11.2 摩擦 …………………………… 244
  11.3 磨损 …………………………… 248
  11.4 润滑 …………………………… 250
  11.5 滑动轴承的主要结构形式 …… 257
  11.6 滑动轴承的失效形式和常用材料 … 259
  11.7 滑动轴承的轴瓦结构 ………… 262
  11.8 混合润滑滑动轴承的设计计算 … 264
  11.9 流体动压润滑滑动轴承的设计计算 ……………………………… 266
  11.10 其他轴承简介 ………………… 277
  习题 ………………………………… 279
第 12 章 联轴器、离合器和制动器 …… 281
  12.1 概述 …………………………… 281
  12.2 联轴器 ………………………… 282
  12.3 离合器 ………………………… 289
  12.4 制动器 ………………………… 293
  习题 ………………………………… 296

第 5 篇　其他零、部件

第 13 章 弹簧 …………………… 299
  13.1 概述 …………………………… 299
  13.2 弹簧的材料、许用应力及制造 … 302
  13.3 圆柱螺旋压缩（拉伸）弹簧的结构及设计计算 ………………… 305
  13.4 圆柱螺旋扭转弹簧 …………… 313
  13.5 其他弹簧简介 ………………… 315
  习题 ………………………………… 319
第 14 章 减速器 ………………… 320
  14.1 概述 …………………………… 320
  14.2 常用减速器的特点 …………… 320
  14.3 减速器的类型选取原则 ……… 327
  14.4 减速器结构 …………………… 327
  习题 ………………………………… 330
第 15 章 机架类零件 …………… 331
  15.1 概述 …………………………… 331
  15.2 机架结构设计要点 …………… 332
  15.3 机架类零件设计概要 ………… 336
  习题 ………………………………… 337
参考文献 ………………………… 338

第1篇 总 论

本篇包括绪论和机械设计概论两章。

绪论简要介绍机械的组成和零件、部件、机器等基本概念，说明机械设计概念的来源、内涵和在现代国民经济中的重要意义，使初学者了解本课程的研究对象、性质和任务，以及本课程的学习特点及方法，对后续学习起到引领作用。

机械设计概论阐述机械设计的基本要求和一般程序，着重使读者掌握机械设计的常用基础知识，包括：机械设计的基本要求和一般程序、机械零件设计的准则和一般步骤、机械零件的强度、机械零部件的标准化、机械零件的材料和热处理的选择、机械零件的制造工艺性和机械设计新方法简介等。

第 1 章 绪论

1.1 机械与机械设计

1. 机械

机械是机器与机构的总称。与机械密切相关的几个基本概念如下。

（1）零件　零件是机械的制造单元，可以分为专用零件和通用零件。仅限于很少类型机械中使用的零件称为专用零件，如螺旋桨、曲轴、叶轮等。广泛应用于各种不同类型机械中的零件称为通用零件，如螺钉、齿轮、轴、键和销等。

（2）部件　为了便于机械的设计、制造、安装、维修和运输，通常将机器分成若干个相互联系但又相对独立的部件，这样的部件是由一组协同工作的零件所组成的独立制造或独立装配的组合体，如减速器、联轴器、离合器、滚动轴承等。部件是装配的单元。

在普通工况（常规的温度、速度、载荷和环境等）下工作的具有一般尺寸的通用零部件称为常规通用零部件，实际工作中这种零部件占多数；如果通用零部件的尺寸很大或很小，工作温度很高或很低，转速或线速度很高，载荷很大或工作环境特殊（如真空、潮湿或腐蚀环境等），则称为特殊通用零部件。本课程只研究常规通用零部件。

（3）构件　构件是机械的运动单元。它可以是单个零件（如曲轴），也可以是多个零件刚性地连接在一起的组合体，如自行车的前轮是由金属钢圈、钢丝辐条、轮毂和橡胶轮胎等刚性地连接在一起，能够转动并承受载荷。构件是运动的单元。

（4）机构　机构是由许多具有确定相对运动构件通过各种运动副连接在一起的组合体。

（5）机器　机器由机构组成，并用来转换机械能，它可以代替或减轻人的劳动，现代机器还能传递各种信息。如数控机床（图1.1a）、挖掘机（图1.1b）及机器人（图1.1c）等。

如果仅从运动的角度看，机器和机构的特征是相同的，而机器可以完成机械能和其他能之间的相互转换，从而完成人们所需的功能，直接改善人类的生活水平。

  a) 数控机床　　　　　　　b) 挖掘机　　　　　c) 机器人　　　图 1.1c　机器人

图 1.1　几种机器

2. 机械设计

  设计一词源于拉丁语 designare，由 de（记下）与 signare（符号、记号、图形等）两词组合而成。因此设计（design）一词最初的含义为将符号、记号、图形等记下来。可见，设计是人类为了达到某一目的而将自己的思想用文字、图形符号等方式表达并记录下来的过程。

  机械设计是人类根据某一具体机械产品的要求，应用各种技术和工具，求得一个在技术上尽可能完善，生产成本和维护成本尽可能低，使用方便、性能可靠、造型美观的设计方案及其计算和设计图样的过程。

  机械设计可以是应用新的原理或新的概念，开发创造新的机器，也可以是在已有机器的基础上，重新设计或做局部的改革。因此，提高机器工作能力，合并或简化机器结构，增多或减少机器功能，提高机器效率，降低机器能耗，变更机器零件，改用新材料等，都属于机械设计的范畴。

  工业、农业、社会生活等各个部门都要求机械工业提供各种各样的机器，大多科学研究成果也必须通过机械设计、机械制造等过程才能转变为生产力。机械设计是生产机械产品的第一道工序，设计质量的高低，将直接影响机械产品的技术水平和经济效果。因此，机械设计学科对于国民经济的发展具有很重要的意义。

1.2　本课程的研究对象、性质和任务

1. 本课程的研究对象

  机器都是由零件组成的，一台复杂的机器中，可能有几十个零件，甚至可能有几十万个零件。例如，一辆汽车中有一万五千个以上的零件，轧钢机成套设备中的零件可超过一百万个，大型客机可以有上千万个零件。部件使机器的设计、制造和装配得到简化。本课程的研究对象是基本的或较通用的零部件。

  机械零部件的设计和计算是本课程的基本教学内容，但本课程的最终目的在于综合运用各种机械零部件、各种机械传动的知识以及其他先修课程的知识，掌握设计机械传动装置和一般机械的能力。因此，教学内容以设计为主线，各章均与机械设计的各个环节紧密结合。本课程主要包括如下几部分内容：

  （1）总论　包括机械设计的基本要求、主要内容和一般步骤，零件的失效形式和设计准则，零件的强度、材料、热处理、工艺性等。这些是后续零部件和机械传动的重要基础知

识,对理论研究和工程机械的设计均起着重要的支撑作用。

(2) 连接　机械设备都由多个零件组成。因此,零件与零件之间的连接方法,如螺纹连接、键连接等,均是本课程的重要研究对象。

(3) 机械传动　在动力装置与输出构件之间需要一系列传动装置改变动力装置的速度及运动方向。工程上常用的传动装置,如齿轮传动、蜗杆传动、带传动和链传动等,均是本课程的主要研究对象。

(4) 轴系零、部件　机器中有很多圆形或环形的零件,其运动方式一般为转动,如汽车的车轮、飞机起落架的轮胎、齿轮传动中的齿轮等。这些零件都需要装配在轴上。任何机器中都有运动的构件和相对静止的构件,为了减少摩擦与磨损就需要轴承。此外,动力装置一般由专业厂家制造,为了把动力装置的能量传递到机械设备,往往需要一种装置将动力装置的输出轴与机械设备的动力输入轴连接在一起,这种装置称为联轴器和离合器。这些轴系零、部件,也是本课程的主要研究对象。

(5) 其他零、部件　弹簧、减速器和机架等是典型、常用的零部件。在机械中,弹簧起着控制、吸振、储能、测量的作用;减速器起到减速、增大力矩等作用;机架则是用于固定机器的主体部分,它们均是本课程的研究对象。

连接装置(如螺纹连接、键连接等)、传动装置(如齿轮传动、蜗杆传动、带传动和链传动等)、轴系零、部件(如轴、轴承、联轴器和离合器等)是本课程的教学重点。

本课程在理论课之后进行机械设计课程设计,一般进行常见机械传动装置的设计,其中减速器是主要部分。例如,二级圆柱齿轮减速器如图1.2所示。减速器中包括了本课程涉及的主要传动零部件、连接件和轴系零部件等。课程设计是对机械设计课程知识的综合、全面的训练,是本课程的重要实践环节。

现代机械正在朝着信息化、自动化、智能化方向发展。受学时和篇幅限制,本课程仅介绍最具有普适性的教学内容,有关现代机械设计方法和更复杂的工程实际问题需要读者自行扩展。

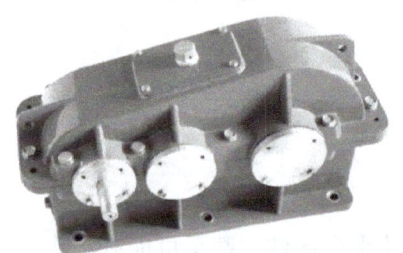

图1.2　二级圆柱齿轮减速器仿真模型

图1.2　二级圆柱齿轮减速器

图1.2　二级展开式圆柱齿轮减速器模型

2. 本课程的性质和任务

在工科院校中,本课程是机械类及近机械类专业的一门重要的技术基础课,是机械专业的主干课程。本课程是多学科知识的综合运用,包括理论力学、材料力学、工程制图、机械原理、机械精度设计、金属工艺学及热处理等系列机械基础课程的知识,能够解决通用机械零部件的设计问题,因而具有综合性、设计性和实践性。

我国现在已经到了必须以增强自主创新推动经济发展的阶段,提高自主创新能力是国家的发展战略。为了加强我国装备制造业的创新能力，必须培养大批具有创新设计能力的人才。本课程是培养机械设计人才的重要入门课程，为以机械学为主干学科的各专业学生提供机械设计的基本知识、基本理论和基本方法的训练。

本课程的主要任务是通过理论学习和课程设计使学生获得以下技能：

1）掌握通用机械零部件的设计原理、设计方法和机械设计的一般规律，能进行一般机械传动和简单机械装置的设计。

2）会对常用机械零部件进行计算、查阅资料，具有运用标准、规范、手册、资料进行机械设计的能力。

3）对常见机械结构及其设计原则和方法有所了解。

4）掌握机械设计有关试验的一般操作，具备一定的动手能力。

5）掌握一定的现代设计手段，会运用计算机进行设计计算和绘图。

6）能够通过多种途径了解国家的技术经济政策和有关技术的国内外发展的新情况。

7）建立创新意识，培养机械设计的创新能力。

1.3 本课程的特点和学习方法

本课程是一门要求多学科知识综合运用的实践课程，所以本课程具有"三性""四多"的特点。"三性"是指综合性、设计性、实践性；"四多"是指公式多、概念多、图表多、系数多。

本课程的学习方法与以前的基础课有所不同，归纳起来有以下几点：

（1）理论联系实际　理论计算出来的零件尺寸一定要与实际相联系，即考虑加工的可能性、结构的合理性等。

（2）试算法　由于实际工程问题比较复杂，涉及的相关未知因素很多（例如：齿轮传动涉及齿轮材料、加工工艺性能及齿轮参数，如中心距、模数、齿数、齿宽、螺旋角等），很难实现一步求解得出结论，往往需要采用"试算法"，通过反复的初设、计算、分析、修改，最后才能取得较为满意的结果。

（3）善于归纳总结　每学完一种零、部件或机械传动，要进行归纳总结，这样才能抓住要领，明确设计思路和提炼出设计技巧。

（4）提高空间想象力　机械结构设计是机械设计中的很大一部分内容，在进行结构设计时空间想象力非常重要，无论绘制二维平面图样还是进行三维仿真造型设计，都需要有非常强的空间想象力，这可以通过多动手、多观察和积攒实际经验进行训练。

根据以上特点和学习方法，学习本课程要有一个适应和转变的过程，尤其注意与工程实际的联系，而不应停留在以往纯理论课程的学习状态。

习　题

1.1 什么是通用零件？什么是专用零件？试举例说明。

1.2 指出汽车中若干通用零件和专用零件。

1.3 本课程的性质和任务是什么？通过本课程的学习应达到哪些要求？

1.4 你见过生活中的哪些机器，举几个例子。

第 2 章

机械设计概论

2.1 机械设计的基本要求和一般程序

2.1.1 机械设计的基本要求

机械设计就是根据生产及生活上的某种需要，规划和设计出能实现预期功能的新机器或对原有机械进行改进的创造性工作过程。机械设计是机械生产的第一步，是影响机械产品制造过程和产品性能的重要环节。因此，尽管设计的机械种类繁多，但设计时都应满足以下基本要求。

1. 使用功能要求

要求所设计的机械应具有预期的使用功能，既能保证执行机构实现所需要的运动（包括运动形式、速度、运动精度和平稳性等），又能保证组成机构的零部件工作可靠，有足够的强度和使用寿命，而且使用、维护方便。这是机械设计的基本出发点。

2. 安全可靠性要求

1）使机器和零件在规定的载荷作用下和规定的时间内，能正常工作而不发生断裂、过度变形、过度磨损，不丧失稳定性。

2）能实现对操作人员的防护，保证人身安全和身体健康。

3）对于机器的周围环境和人不会造成危害和污染，同时要保证机器对环境的适应性。

3. 经济性要求

设计机械时，一定要反对单纯追求技术指标而不顾经济成本的倾向。经济性要求是一个综合指标，它体现于机械的设计、制造和使用的全过程中，因此，设计机械时，应全面综合地进行考虑。

（1）提高设计、制造的经济性　提高设计、制造的经济性措施主要有：运用现代设计方法，使设计参数最优化；推广标准化、系列化和通用化；采用新工艺、新材料、新结构；改善零部件的结构工艺性；合理地规定制造精度和表面粗糙度等。

（2）提高使用的经济性　提高使用经济性的措施主要有：选用效率高的传动系统和支承装置，以降低能量消耗；提高机械的自动化程度，以提高生产率；采用适当的防护及润滑，以延长机械的使用寿命等。

4. 其他要求

应使机器外形美观，便于操作和维修。此外，还必须考虑有些机器由于工作环境和要求不同，而对设计提出某些特殊要求，如食品卫生条件、耐腐蚀、高精度等。

2.1.2　机械设计的一般程序

一部机器的诞生，从感到某种需要、萌生设计念头、明确设计要求开始，经过设计、制造、鉴定到产品定型，是一个复杂细致的过程。

机械设计的一般程序大致包括：规划设计→方案设计→技术设计→零部件设计→改进设计五个阶段，见表 2.1。

表 2.1　机械设计的一般程序

阶段	设计程序	设计要求
Ⅰ 规划设计	1. 提出设计任务，进行市场调研 2. 进行可行性分析、论证 3. 编制设计任务书	提出可行性研究报告和设计任务书
Ⅱ 方案设计	4. 机器的功能分析和综合 5. 提出各种原理性设计方案 6. 进行技术经济分析 7. 选定最佳方案	提出最佳原理性设计方案、原理图和机构运动简图
Ⅲ 技术设计	8. 设计并绘制总体结构草图 9. 进行技术经济分析 10. 绘制总装配草图，绘制传动、电路、润滑系统图等	提出总装配图和传动、电路、润滑系统图等
Ⅳ 零部件设计	11. 设计并绘制零件工作图和部件装配图 12. 编制技术文件	提出零件工作图和部件装配图、设计说明书、外购标准零部件明细表、工艺文件等
Ⅴ 改进设计	13. 样机试制、试验、测试、综合评价及改进 14. 工艺设计、小批试制 15. 报批投产 16. 收集市场（用户）反馈信息 17. 提出改进设计和新一代产品的设计方案 18. 做好售后服务	提出样机试制、试验、测试和综合评价报告，根据市场反馈信息提出改进设计报告

综上，整个机械设计过程的各个环节是紧密关联的，以上几个阶段在工作中需要灵活安排进行，经常出现交叉、反复，这些均属正常情况，在任何一个阶段发现问题，就须回到上一阶段或更早的阶段进行修改。因此，整个机械设计的过程是一个不断反复、不断修改、不断完善，以期得到最佳设计结果的过程。

2.2 机械零件设计的准则和一般步骤

2.2.1 机械零件设计的准则

机械零件由于某种原因而不能正常工作时,称为失效。机械零件常见的失效形式有断裂或塑性变形、超过规定的弹性变形、工作表面的过度磨损和损伤、打滑或过热、发生强烈的振动等。根据失效原因而制定的判定条件称为计算准则,设计中将这些准则作为防止失效和进行设计计算的依据。

1. 强度准则

机械零件的强度可分为整体强度和表面强度两种。

(1) 整体强度 零件的整体强度不足,会发生断裂或过大的塑性变形,整体强度就是抵抗这两种失效的能力。设计计算时必须使零件危险截面上的最大应力 σ、τ 不超过材料的许用应力 $[\sigma]$、$[\tau]$,或使危险截面上的安全系数 S_σ、S_τ 不小于零件的许用安全系数,即

$$\begin{cases} [\sigma] = \dfrac{\sigma_{\text{lim}}}{[S_\sigma]} & \sigma \leqslant [\sigma] \\ [\tau] = \dfrac{\tau_{\text{lim}}}{[S_\tau]} & \tau \leqslant [\tau] \end{cases} \tag{2.1}$$

或

$$\begin{cases} S_\sigma = \dfrac{\sigma_{\text{lim}}}{\sigma} \geqslant [S_\sigma] \\ S_\tau = \dfrac{\tau_{\text{lim}}}{\tau} \geqslant [S_\tau] \end{cases} \tag{2.2}$$

式中,σ_{lim}、τ_{lim} 分别为极限正应力(MPa)和极限切应力(MPa);$[S_\sigma]$、$[S_\tau]$ 分别为正应力和切应力的许用安全系数。

(2) 表面强度 表面强度可分为表面挤压强度和表面接触强度两种。

表面挤压强度是指面接触的两个零件在受载后接触面间产生的挤压应力是否超过许用值。挤压应力过大,零件表面将被压溃。设计计算时应使其最大挤压应力不超过材料的许用挤压应力。

表面接触强度是指以点或线接触的两个零件在受载后所产生的接触应力是否超过许用值。由于零件表面的弹性变形,使接触的点或线变为微小的接触面,微小接触面上的局部应力称为接触应力,其最大值用 σ_H 表示。机械零件的接触应力通常是随时间周期性变化的,在载荷重复作用下,首先在表层内产生初始疲劳裂纹,然后裂纹逐渐扩展,最终使表层金属呈小片状剥落下来,在零件表面形成一些小坑,这种现象称为疲劳点蚀。

设计时按不发生疲劳点蚀强度条件计算,使 σ_H 不超过材料许用接触应力 $[\sigma_H]$,即

$$\sigma_H \leqslant [\sigma_H], [\sigma_H] = \dfrac{\sigma_{H\text{lim}}}{S_H} \tag{2.3}$$

式中,$\sigma_{H\text{lim}}$ 为材料的接触疲劳极限(MPa);S_H 为接触强度的许用安全系数。

(3) 许用安全系数 许用安全系数的选择是设计中的一项重要工作,安全系数定得正

确与否对零件的工作可靠性和尺寸有很大影响。安全系数定得过大将使结构笨重，造成材料浪费；定得过小，又可能不够安全可靠。在各种不同的机械制造部门，通过长期生产实践，都制定有适合本部门的安全系数或许用应力的表格，可供设计者查阅和使用。

2. 刚度准则

刚度是零件在载荷作用下抵抗弹性变形的能力。如果零件的刚度不足，产生的弹性变形过大，会影响机器的正常工作。例如，机床主轴刚度不足，会影响零件的加工精度，对这类机器的有关零件需进行刚度计算，设计时必须使零件在载荷作用下产生的最大弹性变形量不超过许用变形量，即

$$y \leqslant [y], \theta \leqslant [\theta], \varphi \leqslant [\varphi] \tag{2.4}$$

式中，y、$[y]$ 分别为零件的变形量和许用变形量；θ、$[\theta]$ 分别为零件的转角和许用转角；φ、$[\varphi]$ 分别为零件的扭角和许用扭角。

3. 耐磨性准则

运动副中，摩擦表面物质不断损失的现象称之为磨损。磨损会使零件形状尺寸改变，配合间隙增大，精度降低，产生冲击振动从而失效。零件抵抗磨损的能力称为耐磨性。设计时应使零件在预期使用寿命内的磨损量不超过允许范围。因影响磨损的因素很多，而且比较复杂，到目前为止，磨损还没有合适的计算方法，通常采用条件性计算。

滑动速度较低、载荷大时，可用限制工作表面的压强 p 进行计算；零件表面相对滑动速度 v 较高时，采用限制摩擦功耗 pv 值进行计算；零件高速运动时，采用限制滑动速度 v 的方法进行计算，即

$$p \leqslant [p], \quad pv \leqslant [pv], \quad v \leqslant [v] \tag{2.5}$$

式中，$[p]$、$[pv]$、$[v]$ 分别为 p、pv、v 的许用值。

4. 振动稳定性准则

当机器或零件的自振频率 f 和周期性外载的变化频率 f_p 相等或成整数倍关系时，振幅将急剧增大，发生共振，这种现象称为"失去振动稳定性"，简称"失稳"。共振可在短期内使零件破坏，应避免使其固有频率和周期性外载的变化频率相等或接近。一般应保证

$$f_p < 0.85f \quad \text{或} \quad f_p > 1.15f \tag{2.6}$$

若不满足上述条件，则可改变机械或零件的刚度，或采取减振等措施。

5. 热平衡准则

对于传动效率低、发热量大的运动副（如蜗杆传动副），若散热不良，将使零件表面的温升 Δt 过高，引起润滑油黏度下降，从而使润滑失效，以致两个零件局部接触表面熔融，接触表面材料由一个零件表面转移到另一个零件表面（指接触表面擦伤、撕脱，严重时相互咬死），即所谓的胶合，导致机械零件的失效。胶合失效难以准确计算，而且相当复杂，为了防止胶合失效，通常用限制温升的简化方法进行计算，即

$$\Delta t \leqslant [\Delta t] \tag{2.7}$$

式中，$[\Delta t]$ 为许用温升。

若不满足上述条件时，可采取以下措施：①进一步改善润滑条件；②设置冷却装置。

6. 可靠性准则

满足强度要求的一批完全相同的零件，由于零件的工作应力和极限应力都是随机变量，故在规定的工作条件和规定的使用期限内，并非所有零件都能完成规定的功能，会有一定数

量的零件因丧失工作能力而失效。机械零件在规定工作条件下和规定使用时间内完成规定功能的概率，称为它们的可靠度。可靠度是衡量机械或零件可靠性的一个特征量。

设有 N_i 个零件在预定时间 t 内有 N_f 个零件随机失效，剩下 N_s 个零件仍能继续工作，则可靠度 R 为

$$R = \frac{N_s}{N_i} = 1 - \frac{N_f}{N_i} \tag{2.8}$$

对于重要零件和机械系统，需进行可靠性设计，这种设计更加接近真实情况。

2.2.2 机械零件设计的一般步骤

机械零件设计的一般步骤如下：

1. 类型和结构的选择

根据使用要求（如功率、转速等），选择零件类型及结构型式。为此，必须对各种零件的不同类型、优缺点、特性与使用范围等，进行综合对比并正确选用。

2. 受力分析

分析零件的工作情况，根据零件的工作条件，建立零件的受力模型，对零件进行受力分析，计算作用在零件上的载荷。

3. 选择材料

根据零件的工作条件及对零件的特殊要求（例如高温或在腐蚀性介质中工作等），选择合适的材料及热处理方法。在满足工艺要求的条件下，优先考虑国产材料，尽量选用市场广泛供应、货源充足的材料，并考虑价格、质量等因素综合评价选择。

4. 确定设计准则

根据零件的类型、结构、所受载荷和材料等，分析零件可能的失效形式，从而确定零件的设计准则。

5. 理论计算

理论计算包括两部分内容：

（1）设计计算 由作用到零件上的力求零件的几何尺寸，即根据零件的主要失效形式确定零件的设计依据和公式，求零件的主要参数、尺寸。例如根据齿面接触疲劳强度求出齿轮的主要参数——分度圆直径，即为设计计算。

（2）校核计算 即已知零件的几何尺寸求零件的工作能力。例如根据齿面接触疲劳强度求出齿轮的主要参数——分度圆直径后，为了保证齿轮的另一种工作能力，即轮齿不被折断，还要再代入弯曲强度的公式进行核算，此计算称为校核计算。

6. 结构设计

结构是实现机器功能的载体，是产品加工和装配的依据，是机械设计计算的基础和计算结果的体现。结构设计是机械零件的重要设计内容之一，在有些情况下，它在设计工作量中占一个较大的比例，一定要给予足够的重视。

机械零件的结构设计根据工艺性及标准化等原则进行，可参考各种图册和手册，或根据实际经验确定。

7. 绘制零件工作图

绘制出符合生产要求的零件工作图，包括材料、热处理、形状、尺寸、尺寸公差、几何

公差、技术要求等全部内容。

8. 编写设计计算说明书

将设计计算的过程整理并编写成设计计算说明书，作为技术文件备查。设计计算说明书要条理清晰、语言简明、数字正确、格式统一，并附有必要的结构草图和计算草图。重要的引用数据，一定要注明来源。对于重要的计算结果，要写出简短的结论。

上述设计步骤并非一成不变，有时需要交替进行。

2.3 机械零件的强度

2.3.1 载荷和应力的分类

1. 载荷的分类

作用在机械零件上的载荷，按其大小和方向是否随时间变化可分为静载荷和变载荷。不随时间变化或变化缓慢的载荷称为静载荷，如物体的重力。随时间做周期性或非周期性变化的载荷称为变载荷，前者如往复式活塞运动机构中曲轴所受的载荷，后者如支承车身重量的弹簧所受到的载荷。

在机械零件的设计计算中，又将载荷分为名义载荷和计算载荷。名义载荷是根据原动机或负载的额定功率，用力学公式计算所得作用在零件上的载荷，它没有反映载荷随时间变化的特征、载荷在零件上作用的不均匀性及其他影响零件载荷的因素。严格地说，它不能作为零件设计计算时的真实载荷。计算载荷则是综合考虑了各种实际影响因素之后用于零件设计计算的载荷。计算载荷等于名义载荷乘以载荷系数 K。载荷系数 K 的大小主要由原动机和工作机的性质来决定。常见原动机和工作机的工作性质见表 2.2。

表 2.2 常见原动机和工作机的工作性质

	工作性质	举例
原动机	工作平稳	电动机、汽轮机、燃气轮机
	轻度冲击	多缸内燃机
	中等冲击	单缸内燃机
工作机	平稳载荷($T_{max}/T \leq 1.25$)	通风机、离心泵、车床、钻床、磨床、发电机、带式运输机
	轻度冲击($T_{max}/T \leq 1.5$)	轻型传动装置、铣床、滚齿机床、转塔车床、自动车床、带有较重飞轮的活塞式水泵和压缩机、链式运输机
	中度冲击($T_{max}/T \leq 2.0$)	可逆转的传动装置、刨床、插床、插齿机、带有较重飞轮的活塞式水泵和压缩机、螺旋运输机、刮板运输机、带有较重飞轮的螺旋压力机和偏心压力机
	重度冲击($T_{max}/T \leq 3.0$)	起重机、掘土机、挖泥机、破碎机、锯木机、球磨机、带有较重飞轮的螺旋压力机和偏心压力机、剪断机、往复运输机

注：表中 T_{max} 为起动转矩；T 为名义转矩。

2. 应力的分类

按应力的大小和方向是否随时间变化，可将应力分为静应力和变应力。不随时间变化或变化缓慢的应力称为静应力，静应力只能在静载荷作用下产生，零件的失效形式主要是断裂破坏或塑性变形；随时间变化的应力称为变应力，变应力可由变载荷产生，也可由静载荷产生（图 2.1 所示为静载荷作用下 a 点产生变应力的例子），零件的失效形式主要是疲劳失效。

变应力可归纳为非对称循环变应力、脉动循环变应力和对称循环变应力 3 种基本类型。它们的特征应力谱分别如图 2.2a、b、c 所示。图中最大应力 σ_{max}、最小应力 σ_{min}、平均应力 σ_m 及应力幅 σ_a 之间有如下关系：

$$\begin{cases} \sigma_m = (\sigma_{max} + \sigma_{min})/2 \\ \sigma_a = (\sigma_{max} - \sigma_{min})/2 \end{cases} \tag{2.9}$$

最小应力与最大应力的比，称为应力循环特性，用 r 表示，即

$$r = \sigma_{min}/\sigma_{max} \tag{2.10}$$

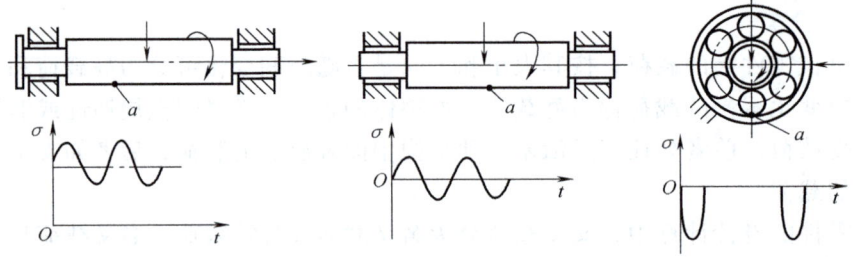

图 2.1　静载荷作用下 a 点产生变应力

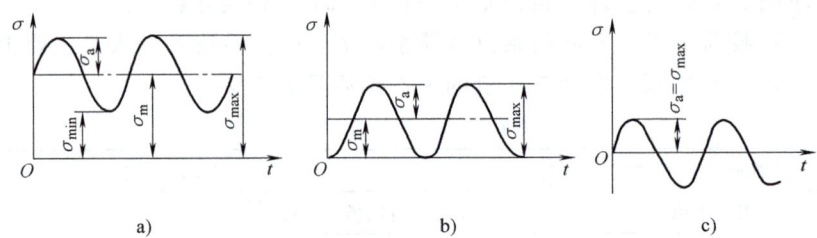

图 2.2　应力的类型

2.3.2　静应力下零件的强度

1. 静应力下机械零件的强度计算

静应力下判断零件强度的方法有两种：一是判断危险截面处的应力 σ（或 τ）是否小于许用应力 [σ]（或 [τ]），即

$$\begin{cases} \sigma \leq [\sigma] = \sigma_{lim}/[S_\sigma] \\ \tau \leq [\tau] = \tau_{lim}/[S_\tau] \end{cases} \tag{2.11}$$

式中，σ_{lim}、τ_{lim} 为拉伸和剪切的极限应力；[S_σ]、[S_τ] 为拉伸和剪切的许用安全系数。

二是判断危险截面处的实际安全系数 S_σ（S_τ）是否小于许用安全系数 [S_σ]（[S_τ]），即

$$\begin{cases} S_\sigma \leq [S_\sigma] = \sigma_{lim}/\sigma \\ S_\tau \leq [S_\tau] = \tau_{lim}/\tau \end{cases} \tag{2.12}$$

单向静应力下工作的塑性材料零件，应按不发生塑性变形的条件进行强度计算。这时式（2.11）和式（2.12）中的极限应力应为材料的屈服极限 σ_S 和 τ_S，计算应力 σ 和 τ 时不考虑应力集中的影响。

复合应力下工作的塑性材料零件，可根据第三强度理论或第四强度理论来确定其强度条件。用第三或第四强度理论计算弯扭复合应力时，强度条件分别为

$$\begin{cases}\sigma_{ca}=\sqrt{\sigma_b^2+4\tau_T^2}\leqslant[\sigma]\\\sigma_{ca}=\sqrt{\sigma_b^2+3\tau_T^2}\leqslant[\sigma]\end{cases} \quad (2.13)$$

式中，σ_b 为弯曲应力（MPa）；τ_T 为剪切应力（MPa）；σ_{ca} 为当量应力（MPa）。按第三强度理论计算时近似取 $\sigma_S/\tau_S=2$，按第四强度理论计算时近似取 $\sigma_S/\tau_S=\sqrt{3}$，可得复合安全系数 S 的计算公式为

$$S=\dfrac{\sigma_S}{\sqrt{\sigma_b^2+\left(\dfrac{\sigma_S}{\tau_S}\right)^2\tau_T^2}}\geqslant[S] \quad \text{或} \quad S=\dfrac{S_\sigma S_\tau}{\sqrt{S_\sigma^2+S_\tau^2}}\geqslant[S] \quad (2.14)$$

式中，$[S]$ 为许用复合安全系数。

计算脆性材料或低塑性材料制成的零件强度时，式（2.11）和式（2.12）中的极限应力应为材料的强度极限 σ_B 或 τ_B。对于像铸铁这类组织不均匀的材料，因不连续组织在零件内部引起的局部应力要远远大于零件形状和机械加工等原因引起的局部应力，所以计算时不考虑应力集中的影响。对于低温回火的高强度钢这类组织均匀的低塑性材料，则应考虑应力集中的影响，并应根据最大局部应力进行强度计算。

2. 许用安全系数的选择

合理选择许用安全系数是强度计算中的一项重要工作。许用安全系数过大，机器显得笨重，且不符合经济性原则；过小则机器可能不安全。合理选择许用安全系数的原则是：在保证安全可靠的前提下，尽可能选用较小的许用安全系数。

在不同的机器制造部门中，常常制定有自己的许用应力和许用安全系数专用规范。若没有具体规范可依，可遵循以下原则选择许用安全系数。

1）塑性材料制成的零件，静应力下以屈服极限作为极限应力，其许用安全系数 $[S]$ 可以按表 2.3 选取。如果载荷和应力的计算不十分准确，$[S]$ 应加大 20%~50%。

表 2.3　许用安全系数 $[S]$ 的最小值

σ_S/σ_B	0.45~0.55	0.55~0.70	0.70~0.90	铸件
$[S]$	1.2~1.5	1.4~1.8	1.7~2.2	1.6~2.5

注：表中 σ_S 为屈服强度；σ_B 为抗拉强度。

2）组织不均匀的材料制成的零件，静应力下以强度极限作为极限应力，可取 $[S]=3\sim4$；组织均匀的低塑性材料，可取 $[S]=2\sim3$。如果计算不十分准确，$[S]$ 可加大 50%~100%。

3）变应力下以疲劳极限作为极限应力时，塑性材料零件取 $[S]=1.5\sim4.5$，脆性材料和低塑性材料零件取 $[S]=2\sim6$。无应力集中时取小值，反之取大值。

2.3.3 变应力下零件的强度

实际工作中,绝大部分零件所受的应力都不是静应力,而是交变应力,如旋转的齿轮支承轴上任一点的工作应力、传递动力的齿轮表面应力等。此时,这类零件产生的失效将是疲劳失效。据统计,50%~90%的零件破坏为疲劳失效。疲劳失效的零件应采用疲劳强度设计。

1. 疲劳断裂失效及其特征

材料在低于屈服强度的交变应力的反复作用下,发生裂纹萌生和扩展并导致突然断裂的失效形式,称为疲劳断裂失效。与静应力失效相比,疲劳断裂失效具有以下特征:

1)疲劳断裂失效是在循环应力或循环应变作用下的破坏,疲劳条件下的破坏应力强度值低于材料的抗拉强度 σ_B,而且可能低于屈服强度 σ_S。

2)疲劳断裂失效必须经历一定的载荷循环次数。

3)零件在整个疲劳过程中不发生宏观塑性变形,其断裂方式类似于脆性断裂。

4)疲劳断裂的断面上明显地分为相对粗糙的瞬断区和相对光滑的疲劳扩展区。典型的疲劳断口如图 2.3 所示。

疲劳断裂失效是一个复杂的现象,没有一个普遍适用的理论来描述受交变应力下的材料疲劳行为。但是,通过试验方法人们获得了许多针对某种特定材料的疲劳特性规律。为了确保疲劳失效零件的工作可靠性,疲劳试验是非常必要的。

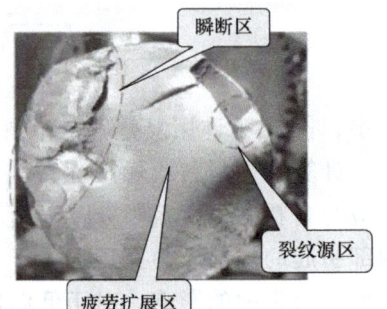

图 2.3 疲劳断裂失效断口

2. 材料的疲劳曲线

材料的疲劳曲线也称 σ-N 曲线,反映了材料的基本疲劳强度特性,是由材料的疲劳试验(一般采用对称循环变应力)获得的用于估算疲劳寿命和进行疲劳设计的基本依据。图 2.4 所示为韧性材料典型的 σ-N 曲线。由图 2.4a 可以看出,变应力作用下的材料的疲劳极限应力 σ_{max} 与变应力的循环次数 N 呈指数关系。为便于使用,常将 σ-N 曲线表示在双对数坐标中(图 2.4b)。极限应力与循环次数的指数关系可以表示为

图 2.3 螺钉疲劳断面

$$\sigma_{rN}^m N = \sigma_r^m N_0 = 常数 \qquad (2.15)$$

式中,σ_{rN} 为应力循环次数 N 对应的疲劳极限;N_0 为循环基数,对于一般的工程材料,N_0 在 $10^6 \sim 25 \times 10^7$ 之间;σ_r 为持久疲劳极限,指 σ-N 曲线中对应循环基数 N_0 时的疲劳极限;m 为材料常数,由试验确定,在进行弯曲疲劳和拉压疲劳的计算时,钢材的材料常数 $m = 6 \sim 20$,$N_0 = (1 \sim 10) \times 10^6$。

图 2.4b 所示 σ-N 曲线可以分成两个区域:

(1)有限寿命区($N < N_0$) 有限寿命区域中,材料的疲劳极限随着应力循环次数的增加有显著的递减趋势。其中,当 $N \leqslant 10^3$(或 10^4)时,疲劳极限的递减趋势比较缓慢,材料破坏伴随着显著的塑性变形,且应力循环次数较低,因此也称为低周循环(疲劳)。例如,车轮在不同功率下制动,就会在一些有应力集中的部位产生低周疲劳裂纹。对于具有焊接残余应力的零件或是在高温下工作的零部件,也常常有低周疲劳的问题。当 $10^4 < N < N_0$ 时,为高周循环(疲劳)。此阶段的疲劳极限随应力循环次数的增加,递减趋势较剧烈。高周疲劳

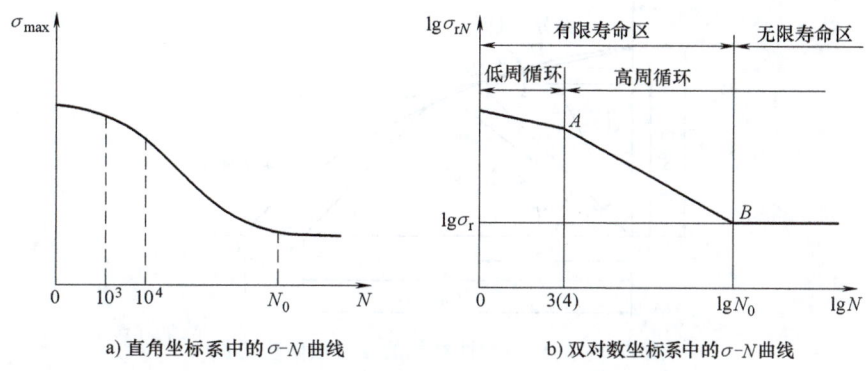

图 2.4 韧性材料典型的疲劳曲线（σ-N 曲线）

失效的零件在达到最大应力时，会产生较小的塑性变形。传动齿轮和滚动轴承的常见失效形式一般是高周疲劳失效。

（2）无限寿命区（$N \geq N_0$）当应力循环次数 $N \geq N_0$ 时，疲劳极限不再随着循环次数 N 的增加而继续减小，说明材料在无限长的使用期内不会发生疲劳失效。也就是说，当零件材料的许用应力低于持久疲劳极限，即 $[\sigma] < \sigma_r$ 时，按照此许用应力设计的零件可以认为不会发生疲劳失效。例如，对承受几百万次近似等幅载荷的钢轨、桥梁和车轴就常采用无限寿命的设计。

对于脆性材料，如灰铸铁和有色金属材料，它们的疲劳曲线（σ-N 曲线）具有不同的分布规律，其详细资料可查阅有关文献。

由式（2.15）可得到根据 σ_r 及 N_0 来求得有限寿命区间内任意循环次数 N 时的疲劳极限 σ_{rN} 的表达式

$$\sigma_{rN} = \sigma_r \sqrt[m]{\frac{N_0}{N}} = k_N \sigma_r, \quad k_N = \sqrt[m]{\frac{N_0}{N}} \tag{2.16}$$

式中，k_N 称为寿命系数，它等于 σ_{rN} 与 σ_r 的比值。通常，$N > N_0$ 时，可取 $k_N = 1$。

3. 材料的疲劳极限应力图

疲劳强度的影响一般采用 σ_a-σ_m 极限应力图表示。图 2.5 所示为广泛使用的海夫（Haigh）极限应力图。图 2.5 中，A 点的纵坐标为对称循环疲劳极限 σ_{-1}，B 点的横、纵坐标均为脉动循环疲劳极限 σ_0 的一半，C 点的横坐标为材料的强度极限 σ_B。为便于计算，实际应用时常将图 2.5 所示的曲线简化成如图 2.6 所示。具体方法是：考虑到塑性材料的最大应力不得超过屈服极限，故由屈服极限点 S 作 135°斜线与 AB 连线的延长线交于 E，得折线

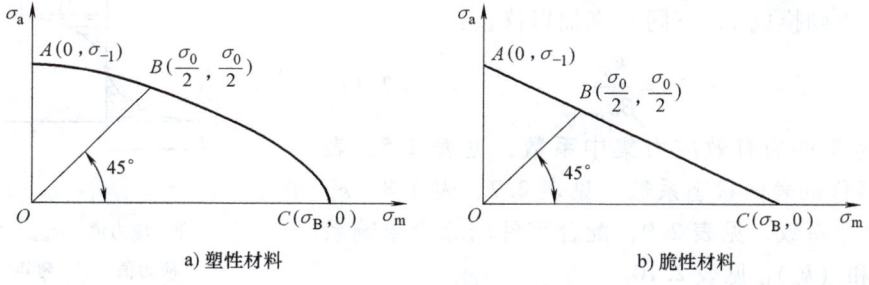

图 2.5 疲劳极限应力图

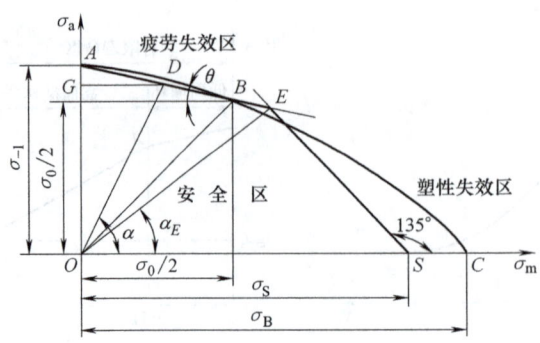

图 2.6 简化的塑性材料的疲劳极限应力图

ABES，因为 ES 为屈服极限曲线，线上各点均为 $\sigma_{max}=\sigma_a+\sigma_m=\sigma_S$，零件的工作应力点处于折线以内时，其最大应力既不超过疲劳极限，也不超过屈服极限，故为疲劳和塑性安全区，在折线 ABES 以外为疲劳和塑性失效区。工作应力点距折线 ABES 越远，安全程度越高。

金属材料的 σ_B 和 σ_S 可由有关手册查得，其他有关应力值，可利用表 2.4 中所列经验公式求出。由此可绘出材料的简化疲劳极限应力图。

表 2.4 钢、灰铸铁和轻金属的极限应力经验计算式

材料	拉伸①		弯曲②			扭剪②		
	σ_{-1}	σ_0	σ_{-1b}	σ_{0b}	σ_{Sb}	τ_{-1}	τ_0	τ_S
结构钢	$0.45\sigma_B$	$1.3\sigma_{-1}$	$0.49\sigma_B$	$1.5\sigma_{-1b}$	$1.5\sigma_S$	$0.35\sigma_B$	$1.1\tau_{-1}$	$0.70\sigma_S$
调质钢	$0.41\sigma_B$	$1.7\sigma_{-1}$	$0.44\sigma_B$	$1.7\sigma_{-1b}$	$1.4\sigma_S$	$0.30\sigma_B$	$1.6\tau_{-1}$	$0.70\sigma_S$
渗碳钢③	$0.40\sigma_B$	$1.6\sigma_{-1}$	$0.41\sigma_B$	$1.7\sigma_{-1b}$	$1.4\sigma_S$	$0.30\sigma_B$	$1.4\tau_{-1}$	$0.70\sigma_S$
灰铸铁	$0.25\sigma_B$	$1.6\sigma_{-1}$	$0.37\sigma_B$	$1.8\sigma_{-1b}$	—	$0.36\sigma_B$	$1.6\tau_{-1}$	—
轻金属	$0.30\sigma_B$	—	$0.40\sigma_B$	—	—	$0.25\sigma_B$	—	—

① 受压缩时，σ_0 要大一些。例如：对于弹簧钢，$\sigma_{0c} \approx 1.3\sigma_0$；对于灰铸铁，$\sigma_{0c} \approx 3\sigma_0$。
② 试件直径为 10mm 左右，表面抛光。
③ 由直径 30mm 左右、表面渗碳硬化的试件得出，σ_B 和 σ_S 均为心部材料的强度。

4. 零件的许用疲劳极限应力图

(1) 影响零件疲劳强度的主要因素 由材料疲劳失效的成因可以看出，零件表面的缺陷是造成疲劳失效的内因。因此，除了外载荷的影响外，零件的疲劳强度还受到应力集中（图 2.7）、尺寸效应（随零件尺寸的增大，疲劳强度降低的效应）、表面粗糙度及表面处理的影响。这些因素主要影响名义应力幅，可以用综合影响系数 $(k_\sigma)_D$（下标 σ 代表零件受正应力的情况，如果是受切应力则换成 τ，下同）来加以修正：

$$(k_\sigma)_D = \frac{k_\sigma}{\beta \varepsilon_\sigma} \quad (2.17)$$

式中，k_σ 为零件的有效应力集中系数，见表 2.5、表 2.6；β 为零件的表面状态系数，见表 2.7、表 2.8；ε_σ 为零件的尺寸系数，见表 2.9；配合零件的综合影响系数 $(k_\sigma)_D$ 和 $(k_\tau)_D$ 见表 2.10。

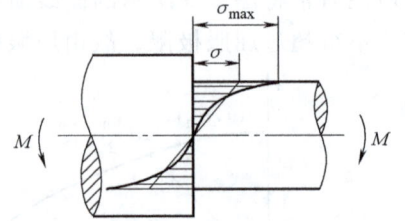

图 2.7 轴弯曲应力受应力集中的影响
σ—理论应力值 σ_{max}—实际应力值 M—弯矩

表 2.5 圆角、环槽的有效应力集中系数

$\dfrac{D}{d}$	$\dfrac{r}{d}$	k_σ, σ_B/MPa						$\dfrac{t}{r}$	$\dfrac{r}{d}$	k_σ, σ_B/MPa					$\dfrac{D}{d}$	$\dfrac{r}{d}$	k_τ, σ_B/MPa				
		≤500	600	700	800	900	≥1000			≤650	700	800	900	≥1000			≤650	700	800	900	≥1000
$\dfrac{D}{d}\leq 1.1$	0.02	1.84	1.96	2.08	2.20	2.35	2.50		0.02	1.82	1.92	2.06	2.21	2.30	$\dfrac{D}{d}\leq 1.1$	0.02	1.29	1.32	1.39	1.46	1.50
	0.04	1.60	1.66	1.69	1.75	1.81	1.87		0.04	1.77	1.82	1.96	2.06	2.16		0.04	1.27	1.30	1.37	1.43	1.48
	0.06	1.51	1.51	1.54	1.54	1.60	1.60	$0.4<\dfrac{t}{r}\leq 0.6$	0.06	1.72	1.77	1.87	1.92	1.96	$1.02<\dfrac{D}{d}\leq 1.1$	0.06	1.25	1.29	1.36	1.41	1.46
	0.08	1.40	1.40	1.42	1.42	1.46	1.46		0.08	1.68	1.72	1.77	1.87	1.92		0.08	1.21	1.25	1.32	1.39	1.43
	0.10	1.34	1.34	1.37	1.37	1.39	1.39		0.10	1.63	1.68	1.72	1.77	1.82		0.10	1.18	1.21	1.29	1.32	1.37
	0.15	1.25	1.25	1.27	1.27	1.30	1.30		0.15	1.53	1.55	1.58	1.63	1.68		0.15	1.14	1.18	1.21	1.25	1.29
$1.1<\dfrac{D}{d}\leq 1.2$	0.02	2.18	2.34	2.51	2.68	2.89	3.10		0.02	1.85	1.95	2.10	2.25	2.35	$1.1<\dfrac{D}{d}\leq 1.2$	0.02	1.37	1.41	1.50	1.59	1.64
	0.04	1.84	1.92	1.97	2.05	2.13	2.22		0.04	1.80	1.85	2.00	2.10	2.20		0.04	1.35	1.38	1.47	1.55	1.62
	0.06	1.71	1.71	1.76	1.76	1.84	1.84	$0.6<\dfrac{t}{r}\leq 1$	0.06	1.75	1.80	1.90	1.95	2.00		0.06	1.32	1.37	1.46	1.52	1.59
	0.08	1.56	1.56	1.59	1.59	1.64	1.64		0.08	1.70	1.75	1.80	1.90	1.95		0.08	1.27	1.32	1.41	1.50	1.55
	0.10	1.48	1.48	1.51	1.51	1.54	1.54		0.10	1.65	1.70	1.75	1.80	1.85		0.10	1.23	1.27	1.37	1.41	1.47
	0.15	1.35	1.35	1.38	1.38	1.41	1.41		0.15	1.55	1.57	1.60	1.65	1.70		0.15	1.18	1.23	1.27	1.32	1.37
$1.2<\dfrac{D}{d}\leq 2$	0.02	2.40	2.60	2.80	3.00	3.25	3.50		0.02	1.89	1.99	2.15	2.31	2.41	$1.2<\dfrac{D}{d}\leq 1.4$	0.02	1.40	1.45	1.55	1.65	1.70
	0.04	2.00	2.10	2.15	2.25	2.35	2.45		0.04	1.84	1.89	2.05	2.15	2.26		0.04	1.38	1.42	1.52	1.60	1.68
	0.06	1.85	1.85	1.90	1.90	2.00	2.00	$1<\dfrac{t}{r}\leq 1.5$	0.06	1.78	1.87	1.94	1.99	2.05		0.06	1.35	1.40	1.50	1.57	1.65
	0.08	1.66	1.66	1.70	1.70	1.76	1.76		0.08	1.73	1.78	1.84	1.94	1.99		0.08	1.30	1.35	1.45	1.55	1.60
	0.10	1.57	1.57	1.61	1.61	1.64	1.64		0.10	1.68	1.73	1.78	1.84	1.89		0.10	1.25	1.30	1.40	1.45	1.52
	0.15	1.41	1.41	1.45	1.45	1.49	1.49		0.15	1.58	1.60	1.63	1.68	1.73		0.15	1.20	1.25	1.30	1.35	1.40

表 2.6 螺纹、键槽、花键及横孔的有效应力集中系数

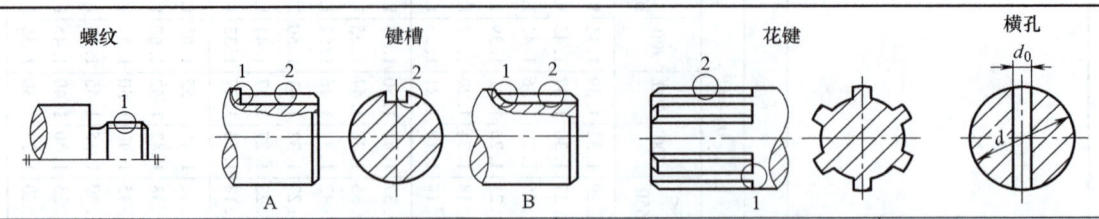

σ_B/MPa	螺纹 k_σ $k_\tau=1$	键槽 k_σ A 型	键槽 k_σ B 型	键槽 k_τ A、B 型	花键 k_σ(齿轮轴 $k_\sigma=1$)	花键 k_τ 矩形	花键 k_τ 渐开线(齿轮轴)	横孔 k_σ $\frac{d_0}{d}$ 0.05~0.1	横孔 k_σ $\frac{d_0}{d}$ 0.15~0.25	横孔 k_τ $\frac{d_0}{d}$ 0.05~0.25	蜗杆 k_σ	蜗杆 k_τ
400	1.45	1.51	1.30	1.20	1.35	2.10	1.40	1.90	1.70	1.70	2.3~2.5	1.7~1.9
500	1.78	1.64	1.38	1.37	1.45	2.25	1.43	1.95	1.75	1.75		
600	1.96	1.76	1.46	1.54	1.55	2.35	1.46	2.00	1.80	1.80	$\sigma_B \leq 700$MPa 取小值 $\sigma_B \geq 1000$MPa 取大值	
700	2.20	1.89	1.54	1.71	1.60	2.45	1.49	2.05	1.85	1.80		
800	2.32	2.01	1.62	1.88	1.65	2.55	1.52	2.10	1.90	1.85		
900	2.47	2.14	1.69	2.05	1.70	2.65	1.55	2.15	1.95	1.90		
1000	2.61	2.26	1.77	2.22	1.72	2.70	1.58	2.20	2.00	1.90		
1200	2.90	2.50	1.92	2.39	1.75	2.80	1.60	2.30	2.10	2.00		

注：表中数值为图上标号 1 处的有效应力集中系数，图上标号 2 处 $k_\sigma=1$，$k_\tau=$ 表中值。

表 2.7 强化表面的表面状态系数 β 值

表面强化方法	心部材料的强度 σ_B/MPa	表面状态系数 β 光轴	有应力集中的轴 $k_\sigma \leq 1.5$	有应力集中的轴 $k_\sigma \geq 1.8~2$
高频淬火[1]	600~800	1.5~1.7	1.6~1.7	2.4~2.8
	800~1100	1.3~1.5	—	—
渗氮[2]	900~1200	1.1~1.25	1.5~1.7	1.7~2.1
渗碳淬火	400~600	1.8~2.0	3	—
	700~800	1.4~1.5	—	—
	1000~1200	1.2~1.3	2	—
喷丸处理[3]	600~1500	1.1~1.25	1.5~1.6	1.7~2.1
滚子辗压[4]	600~1500	1.1~1.3	1.3~1.5	1.6~2.0

[1] 数据是在实验室中用 $d=10~20$mm 的试件求得的，淬透深度为 $(0.05~0.20)d$；对于大尺寸的试件，表面状态系数低些。
[2] 渗氮层深度为 $0.01d$ 时，宜取低限值；深度为 $(0.03~0.04)d$ 时，宜取高限值。
[3] 数据是用 $d=8~40$mm 的试件求得的；喷射速度较小时宜取低值，较大时宜取高值。
[4] 数据是用 $d=17~130$mm 的试件求得的。

表 2.8 加工表面的表面状态系数 β 值

加工方法	材料强度 σ_B/MPa		
	400	800	1200
磨光($Ra0.4\mu m~Ra0.2\mu m$)	1	1	1
车光($Ra3.2\mu m~Ra0.8\mu m$)	0.95	0.90	0.80
粗加工($Ra25\mu m~Ra6.3\mu m$)	0.85	0.80	0.65
未加工表面(氧化铁层等)	0.75	0.65	0.45

表2.9 尺寸系数 ε_σ 和 ε_τ 值

毛坯直径/mm	碳钢		合金钢	
	ε_σ	ε_τ	ε_σ	ε_τ
>20~30	0.91	0.89	0.83	0.89
>30~40	0.88	0.81	0.77	0.81
>40~50	0.84	0.78	0.73	0.78
>50~60	0.81	0.76	0.70	0.76
>60~70	0.78	0.74	0.68	0.74
>70~80	0.75	0.73	0.66	0.73
>80~100	0.73	0.72	0.64	0.72
>100~120	0.70	0.70	0.62	0.70
>120~140	0.68	0.68	0.60	0.68

表2.10 配合零件的综合影响系数 $(k_\sigma)_D$ 和 $(k_\tau)_D$ 值

		$(k_\sigma)_D$ ——弯曲							
直径/mm		≤30			50			≥100		
配合		r6	k6	h6	r6	k6	h6	r6	k6	h6
材料强度 σ_B/MPa	400	2.25	1.69	1.46	2.75	2.06	1.80	2.95	2.22	1.92
	500	2.50	1.88	1.63	3.05	2.28	1.98	3.29	2.46	2.13
	600	2.75	2.06	1.79	3.36	2.52	2.18	3.60	2.70	2.34
	700	3.00	2.25	1.95	3.66	2.75	2.38	3.94	2.96	2.56
	800	3.25	2.44	2.11	3.96	2.97	2.57	4.25	3.20	2.76
	900	3.50	2.63	2.28	4.28	3.20	2.78	4.60	3.46	3.00
	1000	3.75	2.82	2.44	4.60	3.45	3.00	4.90	3.98	3.18
	1200	4.25	3.19	2.76	5.20	3.90	3.40	5.60	4.20	3.64

注：1. 滚动轴承内圈配合为过盈配合r6。

2. 中间尺寸直径的综合影响系数可用插值法求得。

3. 扭转 $(k_\tau)_D = 0.4 + 0.6(k_\sigma)_D$。

（2）零件的许用疲劳极限应力图 图2.8中折线ABES是简化疲劳极限曲线，考虑了影响疲劳强度的综合影响系数 $(k_\sigma)_D$ 或 $(k_\tau)_D$ 和寿命系数 k_N 后，得到许用疲劳极限曲线 $A'B'E'S$。综合影响系数只对极限应力幅有影响，寿命系数对平均极限应力和极限应力幅均有影响，可参看图2.8中标出的 A、B 和 A'、B' 各点的坐标。

工作应力点 $C(\sigma_m, \sigma_a)$ 必须落在 $OA'B'E'SO$ 区域（称为安全区）内。许用极限应力点的位置取决于工作应力的增长规律，例如按图示曲线 f 规律增长时，则许用极限应力点为 $C'(\sigma'_m, \sigma'_a)$。

（3）工作应力的增长规律 一般机械零部件可能发生的典型应力变化规律，可以归纳为以下3种情况：

1）应力循环特性不变，即 r =常数，绝大多数转轴所受弯曲应力属于此种情况。

2）平均应力保持不变，即 σ_m =常数，例如受振动的承载弹簧的应力状态。

3）最小应力保持不变，即 σ_{min} =常数，例如气缸端盖紧固螺栓的受力状态。

通常将第一种称为简单加载，将后两种称为复杂加载。

三种工作应力增长规律的极限应力图及安全系数校核公式见表2.11。

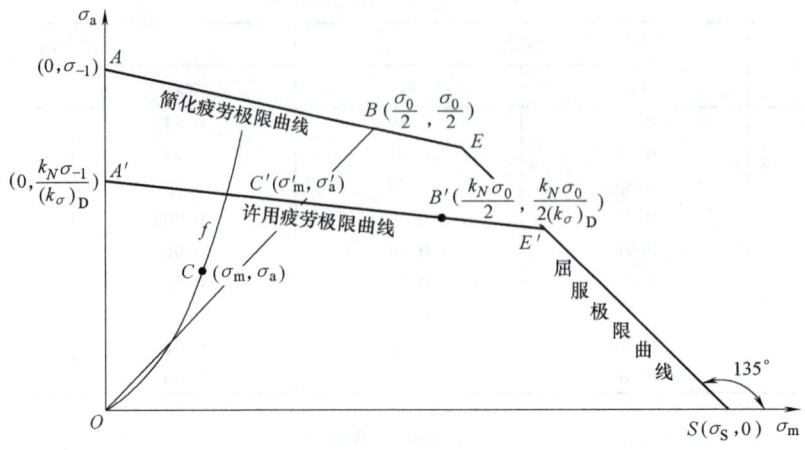

图 2.8 许用疲劳极限应力图

表 2.11 三种工作应力增长规律的极限应力图及安全系数校核公式

变应力特性	$r=$ 常数	$\sigma_m=$ 常数	$\sigma_{min}=$ 常数
极限应力图	(图)	(图)	(图)
安全系数校核公式 n 点 ($k_N=1$)	$S_{ca}=S_a=\dfrac{\sigma_{-1}}{(k_\sigma)_D\sigma_a+\psi_\sigma\sigma_m}$ $\geq[S]$	$S_{ca}=\dfrac{\sigma_{-1}+[(k_\sigma)_D-\psi_\sigma]\sigma_m}{(k_\sigma)_D(\sigma_a+\sigma_m)}$ $\geq[S]$ $S_a=\dfrac{\sigma_{-1}-\psi_\sigma\sigma_m}{(k_\sigma)_D\sigma_a}\geq[S_a]$	$S_{ca}=\dfrac{2\sigma_{-1}+[(k_\sigma)_D-\psi_\sigma]\sigma_{min}}{[(k_\sigma)_D+\psi_\sigma](2\sigma_a+\sigma_{min})}$ $\geq[S]$ $S_a=\dfrac{\sigma_{-1}-\psi_\sigma\sigma_{min}}{[(k_\sigma)_D+\psi_\sigma]\sigma_a}\geq[S_a]$
安全系数校核公式 m 点		$S_{ca}=\dfrac{\sigma_S}{\sigma_a+\sigma_m}\geq[S]$	

5. 稳定变应力时安全系数的计算

疲劳强度计算是采用安全系数法判断零件危险截面处的安全程度,其条件是 $S>[S]$。由于计算是在零件的材料、结构和尺寸初步确定之后进行的,所以具有验算性质。

下面主要介绍简单加载情况,即 $r=$ 常数时单向应力状态和复合应力状态时的安全系数计算。其余两种只列出计算公式(见表 2.11)。

(1) 单向应力状态时的安全系数 单向应力状态为 $r=$ 常数时的加载情况,因 $r=\sigma_{min}/\sigma_{max}=(\sigma_m-\sigma_a)/(\sigma_m+\sigma_a)=(1-\sigma_a/\sigma_m)/(1+\sigma_a/\sigma_m)=$ 常数,所以欲使 $r=$ 常数,则必须使 σ_a/σ_m 的比值保持不变。这时 σ_a 和 σ_m 应按同一比例增长。所以,从 O 点出发的任意一条射线都对应一个任意循环特性系数 $(-1\leq r\leq+1)$。该射线与疲劳极限应力图交点的横、纵坐标之和即是该循环特性下的疲劳极限应力值。

在疲劳设计中常采用平均应力折算系数将平均应力换算成等效应力幅。图 2.6 中，A、B 两点连线的斜率的绝对值即为平均应力的折算系数，也称应力幅的等效系数，表示为

$$\psi_\sigma = \frac{2\sigma_{-1} - \sigma_0}{\sigma_0} = \tan\theta \tag{2.18}$$

设一零件的工作应力幅和平均工作应力分别为 σ_a 和 σ_m（在疲劳极限应力图中位于 C 点或 M 点），如图 2.9 所示。由疲劳极限应力图可知，O 点和 C（或 M）点连线上的各点，其应力循环特性均与 C（或 M）点相同。因此，其连线与许用疲劳极限应力线图的交点 C'（或 M'）即为其许用疲劳极限点，其代表的最大应力值即是该工作应力循环特性下的许用极限应力。

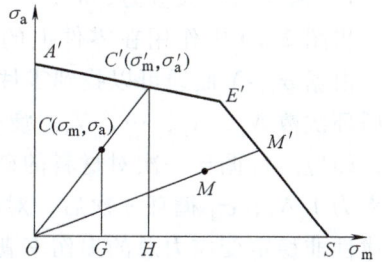

图 2.9　$r=$ 常数时的极限应力图

对于 C 点所示的循环应力情况，其许用疲劳极限应力在 $A'E'$ 线段上，表明其最终失效形式是疲劳失效，考虑综合影响系数 $(k_\sigma)_D$ 的影响，由图 2.8 根据点 A' 和 B' 求得 $A'E'$ 直线方程为

$$\sigma'_a = \frac{k_N \sigma_{-1}}{(k_\sigma)_D} - \frac{1}{(k_\sigma)_D} \psi_\sigma \sigma'_m \tag{2.19}$$

将式 $\sigma'_m = (\sigma'_a / \sigma_a) \sigma_m$ 代入式（2.19）得

$$\sigma'_a = \frac{k_N \sigma_{-1}}{(k_\sigma)_D + \psi_\sigma \dfrac{\sigma_m}{\sigma_a}} \tag{2.20}$$

按应力幅求安全系数，可得疲劳强度的校核公式为

$$S_{\sigma a} = \frac{\sigma'_a}{\sigma_a} = \frac{k_N \sigma_{-1}}{(k_\sigma)_D \sigma_a + \psi_\sigma \sigma_m} \geqslant [S_a] \tag{2.21}$$

对于变应力 M 点的情况，极限应力在 $E'S$ 线段上，其最终的失效形式为塑性变形。因此，其强度校核公式为

$$S_{ca} = \frac{\sigma_S}{\sigma_a + \sigma_m} \geqslant [S_a] \tag{2.22}$$

对于切变应力，只需把以上各公式中的正应力符号 σ 改为切应力符号 τ 即可。

（2）复合应力状态时的安全系数　塑性材料零件在对称循环弯扭复合应力状态下的疲劳强度安全系数，按第三强度理论计算时，可近似取 $\sigma_{-1}/\tau_{-1} = 2$，按第四强度理论计算时，可近似取 $\sigma_{-1}/\tau_{-1} = \sqrt{3}$，经推导可得复合安全系数的计算公式为

$$S = \frac{S_\sigma S_\tau}{\sqrt{S_\sigma^2 + S_\tau^2}} \geqslant [S] \tag{2.23}$$

式中，S_σ 为零件仅受法向应力 σ 时的安全系数；S_τ 为零件仅受切向应力 τ 时的安全系数。

6. 规律性非稳定循环变应力下零件疲劳强度的计算

（1）疲劳损伤累积假说　对于等幅载荷，可以采用材料的 $\sigma\text{-}N$ 曲线来估算在不同应力作用下到达破坏所经历的循环次数。但是，在整个寿命周期内，如果作用在零件上的载荷幅

度是变化的（如图 2.10 所示），就无法用 $\sigma\text{-}N$ 曲线来估算寿命了。而这种情况在实际工程应用中是广泛存在的，如机床主轴、起重机械的吊钩等。此时，就需要采用疲劳损伤累积假说进行计算。

图 2.10 所示为一零件的规律性非稳定变应力示意图。σ_1，σ_2，…，σ_n 是当循环特性为 r 时各个循环的最大应力，n_1，n_2，…，n_n 为与各应力对应的累积循环次数。

将图 2.10 中作用在零件上的规律性非稳定变应力表示在 $\sigma_{rN}\text{-}N$ 坐标内，如图 2.11 所示。根据 $\sigma_{rN}\text{-}N$ 曲线可以找到零件仅受应力 σ_1，σ_2，…，σ_n 时对应的材料发生疲劳失效时的循环次数 N_1，N_2，…，N_n。疲劳损伤累积假说认为损伤累积是线性的，应力损伤率相同，即应力每循环一次对材料的破坏作用是一样的。例如，σ_1 循环 1 次，对材料造成的损伤率为 $1/N_1$；σ_1 循环 n 次后，对材料造成的损伤率为 n/N_1；依此类推。当作用在零件上的规律性非稳定变应力总的损伤率满足以下关系时，材料将发生疲劳失效：

$$\sum_{i=1}^{k} \frac{n_i}{N_i} = 1 \tag{2.24}$$

式中，k 为一个循环中变应力种类的数目。式（2.24）也称为疲劳累积损伤的线性方程。

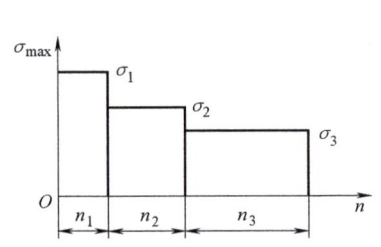

图 2.10 规律性非稳定变应力示意图

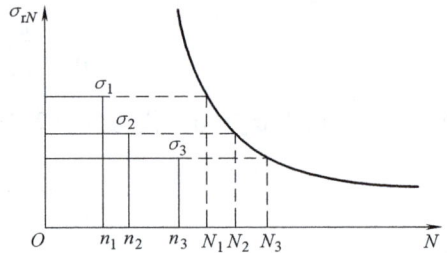

图 2.11 非稳定变应力转化到 $\sigma_{rN}\text{-}N$ 坐标内

（2）规律性非稳定变应力下零件疲劳强度的计算　在规律性非稳定变应力作用下的疲劳强度校核，一般采用等效方法。即找到一个对称循环变应力 σ_v，使其作用 N_v 次后产生的疲劳破坏效果与零件受到上述应力 σ_1，σ_2，…，σ_n 作用 N_1，N_2，…，N_n 次后的效果一样。σ_v 称为上述应力的等效稳定变应力，N_v 为等效循环次数。σ_v 一般可取循环变应力中起主要作用的应力，如最大值（图 2.10 中的 σ_1）或作用时间最长的值（图 2.10 中的 σ_3）。然后利用式（2.24）求出等效循环次数 N_v。

以图 2.10 所示变应力为例，选 σ_1 为等效稳定变应力，记为 σ_{v1}。由式（2.15）得

$$\sigma_{v1}^m N_{v1} = \sigma_i^m N_i = 常数$$

即

$$N_i = \left(\frac{\sigma_{v1}}{\sigma_i}\right)^m N_{v1} \tag{2.25}$$

将式（2.25）带入式（2.24），则当发生疲劳失效时，有

$$N_{v1} = \sum_{i=1}^{k} \left(\frac{\sigma_i}{\sigma_{v1}}\right)^m n_i$$

同理，根据式（2.15），循环次数为 N_{v1} 时的疲劳极限 σ_{-1v1} 为

$$\sigma_{-1v1} = \sigma_{-1} \sqrt[m]{\frac{N_0}{N_{v1}}} \qquad (2.26)$$

此时的计算安全系数为

$$S_{ca} = \frac{\sigma_{-1v1}}{\sigma_{v1}} = \frac{\sigma_{-1}}{\sigma_{v1}} \sqrt[m]{\frac{N_0}{N_{v1}}} \qquad (2.27)$$

例 2.1 某合金钢制零件,受变应力作用,工作中的 $\sigma_{max} = 280\text{MPa}$,$\sigma_{min} = -80\text{MPa}$,该零件危险截面处的应力集中系数 $k_\sigma = 1.2$,尺寸系数 $\varepsilon_\sigma = 0.85$,表面状况系数 $\beta = 1$,材料的 $\sigma_S = -800\text{MPa}$,$\sigma_{-1} = 440\text{MPa}$,$\psi_\sigma = \dfrac{2\sigma_{-1} - \sigma_0}{\sigma_0} = 0.2$,按简单加载($r$ = 常数),无限寿命 $k_N = 1$ 考虑。①绘制该零件的疲劳极限应力线图;②在图上标出工作点的位置;③该零件首先发生什么形式的失效?④计算疲劳极限的平均应力 σ'_m、极限应力幅 σ'_a 和疲劳极限点 C' 的应力值;⑤若取许用安全系数 [S] = 1.5,则此零件是否安全可靠?

解:

1. 绘制零件的简化极限应力线图

先求出必要的数据:由 $\psi_\sigma = \dfrac{2\sigma_{-1} - \sigma_0}{\sigma_0} = 0.2$,得

$$\sigma_0 = \frac{2\sigma_{-1}}{0.2 + 1} = \frac{2 \times 440}{0.2 + 1}\text{MPa} = 733.3\text{MPa}$$

对于 A' 点:

$$(\sigma'_a)_A = \frac{k_N \sigma_{-1}}{\dfrac{k_\sigma}{\varepsilon_\sigma \beta}} = \frac{1 \times 440}{\dfrac{1.2}{0.85 \times 1}}\text{MPa} = 311.7\text{MPa}, \quad (\sigma'_m)_A = 0$$

对于 B' 点:

$$(\sigma'_a)_B = \frac{k_N \sigma_0}{2 \times \dfrac{k_\sigma}{\varepsilon_\sigma \beta}} = \frac{1 \times 733.3}{2 \times \dfrac{1.2}{0.85 \times 1}}\text{MPa} = 259.7\text{MPa}$$

$$(\sigma'_m)_B = \frac{k_N \sigma_0}{2} = \frac{1 \times 733.3}{2}\text{MPa} = 366.7\text{MPa}$$

绘制点 $A'(0, 311.7)$、点 $B'(366.7, 259.7)$、点 $S(800, 0)$;过 S 点做与 σ_m 轴呈 135°角的直线,与直线 $A'B'$ 交于点 E',则折线 $A'B'E'S$ 即为该零件的简化极限应力线图,如图 2.12 所示。

2. 求工作点位置

求工作点 C 的平均应力和应力幅:

$$(\sigma_m)_C = (\sigma_{max} + \sigma_{min})/2 = [280 + (-80)]\text{MPa}/2 = 100\text{MPa}$$
$$(\sigma_a)_C = (\sigma_{max} - \sigma_{min})/2 = [280 - (-80)]\text{MPa}/2 = 180\text{MPa}$$

所以工作点 C 为(100, 180),位置如图 2.12 所示。

3. 失效形式

连接 OC 并延长使之与直线 $A'B'$ 交于点 C',则点 C' 即为该零件的极限应力点,若继续加

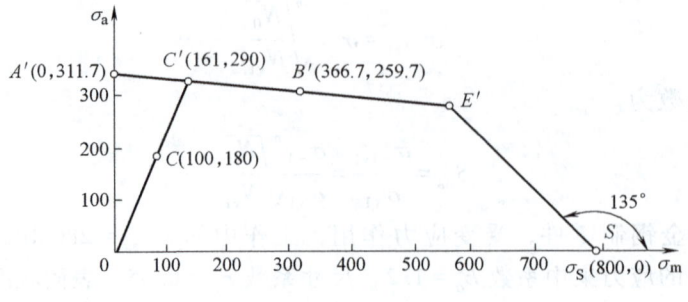

图 2.12 例 2.1 图

载，零件将首先发生疲劳破坏（C' 点落在 $A'E'$ 线上）。

4. 求疲劳极限应力幅 σ'_a、平均应力 σ'_m 和疲劳极限点 C'

由式（2.20）可求得

$$\sigma'_a = \frac{k_N \sigma_{-1}}{(k_\sigma)_D + \psi_\sigma \dfrac{\sigma_m}{\sigma_a}} = \frac{1 \times 440}{\dfrac{1.2}{0.85 \times 1} + 0.2 \times \dfrac{100}{180}} \text{MPa} = 290 \text{MPa}$$

$$\sigma'_m = \sigma'_a(\sigma_m/\sigma_a) = 290 \times (100/180) \text{MPa} = 161 \text{MPa}$$

$$\sigma_r = \sigma'_a + \sigma'_m = (161 + 290) \text{MPa} = 451 \text{MPa}$$

所以点 C' 为（161，290），其位置如图 2.12 所示。

5. 计算安全系数

由式（2.21）可求得

$$S_{\sigma a} = \frac{\sigma'_a}{\sigma_a} = \frac{k_N \sigma_{-1}}{(k_\sigma)_D \sigma_a + \psi_\sigma \sigma_m} = \frac{1 \times 440}{1.41 \times 180 + 0.2 \times 100} = 1.607 \geqslant [S] = 1.5$$

所以该零件安全。

2.3.4 机械零件的接触疲劳强度

机械零件的工作应力除了上述的内应力外，还存在一种表面作用应力，如高副接触的表面（齿轮轮齿间的接触、滚动轴承滚动体与滚道间的接触等）产生的应力。实际工作中，在外载荷作用下，由于材料表面产生的弹性变形，理论上的点、线接触使得实际接触成为一个很小的区域（图 2.13）。在此区域中会产生很大的局部应力，这种应力称为接触应力。

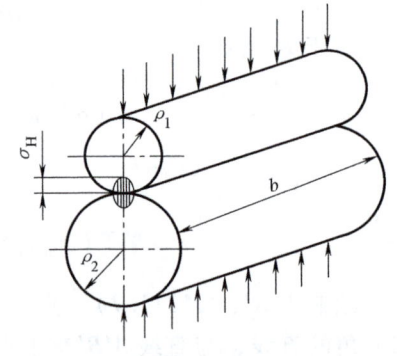

图 2.13 两圆柱体接触应力示意图

机械零件中的接触强度设计以其表面所受最大接触应力 σ_H 为依据。根据弹性力学的知识，点或线接触应力的最大值可根据赫兹（Hertz）公式求得。

两圆柱体接触时：

$$\sigma_H = \sqrt{\dfrac{F}{b\pi} \dfrac{\dfrac{1}{\rho_1} \pm \dfrac{1}{\rho_2}}{\dfrac{1-\mu_1^2}{E_1} + \dfrac{1-\mu_2^2}{E_2}}} \tag{2.28}$$

式中，F 为作用在接触表面的法向载荷；ρ_1、ρ_2 分别为两个接触表面的曲率半径；E_1、E_2 分别为两个接触物体的弹性模量；μ_1、μ_2 分别为两接触物体材料的泊松比；b 为初始接触线长；"±"中的"+"号用于外接触，"-"号用于内接触。

其他曲面的接触应力可查阅有关资料。

机械零件受到的接触应力大多是随时间变化的。零件在交变应力反复作用下，最终产生接触疲劳失效。接触疲劳失效的强度条件为

$$\sigma_H \leq [\sigma_H] = \frac{\sigma_{\lim}}{S} \tag{2.29}$$

式中，$[\sigma_H]$ 为许用接触应力；$\sigma_{\lim}$ 为两物体材料的接触疲劳极限的较小值；S 为安全系数。

2.4 机械零部件的标准化

标准化是组织现代化大生产的重要手段，也是实行科学管理的重要措施之一。标准化是指对机械零件的种类、尺寸、结构要素、材料性能、检验方法、设计方法、公差配合、制图规范等制定出大家共同遵守的标准。设计者无需重复设计，可直接从相关手册和样板中选用。不同类型、不同规格的各种机器中，有相当多的零部件是相同的，将这些零部件加以标准化，并按尺寸不同加以系列化，在系列之内或跨系列的产品之间尽量采用统一结构和尺寸的零部件，即通用化。标准化、系列化、通用化被称为"三化"。标准化的意义在于：

1) 能以最先进的方法在专门工厂中对那些用途最广泛的零部件进行大量的、集中的制造，以提高质量、降低成本。

2) 能统一材料和零部件的性能指标，使其能够进行比较，提高零部件性能的可靠性。

3) 采用了标准结构和标准零部件，可以简化设计工作，缩短设计周期，有利于设计者把主要精力用在关键零部件的设计上，从而提高设计质量。

4) 提高互换性，简化了机器的维修工作。

由于标准化具有明显的优越性，所以应在机械设计中大力推广，一个国家的标准化程度代表着其工业制造的先进程度。

我国现行标准分为国家标准、行业标准、地方标准和企业标准。按标准实施的强制程度，国家标准又分为强制性（GB）和推荐性（GB/T）两种。为增强在国际市场的竞争力，我国鼓励采用国际标准化组织（ISO）的标准。近年来发布的我国国家标准，许多都参考了相应的国际标准。设计人员必须熟悉现行的有关标准，会利用机械设计手册或机械工程手册等查阅有关标准和资料。

2.5 机械零件的材料和热处理的选择

正确选择机械零件的材料是机械设计的一个重要问题，它对于零件的性能、加工方法、经济性、可靠性等都有很大的影响，设计者应根据实际经验、生产条件、手册资料，参照类似零件使用情况研究确定。

1. 机械零件的常用材料

制造机械的常用材料目前仍然是钢和铸铁。此外，还使用有色金属合金、塑料、玻璃、

水泥、木材等。

（1）钢　一般指轧制的结构钢材（有冷轧和热轧钢材）、锻件和铸钢件，按机械零件要求的性能和形状选择。钢具有较高的强度、刚度、韧性、耐磨性和耐热性，可以进行机械加工、焊接、锻造、铸造、热处理和表面处理。热处理可以提高钢材的性能。铸钢用于要求强度较高的大型复杂零件。

（2）铸铁　灰铸铁的铸造性能好，价格低，有较好的抗压强度、减摩性、耐磨性和减振性，广泛用于制造机床导轨、床身、机座、箱体等大型铸件。但是它的抗拉强度低，弹性模量较低，性脆，不适用于承受冲击的零件。球墨铸铁的强度、刚度等优于灰铸铁，但是铸造性能较差，价格贵一些。

（3）有色金属　在机械制造中常用的有铜合金、铝合金、轴承合金、钛合金等。有色金属价格很贵，除非必要时，如有耐磨性、减摩性、减轻重量等要求时，一般不用。铜合金常用于要求有耐磨性的场合，如滑动轴承、螺母、蜗轮轮缘等常用的是青铜，而光学仪器中使用的是黄铜。铝合金用于要求重量轻而有一定强度的场合。轴承合金用于滑动轴承的工作表面。

（4）非金属材料　常用的有塑料和橡胶。工程塑料的种类很多，其中大多数具有密度小，耐磨性、减摩性、绝缘性、减振性等较好的优点。但是不少工程塑料的强度、硬度低，又有不耐高温、尺寸稳定性和形状稳定性差、容易老化等缺点，近年来这方面有了很大的改进。由于塑料的弹性模量小，据此可设计出很多简单的塑料新结构。橡胶主要用于制造传动带、弹簧、联轴器的弹性元件等。

2. 选择材料的原则

（1）满足机械零件的使用要求　一般包括以下几个方面：
1）承受工作载荷的能力。有足够的强度、刚度。
2）保持使用性能的能力。
3）其他要求，如重量轻、美观、安全等。

（2）满足工艺性要求　在满足使用要求的前提下，考虑机械零件的毛坯制造（铸造、锻压、焊接、冷冲压等）、热处理、机械加工和修理方便，以及便于回收利用等。选择零件的材料时还应该注意到，不同的复杂程度、尺寸、加工批量，对加工方法和材料的选择有很大的影响，还要考虑本单位的加工条件、外单位协作的可能性、运输的条件以及使用者的技术条件等。

（3）满足经济性要求　在选择材料时，不仅要考虑材料的价格，而且要考虑其加工成本、废品率等，还要考虑供应问题，如所需材料的规格是否能够及时得到。

还必须考虑在加工使用过程中，是否对环境有污染。要全面、充分满足以上各项要求是不容易的，有时甚至是不可能的，必须全面综合的考虑。

2.6　机械零件的制造工艺性

机械零件的制造工艺性作为一个重要概念提出来，是由于近代机器的生产规模有了很大的变化（由单件生产到大量生产），材料品种及热处理方法、零件的加工方法和加工设备都在日益增多和更新，因此，零件的制造工艺性就成为关系到提高生产率和降低成本的重要问题。机械零件的制造工艺性通常应考虑以下几点：

1. 零件形状简单合理

一般地讲，结构和形状越复杂，制造、装配和维修越困难，成本也越高。在满足使用要求的情况下，零件几何形状应尽量简单，例如最好为平面或圆柱面，这样便于加工，且应力求减少被加工表面的数量，并减小加工面积。

2. 合理地选择毛坯

通常，对毛坯的选择可按以下三个方面进行考虑。

（1）材料价格　铸造零件中，铸铁价格最低，铸钢较贵，铸造有色合金更贵。型材可直接用作毛坯，也可由不同原材料的型材经锻造、冲压、焊接而制成毛坯。钢价格比铸铁贵得多。不同的钢种价格也相差很大，其价格按普通碳素钢、优质碳素钢、合金结构钢、弹簧钢、滚动轴承钢、合金工具钢的顺序增长。有色合金价格昂贵，除有特殊需要不应选用。

（2）制造毛坯的费用　直接由型材下料费用最低，但只能用于形状简单的毛坯。铸造、模锻、冲压的生产率高，生产费用也较低，单件或小批量不宜采用铸造、模锻和冲压。对于某些大型设备的机座，若以焊接代替铸造，其生产费用能得到降低。

（3）毛坯加工的费用　由毛坯到成品零件通常要由切削加工完成，其加工费用则取决于毛坯材料的加工性能、毛坯的形状和尺寸、加工余量和表面质量等。铸铁的加工性能好，钢的加工性能随强度和硬度升高而降低。

3. 采用良好的制造工艺

结构设计中，应力求使设计的零部件制造加工方便、材料损耗少、效率高、生产成本低、符合质量要求。常用的制造工艺有铸造、锻造、焊接、切削等。常用制造工艺性示例见表2.12。

4. 满足热处理的要求

为避免热处理时变形、开裂或降低热处理质量，零件的几何形状应简单、对称，长径比不可太大，尽量减少应力集中源，截面均匀，无锐边和尖角，避免不通孔、配做孔和局部渗碳、局部渗氮等。此外，零件也应有足够的刚度。常用热处理工艺性示例见表2.13。

5. 装拆的可能性和方便性

机器工作一定期限后，需要进行检修，因此，工艺性还必须包括零件装拆的可能性和方便性。常用装拆工艺性示例见表2.14。

表2.12　常用制造工艺性示例

项目	不合理结构	合理结构	说明
铸造工艺性示例			注意壁厚均匀、过渡平稳，以防止产生缩孔和裂纹。壁厚减薄并加肋，可避免上述不足，保证铸件质量
			应有适当的起模斜度，以便取模。内、外壁无起模斜度，起模时很难保证铸件质量
			铸铁的抗压强度比抗拉强度高很多，所以铸铁件加强肋应承受压力为宜

(续)

项目	不合理结构	合理结构	说明
锻造工艺性示例	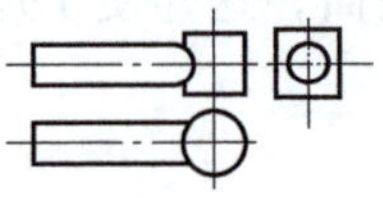	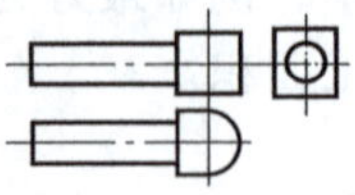	圆柱形表面与其他表面交接时应力求简化。采用自由锻时,避免锥形和楔形,避免有加强肋、工字形截面等复杂形状
	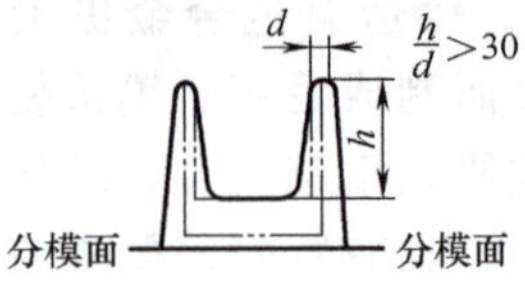	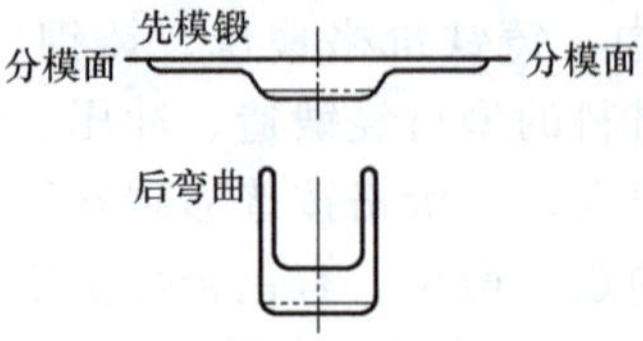	高肋锻件可先模锻后弯曲成形,可使工艺简化,省材料。模锻时,分模面选择尽量锻出非加工面,锻件易于脱模;外形近似锻件,尽量设计成对称结构
	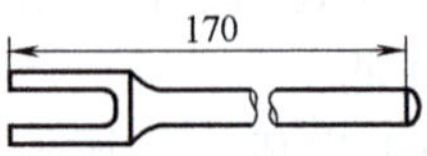	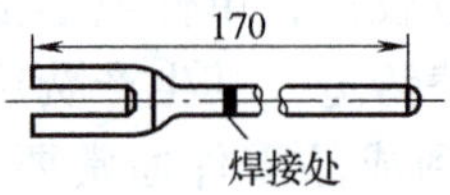	形状复杂的锻件可采用锻焊组合结构。如图所示特长叉杆锻件采用锻焊组合结构,可降低成形难度和金属的损耗
焊接工艺性示例	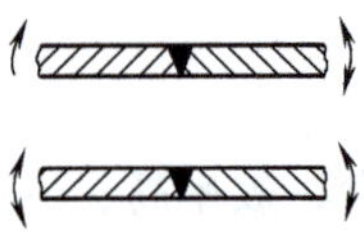		焊缝受力应合理。焊缝不宜作为受拉侧,焊缝底面宜受压不宜受拉
	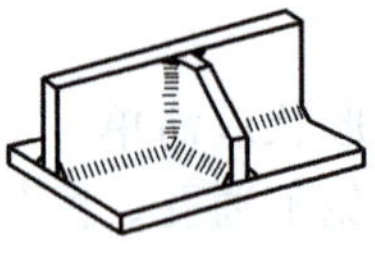 a)	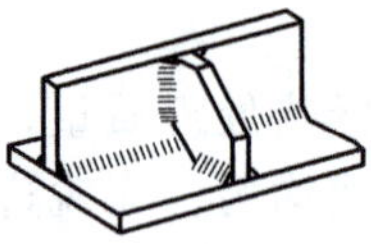 b)	焊缝布置应有利于减少焊缝应力与变形。图 a 交叉处焊缝集中,内应力大,图 b 切去焊缝交叉处肋板的角,以减小内应力
	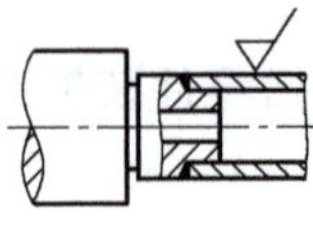 a)	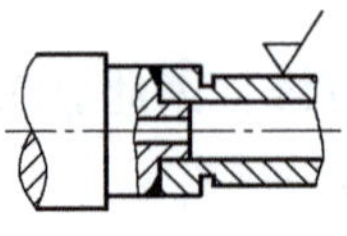 b)	焊缝应避开加工面。图 a 焊缝处于加工面,加工困难,图 b 较为合理
切削加工工艺性示例	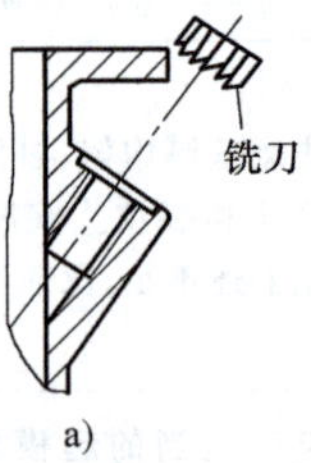 a)	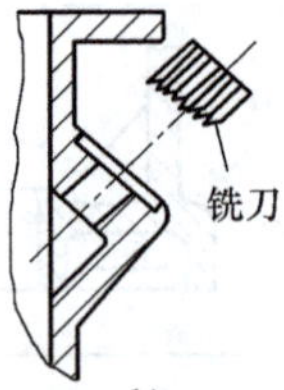 b)	保证加工面能够方便加工。图 a 中刀具与机座凸缘干涉,无法加工沉头孔,图 b 设计是正确的
	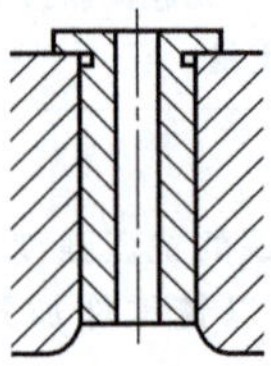 a) 较差	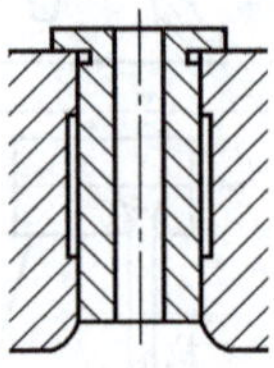 b) 较好	图 a 配合长度较长加工量大,且不易保证配合精度,图 b 减小了配合长度,不仅切削加工量小,而且容易保证配合精度

项目	不合理结构	合理结构	说明
切削加工工艺性示例	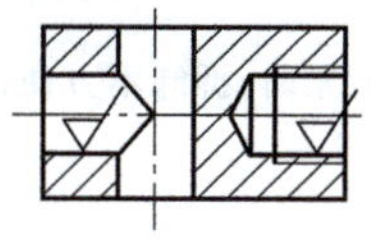 a)	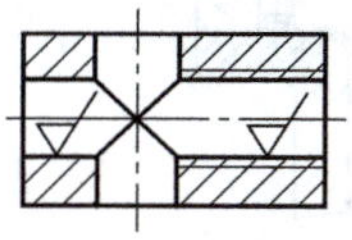 b)	减少装夹次数。在一次装夹中能加工较多的被加工面,提高加工效率和加工精度。图 a 加工时需两次装夹,图 b 一次装夹工艺性好

表 2.13 常用热处理工艺性示例

不合理结构	合理结构	说明
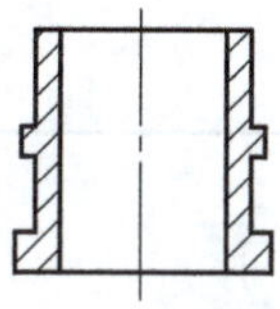 a)	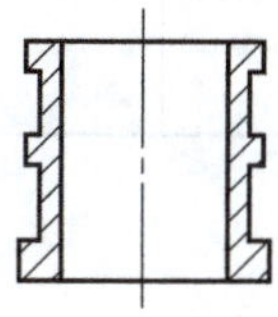 b)	防止热处理变形。尽量采用封闭对称结构。图 a 所示结构,一端有凸缘,且为薄壁,渗氮后容易形成喇叭口。图 b 所示结构在另一端也设凸缘,或增加壁厚,均可减少热处理变形
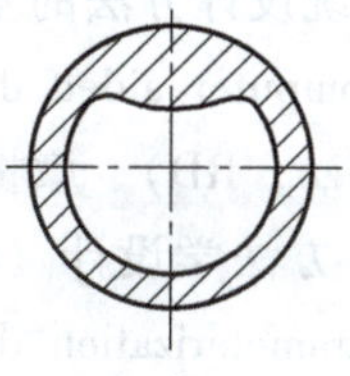 a)	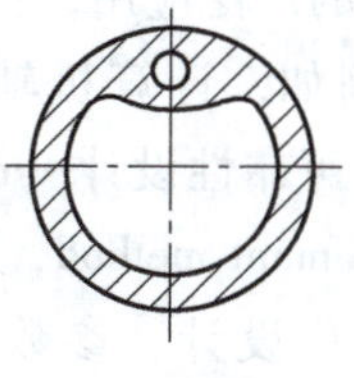 b)	剖面不均匀,淬火变形大。图 a 所示结构较差。当剖面不均匀时,可加开工艺孔或工艺槽以减小变形,如图 b 所示
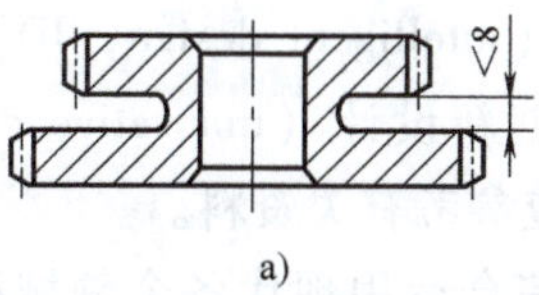 a)	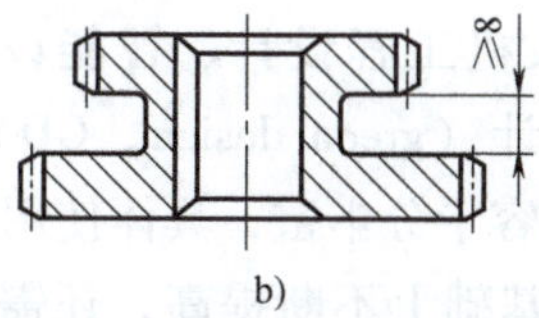 b)	齿轮两个高频淬火部位不可太近。图 a 所示双联齿轮,齿部两端距离太近,两齿部淬火时将互相影响,一般这种情况下,两齿部距离至少要大于或等于 8mm,如图 b 所示

表 2.14 常用装拆工艺性示例

不合理结构	合理结构	说明
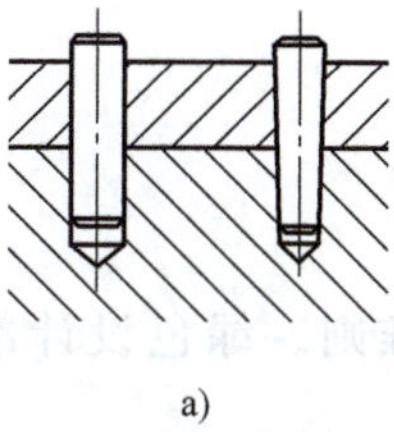 a)	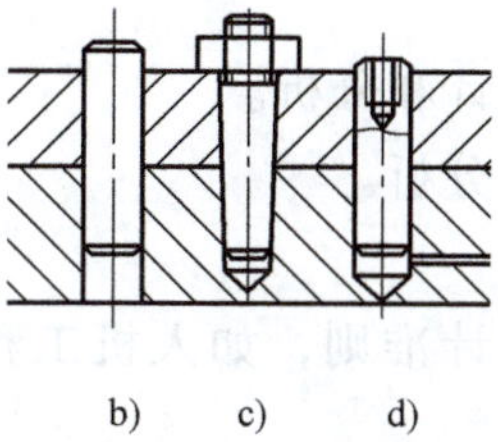 b) c) d)	图 a 销钉不易从销钉孔中拔出。图 b 把销钉孔做成通孔的结构、图 c 采用带螺纹尾的销钉结构,销钉易从销钉孔中拔出;图 d 为不通孔,为避免孔中封入空气引起装拆困难而设有通气孔

(续)

不合理结构	合理结构	说明
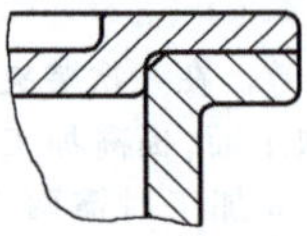 a)	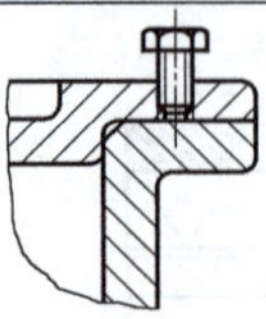 b)	圆柱面配合较紧时,拆卸不方便,可考虑增设拆卸螺钉,如图 b 所示
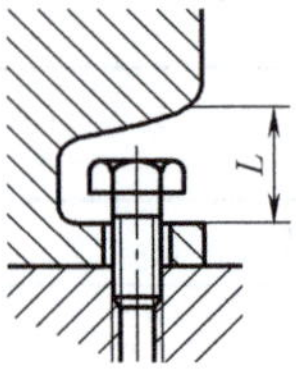 a)	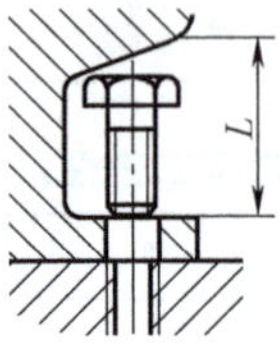 b)	螺纹连接装拆时要有足够的操作空间。图 a 所示结构,安放螺钉的空间太小,无法装入和拆卸螺钉。如图 b 所示,L 大于螺钉的长度,方便装拆螺钉

2.7 机械设计新方法简介

随着科学技术的迅速发展以及计算机技术的广泛应用,在机械设计传统设计方法的基础上又发展了一系列新兴的设计理论与方法。例如,计算机辅助设计(computer aided design,CAD)、优化设计(optimization design,OD)、可靠性设计(reliability design,RD)、摩擦学设计(tribology design,TD)、有限元法(finiteelement method,FEM)、设计方法学设计(design methodology design,DMD)、动态设计、模块化设计、参数化设计(parameterization design,PD)、价值分析(value analysis,VA)或价值工程(value engineering,VE)、并行设计(concurrent design,CD)、虚拟产品设计(virtual product design,VPD)、工业造型设计、反求工程设计(inverse engineering design,IED)、人机工程设计、智能设计(intelligent design,ID)、网上设计(on net design,OND)、绿色设计(green design,GD)、创新设计(innovative design,ID)等。现代设计方法种类极多,内容十分丰富,具体使用时应参考有关资料。

现代设计方法除了在传统设计方法的基础上不断提高,还需要综合运用现代各个领域科学技术,在各交叉领域进行更高层次的研究。现代机械设计与机械电子控制理论及自动化技术已经密不可分,而随着计算机的广泛应用和现代信息科学及网络技术的迅猛发展,现代设计方法将获得更大的推动,更多的先进方法将不断涌现。

与传统设计方法相比,现代机械设计方法具有如下一些特点:
1)以科学设计取代经验设计。
2)以动态的设计和分析取代静态的设计和分析。
3)以定量的设计计算取代定性的设计分析。
4)以变量取代常量进行设计计算。
5)以注重"人-机-环境"大系统的设计准则,如人机工程设计准则、绿色设计准则,取代偏重于结构强度的设计准则。
6)以优化设计取代可行性设计以及以自动化设计取代人工设计。

习 题

2.1 设计机器时应满足哪些基本要求?

2.2 设计机械零件时应满足哪些基本要求?

2.3 机械零件常用的设计准则有哪些? 它们各针对什么失效形式?

2.4 什么叫机械零件的可靠度? 机械零件的可靠度与失效率有什么关系?

2.5 什么是标准化、系列化和通用化? 标准化的重要意义是什么?

2.6 合理选择零件材料的原则是什么?

2.7 零件承受的变应力是否都是由于载荷变化引起的? 列举静载荷引起变应力的实例。

2.8 某钢材无限寿命对称循环疲劳极限 $\sigma_{-1}=200\text{MPa}$,循环基数 $N_0=1\times 10^7$,$m=9$。试求有限寿命疲劳极限 $\sigma=250\text{MPa}$、300MPa 和 350MPa 时所对应的应力循环次数。

2.9 一阶梯轴的结构尺寸如图2.14所示,轴的材料为45钢,调质处理,抗拉强度 $\sigma_B=600\text{MPa}$,轴所受弯矩 $M=3\times 10^5\text{N}\cdot\text{mm}$,转矩 $T=214000\text{N}\cdot\text{mm}$。应力循环特性为对称循环 $r=-1$,按无限寿命 $k_N=1$,许用安全系数 $[S]=1.3$。试问该轴的疲劳强度是否满足要求。

2.10 一转轴受规律性非稳定对称循环变应力作用,各应力值及相对作用时间如图2.15所示,零件工作时间为 800h,轴转速 $n=45\text{r/min}$,轴材料 $\sigma_{-1}=320\text{MPa}$,循环基数 $N_0=1\times 10^7$,$m=9$,$k_\sigma=1.8$,$\beta=1$,$\varepsilon_\sigma=0.75$,许用安全系数 $[S]=1.4$。求安全系数 S_{ca}。

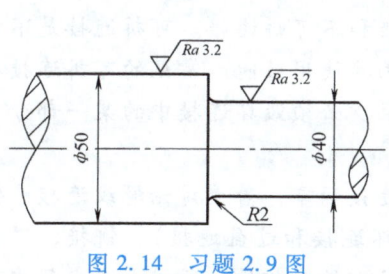

图2.14 习题2.9图

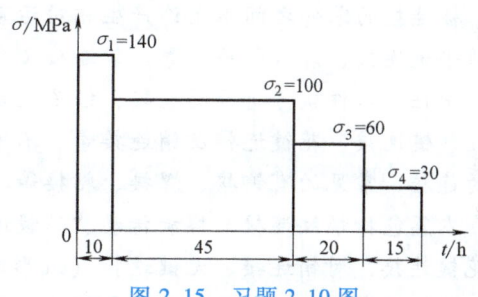

图2.15 习题2.10图

2.11 某轴受弯曲稳定变应力作用,最大工作应力 $\sigma_{max}=250\text{MPa}$,最小工作应力 $\sigma_{min}=-50\text{MPa}$,轴的材料为合金钢,调质处理,$\sigma_{-1}=450\text{MPa}$,$\sigma_0=700\text{MPa}$,$\sigma_S=800\text{MPa}$,危险截面的 $k_\sigma=1.4$,$\varepsilon_\sigma=0.78$,$\beta=0.9$。取寿命系数 $k_N=1$。要求:①绘制该零件的疲劳极限应力图;②计算该零件的许用疲劳极限应力幅 σ_a' 和平均应力 σ_m' 的值;③说明该零件的失效形式;④若取安全系数 $[S]=1.3$,校核此轴疲劳强度是否安全。

第2篇 连 接

任何机械产品都是由各种零件组成的，而这些零件必须通过一定的方式进行连接，才能形成一部机器或者某种工具，实现预定的功能。为了满足机械的制造、安装、运行、调整、维修和运输等功能，设计者必须了解常用连接的种类、特点和应用场合，熟悉标准连接件，并掌握连接的结构和一般设计方法。

机械中的连接有两大类：动连接和静连接。机器工作时，被连接的零部件之间有相对运动的连接，称为动连接，如轴与滑键、轴与轴承座以及气缸与活塞之间的连接等；机器工作时，被连接的零件之间不允许产生相对运动的连接，称为静连接，如螺栓连接、螺钉连接、普通平键连接、焊接和铆接等。静连接又分为可拆连接和不可拆连接。可拆连接是不需毁坏连接中任一零件就可拆开的连接，经多次装拆不会影响其使用性能。常见的可拆连接有螺纹连接、键连接、花键连接及销连接等。不可拆连接是至少必须毁坏连接中的某一部分才能拆开的连接，常见的有铆接、焊接、粘接等。

本篇包括螺纹连接与螺旋传动、轴毂连接及其他连接两章，着重讨论螺纹连接、键连接和花键连接，对销连接、无键连接（成形连接、弹性环连接和过盈连接）、铆接、焊接和粘接仅做概要性的介绍。另外，由于螺旋传动是利用螺纹零件工作的，所以也在本篇内一并讨论。由于螺纹连接和螺旋传动应用的广泛性，其内容是本篇的重点。

第 3 章

螺纹连接与螺旋传动

3.1 螺纹的形成和主要参数

螺纹连接是利用螺纹零件构成的可拆连接，其结构简单、装拆方便、工作可靠、互换性好、成本低，广泛用于各类机械设备中。

3.1.1 螺纹的形成

在回转表面上沿螺旋线所形成的具有相同断面的连续凸起和沟槽称为螺纹。在外表面上形成的螺纹称为外螺纹，在内表面上形成的螺纹称为内螺纹，内、外螺纹旋合则组成螺纹副。如图 3.1 所示的螺母和螺栓即为内、外螺纹在工程实际中最常见的例子。

如图 3.2 所示，将一条与水平面的夹角为 φ 的直线绕在圆柱体上，则形成一条螺旋线。如果用一个平面图形沿着螺旋线运动，运动时保持该平面图形始终通过圆柱体轴线，则该平面图形的轮廓在空间的运动轨迹形成螺纹。形成螺纹的平面图形的形状称为牙型，即通过螺纹轴线剖切螺纹时得到的螺纹牙轮廓形状。常用的牙型有三角形、梯形、锯齿形和矩形。

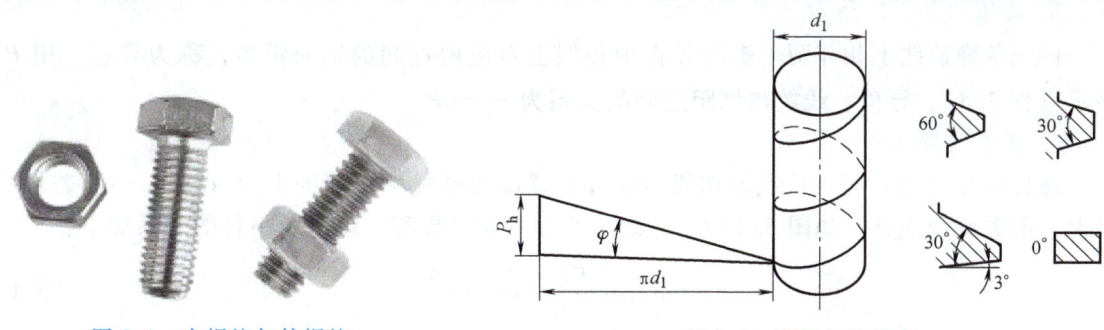

图 3.1 内螺纹与外螺纹　　　　　　　图 3.2 螺旋线的形成

螺纹的加工方法很多，如车削、碾压及用板牙、丝锥等工具加工。在车床上加工时，用卡盘夹持工件做等速旋转，当车刀沿径向进刀后，沿圆柱轴线方向匀速移动，便在加工表面加工出螺纹（图3.3a、b）。对于直径较小的工件，外螺纹可用板牙手工加工（图3.3c），内螺纹可在钻孔后用丝锥（图3.3d、e）手工加工。

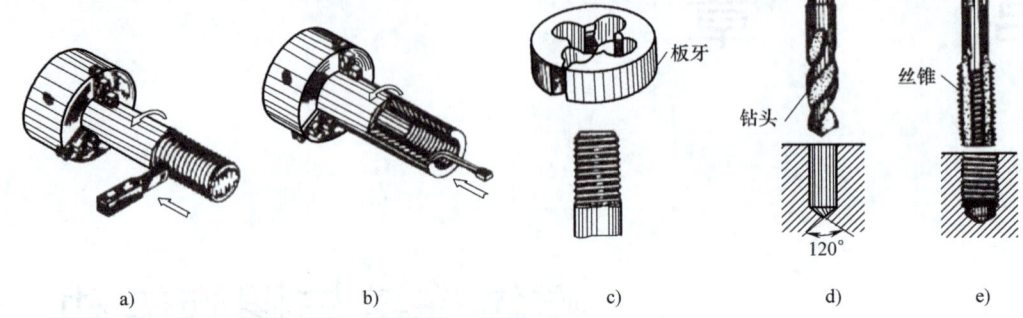

图3.3 螺纹的加工

螺纹有单线和多线之分，当圆柱面上只有一条螺旋线所生成的螺纹，称为单线螺纹。有两条或两条以上沿轴向等距离分布的螺旋线所生成的螺纹，称为多线螺纹。螺纹的线数用 n 表示。为了制造方便，线数 n 一般不超过4。

顺时针方向旋入的为右旋螺纹，反之为左旋螺纹。常用螺纹零件均采用右旋螺纹，左旋螺纹一般用于有特殊要求之处，如有安全要求的阀门等。

图3.4a所示为右旋单线螺纹，图3.4b所示为左旋双线螺纹。

3.1.2 螺纹的主要参数

1. 螺纹的直径

螺纹的直径包括大径（d，D）、小径（d_1，D_1）和中径（d_2，D_2）。外螺纹的直径用小写字母表示，内螺纹的直径用大写字母表示，如图3.5所示。

螺纹的公称直径一般是指螺纹的大径。大径指过外螺纹牙顶或内螺纹牙底的圆柱面的直径。小径指过外螺纹牙底或内螺纹牙顶的圆柱面的直径。中径指过螺纹牙宽和槽宽相等处的圆柱面的直径。

2. 螺距（P）

相邻两个螺纹牙在中径线上对应两点间的轴向距离，称为螺距，用 P 表示（图3.5）。

3. 导程（P_h）

同一条螺旋线上相邻两个螺纹牙在中径线上对应两点间的轴向距离，称为导程，用 P_h 表示（图3.5）。导程、线数与螺距之间的关系为 $P_h = nP$。

4. 螺旋线导程角（φ）

螺旋线导程角 φ 是螺旋线的切线与垂直于螺旋线轴线平面间的夹角（图3.5）。若将中径上一圈螺旋线展开，如图3.2所示。螺旋线导程角与导程、螺距及中径的关系如下：

$$\varphi = \arctan \frac{P_h}{\pi d_2} = \arctan \frac{nP}{\pi d_2} \tag{3.1}$$

5. 牙型角（α）

牙型角 α 是轴向截面内螺纹牙相邻两侧边的夹角（图3.5）。三角形螺纹牙型角 $\alpha = 60°$；梯形螺纹牙型角 $\alpha = 30°$；锯齿形螺纹牙型角 $\alpha = 33°$；矩形螺纹牙型角 $\alpha = 0°$（图3.2）。

6. 牙型斜角（β）

牙型斜角 β 是轴向截面内螺纹牙侧边与螺纹轴线的垂线间的夹角（图 3.5）。对于对称牙型，β=α/2。锯齿形螺纹承载面的牙型斜角为 3°，非承载面的牙型斜角为 30°（图 3.2）。

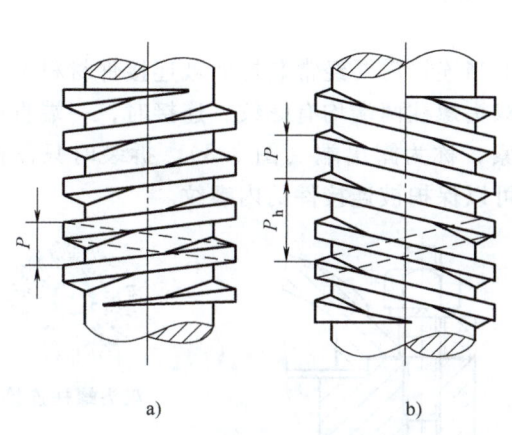

a)　　　　　b)

图 3.4　不同旋向和线数的螺纹

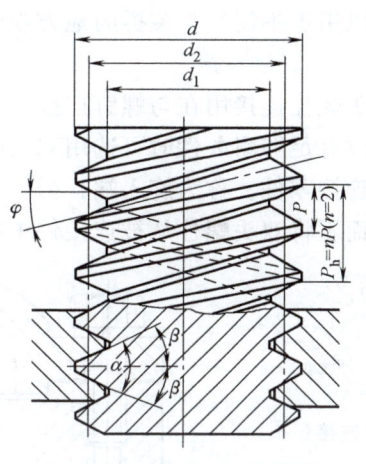

图 3.5　螺纹的主要参数

3.2　螺纹连接的基本类型和螺纹紧固件

3.2.1　螺纹连接的基本类型

1. 螺栓连接

普通螺栓连接也称受拉螺栓连接，如图 3.6a 所示，用于被连接件不太厚且能够穿透的情况。螺杆带钉头，通孔的加工精度要求低，螺杆穿过通孔与螺母配合使用。装配后孔与杆间有间隙，并在工作中保持不变。螺栓连接的形式结构简单、装拆方便，使用时，不受被连接件的材料限制，可多次装拆，应用较广。

图 3.6b 所示为铰制孔用螺栓连接，其螺杆外径与螺栓孔内径具有同一公称尺寸，并常采用过渡配合而得到一种几乎是无间隙的配合，能精确固定被连接件的相对位置，并能承受横向载荷，但是孔的加工精度要求高，需钻孔后铰孔，可用于精密螺栓连接，也可用作定位。

受拉螺栓连接

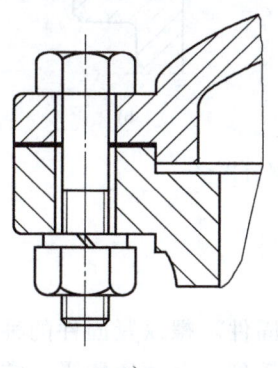

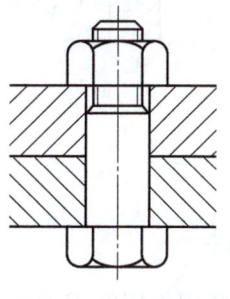

受剪螺栓连接

a)　　　　　　　　　　　　b)

图 3.6　螺栓连接

2. 螺钉连接

螺钉连接如图 3.7 所示，不用螺母，是将螺钉直接拧入被连接件的螺纹孔内。螺钉连接适用于被连接件之一较厚（此件上带螺纹孔）的场合，但是由于经常装拆容易使螺纹孔损坏，所以用于不需经常装拆的地方或受载较小的情况。

3. 双头螺柱连接

双头螺柱连接用在与螺钉连接相同的场合，但当连接需要经常装拆而被连接件材料不能保证螺纹有足够耐久性时可选用双头螺柱连接。双头螺柱两端均有螺纹，连接时，一端直接旋入被连接零件，称为旋入端，另一端用螺母拧紧，称为露出端（图 3.8）。拆装时只需拆螺母，而不将双头螺柱从被连接件中拧出，因此可以保护被连接件的内螺纹。

螺钉连接

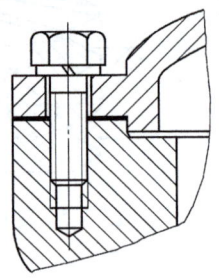

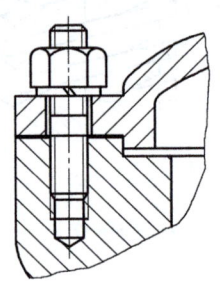

双头螺柱连接

图 3.7　螺钉连接　　　　图 3.8　双头螺柱连接

4. 紧定螺钉连接

紧定螺钉连接用于固定两个零件，使它们不产生相对运动和承受使零件移动的力。紧定螺钉与一般用途螺钉的不同在于，工作时不是受拉而是受压，以及不用螺钉头而是用末端将力传到与带螺纹零件相配合的零件上（图 3.9）。通常，平端紧定螺钉（图 3.9a）比锥端紧定螺钉（图 3.9b）传递的横向力小。

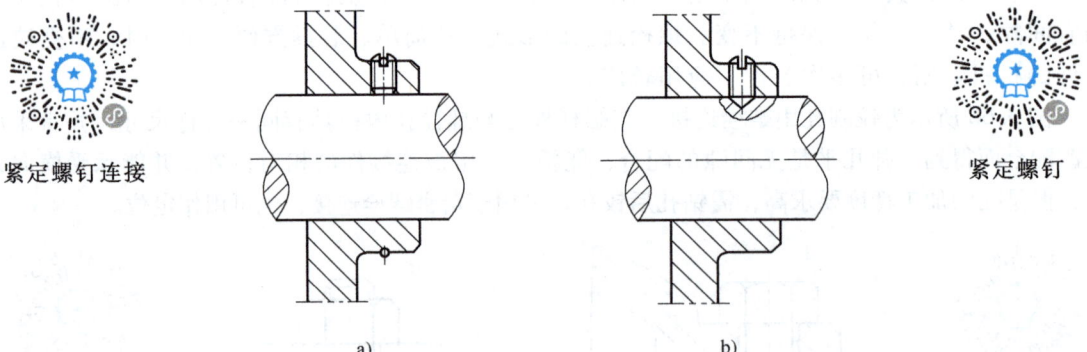

图 3.9　紧定螺钉连接

3.2.2　螺纹紧固件

用螺纹连接并起紧固作用的零件称为螺纹紧固件。螺纹紧固件的种类很多，大都已标准化，设计者只需合理选择其规格、型号，即可直接到五金商店购买。常用的螺纹紧固件有螺栓、螺钉、双头螺柱、螺母、垫圈等，如图 3.10 所示。

a) 六角头螺栓　　b) 双头螺柱

c) 螺钉及各种头部型式

d) 紧定螺钉及各种尾部型式

螺纹紧固件

e) 六角螺母　　f) 槽形螺母　　g) 圆螺母　　h) 圆螺母用止动垫圈　　i) 弹簧垫圈　　j) 平垫圈

图 3.10　常用的螺纹紧固件

3.2.3　螺纹紧固件的材料和性能等级

由于钢材有很多优点，因此碳钢和合金钢是螺纹紧固件最常采用的材料。螺纹紧固件使用的一般钢包括 Q215、10、20 钢（低强度要求），35、45 钢（高强度要求）或 40Cr、15MnVB（特高强度要求）等。

钢制的螺栓、螺钉和双头螺柱的性能等级从 4.6 级至 12.9 级，共分为 9 级。等级的代号用两个数字来表示，小数点前的数字代表材料的抗拉强度的 1/100，小数点后的数字代表材料的屈服强度与抗拉强度之比（屈强比）的 10 倍。此处 σ_B 为材料的抗拉强度，σ_S 为屈服强度，单位均为 MPa。

螺栓、螺钉、双头螺柱及螺母的力学性能等级列于表 3.1 中。

表 3.1　螺栓、螺钉、双头螺柱及螺母的力学性能等级
（摘自 GB/T 3098.1—2010 和 GB/T 3098.2—2015）

名称	性能等级	4.6	4.8	5.6	5.8	6.8	8.8		9.8	10.9	12.9
							$d \leq 16mm$	$d > 16mm$			
螺栓、螺钉、双头螺柱	σ_B/MPa	400	400	500	500	600	800	800	900	1000	1200
	σ_S/MPa	240	320	300	400	480	640	640	720	900	1080
	材料及热处理	Q235 10 15	Q235 15	Q235 35	Q235 15	45 35	低碳合金钢（如含硼、锰、铬等），优质中碳钢，淬火并回火			低、中碳合金钢，淬火并回火	合金钢，淬火并回火
	硬度 HBW ≥	114	124	147	152	181	245	250	286	316	380
相配螺母	性能等级	04($D>16mm$) 05($D\leq 16mm$)		5		6	8 9($16mm<D\leq 39mm$)		9($D\leq 16mm$)	10	12($D\leq 39mm$)
	推荐材料	低碳钢					低碳合金钢或中碳钢			40Cr 15MnVB	30CrMnSi 15MnVB

3.3 螺纹连接的拧紧和防松

3.3.1 螺纹连接的拧紧

1. 拧紧力矩

为了便于锁紧螺纹连接和防止螺母松动，螺纹连接需要拧紧。

拧紧力矩为

$$T = T_1 + T_2 \tag{3.2}$$

式中，T_1 为螺纹力矩；T_2 为螺母或螺钉头支承面上的摩擦力矩。

$$T_1 = F'\tan(\varphi+\rho_v)\frac{d_2}{2} \tag{3.3}$$

式中，F' 为预紧力（由拧紧螺母引起的螺栓中的预加拉伸载荷）；φ 为螺旋线导程角；ρ_v 为当量摩擦角；d_2 为螺纹中径。

$$T_2 = \frac{1}{3}F'\mu\frac{D_1^3-d_0^3}{D_1^2-d_0^2} \tag{3.4}$$

式中，μ 为螺母与被连接件支承面间的摩擦系数；D_1 为螺母或螺钉头环形支承面外径（图 3.11）；d_0 为螺孔直径（图 3.11）。

将式（3.3）和式（3.4）代入式（3.2），得

$$\begin{aligned}T &= T_1+T_2 = F'\tan(\varphi+\rho_v)\frac{d_2}{2}+\frac{1}{3}F'\mu\frac{D_1^3-d_0^3}{D_1^2-d_0^2}\\&=\frac{1}{2}F'd\left[\frac{d_2}{d}\tan(\varphi+\rho_v)+\frac{2}{3}\frac{1}{d}\mu\frac{D_1^3-d_0^3}{D_1^2-d_0^2}\right]\\&=F'dK_t\end{aligned} \tag{3.5}$$

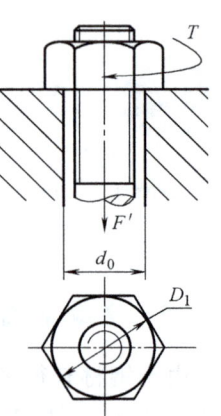

图 3.11 计算螺母支承面力矩用的符号

式中，d 为螺纹大径；K_t 为拧紧力矩系数，$K_t \approx 0.1 \sim 0.3$，通常取 $K_t = 0.2$，因而可将式（3.5）写成更便于应用的形式：

$$T \approx 0.2F'd \tag{3.6}$$

2. 拧紧力矩的控制

通常螺纹连接的拧紧程度是靠工人的经验决定的，但对于重要的螺纹连接，为保证质量，应按计算值确定和控制所需的拧紧力矩。螺钉（栓）和螺母用下列方法旋紧可控制拧紧力矩：①采用测力矩扳手（图 3.12a～c）；②采用定力矩扳手（图 3.12d～f）；③在与螺母支承面接触后，将螺母转过一个预先计算出的角度；④测量螺栓伸长量。定力矩扳手适用于生产线上的大批量的螺栓（螺钉）安装。

3.3.2 螺纹连接的防松

实践表明，在受冲击、振动或变载荷作用下，或温度变化大时，螺纹连接有可能松动，甚至松开，这就容易发生事故。因此，在设计螺纹连接时，需要专门的防松装置来防止螺纹连接的这种松动。螺纹连接的防松可采用下列措施来实现。

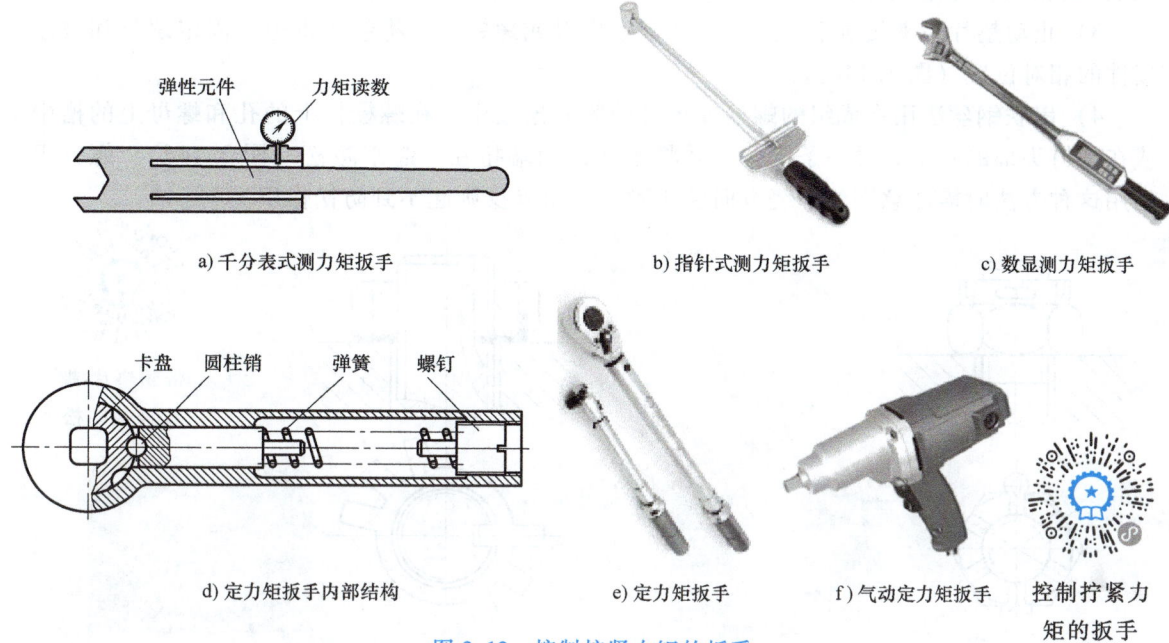

图 3.12 控制拧紧力矩的扳手

1. 利用附加摩擦力防松

这种防松是基于产生一种附加的摩擦力,当螺栓上轴向外载荷消失或减小时,此摩擦力仍然保持,这种方法可在任意位置上用来防松。

1)对顶螺母。最普遍的螺纹防松方法是采用对顶螺母(图 3.13a),即加用第二个螺母,在旋紧对顶螺母之后,当螺栓卸去轴向力时,由于两螺母间相互撑紧而使螺纹中的摩擦力得以保持。

2)弹簧垫圈。弹簧垫圈(图 3.13b)应用很广。当轴向载荷有变动时,这种垫圈由于其弹性而能在螺纹中保持摩擦力。

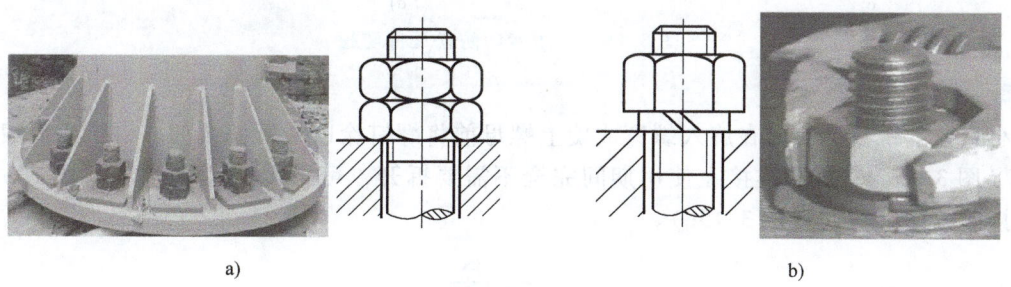

图 3.13 利用附加摩擦力防松

2. 采用专门防松元件防松

专门防松元件有开口销、带翅防松垫圈、止动垫片等。

1)开口销是将半圆形截面的钢丝弯成双股,并使其平面彼此相靠而制成的销(图 3.14a)。开口销穿入螺栓尾部小孔和槽型螺母的槽内,并将开口销尾部掰开与螺母侧面贴紧。

2)带翅防松垫圈(图 3.14b)主要用来锁住开槽的圆螺母,使垫片内翅嵌入螺栓

（轴）的槽内，拧紧螺母后将垫片外翅之一折边嵌于螺母的一个槽内。

3）止动垫片用来相对于被连接零件锁定螺母或螺钉头，将垫片折边以固定螺母和被连接件的相对位置（图3.14c）。

4）串联钢丝法用在成组的螺栓或螺钉的紧固连接中，在螺栓杆上的孔和螺母上的槽中或在螺钉头部的孔中穿过一条钢丝，并将钢丝的两端扭在一起来防松（图3.14d）。螺钉组采用这种方法时需注意钢丝串绕方向要正确，如果弄反则起不到防松作用。

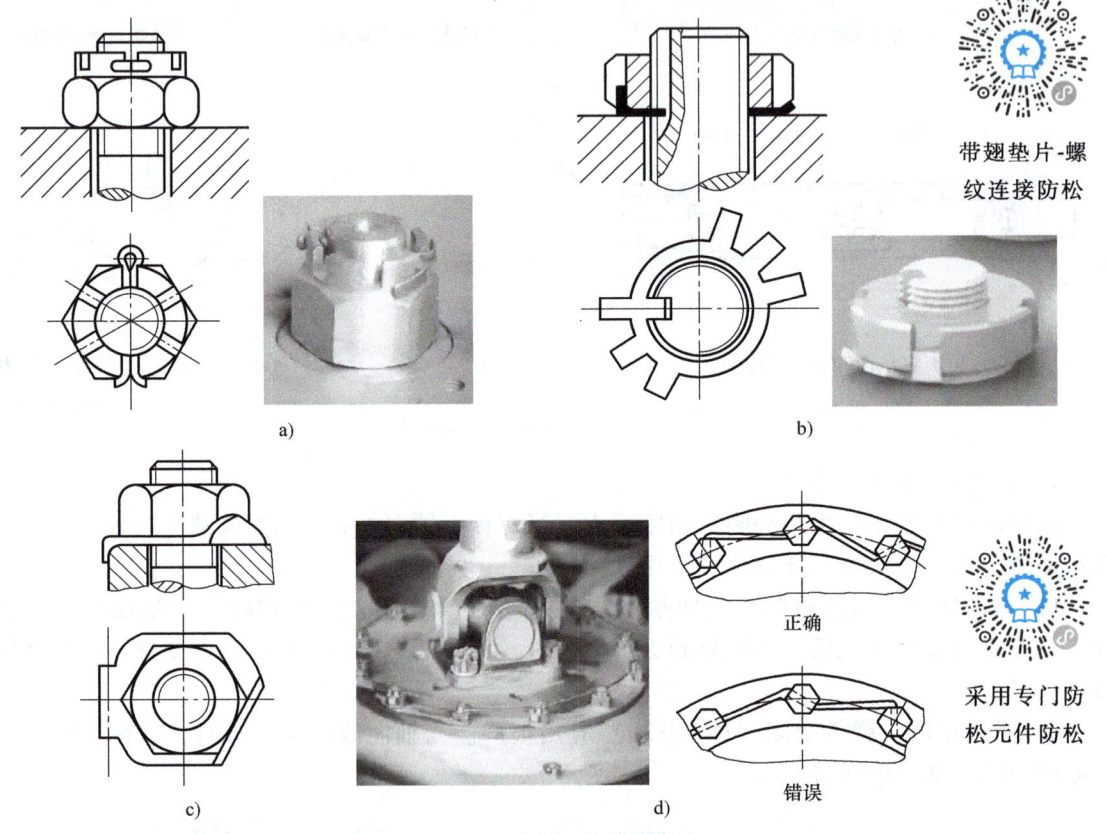

图3.14 采用专门防松元件防松

3. 永久性防松

小直径的螺纹，有时在旋入螺钉或旋上螺母前将螺钉涂以金属粘结剂、树脂或清漆等来防松（图3.15a）。如果连接在使用期间完全不需要拆开，可采用塑性变形（图3.15b）或用焊接的方法来防松（图3.15c）。

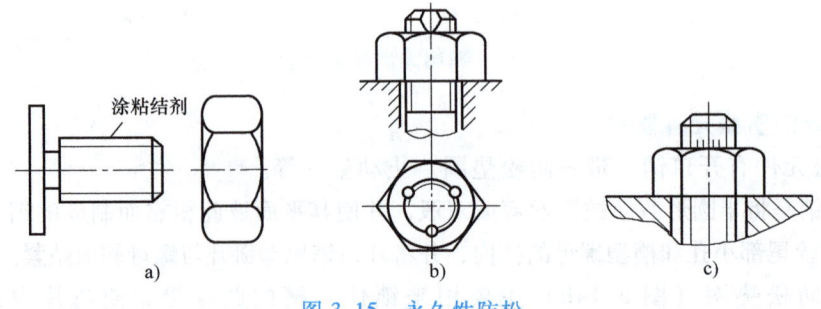

图3.15 永久性防松

3.4 螺栓连接的强度计算

3.4.1 受拉螺栓连接的强度计算

1. 受拉松螺栓连接

未加预紧力的松螺栓连接在机械中用得不多,并只限于承受静载荷。这种螺栓连接的最典型例子是起重机吊钩尾部的连接(图3.16)。

当外载荷F作用于吊钩时,其螺纹部分的强度条件为

$$\sigma = \frac{F}{\frac{\pi}{4}d_1^2} \leqslant [\sigma] \tag{3.7}$$

或

$$d_1 \geqslant \sqrt{\frac{4F}{\pi[\sigma]}} \tag{3.8}$$

式中,d_1为螺纹小径(mm);$[\sigma]$为松螺栓连接的许用拉应力(MPa),见表3.2。

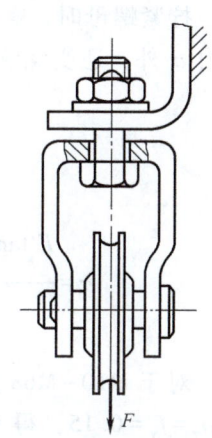

图 3.16 起重滑轮的松螺栓连接

表 3.2 受拉螺栓连接的许用应力

连接	载荷	许用应力				
松连接	静载荷	$[\sigma] = \dfrac{\sigma_s}{1.2 \sim 1.6}$				
紧连接	静载荷	$[\sigma] = \dfrac{\sigma_s}{S}$ 安全系数 S 取值如下				
		材料	不控制预紧力			控制预紧力
			M6~M16	M16~M30	M30~M60	
		碳素钢	5~4	4~2.5	2.5~2	1.2~1.5
		合金钢	5.7~5	5~3.4	3.4~3	
	变载荷	按最大应力 $[\sigma] = \dfrac{\sigma_s}{S}$	不控制预紧力时的 S			控制预紧力时的 S
		材料	M6~M16	M16~M30	M30~M60	
		碳素钢	12.5~8.5	8.5	8.5	1.2~1.5
		合金钢	10~6.8	6.8	6.8	
		按循环应力幅:$[\sigma_a] = \dfrac{\varepsilon \sigma_{-1}}{S_a k_\sigma}$				
		式中,ε 为尺寸系数,按下列情况取值;S_a 为安全系数,不控制预紧力时取2.5~5,控制预紧力时取1.5~2.5				
		d/mm	12	16	20	24	32	40	48	56	64	72	80
		ε	1	0.88	0.81	0.75	0.67	0.65	0.54	0.56	0.53	0.51	0.49
		有效应力集中系数 k_σ				材料对称循环疲劳极限 σ_{-1}/MPa		
		σ_B/MPa	400	600	800	1000	材料	低碳钢	中碳钢	合金钢
		k_σ	3	3.9	4.8	5.2	σ_{-1}	120~160	170~250	240~340

注:碾压螺纹的 k_σ 应将表中的数值降低20%~30%。

2. 只受预紧力 F' 的紧螺栓连接

这种连接如图 3.17 所示，螺栓装入具有间隙的孔，首先拧紧螺栓和螺母，在螺栓中产生预紧力 F'，然后施加外载荷 F_R，螺栓连接在接合面上产生的摩擦力必须超过外力 F_R。

拧紧螺母时，螺栓承受轴向拉伸的预紧力 F' 和螺纹力矩 T_1，这时螺栓危险截面除受拉应力 σ 外，还受螺纹力矩所引起的切应力 τ。

$$\sigma = \frac{F'}{\frac{\pi}{4}d_1^2} \tag{3.9}$$

$$\tau = \frac{F'\tan(\varphi+\rho_v)\dfrac{d_2}{2}}{\dfrac{\pi}{16}d_1^3} = \frac{2d_2}{d_1}\tan(\varphi+\rho_v)\frac{F'}{\pi d_1^2/4} \tag{3.10}$$

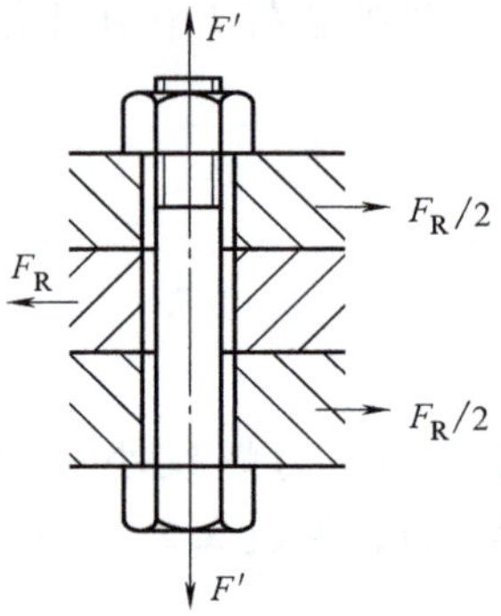

对于 M10~M68 的普通螺纹，取 d_2/d_1 和 φ 的平均值，并取 $\tan\rho_v = f_v = 0.15$，得 $\tau \approx 0.5\sigma$。按第四强度理论（最大变形能理论），当量应力 σ_e 为

$$\sigma_e = \sqrt{\sigma^2 + 3\tau^2} \leqslant [\sigma] \tag{3.11}$$

将 $\tau \approx 0.5\tau$ 代入式（3.11），可得

图 3.17 只受预紧力 F' 的紧螺栓连接

$$\sigma_e = \sqrt{\sigma^2 + 3(0.5\sigma)^2} \approx 1.3\sigma \leqslant [\sigma]$$

即

$$\frac{1.3F'}{\frac{\pi}{4}d_1^2} \leqslant [\sigma] \tag{3.12}$$

或

$$d_1 \geqslant \sqrt{\frac{4 \times 1.3F'}{\pi[\sigma]}} \tag{3.13}$$

式中，$[\sigma]$ 为紧连接螺栓的许用应力（MPa），见表 3.2。

3. 受预紧力和轴向拉伸载荷的螺栓连接

这种连接常用于压力容器中的螺栓连接，首先拧紧螺栓和螺母，在螺栓中产生预紧力 F'，然后施加外界的轴向拉伸载荷 F，但是作用在螺栓上的总拉力 $F_0 \neq F' + F$，总拉力 F_0 取决于预紧力 F'、外载荷 F、螺栓和被连接件的刚度。现说明如下：

图 3.18a 所示为螺栓刚要拧紧、还没拧紧，螺栓不受力、不变形的情况；图 3.18b 所示为螺栓拧紧后、受工作载荷作用前的情况，螺栓受拉，即受预紧力 F'，被连接件受大小相等、方向相反的压力 F'。以 c_1 和 c_2 分别表示螺栓和被连接件的刚度，则螺栓的伸长量 $\delta_1 = F'/c_1$，被连接件的被压缩量 $\delta_2 = F'/c_2$，图 3.19a 所示为此时螺栓及被连接件各自的受力-变形情况，因为拉伸为正、压缩为负，所以将被连接件的变形画为反方向。将图 3.19a 所示的两种受力-变形情况合并，则可用图 3.19b 所示。

如图 3.18c 所示，当螺栓受工作载荷 F 时，螺栓进一步受拉，拉力由 F' 增大到总拉力 F_0，拉力增量为 $F_0 - F'$，伸长增量为 $\Delta\delta_1$；随着螺栓的进一步被拉伸，被连接件被压缩的程度得到了部分缓解，此时被连接件的压力减小为残余预紧力 F''，压力减量为 $F' - F''$，压缩减

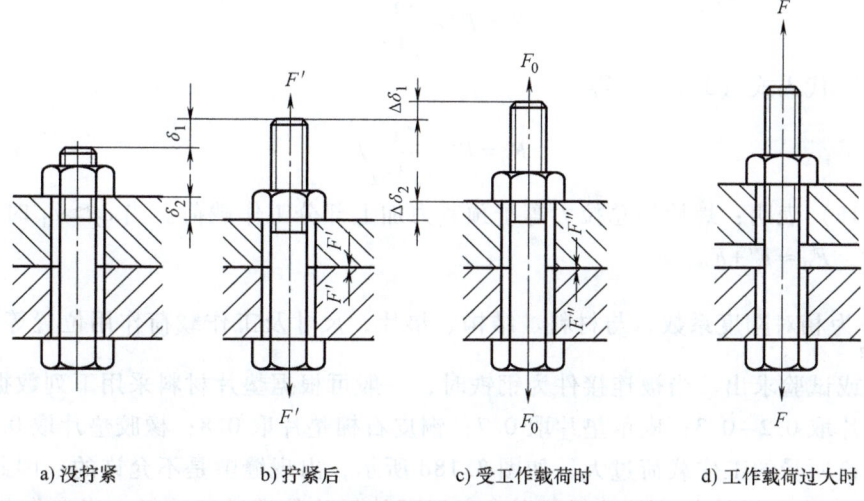

a) 没拧紧　　　　b) 拧紧后　　　　c) 受工作载荷时　　　　d) 工作载荷过大时

图 3.18　螺栓和被连接件的受力和变形

量为 $\Delta\delta_2$，此时螺栓及被连接件的受力-变形关系如图 3.19c 所示。

根据螺栓的静力平衡条件，即螺栓的总拉力 F_0 必然为工作载荷 F 与被连接件给它的残余预紧力 F'' 之和，即

$$F_0 = F'' + F \tag{3.14}$$

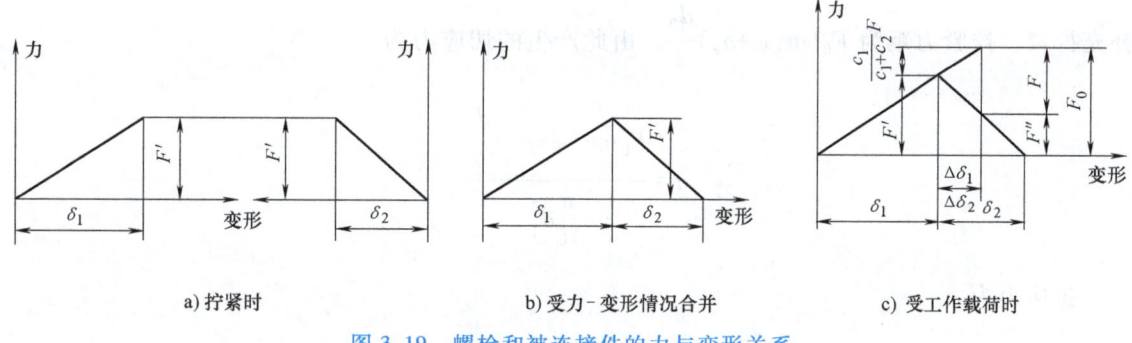

a) 拧紧时　　　　b) 受力-变形情况合并　　　　c) 受工作载荷时

图 3.19　螺栓和被连接件的力与变形关系

当螺栓受工作载荷 F 作用时，螺栓变形的增加量 $\Delta\delta_1 = \dfrac{F_0 - F'}{c_1}$，而被连接件变形的减少量 $\Delta\delta_2 = \dfrac{F' - F''}{c_2}$。假设被连接件没有分离，那么由变形协调条件，螺栓变形的增加量必然等于被连接件变形的减少量，即 $\Delta\delta_1 = \Delta\delta_2$。因此，

$$\frac{F_0 - F'}{c_1} = \frac{F' - F''}{c_2} \tag{3.15}$$

将式（3.14）代入式（3.15），得

$$F'' = F' - \frac{c_2}{c_1 + c_2} F \tag{3.16}$$

或

$$F' = F'' + \frac{c_2}{c_1+c_2}F \tag{3.17}$$

将式（3.16）代入式（3.14），得

$$F_0 = F' + \frac{c_1}{c_1+c_2}F \tag{3.18}$$

式（3.18）表明：螺栓的总拉力等于预紧力加上部分工作载荷。当 $c_2 \gg c_1$ 时，$F_0 \approx F'$；当 $c_2 \ll c_1$ 时，$F_0 \approx F' + F$。

式中，$\dfrac{c_1}{c_1+c_2}$ 为相对刚度系数，与材料、结构、垫片、尺寸及工作载荷作用位置等因素有关，可通过计算或试验求出。当被连接件为钢铁时，一般可根据垫片材料采用下列数据：金属垫片或不用垫片取 0.2~0.3；皮革垫片取 0.7；铜皮石棉垫片取 0.8；橡胶垫片取 0.9。

如果螺栓所受的工作载荷过大，如图 3.18d 所示，出现缝隙是不允许的，因此应使残余预紧力 $F'' > 0$。残余预紧力 F'' 的选择可以参考以下的经验数据进行选择：当工作载荷 F 不变时，取 $F'' = (0.2 \sim 0.6)F$；当工作载荷 F 变化时，取 $F'' = (0.6 \sim 1.0)F$；对于紧密连接的压力容器，因气密性要求，可取 $F'' = (1.5 \sim 1.8)F$。

此时螺栓的强度条件为：$\sigma = \dfrac{F_0}{\dfrac{\pi}{4}d_1^2}$，考虑到螺栓工作时，个别螺栓可能松动，因此需要补充拧紧，拧紧力矩为 $F_0 \tan(\varphi + \rho_v)\dfrac{d_2}{2}$，由此产生的切应力为

$$\tau = \frac{F_0 \tan(\varphi + \rho_v)\dfrac{d_2}{2}}{\dfrac{\pi}{16}d_1^3}$$

拉应力为

$$\sigma = \frac{F_0}{\dfrac{\pi}{4}d_1^2}$$

参照式（3.12）的推导，得出强度条件为

$$\frac{1.3F_0}{\dfrac{\pi}{4}d_1^2} \leq [\sigma] \tag{3.19}$$

或

$$d_1 \geq \sqrt{\frac{4 \times 1.3F_0}{\pi[\sigma]}} \tag{3.20}$$

式（3.20）适用于螺栓承受静载荷的情况，许用应力见表 3.2。式（3.20）也适用于变载荷的情况，但是，变载荷情况下需要验算应力幅，即 $\sigma_a \leq [\sigma_a]$。

如果工作载荷在 F_1 和 F_2 之间变化，螺栓的拉力将在预紧力 F' 和总拉力 F_0 之间变化，如图 3.20 所示，则螺栓的应力幅为

$$\sigma_a = \frac{\dfrac{F_0 - F'}{2}}{\dfrac{\pi}{4}d_1^2} = \frac{\left(\dfrac{c_1}{c_1+c_2}F\right)/2}{\dfrac{\pi}{4}d_1^2} = \frac{c_1}{c_1+c_2}\frac{2F}{\pi d_1^2}$$

强度条件为

$$\sigma_a = \frac{c_1}{c_1+c_2}\frac{2F}{\pi d_1^2} \leqslant [\sigma_a] \tag{3.21}$$

式中，$[\sigma_a]$ 为许用应力幅，见表 3.2。

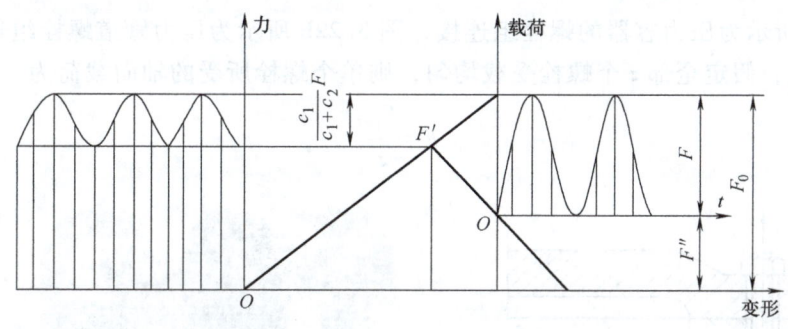

图 3.20 变载荷下螺栓拉力的变化

3.4.2 受剪螺栓连接的强度计算

受剪螺栓连接所采用的螺栓是铰制孔用螺栓，如图 3.21 所示。工作载荷为横向载荷，螺栓可能的失效形式为螺栓杆或螺栓孔壁被压溃以及螺栓被剪断。拧紧时的预紧力和摩擦力等可忽略，其强度条件如下：

挤压强度条件为

$$\sigma_p = \frac{F_s}{d_0 h_1} \leqslant [\sigma_p] \tag{3.22}$$

剪切强度条件为

$$\tau = \frac{F_s}{\dfrac{\pi}{4}d_0^2 m} \leqslant [\tau] \tag{3.23}$$

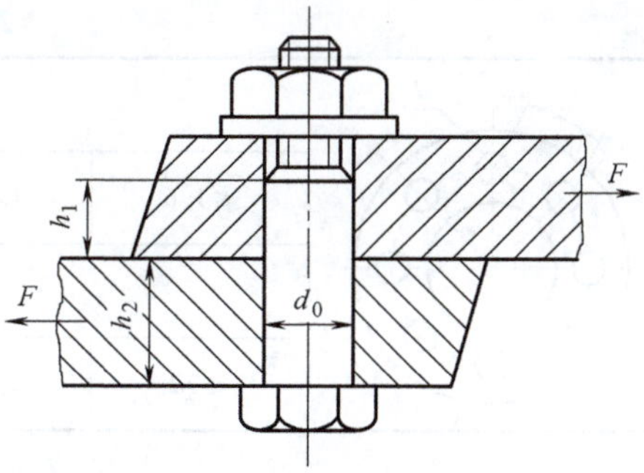

图 3.21 受剪螺栓连接

式中，F_s 为每个螺栓受的剪切力（N）；d_0 为螺栓抗剪面的直径（mm）；h_1 为最小挤压部分高度（mm）；$[\sigma_p]$ 为许用挤压应力（MPa），见表 3.3。

表3.3 受剪螺栓连接的许用应力

载荷	许用应力			
静载荷	许用切应力	$[\tau]=\dfrac{\sigma_S}{2.5}$		
	许用挤压应力	钢：$[\sigma_p]=\dfrac{\sigma_S}{[S_p]}=\dfrac{\sigma_S}{1\sim1.25}$		铸铁：$[\sigma_p]=\dfrac{\sigma_B}{[S_p]}=\dfrac{\sigma_B}{2\sim2.5}$
变载荷	许用切应力	$[\tau]=\dfrac{\sigma_S}{3\sim3.5}$		
	许用挤压应力	钢：$[\sigma_p]=\dfrac{\sigma_S}{[S_p]}=\dfrac{\sigma_S}{1.6\sim2}$		铸铁：$[\sigma_p]=\dfrac{\sigma_B}{[S_p]}=\dfrac{\sigma_B}{2.5\sim3.5}$

3.5 螺栓组连接的受力分析

1. 受轴向载荷 F_Q 的螺栓组连接

图3.22a所示为压力容器的螺栓组连接，图3.22b所示为压力管道螺栓组连接，螺栓组受轴向载荷 F_Q，假定全部 z 个螺栓受载均匀，则单个螺栓所受的轴向载荷为

$$F=\frac{F_Q}{z} \tag{3.24}$$

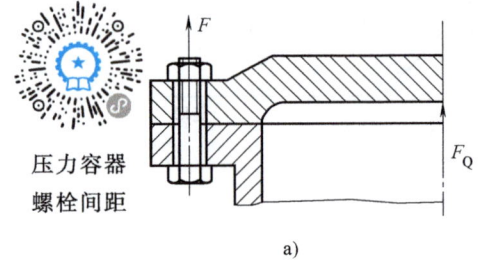

图3.22 受轴向载荷的螺栓组连接

对于有紧密性要求的压力容器、气缸盖等受轴向载荷作用的螺栓组连接，为保证压力容器接合面的密封可靠，螺栓间距应满足表3.4中的推荐值。

表3.4 螺栓间距 L

	工作压力 p/MPa					
	≤1.6	1.6~4	4~10	10~16	16~20	20~30
	螺栓间距 L/mm					
	≤7d	≤4.5d	≤4.5d	≤4d	≤3.5d	≤3d

2. 受横向载荷 F_R 的螺栓组连接

受横向载荷 F_R 的螺栓组连接可采用受拉螺栓和受剪螺栓两种结构形式。

（1）采用受拉螺栓　这种连接将螺栓装在具有间隙的孔中（图3.23a），螺栓连接在接合面上产生的摩擦力必须超过外力 F_R，此时所需的预紧力为

$$F' \geq \frac{K_f F_R}{\mu_s m z} \quad (3.25)$$

式中，μ_s 为接合面摩擦系数；m 为接合面数；z 为螺栓数目；K_f 为考虑摩擦传力的可靠性系数，$K_f = 1.1 \sim 1.3$。

（2）采用受剪螺栓　这种连接将螺栓装在没有明显间隙的铰制孔中（图3.23b），可承受较大的载荷，并且不需要专门措施来使零件相互定位。

螺栓按剪切计算，每个螺栓所受的剪力为

$$F_s = \frac{F_R}{z} \quad (3.26)$$

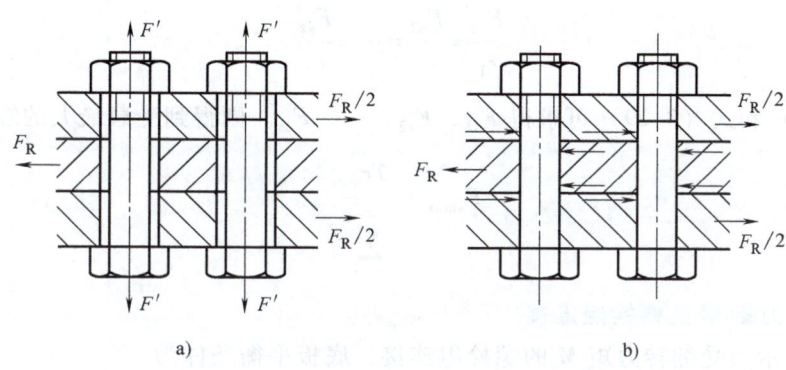

图 3.23　受横向载荷的螺栓组连接

3. 受旋转力矩 T 的螺栓组连接

这种连接（图3.24a）可采用受拉螺栓和受剪螺栓两种结构形式。

（1）采用受拉螺栓　如图3.24b所示，螺栓装入具有间隙的螺栓孔，接合面受外力所产生的旋转力矩 T。连接中产生的摩擦力矩应大于所作用的外力矩 T，接合能力的条件如下：

$$F'\mu_s r_1 + F'\mu_s r_2 + \cdots + F'\mu_s r_z \geq K_f T$$

$$F' \geq \frac{K_f T}{\mu_s (r_1 + r_2 + \cdots + r_z)}$$

$$F' \geq \frac{K_f T}{\mu_s \sum_{i=1}^{z} r_i} \quad (3.27)$$

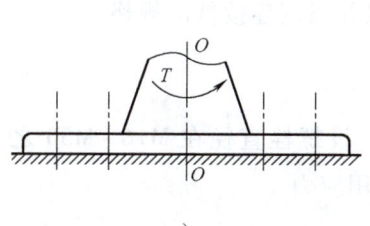
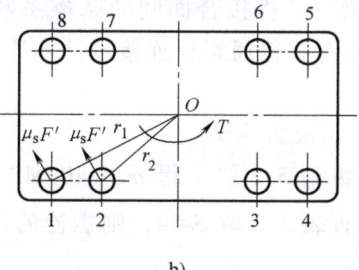
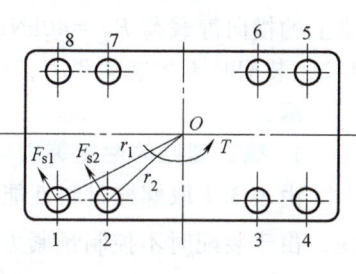

图 3.24　受旋转力矩的螺栓组连接

式中，F' 为预紧力；r_1，r_2，$\cdots$，r_z 为接合面形心 O 到每个螺栓中心的径向距离；μ_s 为接合面摩擦系数；K_f 为考虑摩擦传力的可靠性系数。

（2）采用受剪螺栓　如果采用受剪螺栓（图 3.24c），螺栓与孔壁间无间隙，螺栓按剪切计算。接合面的平衡条件为

$$F_{s1}r_1 + F_{s2}r_2 + \cdots + F_{sz}r_z = T \tag{3.28}$$

式中，r_1，r_2，$\cdots$，r_z 为接合面形心 O 到每个螺栓中心的径向距离；F_{s1}，F_{s2}，$\cdots$，F_{sz} 为各螺栓所受的力（与螺栓中心至底板旋转中心的连线垂直）。

由变形协调条件

$$\frac{F_{s1}}{r_1} = \frac{F_{s2}}{r_2} = \cdots = \frac{F_{sz}}{r_z} \tag{3.29}$$

联立式 (3.28) 和式 (3.29) 可求得 F_{s1}，F_{s2}，$\cdots$，F_{sz}。则得到受载最大的螺栓的剪力为

$$F_{smax} = \frac{Tr_{max}}{\sum\limits_{i=1}^{z} r_i^2} \tag{3.30}$$

4. 受翻转力矩 M 的螺栓组连接

图 3.25 所示为受翻转力矩 M 的螺栓组连接，底板平衡条件为

$$F_1 l_1 + F_2 l_2 + \cdots + F_z l_z = M \tag{3.31}$$

式中，l_1，l_2，$\cdots$，l_z 为螺栓中心到接合面形心轴线 OO 的距离；F_1，F_2，$\cdots$，F_z 为作用在单个螺栓上的力。

由变形协调条件

$$\frac{F_1}{l_1} = \frac{F_2}{l_2} = \cdots = \frac{F_z}{l_z} \tag{3.32}$$

联立式 (3.31) 和式 (3.32) 可求得 F_1，F_2，$\cdots$，F_z。则

$$F_{max} = \frac{M l_{max}}{\sum\limits_{i=1}^{z} l_i^2} \tag{3.33}$$

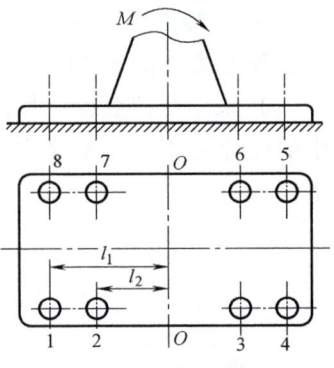

图 3.25　受翻转力矩的螺栓组连接

例 3.1　如图 3.26 所示，钢制搭接梁用 8 个螺栓（每侧 4 个）连接起来。梁的厚度为 25mm，搭板的厚度为 15mm，梁上的横向静载荷 $F_\Sigma = 40$kN，梁与搭板接合面间的摩擦系数 $\mu = 0.15$，取可靠性系数 $K_f = 1.2$，装配时不控制预紧力，试按钢制普通螺栓连接设计此连接并确定连接件的规格。

解：

1. 确定螺栓的性能等级和许用应力 $[\sigma]$

由表 3.1 取螺栓材料性能等级为 5.8 级，得 $\sigma_S = 400$MPa，设螺栓直径在 M16 ~ M30 之间，由于装配时不控制预紧力，查表 3.2 取 $S = 4$，则螺栓的许用应力

$$[\sigma] = \frac{\sigma_S}{S} = \frac{400}{4}\text{MPa} = 100\text{MPa}$$

2. 确定单个螺栓的预紧力 F'

$$F' = \frac{K_f F_\Sigma}{zm\mu} = \frac{1.2 \times 40000}{4 \times 2 \times 0.15}\text{N} = 40000\text{N}$$

3. 确定螺栓的直径 d

$$d_1 \geqslant \sqrt{\frac{4 \times 1.3 F'}{\pi [\sigma]}} = \sqrt{\frac{4 \times 1.3 \times 40000}{\pi \times 100}}\text{mm} = 25.73\text{mm}$$

选取小径大于并接近 25.73mm 的粗牙普通螺纹，由 GB/T 196—2003 查得螺纹 M30，其 $d_1 = 26.211\text{mm} > 25.73\text{mm}$，满足强度要求，且与假设范围相符，参数选择合理，故选用螺栓公称直径为 $d = 30\text{mm}$。

4. 选择螺母

由 GB/T 6170—2015，选取 1 型 B 级螺母，螺母 M30 的厚度为 25.6mm。

5. 计算螺栓长度 l

计算螺栓伸出长度

$$a = (0.2 \sim 0.3)d = (0.2 \sim 0.3) \times 30\text{mm} = 6 \sim 9\text{mm}$$

计算螺栓长度

$$l \geqslant [25 + 15 \times 2 + 25.6 + (6 \sim 9)]\text{mm} = 86.6 \sim 89.6\text{mm}$$

由 GB/T 5782—2016，查 A 级六角头螺栓标准长度系列得 $l = 90\text{mm}$。

连接件标记如下：螺栓　GB/T 5782　M30×90；螺母　GB/T 6170　M30。

例 3.2　如图 3.27 所示，气缸盖用普通螺栓组连接，缸内气体压力 p 在 $0 \sim 0.6\text{MPa}$ 之间变化，刚体和缸盖连接接合面用铜皮石棉垫片密封，气缸内径 $D = 420\text{mm}$，螺栓分布圆直径 $D_1 = 500\text{mm}$，装配时控制预紧力，试设计此螺栓组连接。

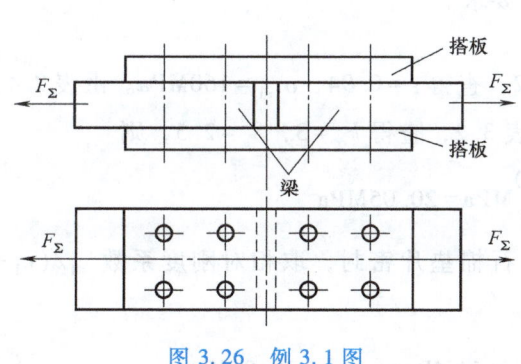

图 3.26　例 3.1 图

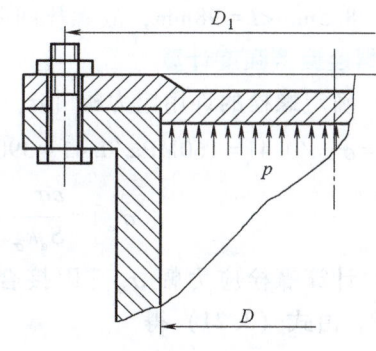

图 3.27　例 3.2 图

解：

1. 螺栓组的静强度计算

（1）确定螺栓材料的性能等级和许用应力 $[\sigma]$　由表 3.1 选取螺栓材料性能等级为 4.6 级，得 $\sigma_S = 240\text{MPa}$；由于装配时控制预紧力，查表 3.2 取安全系数 $S = 1.5$，则螺栓的许用应力

$$[\sigma] = \frac{\sigma_S}{S} = \frac{240}{1.5}\text{MPa} = 160\text{MPa}$$

(2) 确定单个螺栓的最大工作载荷 F 螺栓组最大工作载荷

$$F_\Sigma = \frac{\pi D^2}{4} p_{max} = \left(\frac{\pi \times 420^2}{4} \times 0.6\right) \text{N} = 83084.4 \text{N}$$

试选螺栓的数目 $z=20$，则单个螺栓的最大工作载荷 F 为

$$F = \frac{F_\Sigma}{z} = \frac{83084.4}{20} \text{N} = 4154.22 \text{N}$$

(3) 确定残余预紧力 F'' 由于气缸要求密封可靠，取

$$F'' = 1.5F = 1.5 \times 4154.22 \text{N} = 6231.33 \text{N}$$

(4) 确定单个螺栓的总拉力 F_0

$$F_0 = F + F'' = (4154.22 + 6231.33) \text{N} = 10385.55 \text{N}$$

(5) 计算满足静强度要求的最小螺纹直径 d_1

$$d_1 \geq \sqrt{\frac{4 \times 1.3 F_0}{\pi [\sigma]}} = \sqrt{\frac{4 \times 1.3 \times 10385.55}{\pi \times 160}} \text{mm} = 10.368 \text{mm}$$

选取小径大于并接近 10.368mm 的粗牙普通螺纹，由 GB/T 196—2003 查得螺纹 M14，其 $d_1 = 11.835\text{mm} > 10.368\text{mm}$，满足静强度要求，故选用螺栓公称直径 $d = 14\text{mm}$。

2. 校核螺栓间距

由表 3.4 查得，有紧密性要求的螺栓连接允许的最大间距应满足

$$L \leq 7d = 7 \times 14\text{mm} = 98\text{mm}$$

螺栓实际间距

$$L' = \frac{\pi D_1}{z} = \frac{\pi \times 500}{20} \text{mm} = 78.5\text{mm}$$

$L' = 78.5\text{mm} < L = 98\text{mm}$，故螺栓间距满足设计要求。

3. 螺栓疲劳强度计算

(1) 确定螺栓的许用应力幅 $[\sigma_a]$ 由表 3.2，查得 $\varepsilon = 0.94$，$\sigma_{-1} = 160\text{MPa}$。由表 2.4，查得 $\sigma_B = \sigma_{-1}/0.41 = 160\text{MPa}/0.41 = 390\text{MPa}$。由表 3.2，查得 $k_\sigma = 3$，$S_a = 2.5$，则

$$[\sigma_a] = \frac{\varepsilon \sigma_{-1}}{S_a k_\sigma} = \frac{0.94 \times 160}{2.5 \times 3} \text{MPa} = 20.05 \text{MPa}$$

(2) 计算螺栓应力幅 σ_a 因接合面用铜皮石棉垫片密封，取相对刚度系数 $c_1/(c_1+c_2) = 0.8$，由式（3.21）得

$$\sigma_a = \frac{c_1}{c_1+c_2} \frac{2F}{\pi d_1^2} = 0.8 \times \frac{2 \times 4154.22}{\pi \times 11.835^2} = 15.11 \text{MPa} < [\sigma_a] = 20.05 \text{MPa}$$

所以螺栓组的疲劳强度安全。

例 3.3 如图 3.28a 所示螺栓组连接，已知 $P = 1600\text{N}$，采用四个普通受拉螺栓连接，螺栓材料的许用应力 $[\sigma] = 62\text{MPa}$，接合面摩擦系数 $f = 0.15$，取可靠性系数 $K_f = 1.2$，试求所需螺栓直径。

解：

1. 简化为基本形式载荷

如图 3.28b 所示，将载荷 P 向螺栓组形心 O 简化，得横向力 P 及旋转力矩 T。

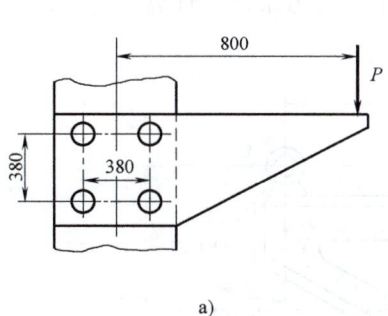 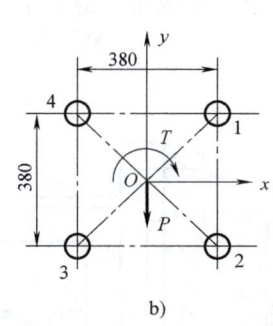 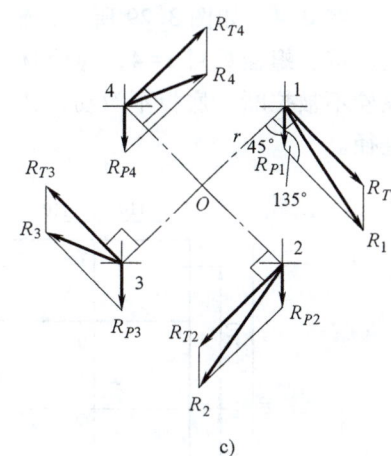

图 3.28 例 3.3 图

$$P = 1600\text{N}, T = PL = 1600\text{N} \times 800\text{mm} = 128 \times 10^4 \text{N} \cdot \text{mm}。$$

2. 计算每个螺栓连接的作用力

1) 横向力 P 由四个螺栓连接平均承受（图 3.28c），即

$$R_{P1} = R_{P2} = R_{P3} = R_{P4} = \frac{P}{4} = \frac{1600}{4}\text{N} = 400\text{N}$$

2) 旋转力矩 T 使各螺栓连接承受与形心连线相垂直的横向作用力，且各力相等（图 3.28c），即

$$R_{T1} = R_{T2} = R_{T3} = R_{T4}$$

又由静力平衡条件，得

$$R_{T1}r + R_{T2}r + R_{T3}r + R_{T4}r = T$$

所以

$$R_{T1} = R_{T2} = R_{T3} = R_{T4} = \frac{T}{4r} = \frac{128 \times 10^4}{4 \times 380 \times \frac{\sqrt{2}}{2}}\text{N} = 1191\text{N}$$

3) 求受力最大螺栓连接的作用力。每个螺栓连接的横向力等于各自 R_P 与 R_T 的矢量和，由几何关系可知（图 3.28c），1、2 两螺栓连接的合力最大，其值为

$$R_{\max} = R_1 = R_2 = \sqrt{R_{P1}^2 + R_{T1}^2 - 2R_{P1}R_{T1}\cos 135°}$$
$$= \sqrt{400^2 + 1191^2 + 2 \times 400 \times 1191 \cos 45°}\text{ N}$$
$$= 1501\text{N}$$

3. 螺栓强度计算

(1) 计算受力最大的螺栓连接所需预紧力

$$F' \geq \frac{K_f R_{\max}}{fmz} = \frac{1.2 \times 1501}{0.15 \times 1 \times 1}\text{N} = 12008\text{N}$$

(2) 计算所需螺栓直径

$$d_1 \geq \sqrt{\frac{4 \times 1.3 F'}{\pi [\sigma]}} = \sqrt{\frac{4 \times 1.3 \times 12008}{\pi \times 62}}\text{mm} = 17.9\text{mm}$$

例 3.4 如图 3.29 所示，轴承托架固定在钢制立柱上。托架材料为铸铁，采用普通螺栓连接，螺栓数目 $z=4$，螺栓材料级别为 6.8 级，载荷 $Q=6\text{kN}$，尺寸如图 3.29 所示。试按螺栓不被拉断、底板不滑动、托架底板上边缘不离缝且下端不压溃为条件，计算并选取螺栓直径。

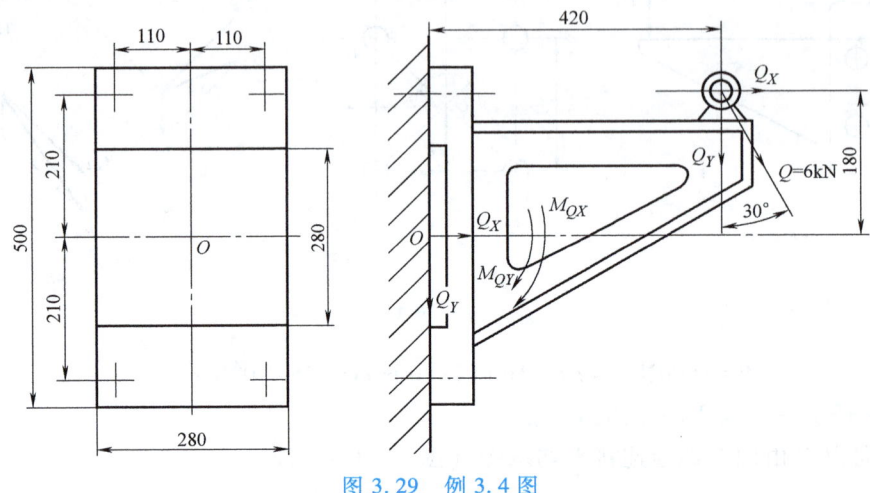

图 3.29 例 3.4 图

解：

1. 螺栓组受力分析

将载荷 Q 分解为水平分力 Q_X 及竖直分力 Q_Y（图 3.29），即

$$Q_X = Q\sin\alpha = 6\times1000\text{N}\times\sin30° = 3000\text{N}$$

$$Q_Y = Q\cos\alpha = 6\times1000\text{N}\times\cos30° = 5196\text{N}$$

将 Q_X 及 Q_Y 移至螺栓组接缝面的几何形心 O 点，得一轴向力 Q_X、横向力 Q_Y 和翻倒力矩 M_{QX}、M_{QY}，总翻倒力矩 M 为

$$M = M_{QX} + M_{QY} = Q_X\times180\text{mm} + Q_Y\times420\text{mm}$$
$$= (3000\times180 + 5196\times420)\text{N}\cdot\text{mm} = 2722320\text{N}\cdot\text{mm}$$

此螺栓属于既受横向力（Q_Y）又受轴向力（预紧力和工作载荷）的紧连接螺栓，而工作载荷由两部分组成：

1）由轴向力 Q_X 引起的工作拉力

$$F_1 = Q_X/4 = 3000\text{N}/4 = 750\text{N}$$

2）由翻倒力矩引起的工作拉力

$$F_2 = \frac{ML_{\max}}{\sum_{i=1}^{4}L_i^2} = \frac{2722320\times210}{4\times210^2}\text{N} = 3240\text{N}$$

总工作拉力

$$F = F_1 + F_2 = (750+3240)\text{N} = 3990\text{N}$$

2. 求每个螺栓的预紧力 F'

根据底板不滑动的条件，即横向力 Q_Y 与底板的摩擦力平衡，求得

$$4F''\mu_s \geq K_f Q_Y \quad (F''\text{为残余预紧力})$$

将 $F''=F'-\dfrac{c_2}{c_1+c_2}F_1=F'-\dfrac{c_2}{c_1+c_2}\dfrac{Q_X}{4}$（此处的工作载荷用 F_1 而不用总工作拉力 F，是因翻倒力矩对摩擦力无影响，在 M 作用下，底板下部的压力虽然增大，但上部的压力却以同样程度减小）代入上式，得

$$\left(4F'-\dfrac{c_2}{c_1+c_2}Q_X\right)\mu_s \geqslant K_f Q_Y$$

取 $c_1/(c_1+c_2)=0.3$（按无垫片考虑），而 $c_2/(c_1+c_2)=1-0.3=0.7$，则每个螺栓的预紧力为

$$F' \geqslant \dfrac{1}{4}\left(\dfrac{K_f Q_Y}{\mu_s}+\dfrac{c_2}{c_1+c_2}Q_X\right)$$

$$=\dfrac{1}{4}\left(\dfrac{1.2\times 5196}{0.15}+0.7\times 3000\right)\text{N}=10917\text{N}$$

3. 求螺栓受的总拉力 F_0

$$F_0=F'+\dfrac{c_1}{c_1+c_2}F=(10917+0.3\times 3990)\text{N}=12114\text{N}$$

4. 求螺栓直径

已知螺栓材料的强度级别为 6.8 级，由表 3.1，查得 $\sigma_S=480\text{MPa}$，又由表 3.2 按不控制预紧力考虑，设螺栓为 M16～M30，取 $S=3.5$，则

$$[\sigma]=\sigma_S/3.5=480\text{MPa}/3.5=137\text{MPa}$$

所以

$$d_1 \geqslant \sqrt{\dfrac{4\times 1.3\times F_0}{\pi[\sigma]}}=\sqrt{\dfrac{4\times 1.3\times 12114}{\pi\times 137}}\text{mm}=12.1\text{mm}$$

查国家标准 GB/T 196—2003，选 M16 的螺栓（其小径 $d_1=13.835\text{mm}$），与原设 M16～M30 相符。

5. 校核连接的工作能力

（1）接缝面上端不分离　不分离条件为 $\sigma_{p\min}>0$，即

$$\sigma_{p\min}=\dfrac{zF'}{A}-\dfrac{M}{W}-\dfrac{Q_X}{A}$$

$$=\left[\dfrac{4\times 10917}{280\times(500-280)}-\dfrac{2722320}{\dfrac{280\times(500^2-280^2)}{6}}-\dfrac{3000}{280\times(500-280)}\right]\text{MPa}$$

$$=0.32\text{MPa}>0$$

所以上边缘不分离。

（2）校核托架下端不压溃　不压溃条件为 $\sigma_{p\max} \leqslant [\sigma_p]$

对铸铁 $[\sigma_p]=\sigma_B/(2\sim 2.5)$，托架的材料为 HT200，$\sigma_B=200\text{MPa}$，则

$$[\sigma_p]=200\text{MPa}/(2\sim 2.5)=100\sim 80\text{MPa}$$

所以

$$\sigma_{pmax} = \frac{zF'}{A} + \frac{M}{W} - \frac{Q_X}{A}$$

$$= \left[\frac{4\times 10917}{280\times(500-280)} + \frac{2722320}{\frac{280\times(500^2-280^2)}{6}} - \frac{3000}{280\times(500-280)}\right] \text{MPa}$$

$$= 1\text{MPa} \ll [\sigma_p]$$

所以下端不压溃。

结论：此连接可靠，满足工作要求。

3.6 提高螺栓连接强度的措施

1. 使载荷在螺纹各圈间均匀分布

在理想的情况下，螺栓内的拉力和螺母内的压力，应当从螺栓和螺母之间相接触的第一圈起，使整个载荷均匀地减少。然而，拉力增大了螺栓内的螺距，而压力减小了螺母内的螺距，这样就不能保持受载零件之间的正确配合，载荷大部分传递到第一圈接触螺纹，并不是均匀分配的。为了部分地改变这种倾向，使载荷在螺纹各圈间均匀分布，可采用下列方法：①采用受拉螺母（图3.30a、b），其可以提高螺母的柔性，从而增大传递力的面积，载荷因此分布在较多的螺纹上。②将螺母的螺纹切制出很小的锥度（图3.30c），从而减小最初的一些螺纹的接触面积，使载荷在螺纹各圈间均匀分布。③用弹性模量比螺栓小的材料制造螺母，使载荷在较大的面积上分布也是成功的。

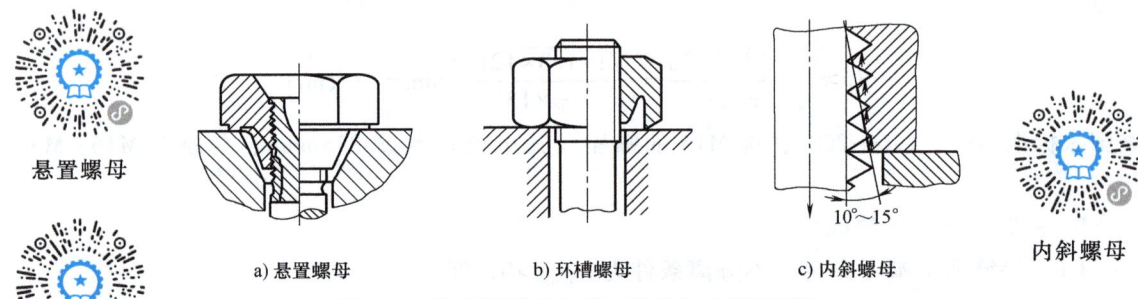

a) 悬置螺母　　b) 环槽螺母　　c) 内斜螺母

图 3.30　使螺纹牙受力分配较均匀的螺母结构

2. 减小螺栓刚度或增大被连接件刚度

理论分析表明，降低应力幅 σ_a 可提高螺栓连接的疲劳强度。在一定的工作载荷 F 作用下，螺栓总拉力 F_0 一定时，减小螺栓刚度 c_1 或增大被连接件刚度 c_2，都能使应

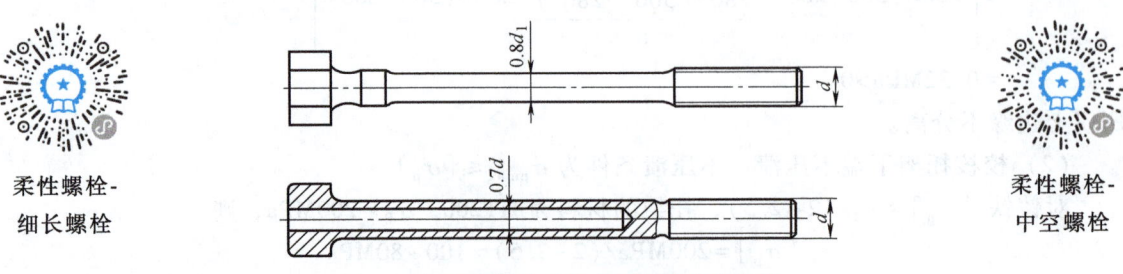

图 3.31　柔性螺栓可提高螺栓的疲劳强度

力幅 σ_a 减小，从而提高螺栓的疲劳强度。采用加粗螺栓直径的方法，对提高螺栓疲劳强度并无裨益，这样只增加了螺栓的强度，而并未降低螺栓的刚度。减小螺栓的刚度可采用如下措施：采用细长杆的螺栓、柔性螺栓（部分减小螺杆直径或采用中空螺栓，如图 3.31 所示）。

如上所述，减小连接件刚度或增大被连接件刚度，均可提高螺栓连接的疲劳强度。例如，图 3.32a 所示为压力容器，用刚度小的普通密封垫，就相当于减小了被连接件的刚度，因此降低了螺栓的疲劳强度。如果改为图 3.32b 所示的结构，即被连接件之间无垫片，开密封槽并放入橡胶密封环进行密封，就增大了被连接件的刚度，因此较前一种极大地提高了螺栓的疲劳强度。

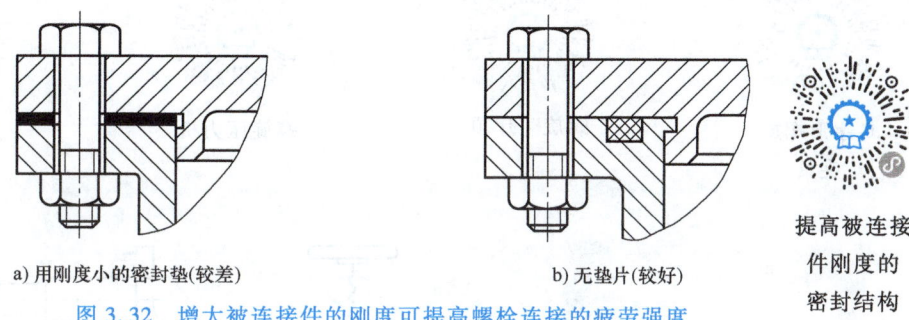

a) 用刚度小的密封垫(较差)　　b) 无垫片(较好)

图 3.32　增大被连接件的刚度可提高螺栓连接的疲劳强度

3. 减小应力集中

载荷从较大的截面传递到较小截面时，螺栓杆与螺栓头之间小的圆角半径可引起较大的应力集中（图 3.33a），而采用较大的圆角半径则可减小应力集中（图 3.33b、c）和提高螺栓杆的强度。

4. 减小附加应力

螺栓的弯曲应力对螺栓的断裂起到关键作用，因此减小附加应力主要指如何减小弯曲应力。产生弯曲应力的原因是：螺栓的轴线与被连接件表面不垂直，因此设计时必须保证螺栓的轴线与被连接件表面垂直。例如铸造表面不可以直接安装螺栓，必须加工平整，常用的方法是在铸造表面有螺栓连接的地方采用凸台或沉孔，如图 3.34a、b 所示。同时，还可以采用图 3.34c、d、e 等其他的一些方法使螺杆避免或减小附加弯曲应力。

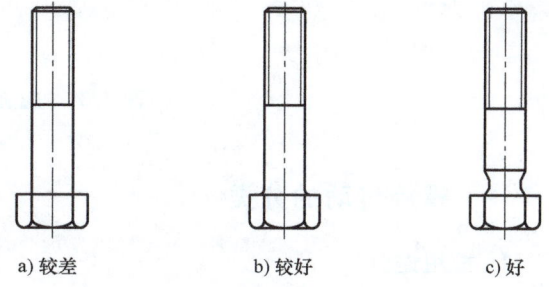

a) 较差　　b) 较好　　c) 好

图 3.33　螺栓头根部圆角半径对疲劳强度的影响

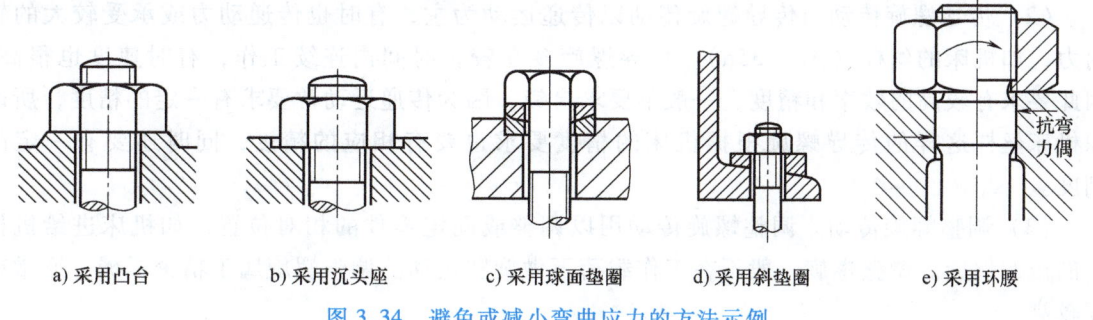

a) 采用凸台　　b) 采用沉头座　　c) 采用球面垫圈　　d) 采用斜垫圈　　e) 采用环腰

图 3.34　避免或减小弯曲应力的方法示例

3.7 螺旋传动

螺旋传动主要用来将回转运动变为直线运动，同时传递力和转矩，也可以用来调整零件的相互位置，有时兼有几种作用。其应用很广，如 G 字形螺旋夹具（图 3.35a）、螺旋千斤顶（图 3.35b）、螺旋压力机（图 3.35c）、螺旋丝杠（图 3.35d）及精密仪器中的调整装置等。

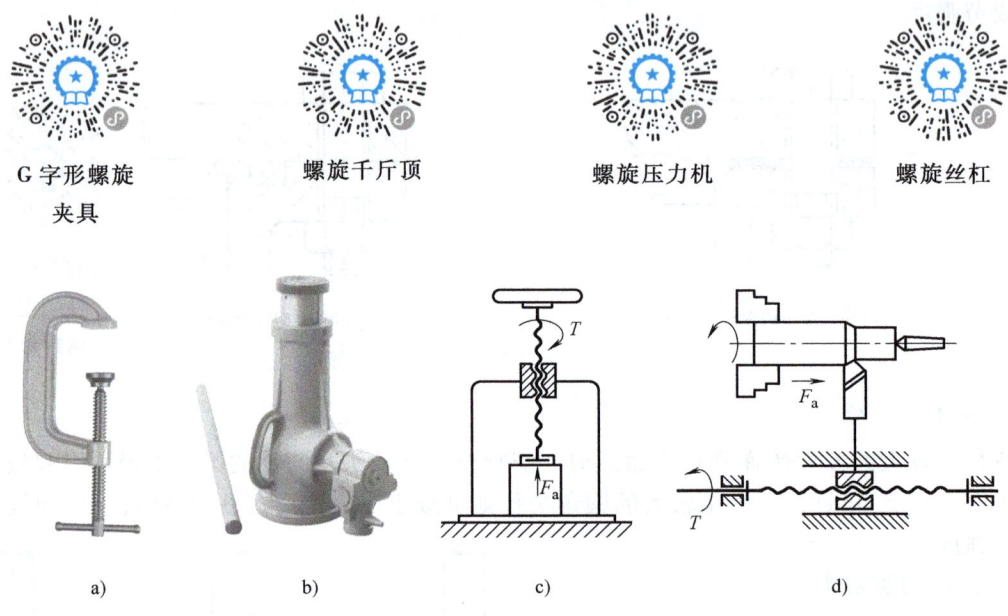

图 3.35 螺旋传动的应用

3.7.1 螺旋传动的分类

1. 按用途分

按用途，螺旋传动可分为传力螺旋传动、传导螺旋传动和调整螺旋传动三种。

（1）传力螺旋传动　传力螺旋传动用以举起重物或克服很大的轴向载荷，如螺旋千斤顶（图 3.35b）、螺旋压力机（图 3.35c）等，能用较小的转矩产生较大的轴向力以顶起重物。传力螺旋一般为间歇性工作，速度较低，通常要求自锁，因工作时间短，不追求高效率。

（2）传导螺旋传动　传导螺旋传动以传递运动为主，有时也传递动力或承受较大的轴向力，如机床的丝杠（图 3.35d）。传导螺旋多在较长时间内连续工作，有时速度也很高，因此要求有较高的效率和精度，一般不要求自锁。因为传递运动常要求有一定的精度，所以像机床丝杠这样的传导螺旋根据机床的精度要求也要有相应的精度，同时还要有一定的刚度。

（3）调整螺旋传动　调整螺旋传动用以调整或固定零件的相对位置，如机床进给机构中的微调螺旋。调整螺旋一般不在工作载荷下做旋转运动。调整螺旋属于精密机械，通常精度较高。

2. 按摩擦性质分

按摩擦性质，螺旋传动可分为滑动螺旋传动、滚动螺旋传动和静压螺旋传动三种。

（1）滑动螺旋传动　滑动螺旋传动如图 3.35b 所示，螺旋千斤顶是其典型应用。滑动螺旋传动结构简单、加工方便、易于自锁，但是摩擦大、效率低（一般为 20%~40%）、磨损快，低速时可能爬行，定位精度和轴向刚度较差。

（2）滚动螺旋传动　为了提高效率，将滑动变为滚动，出现了滚动螺旋传动，如图 3.36 所示，滚动螺旋传动是在螺杆和螺母的接触表面之间放置许多滚珠，当螺杆或螺母回转时，滚珠依次沿螺纹滚动，经导路出而复入。图 3.36a 所示为外循环式滚动螺旋传动，图 3.36b 所示为内循环式滚动螺旋传动。

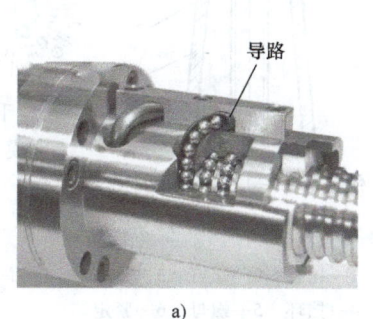
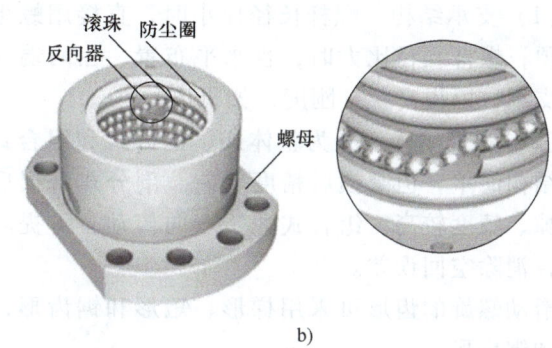

图 3.36　滚动螺旋传动

（3）静压螺旋传动　静压螺旋传动如图 3.37 所示。静压螺旋传动是采用静压流体润滑的滑动螺旋，但需要供油系统，因此，造价高、结构复杂。滚动螺旋传动和静压螺旋传动与滑动螺旋传动相比，具有摩擦小、效率高（一般大于 90%）、磨损小，定位精度和轴向刚度高等特点。但是，因为其结构复杂、加工不便、造价高，因此只用于重要的传动。

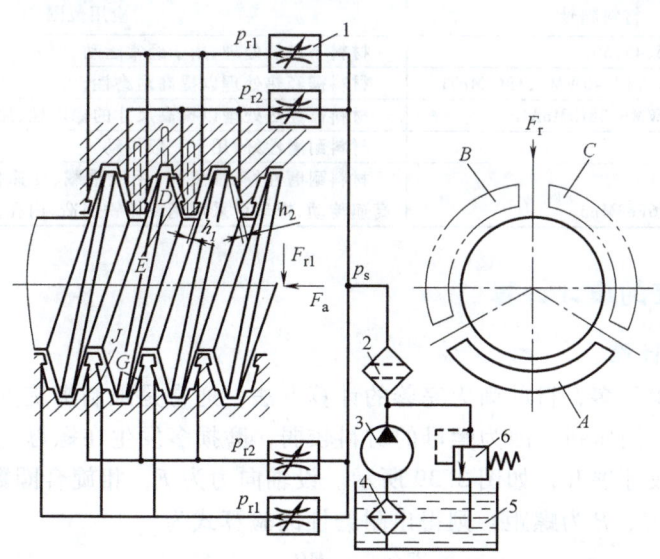

图 3.37　静压螺旋传动

1—节流阀　2—精过滤器　3—液压泵　4—过滤器　5—油箱　6—溢流阀

3.7.2 滑动螺旋的结构和材料

1. 滑动螺旋的结构

滑动螺旋的结构主要指螺杆、螺母的固定和支承的结构形式。螺旋传动的工作刚度与精度等与支承结构有直接关系。图3.38所示为千斤顶的典型结构，以传递动力为主，人用较小的转矩可产生很大的轴向力来顶起重物。一般为间歇性工作，每次工作时间较短，工作速度为低速，通常要求自锁。

（1）支承结构　螺杆长径比小时，直接用螺母支承千斤顶；螺杆长径比大时，且水平布置，在两端与中间附加支承，以提高螺杆刚度，如机床丝杠。

（2）螺母结构　分为整体式、剖分式和组合式。整体式结构简单，但磨损后精度较差。剖分式磨损后可补偿间隙、精度较高。组合式适于双向传动，可提高传动精度，消除空回误差。

滑动螺旋的齿形可采用梯形、矩形和锯齿形，常用梯形和锯齿形。

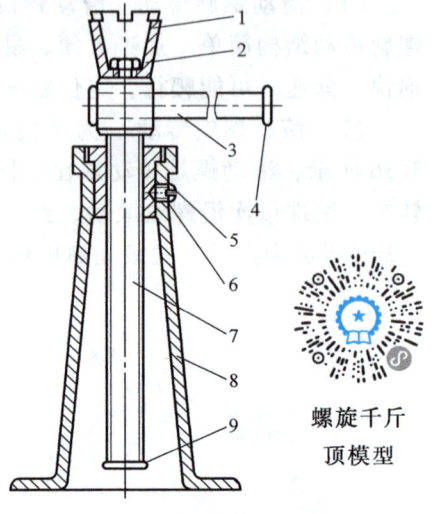

图3.38　千斤顶的典型结构

1—托杯　2—螺钉　3—手柄
4—挡环　5—螺母　6—紧定螺钉　7—螺杆　8—底座　9—挡板

2. 滑动螺旋副的材料

螺杆的材料要有足够的强度和耐磨性。螺母材料除要有足够的强度外，还要求在与螺杆材料配合时摩擦系数小、耐磨性好。螺旋传动常用的材料见表3.5。

表3.5　螺旋传动常用的材料

螺旋副	材料牌号	应用范围
螺杆	Q235、Q275、45、50	材料不经热处理，用于经常运动、受力不大、转速较低的传动
	40Cr、65Mn、T12、40WMn、18CrMnTi	材料需经热处理以提高耐磨性，用于重载、转速较高的重要传动
	9Mn2V、CrWMn、38CrMoAL	材料需经热处理以提高尺寸的稳定性，用于精密传导螺旋传动
螺母	ZCuSn10P1	材料耐磨性好，用于一般传动
	ZCuAl10Fe3	材料耐磨性好，强度高，用于重载、低速传动。对于尺寸较大或高速传动，螺母可采用钢或铸铁制造，内孔浇注青铜或巴氏合金
	ZCuZn25Al6Fe3Mn3	

3.7.3 滑动螺旋的设计计算

1. 耐磨性设计计算

影响磨损的因素很多，目前尚无完善的计算方法，通常是限制螺旋副螺纹工作面上的压强 p 要小于材料的许用压强。因为螺母的材料较弱，磨损多发生在螺母上，因此，只需要计算螺母。将一圈螺纹牙展开，如图3.39所示。设轴向力为 F，相旋合圈数为 z。$z = H/P$，此处 H 为螺母旋合长度，P 为螺距，则得出耐磨性的验算式为

$$p = \frac{F/z}{\pi d_2 h} = \frac{FP}{\pi d_2 hH} \leq [p] \tag{3.34}$$

式中，d_2 为螺纹中径（mm）；h 为螺纹工作高度（mm），梯形和矩形螺纹 $h = 0.5P$，锯齿形

螺纹 $h = 0.75P$；z 为旋合圈数；$[p]$ 为材料的许用压强（MPa），见表 3.6。

为设计方便，可引入螺母高度系数 $\phi = H/d_2$ 以消去 H 得

$$d_2 \geqslant \sqrt{\frac{FP}{\pi \phi h [p]}} \quad (3.35)$$

设计出的 d_2 圆整后必须查手册取标准值。

当螺母为整体式、磨损后间隙不能调整时，宜取 $\phi = 1.2 \sim 2.5$；当螺母为剖分式、间隙能够调整，或螺母兼作支承而受力较大时，可取 $\phi = 2.5 \sim 3.5$；传动精度较高，要求寿命较长时，允许取 $\phi = 4$。由于旋合各圈螺纹牙受力不均，z 的选取不宜大于 10。

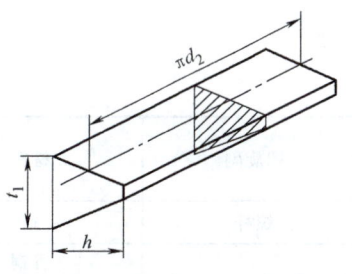

图 3.39 展直后的一圈螺纹牙

表 3.6 滑动螺旋副材料的许用压强 $[p]$ 及当量摩擦系数 μ_v

螺杆-螺母的材料	滑动速度/(m/min)	许用压力/MPa	当量摩擦系数 μ_v
钢-青铜	低速	18~25	0.08~0.10
	≤3.0	11~18	
	6~12	7~10	
	>15	1~2	
淬火钢-青铜	6~12	10~13	0.06~0.08
钢-铸铁	<2.4	13~18	0.12~0.15
	6~12	4~7	
钢-钢	低速	7.5~13	0.11~0.17

注：表中数值适用于 $\phi = 2.5 \sim 4$ 的情况，当 $\phi < 2.5$ 时，可提高 20%；若为剖分式螺母时，应降低 15%~20%。

2. 自锁性验算

对有自锁性要求的螺旋副，如起重螺旋要进行自锁性验算。自锁条件为

$$\varphi \leqslant \arctan \frac{P_h}{\pi d_2} = \arctan \frac{nP}{\pi d_2} \leqslant \rho_v - 1° \quad (3.36)$$

式中，ρ_v 为当量摩擦角，$\rho_v = \arctan \mu_v$，μ_v 为当量摩擦系数，见表 3.6。

3. 螺杆的强度计算

螺杆受有轴向力 F，故在螺杆轴向产生压应力（或拉应力），由于旋转力矩 T 的作用使螺杆截面内产生扭转切应力。因此螺杆截面受压（拉）应力与切应力的复合作用，由第四强度理论，可求出螺杆危险截面的当量应力 σ_e，相应的强度条件为

$$\sigma_e = \sqrt{\sigma^2 + 3\tau^2} = \sqrt{\left(\frac{4F}{\pi d_1^2}\right)^2 + 3\left(\frac{16T}{\pi d_1^3}\right)^2} \leqslant [\sigma] \quad (3.37)$$

式中，d_1 为螺纹小径（mm）；T 为螺纹力矩（N·mm），$T = F\tan(\varphi + \rho_v)d_2/2$；$[\sigma]$ 为螺杆材料的许用应力（MPa），见表 3.7。

4. 螺母螺纹牙强度计算

一般螺母材料强度低于螺杆，因此螺纹牙剪断和弯断均发生在螺母上。如图 3.39 所示，将一圈螺纹牙展开，则螺母螺纹牙的受力相当于悬臂梁的受力，因此得出螺母螺纹牙根部危险截面的弯曲强度条件为

$$\sigma_{\mathrm{B}} = \frac{M}{W} = \frac{3Fh}{\pi D t_1^2 z} \leq [\sigma_{\mathrm{b}}] \tag{3.38}$$

表3.7 螺杆和螺母材料的许用应力

螺旋副	材料	许用应力/MPa		
		$[\sigma]$	$[\sigma_{\mathrm{b}}]$	$[\tau]$
螺杆	钢	$[\sigma] = \sigma_{\mathrm{S}}/S, S = 3\sim 5$		
螺母	青铜		40~60	30~40
	耐磨铸铁		50~60	40
	铸铁		45~55	40
	钢		$(1.0\sim 1.2)[\sigma]$	$0.6[\sigma]$

剪切强度条件为

$$\tau = \frac{F}{\pi D t_1 z} \leq [\tau] \tag{3.39}$$

式中，D 为螺母的大径（mm）；t_1 为螺纹牙底宽（mm），梯形螺纹 $t_1 = 0.65P$，矩形螺纹 $t_1 = 0.5P$，锯齿形螺纹 $t_1 = 0.75P$；$[\sigma_{\mathrm{b}}]$、$[\tau]$ 为许用弯曲应力（MPa）和许用切应力（MPa），见表3.7。

如果螺母与螺杆材料相同，则其许用弯曲应力和许用切应力应当相差不多，因螺杆小径 d_1 小于螺母大径 D，故应验算螺杆，但此时公式中的 D 应改为 d_1，其余相同。

5. 稳定性计算

当螺杆较细长且受较大轴向压力时，可能会侧向弯曲而丧失稳定性，因此螺杆所承受的轴向压力 F 应小于其临界载荷。螺杆受压时的稳定性验算式为

$$S = \frac{F_{\mathrm{cr}}}{F} = 2.5\sim 5, F_{\mathrm{cr}} = \frac{\pi^2 EI}{(\beta l)^2} \tag{3.40}$$

式中，S 为螺杆稳定性安全系数，F_{cr} 为螺杆的稳定性临界载荷（N）；E 为螺杆材料的拉伸弹性模量（MPa），对于钢 $E = 2.05 \times 10^5$ MPa；I 为螺杆危险截面的轴惯性矩（mm⁴），$I = \pi d_1^4/64$；β 为螺杆的长度系数；l 为螺杆受压长度（mm）。螺杆的长度系数与螺杆端部支承方式有关：两端铰支时，或一端固定、一端移动时，$\beta = 1$；一端固定、一端自由时，或一端铰支、一端移动时，$\beta = 2$；两端固定时 $\beta = 0.5$；一端固定、一端铰支时，$\beta = 0.7$。

例 3.5 设计如图3.40所示螺旋千斤顶。起升重量 $F = 40\mathrm{kN}$，最大升程 $h' = 180\mathrm{mm}$。已知：螺杆为45钢，$\sigma_{\mathrm{S}} = 350\mathrm{MPa}$，螺母为铸造锡青铜 ZCuSn10P1。设计要求：①设计螺旋副尺寸；②设计计算螺母各部分尺寸；③计算手柄的截面尺寸和长度；④计算螺旋千斤顶的效率 η；⑤确定托杯、底座等结构及尺寸；⑥绘制螺旋千斤顶装配图。

解：

设计项目及依据	设计结果
1. 选材 螺杆:45钢，由表3.7，取 $S = 4$ 许用应力 $[\sigma] = \sigma_{\mathrm{S}}/S = 350\mathrm{MPa}/4 \approx 88\mathrm{MPa}$ 螺母:铸造锡青铜 ZCuSn10P1，由表3.6，取 $[p] = 18\mathrm{MPa}$	螺杆:45钢 $[\sigma] = 88\mathrm{MPa}$ 螺母:铸造锡青铜 $[p] = 18\mathrm{MPa}$

(续)

设计项目及依据	设计结果
2. 计算螺纹中径 d_2、旋合圈数 z 及螺母旋合长度 H 选梯形螺纹，$h = 0.5P$，取 $\phi = 1.2$，则 $d_2 \geqslant \sqrt{\dfrac{FP}{\pi \phi h [p]}} = \sqrt{\dfrac{40000P}{\pi \times 1.2 \times 0.5P \times 18}}$ mm $= 34.34$ mm 由 GB/T 5176.3—2005 和 GB/T 5796.4—2005，选 Tr40×7LH-7H/7e 旋合圈数 $z = \dfrac{\phi d_2}{P} = \dfrac{1.2 \times 36.5}{7} = 6.26$，取 $z = 7 < 10$，所以合适 $H = zP = 7 \times 7$ mm $= 49$ mm，取 $H = 50$ mm 3. 自锁性验算 当量摩擦角 $\rho_v = \arctan \mu_v$，由表 3.6，取 $\mu_v = 0.09$ $\rho_v = \arctan 0.09 = 5°8'34''$ 螺旋线导程角 $\varphi = \arctan \dfrac{P}{\pi d_2} = \arctan \dfrac{7}{\pi \times 36.5} = 3°29'36''$ $\varphi \leqslant \rho_v - 1° = 4°8'34''$，所以机构自锁 4. 螺杆强度验算 螺纹力矩 $T_1 = F \tan(\varphi + \rho_v) d_2 / 2$ $= [4000 \times \tan(3°29'36'' + 5°8'34'') \times 36.5/2]$ N·mm $= 110873$ N·mm $\sigma_e = \sqrt{\left(\dfrac{4F}{\pi d_1^2}\right)^2 + 3\left(\dfrac{16T_1}{\pi d_1^3}\right)^2}$ $= \sqrt{\left(\dfrac{4 \times 40000}{\pi \times 32^2}\right)^2 + 3\left(\dfrac{16 \times 110873}{\pi \times 32^3}\right)^2}$ MPa $= 58$ MPa $< [\sigma] = 88$ MPa 所以螺杆强度满足要求 5. 稳定性验算 按下端固定、上端自由，取 $\beta = 2$，$I = \pi d_1^4 / 64 = (\pi \times 32^4 / 64)$ mm⁴ $= 51472$ mm⁴ 螺杆受压长度 l 可按下式估算 $l = h' + \dfrac{H}{2} + d = \left(180 + \dfrac{50}{2} + 40\right)$ mm $= 245$ mm 临界载荷 $F_{cr} = \dfrac{\pi^2 EI}{(\beta l)^2} = \dfrac{\pi^2 \times 205000 \times 51472}{(2 \times 245)^2}$ N $= 433743$ N 螺杆稳定性安全系数 $S = \dfrac{F_{cr}}{F} = \dfrac{433743}{40000} = 10.8 > 4$ 所以千斤顶工作时不失稳 6. 螺母设计计算 (1) 螺纹牙剪切强度 由表 3.7，取 $[\tau] = 30$ MPa $t_1 = 0.65P = 0.65 \times 7$ mm $= 4.55$ mm $\tau = \dfrac{F}{\pi d' t_1 z} = \dfrac{40000}{\pi \times 41 \times 4.55 \times 7}$ MPa $= 9.75$ MPa $< [\tau] = 30$ MPa 所以安全 (2) 螺纹牙弯曲强度 由表 3.7，取 $[\sigma_b] = 40$ MPa；取 $h \approx 0.5P = 0.5 \times 7$ mm $= 3.5$ mm $\sigma_B = \dfrac{3Fh}{\pi d' t_1^2 z} = \dfrac{3 \times 40000 \times 3.5}{\pi \times 41 \times (0.65 \times 7)^2 \times 7}$ MPa $= 22.5$ MPa $< [\sigma_b] = 40$ MPa	选 Tr40×7LH-7H/7e $d = 40$ mm $P = 7$ mm $d_1 = 32$ mm $d_2 = 36.5$ mm $d' = 41$ mm d' 为螺母大径 $z = 7$ $H = 50$ mm $\varphi = 3°29'36''$ $\sigma_e = 58$ MPa 稳定性 $S = 10.8$ $[\tau] = 30$ MPa $\tau = 9.75$ MPa $[\sigma_b] = 40$ MPa $\sigma_b = 22.5$ MPa

（续）

设计项目及依据	设计结果
所以安全 (3) 计算螺母外径 D　由图 3.40 中的经验公式得 $D \approx 1.5d = 1.5 \times 40\text{mm} = 60\text{mm}$	$D = 60\text{mm}$
7. 凸缘尺寸计算 (1) 计算凸缘直径 D_1 及厚度 a　由图 3.40 中的经验公式得 $a = H/3 = 50\text{mm}/3 = 16.7\text{mm}$，取 $a = 18\text{mm}$ $D_1 \approx (1.2 \sim 1.3)D$ 取 $D_1 = 1.25D = 1.25 \times 60\text{mm} = 75\text{mm}$	$a = 18\text{mm}$ $D_1 = 75\text{mm}$
(2) 凸缘支承面挤压强度验算　由经验公式得 $[\sigma_p] = (1.5 \sim 1.7)[\sigma_b]$ 　　　$= (1.5 \sim 1.7) \times 40\text{MPa} = 60 \sim 68\text{MPa}$ $\sigma_B = \dfrac{F}{\dfrac{\pi(D_1^2 - D^2)}{4}} = \dfrac{40000}{\dfrac{\pi(75^2 - 60^2)}{4}}\text{MPa}$ 　　$= 25\text{MPa} < [\sigma_p]$ 所以安全	$[\sigma_p] = 60 \sim 68\text{MPa}$ $\sigma_p = 25\text{MPa}$
(3) 凸缘根部弯曲强度验算 $\sigma_B = \dfrac{M}{W} = \dfrac{F\dfrac{1}{4}(D_1 - D)}{\dfrac{\pi D a^2}{6}} = \dfrac{1.5F(D_1 - D)}{\pi D a^2}$ 　　$= \dfrac{1.5 \times 40000 \times (75 - 60)}{\pi \times 60 \times 18^2}\text{MPa}$ 　　$= 14.74\text{MPa} < [\sigma_b] = 40\text{MPa}$ 所以安全	$\sigma_B = 14.74\text{MPa}$
(4) 凸缘根部剪切强度验算 $\tau = \dfrac{F}{\pi D a} = \dfrac{40000}{\pi \times 60 \times 18}\text{MPa}$ 　$= 11.79\text{MPa} < [\tau] = 30\text{MPa}$ 所以安全	$\tau = 11.79\text{MPa}$
8. 手柄尺寸计算 (1) 手柄长度计算　令手柄作用力为 F_H(200N 左右)，手柄长为 L'，扳手力矩为 T，则 $L' = \dfrac{T}{F_H}，T = \dfrac{d_2}{2}F\tan(\varphi + \rho_v) + \dfrac{1}{3}\mu_v F \dfrac{D_5^3 - D_0^3}{D_5^2 - D_0^2}$ 由表 3.6，取 $\mu_v = 0.12$(托杯材料为 HT200)；由图 3.40 中的经验公式得 $h_1 = (1.4 \sim 1.6)d = (1.4 \sim 1.6) \times 40\text{mm}$，取 $h_1 = 60\text{mm}$ $D_3 = (0.6 \sim 0.7)d,\ D_4 = (1.7 \sim 1.9)d, D_5 = D_4 - (2 \sim 4)\text{mm}$ $D_0 = D_3 + (0.5 \sim 2)\text{mm}$ $D_5 = D_4 - (2 \sim 4)\text{mm} = (1.7 \sim 1.9) \times 40\text{mm} - (2 \sim 4)\text{mm}$ 　　$= (68 \sim 76)\text{mm} - (2 \sim 4)\text{mm}$，取 $D_5 = 75\text{mm}$ $D_0 = (0.6 \sim 0.7) \times 40\text{mm} + (0.5 \sim 2)\text{mm}$，取 $D_0 = 25\text{mm}$ 上述计算所得结构尺寸均应圆整	$h_1 = 60\text{mm}$ $D_5 = 75\text{mm}$ $D_0 = 25\text{mm}$

(续)

设计项目及依据	设计结果
$T = \left[\dfrac{36.5}{2}\times 40000\tan(3°29'36''+5°8'34'') + \dfrac{1}{3}\times 0.12\times 40000\times \dfrac{75^3-25^3}{75^2-25^2}\right]\text{N}\cdot\text{mm}$ $= 240873\text{N}\cdot\text{mm}$ $L' = \dfrac{T}{F_H} = \dfrac{240873}{200}\text{mm} = 1204\text{mm}$	$L' = 1204\text{mm}$
为减小千斤顶的存放空间，一般取手柄长度不得大于千斤顶的高度，可取 $L = 600\text{mm}$，使用时加套管	$L = 600\text{mm}$
(2) 计算手柄直径 d_k 手柄材料为 Q275，$\sigma_S = 265\text{MPa}$，$[\sigma_b] = \dfrac{\sigma_S}{1.5\sim 2} = \dfrac{265}{2}\text{MPa}$ $= 132.5\text{MPa}$ 按弯曲强度设计， $\sigma_B = \dfrac{M}{W} = \dfrac{F_H L'}{\dfrac{\pi}{32}d_k^3} \leqslant [\sigma_b]$ $d_k \geqslant \sqrt[3]{\dfrac{F_H L'}{0.1[\sigma_b]}} = \sqrt[3]{\dfrac{200\times 1204}{0.1\times 132.5}}\text{mm}$ $= 26.29\text{mm}$ 取 $d_k = 28\text{mm}$	$d_k = 28\text{mm}$
9. 效率计算 $\eta = \dfrac{FP}{2\pi T} = \dfrac{FP}{2\pi F_H L'} = \dfrac{40000\times 7}{2\pi\times 200\times 1204}\times 100\% = 18.5\%$	$\eta = 18.5\%$
10. 托杯、底座结构尺寸的确定 (1) 托杯设计 选托杯材料为 HT200，$\sigma_B = 200\text{MPa}$，由经验公式得 $[p] = (0.4\sim 0.5)\sigma_B = (0.4\sim 0.5)\times 200\text{MPa} = 80\sim 100\text{MPa}$ 托杯结构尺寸可参看图 3.40 中有关尺寸确定 托杯下端面挤压强度： $p_{\text{压}} = \dfrac{F}{\dfrac{\pi(D_5^2-D_0^2)}{4}} = \dfrac{40000}{\dfrac{\pi(75^2-25^2)}{4}}\text{MPa}$ $= 10.18\text{MPa} < [p] = 80\text{MPa}$，所以安全	托杯材料 HT200 $p_{\text{压}} = 10.18\text{MPa}$
(2) 底座设计 选底座材料为 HT200，由图 3.40 中的经验公式得 $D_6 = D+(5\sim 10)\text{mm} = 60\text{mm}+(5\sim 10)\text{mm}$，取 $D_6 = 70\text{mm}$ $H_1 = h'+(15\sim 20)\text{mm} = 180\text{mm}+(15\sim 20)\text{mm}$，取 $H_1 = 200\text{mm}$ $\dfrac{\frac{1}{2}(D_7-D_6)}{H_1} = \dfrac{1}{10}$ 则 $D_7 = 2H_1/10+D_6 = 2\times 200\text{mm}/10+70\text{mm} = 110\text{mm}$ 直径 D_8 由底座挤压强度确定 $\sigma_p = \dfrac{F}{\dfrac{\pi}{4}(D_8^2-D_7^2)} \leqslant [\sigma_p]$ 若底面为混凝土或木材时，取 $[\sigma_p] = 2\text{MPa}$，则 $D_8 \geqslant \sqrt{\dfrac{4F}{\pi[\sigma_p]}+D_7^2} = \sqrt{\dfrac{4\times 40000}{\pi\times 2}+110^2}\text{mm} = 193.8\text{mm}$ 取 $D_8 = 195\text{mm}$	底座材料 HT200 $D_6 = 70\text{mm}$ $D_7 = 110\text{mm}$ $D_8 = 195\text{mm}$
11. 螺旋千斤顶装配图 略（装配图的绘制可参看图 3.40 及有关标准）	

关于螺旋千斤顶结构设计的补充说明：

1) 螺母与底座的配合常用 H8/h7 或 H11/h11、H7/k6 等。
2) 为防止螺母转动，应设紧定螺钉，直径常取 M6～M12，根据举重量大小决定。
3) 连接螺钉、挡圈、手球等的规格尺寸按结构需要选取或设计。
4) 装配图尺寸标注应包括特性尺寸（如最大起重高度）、安装尺寸、外形尺寸（总高、总长、总宽）和配合尺寸等。
5) 图面应注明技术特性及技术要求。

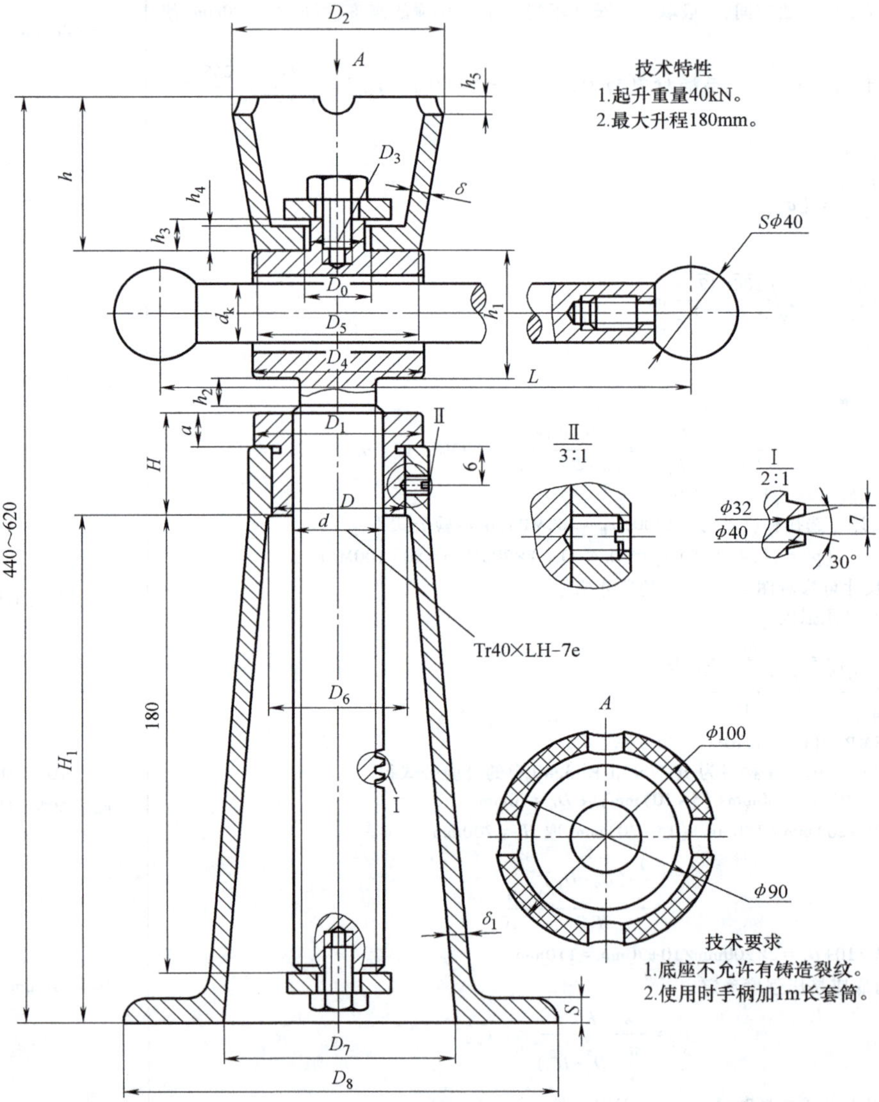

图 3.40 螺旋千斤顶结构图（部分标注为例 3.5 中的尺寸）

$D \approx 1.5d$（建议配合关系 H7/k6），$D_0 = D_3 + (0.5\sim2)$，$D_1 \approx (1.2\sim1.3)D$，$D_2 = (2\sim2.3)d$，$D_3 = (0.6\sim0.7)d$，$D_4 = (1.7\sim1.9)d$，$D_5 = D_4 - (2\sim4)$ mm，$D_6 = D + (5\sim10)$ mm，D_7、D_8 由结构确定，$h = (0.8\sim1)D_4$，$h_1 = (1.4\sim1.6)d$，$h_2 \geq 1.5P$，δ、$\delta_1 = 8\sim10$ mm，$h_3 = 1.5\delta$，$h_4 = 1.3\delta$，$h_5 \approx \delta$，$a \approx H/3$，$S = (1.5\sim2)\delta$，$H_1 = h' + (15\sim20)$ mm，d、d_k、H 按强度计算确定

6）图纸规格应符合制图规定，绘图要按国家标准，标题栏和明细栏的格式应符合要求，或采用学生用标题栏及明细栏格式。

习　题

3.1　螺纹、双头螺柱和螺钉在应用上有何不同？

3.2　为什么大多数螺纹连接都需要拧紧？拧紧时要克服哪些力矩？此时螺栓与被连接件各受什么应力？

3.3　按防松原理分，螺栓连接常用的防松措施有哪几类？每种类型举出1~2例。

3.4　气缸容器螺栓连接，沿圆周均布12个M16螺栓（$d_1=13.835$mm）。已知缸体和缸盖材料为铝合金，螺栓强度级别为4.6级，气缸内径为250mm。按工作要求，残余预紧力$F''=1.5F$，若按控制预紧力考虑，取安全系数$S=1.2$。试：①求预紧力F'及缸体内气体容许的最大压力p_{max}（假设$c_1/c_2=1/5$）；②为了不漏气，螺栓间距和螺栓分布圆直径应如何设计（必要时，可改变螺栓数目和直径）；③画出气缸与气缸盖螺栓连接部分的结构图。

3.5　图3.41所示用两个M10（$d_1=8.376$mm）的螺钉固定一牵曳钩，若螺钉材料强度级别为4.6级，装配时控制预紧力F'，接合面摩擦系数$\mu_s=0.15$，取可靠性系数$K_f=1.2$，求其允许的牵曳力F_R。

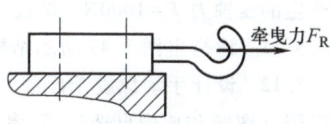

图3.41　习题3.5图

3.6　图3.42所示的两根梁用8个4.6级的普通螺栓与两块钢盖板相连接，梁受到的拉力$F=28$kN，接合面摩擦系数$\mu_s=0.2$，控制预紧力，取安全系数$S=1.3$，可靠性系数$K_f=1.2$，试确定所需的螺栓小径d_1。

图3.42　习题3.6图

3.7　如图3.43所示，凸缘式联轴器采用螺栓组连接，8个M16的螺栓均匀地布置在$D=200$mm的圆周上，所传递的工作转矩$T=450$N·m，试验算此螺栓组连接在下列情况下是否安全可靠？

1）用普通螺栓（小径$d_1=13.835$mm），被连接件为钻孔件，靠摩擦传力，连接表面间的摩擦系数$\mu_s=0.15$，要求可靠性系数$K_f=1.2$，螺栓材料Q235的许用应力$[\sigma]=57.5$MPa。

2）用铰制孔用螺栓（光杆直径$d_s=17$mm），被连接件为铰孔件，靠剪切传力，已知螺栓材料的许用切应力$[\tau]=92$MPa。

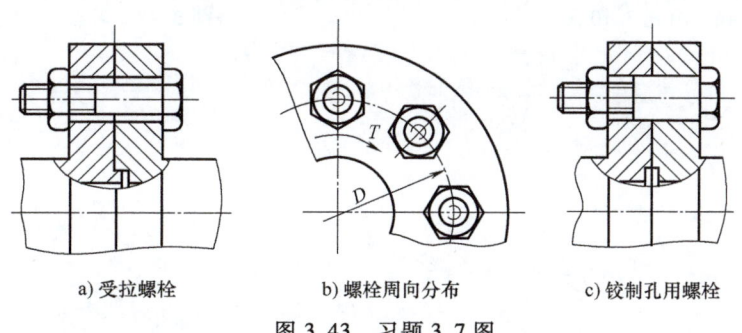

a) 受拉螺栓　　b) 螺栓周向分布　　c) 铰制孔用螺栓

图3.43　习题3.7图

3.8　对如图3.44所示三种螺栓布置方案进行受力分析，写出各方案中受载最大的螺栓的载荷表达式，指出哪个方案布置最合理。

3.9 如图 3.45 所示，托架受铅垂力 P，托架与架体之间的摩擦系数为 μ_s，可靠性系数 $K_f=1$，螺栓与被连接件的相对刚度系数为 0.2，螺栓材料的许用应力为 $[\sigma]$，试列出螺栓小径 d_1 的计算式。

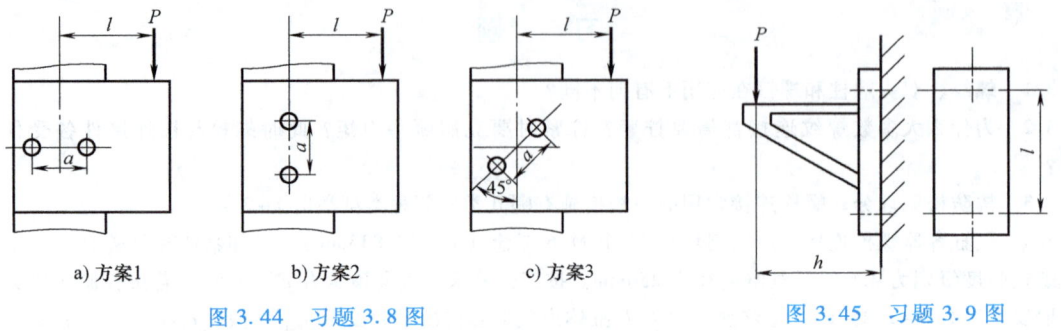

a) 方案1　　　　b) 方案2　　　　c) 方案3

图 3.44　习题 3.8 图　　　　图 3.45　习题 3.9 图

3.10 图 3.46 所示为某水泵用 4 个普通螺栓固定在机架上，水泵轴由带传动输入动力，带传动对水泵轴产生的压轴力 $F=1000\text{N}$，试设计此螺栓组连接。

3.11 请指出图 3.47 所示结构错误或设计不合理之处，并改正。

3.12 设计手动螺旋千斤顶，起升重量为 20kN，最大升程为 140mm。要求编写设计计算说明书，绘制装配图（图幅和比例自选），可参考图 3.40（标题栏、明细栏、件号等需添加），有关螺纹零件查国家标准并按标准尺寸绘制。

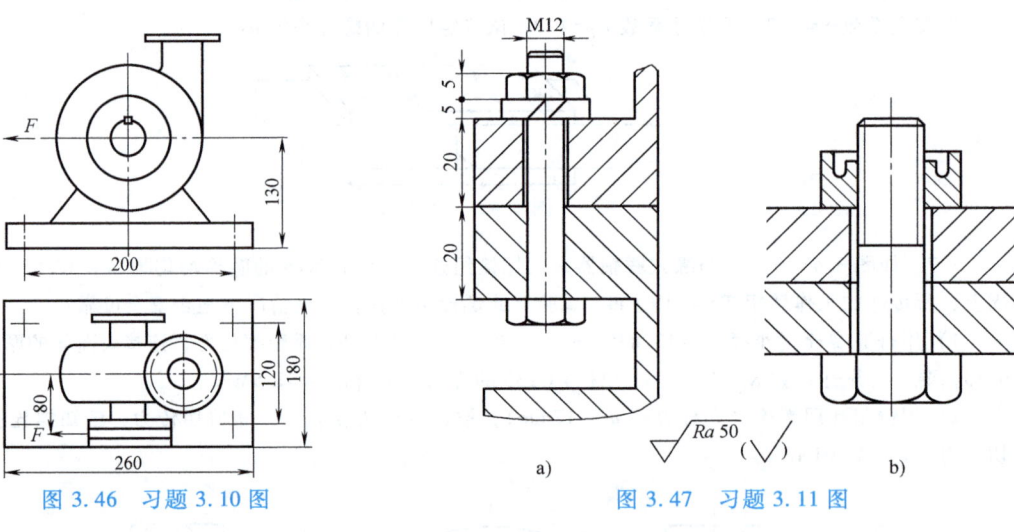

图 3.46　习题 3.10 图　　　　图 3.47　习题 3.11 图

第 4 章

轴毂连接及其他连接

轴毂连接指用于轴与轮毂之间的连接,包括键连接、花键连接、销连接和无键连接。键和花键是主要用于周向固定的可拆连接,可传递转矩,有时也可以实现轴上零件的轴向固定或轴向滑移。销主要用于固定零件的相互位置,还可用作安全装置中的过载剪断零件,通常只能传递少量载荷。键、花键和销是标准件,设计时可按工作要求选用适当的类型和尺寸,必要时做强度校核计算。无键连接的定心性好,主要分为成形连接、弹性环连接和过盈连接。成形连接是由非圆截面的轴与相应的轮毂孔构成,主要传递转矩,其应力集中小,承载能力强,装拆方便,但加工工艺要求高。弹性环连接在轴与毂之间须安装带有锥面的弹性钢环,能传递较大的转矩和轴向力,装拆方便,但结构复杂。过盈连接是利用过盈量使轴与轮毂形成固定结构,其构造简单,可传递转矩和轴向力,在振动下工作可靠,但对配合尺寸的精度要求高,装配困难。

其他连接包括铆接、焊接和粘接,用于不需要经常拆卸或不拆卸的工作情况,在工程实际中应用也很广泛。

4.1 键连接

4.1.1 键连接的类型与构造

键连接的主要类型有平键连接、半圆键连接、楔键连接和切向键连接。平键和半圆键主要用于松连接,靠键和键槽侧面的挤压传递转矩,工程中用得较多;楔键和切向键主要用于紧连接,可传递一定的轴向力,并实现轴向固定。不同类型的键如图 4.1 所示。

1. 平键连接

平键按用途可分为普通平键、薄型平键、导

图 4.1 不同类型的键

向平键和滑键 4 类。薄型平键的键高为普通平键的 60%~70%，主要用于径向尺寸受限制的静连接。导向平键与滑键用于轴与轮毂之间有相对轴向移动的连接。

平键与轴槽及轮毂槽间为配合安装。键的上表面与轮毂不接触，留有间隙，两侧面为工作面，如图 4.2 所示。

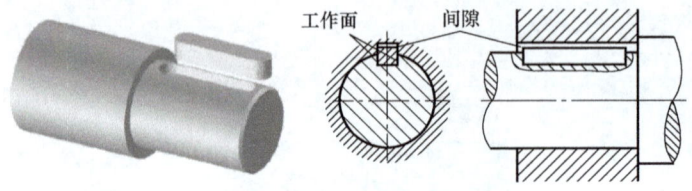

图 4.2　普通平键的工作面

普通平键和薄型平键都分为 A 型、B 型和 C 型三类，如图 4.3 所示。C 型键主要用于轴伸出处。

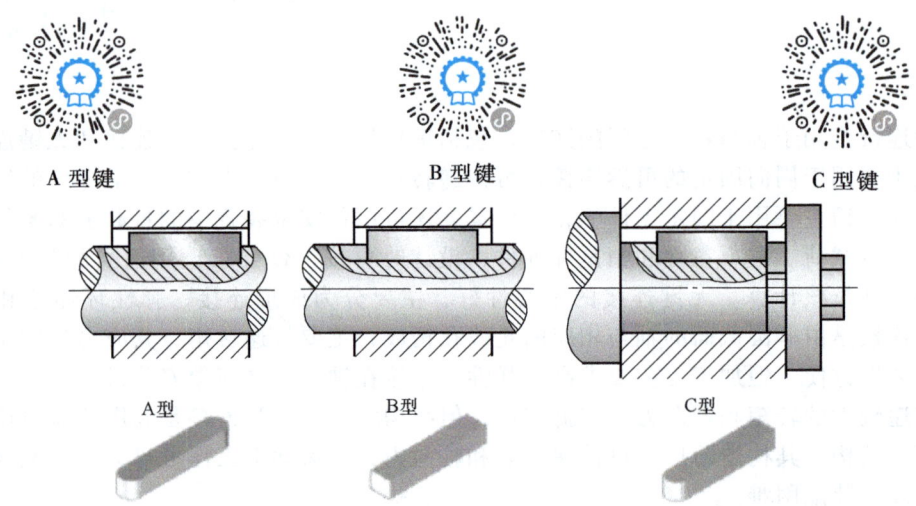

图 4.3　普通平键的类型

工程上最常用的 A 型键连接，是用立铣刀加工轴上的槽（图 4.4a），键与槽同形便于定位。但是，由于立铣刀圆角半径小，因此轴槽的应力集中较大，降低了轴的疲劳强度；B 型键连接和 C 型键连接都是用盘形铣刀进行加工的（图 4.4b），盘形铣刀圆角半径大，对轴槽的应力集中小，但轴向定位效果不好。轮毂槽是用拉刀或插刀进行加工的（图 4.4c）。

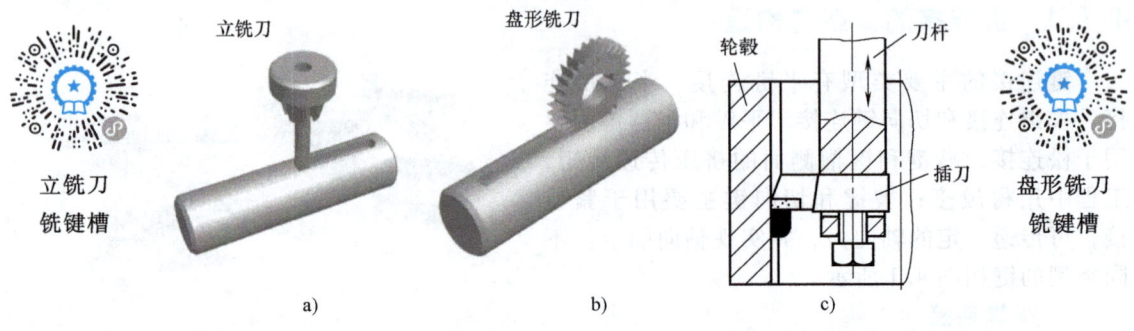

图 4.4　键槽的加工

如果轴上的零件需要在轴上移动时,可采用导向平键或滑键连接。导向平键分为 A 型(圆头)和 B 型(方头)两类,用螺钉将键固定在轴槽中,键与毂槽为动配合,用于轴上零件轴向移动量不大的场合,如图 4.5 所示。如果滑动距离较大,导向平键将过长,导致加工和安装困难,这时可采用滑键连接,如图 4.6 所示。滑键通常轴向固定在轮毂上,并与轮毂一同相对于轴上的键槽滑动,此时,轴上需铣出较长的键槽。

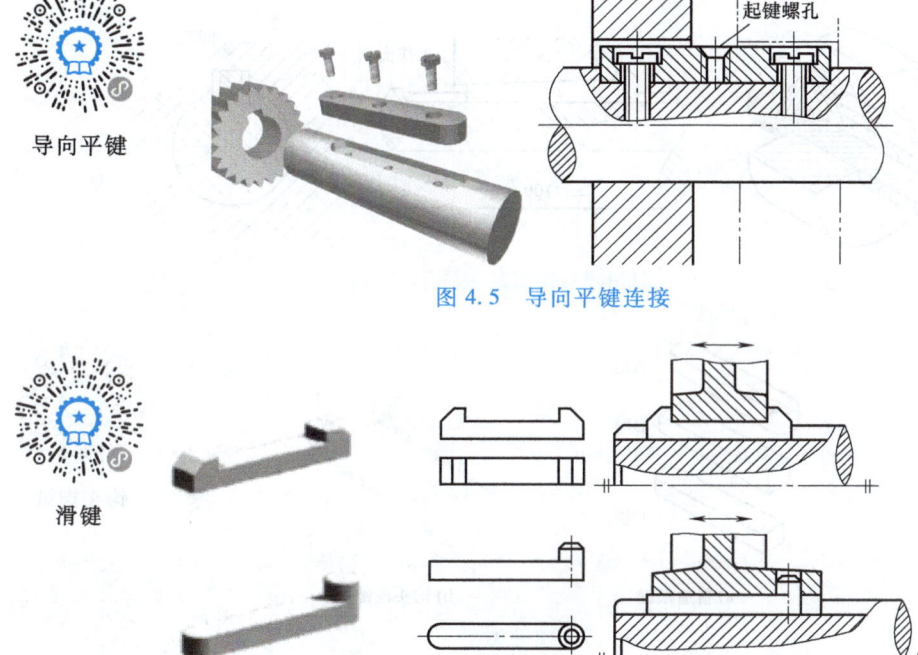

图 4.5 导向平键连接

图 4.6 滑键连接(键槽已截短)

平键连接的特点是:结构简单,装拆方便,零件对中性好,制造容易,作用可靠,多用于精度和转速较高的场合,但只能用作圆周方向固定,不能承受轴向力。

2. 半圆键连接

半圆键连接如图 4.7 所示,键能在槽中绕几何中心摆动,与平键一样,两侧面为工作面。半圆键连接的特点是:加工工艺性好,装配方便,尤其适用于锥形轴与轮毂的连接;缺点是轴槽较深,对轴的强度削弱较大,只适用于轻载的静连接中。

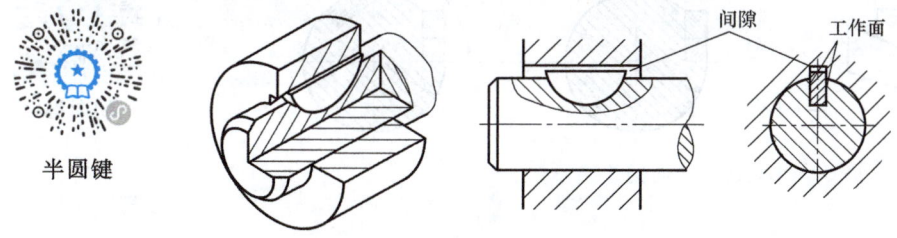

图 4.7 半圆键连接

3. 楔键连接

如图 4.8 所示,楔键的上、下面为工作表面,上表面和轮毂键槽底面均有 1:100 的斜度（侧面有间隙），靠键的上、下表面分别与轮毂键槽底面和轴槽底面之间的楔紧而产生摩擦力来传递转矩，也可传递小部分单向轴向力。楔键分为普通楔键和钩头楔键两种，如图 4.9 所示。普通楔键也有 A 型（圆头）、B 型（方头）及 C 型（单圆头）三种。

楔键适用于低速轻载、精度要求不高的连接。这种连接对中性较差，有偏心，不宜用于高速和精度要求高的连接，变载下易松动。钩头只用于轴端连接，且为了安全要罩上。若在中间使用，则键槽应比键长 2 倍才能装入。

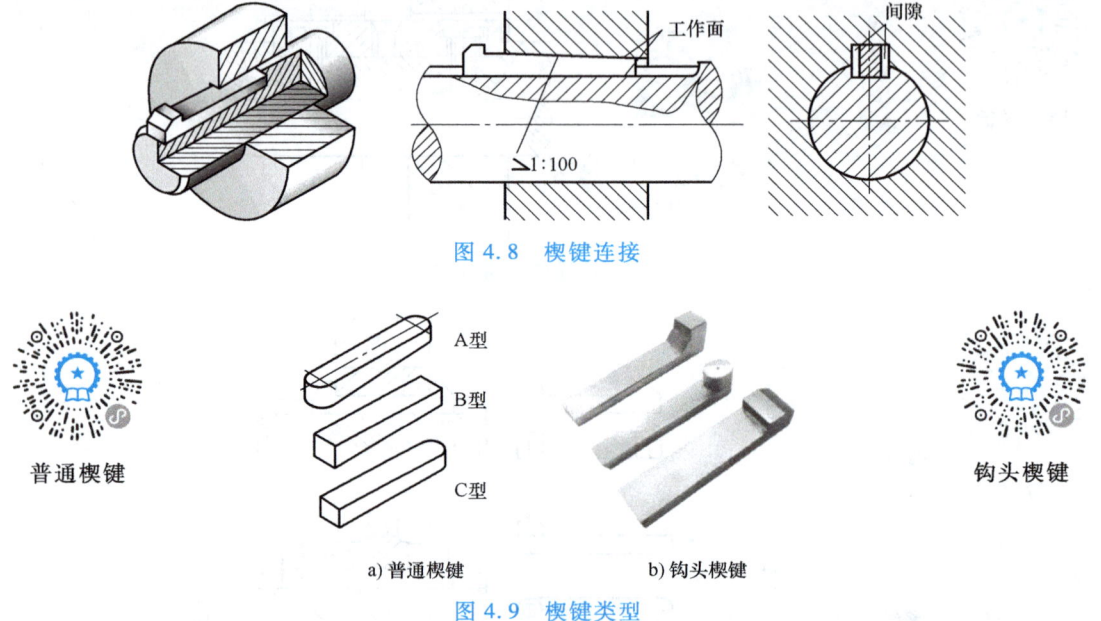

图 4.8 楔键连接

图 4.9 楔键类型

4. 切向键连接

切向键连接是由两个斜度为 1∶100 的楔键组成，靠工作面与轴及轮毂相挤压来传递转矩，如图 4.10 所示。切向键的上、下两面为工作面，布置在圆周的切向。一个切向键连接只能单向传动。如果要求双向传动时，必须用两个切向键且成 120°～130°布置，以便不至于严重削弱轴与轮毂的强度。因为键槽对轴削弱较大，因此适用于直径 $d>100$ mm 的轴，且对中要求不高时采用。

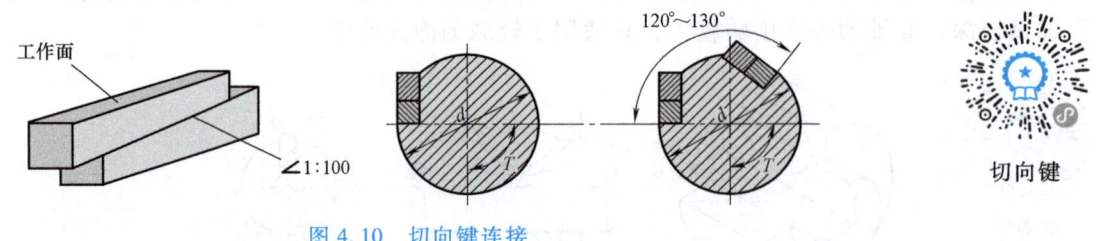

图 4.10 切向键连接

4.1.2　平键连接的设计计算

1. 平键连接的强度计算

平键连接是靠两个侧面进行工作的，因此平键连接的主要失效形式为：侧面压溃、键的

剪断（静连接）和磨损（动连接），压溃和磨损是主要失效形式。平键连接的受力如图4.11所示。平键连接的抗压强度计算公式为

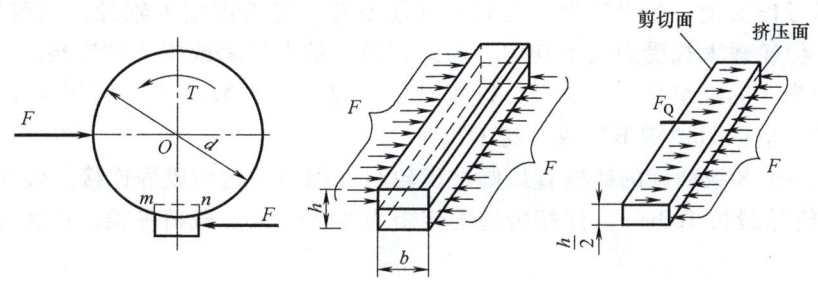

图4.11 平键连接的受力情况

$$\sigma_p = \frac{T}{\frac{d}{2} \cdot \frac{h}{2} l'} = \frac{4T}{dhl'} \leq [\sigma_p] \qquad (4.1)$$

平键连接的抗剪强度计算公式为

$$\tau = \frac{T}{\frac{d}{2} bl'} = \frac{2T}{dbl'} \leq [\tau] \qquad (4.2)$$

式中，h 为键的高度（mm）；l' 为键的工作长度（mm），对于 A 型平键，$l'=L-b$；对于 B 型平键，$l'=L$，L 为键的公称长度，b 为键的宽度；d 为轴的直径（mm）；$[\sigma_p]$ 为许用挤压应力（MPa），若为动连接时，改为许用压强 $[p]$，查表4.1；$[\tau]$ 为许用切应力（MPa），静载荷时可取 120MPa，冲击载荷时可取 60MPa。

表4.1 键连接的许用挤压应力 $[\sigma_p]$ 和许用压强 $[p]$ （单位：MPa）

连接的工作方式	连接中较弱材料	$[\sigma_p]$或$[p]$		
		静载荷	轻微冲击载荷	冲击载荷
静连接时$[\sigma_p]$	锻钢、铸钢	125~150	100~120	60~90
	铸铁	70~80	50~60	30~45
动连接时$[p]$	锻钢、铸钢	50	40	30

2. 平键连接的设计

因为平键是标准件，已标准化，设计时先选择平键类型、尺寸，然后进行强度验算。具体方法是：

（1）选择类型　键的类型应根据键连接的结构、使用要求和工作状况来选择。选择时应考虑传递转矩的大小、连接的对中性要求、是否要求轴向固定，轴上的零件是否需要沿轴向滑动等。如果滑动，与滑动距离的长短以及键在轴上的位置（在轴的中部还是端部）等都有关。

（2）确定键长　由轴段长（或毂宽）选键长，即由键所在的阶梯轴的轴段长减掉3~8mm，使键槽离开阶梯轴的直径变化处，以避免该截面产生过大的应力集中，并且按标准（GB/T 1096—2003）选出接近的标准键长 L 作为设计长度。

（3）确定键宽　由键所在轴的截面尺寸即轴径 d 按标准选择键宽 b 及键高 h。

(4) 验算强度 按式（4.1）核算键的挤压强度，必要时可按式（4.2）核算键的剪切强度。如果强度不够时，可采用双键连接。双键应成180°布置以使受力均匀，并按1.5个键计算强度以考虑安全。如果选用双键后强度还不够，可考虑增大轴径，或改选键的类型，或增大键长，但轮毂太长受力会不均匀，因此，最好的办法是改用花键连接。

键的标记为：标准编号　键类型　键宽×键高×键长。一般A型键可不标出"A"，对于B型或C型键，应标明"键B"或"键C"。

例4.1 一个8级精度的铸铁直齿圆柱齿轮与一钢轴用键构成静连接。装齿轮处的轴径为60mm，齿轮轮毂长100mm。连接传递的转矩为840N·m，载荷平稳。试选择此键连接。

解：

因为是8级精度的齿轮，因此要求具有一定的定心性，可选用平键连接。由于是静连接，因此选用普通平键，考虑定位好而选用了A型平键，取键的材料为45钢。因齿轮轮毂长100mm，因此键所在的阶梯轴的轴段长比轮毂略短，为98mm，参考GB/T 1096—2003选标准键长 $L=90$ mm 为设计键长，由该标准可查得，当轴径 $d=58\sim65$ mm 时，键宽 $b=18$ mm，键高 $h=11$ mm。

验算强度：键的工作长度 $l'=L-b=(90-18)$ mm $=72$ mm。由表4.1取铸铁轮毂槽的许用挤压应力 $[\sigma_p]=80$ MPa（载荷平稳，故取大值）。

由式（4.1）核算键连接的挤压强度为

$$\sigma_p = \frac{4T}{dhl'} = \frac{4\times840\times10^3}{60\times11\times72} \text{MPa} = 70.71 \text{MPa} < [\sigma_p] = 80 \text{MPa}$$

说明该键连接的挤压强度满足要求。

由式（4.2）核算平键连接的抗剪强度计算为

$$\tau = \frac{2T}{dbl'} = \frac{2\times840\times10^3}{60\times18\times72} \text{MPa} \approx 22 \text{MPa} \ll [\tau] = 120 \text{MPa}$$

说明该键连接的抗剪强度充分满足要求，因此一般可以省略抗剪强度的计算。

例4.1所选的键可标记为：GB/T 1096　键 18×11×90。

若键连接的强度不足，可以考虑增加轴段直径和键的长度，但需注意：虽然增加键长能提高键连接的承载能力，但键长有一定限度，通常取最大长度 l_{max} 为：$l_{max}=(1.6\sim1.8)d$，以免压力沿键长分布出现严重不均匀的现象。此外，还可考虑采用双键的方案，两键相隔180°布置（图4.12a），考虑双键的载荷分配不均匀性，强度校核中只能按1.5个键计算，即取双键的工作长度 $l'=1.5l$。虽然双键可以满足键的挤压强度要求，但对轴强度的影响会大于单键的设计方案。如果选用双键后强度仍不满足，可以考虑增大轴径或改选键连接的类型，如采用花键连接。

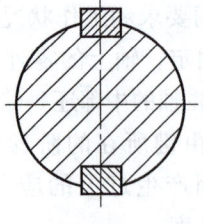

a)

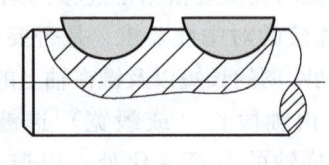

b)

平键、半圆键、花键

图4.12　双平键与半圆键的布置

由于半圆键连接的受力情况与平键连接相似，仍可用平键的相应公式进行计算，细微差别请查《机械设计手册》。设计时如果选用了两个半圆键，则应布置在轴的同一母线上（图4.12b），以减少对轴强度的削弱程度，并便于加工。

4.2 花键连接

4.2.1 花键连接的特点和类型

花键连接是由带有等距分布且键齿数相同的轴（外花键）与毂孔（内花键）组成的，如图4.13所示，花键可视为由多个平键组成，键齿侧面为工作面，依靠内、外花键齿侧面的相互挤压传递转矩。花键可用于静连接，也可用于动连接。

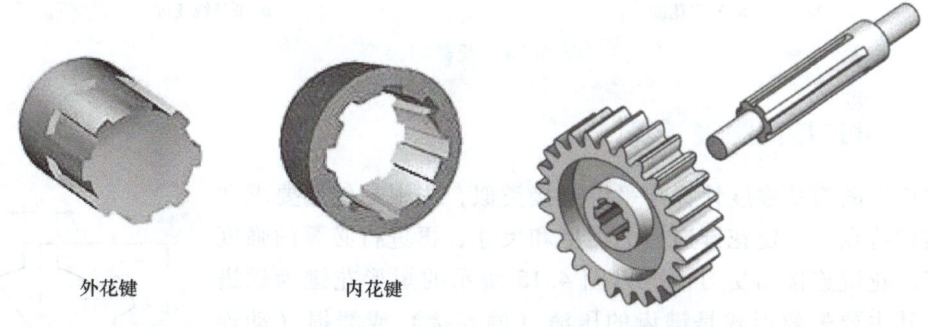

图 4.13 花键的组成

花键与其他键连接相比有以下优点：键齿数多，总接触面积较大，因而可承受较大的载荷；花键齿槽浅、齿根应力集中小，对轴的强度削弱较小；键齿对称布置，分布和受力均匀，轴上零件与轴的对中性好；导向性好，适合于载荷较大、对定心要求高的连接，适用于动、静连接。因此，在机械制造业中得到了非常广泛的应用。

花键连接的缺点是：与平键相比，结构比较复杂，故需要专用的设备和刀具进行加工，成本较高。

花键主要分为两类：矩形花键（图4.14a）和渐开线花键（图4.14b）。

矩形花键制造容易、应用广泛，分为圆柱直齿和斜齿矩形花键两类，已标准化。其定心方式规定为小径定心，即外花键和内花键的小径（外花键的齿根圆、内花键的齿顶圆）为配合面。制造时，轴和毂上的结合面都要经过磨削，定心精度高，定心稳定性好，表面硬度高于40HRC。

渐开线花键齿廓为渐开线，分为圆柱直齿、斜齿和圆锥直齿渐开线花键三类，可以用制造齿轮的方法来加工，工艺性较好，制造精度高，齿根圆角大，应力集中小，易于对心。对于圆柱直齿渐开线花键，分度圆压力角 α 一般为30°、37.5°和45°。30°和37.5°所适用的模数范围是0.5～10mm，45°所适用的模数范围是0.25～2.5mm。渐开线花键的定心方式为齿形定心，当齿受力时，齿上的径向力能起到自动定心的作用，因此定心性优于矩形花键。

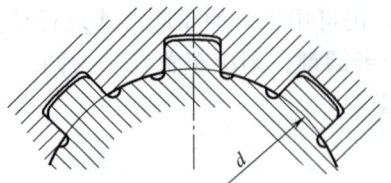

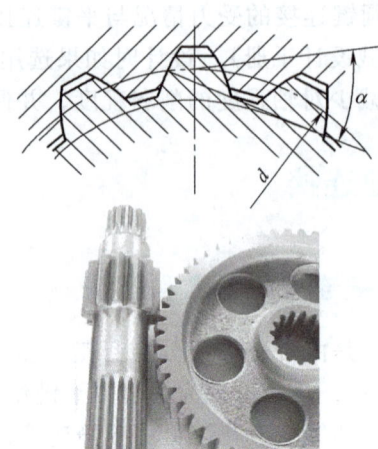

a) 矩形花键　　　　　　　　b) 渐开线花键

图 4.14　花键的类型

4.2.2　花键连接的强度计算

花键连接的简易强度计算与平键连接类似，先根据使用要求和连接的结构特点，选定花键连接的类型和尺寸，再进行必要的强度校核计算。花键连接的受力情况以图 4.15 所示的矩形花键为例进行分析，其主要失效形式是键齿的压溃（静连接）或磨损（动连接）。所以，一般进行挤压强度（静连接）或耐磨性验算。

静连接时

$$\sigma_p = \frac{T}{kzhlr_m} \leqslant [\sigma_p] \qquad (4.3)$$

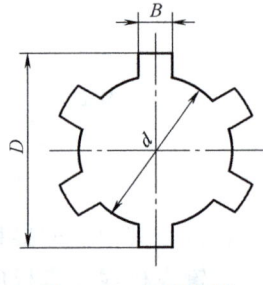

图 4.15　矩形花键

动连接时

$$p = \frac{T}{kzhlr_m} \leqslant [p] \qquad (4.4)$$

式中，T 为传递的转矩（N·mm）；k 为载荷分配不均系数，与齿数多少有关，一般取 $k=0.7 \sim 0.8$，齿数多时取小值；z 为花键的齿数；h 为花键齿侧面的工作高度（mm），$h = \frac{D-d}{2} - 2C$，C 为倒角尺寸；l 为花键齿的工作长度（mm）；r_m 为花键的平均半径（mm），$r_m = \frac{r_{内}+r_{外}}{2} = \frac{d/2+D/2}{2} = \frac{D+d}{4}$；$[\sigma_p]$ 为许用挤压应力（MPa）；$[p]$ 为许用压强（MPa）。相关参数见表 4.2。

表 4.2　花键连接的许用挤压应强 $[\sigma_p]$ 和许用压强 $[p]$　　（单位：MPa）

项目	连接工作方式	工作条件	齿面未经热处理	齿面经热处理
$[\sigma_p]$	静连接	不良	35~55	40~70
		中等	60~100	100~140
		良好	80~120	120~200

（续）

项目	连接工作方式		工作条件	齿面未经热处理	齿面经热处理
[p]	动连接	空载下移动	不良	15～20	20～35
			中等	20～30	30～60
			良好	25～40	40～70
		载荷作用下移动	不良	—	3～10
			中等	—	5～15
			良好	—	10～20

注：1. 工作条件不良是指受变载荷、有双向冲击、振动频率高和振幅大、润滑不良（动连接）、材料硬度不高或精度不高等。
2. 同一情况下，[σ_p] 或 [p] 的较小值用于工作时间长和较重要的场合。

4.3 销连接

主要用于固定零件间的位置的销称为定位销，如图4.16所示，定位销必须多于两个，它是组合加工和装配时的重要辅助零件；用于连接且传递不大载荷的销称为连接销，如图4.17所示，多用于轻载或不重要的连接；用作安全保护装置中被剪断元件的销称为安全销，如图4.18所示。

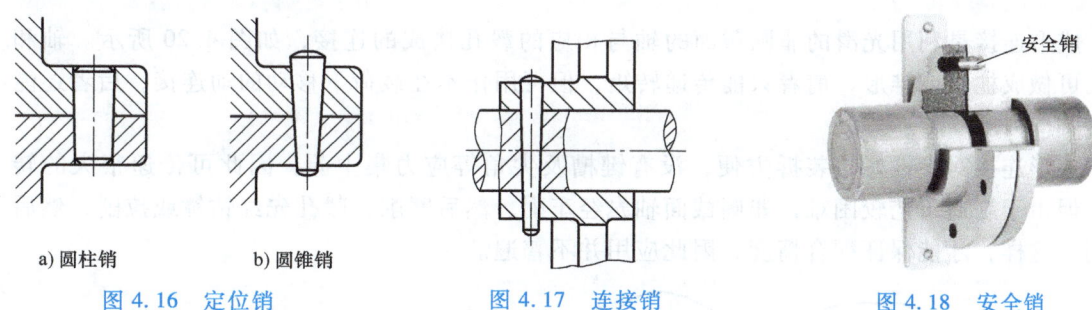

a) 圆柱销　　　b) 圆锥销

图4.16　定位销　　　　　图4.17　连接销　　　　　图4.18　安全销

销可分为圆柱销、圆锥销、带孔销、槽销、销轴和开口销等，这些销均已标准化。
圆柱销（图4.19a）的销孔需要铰制，不能多次装拆，否则定位精度下降；圆锥销（图

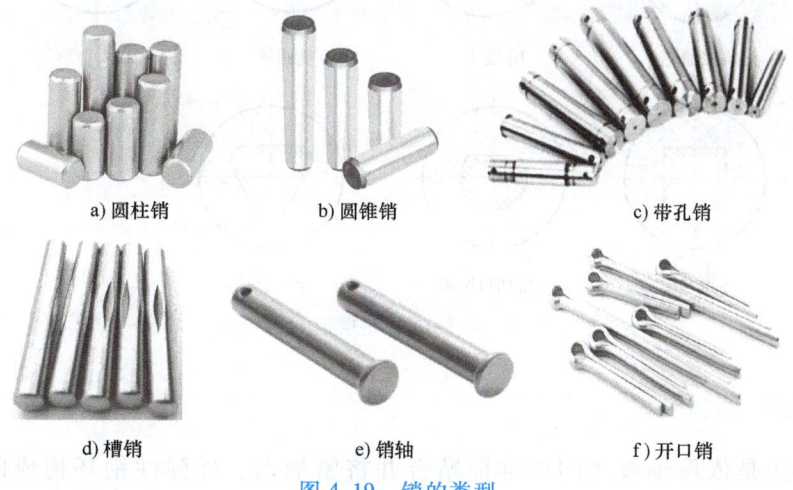

a) 圆柱销　　　b) 圆锥销　　　c) 带孔销

d) 槽销　　　e) 销轴　　　f) 开口销

图4.19　销的类型

4.19b）锥度为 1∶50，可自锁，定位精度较高，便于拆卸且允许多次装拆；带孔销（图 4.19c）通常用开口销锁定，拆卸方便；槽销（图 4.19d）上有碾压或模锻出的纵向沟槽，打入销孔后与孔壁压紧，不易松脱，而且可承受振动载荷，销孔不用铰制，可多次装拆；销轴（图 4.19e）的使用与带孔销类似，装拆方便；开口销（图 4.19f）主要用于不受载荷或轻载的场合，通常与销轴或带孔销配合使用。

销的材料常用 35、45 钢。不锈钢制成的销，耐磨、耐腐蚀、不易生锈、使用寿命长。

销连接的选择通常首先查《机械设计手册》，按连接的用途和定位零件尺寸（例如轴直径或被连接件的厚度等）以及传递载荷大小等选择销的类型，凭经验估算出定位销的尺寸，一般不进行强度校核，必要时按剪切和挤压强度进行校核计算。

安全销在机器过载时应被剪断，因此销的直径应按过载时被剪断的条件确定。

4.4 无键连接

凡是轴和毂的连接不用键时，统称为无键连接。无键连接包括成形连接、弹性环连接和过盈连接。

4.4.1 成形连接

成形连接是利用光滑的非圆截面的轴与相应的毂孔构成的连接，如图 4.20 所示。轴和毂孔可做成柱形或锥形，前者只能传递转矩，但可用作不在载荷下移动的动连接，后者还能传递轴向力。

成形连接对中性好，装拆方便，没有键槽及尖角等应力集中源，因此可传递很大的转矩。但由于制造工艺较困难，非圆截面轴先经车削，然后磨削；毂孔先经钻镗或拉削，然后磨制，这样，才能保证配合精度，因此应用并不普遍。

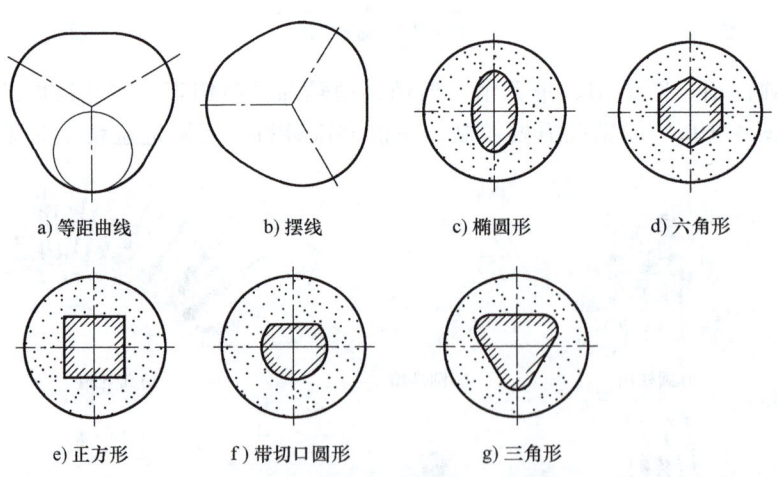

a) 等距曲线　　b) 摆线　　c) 椭圆形　　d) 六角形

e) 正方形　　f) 带切口圆形　　g) 三角形

图 4.20　常见成形连接的非圆截面

4.4.2 弹性环连接

弹性环连接是依靠轴毂之间以锥面贴合并挤紧的内、外弹性钢环构成的连接，如图

4.21 所示。在由拧紧螺纹连接产生的轴向压紧力作用下，两环抵紧，内环缩小而箍紧轴，外环胀大而撑紧毂，于是在接触面间产生径向压力，载荷就靠相伴而生的摩擦力来传递。

弹性环用 65、65Mn、70、55Cr2、60Cr2 钢等制成，并经热处理。为便于拆卸，半锥角 α 一般为 12.5°~17°。环多为整圈，定心精度好。

从图 4.21 中可见，当采用弹性环串联组合使用时，由于摩擦力的作用，从压紧端起，轴向力和径向压力递减，因此，环的对数不宜过多，以不超过 4 对为宜。

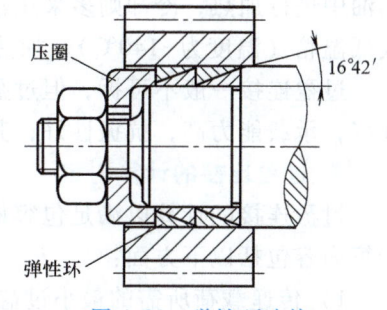

图 4.21 弹性环连接

弹性环连接能够传递相当大的转矩和轴向力，定心性好，没有应力集中源，装拆方便；但是由于结构复杂，即在轴与毂之间须安装弹性环，因此应用受到了限制。

4.4.3 过盈连接

过盈连接是利用过盈量 δ 使包容件（一般是轮毂）和被包容件（一般是轴）形成固定结构的一种连接的方式。

1. 过盈连接的类型与应用

过盈连接是利用两个被连接件本身的过盈配合来实现的，一个为包容件，一个为被包容件。其配合表面通常为圆柱面（图 4.22a），也可为圆锥面（图 4.22b）。这种连接能传递载荷的原因在于零件具有弹性和连接具有装配过盈。因此，装配后包容件和被包容件的径向变形使配合面间产生了很大的径向压力，工作时就靠径向压力所产生的摩擦力来传递载荷。载荷可以是轴向力、转矩或两者的组合，有时也可以是弯矩，例如曲柄和轴的连接。连接的摩擦力或力矩也称为固持力。

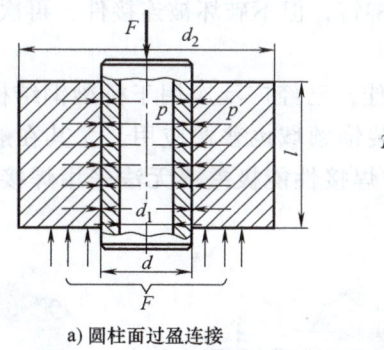

a) 圆柱面过盈连接　　　　b) 圆锥面过盈连接

图 4.22 过盈连接

2. 过盈连接的原理与装配方法

过盈连接的原理是利用包容件与被包容件的径向变形使配合面间产生很大压力，从而靠摩擦力来传递载荷。其装配方法有如下两种。

（1）压入法　利用压力机将被包容件压入包容件中，由于压入过程中表面微观不平度的峰尖被擦伤或压平，因而降低了连接的紧固性。压入法一般用于配合尺寸和过盈量较小的连接。

（2）温差法　加热包容件或（和）冷却被包容件，这样既便于装配，又可减少或避免擦伤连接表面，待温度恢复到常温时可形成牢固的连接。温差法一般是利用电炉、煤气或在热油中进行加热，冷却则多采用液态氮（沸点为-195℃）、固态二氧化碳（沸点为-79℃）或低温箱（温度为-140℃）。加热时应防止配合面上产生氧化皮。

过盈连接一般不可拆，但过盈不大时，经适当的方法也可拆。过盈连接构造简单，定心性好，承载能力高，抗振性好；其缺点是装配困难，对配合尺寸精度要求较高。

3. 过盈连接的计算内容

过盈连接的计算以满足包容件和被包容件的接合安全、传递指定转矩为设计原则，主要计算内容包括以下方面：

1) 传递载荷所需的最小过盈量和不产生塑性变形所允许的最大过盈量。
2) 包容件外径扩大量和被包容件内径缩小量。
3) 安装和拆卸时的轴向压入力和压出力。
4) 包容件和被包容件所承受的应力。

具体计算方法可查机械设计手册或参考有关标准。

4.5 其他连接

需要经常拆卸进行维修、保养和更换损耗件的场合，通常选择螺纹连接、键连接和销连接等方式；对于不需要经常拆卸或不拆卸的工作情况，还可以选择铆接、焊接和粘接等其他连接方式。由于这几种连接的结构设计、强度计算及工艺要求，均与各有关专业的技术规范有密切的关联，因而本节只就它们的基本内容做一些概要介绍。

4.5.1 铆接

铆接即铆钉连接，是利用轴向力将零件铆钉孔内钉杆镦粗并形成钉头，使多个零件相连接的方法。铆接的零部件需要拆卸时，往往会破坏铆钉，但不破坏被连接件，再次连接时需要使用新的铆钉。因此，铆接也称为半可拆连接。

铆接工艺由于成本低、操作简单、连接处质量佳，已经广泛应用于桥梁钢结构、航空、车辆、轮船等领域（图4.23），在家电行业和户外装饰领域也普遍应用。尤其在航空领域，由于航空结构主要使用铝合金和复合材料，材料的焊接性能极差或无法采用焊接工艺，因此，铆接是机体各种组件和部件的主要连接方式。

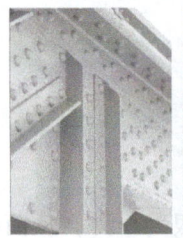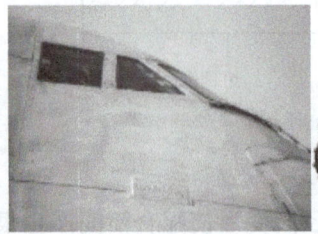

图4.23 铆接工艺的应用举例

1. 铆接的类型与标准

铆接主要分为冷铆法和热铆法两类。热铆法的镦头形成容易，不易产生裂纹，比冷铆法质量好，但工具设备较复杂，工艺要求较高。冷铆法由于设备简单、操作简便，因此应用更为广泛。铆钉的加载方式主要分为压铆法和拉铆法两类。

压铆法（图 4.24a）的铆钉杆能较均匀地镦粗而填满钉孔，质量稳定、表面质量好、效率高，通常用于开敞性好的组件（如肋、框、梁、壁板等）铆接。压铆钉由于手提压铆机和压铆模的不断改进，其应用范围在不断扩大。

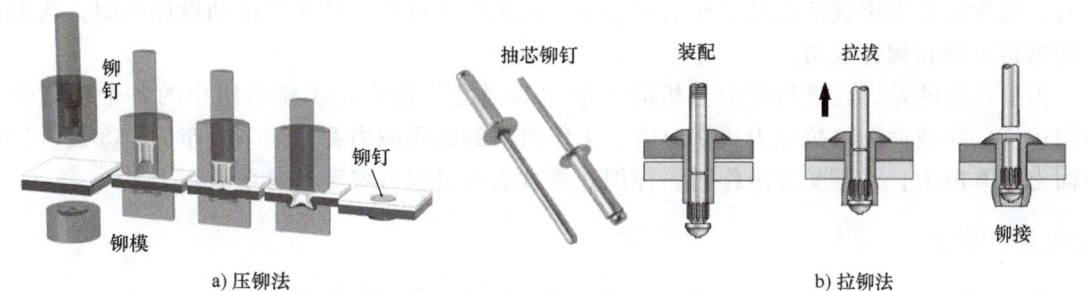

图 4.24 常用铆接方法示意图

拉铆法（图 4.24b）是一种单面操作的铆接类型，需要使用专用工具（拉铆枪）进行铆接，通常使用抽芯铆钉。拉铆枪分为手动式（双手式和单手式，图 4.25a）和自动式（电动式和气动式，图 4.25b）。拉铆法操作简单、效率高，但铆接质量与压铆法相比不够稳定。

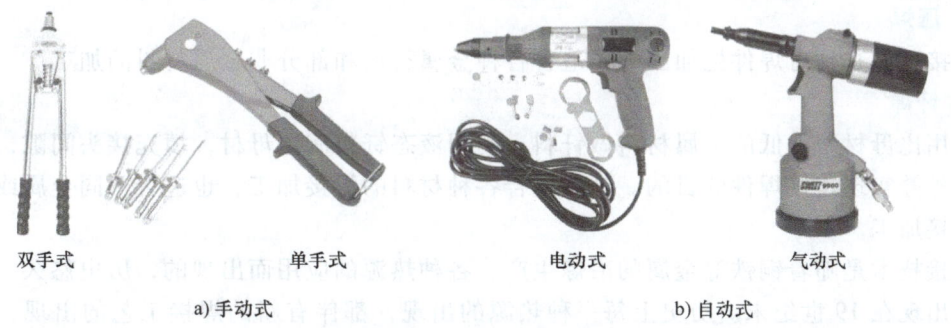

图 4.25 拉铆枪类型

铆钉的类型多种多样，而且已经标准化，国家标准规定了不同铆钉头类型的实心、半空心和空心铆钉，规定了 12 类的抽芯铆钉，工程应用中可根据实际工作情况要求选取。

此外，无铆钉连接工艺的应用也逐渐得到了推广，其原理如图 4.26 所示，通过使用专门的连接模具，在一个冲压过程中，利用材料自身的可塑性，在挤压处形成一个相互镶嵌的圆点或者矩形点，由此将两层或多层板件连接起来。无铆钉连接与传统工艺（焊接、粘接、

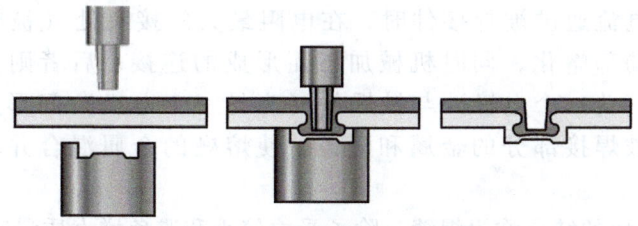

图 4.26 无铆钉连接工艺示意图

拉铆）相比较，具有工艺简单、连接强度高、成本低（不需要消耗原料和辅材，设备与传统工艺的设备价格相差不大）、连接处外形美观（不需要表面处理）、工作效率高，工作中没有噪声、没有烟尘污染、环保等优点，应用前景广阔。

2. 铆接的破坏形式与设计计算要点

铆接的破坏形式主要是铆钉或被连接件的剪切破坏和钉孔接触面的压损破坏。因此在设计时，通常是根据承载情况及工作情况要求，按照有关行业的技术规范和设计准则，选出合适的铆接类型和铆钉规格。

需要注意的是，在进行受力分析时，按"等强度"假定：①铆钉组中的各个铆钉受力均匀；②危险截面上的拉应力或切应力、工作面上的挤压应力都是均匀分布的；③被铆接贴合面上无摩擦力；④不受弯矩作用。详细计算方法和过程可参考有关手册。

4.5.2 焊接

焊接是一种以加热、加压，或者两者并用，并且用或不用填充材料，使工件达到结合的方法。焊接通过下列三种途径达成结合的目的。

1. 熔焊

加热欲结合的工件使之局部熔化形成熔池，熔池冷却凝固后便结合，必要时可加入熔填物辅助，它适合各种金属和合金的焊接加工，不需压力。

2. 压焊

焊接过程必须对焊件施加压力，适合各种金属材料和部分非金属材料的加工。

3. 钎焊

采用比母材熔点低的金属材料做钎料，利用液态钎料润湿母材，填充接头间隙，并与母材互相扩散实现连接焊件的目的。钎焊适合各种材料的焊接加工，也适合不同金属或异类材料的焊接加工。

焊接技术是随着铜铁等金属的冶炼生产、各种热源的应用而出现的，历史悠久。现代焊接技术出现在 19 世纪末。历史上每一种热源的出现，都伴有新的焊接工艺的出现，焊接工艺几乎运用了世界上一切可以利用的热源，其中包括火焰、电弧、电阻、超声波、摩擦、等离子、电子束、激光束、微波等。

与铆接相比，焊接具有强度高、工艺简单、由于连接而增加的质量小、工人劳动条件较好等优点。另外，以焊代铸可以大量节约金属，也便于制成不同材料的组合件而节约贵重或稀有金属，采用焊接制造箱体、机架等，一般也比较经济。随着技术革新，尤其是将自动化和机器人技术与焊接技术相结合（图 4.27），使得焊接工艺应用日益广泛。

机械制造业中常用的是属于熔融焊的电焊工艺。电焊分为电阻焊和电弧焊两种，前者是利用大的低压电流通过被焊接件时，在电阻最大的接头处（被焊接部位）引起强烈发热，使得金属局部熔化，同时机械加压而形成的连接；后者则是利用电焊机的低压电流，通过焊条（为一个电极）与被焊件（为另一个电极）间形成的电路，在两极间引起电弧来熔融被焊接部分的金属和焊条，使熔融的金属混合并填充接缝而形成的连接（图 4.28）。

焊件经焊接后形成的结合称为焊缝。除了受力较小和避免增大质量时采用塞焊缝外，电弧焊常用焊缝形式有对接焊缝和角焊缝两类，其常用的形式如图 4.29 所示。

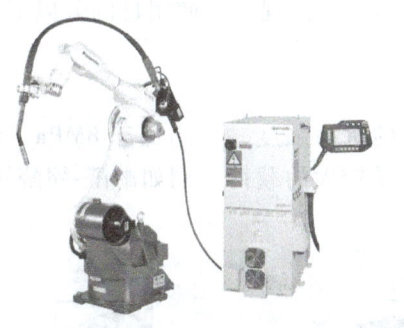

图 4.27　焊接机器人

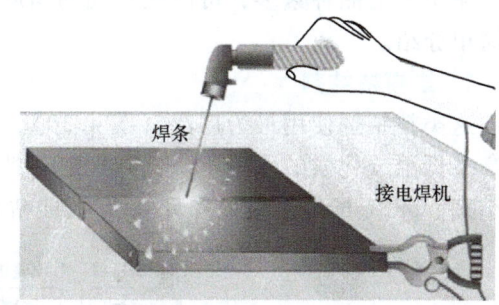

图 4.28　电弧焊接

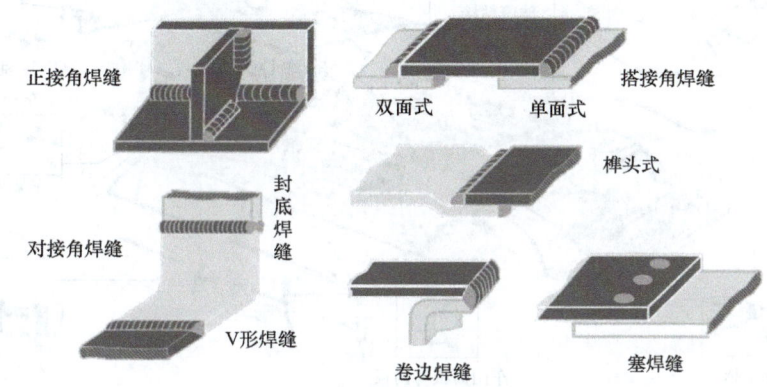

图 4.29　电弧焊缝常用的形式

对接角焊缝主要承受作用于被焊接件所在平面内的拉（压）力或弯矩，通常的破坏形式是沿焊缝的断裂。搭接角焊缝通常只承受拉力或弯矩，其破坏形式主要是剪切破坏。在焊缝的强度计算时，通常都在假设应力均匀分布，且不考虑残余应力的影响下进行简化计算，并根据试验来确定其许用应力。详细计算方法和过程可参考有关手册。

为了保证焊接的质量，避免出现未焊透或缺焊现象，焊缝应按被焊件的厚度制成合理的坡口形式，或进行一般的倒棱修边工艺，在焊接前，应对坡口进行清洗和整理。此外，熔化的金属冷却时要收缩，因此使焊缝内部产生残余应力，导致构件翘曲，这不仅使焊接件难以获得精确的尺寸，且将影响到焊缝的强度。所以，在满足强度条件的情况下，焊缝的长度应按实际结构的情况尽可能取得短一些或分段进行焊接，并应避免焊缝交叉；还应在焊接工艺上采取措施，使构件在冷却时能有微小自由移动的可能。

在设计焊接件时，应注意恰当选择母材及焊条；根据被焊件厚度选择接头及坡口形式，合理布置焊缝及焊缝长度，正确安排焊接工艺，以避免施工不便及残余应力源。对于那些有强度要求的重要焊缝，必须按照有关行业的强度规范进行焊缝尺寸的校核，同时还应规定有一定技术水平的焊工进行焊接，并在焊后仔细地进行质量检验。

4.5.3　粘接

粘接是利用粘结剂在一定条件下把预制的零件连接在一起，并具有一定的连接强度，属于不可拆连接。随着高分子化学，特别是石油化工业的迅速发展，在机械制造中采用粘接的金属构件应用越来越广泛。

粘结剂的品种繁多，可以从不同的角度划分为很多类别。现仅按使用目的分以下三类并做简单介绍。

1. 结构粘结剂

这类粘结剂使用最为广泛（图4.30），在常温下的抗剪强度一般不低于8MPa，经受一般高、低温或化学的作用不降低其性能，粘接件能承受较大的载荷。例如酚醛-缩醛-有机硅粘结剂、环氧-酚醛粘结剂和环氧-有机硅粘结剂等。

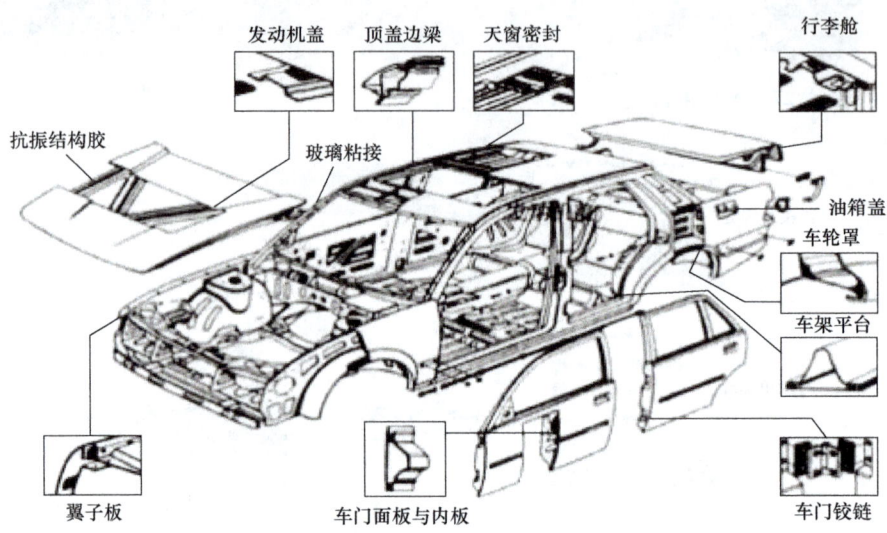

图 4.30　汽车车体结构粘结剂的使用情况

2. 非结构粘结剂

这类粘结剂在正常使用时有一定的粘接强度，但在受到高温或重载时，性能迅速下降。例如聚氨酯粘结剂和酚醛-氯丁橡胶粘结剂等。

3. 其他粘结剂

即具有特殊用途（如防锈、绝缘、导电、透明、超高温、超低温、耐酸、耐碱等）的粘结剂。例如环氧导电粘结剂和环氧超低温粘结剂等。

在机械制造中，目前较为常用的是结构粘结剂中的酚醛-缩醛-有机硅粘结剂及环氧-酚醛粘结剂等。

粘结剂的主要性能是粘接强度（耐热性、耐介质性、耐老化性）、固化条件（温度、压力、保持时间）、工艺性能（涂布性、流动性、有效贮存期）以及其他特殊性能（如防锈等）。粘结剂的力学性能随着粘接件材料、环境温度、固化条件、胶层厚度、工作时间、工艺水平等的不同而异。例如可用于粘接各种碳钢、合金钢、铝、镁、钛等合金以及各种玻璃钢的酚醛-缩醛-有机硅耐高温粘结剂（牌号为204胶）粘接30CrMnSiA钢时，在常温下，抗剪强度 $\tau_B \geq 22.8\text{MPa}$；200℃时，$\tau_B \geq 15.8\text{MPa}$；300℃时，$\tau_B \geq 8.6\text{MPa}$；350℃时，$\tau_B \geq 4\text{MPa}$。各种粘结剂的性能数据可查阅有关手册。

粘结剂的选择原则，主要是针对粘接件的使用要求及环境条件，从粘接强度、工作温度、固化条件等方面选取粘结剂的品种，并兼顾产品的特殊要求（如防锈等）及工艺上的方便。此外，如对受一般冲击、振动的粘接件，宜选用弹性模量小的粘结剂；在变应力条件下工作的粘接件,应选膨胀系数与零件材料的膨胀系数相近的粘结剂等。

粘接与铆接、焊接相比,其优点是:①质量较小(一般可小20%左右)、材料的利用率较高;②不会使粘接缝附近母体材料的金相组织改变,冷却时也不会产生翘曲和变形;③因为是全部贴合面间的粘接,应力分布较为均匀,故耐疲劳、耐蠕变性能较好;④能使异形、复杂、微小或很薄的元件以及金属与非金属构件相互连接;⑤所需设备简单,操作方便,无噪声,劳动条件好,劳动生产率高,成本较低;⑥密封性比铆接可靠,如环氧粘结剂可耐水压达2MPa;⑦工作温度在有特殊要求时可达-200~1000℃(一般为-60~400℃);⑧能满足防锈、绝缘、透明等特殊要求。其缺点是:①工作温度过高时,粘接强度将随温度的增高而显著下降;②抗剥离、抗弯曲及抗冲击振动性能差;③耐老化、耐介质(如酸、碱等)性能较差,且不稳定;④有的粘结剂(如酚醛-缩醛-有机硅耐高温粘结剂)所需的粘接工艺较为复杂;⑤粘接件的缺陷有时不易发现,目前尚无完善可靠的无损检测方法。

习 题

4.1 轴毂连接的主要类型有哪几种?键连接有哪些类型?它们在结构、工作原理和使用特点上有何不同?

4.2 为什么采用两个平键时,一般布置在沿周向相隔180°的位置?

4.3 如图4.31所示,直径$d=80$mm的轴端安装一钢制直齿圆柱齿轮,轮毂宽度$L=100$mm,工作时载荷有轻微冲击。试确定平键连接的尺寸,并计算其允许传递的最大转矩T_{max}。

4.4 某减速器的低速轴上安装有凸缘联轴器和圆柱齿轮,轴与轮毂用单键连接,结构尺寸如图4.32所示。已知:轴的材料为45钢,齿轮的材料为锻钢,凸缘联轴器的材料为灰铸铁;低速轴传递的转矩$T=1000$N·m,工作时有轻微冲击。试合理选择键的类型及尺寸。

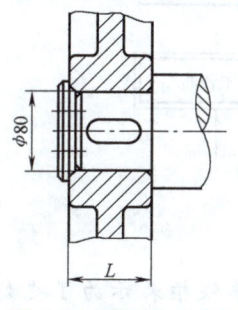

图4.31 习题4.3图

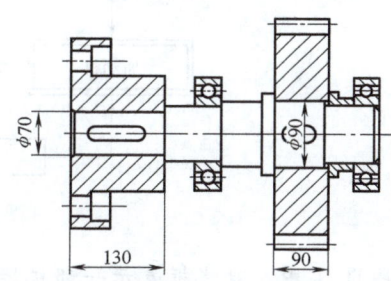

图4.32 习题4.4图

第3篇　机械传动

机器是人类利用和转变机械能在生产时借以减轻体力劳动和提高生产率的主要工具。使用机器进行生产的水平是衡量一个国家现代化程度的重要标志之一。

机器是执行机械运动的装置，用来变换或传递能量、物料或信息。机械是机器和机构的总称。用来进行物料传递和变换的机器，通常称为机械、装置或设备，如车床、蒸汽锅炉、过滤装置、分离设备等。用来进行信息传递和变换的机器，通常称为仪器，如测量仪、照相机、录像机、电视机、打字机、控制和监视仪器等。

机器的发展经历了一个由简单到复杂的过程。人类为了满足生产及生活的需要，设计和制造了类型繁多、功能各异的机器。但是，只是在蒸汽机出现以后，机器才有了完整的形态。下面用图Ⅲ.1来概括说明一部完整的机器的组成。

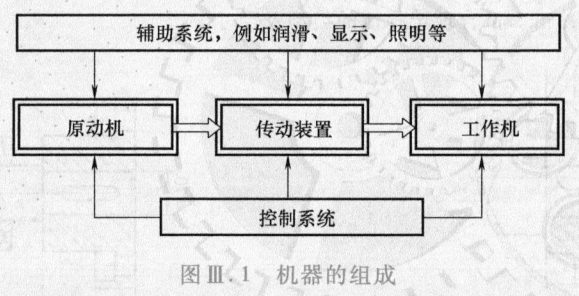

图Ⅲ.1　机器的组成

在图Ⅲ.1中，双线框表示一部机器的基本组成部分，单线框表示为了更好地完成机器的预定功能附加组成部分。

原动机是驱动整部机器以完成预定功能的动力源。通常一部机器只有一个原动机，复杂的机器也可有几个动力源。原动机通常可分为两类：一类是直接利用自然能源的动力机械，称为一次动力机，如汽轮机、内燃机、水轮机、风力机等；另一类是利用一次动力机得到的电能、液能、气能等能源转变为机械能的动力机械，称为二次动力机，如电动机、液压马达、气压马达等。常用的原动机多为电动机，可参考相应手册或电动机样本，根据转速、功率、参考价格进行选取。电动机的动力输出多是呈旋转运动的状态，输出一定转矩，通常输出的转速较高，转矩较低。

工作机是具体的执行部分，它是完成机器预定功能的组成部分，是具体工作的部分。

传动装置是一种在一定距离间传递能量并兼实现某些其他作用的装置。其主要功能有分配能量、改变转速和运动形式（如回转运动改变为往复运动）等。

机器中必须采用传动装置。因为原动机与工作机在很多方面不匹配，具体表现为：①速度和运动形式不匹配，原动机多为电动机，通常为匀速转动，工作机则不然；②载荷不匹配，由转矩和转速的关系可知，原动机需靠降低转速来增大转矩；③工作机速度是变化的，靠原动机调节不经济；④一台工作机要带动几台速度不同的工作机，如绕线机；⑤从空间、维修、运输等方面考虑，不便把原动机与工作机直接相连，因此，必须采用中间传动系统，大部分为机械传动。

传动装置分为机械传动、流体传动和电传动三类。随着计算机的飞速发展及在工程上的广泛应用，传动装置可以大大简化，用于传动的零件也可以大大减少。但是机械传动由于结构简单，性能可靠，不易受电、磁、热等因素的影响，而且加工、维修方便，因此目前仍然被广泛使用。机械传动分为摩擦传动和啮合传动。

摩擦传动和啮合传动都可分为直接接触的和有中间挠性件的两种。摩擦轮传动属于直接接触的摩擦传动；齿轮传动、蜗杆传动、螺旋传动属于直接接触的啮合传动；带传动、绳传动属于有中间挠性件的摩擦传动；链传动、同步带传动属于有中间挠性件的啮合传动。

摩擦传动总体来说，其外廓尺寸较大，由于打滑和弹性滑动等原因，其传动比不能保持恒定。但其回转体比啮合传动简单得多，即使精度要求很高，制造也不困难。摩擦传动运转平稳、无噪声。大部分摩擦传动都可以起到过载保护作用，可借助接触零件的打滑来限制传递的最大转矩。另外，摩擦传动易于实现无级变速。

啮合传动总体来说，具有外廓尺寸小、效率高（蜗杆传动除外）、传动比恒定、功率范围广等优点。但因其靠金属元件间的齿的啮合来传递动力，故即使很小的制造误差及齿廓变形，在高速时也将引起冲击和噪声，这是啮合传动的主要弊端所在。提高制造精度和改用螺旋齿可以减轻这一缺点，但不能完全消除。

以橡胶带作为中间挠性件的同步带，因为相啮合的一对齿中有一个是非金属元件，所以对制造精度要求不像直接接触的啮合传动那样高，但比摩擦传动要求高。

各类机械传动装置及其主要特性如图Ⅲ.2所示。

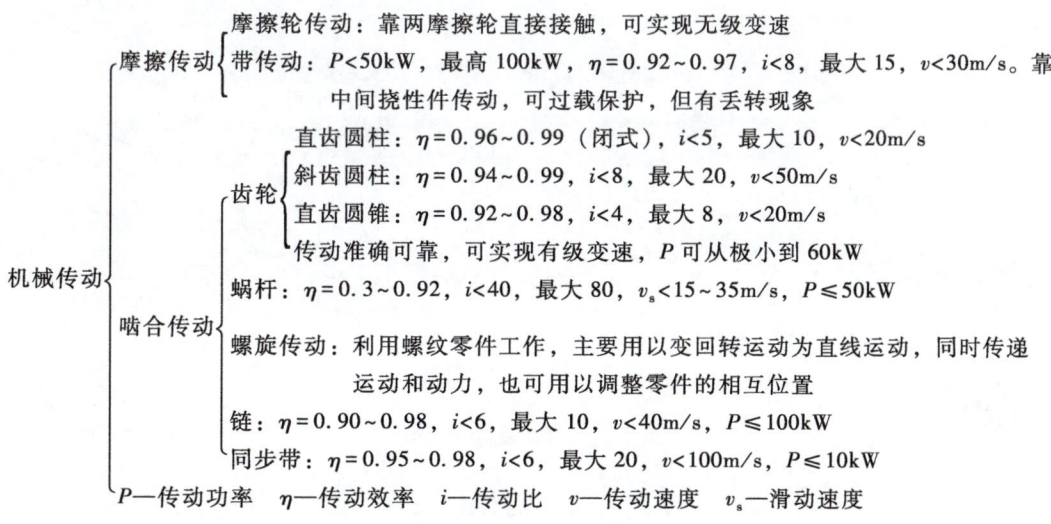

图Ⅲ.2　各类机械传动装置及其主要特性

选择机械传动的一般原则：

1) 小功率宜选用结构简单、价格便宜、标准化程度高的传动，以降低制造成本。

2) 大功率宜优先选用传动效率高的传动，以节省能源、降低生产费用。齿轮传动效率最高，自锁蜗杆传动和普通螺旋传动效率最低。

3) 速度低、传动比大时，其一可采用多级传动，这时要注意带传动宜放在高速级，链传动宜放在低速级；其二，对于要求结构尺寸小时，宜采用多级齿轮传动、齿轮-蜗杆传动或多级蜗杆传动。

4) 链传动只能用于平行轴间的传动；带传动主要用于平行轴的传动，功率小、速度低时，也可用于半交叉或交错轴间的传动；蜗杆传动能用于两轴空间交错的传动，最常用的是交错角为 90°；齿轮传动能适应于各种轴线位置。

5) 工作中可能出现过载的设备，宜在传动系统中设置一级摩擦传动，以便起到过载保护的作用，但值得注意的是，摩擦有静电产生，在易燃、易爆的场合，不易采用摩擦传动。

6) 载荷经常变化、频繁换向的传动，宜在传动系统中设置一级能缓冲、吸振的传动，如带传动或链传动，或工作机中采用液力传动（中速）或气力传动（高速）。

7) 工作温度较高、潮湿、多粉尘、易燃、易爆的场合，宜采用链传动或闭式齿轮传动、蜗杆传动。

8) 要求两轴严格同步时，不能采用摩擦传动，只能采用齿轮传动或蜗杆传动。

本篇主要介绍常见的机械传动装置和传动零部件的结构特点和设计理论。

第 5 章 带传动

5.1 概述

带传动是利用张紧在带轮上的带,靠它们之间的摩擦或啮合,在两轴(或多轴)间传递运动或动力(图 5.1)。环形传动带采用易弯曲的挠性材料制成。带传动按工作原理可分为摩擦带传动和啮合带传动两大类,其常见的是摩擦带传动。

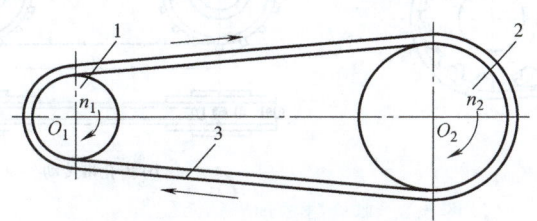

图 5.1 带传动
1—主动带轮 2—从动带轮 3—传动带

5.1.1 带传动的类型与形式

1. 带传动的类型

摩擦带传动根据带的截面形状分为平带传动、V 带传动、多楔带传动和圆带传动等,如图 5.2 所示。

平带传动模型　　V 带传动模型　　多楔带传动　　圆带传动-缝纫机

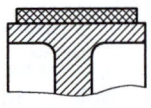

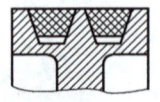
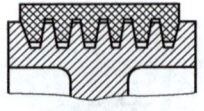

a) 平带传动　　b) V带传动　　c) 多楔带传动　　d) 圆带传动

图 5.2　不同截面形状的摩擦带传动

（1）平带传动　平带传动（图 5.2a）靠带的环形内表面与带轮外表面压紧产生的摩擦力工作。平带传动结构简单，带的挠性好，带轮容易制造，大多用于传动中心距较大的场合。

（2）V带传动　V带传动（图 5.2b）靠带的两侧面与轮槽侧面压紧产生的摩擦力工作。与平带传动比较，当带对带轮的压力相同时，V带传动的摩擦力大，故能传递较大功率，结构也较紧凑，且V带无接头，传动较平稳，因此V带传动应用最广。

（3）多楔带传动　多楔带传动（图 5.2c），又称复合V带传动，靠带和带轮楔面之间产生的摩擦力工作。兼有平带和V带的优点，适用于要求结构紧凑且传递功率较大的场合，特别适用于要求V带根数较多或轮轴线垂直于地面的传动。

（4）圆带传动　圆带传动（图 5.2d）靠带与轮槽压紧产生的摩擦力工作，常用于低速小功率传动，如缝纫机、磁带盘的传动等。

啮合带传动工作时，带上的齿或齿孔与轮上的齿相互啮合，以传递运动和动力，可分为同步带传动和齿孔带传动，如图 5.3 所示。同步带传动常用于数控机床、纺织机械、烟草机械、打印机、收录机等；齿孔带传动应用于照相机、放映机等，其胶带上开有孔，构成了齿孔带。

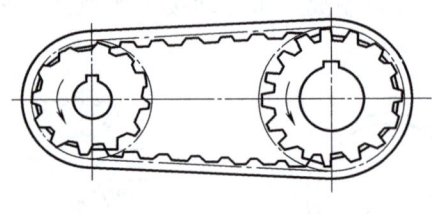
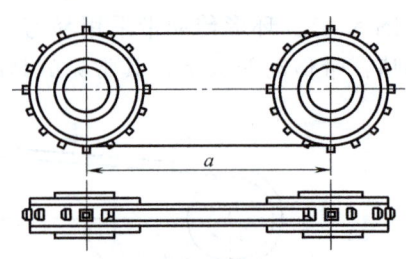

a) 同步带传动　　　　　　　　b) 齿孔带传动

啮合带

图 5.3　啮合带传动

2. 带传动的形式

按带轮轴的相对位置和转动方向，带传动分为开口传动、交叉传动和半交叉传动 3 种形式，如图 5.4 所示。交叉传动和半交叉传动只适用于平带和圆带传动。

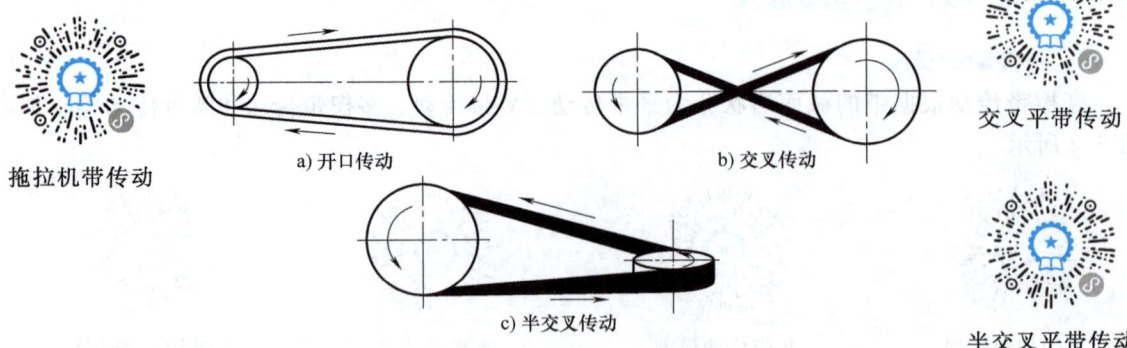

拖拉机带传动　　a) 开口传动　　b) 交叉传动　　交叉平带传动

c) 半交叉传动　　半交叉平带传动

图 5.4　带传动的形式

5.1.2 带传动的特点与适用范围

1. 带传动的特点

靠摩擦工作的带传动,其优点是:①因带是弹性体,能缓和载荷冲击,运行平稳无噪声;②过载时将引起带在带轮上打滑,因而可防止其他零件损坏;③制造和安装精度不像啮合传动那样严格;④可增加带长以适应中心距较大的工作条件。其缺点是:①带与带轮的弹性滑动使传动比不准确,效率较低,寿命较短;②传递同样大的圆周力时,外廓尺寸和轴上的压力都比啮合传动大;③不宜用于高温、易燃等场合。

2. 带传动的适用范围

1) 适用于较高速度的场合,带的工作速度为 5~30m/s;最高可达 60m/s。
2) 适用于中、小功率,功率 $P ≤ 50kW$。
3) 传动比 $i ≤ 7$,最大 $i = 10$。
4) 传动比要求不十分准确的场合。

带传动工作时,绕过带轮的一段带做圆周运动,会产生离心力。带速过高,离心力过大,会引起不良后果;减小传动带与带轮相接触的压紧力,会减小摩擦力,降低带传动的能力;增加传动带内的拉应力,会降低带的使用寿命。带速 v 的推荐值如下:

同步带　　　　$v ≤ 50$　m/s
普通 V 带　　　$v ≤ 30$　m/s
窄 V 带　　　　$v ≤ 40$　m/s
普通平带　　　$v ≤ 30$　m/s

但是,带速太低,由 $P = Fv/1000$ 可知,在功率 P 一定时,要求有效圆周力 F 就越大。对于普通 V 带,通常要求 $v ≥ 5m/s$。

5.2 V 带与 V 带轮

V 带分为普通 V 带、窄 V 带、宽 V 带、联组 V 带、大楔角 V 带和齿形 V 带等十多种。其中,普通 V 带(有时简称 V 带)应用最广,窄 V 带则在近十年来应用越来越多。本章主要介绍普通 V 带的设计问题。

5.2.1 V 带的构造、型号和标记

1. 构造

V 带分为图 5.5 所示的帘布结构(图 5.5a)和线绳结构(图 5.5b)两种。

普通 V 带

V 带由 4 部分组成:
(1) 抗拉体　承受载荷的主体,材料为化学纤维织物。
(2) 顶胶　当 V 带弯曲时,将伸长,由胶料制成。
(3) 底胶　当 V 带弯曲时,将缩短,由胶料制成。
(4) 包布层　由胶帆布制成。

帘布结构与线绳结构区别在于抗拉体,帘布结构的抗拉体由胶帘布制造,便于生产;线

绳结构的抗拉体由胶线绳制造，柔韧性好，抗弯强度高，寿命长。

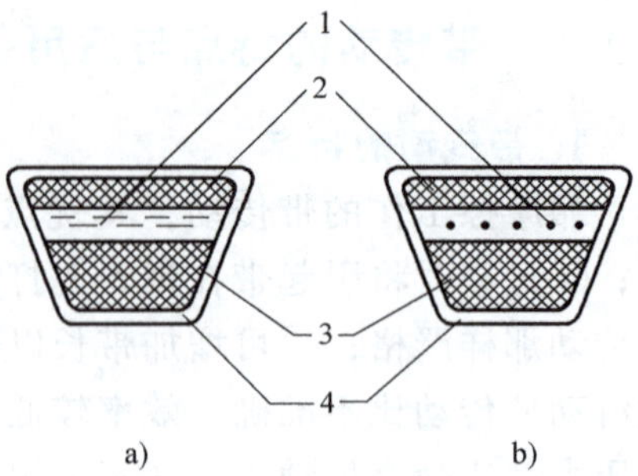

2. 型号

普通 V 带有 Y、Z、A、B、C、D、E 七种型号，最常用的是 A 型和 B 型。

窄 V 带有 SPZ、SPA、SPB、SPC 四种型号。

V 带截面尺寸和长度均已标准化，各型号的截面尺寸见表 5.1。V 带的型号从 Y 到 E，截面尺寸依次增大，承载能力随之增加。

3. 标记

带的标记：截面型号　基准长度　国标编号。

例：B1000 GB/T 11544—2012，表示 B 型带、基准长度为 1000mm。

图 5.5　V 带的构造

1—抗拉体　2—顶胶　3—底胶　4—包布层

表 5.1　普通 V 带的截面尺寸

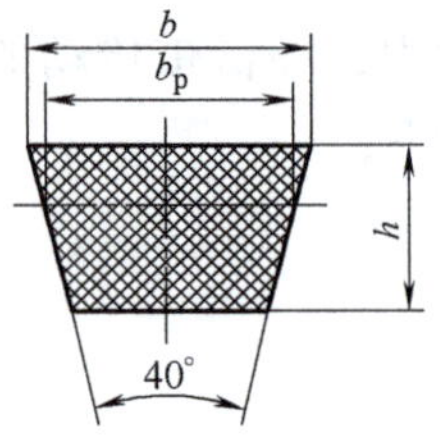 截面型号	Y	Z	A	B	C	D	E
节宽 b_p/mm	5.3	8.5	11	14	19	27	32
顶宽 b/mm	6	10	13	17	22	32	38
高度 h/mm	4	6	8	11	14	19	25
单位长度质量 q/(kg/m)	0.02	0.06	0.10	0.17	0.30	0.62	0.90

5.2.2　V 带传动的几何参数及计算

V 带的横截面为梯形，高与宽之比约为 0.7，楔角为 40°，带的两侧面是工作面，利用楔形增压原理能产生更大的传动力。

如图 5.6 所示，若带对带轮的压紧力均为 F_Q，对于平带传动，带与轮缘表面间的极限摩擦力 $F_\mu = \mu F_N = \mu F_Q$；而对于 V 带，其极限摩擦力为 $F_{\mu v} = 2\mu F_N = \mu F_Q / \sin\frac{\varphi}{2}$，令 $\mu_v = \mu/\sin\frac{\varphi}{2}$，则 $F_{\mu v} = \mu_v F_Q$。式中，F_N 为带轮给予带的反力；μ 为摩擦系数；μ_v 为楔面摩擦的当量摩擦系数。

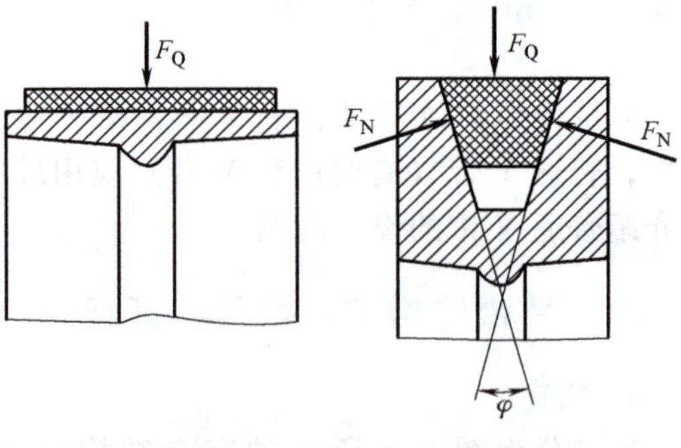

按标准一般取 $\varphi \approx 40°$，则 $F_{\mu v} \approx 3 F_\mu$，因此 V 带传递功率的能力比平带传动大得多。在传递相同的功率时，若采用 V 带传动将得到比较紧凑的结构。

图 5.6　V 带、平带与带轮间受力比较

V 带传动的基本参数有：

（1）基准长度 L_d　基准长度也称节线长度。当 V 带弯曲时，顶胶伸长，底胶缩短，中间存在一个长度不变的过渡层称为中性层，中性层的周长称为节线长度。

（2）基准直径 d V带安装在带轮上，带的节宽 b_p 与轮槽的基准宽度 b_d 重合并相等，其对应的带轮直径称为基准直径。

（3）中心距 a 两带轮中心的距离。

（4）包角 α 带与带轮接触弧所对应的中心角。

V带传动，带的基准长度 L_d 和带轮的基准直径 d 均为标准值，单位均为 mm，其值分别见表5.2 和表5.3。

表5.2 普通V带基准长度　　　　　　　　　　　　　（单位：mm）

截面型号							
Y	Z	A	B	C	D	E
200	406	630	930	1565	2740	4660
224	475	700	1000	1760	3100	5040
250	530	790	1100	1950	3330	5420
280	625	890	1210	2195	3730	6100
315	700	990	1370	2420	4080	6850
355	780	1100	1560	2715	4620	7650
400	920	1250	1760	2880	5400	9150
450	1080	1430	1950	3080	6100	12230
500	1330	1550	2180	3520	6840	13750
	1420	1640	2300	4060	7620	15280
	1540	1750	2500	4600	9140	16800
		1940	2700	5380	10700	
		2050	2870	6100	12200	
		2200	3200	6815	13700	
		2300	3600	7600	15200	
		2480	4060	9100		
		2700	4430	10700		
			4820			
			5370			
			6070			

表5.3 普通V带带轮基准直径系列

d/mm	Z	A	B	d/mm	Z	A	B	C	D	E
				200	*	*	*	* *		
				212				*		
				224	*	*	*	*		
				236				*		
				250	*	*	*	*		
50	* *			265				*		
56	*			280	*	*	*	*		
63	*			300				*		
71	*			315	*	*	*	*		
75	*	* *		335				*		
80	*	*		355	*	*	*	*	* *	

（续）

d/mm	Z	A	B	d/mm	Z	A	B	C	D	E
85		*		375					*	
90	*	*		400	*	*	*	*	*	
95		*		425					*	
100	*	*		450		*	*	*	*	
106		*		475						
112	*	*		500	*	*	*	*	*	**
118		*		530						*
125	*	*	**	560			*	*	*	*
132	*	*	*	600				*	*	*
140	*	*	*	630	*	*		*	*	*
150	*	*	*	670						*
160	*	*	*	710		*	*	*	*	*
170			*	750				*	*	
180	*	*	*	800			*	*	*	*

注：*为采用值；空格为不采用值；**为最小基准直径 d_{min}。

V带轮基准直径 d_1、d_2 均为标准值，为了避免带在小轮上的弯曲应力过大，对每种型号的V带都限定了相应带轮的最小基准直径 d_{min}，要求小带轮 $d_1 \geq d_{min}$，其值见表5.3。大带轮基准直径 d_2 可由式 $d_2 = id_1$ 计算，并相近圆整。

开口V带传动几何关系如图5.7所示，对应的几何关系如下：

$$\alpha_{1,2} = 180° \mp 2\theta \approx 180° \mp \frac{d_2 - d_1}{a} \times 57.3°$$

$$L_d \approx 2a + \frac{\pi}{2}(d_1 + d_2) + \frac{(d_2 - d_1)^2}{4a}$$

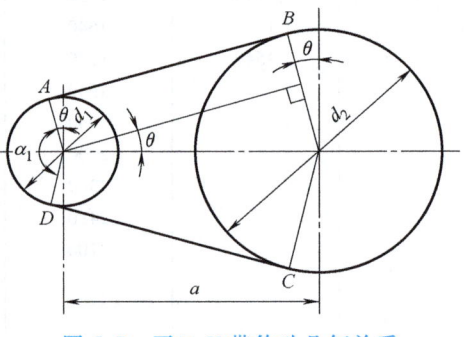

图5.7 开口V带传动几何关系

式中，α_1 对应 "-" 号，α_2 对应 "+" 号。

5.2.3 V带轮

1. 组成

V带轮由以下3部分组成：
轮缘——用以安装传动带的部分；
轮毂——与轴接触配合的部分；
轮辐或腹板——用以连接轮缘和轮毂的部分。
普通V带带轮轮槽结构及尺寸见表5.4。

普通V带楔角为40°，带绕过带轮时由于产生横向变形，使得楔角变小。为使带轮的轮槽工作面和V带两侧面接触良好，带轮槽角 φ 取 32°、34°、36°、38°，带轮基准直径越小，槽角 φ 取值越小。

表 5.4 普通 V 带带轮轮槽尺寸　　　　　　　　　（单位：mm）

槽型截面尺寸		型号						
		Y	Z	A	B	C	D	E
槽根高 h_{fmin}		4.7	7.0	8.7	10.8	14.3	19.9	23.4
槽顶高 h_{amin}		1.6	2.0	2.75	3.5	4.8	8.1	9.6
槽间距 e		8±0.3	12±0.3	15±0.3	19±0.4	25.5±0.5	37±0.6	44.5±0.7
槽边宽 f_{min}		7±1	8±1	10^{+2}_{-1}	12.5^{+2}_{-1}	17^{+2}_{-1}	23^{+3}_{-1}	29^{+4}_{-1}
基准宽度 b_d		5.3	8.5	11	14	19	27	32
轮缘厚度 δ_{min}		5	5.5	6	7.5	10	12	15
轮宽 B		$B=(z-1)e+2f$, z 为轮槽数						
外径 d_a		$d_a=d+2h_a$						
槽角 φ	32°	基准直径 d	≤60					
	34°			≤80	≤118	≤190	315	
	36°		>60				≤475	≤600
	38°			>80	>118	>190	>315	>475	>600

2. 结构

如图 5.8 所示，带轮按结构不同分为实心式（S 型）、腹板式（P 型）、孔板式（H 型）和辐条式（E 型）。

带轮基准直径 d 较小时（$d ≤ d_s$，d_s 为轴径），常用实心式结构（图 5.8a）；当 $d ≤ 300$mm 时，可采用腹板式结构（图 5.8b）；当 $d_r - d_h ≥ 100$mm 时，为方便吊装和减小质量可在腹板上开孔，称为孔板式（图 5.8c）；当 $d > 300$mm 时，一般采用辐条式结构（图 5.8d）。

3. 材料及加工制造的要求

带速 $v ≤ 30$m/s 的带传动，其带轮常用铸铁 HT150 制造，重要的也可用 HT200 制造；高

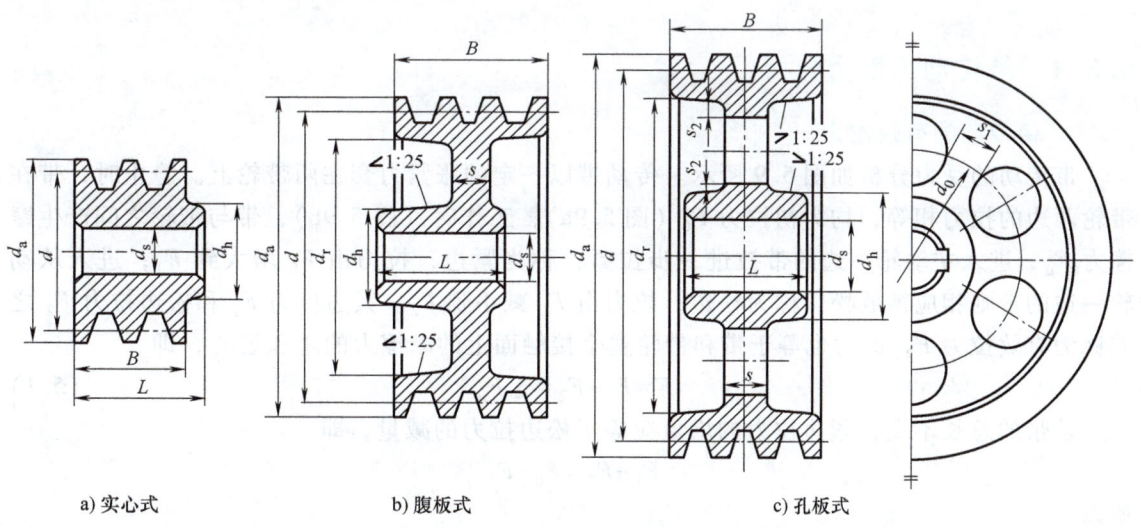

a) 实心式　　　　b) 腹板式　　　　c) 孔板式

图 5.8　V 带轮的结构

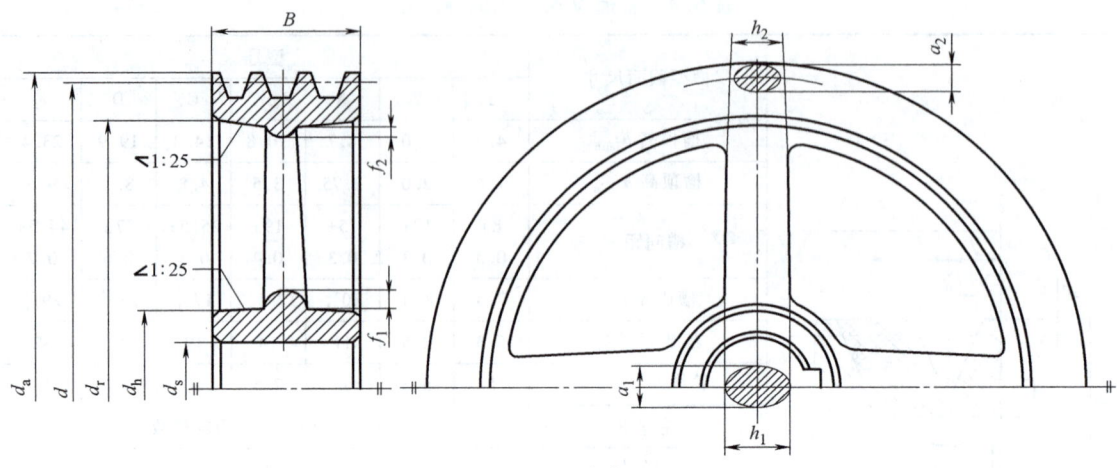

d) 辐条式

图 5.8 V 带轮的结构（续）

$d_h = (1.8 \sim 2) d_s \quad d_r = d_a - 2 (h_a + h_f + \delta)$

$h_1 = 290 [P/(nz_a)]^{1/3} \quad h_2 = 0.8 h_1 \quad d_0 = (d_h + d_f)/2$

$s = (0.2 \sim 0.3) B \quad L = (1.5 \sim 2) d_s$

$s_1 \geqslant 1.5s \quad s_2 \geqslant 0.5s \quad a_1 = 0.4 h_1 \quad a_2 = 0.8 a_1 \quad f_1 = f_2 = 0.2 h_1$

$h_a、h_f、\delta$ 见表 5.4；P 为传递的功率，单位为 kW；n 为转速，单位为 r/min；z_a 为辐条数。

速时宜使用钢制带轮，速度可达 45m/s；小功率可用铸铝或塑料制造。

因为带与轮之间有弹性滑动，在正常工作时，不可避免的有磨损产生，因此带轮工作表面要仔细加工，一般带轮表面粗糙度要求 $Ra = 3.2\mu m$。为增加带与轮间的摩擦，故意把带轮表面加工得很粗糙是错误的。另外，对于高速带轮还要进行动平衡。

5.3 带传动的工作情况分析

5.3.1 带传动的受力分析

1. 带传动的有效拉力

带传动的受力分析如图 5.9 所示。传动带以一定的张紧力套在两带轮上。静止时，带在带轮两边的拉力相等，均为初拉力 F_0（图 5.9a）；工作时（图 5.9b），带与带轮之间产生摩擦力 F_μ，进入主动轮一边的带被进一步拉紧，称为紧边，拉力由 F_0 增大到 F_1；进入从动轮一边的带则相应被放松，称为松边，拉力由 F_0 减小到 F_2。紧边拉力 F_1 和松边拉力 F_2 之差称为有效拉力 F，此力也等于带和带轮整个接触面上的摩擦力的总和 $\sum F_\mu$，即

$$F = F_1 - F_2 = \sum F_\mu \tag{5.1}$$

若带的总长不变，紧边拉力的增量应等于松边拉力的减量，即

$$F_1 - F_0 = F_0 - F_2$$

所以

$$F_1 + F_2 = 2F_0 \tag{5.2}$$

带传动传递的功率 P（kW）表示为

$$P = \frac{Fv}{1000} \tag{5.3}$$

式中，F 为有效拉力（N）；v 为带速（m/s）。

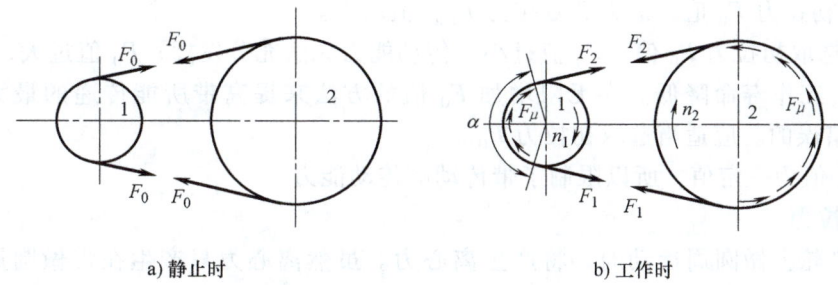

a) 静止时　　b) 工作时

图 5.9　带传动的受力分析

2. 最大有效拉力

由式（5.3）可知，当传递的功率 P 增大时，有效拉力 F 也相应增大，即要求带和带轮接触面上有更大的摩擦力来维持传动。但是，当其他条件不变且张紧力 F_0 一定时，带传动的摩擦力存在一极限值，就是带所能传递的最大有效拉力 F_{max}。当带传动的有效拉力超过这个极限值时，带就在带轮上打滑。打滑使得传动失效，加剧了带的磨损，故应该避免。

在带处于即将打滑的临界状态时，若忽略离心力，F_1 和 F_2 满足柔韧体摩擦的欧拉公式：

$$\frac{F_1}{F_2} = e^{\mu\alpha} \tag{5.4}$$

式中，e 为自然对数的底，e = 2.718；α 为带与带轮接触弧所对的中心角（rad），称为包角。

联立求解式（5.1）与式（5.4），得出带所能传递的最大有效拉力 F_{max} 为

$$F_{max} = F_1 - F_2 = F_1\left(1 - \frac{1}{e^{\mu\alpha}}\right) = F_2(e^{\mu\alpha} - 1) \tag{5.5}$$

将式（5.5）代入式（5.2）可得

$$F_{max} = 2F_0 \frac{e^{\mu\alpha} - 1}{e^{\mu\alpha} + 1} = 2F_0\left(1 - \frac{2}{e^{\mu\alpha} + 1}\right) \tag{5.6}$$

由此可见，带传动的最大有效拉力与初拉力、包角以及摩擦系数有关，且与 F_0 成正比。若 F_0 过大，将使带的工作寿命缩短。

影响传动能力的主要因素分析：

1）增大包角 α，最大有效拉力 F_{max} 值增大。

① 计算时式（5.4）要用小带轮上的包角 α_1，且打滑一定发生在小带轮上。

② 对于平带、V带传动，应紧边在下，松边在上，如图 5.9 所示，有利于增大 α_1。

③ 小带轮上包角 $\alpha_1 \geq 120°$，最小为 90°，由式（5.6）可见，增大传动比，两轮直径差值增大，在中心距一定的情况下，小带轮上包角减小，限制了传动比的大小。

2）增大摩擦系数 μ，最大有效拉力 F_{max} 值增大。

① 对于V带传动，计算时式（5.4）要用当量摩擦系数 μ_v。

② 因为 $\mu_v > \mu$，因此 V 带比平带所传递的功率大。

③ 由于摩擦系数 μ 不能无限增加，μ 过大会导致磨损加剧，带过早松弛，工作寿命减少。因此，靠将带轮制造的粗糙，以增加摩擦系数的方法来提高带所能传递的最大有效拉力 F_{max} 值，是错误的。

3）增大初拉力 F_0 值，最大有效拉力 F_{max} 值增大。

① 适当选取初拉力 F_0 值，F_0 值过小，传动能力无法充分发挥；F_0 值过大，磨损加剧，带过早松弛，工作寿命降低。靠无限增加 F_0 值的方法来提高带所能传递的最大有效拉力 F_{max} 值，是错误的。应适当选取初拉力 F_0。

② 因 F_0 值为一定值，所以限制了带传动的传动能力。

3. 离心拉力

当带在带轮上做圆周运动时，将产生离心力。虽然离心力只产生在带做圆周运动的部分，但由此产生的离心拉力 F_c 却作用在带的全长上，离心拉力使带压在带轮上的力减小，降低了带传动的工作能力。离心拉力 F_c（N）的大小为

$$F_c = qv^2 \tag{5.7}$$

式中，q 为传动带每米长的质量（kg/m）；v 为带速（m/s）。

5.3.2 带传动的应力分析

带传动工作时，带中应力由 3 部分组成。

1. 由紧边和松边的拉力产生的拉应力

紧边拉应力

$$\sigma_1 = F_1/A \tag{5.8}$$

松边拉应力

$$\sigma_2 = F_2/A \tag{5.9}$$

式中，A 为带的横截面面积（mm^2）。

2. 由离心拉力产生的拉应力

$$\sigma_c = F_c/A = qv^2/A \tag{5.10}$$

3. 弯曲应力

带绕过带轮时将产生弯曲应力，弯曲应力只产生在带绕过带轮的部分，假设带是弹性体，由材料力学可知

绕过小带轮处的弯曲应力

$$\sigma_{b1} = \frac{2Ey}{d_1} \tag{5.11}$$

绕过大带轮处的弯曲应力

$$\sigma_{b2} = \frac{2Ey}{d_2} \tag{5.12}$$

式中，E 为带材料的弹性模量（MPa）；y 为带的最外层到节面（中性层）的距离（mm）；d 为带轮基准直径（mm）。

把上述应力叠加，即得到带在传动过程中，处于各个位置时所受的应力情况，如图 5.10 所示。由图可知，带的最大应力发生在紧边开始绕上小带轮处的横截面上，其应力值为

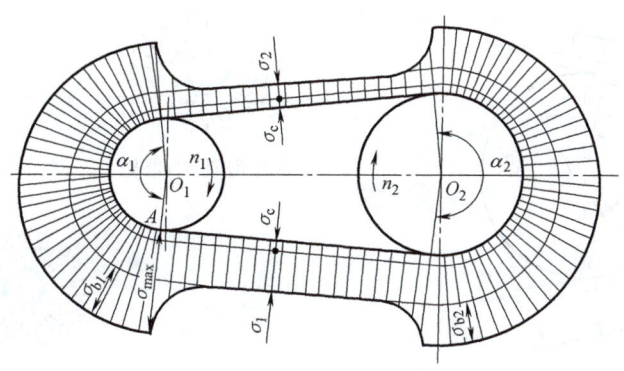

图 5.10 带的应力分布

$$\sigma_{max} = \sigma_1 + \sigma_c + \sigma_{b1} \qquad (5.13)$$

由于交变应力的作用，将引起带的疲劳破坏从而导致失效，表现为脱层、撕裂、拉断。限制了带的使用寿命。

5.3.3 带传动的弹性滑动、打滑和滑动率

1. 带传动的弹性滑动和打滑

由于带是弹性体，受力不同时，带的变形量也不相同，如图 5.11 所示，在主动轮上，当带从紧边 a 点转到松边 b 点时，拉力由 F_1 逐渐降至 F_2，带因弹性变形渐小而回缩，带的运动滞后于带轮。也就是说，带与带轮之间产生了相对滑动。同样发生在从动轮上，但带的运动超前于带轮。这种由于带的弹性变形和拉力差而引起的带与带轮表面间的相对微量滑动现象，称为带传动的弹性滑动。

弹性滑动将引起下列后果：①从动轮的圆周速度低于主动轮的圆周速度；②降低了传动效率；③引起带的磨损；④使带的温度升高。

弹性滑动与打滑是两个截然不同的概念，二者的区别在于：弹性滑动是由于带工作时紧边和松边存在拉力差，使带的两边弹性变形不相等，从而引起带与带轮之间局部而微小的相对滑动。因为带传动工作时传递有效拉力，紧边和松边拉力不同，所以弹性滑动是不可避免的，这是摩擦型带传动在正常工作时固有的特性，是不能避免的。打滑则是由于过载而引起的带在带轮上的全面滑动。打滑使带的磨损加剧，从动轮转速急剧降低甚至停止运动，导致传动失效，故应极力避免这种情况的发生。

其实，在正常工作情况下，弹性滑动只发生在包角的一部分范围内（图 5.11），对应的弧 cb 称为滑动弧，中心角称为滑动角，而有一部分不滑动的弧 ac 称为静弧，中心角称为静角。随着有效拉力的增加，滑动角增大，静角减小，当 $F_e = F_{max}$ 时，滑动角等于 α_1，静角为 0，而引发质的变化，即发生打滑。

打滑使带严重磨损和发热，从动轮转速急剧下降甚至停止运动，从而使带传动失效，所以打滑是必须要避免的。但是，当带传动传递的负载功率突然增大而超过设计功率，即传动超载时，打滑却可以起到过载保护的作用，避免其他零件发生损坏。

对于开口传动，带在小带轮上的包角 α_1 总是小于大带轮上的包角 α_2，所以打滑一般首先发生在小带轮上。

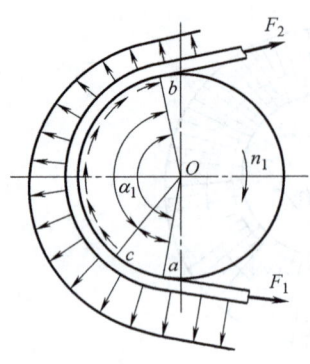

弹性滑动-小带轮

弹性滑动-大带轮

带的打滑

图 5.11 带的弹性滑动

2. 带传动的滑动率和传动比

由弹性滑动引起从动轮轮缘圆周速度相对于主动轮轮缘圆周速度的减小率称为滑动率，用 ε 表示，计算式为

$$\varepsilon = \frac{v_1 - v_2}{v_1} = 1 - \frac{n_2 d_2}{n_1 d_1} \tag{5.14}$$

传动比

$$i = \frac{n_1}{n_2} = \frac{d_2}{d_1(1-\varepsilon)} \tag{5.15}$$

从动轮转速

$$n_2 = (1-\varepsilon) n_1 \frac{d_1}{d_2} \tag{5.16}$$

带传动的滑动率 ε 通常为 0.01~0.02，在一般计算中可忽略不计。故式（5.15）还可写成

$$i \approx \frac{d_2}{d_1} \tag{5.17}$$

5.4 V 带传动的设计计算

5.4.1 带传动的失效形式和设计准则

1. 带传动的失效形式

带传动的主要失效形式有：

（1）带的打滑 过载造成带与带轮的全面滑动。

（2）疲劳破坏 由于交变应力的作用，当最大应力 $\sigma_{max} = \sigma_1 + \sigma_c + \sigma_{b1}$ 超过了带的许用应力 $[\sigma]$，将引起带的疲劳破坏而失效，表现为脱层、撕裂、拉断，限制了带的使用寿命。

2. 设计准则

带传动的设计准则是：在保证带传动不打滑的前提下，带具有一定的疲劳强度和寿命。

（1）V 带的疲劳强度条件

$$\sigma_{\max} = \sigma_1 + \sigma_c + \sigma_{b1} \leq [\sigma]$$

即
$$\sigma_1 \leq [\sigma] - \sigma_c - \sigma_{b1}$$

式中，$[\sigma]$ 为在特定条件下由带的疲劳强度决定的许用应力（MPa）。

（2）带在不打滑时的最大有效圆周力

$$F_{\max} = F_1 - F_2 = F_1\left(1 - \frac{1}{e^{\mu\alpha}}\right) = F_2(e^{\mu\alpha} - 1)$$

（3）额定功率 带既不打滑且具有足够疲劳强度时所能传递的功率 P_0（kW）为

$$P_0 = \frac{([\sigma] - \sigma_c - \sigma_{b1})\left(1 - \dfrac{1}{e^{\mu\alpha}}\right)Av}{1000}$$

该式为计算各种摩擦带所能传递功率的基本公式。

5.4.2 V带传动的设计计算

设计V带传动，通常应已知传动用途、工作条件、带轮转速（或传动比）及外廓尺寸要求等。设计的主要内容有V带的型号、长度和根数，中心距，带轮的基准直径、材料、结构，以及作用在轴上的压力等。

V带传动设计计算的一般步骤如下。

1. 确定计算功率 P_d

根据传递的名义功率，考虑载荷性质和每天运行时间等因素来确定计算功率 P_d（kW）为

$$P_d = K_A P \tag{5.18}$$

式中，K_A 为工作情况系数，其值见表5.5；P 为V带传递的名义功率（kW）。

表5.5 工作情况系数 K_A

工作载荷性质	动力机					
	Ⅰ类			Ⅱ类		
	≤10	10~16	>16	≤10	10~16	>16
工作平稳	1	1.1	1.2	1.1	1.2	1.3
载荷变动小	1.1	1.2	1.3	1.2	1.3	1.4
载荷变动较大	1.2	1.3	1.4	1.4	1.5	1.6
冲击载荷	1.3	1.4	1.5	1.5	1.6	1.8

注：Ⅰ类——直流电动机、Y系列三相异步电动机、汽轮机、水轮机。
　　Ⅱ类——交流同步电动机、交流异步滑环电动机、内燃机、蒸汽机。

2. 初选带的型号

根据计算功率 P_d 和小带轮转速 n_1，由选型图（图5.12）初选带的型号。在两种型号交界线附近时，可以对两种型号同时进行计算，最后择优选定。

3. 确定带轮的基准直径 d_1 和 d_2，验算带速 v

（1）选择带轮的基准直径 适当选择小带轮基准直径，使 $d_1 > d_{\min}$，并取为标准值。从动轮基准直径 d_2 可由式 $d_2 = id_1$ 计算，并相近圆整。

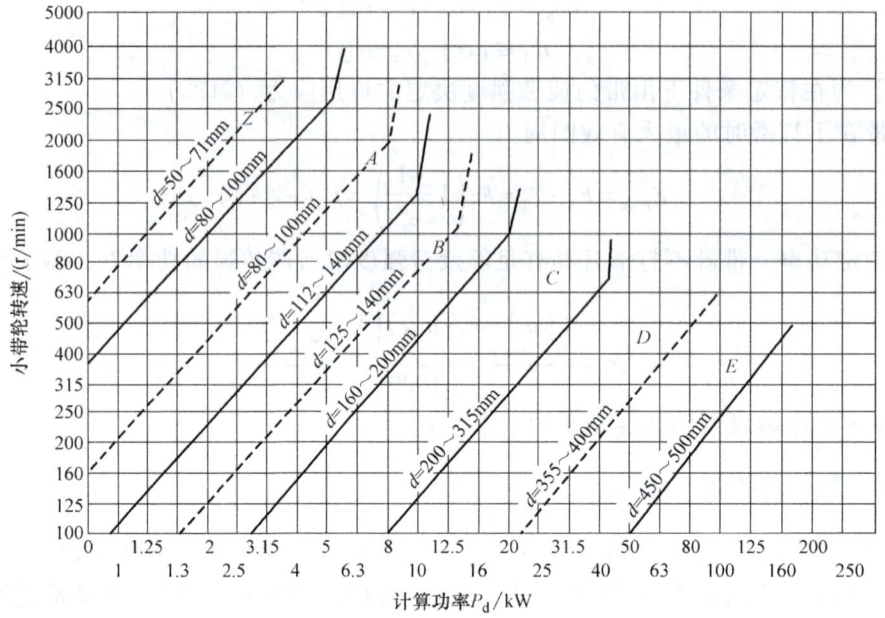

图 5.12 普通 V 带选型图

(2) 验算带速

$$5\text{m/s} \leq v = \pi d_1 n_1 / (60 \times 1000) \leq 25\text{m/s}$$

4. 确定中心距 a 和 V 带的基准长度 L_d

(1) 初定中心距 a_0　带传动的中心距不宜过大，否则将由于载荷变化引起带的抖动，使工作不稳定，而且结构不紧凑；但中心距过小，则小带轮的包角减小，易出现打滑；另外，在一定带速下，单位时间内带绕过带轮的次数增多，带的应力循环次数增加，会加速带的疲劳损坏。

初定中心距时，可按下式选取：

$$0.7(d_1+d_2) \leq a_0 \leq 2(d_1+d_2)$$

(2) 确定带的基准长度 L_d　带的计算基准长度为

$$L_{d0} \approx 2a_0 + \frac{\pi}{2}(d_1+d_2) + \frac{(d_2-d_1)^2}{4a_0}$$

根据 L_{d0}，由表 5.2 选取标准 L_d 值。

(3) 确定中心距 a　实际中心距 a 可用下式近似计算：

$$a \approx a_0 + \frac{L_d - L_{d0}}{2}$$

由于 V 带无接头，为保证安装必须使两轮中心距比使用的中心距小，在装挂完成以后，再调整到正常的中心距。

另外，由于长时间的使用，V 带周长会因疲劳而伸长，为了保持必要的张紧力，应根据需要调整中心距。

考虑安装调整和补偿张紧力的需要，中心距变动范围为：$(a-0.015L_d) \sim (a+0.03L_d)$。

5. 验算小带轮包角 α_1

$$\alpha_1 = 180° - \frac{d_2 - d_1}{a} \times 57.3° \geqslant 120°(至少 90°)$$

小带轮包角过小，即便是带少许的下垂也会使 α_1 大幅度减小，易打滑，传动能力降低。一般要求 $\alpha_1 \geqslant 120°$，若不满足，应适当增大中心距或减小传动比来增加小带轮包角 α_1。

6. 确定 V 带的根数 z

$$z \geqslant \frac{P_d}{(P_0 + \Delta P_0) K_\alpha K_L}$$

式中，P_0 为单根 V 带在特定条件下所能传递的额定功率（kW），普通 V 带的额定功率见表 5.6；ΔP_0 为额定功率增量（kW），普通 V 带的额定功率增量见表 5.7；K_α 为包角修正系数，见表 5.8；K_L 为长度修正系数，见表 5.9。

带的根数不宜过多，通常 $z \leqslant 10$，否则应增大带的型号或小带轮直径，然后重新计算。

表 5.6 特定条件下单根普通 V 带的额定功率 P_0　　　　　　　　（单位：kW）

截型	小带轮直径 d_1/mm	小带轮转速 n_1/(r/min)											
		200	400	730	800	980	1200	1460	1600	2000	2400	2800	3200
A	75	0.16	0.27	0.42	0.45	0.52	0.60	0.68	0.73	0.84	0.92	1.00	1.04
	90	0.22	0.39	0.63	0.68	0.79	0.93	1.07	1.15	1.34	1.50	1.64	1.75
	100	0.26	0.47	0.77	0.83	0.97	1.14	1.32	1.42	1.66	1.87	2.05	2.19
	112	0.31	0.56	0.93	1.00	1.18	1.39	1.62	1.74	2.04	2.30	2.51	2.68
	125	0.37	0.67	1.11	1.19	1.40	1.66	1.93	2.07	2.44	2.74	2.98	3.16
	140	0.43	0.78	1.31	1.41	1.66	1.96	2.29	2.45	2.87	3.22	3.48	3.65
B	125	0.48	0.84	1.34	1.44	1.67	1.93	2.20	2.33	2.64	2.85	2.96	2.94
	140	0.59	1.05	1.69	1.82	2.13	2.47	2.83	3.00	3.42	3.70	3.85	3.83
	160	0.74	1.32	2.16	2.32	2.72	3.17	3.64	3.86	4.40	4.75	4.89	4.80
	180	0.88	1.59	2.61	2.81	3.30	3.85	4.41	4.68	5.30	5.67	5.76	5.52
	200	1.02	1.85	3.06	3.30	3.86	4.50	5.15	5.46	6.13	6.47	6.43	5.95
	224	1.19	2.17	3.59	3.86	4.50	5.26	5.99	6.33	7.02	7.25	6.95	6.05
C	200	1.92	3.30	3.80	4.07	4.66	5.29	5.86	6.07	6.34	6.02	5.01	—
	224	2.37	4.12	4.78	5.12	5.89	6.71	7.47	7.75	8.05	7.57	3.57	
	250	2.85	5.00	5.82	6.23	7.18	8.21	9.06	9.38	9.62	8.75	2.93	
	280	3.40	6.00	6.99	7.52	8.65	9.81	10.74	11.06	11.04	9.50	—	
	315	4.04	7.14	8.34	8.92	10.23	11.53	12.48	12.72	12.14	9.43		

注：测定单根 V 带额定功率 P_0 的特定条件为，$\alpha_1 = \alpha_2 = 180°$（$i=1$）、特定带长、载荷平稳以及带轮数目为 2 等。

表 5.7 单根普通 V 带的额定功率增量 ΔP_0　　　　　　　　（单位：kW）

截型	传动比 i	小带轮转速 n_1/(r/min)											
		200	400	730	800	980	1200	1460	1600	2000	2400	2800	3200
A	1.00~1.01	0.00	0.00	0.00	0.00	0.00	0.00	0.00	0.00	0.00	0.00	0.00	0.00
	1.02~1.04	0.00	0.01	0.01	0.01	0.01	0.02	0.02	0.02	0.03	0.03	0.04	0.04

（续）

截型	传动比 i	小带轮转速 n_1/(r/min)											
		200	400	730	800	980	1200	1460	1600	2000	2400	2800	3200
A	1.05~1.08	0.01	0.01	0.02	0.02	0.03	0.03	0.04	0.04	0.06	0.07	0.08	0.09
	1.09~1.12	0.01	0.02	0.03	0.03	0.04	0.05	0.06	0.06	0.08	0.10	0.11	0.13
	1.13~1.18	0.01	0.02	0.04	0.04	0.05	0.07	0.08	0.09	0.11	0.13	0.15	0.17
	1.19~1.24	0.01	0.03	0.05	0.05	0.06	0.08	0.09	0.11	0.13	0.16	0.19	0.22
	1.25~1.34	0.02	0.03	0.06	0.06	0.07	0.10	0.11	0.13	0.16	0.19	0.23	0.26
	1.35~1.51	0.02	0.04	0.07	0.08	0.08	0.11	0.13	0.15	0.19	0.23	0.26	0.30
	1.52~1.99	0.02	0.04	0.08	0.09	0.10	0.13	0.15	0.17	0.22	0.26	0.30	0.34
	≥2.0	0.03	0.05	0.09	0.10	0.11	0.15	0.17	0.19	0.24	0.29	0.34	0.39
B	1.00~1.01	0.00	0.00	0.00	0.00	0.00	0.00	0.00	0.00	0.00	0.00	0.00	0.00
	1.02~1.04	0.01	0.01	0.02	0.03	0.03	0.04	0.05	0.06	0.07	0.08	0.10	0.11
	1.05~1.08	0.01	0.03	0.05	0.06	0.07	0.08	0.10	0.11	0.14	0.17	0.20	0.23
	1.09~1.12	0.02	0.04	0.07	0.08	0.10	0.13	0.15	0.17	0.21	0.25	0.29	0.34
	1.13~1.18	0.03	0.06	0.10	0.11	0.13	0.17	0.20	0.23	0.28	0.34	0.39	0.45
	1.19~1.24	0.04	0.07	0.12	0.14	0.17	0.21	0.25	0.28	0.35	0.42	0.49	0.56
	1.25~1.34	0.04	0.08	0.15	0.17	0.20	0.25	0.31	0.34	0.42	0.51	0.59	0.68
	1.35~1.51	0.05	0.10	0.17	0.20	0.23	0.30	0.36	0.39	0.49	0.59	0.69	0.79
	1.52~1.99	0.06	0.11	0.20	0.23	0.26	0.34	0.40	0.45	0.56	0.68	0.79	0.90
	≥2.0	0.06	0.13	0.22	0.25	0.30	0.38	0.46	0.51	0.63	0.76	0.89	1.01
C	1.00~1.01	0.00	0.00	0.00	0.00	0.00	0.00	0.00	0.00	0.00	0.00	0.00	0.00
	1.02~1.04	0.02	0.04	0.07	0.08	0.09	0.12	0.14	0.16	0.20	0.23	0.27	0.31
	1.05~1.08	0.04	0.08	0.14	0.16	0.19	0.24	0.28	0.31	0.39	0.47	0.55	0.63
	1.09~1.12	0.06	0.12	0.21	0.23	0.27	0.35	0.42	0.47	0.59	0.70	0.82	0.94
	1.13~1.18	0.08	0.16	0.27	0.31	0.37	0.47	0.58	0.63	0.78	0.94	1.10	1.26
	1.19~1.24	0.10	0.20	0.34	0.39	0.47	0.59	0.71	0.78	0.98	1.18	1.37	1.57
	1.25~1.34	0.12	0.23	0.41	0.47	0.56	0.70	0.85	0.94	1.17	1.41	1.64	1.88
	1.35~1.51	0.14	0.27	0.48	0.55	0.65	0.82	0.99	1.10	1.37	1.65	1.92	2.20
	1.52~1.99	0.16	0.31	0.55	0.63	0.74	0.94	1.14	1.25	1.57	1.88	2.19	2.51
	≥2.0	0.18	0.35	0.62	0.71	0.83	1.06	1.27	1.41	1.76	2.12	2.47	2.83

表 5.8　包角修正系数 K_α

包角 α_1	180°	175°	170°	165°	160°	155°	150°	145°	140°	135°	130°	125°	120°	110°	100°	90°
K_α	1	0.99	0.98	0.96	0.95	0.93	0.92	0.91	0.89	0.88	0.86	0.84	0.82	0.78	0.74	0.69

7. 确定初拉力 F_0

初拉力的大小是保证带传动正常工作的重要因素。初拉力过小，摩擦力小，容易发生打滑；初拉力过大，则带的寿命降低，轴和轴承受力大。初拉力可由下式计算

$$F_0 = 500\frac{P_d}{vz}\left(\frac{2.5}{K_\alpha}-1\right)+qv^2$$

表 5.9 长度修正系数 K_L

基准长度 L_d/mm	K_L				基准长度 L_d/mm	K_L					
	Z	A	B	C		Z	A	B	C	D	E
400	0.87				2000	1.03	0.98	0.88			
450	0.89				2240	1.06	1.00	0.91			
500	0.91				2500	1.09	1.03	0.93			
560	0.94				2800	1.11	1.05	0.95	0.83		
630	0.96	0.81			3150	1.13	1.07	0.97	0.86		
710	0.99	0.83			3550	1.17	1.09	0.99	0.89		
800	1.00	0.85			4000	1.19	1.13	1.02	0.91		
900	1.03	0.87	0.82		4500		1.15	1.04	0.93	0.90	
1000	1.06	0.89	0.84		5000		1.18	1.07	0.96	0.92	
1120	1.08	0.91	0.86		5600			1.09	0.98	0.95	
1250	1.11	0.93	0.88		6300			1.12	1.00	0.97	
1400	1.14	0.96	0.90		7100			1.15	1.03	1.00	
1600	1.16	0.99	0.92	0.83	8000			1.18	1.06	1.02	
1800	1.18	1.01	0.95	0.86	9000			1.21	1.08	1.05	

注:各型号中长度修正系数 K_L 为空格的,无对应的基准长度 L_d。

8. 计算带作用在轴上的压力 F_Q

$$F_Q = 2zF_0\sin\frac{\alpha_1}{2}$$

例 5.1 设计一带式输送机中的高速级普通 V 带传动。已知该传动系统由 Y 系列三相异步电动机驱动,输出功率 $P = 5.5\text{kW}$,满载转速 $n_1 = 1440\text{r/min}$,从动轮转速 $n_2 = 550\text{r/min}$,单班制工作,传动水平布置。

解:

设计项目及依据	设计结果
1. 确定计算功率 P_d 带式输送机载荷变动小,故由表 5.5 查得工况系数 $K_A = 1.1$ $P_d = K_A P = 1.1 \times 5.5\text{kW} = 6.05\text{kW}$	$P_d = 6.05\text{kW}$
2. 选取 V 带型号 根据 P_d, n_1 参考图 5.12 及表 5.3 选择带型及小带轮直径,初选 A 型普通 V 带	A 型
3. 确定带轮直径 d_1、d_2 (1)选小带轮直径 d_1 参考图 5.12 及表 5.3 选取 $d_1 = 112\text{mm}$ (2)验算带速 v $v = \dfrac{\pi d_1 n_1}{60 \times 1000} = \dfrac{3.14 \times 112 \times 1440}{60 \times 1000}\text{m/s} = 8.44\text{m/s} < 25\text{m/s}$ 所以,带速满足要求	$d_1 = 112\text{mm}$ $v = 8.44\text{m/s}$ 带速满足要求

(续)

设计项目及依据	设计结果
(3)确定从动轮基准直径 d_2 $$d_2 = \frac{n_1}{n_2} d_1 = (1440 \times 112/550) \text{mm} = 293.24\text{mm}$$ 按表 5.3 取标准值,取 $d_2 = 280\text{mm}$ (4)计算实际传动比 i 当忽略滑动率时: $$i = d_2/d_1 = 280/112 = 2.5$$ (5)验算传动比相对误差 题目的理论传动比 $$i_0 = n_1/n_2 = 1440/550 = 2.62$$ 传动比相对误差 $$\Delta i = \left|\frac{i_0-i}{i_0}\right| = \left|\frac{2.62-2.5}{2.62}\right| = 4.58\% < 5\%$$ 所以带轮直径 d_1、d_2 合格	$d_2 = 280\text{mm}$ $i = 2.5$ $\Delta i = 4.58\% < 5\%$,带轮直径 d_1、d_2 合格
4. 确定中心距 a 和基准带长 L_d (1)初定中心距 a_0 根据 $0.7(d_1+d_2) \leq a_0 \leq 2(d_1+d_2)$,计算得 $274.4\text{mm} \leq a_0 \leq 784\text{mm}$ 取 $a_0 = 500\text{mm}$ (2)计算带的计算基准长度 L_{d0} $$L_{d0} \approx 2a_0 + \frac{\pi}{2}(d_1+d_2) + \frac{(d_2-d_1)^2}{4a_0}$$ $$= \left[2\times500 + \frac{3.14}{2}\times(112+280) + \frac{(280-110)^2}{4\times500}\right]\text{mm} = 1630\text{mm}$$ 查表 5.2 取标准值,取 $L_d = 1600\text{mm}$ (3)计算实际中心距 a $$a \approx a_0 + \frac{L_d - L_{d0}}{2} = \left(500 + \frac{1600-1630}{2}\right)\text{mm} = 485\text{mm}$$ (4)确定中心距调整范围 $a_{\max} = a + 0.03L_d = (485 + 0.03\times1600)\text{mm} = 533\text{mm}$ $a_{\min} = a - 0.015L_d = (485 - 0.015\times1600)\text{mm} = 461\text{mm}$	$a_0 = 500\text{mm}$ $L_d = 1600\text{mm}$ $a = 485\text{mm}$ $a_{\max} = 533\text{mm}$ $a_{\min} = 461\text{mm}$
5. 验算包角 α_1 $$\alpha_1 = 180° - \frac{d_2-d_1}{a}\times57.3° = 180° - \frac{280-112}{533}\times57.3° = 160° > 120°$$ 所以包角 α_1 合格	$\alpha_1 = 160° > 120°$,合格
6. 确定 V 带根数 z (1)确定额定功率 P_0 由 d_1 及 n_1 查表 5.6,并用线性插值法求得 $P_0 = 1.6\text{kW}$ (2)确定各修正系数 功率增量 ΔP_0:查表 5.7 得 $\Delta P_0 = 0.17\text{kW}$; 包角修正系数 K_α:查表 5.8 得 $K_\alpha = 0.95$; 长度修正系数 K_L:查表 5.9 得 $K_L = 0.99$ (3)确定 V 带根数 z $$z \geq \frac{P_d}{(P_0+\Delta P_0)K_\alpha K_L} = \frac{6.05}{(1.6+0.17)\times0.95\times0.99} = 3.63$$ 取 $z = 4$	$P_0 = 1.6\text{kW}$ $\Delta P_0 = 0.17\text{kW}$ $K_\alpha = 0.95$ $K_L = 0.99$ $z = 4$

（续）

设计项目及依据	设计结果
7. 确定单根 V 带初拉力 F_0 查表 5.1 得单位长度质量 $q = 0.10\text{kg/m}$，则 $$F_0 = 500\frac{P_d}{vz}\left(\frac{2.5}{K_\alpha}-1\right)+qv^2$$ $$= \left[500\times\frac{6.05}{4\times 8.44}\left(\frac{2.5}{0.95}-1\right)+0.1\times 8.44^2\right]\text{N} = 153\text{N}$$	$q = 0.10\text{kg/m}$ $F_0 = 153\text{N}$
8. 计算压轴力 $$F_Q = 2zF_0\sin\frac{\alpha_1}{2} = 2\times 4\times 153\text{N}\times\sin\frac{160°}{2} = 1205\text{N}$$	$F_Q = 1205\text{N}$
9. 带轮结构设计 （1）小带轮　$d_1 = 112\text{mm}$，采用实心式结构，其工作图设计从略 （2）大带轮　$d_2 = 280\text{mm}$，采用孔板式结构，假设与之配合的轴头直径为 40mm，参考图 5.8c 及表 5.4 进行其他几何尺寸计算（从略），其工作图如图 5.13 所示	 大带轮工作图见图 5.13

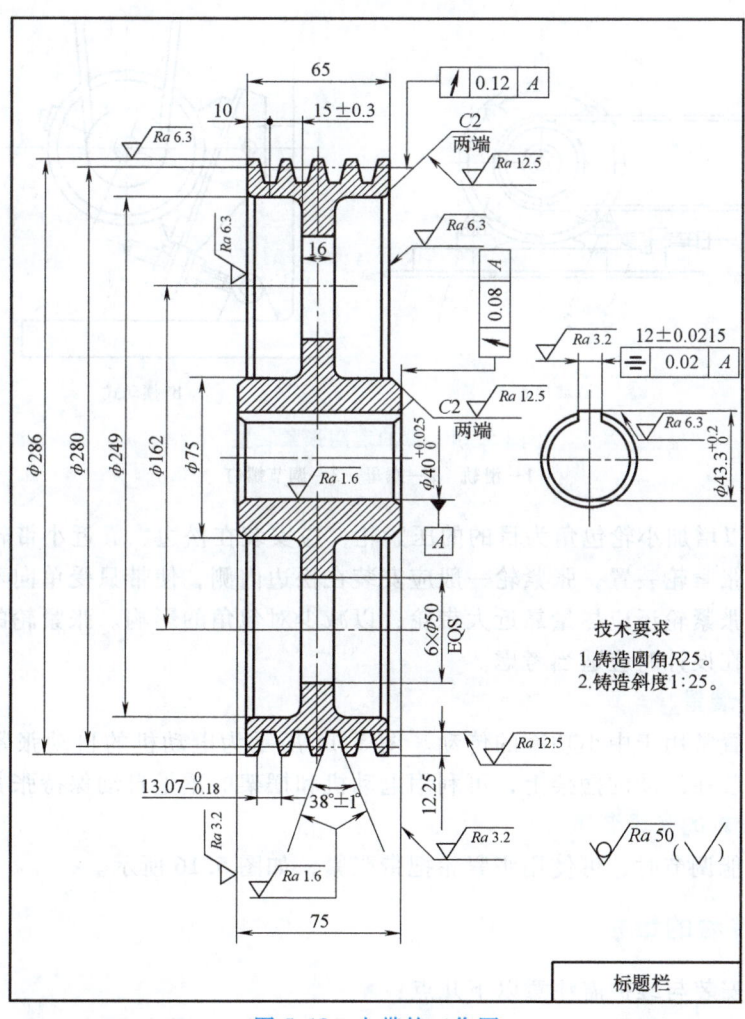

图 5.13　大带轮工作图

5.5 V带传动的张紧与维护

5.5.1 V带传动的张紧

由于传动带的材料不是完全的弹性体，因此带在工作一段时间后会发生伸长而松弛，张紧力降低。因此，带传动应设置张紧装置，以保持正常工作。常用的张紧装置有三种。

1. 定期张紧装置

定期张紧装置用于调节中心距使带重新张紧。图5.14a所示为移动式定期张紧装置，将装有带轮的电动机安装在滑轨1上，需调节带的拉力时，松开螺母2，旋转调节螺钉3改变电动机位置，然后固定。这种装置适合两轴处于水平或倾斜不大的传动。图5.14b所示摆动式张紧装置，利用摆动架和调节螺杆定期张紧，将装有带轮的电动机固定在摆动架上，通过调节螺杆使摆动架绕一定轴旋转，从而达到张紧的目的。这种装置适合竖直的或接近竖直的传动。

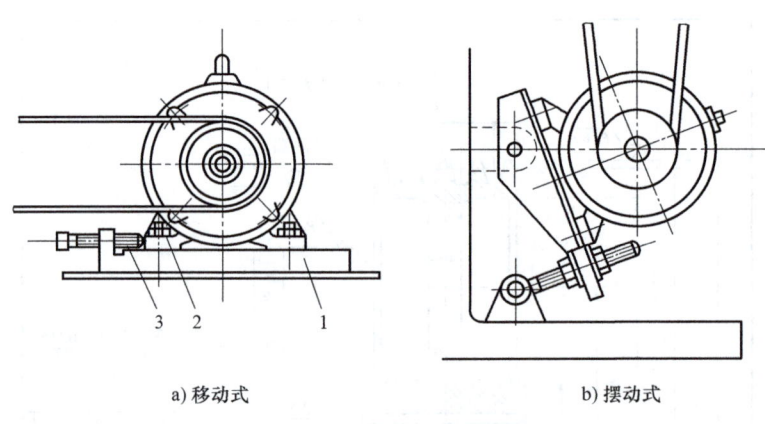

图 5.14　带的定期张紧装置

1—滑轨　2—螺母　3—调节螺钉

V带、平带以增加小轮包角为目的的压紧轮，应安装在松边、靠近小带轮的外侧；以增大张紧力为主的张紧轮装置，张紧轮一般应安装在松边内侧，使带只受单向弯曲，以减少寿命的损失，同时张紧轮还应尽量靠近大带轮，以减少对包角的影响。张紧轮的使用会降低带轮的传动能力，在设计时应适当考虑。

2. 自动张紧装置

自动张紧装置常用于中小功率的传动。图5.15所示为电动机的自动张紧装置，将装有带轮的电动机安装在浮动的摆架上，可利用电动机和摆架的重量自动保持张紧力。

3. 使用张紧轮的张紧装置

当中心距不能调节时，可使用张紧轮把带张紧，如图5.16所示。

5.5.2 V带传动的维护

V带传动的安装与维护需注意以下几点：

1) 安装V带的应先缩小中心距，将带套在带轮上后，再慢慢调大中心距使V带达到规定的初拉力。

2) 带轮两轴线必须平行，两轮轮槽要对齐，否则将加剧带的磨损。

3) 多根 V 带传动时，要选择公差组在同一档次的带配组使用，保证各条带受力均匀。

4) 使用中定期检查胶带状况，发现其中某一根过度松弛或疲劳时，应全部更换新带，不能新旧并用。如果一些旧带尚可使用，应选长度相同的旧带组合使用。

5) 带传动装置应加保护罩，以保障人员安全；应防止胶带与酸、碱或油接触；带传动的工作温度不应超过 60℃。

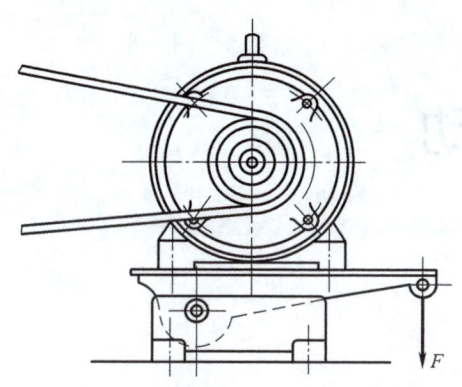

图 5.15　电动机的自动张紧装置

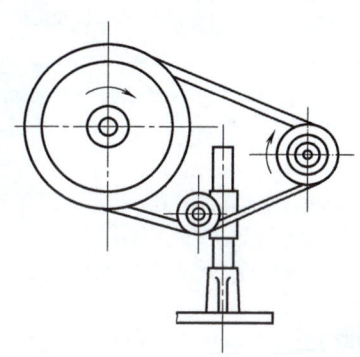

图 5.16　张紧轮张紧装置

习　题

5.1　如果一传动装置由多种形式的传动组合在一起，试分析依靠摩擦的带传动应放在传动装置的高速级还是低速级？为什么？

5.2　为什么在设计带传动时，要限制小带轮基准直径 d_1 不宜过小、大带轮基准直径 d_1 不宜过大？

5.3　带传动的失效形式与设计准则是什么？应满足的强度条件是什么？

5.4　带传动中，带上所受的应力有哪几种？最大应力发生在何处？为什么？

5.5　带传动的弹性滑动是如何产生的？它和打滑有什么区别？对传动会产生什么影响？

5.6　普通 V 带截面的夹角是 40°，为何带轮轮槽角分别是 32°、34°、36°、38°？

5.7　V 带传动所传递的功率 $P = 7.5\text{kW}$，带速 $v = 10\text{m/s}$，现测得张紧力 $F_0 = 1125\text{N}$，试求紧边拉力 F_1 和松边拉力 F_2。

5.8　带传动中，小带轮基准直径 $d_1 = 160\text{mm}$，大带轮基准直径 $d_2 = 360\text{mm}$，小带轮转速 $n_1 = 960\text{r/min}$，V 带传动滑动率 $\varepsilon = 2\%$，试问：计入滑动率和不计入滑动率相比，大带轮的转速相差多少？

5.9　设计如图 5.17 所示带式运输机传动装置中的 V 带传动，并绘制小带轮零件图。已知：该传动系统采用 Y 系列三相异步电动机驱动，电动机的转速 $n_1 = 970\text{r/min}$，额定功率 $P = 7.5\text{kW}$，减速器输入轴的转速 $n_2 = 300\text{r/min}$，两班制连续工作。

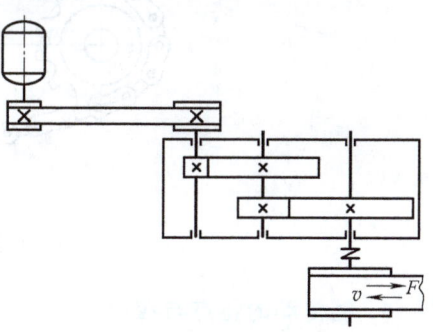

图 5.17　习题 5.9 图

第 6 章 链传动

6.1 概述

链传动由具有特殊齿形的主动链轮、从动链轮和一条闭合的挠性链条啮合来传递运动和动力,其简图如图 6.1 所示。按用途不同,链传动可分为传动链、输送链、曳引链和专用特种链 4 种。传动链主要用于传递动力,广泛用于一般的机械传动中;输送链主要用于输送人员或物料,如用于自动扶梯、榨糖机、农机等机械中;曳引链主要用于拉曳和起重,如叉车、纺织机械、钻机等;专用特种链具有特殊功能和结构,主要用于专用机械装置上,如收割机、梳棉机、联轴器等。根据组成链条的基本结构分类,链条分为滚子链、套筒链、输送链、多板链和其他结构链条 5 类。

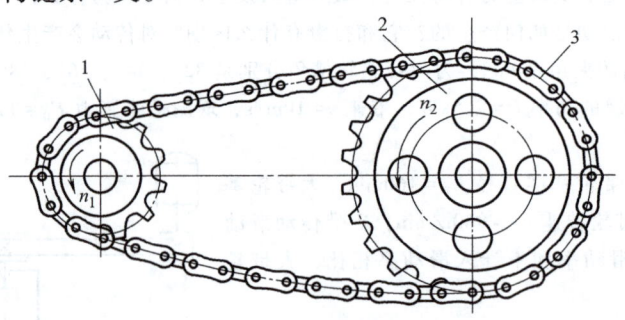

图 6.1 链传动简图
1—主动链轮 2—从动链轮 3—链条

1. 链传动的特点与应用

链传动兼有带传动与啮合传动的特点。

(1) 优点 ①无弹性滑动和打滑现象,故能保持准确的平均传动比;②传动尺寸较为紧凑;③不需要很大的张紧力,故作用在轴上的压力较小;④传动效率 η 高,$\eta = 0.90 \sim 0.98$;⑤结构简单,加工成本低,安装精度要求低,适合较大中心距的平行轴之间的传动;

⑥能在温度较高、湿度较大、油污较重等恶劣环境中工作。

（2）缺点　①仅适用于平行轴传动；②瞬时传动比不恒定，传动平稳性差，工作时有冲击和噪声，动载荷较大；③无过载保护作用，不宜在载荷变化大、高速和急速反转中应用；④安装精度和制造费用比带传动高。

链传动常用于工作条件恶劣的场合，广泛应用于农业、矿山、冶金、建筑、运输、起重机和石油钻机等各种机械中。应用时建议传动比 $i \leq 6$，推荐 $i = 2 \sim 3.5$；链速 $v \leq 15 \text{m/s}$；传递功率 $P \leq 100 \text{kW}$；中心距 $a \leq 6 \text{m}$。

2. 传动链的类型

常用传动链主要有短节距精密滚子链（简称滚子链，见图 6.2a）、短节距精密套筒链（简称套筒链，见图 6.2b）和齿形链（图 6.2c）等。滚子链应用最为广泛，图 6.2d、e 所示为滚子链及其链节拆分后的组成零件。齿形链的外形如图 6.2f 所示。

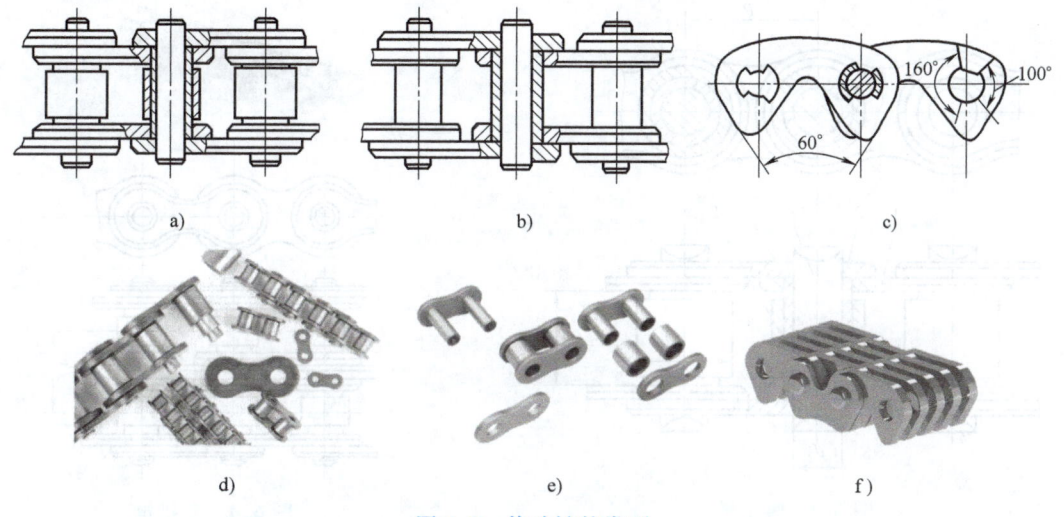

图 6.2　传动链的类型

套筒链的结构与滚子链基本相同，但少一个滚子，故易磨损，只用于低速（$v < 2 \text{m/s}$）传动。

齿形链是由一组带有两个齿的链板左右交错并列铰接而成的（图 6.2c）。齿形链板的两外侧为直边，其夹角为 60°或 70°。齿楔角为 60°的齿形链传动较易制造，应用较广。工作时链齿外侧边与链轮轮齿相啮合来实现传动。齿形链传动平稳，承受冲击载荷的能力强，允许速度可达 40m/s，且噪声小，故又称无声链，但其结构复杂、质量大、价格高，多用于高速或精度要求高的场合，如汽车、磨床等。

6.2　滚子链和链轮

6.2.1　滚子链

1. 滚子链的组成

如图 6.3 所示，滚子链由内链板 1、外链板 2、销轴 3、套筒 4 及滚子 5 组成。双排链如

图6.4所示。

2. 滚子链的结构

滚子链的内外链板均制成∞字形，其目的是使它的各个横截面接近等强度，以减小链条的质量和运动时的惯性力。销轴与外链板、套筒与内链板分别用过盈配合连接；滚子与套筒、套筒与销轴之间为间隙配合，构成了铰链连接，使链条成为挠性件。由于销轴与套筒的接触易于磨损，因此，内外链板间应留少许间隙，以便润滑油渗入销轴和套筒的摩擦面间，以延长链传动的寿命。当内外链板相对挠曲时，套筒可绕销轴自由转动，滚子活套在套筒上以减轻链条与链轮齿廓的磨损。

滚子链有3种接头形式，如图6.5所示。当链节数为偶数，且节距较大时，接头处可用开口销固定（图6.5a），节距较小时，接头处可用弹簧卡片固定（图6.5b）；当链节数为奇数时，接头处必须采用过渡链节连接（图6.5c）。

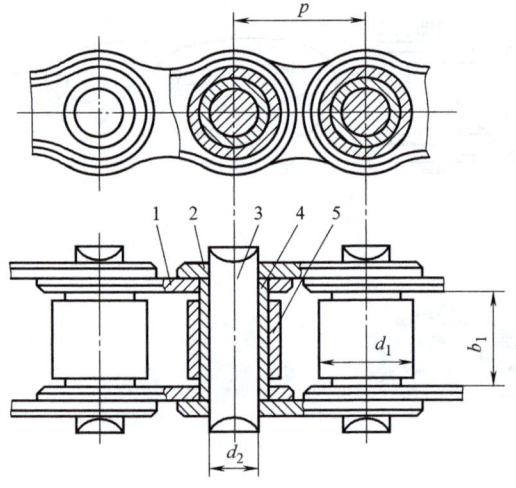

图6.3 滚子链

1—内链板 2—外链板 3—销轴 4—套筒 5—滚子

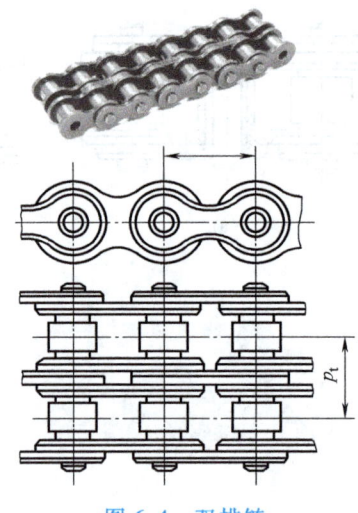

图6.4 双排链

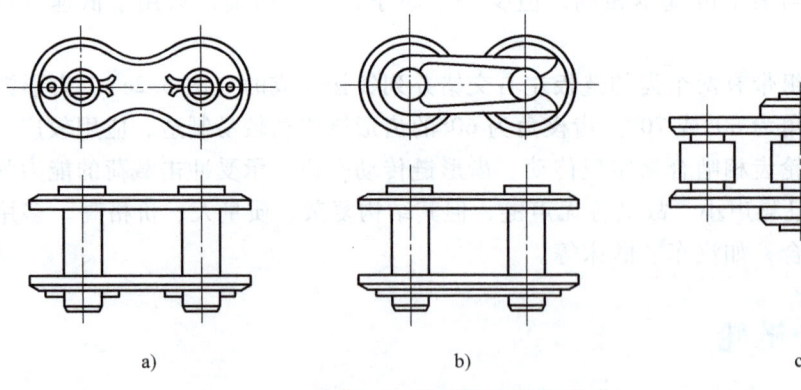

a) b) c)

图6.5 滚子链的接头形式

此外，如图6.6所示，当采用弹簧卡片锁紧链条首尾相接的链节时，应注意止锁零件的开口方向与链条运动方向相反，以免冲击、跳动、碰撞时卡片脱落。

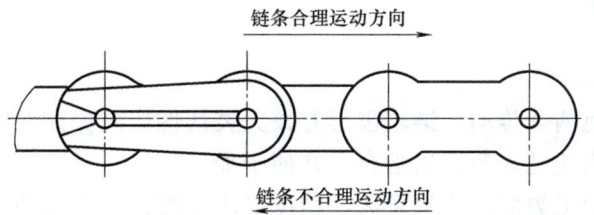

图 6.6 弹簧卡片的开口方向

3. 滚子链的基本参数和尺寸

滚子链已标准化，规定了标准链号，常用 A、B 两个系列。A 系列用于重载高速和重要场合的传动，应用广泛。B 系列用于一般传动。每个系列均有不同链号，表 6.1 列出了部分滚子链的主要参数、尺寸和极限拉伸载荷。

滚子链的主要参数有：

（1）节距 p　相邻两销轴之间的距离为链的节距，节距大小等于链号乘以 25.4/16mm。它是链的基本特性参数，节距越大，链的各部分尺寸相应增大，承载能力也越大，但重量也随之增加。

（2）排距 p_t　传动链有单排、双排、多排之分（一般不超过四排）。多排链承载能力与排数成正比，对应有排距，如图 6.4 所示，但排数越多，受力也越不均匀。

（3）链节数 L_p　整条链所具有的链节总数。当链条的链节数为奇数时，链条头尾均为外链节或均为内链节，此时为了将链条的头尾连接起来所采用的链节即是过渡链节。过渡链节在工作时会产生附加弯曲应力，易于变形，会导致链的承载能力大约降低 20%，因此，链节数尽量为偶数。

（4）链条长度 L　$L = pL_p/1000$，单位为 m。

表 6.1　滚子链的主要参数、尺寸和极限拉伸载荷（摘自 GB/T 1243—2006）

链号	节距 p /mm	排距 p_t /mm	滚子外径 d_1/mm	销轴直径 d_2/mm	内链节内宽 b_1/mm	单排链极限拉伸载荷 F_{Qlim}/kN
08A	12.70	14.38	7.92	3.98	7.85	13.9
08B	12.70	13.92	8.51	4.45	7.75	17.8
10A	15.875	18.11	10.16	5.08	9.40	21.8
10B	15.875	16.59	10.16	5.08	9.65	22.2
12A	19.05	22.78	11.91	5.96	12.57	31.1
12B	19.05	19.46	12.07	5.72	11.68	28.9
16A	25.40	29.29	15.88	7.94	15.75	55.6
16B	25.40	31.88	15.88	8.28	17.02	60.0
20A	31.75	35.76	19.05	9.54	18.90	87.0
20B	31.75	36.45	19.05	10.19	19.56	95.0
32A	50.80	58.55	28.58	14.29	31.55	223.0
32B	50.80	58.55	29.21	17.81	30.99	250.0

6.2.2 滚子链链轮

1. 链轮齿廓和基本参数

链传动属于非共轭啮合传动，链轮齿形有较大灵活性，应保证在链条与链轮良好啮合的情况下，使链节能自由地进入和退出啮合，并便于加工。

链轮加工与齿轮加工类似，当批量大、精度要求高时，一般都是采用链轮滚刀在滚齿机上加工；批量小时，可在铣床上利用圆柱立铣刀加工。链轮齿形在零件图上不画出，只需注明链轮的基本参数和主要尺寸，如齿数 z、节距 p、配用链条滚子外径 d_1、分度圆直径 d、齿顶圆直径 d_a 及齿根圆直径 d_f。GB/T 1243—2006 规定了链轮的齿槽形状和截面齿廓参数的极限偏差及计算公式，端面齿形如图 6.7 所示，轴面齿形如图 6.8 所示。

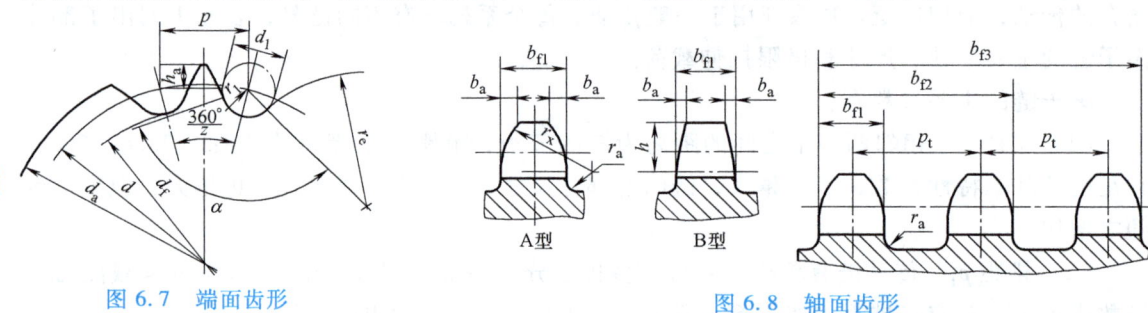

图 6.7 端面齿形　　图 6.8 轴面齿形

2. 链轮的结构

常用链轮的结构如图 6.9 所示。小直径的链轮可制成整体式（图 6.9a）；中等尺寸的链

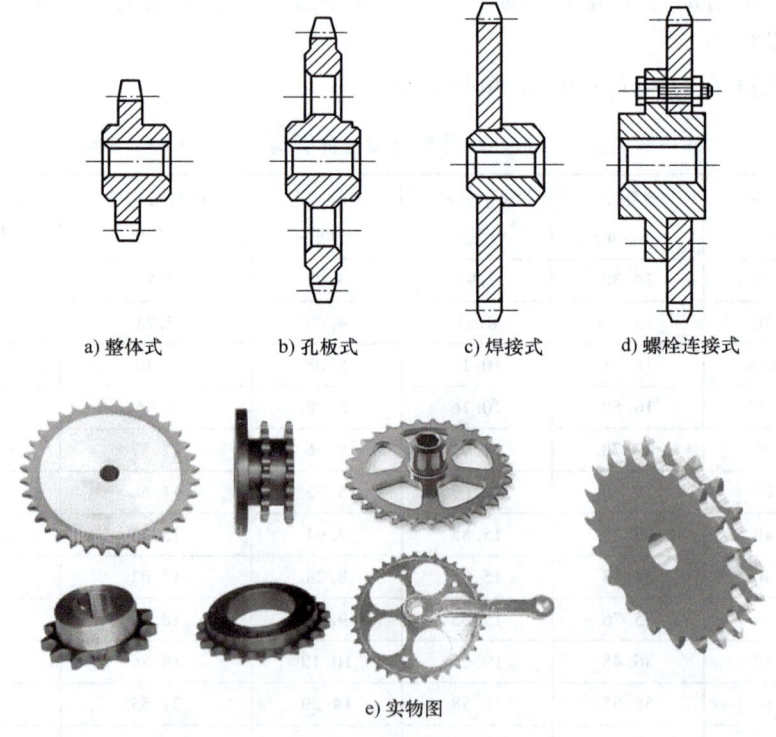

a) 整体式　　b) 孔板式　　c) 焊接式　　d) 螺栓连接式

e) 实物图

图 6.9 链轮的结构

轮可制成腹板式或孔板式（图6.9b）；大直径的链轮常采用齿圈可以更换的组合式，齿圈可以焊接（图6.9c）或用螺栓连接（图6.9d）在轮芯上。链轮实物图如图6.9e所示。

3. 链轮和链条的材料

链条各零件由碳素钢或合金钢制造，并经热处理以提高强度和耐磨性。

链轮材料应能保证轮齿具有足够的耐磨性和强度。传动中因小链轮的啮合次数多于大链轮，其磨损较严重，所选用的材料或齿面硬度应优于大链轮。

6.3 链传动的运动特性

1. 链条的平均速度与平均传动比

由于链传动为啮合传动，所以平均速度和平均传动比准确且恒定。已知小轮齿数 z_1，大轮齿数 z_2，转速 n_1、n_2(r/min)，链条节距 p(mm)，则链条的平均速度 v(m/s)

$$v = \frac{z_1 n_1 p}{60 \times 1000} = \frac{z_2 n_2 p}{60 \times 1000} \tag{6.1}$$

链传动的平均传动比

$$i = \frac{n_1}{n_2} = \frac{z_2}{z_1} \tag{6.2}$$

2. 链条的瞬时速度与瞬时传动比

因为链由钢性链节通过销轴铰接而成，当链条与链轮啮合时，链条便呈一多边形分布在链轮上，如图6.10所示，R_1、R_2 为分度圆半径。

假设链的主动边在传动中总是处于水平位置，主动轮以等角速度 ω_1 转动，则绕进链轮上的链条的铰链销轴中心的圆周速度 $v_1 = R_1\omega_1$，可得

链条瞬间的水平速度

$$v = v_1 \cos\beta = R_1 \omega_1 \cos\beta \tag{6.3}$$

铰链中心的垂直速度

$$v' = v_1 \sin\beta = R_1 \omega_1 \sin\beta \tag{6.4}$$

式中，β 为主动轮上的相位角，即链条铰链中心速度 v_1 与水平线的夹角，链轮每转一链节，其值在 $\pm\phi_1/2$ 间变化（$\phi_1 = 360°/z_1$）。

同样可由从动链轮求出链条瞬间的水平速度。由 $v = R_1\omega_1\cos\beta = R_2\omega_2\cos\gamma$ 可得

从动链轮的角速度

$$\omega_2 = \frac{R_1 \omega_1 \cos\beta}{R_2 \cos\gamma} \tag{6.5}$$

链传动的瞬时传动比

$$i = \frac{\omega_1}{\omega_2} = \frac{R_2 \cos\gamma}{R_1 \cos\beta} \tag{6.6}$$

式中，γ 为从动轮上的相位角，即链条铰链中心速度 $R_2\omega_2$ 与水平线的夹角，链轮每转一链节，其值在 $\pm 180°/z_2$ 间变化。

由此可见，在链传动中，水平速度 v 和垂直速度 v' 都随着 β 的变化而变化，从而引起从

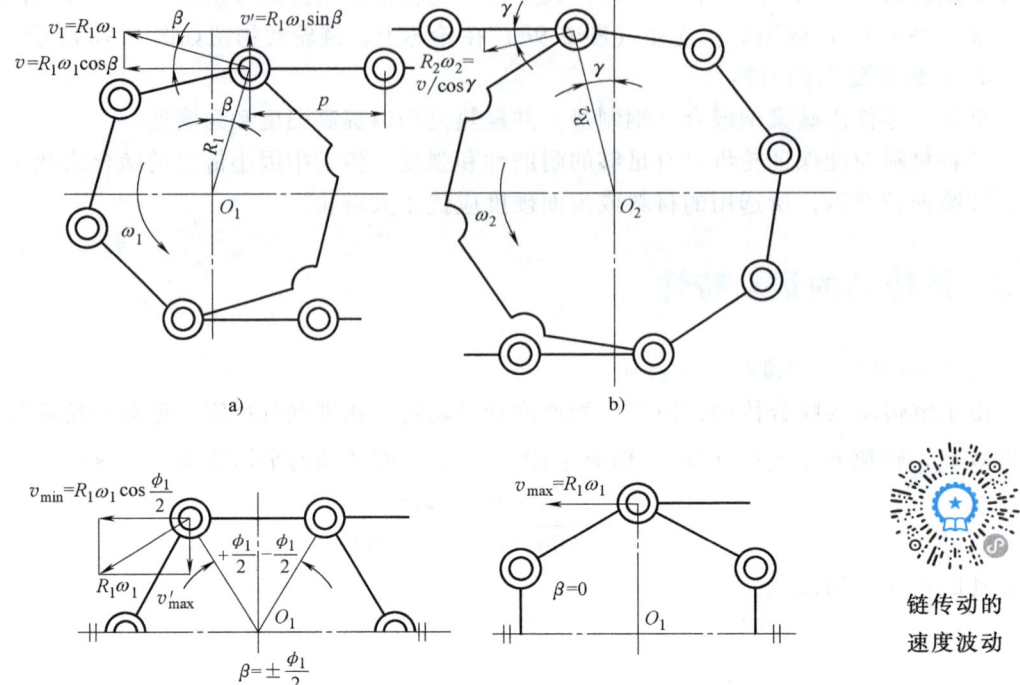

图 6.10 链传动运动分析

动轮瞬时角速度 ω_2 和瞬时传动比 i 的变化，链条的运动忽快忽慢，忽上忽下，造成链速的不均匀性及附加动载荷。这种在链传动中，由于链呈多边形运动，链条瞬时速度和传动比发生周期性波动，链条上下振动造成的传动不平稳现象，是链传动固有的特性，是无法消除的，称为链传动的多边形效应。

链轮齿数越少，节距越大，转速越高，多边形效应越严重。只有在主、从动链轮的相位角时时相等，即两链轮的齿数相等，且中心距为节距的整数倍时，传动比才恒定，且恒等于1。此外，传动比过大时，由于链在在小链轮上的包角过小，将减少啮合齿数，易出现跳齿或加速轮齿的磨损。因此，通常限制链传动的传动比 $i ⩽ 6$，推荐的传动比 i 为 $2～3.5$。当 $v<2m/s$ 且载荷平稳时，传动比 i 可达 10。

3. 链传动的动载荷

1) 由链条水平速度 v 的变化产生的动载荷 F_{d1}（N）。设 a 为链条水平加速度（m/s²），m 为链条紧边的质量（kg）。因为 $F_{d1}=ma$，可推导出由此产生的最大动载荷为

$$|F_{d1max}|=\frac{m\omega_1^2 p}{2} \tag{6.7}$$

2) 由从动轮角速度 ω_2 的变化使从动轮系产生的动载荷 F_{d2}（N）

$$F_{d2}=\frac{J}{R_2}\frac{d\omega_2}{dt} \tag{6.8}$$

式中，J 为从动轮系转化到从动链轮上的转动惯量（kg·m²）。

3) 链轮轮齿与链节啮合瞬间的相对速度 v_s 也会产生冲击和动载荷。

4. 链传动的受力分析

链传动在安装时应使链条受到一定的张紧力,其张紧力是通过使链保持适当的垂度所产生的垂度拉力来获得的。链传动张紧的目的主要是使松边不至于过松,以免影响链条正常退出啮合和产生振动、跳链或脱链现象,因而链传动所需的张紧力比带传动小得多。

在不考虑动载荷的情况下,链传动中的主要作用力有以下几种:

(1)垂度拉力 F_f(N) 其大小与链条的松边垂度及传动的布置方式有关,在式(6.9)中取大者。

$$F_f = \max \begin{cases} K_f qa \times 10^{-2} \\ (K_f + \sin\alpha) qa \times 10^{-2} \end{cases} \quad (6.9)$$

式中,a 为链传动中心距(mm);q 为单位长度链条的质量(kg/m);K_f 为垂度系数,如图 6.11 所示。图 6.11 中 f 为下垂度,α 为两轮中心连线与水平面的倾斜角。对于水平布置的链传动,f/a 一般取 0.02。

(2)有效圆周力(N)
$$F_e = 1000P/v \quad (6.10)$$

(3)离心拉力(N)
$$F_c = qv^2 \quad (6.11)$$

(4)紧边拉力(N)
$$F_1 = F_c + F_e + F_f \quad (6.12)$$

(5)松边拉力(N)
$$F_2 = F_c + F_f \quad (6.13)$$

(6)压轴力(N)
$$F_Q \approx F_e + 2F_f \approx 1.2 K_A F_e \quad (6.14)$$

式中,K_A 为工作情况系数,见表 6.2。

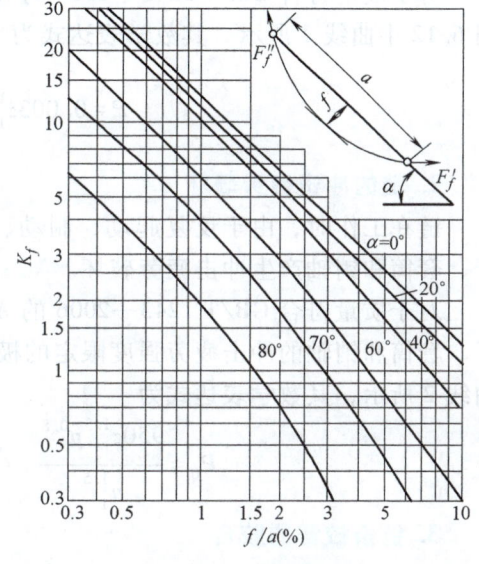

图 6.11 垂度系数

表 6.2 工作情况系数 K_A

工作情况		输入动力种类		
		内燃机-液力传动	电动机或汽轮机	内燃机-机械传动
平稳载荷	液体搅拌机,中、小型离心式鼓风机,离心式压缩机,谷物机械,均匀载荷输送机,发电机,均匀载荷不反转的一般机械	1.0	1.0	1.2
中等冲击	半液体搅拌机,三缸以上往复压缩机,大型或不均匀负载输送机,中型起重机和升降机,金属切削机床,食品机械,木工机械,印染纺织机械,大型风机,中等脉动载荷不反转的一般机械	1.2	1.3	1.4
严重冲击	船用螺旋桨,制砖机,单、双缸往复压缩机,挖掘机,往复式、振动式输送机,破碎机,重型起重机械,石油钻井机械,锻压机械,线材抗拔机械,压力机,严重冲击、有反转的机械	1.4	1.5	1.7

6.4 链传动的设计计算

6.4.1 链传动的失效形式及额定功率

1. 链的疲劳破坏

链在工作时受到变应力作用，经一定循环次数后，链板将会出现疲劳断裂，或者套筒、滚子表面将会出现疲劳点蚀，这是链传动在润滑良好、中等速度以下工作时首先出现的一种失效形式，也是决定链传动承载能力的主要因素。

对于质量符合 GB/T 1243—2006 的 A 系列滚子链，由链板疲劳强度限定的极限功率如图 6.12 中曲线 1 所示，其数学表达式为

$$P = 0.003 z_1^{1.08} n_1^{0.9} \left(\frac{p}{25.4}\right)^{3-0.0028p} \tag{6.15}$$

2. 链的冲击疲劳破坏

链在工作时，由于反复起动、制动、反转，尤其在高速时，由于多边形效应，而使滚子、套筒和销轴产生冲击疲劳破坏。

对于质量符合 GB/T 1243—2006 的 A 系列滚子链，由滚子、套筒和销轴的冲击疲劳强度限定的极限功率如图 6.12 中曲线 2 所示，其数学表达式为

$$P_0 = \frac{950 z_1^{1.5} p^{0.8}}{n_1^{1.5}} \tag{6.16}$$

图 6.12 滚子链极限功率曲线

3. 链条铰链的胶合

链轮转速达到一定数值时，销轴与套筒的工作表面由于链节啮入时受到的冲击能量增大或摩擦产生的温度过高，造成销轴与套筒工作表面润滑油膜破裂而导致胶合破坏。

胶合在一定程度上限制了链传动的极限转速。对于质量符合 GB/T 1243—2006 的 A 系列滚子链，胶合限定的工作能力如图 6.12 中曲线 3 所示，其数学表达式为

$$\left(\frac{n_{\max}}{1000}\right)^{1.59 \lg \frac{p}{25.4} + 1.873} = \frac{82.5}{7.95^{p/25.4} \times 1.0278^{z_1} \times 1.323^{F_e/4450}} \tag{6.17}$$

式中，$n_{\max}$ 为小链轮最大转速（r/min）；F_e 为有效圆周力（N）。

4. 链条铰链的磨损

当链条在润滑条件恶劣的情况下工作时，铰链的销轴和套筒既承受压力又要产生相对转动，必然引起磨损，使节距 p 增大，从而引起跳齿、脱链及其他破坏。当按推荐方式润滑时，磨损大大降低，这种失效得以避免。

为了防止上述失效形式的发生，对各型号的滚子链，在不同转速下测定其额定功率，作为设计依据。图 6.13 所示为在标准试验条件下，A 系列常用滚子链的额定功率曲线，由此可查出相应链条在链速 $v \geqslant 0.6 \mathrm{m/s}$ 情况下允许传递的额定功率。当实际工作条件与标准试验条件不符时，应加以修正。

5. 链条的静力拉断

在低速（$v<0.6\text{m/s}$）重载或瞬间尖峰载荷过大时，链条所受拉力超过了链条的静强度时，链条将被拉断。

由上述失效形式可以得到链传动的设计准则：

设计准则 1 对链速 $v\geqslant 0.6\text{m/s}$ 的中、高速链传动，采用以抗疲劳破坏为主的防止多种失效形式的设计方法。

设计准则 2 对链速 $v<0.6\text{m/s}$ 的低速链传动，采用以防止过载拉断为主要失效形式的静强度设计方法。

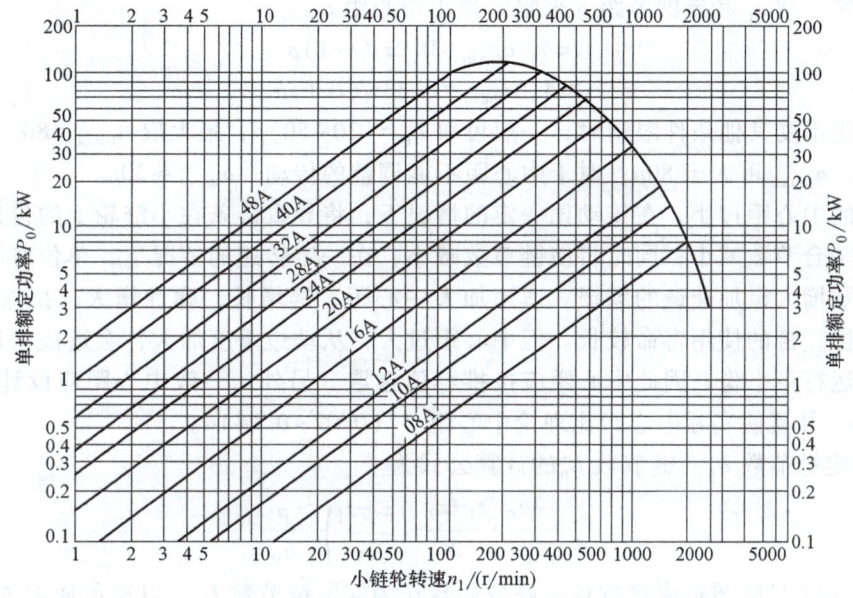

图 6.13 A 系列滚子链的额定功率曲线（$v>0.6\text{m/s}$）

在设计链传动时，通常已知的原始数据有传动的功率 P、小链轮转速 n_1、大链轮的转速 n_2（或传动比 i）、原动机种类、载荷性质及传动用途等。设计内容包括选择链轮齿数 z_1 和 z_2，确定链的节距 p、排数 m、链节数 L_p、中心距 a 及润滑方法等。下面根据上述设计准则，介绍设计方法及设计步骤，并讨论主要参数的选择。

6.4.2 链传动的设计计算及主要参数的选择

1. 中、高速链传动的设计计算及主要参数的选择

对于链速 $v\geqslant 0.6\text{m/s}$ 的中、高速链传动，按设计准则 1 进行设计，其设计步骤如下：

（1）选择链轮齿数 z_1 和 z_2，验算传动比误差 小链轮推荐齿数见表 6.3。大链轮齿数 $z_2 = iz_1$ 并圆整为整数。通常链轮最多齿数限制为 $z_{max} = 120$。为使链传动的磨损均匀，两链轮的齿数应尽量选取为与链节数互为质数的奇数。

表 6.3 小链轮齿数 z_1 推荐值

链速 v 的范围	0.6~3m/s	3~8m/s	8~25m/s	>25m/s
z_1	≥17	≥21	≥25	≥35

链轮齿数优选系列：17，19，21，23，25，38，57，76，95，114。

链传动的实际传动比：$i' = z_2/z_1$。

验算传动比相对误差：一般情况下，在无特殊要求时，应满足$|(i-i')/i| < 5\%$。

(2) 确定计算功率 P_{ca} 计算功率 P_{ca}(kW) 是根据传递的功率 P(kW)，并考虑到载荷性质和原动机的种类而确定的，即

$$P_{ca} = K_A P \tag{6.18}$$

式中，K_A 为工作情况系数，见表 6.2。

(3) 初选中心距 a_0 为保证链在小链轮上的包角大于 120°，且大、小链轮不会相碰，可根据小链轮齿数 z_1 和链的节距 p 来限制最小中心距 a_{0min}：

$$i < 4，a_{0min} = 0.2 z_1(i+1)p \tag{6.19}$$

$$i \geq 4，a_{0min} = 0.33 z_1(i-1)p \tag{6.20}$$

在中心距不受其他条件限制时，一般可取 $a_0 = (30 \sim 50)p$，最大取 $a_{0max} = 80p$。有张紧装置或托板时，a_{0max} 可大于 $80p$；对于中心距不能调整的传动，$a_{0max} \approx 30p$。

链传动的中心距过小，在传动比一定的情况下，将导致链条在小链轮上的包角减小，链条与小链轮啮合齿数减小；同时将使链节数减小，在一定转速的情况下，单位时间内同一链节的曲伸次数增大，加速链的磨损。适当加大中心距，链增长，弹性增大，抗振能力提高，因此磨损较慢，链的使用寿命较长。但中心距过大，从动边垂度加大，会造成松边的上下颤动，使传动运行不平稳。因此中心距应按推荐值选取。另外，一般中心距应设计成可调的，调整量为 $2p$，并且使实际中心距比理论中心距小（$0.02 \sim 0.04$）a。

(4) 确定链节数 L_p 链节数 L'_p 的计算公式为

$$L'_p = \frac{2a_0}{p} + \frac{z_1+z_2}{2} + \left(\frac{z_2-z_1}{2\pi}\right)^2 \frac{p}{a_0} \tag{6.21}$$

计算出的链节数 L'_p 应圆整成整数且最好取偶数作为实际链节数 L_p，以避免使用过渡链节。

(5) 计算单排链的额定功率 P_0 由于实际工作情况大多与标准试验条件不同，因而应对其额定功率进行修正，传动应满足

$$P_{ca} = K_A P \leq K_z K_L K_m P_0 \tag{6.22}$$

由此可得链的额定功率

$$P_0 \geq \frac{K_A P}{K_z K_L K_m} \tag{6.23}$$

式中，K_m 为多排链系数，见表 6.4；K_z 为小链轮齿数系数（链传动工作在图 6.13 中的功率曲线顶点左侧时）；K'_z 为工作在功率曲线顶点右侧时的小链轮齿数系数，见表 6.5；K_L 为链长系数（链传动工作在图 6.13 中的功率曲线顶点左侧时）；K'_L 为工作在功率曲线顶点右侧时的链长系数，见表 6.6。

表 6.4 多排链系数 K_m

排数 m	1	2	3	4	5	6
多排链系数 K_m	1	1.7	2.5	3.5	4.0	4.6

(6) 选择链的型号，确定链节距 p 允许采用的链条型号可根据额定功率 P_0 和小链轮转速 n_1 查图 6.13 选取，从而确定链的节距 p。

表 6.5 小链轮齿数系数 K_z (K_z')

小链轮齿数 z_1	9	10	11	12	13	14	15	16
小链轮齿数系数 K_z	0.446	0.500	0.554	0.609	0.664	0.719	0.775	0.831
小链轮齿数系数 K_z'	0.326	0.382	0.441	0.502	0.566	0.633	0.701	0.773
小链轮齿数 z_1	17	18	19	20	21	22	23	24	25
小链轮齿数系数 K_z	0.887	0.943	1.000	1.060	1.110	1.170	1.230	1.290	1.340
小链轮齿数系数 K_z'	0.846	0.922	1.000	1.080	1.160	1.250	1.330	1.420	1.510

表 6.6 链长系数 K_L (K_L')

链节数 L_p	50	60	70	80	90	100	110	120	130	140	150	180	200
链长系数 K_L	0.835	0.870	0.920	0.945	0.970	1.000	1.030	1.055	1.070	1.100	1.135	1.175	1.215
链长系数 K_L'	0.700	0.760	0.830	0.900	0.950	1.000	1.055	1.100	1.150	1.175	1.260	1.340	1.415

节距的大小反映了链条和链轮轮齿各部分尺寸的大小，同时也决定了链传动的承载能力。一般来说，节距越大，承载能力就越高，但传动的多边形效应也要增大，于是振动、冲击、噪声也越严重。因此，在保证链传动承载能力的前提下，应尽量选用较小节距的链。其选取原则如下：

1) 要使传动结构紧凑，寿命长，应尽量选取较小节距的单排链。
2) 链速高、传动的功率大，应选用小节距的多排链。
3) 从经济上考虑，中心距小、传动比大的传动，应选用小节距的多排链。
4) 低速、重载、中心距大、传动比小的传动，可选大节距链。

(7) 验算链速 v (m/s)

$$v = \frac{n_1 z_1 p}{60 \times 1000} \tag{6.24}$$

链速一般不超过 15m/s，然后可根据小链轮齿数推荐值，检查第一步的小链轮齿数是否选择合适。

(8) 计算链传动理论中心距 a，确定实际中心距 a'

$$a = \frac{p}{4}\left[\left(L_p - \frac{z_2+z_1}{2}\right) + \sqrt{\left(L_p - \frac{z_1+z_2}{2}\right)^2 - 8\left(\frac{z_2-z_1}{2\pi}\right)^2}\right] \tag{6.25}$$

为保证链条松边有合理的安装垂度 $f = (0.01 \sim 0.02)a$，实际中心距 a' 应较理论中心距 a 小 Δa，$\Delta a = (0.02 \sim 0.04)a$，当中心距可调整时，$\Delta a$ 取大值；对于中心距不可调整和没有张紧装置的链传动，则应取较小的值。

(9) 压轴力

$$F_Q \approx 1.2 K_A F_e \tag{6.26}$$

(10) 链轮的尺寸和结构设计　链轮的分度圆直径：$d = p/\sin(180°/z)$。其他尺寸及结构设计参见 6.2.2 节。

在 d 一定的情况下，减小 z 将使 p 增大，这会造成多边形效应的增大，并使传动平稳性降低、动载荷加大、铰链及链条与链轮的磨损增大。因此 z_1 不能过少，应按前述小链轮推荐齿数进行选取。但从减小传动尺寸考虑，对于大传动比的链传动建议选取较小的链轮齿数。通常链轮的最小齿数 $z_{\min} = 17$，当链速很低时，允许小链轮最少齿数为 9。

2. 低速滚子链传动的静强度计算

对于链速 $v<0.6\text{m/s}$ 的低速传动，按设计准则 2 进行设计，计算静强度安全系数

$$S = \frac{mF_{\text{Qlim}}}{K_A F_1} \geqslant [S] \tag{6.27}$$

式中，F_{Qlim} 为单排链极限拉伸载荷，见表 6.1；$[S]$ 为许用安全系数，通常取 4~8。

6.5 链传动的布置、张紧和润滑

6.5.1 链传动的布置原则

1）两链轮中心连线尽量水平（图 6.14a）或与水平面成 45°以下倾角（图 6.14b），且不宜将松边布置在上面（图 6.14c），防止松边下垂量增大后，导致链条与小链轮干涉或与紧边相碰。

2）不能用一个链条带动一条线上的多个链轮（图 6.14d），会降低中间链轮的啮合齿数。在这种情况下，只能采用一对对链轮进行逐个轴的传动，如图 6.14e 所示。

3）避免两链轮轴线在同一铅垂面内的布置形式（图 6.14f），防止链的下垂量集中作用在下端，造成下面链轮的有效啮合齿数的减少，从而降低传动能力。

4）链轮不能卧式水平布置（图 6.14g），因为在重力作用下链条产生垂度，特别是两链轮中心距较大时，链轮与链条的啮合会发生干涉、卡链甚至掉链的情况。

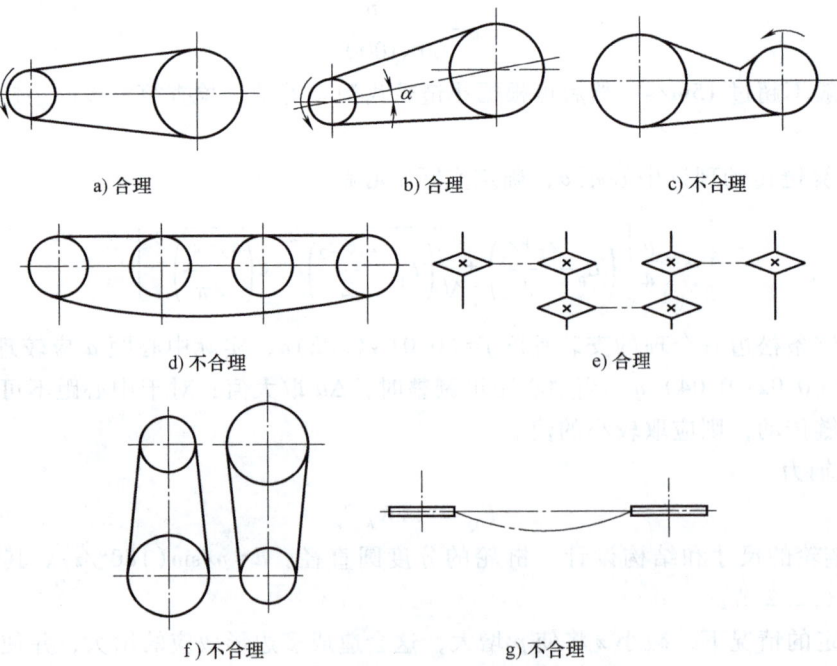

图 6.14 链传动的布置

6.5.2 链传动的张紧

链传动张紧主要是为了避免在链条的垂度过大时产生啮合不良和链条的振动现象，同时也为了增加链条与链轮的啮合包角。当两链轮轴心连线倾斜角大于60°时，通常设有张紧装置。

常用的张紧方法有：

（1）调整中心距　当链传动的中心距可调整时，可以通过调节中心距来控制张紧程度，对滚子链传动，中心距调整量可取为 $2p$。

（2）缩短链长　操作时最好拆除成对的链节，必须拆除1个链节时要采用过渡链节。

（3）采用张紧装置　当中心距不可调时，可采用张紧轮传动，张紧轮一般压在松边靠近小链轮处，它可以是链轮，也可以是无齿的滚轮。张紧轮的直径应与小链轮的直径接近。张紧轮有自动张紧（图6.15a、b）及定期张紧（图6.15c、d），前者多采用弹簧、吊重等自动张紧装置，后者可用螺旋、偏心等调整装置，另外还可用压板和托板张紧（图6.15e）。

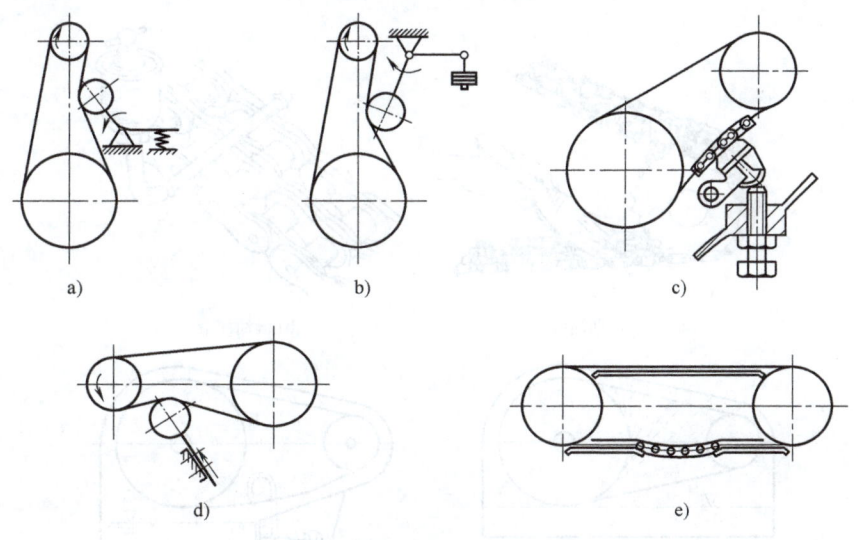

图 6.15　链传动的张紧装置

6.5.3 链传动的润滑

链传动的润滑十分重要，尤其对高速、重载的链传动更是如此。良好的润滑可以减小摩擦、减轻磨损、缓和冲击、延长链条的使用寿命。链传动的润滑方式可根据图6.16选取。其中，Ⅰ为油刷或油壶人工定期润滑（图6.17a）；Ⅱ为滴油润滑，用油杯通过油管将油滴入链条松边的滴油润滑（图6.17b）；Ⅲ为油浴或飞溅润滑，将松边链条浸入油池，或通过甩油轮将油甩起的油浴式飞溅润滑（图6.17c）；Ⅳ为压力喷油润滑，通过液压泵经油管将润滑油喷在链条上的压力喷油润滑（图6.17d）。

当不能保证链传动按推荐润滑方式润滑时，额定功率应适当降低。当 $v \le 1.5 \text{m/s}$，润滑不良时，降至 $(0.3 \sim 0.6)P_0$；无润滑时，降至 $0.15P_0$，且寿命不能达到预期工作寿命，即

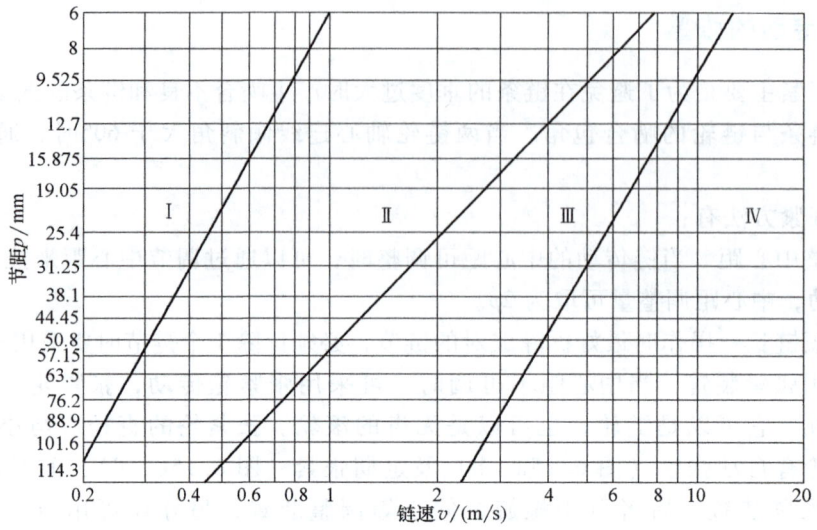

图 6.16 链传动润滑方式的选用

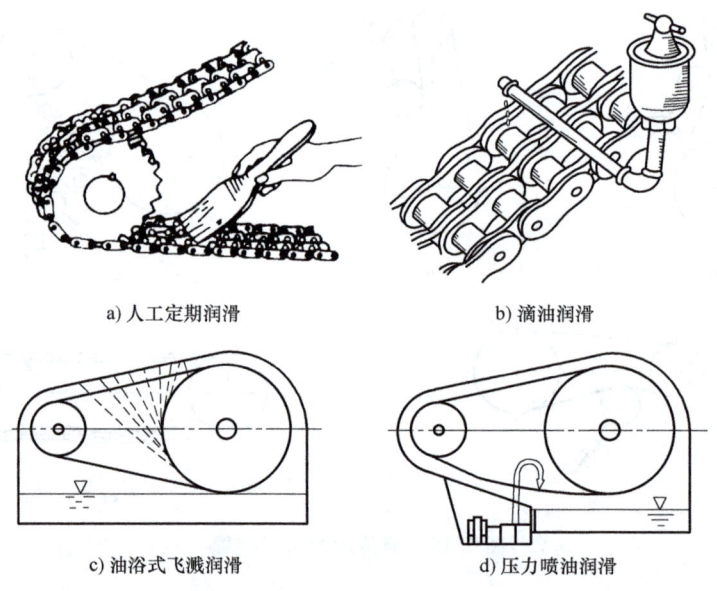

a) 人工定期润滑　　　　　　b) 滴油润滑

c) 油浴式飞溅润滑　　　　　d) 压力喷油润滑

图 6.17 链传动的润滑方式示意图

15000h。当 1.5m/s<v≤7m/s，润滑不良时，降至（0.15~0.3）P_0。当 v>7m/s，而又润滑不良时，传动不可靠，不宜采用。

链条磨损伸长率及传动寿命与润滑方式有直接关系，如图 6.18 所示，不加油的工作情况下链条磨损明显加大，润滑脂只能短期有效限制磨损，润滑油可以起到冷却、减少噪声、减缓啮合冲击、避免胶合的效果。链条润滑时应该注意，不应使链传动浸入大量润滑油中，以免搅油损失过大（图 6.19a）。以尽量在局部润滑为好，如图 6.19b 所示。

例 6.1　设计一用于某均匀载荷输送机中的滚子链传动。已知该传动系统由 Y 系列三相异步电动机驱动，输出功率 P=11kW，满载转速 n_1=730r/min，电动机轴径 D=48mm，传动比 i=2.5，传动水平布置，中心距不小于 600mm，且可以调节。

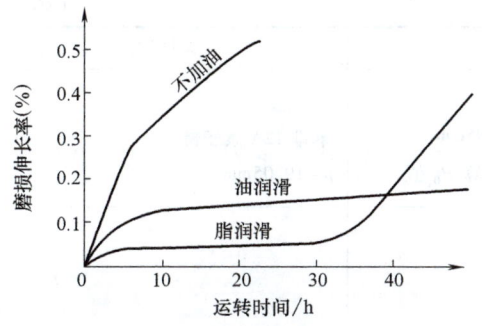

图 6.18 润滑方式与链条磨损伸长率及运转时间的关系

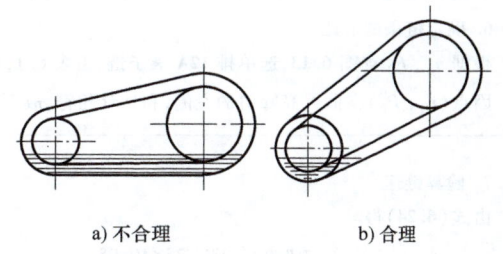

a) 不合理   b) 合理

图 6.19 链条的润滑

解：

设计项目及依据	设计结果
1. 确定计算功率 P_{ca} 均匀载荷输送机，由表 6.2 查得工作情况系数 $K_A = 1.0$，则 $P_{ca} = K_A P = 1.0 \times 11\text{kW} = 11\text{kW}$	$K_A = 1.0$ $P_{ca} = 11\text{kW}$
2. 选择链轮齿数 (1) 小链轮齿数 z_1　假定链速 $v = 3 \sim 8\text{m/s}$，由表 6.3 可知 $z_1 > 21$，取 $z_1 = 25$ (2) 大链轮齿数 z_2 $z_2 = z_1 i = 25 \times 2.5 = 62.5$，取 $z_2 = 63$（奇数） (3) 实际传动比 i $\qquad i = z_2/z_1 = 63/25 = 2.52$ (4) 验算传动比相对误差　传动比相对误差： $\qquad \left| \dfrac{2.5 - i}{2.5} \right| = 0.8\%$	$z_1 = 25$ $z_2 = 63$ $i = 2.52$ $0.8\% < 5\%$，所以合格
3. 初定中心距 a_0 取 $a_0 = 40p$	$a_0 = 40p$
4. 确定链节数 L_p 由式 (6.21) 得 $\qquad L_p' = \dfrac{2a_0}{p} + \dfrac{z_1 + z_2}{2} + \left(\dfrac{z_2 - z_1}{2\pi} \right)^2 \dfrac{p}{a_0}$ $\qquad\quad = \dfrac{2 \times 40p}{p} + \dfrac{25 + 63}{2} + \left(\dfrac{63 - 25}{2\pi} \right)^2 \dfrac{p}{40p} \approx 124.9$ 取 $L_p = 124$（偶数）	$L_p = 124$
5. 计算额定功率 P_0 (1) 多排链系数 K_m　查表 6.4，采用单排链，$K_m = 1$ (2) 小链轮齿数系数 K_z　查表 6.5，估计工作点落在图 6.13 中曲线顶点左侧，$K_z = 1.34$ (3) 链长系数 K_L　查表 6.6，估计工作点落在图 6.13 中曲线顶点左侧，并经线性插值得 $K_L = 1.061$ (4) 计算额定功率 P_0　由式 (6.18) 和式 (6.23) 得 $\qquad P_0 = \dfrac{P_{ca}}{K_z K_L K_m} = \dfrac{11\text{kW}}{1.34 \times 1.061 \times 1} = 7.74\text{kW}$	$K_m = 1$ $K_z = 1.34$ $K_L = 1.061$ $P_0 = 7.74\text{kW}$

(续)

设计项目及依据	设计结果
6. 确定链条的节距 根据 n_1、P_0 查图 6.13,选单排 12A 滚子链,由表 6.1,取 $p=19.05\text{mm}$ 因点 (n_1,P_0) 在曲线高峰值的左侧,和估计相符,故不需重新计算 P_0 值	单排 12A 滚子链 $p=19.05\text{mm}$
7. 验算链速 由式(6.24)得 $$v=\frac{z_1 n_1 p}{60\times 1000}=\frac{730\times 25\times 19.05}{60\times 1000}\text{m/s}=5.794\text{m/s}$$ 与原设 $v=3\sim 8\text{m/s}$ 相符	$v=5.794\text{m/s}$ 合格
8. 确定中心距 (1) 计算理论中心距 a 由式(6.25)得 $$a=\frac{p}{4}\left[\left(L_p-\frac{z_1+z_2}{2}\right)+\sqrt{\left(L_p-\frac{z_1+z_2}{2}\right)^2-8\left(\frac{z_2-z_1}{2\pi}\right)^2}\right]$$ $$=\frac{19.05}{4}\left[\left(124-\frac{25+63}{2}\right)+\sqrt{\left(124-\frac{25+63}{2}\right)^2-8\left(\frac{63-25}{2\pi}\right)^2}\right]\text{mm}=753.19\text{mm}$$ (2) 确定中心距减小量 $\Delta a=(0.02\sim 0.04)a=(0.02\sim 0.04)\times 753.19\text{mm}=15\sim 30\text{mm}$ 因中心距可以调节,故取大值,取 $\Delta a=30\text{mm}$ (3) 确定实际中心距 a' $a'=a-\Delta a=(753.19-30)\text{mm}=723.19\text{mm}$,取 $a'=723\text{mm}>600\text{mm}$,所以中心距合格	$a=753.19\text{mm}$ $\Delta a=30\text{mm}$ $a'=723\text{mm}$
9. 确定链条长度 L $L=L_p p/1000=(124\times 19.05/1000)\text{m}=2.36\text{m}$	$L=2.36\text{m}$
10. 验算小链轮轮毂孔直径 d_K 取小链轮轮毂孔直径 $d_K=48\text{mm}=$ 电动机轴径 D 根据链条的节距 $p=19.05\text{mm}$ 和齿数 $z_1=25$,查《机械设计手册》可得链轮毂孔最大许用直径 $d_{K\max}=88\text{mm}>d_K=48\text{mm}$,所以合格	$d_K=48\text{mm}$
11. 计算压轴力 F_Q 由式(6.14)得 $$F_Q\approx 1.2K_A F_e=1.2\times 1\times 1000P/v=\frac{1.2\times 1000\times 11}{5.794}\text{N}=2278.2\text{N}$$	$F_Q\approx 2278.2\text{N}$
12. 润滑方式选择 根据链速 v 和节距 p,由图 6.16,可选择油浴或飞溅润滑	油浴或飞溅润滑
13. 结构设计 小链轮直径 $d=p/\sin(180°/z)=151.99\text{mm}$,实心式结构,其工作图如图 6.20 所示。大链轮工作图略	小链轮工作图见图 6.20

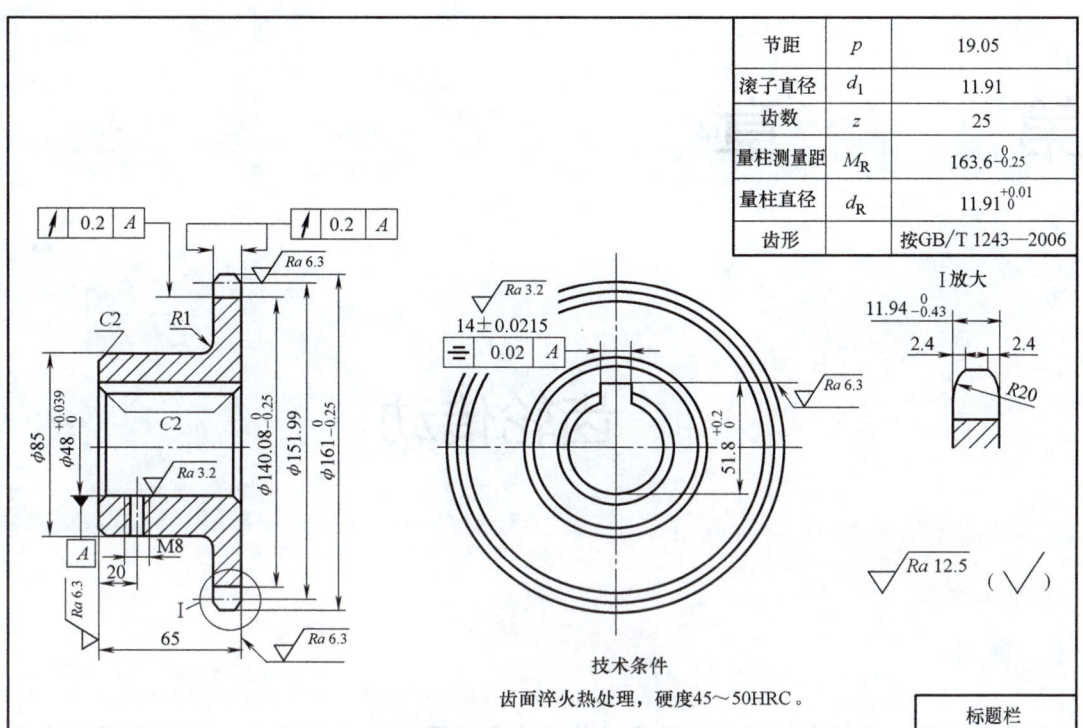

图 6.20 小链轮工作图

习　题

6.1　与带传动相比，链传动有哪些优点？

6.2　引起链传动速度不均匀的原因是什么？其主要影响因素有哪些？

6.3　为什么小链轮的齿数不能太少，而大链轮的齿数又不能太多？

6.4　单排滚子链传动，已知主动轮转速 $n_1=600$ r/min，齿数 $z_1=21$，从动轮齿数 $z_2=105$，中心距 $a=910$ mm，该滚子链的型号为 16A，节距 $p=25.4$ mm，工作情况系数 $K_A=1.2$。试计算该链传动所能传递的功率 P。

6.5　如图 6.21 所示两个传动方案，哪个方案更合理？为什么？

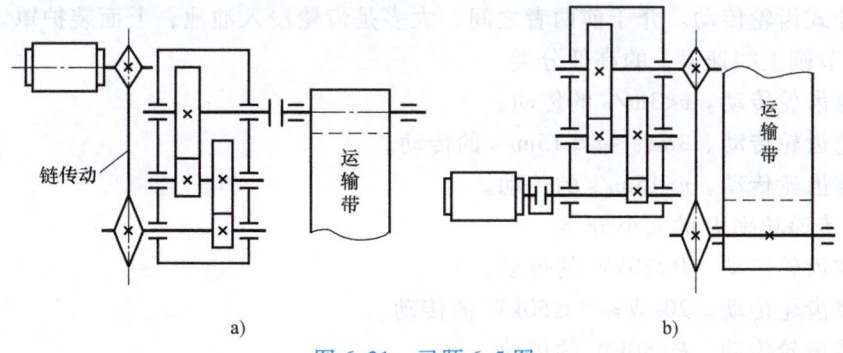

图 6.21　习题 6.5 图

6.6　设计一链传动。电动机转速 $n_1=720$ r/min，从动轮转速 $n_2=240$ r/min，电动机功率 $P=7.5$ kW，电动机型号为 Y160L-8，希望中心距不超过 770mm，载荷平稳。

第 7 章 齿轮传动

7.1 概述

齿轮机构是一种啮合传动，它是机械传动中最主要的一类传动之一，不仅用来传递运动，而且还要传递动力。齿轮传动应具有：运转平稳、准确，无冲击、振动、噪声的特点，这就需要设计合理的齿廓和合适的加工精度，同时，还必须具有足够的承载能力。本章着重介绍最常见的标准渐开线齿轮传动。

1. 齿轮传动的分类

（1）按工作条件分类

1）闭式齿轮传动。齿轮密封在刚性的箱体内。其润滑条件最好，多用于重要场合的传动。

2）开式齿轮传动。传动没有防尘罩或机壳，齿轮完全暴露在外。这种传动不仅外界杂物极易侵入，而且润滑不良，工作条件不好，齿轮易磨损。只宜用于低速传动。

3）半开式齿轮传动。介于前两者之间，大多是齿轮浸入油池，上面装护罩。

（2）按节圆上线速度 v 的高低分类

1）低速齿轮传动。$v<3\mathrm{m/s}$ 的传动。

2）中速齿轮传动。$3\mathrm{m/s} \leqslant v \leqslant 15\mathrm{m/s}$ 的传动。

3）高速齿轮传动。$v>15\mathrm{m/s}$ 的传动。

（3）按传递功率 P 的大小分类

1）轻载齿轮传动。$P<20\mathrm{kW}$ 的传动。

2）中载齿轮传动。$20\mathrm{kW} \leqslant P \leqslant 50\mathrm{kW}$ 的传动。

3）重载齿轮传动。$P>50\mathrm{kW}$ 的传动。

（4）按齿轮齿面硬度分类

1）软齿面齿轮传动。硬度 $\leqslant 350\mathrm{HBW}$，或 $\leqslant 38\mathrm{HRC}$ 的传动。

2）硬齿面齿轮传动。硬度 $>350\mathrm{HBW}$，或 $>38\mathrm{HRC}$ 的传动。

2. 齿轮传动的特点

齿轮机构可用于传递任意两轴之间的运动和动力，它是应用最广泛的传动机构之一。

（1）优点　①适用的圆周速度和功率范围广；②效率高；③传动平稳；④寿命较长；⑤工作可靠；⑥可以实现平行轴、任意角相交轴和任意角交错轴之间的传动。

（2）缺点　①要求较高的制造和安装精度，成本较高；②不适于远距离两轴间的传动。

尽管齿轮传动有上述缺点，但丝毫不影响它的使用，因此它的型式很多，应用也最为广泛。

7.2　齿轮传动的失效形式和设计准则

7.2.1　齿轮传动的失效形式

齿轮传动就其装置而言有开式、半开式及闭式之分；就其使用情况来说，有低速、高速及轻载、重载之别；就齿轮材料及热处理工艺的不同，齿轮有较脆或较韧，齿面有较硬或较软的差别等。因此，齿轮的失效形式也不同。一般来说，齿轮传动的失效主要是轮齿的失效。

1. 轮齿折断

因为轮齿受力时齿根弯曲应力最大，而且有应力集中，因此，轮齿折断一般发生在齿根部分（图7.1）。

（1）过载折断　轮齿因短时严重过载而引起的突然折断。这主要发生于脆性材料。

（2）疲劳折断　轮齿像一个悬臂梁，在载荷的多次重复作用下，弯曲应力超过弯曲疲劳极限时，齿根部分将产生疲劳裂纹，然后逐渐扩展，最终将引起轮齿折断，称为疲劳折断。若轮齿单侧工作，其应力按脉动循环变化。若轮齿双侧工作时，则弯曲应力按对称循环变化。

图7.1　轮齿折断

为了提高齿轮的抗折断能力，首先应保证满足弯曲疲劳强度条件，同时可采取以下措施：①用增大齿根过渡圆角半径及消除加工刀痕的方法来减小齿根应力集中；②增大轴及支承的刚性，使轮齿接触线上受载较为均匀；③采用合理的热处理方法使齿芯材料具有足够的韧性；④采用喷丸、滚压等工艺措施对齿根表层进行强化处理。

2. 齿面失效

（1）齿面磨损　当啮合齿面间落入磨料性物质时，轮齿工作表面被逐渐磨损，使齿轮失去原有的渐开线曲面形状，同时轮齿变薄而导致传动失效。这种磨损称为齿面磨粒磨损（图7.2）。

磨损是开式齿轮传动的主要失效形式之一。改用闭式传动是避免齿面磨损最有效的办法，同时可采用下列措施：①提高齿面硬度；②减小表面粗糙度值；③降低滑动系数；④注意对润滑油的清洁和定期更换，尤其对于开式齿轮传动，应特别注意环境清洁，减少磨粒侵入。

图7.2　齿面磨粒磨损

（2）齿面点蚀　齿面材料在变接触应力（脉动循环）作用下，由于疲劳而产生的剥蚀损伤现象称为齿面点蚀（图7.3），又称疲劳磨损。齿面上最初出现的点蚀仅为针尖大小的麻点，后逐渐扩散，甚至数点连成一片，最后形成了明显的齿面损伤，使轮齿丧失原有的渐开线曲面形状，产生冲击和噪声。

当齿轮在靠近节线处啮合时，由于相对滑动速度低，形成油膜条件差，摩擦力较大，特别是直齿轮传动，通常这时只有一对齿啮合，轮齿受力也最大，因此，点蚀首先出现在靠近节线的齿根面上。

图7.3　齿面点蚀

可以肯定，良好的润滑可延缓点蚀的发生。但当点蚀出现后，润滑油一旦被挤入，将在点蚀孔内形成高压油腔，加速点蚀的发展。黏度越小，发展速度越快。

为了提高齿面接触疲劳强度，防止或减轻齿面点蚀，首先应满足接触疲劳强度条件，同时可采用下列措施：①适当提高齿轮材料的硬度，齿面抗点蚀能力主要与齿面硬度有关，一般情况下，齿面硬度越高，抗点蚀能力越强；②采用黏度大的润滑油。

齿面点蚀是闭式软齿传动的主要失效形式。在开式齿轮传动中，由于齿面磨损较快，点蚀还来不及出现或扩展即被磨掉，所以看不到点蚀出现。

（3）齿面胶合　在高速重载传动中，常因啮合区温度升高而引起润滑失效，致使两齿面金属直接接触并发生粘着，当两齿面相对运动时，较软的齿面沿滑动方向被撕下而形成沟纹，这种现象称为齿面胶合（图7.4）。在低速重载传动中，由于齿面间的润滑油膜不易形成也可能产生胶合破坏。

防止或减轻齿面胶合的主要措施：①提高齿面硬度和减小表面粗糙度值；②对于低速传动采用黏度较大的润滑油，对于高速传动采用含抗胶合添加剂的润滑油。

齿轮失效形式

图7.4　齿面胶合

（4）齿面塑性变形　在重载下，较软的齿面上可能沿摩擦力方向产生局部的塑性变形（图7.5a、b），使齿轮失去正确的齿廓，使瞬时传动比发生变化，造成附加的动载荷。这种损坏常出现在过载严重和起动频繁的传动中。

a）主动轮上的塑性变形

b）从动轮上的塑性变形

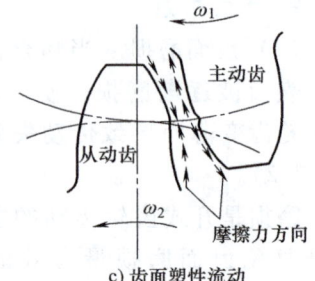

c）齿面塑性流动

图7.5　齿面塑性变形

齿轮工作时主动轮齿面受到的摩擦力方向背离节线，从动轮齿面受到的摩擦力方向指向节线。所以主动轮齿面上节线处被碾出沟槽，从动轮齿面上节线处被挤出脊棱，如图 7.5c 所示。

防止或减轻齿面塑性变形的主要措施：①提高齿面硬度；②采用黏度较高的润滑油。

7.2.2 齿轮传动的设计准则

齿轮传动的特性对齿轮提出的基本要求主要有两个方面：

（1）传动比准确和传动平稳　为了使齿轮传动传动比准确、传动平稳，无冲击、振动、噪声，要满足两方面要求：①设计合理的齿廓，首先要满足齿廓啮合基本定律，同时满足正确啮合条件及连续传动条件；②具有合理的加工精度。

（2）足够的强度　为保证齿轮传动正常工作，齿轮要有足够的承载能力，尤其应满足齿面接触疲劳强度和齿根弯曲疲劳强度。

所设计的齿轮传动在具体的工作条件下，必须具有足够的、相应的工作能力，以保证在整个工作寿命期间不致失效。因此，针对上述各种工作情况及失效形式，都应分别确立相应的设计准则。鉴于目前对于齿面磨损、塑性变形等尚未建立起广为工程实用而且行之有效的计算方法和设计数据，所以设计一般使用的齿轮传动时，通常只按保证齿根弯曲疲劳强度及保证齿面接触疲劳强度两个准则进行计算。对于高速、大功率的齿轮传动，还要按保证齿面抗胶合能力的准则进行计算。至于抵抗其他失效的能力一般不进行计算，但应采取相应的措施，以增强齿轮抵抗这些失效的能力。齿轮传动主要设计准则如下。

1. 闭式齿轮传动的设计准则

1）中、轻载荷闭式软齿面齿轮的设计准则。因其主要失效形式为点蚀，故按接触疲劳强度设计，按弯曲强度校核。

2）齿面硬度很大、齿芯强度又较低（如用 20、20Cr 钢经渗碳后淬火的齿轮）或材质较脆的齿轮的设计准则。因其主要失效形式为疲劳折断，故按弯曲疲劳强度设计，按接触强度校核。

3）两齿面均为硬齿面且齿面硬度一样高时的设计准则。因其主要失效形式为点蚀或疲劳折断，故应视具体情况而定。

4）大功率闭式齿轮传动（如航空发动机主传动、汽轮发电机组传动等）的设计准则。当输入功率超过 75kW 时，由于发热量大，易导致润滑不良及轮齿胶合损伤等，还需要按保证齿面抗胶合能力的设计准则（参见 GB/T 3480.2—2021）进行计算。为控制温升，必须做热平衡计算。

2. 开式（半开式）齿轮传动

对于开式（半开式）齿轮传动，应根据保证齿面抗磨损及齿根抗折断能力分别进行计算，但鉴于目前对齿面抗磨损的能力尚无完善的计算方法，因此，仅以保证齿根弯曲疲劳强度作为设计准则。为了延长开式（半开式）齿轮传动的寿命，应适当降低开式传动的许用弯曲应力（如将闭式传动的许用弯曲应力乘以 0.7~0.8），以使计算的模数值适当增大；或将计算出的模数增大 10%~15%，以考虑磨损对齿厚的影响。

7.3 齿轮常用材料

1. 齿轮传动对材料的基本要求

由齿轮的失效形式可知,设计齿轮传动时,应使齿面具有较高的抗磨损、抗点蚀、抗胶合及塑性变形的能力,而齿根要求有较高的抗折断的能力。因此,对齿轮材料性能的基本要求为:①齿面要硬,齿芯要韧;②具有良好的可加工性能和热处理性能。

2. 齿轮常用材料

常用的齿轮材料包括优质碳素钢、合金结构钢、铸铁和铸钢等。表 7.1 列出了常用的齿轮材料及其热处理后的硬度。

表 7.1 常用的齿轮材料及其热处理后的硬度

类别	牌号	热处理	硬度 HBW(或 HRC、HV)
优质碳素钢	45	正火	162~217HBW
		调质	217~255HBW
		表面淬火	45~50HRC
合金结构钢	40Cr	调质	241~286HBW
		表面淬火	48~55HRC
	35SiMn	调质	217~269HBW
		表面淬火	40~45HRC
	40MnB	调质	241~286HBW
	20Cr	渗碳淬火回火	56~62HRC
	20CrMnTi	渗碳淬火回火	56~62HRC
	38CrMoAlA	调质后渗氮	>850HV
铸钢	ZG310-570	正火	160~200HBW
	ZG340-640	正火	180~220HBW
	ZG35Mn	正火	160~220HBW
		调质	200~250HBW
灰铸铁	HT200		170~230HBW
	HT300		187~255HBW
球墨铸铁	QT500-5		147~241HBW
	QT600-2		229~302HBW

齿轮材料的种类很多,在选择时应考虑的因素也很多,下述几点可供选材时参考:

(1) 闭式软齿面齿轮传动常用材料 闭式软齿面齿轮传动常用的材料有 35、45、40Cr 和 35SiMn(经调质或正火处理)。此类材料的特点是制造方便,多用于对强度、速度和精度要求不高的一般机械传动中。

由于小齿轮轮齿工作次数较多,应使其齿面硬度比大齿轮的高出 25~50HBW。

(2) 闭式硬齿面齿轮传动常用的材料 闭式硬齿面齿轮传动常用的材料有 20、20Cr、20CrMnTi(经表面渗碳淬火)、45、40Cr(经表面淬火或整体淬火),一般齿面硬度为 45~

65HRC。通常两齿轮轮齿采用相同的齿面硬度。此类材料的特点是制造较复杂，精度要求高，多用于高速、重载及精密机械中。

（3）大尺寸齿轮及开式低速齿轮传动常用材料　当齿轮尺寸较大（如直径大于400mm）而轮坯不易锻造时，可采用铸钢；开式低速传动可采用灰铸铁；球墨铸铁有时可代替铸钢。

7.4　齿轮传动的精度及其选择

制造和安装齿轮传动装置时，不可避免地会产生误差。因此，齿轮传动的精度不仅与齿轮本身的制造精度有关，而且受相接合零、部件的精度影响也很大。齿轮传动的用途不同，对齿轮要求的侧重也不同。通常对齿轮传动提出以下4个方面的精度和使用要求。

（1）传递运动的准确性　限制齿轮在一转范围内平均传动比的变化量，要求从动轮在一转范围内，最大转角误差在一定值内，以保证传递运动的准确性。它影响动载系数 K_v 的大小。

（2）传动的平稳性　限制齿轮在一个齿距范围内瞬时传动比的变化量，要求一个齿距角中最大的转角误差小于给定的公差，从而减小冲击、振动和噪声。它影响齿间载荷分配系数 K_α 的大小。

（3）载荷分布的均匀性　它限制啮合过程中实际啮合面积的大小，要求齿轮啮合时，齿面接触良好，工作齿面上的载荷分布均匀，避免载荷集中、点蚀、磨损甚至断齿等影响齿轮寿命的现象发生。它影响齿向载荷分布系数 K_β 的大小。

（4）传动侧隙　要求齿轮啮合时，非工作齿面间有一定的侧隙，用于储存润滑油，补偿制造、安装误差及热变形，以保证齿轮转动灵活。

齿轮精度设计主要包括4个方面：①正确选择齿轮的精度等级；②正确选择齿轮质量的评定指标（检验参数）；③正确设计齿侧间隙；④正确设计齿坯及箱体的尺寸公差与表面粗糙度。

7.4.1　精度等级

渐开线圆柱齿轮精度由两项国家标准（GB/T 10095.1~2—2008）和四项国家标准化指导性技术文件（GB/Z 18620.1~4—2008）组成，均等同采用了相应的ISO标准。标准对齿轮及齿轮副规定了13个精度等级（对径向综合偏差规定了4~12共9个精度等级），按精度高低依次为0、1~12级，6~9级是常用精度级。

标准及技术文件中给出偏差项目虽然很多，但作为评价齿轮质量的客观标准，齿轮质量的检验项目应该主要是单项指标，即齿距偏差（F_p、f_{pt}、F_{pk}）、齿廓总偏差 F_α、螺旋线总偏差 F_β（直齿轮为齿向偏差 F_β）及齿厚偏差 E_{sn}。标准中给出的其他参数，一般不是必检项目，而是根据供需双方具体要求协商而定的；技术文件所提供的数值不作为严格的精度判据，而作为协议的关于钢或铸铁制齿轮的指南来使用。这里充分体现了设计第一的思想。

根据我国企业齿轮生产的技术和质量控制水平，将齿轮质量检验项目组合成6个检验组，建议供需双方依据齿轮的使用要求、生产批量和检验手段，在6个检验组中选取一个，用于评定齿轮的质量。

齿轮精度等级的选择应依据齿轮的用途、使用要求、传递功率、圆周速度及其他技术条件等，同时还要考虑加工工艺与经济性。在机械传动中应用最多的是既传递运动又传递动力的齿轮，其精度等级与圆周速度有关，对于常用精度等级，可按齿轮的最高圆周速度，参考表 7.2 选择。

在标注检验项目的精度等级时，若齿轮质量检验项目的精度等级相同，可将精度等级标注于标准号之前，如 7 GB/T 10095.1—2008，表示齿轮各项偏差均应符合 GB/T 10095.1—2008 的要求，精度均为 7 级；若齿轮质量检验项目的精度等级不同，则需标明精度等级所对应的具体检验项目，如 $7F_p6$（F_α、F_β）GB/T 10095.1—2008，表示偏差 F_p、F_α 和 F_β 均应符合 GB/T 10095.1—2008 的要求，其中 F_p 为 7 级，F_α 和 F_β 为 6 级。

表 7.2　齿轮传动精度等级的选择及应用

精度等级	圆周速度 v/(m/s)			应　　用
	直齿轮	斜齿轮	锥齿轮	
6 级	≤15	≤25	≤9	高速重载的齿轮传动，如飞机、汽车和机床中的重要齿轮；分度机构的齿轮
7 级	≤10	≤17	≤6	高速中载或中速重载的齿轮传动，如标准系列减速器、汽车和机床中的齿轮
8 级	≤5	≤10	≤3	机械制造中对精度无特殊要求的齿轮
9 级	≤3	≤3.5	≤2.5	低速及对精度要求低的传动

注：圆周速度指齿轮节圆的圆周速度。

7.4.2　齿厚的侧隙及极限偏差

为了保证齿轮机构的正常传动，在齿轮传动设计中，必须保证有足够的最小侧隙。最小侧隙可根据齿轮副的实际工作条件和润滑要求由计算得到，还可以由 GB/Z 18620.2—2008 按齿轮传动的模数和中心距查得。

为了获得齿轮副的最小侧隙，需削薄齿厚，故采用齿厚偏差来控制齿侧间隙。由于公法线平均长度偏差测量简便，因而常用公法线平均长度偏差代替齿厚偏差。

齿厚的极限偏差选取原则：高速、高温、重载传动侧隙应选大些；一般传动侧隙中等；经常正反转，转速不高的传动，侧隙应选小些。

按照国家标准规定，应将齿厚（或公法线平均长度）的偏差数值标注在图样的参数表中。如 $s_n{}_{E_{sni}}^{E_{sns}}$，其中 s_n 为法向齿厚的公称尺寸；E_{sns} 为齿厚上偏差；E_{sni} 为齿厚下偏差。再如 $W_k{}_{E_{bni}}^{E_{bns}}$，其中 W_k 为跨 k 个齿的公法线长度；E_{bns} 为公法线长度上偏差；E_{bni} 为公法线长度下偏差。

7.5　齿轮传动的作用力及计算载荷

为了计算齿轮的强度，设计轴和轴承，必须对轮齿上的作用力进行分析。

假设作用在轮齿上的力沿接触线均匀分布，可用齿宽中面上的集中力代替进行受力分析。由于齿轮传动的润滑，在受力分析时可忽略啮合面间的摩擦力。

7.5.1 直齿圆柱齿轮传动的受力分析

当齿轮的齿廓在节点 P 接触时，受力如图 7.6 所示，可将沿啮合线作用在齿面上的法向力 F_n 分解为两个相互垂直的分力：切于节圆的圆周力 F_t 与指向轮心的径向力 F_r。

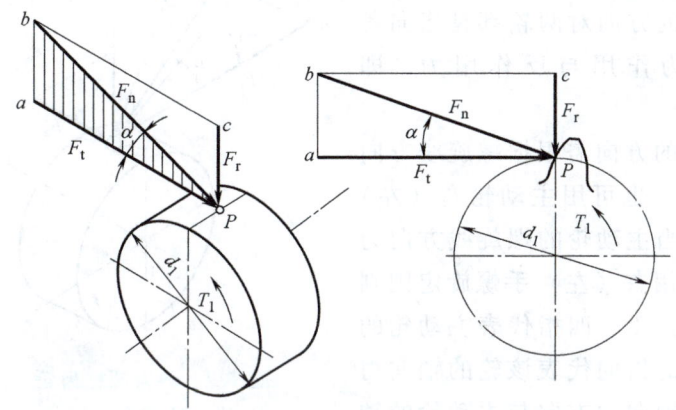

图 7.6 直齿圆柱齿轮传动的受力分析

1. 计算公式

圆周力 $$F_t = 2T_1/d_1 \tag{7.1}$$
径向力 $$F_r = F_t \tan\alpha \tag{7.2}$$
法向力 $$F_n = F_t/\cos\alpha \tag{7.3}$$

式中，T_1 为小齿轮上的转矩（N·mm），$T_1 = 9.55 \times 10^6 \dfrac{P}{n_1}$，$P$ 为传递的功率（kW），n_1 为小齿轮的转速（r/min）；d_1 为小齿轮的分度圆直径（mm）；α 为压力角，对标准齿轮，$\alpha = 20°$。

2. 力的方向

1）圆周力 F_t 的方向在主动轮上与运动方向相反，在从动轮上与运动方向相同，且互为作用与反作用力，即 $F_{t1} = -F_{t2}$。

2）径向力 F_r 的方向分别指向各自的轮心，且互为作用与反作用力，即 $F_{r1} = -F_{r2}$。

直齿和斜齿

7.5.2 斜齿圆柱齿轮传动的受力分析

图 7.7 所示为斜齿轮齿廓在节点 P 接触时的受力情况，在忽略摩擦力时法向力 F_n 可分解为圆周力 F_t、径向力 F_r 和轴向力 F_a 三个分力。

1. 计算公式

圆周力 $$F_t = 2T_1/d_1 \tag{7.4}$$
径向力 $$F_r = F_t \tan\alpha_n/\cos\beta \tag{7.5}$$
轴向力 $$F_a = F_t \tan\beta \tag{7.6}$$
法向力 $$F_n = F_t/(\cos\alpha_n \cos\beta) \tag{7.7}$$

式中，β 为螺旋角；α_n 为法向压力角，对标准齿轮，$\alpha_n = 20°$。

2. 力的方向

1) 圆周力 F_t 的方向在主动轮上与运动方向相反，在从动轮上与运动方向相同，且互为作用与反作用力，即 $F_{t1} = -F_{t2}$。

2) 径向力 F_r 的方向对两轮都是指向各自的轮心，且互为作用与反作用力，即 $F_{r1} = -F_{r2}$。

3) 轴向力 F_a 的方向需根据螺旋线方向和轮齿工作面而定；也可用主动轮右（左）手螺旋法则判断：当主动轮的螺旋线方向为右（左）旋时，可用右（左）手螺旋定则判断，即伸出右（左）手，四指代表主动轮的转动方向，则拇指的指向代表该轮的轴向力的方向，从动轮的轴向力方向与主动轮的轴向力方向相反，互为作用与反作用力，即 $F_{a1} = -F_{a2}$。

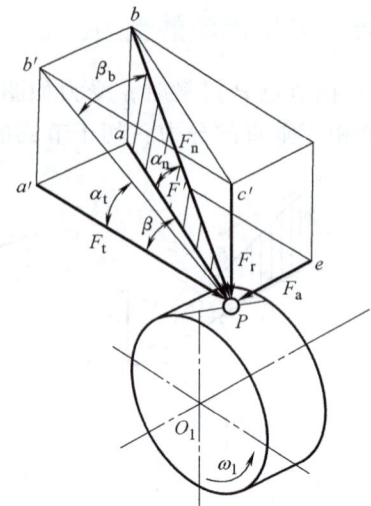

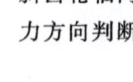

斜齿轮轴向力方向判断

图 7.7 斜齿圆柱齿轮传动的受力分析

7.5.3 直齿锥齿轮传动的受力分析

当两轴正交（$\delta_1 + \delta_2 = 90°$）时，直齿锥齿轮齿廓在节点 P 接触时的受力情况如图 7.8 所示。在忽略摩擦力时法向力 F_n 可分解为圆周力 F_t、径向力 F_r 和轴向力 F_a 三个分力。

1. 计算公式

圆周力 $\qquad F_t = 2T_1/d_{m1} \qquad$ (7.8)

径向力 $\qquad F_{r1} = F_t \tan\alpha \cos\delta_1 \qquad$ (7.9)

轴向力 $\qquad F_{a1} = F_t \tan\alpha \sin\delta_1 \qquad$ (7.10)

法向力 $\qquad F_n = F_t/\cos\alpha \qquad$ (7.11)

式中，$d_{m1} = d_1 - b\sin\delta_1$（$b$ 为轮齿宽度，d_1 为大端面分度圆直径），为小齿轮齿宽中点的分度圆直径。

2. 力的方向

1) 圆周力 F_t 的方向在主动轮上与运动方向相反，在从动轮上与运动方向相同，且互为作用与反作用力，即 $F_{t1} = -F_{t2}$。

2) 径向力 F_r 的方向对两轮都是垂直指向各自齿轮的轴线。

3) 轴向力 F_a 的方向对两齿轮均指向各自齿轮的大端。

由于两锥齿轮的轴相互垂直，即 $\delta_1 + \delta_2 = 90°$，因此，小齿轮上的径向力和轴向力分别与大齿轮上的轴向力和径向力互为作用与反作用力，即 $F_{r1} = -F_{a2}$，$F_{a1} = -F_{r2}$。

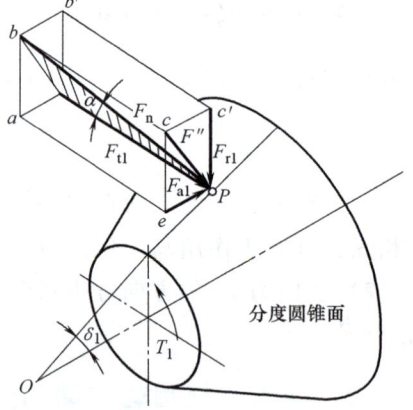

图 7.8 直齿锥齿轮传动的受力分析

直齿锥齿轮

7.5.4 计算载荷

按名义功率或转矩计算得到的法向载荷 F_n 称为名义载荷。在受力分析时，常取沿齿面接触线单位长度上的平均载荷 $p=F_n/L$ 进行计算，由于原动机性能及齿轮制造与安装误差、齿轮及支承件变形等因素的影响，实际传动中作用于齿轮上的载荷要比名义载荷大，因此，计算齿轮强度时，通常用计算载荷 p_{ca} 代替平均载荷 p，以考虑载荷集中和附加动载荷的影响。

$$p_{ca} = Kp \tag{7.12}$$

式中，K 为载荷系数，$K=K_A K_v K_\alpha K_\beta$，$K_A$ 为使用系数，K_v 为动载系数，K_α 为齿间载荷分配系数，K_β 为齿向载荷分布系数。

1. 使用系数 K_A

考虑原动机和工作机的运转特性、联轴器的缓冲性能等外部因素引起的动载荷而引入的修正系数，可按表 7.3 选取。

表 7.3 使用系数 K_A

原动机	工作机的载荷特性			
	均匀平稳	轻微冲击	中等冲击	严重冲击
电动机	1.00	1.25	1.50	1.75
多缸内燃机	1.10	1.35	1.60	1.85
单缸内燃机	1.25	1.50	1.75	2.00

注：对于增速传动可取表中值的 1.1 倍；当外部机械与齿轮装置之间为挠性连接时，其值可适当降低。

选取使用系数 K_A 时的载荷特性示例：

（1）载荷均匀平稳　如：均匀加料的输送机、加料机，发电机，机床进给机构，轻型升降机，包装机，通风机，密度均匀的物料搅拌机等。

（2）载荷轻微冲击　如：不均匀加料的输送机、加料机，机床主传动，重型升降机，变密度的物料搅拌机、混合机，工业与矿用风机，重型离心机等。

（3）载荷中等冲击　如：橡胶挤压机，橡胶和塑料间断搅拌的搅拌机，轻型球磨机，木工机械，钢坯初轧机，提升装置，单缸活塞泵等。

（4）载荷严重冲击　如：压力机，钻机，压砖机，破碎机，挖掘机，重型球磨机等。

2. 动载系数 K_v

考虑齿轮副在啮合过程中因啮合误差，包括基节误差、齿形误差及轮齿变形等，以及运转速度而引起的内部附加动载荷的影响系数。另外，齿轮在啮合过程中单对齿啮合、双对齿啮合的交替进行，造成轮齿啮合刚度的变化，也会引起动载荷。

对于一般齿轮传动，动载系数 K_v 可根据圆周速度及齿轮的制造精度，按图 7.9 查取；对于直齿锥齿轮传动，在查取动载系数 K_v 时，应按图中低一级精度线及锥齿轮平均分度圆处的圆周速度 v_m 进行查取。

减小动载系数 K_v 的措施：适当提高齿轮加工精度，齿轮修缘。

影响动载系数 K_v 的主要因素是相互啮合的两齿轮基圆齿距的误差（图 7.10），使得瞬时传动比发生变化，从而产生附加动载荷。

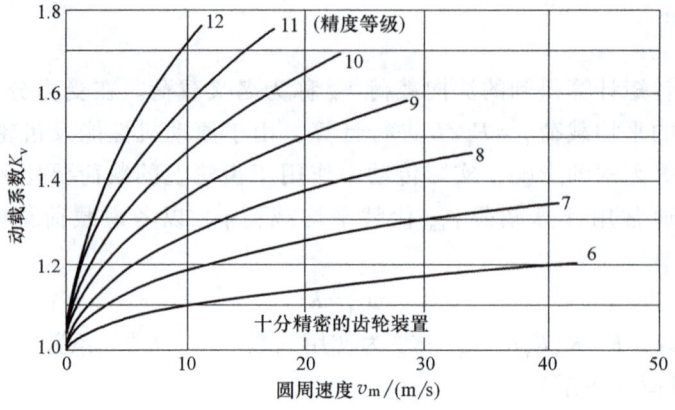

图 7.9 动载系数 K_v

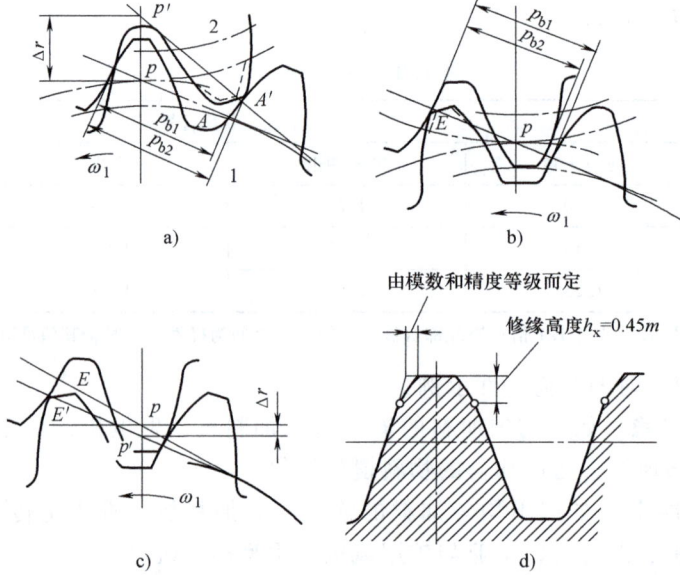

图 7.10 基圆齿距误差对动载系数的影响

如图 7.10a 所示,因基圆齿距 $p_{b2}>p_{b1}$,使即将进入啮合的一对轮齿在偏离开始啮合点的 A' 点提前进入啮合,其瞬时传动比减小为

$$i=\frac{\omega_1}{\omega_2}=\frac{r_2-\Delta r}{r_1+\Delta r}<\frac{r_2}{r_1}$$

如图 7.10b 所示,因基圆齿距 $p_{b2}<p_{b1}$,使得前一对轮齿应该在终止啮合点 E 脱离啮合时,由于后一对轮齿尚未进入啮合,致使前一对轮齿离开啮合线后仍继续保持啮合,直到后一对轮齿进入啮合时前一对轮齿才在 E' 点脱离接触(图 7.10c),在此瞬间,传动比增大为

$$i=\frac{\omega_1}{\omega_2}=\frac{r_2+\Delta r}{r_1-\Delta r}>\frac{r_2}{r_1}$$

为了减小因从动轮角速度而产生的动载荷,最有效的措施是对轮齿进行修缘(图 7.10d),即对基圆齿距较大的齿轮齿顶的一小部分渐开线齿廓适量修削,如图 7.10a、b 中

齿顶的虚线部分。对于重要的齿轮最好采用齿轮修缘来减小动载系数。

3. 齿间载荷分配系数 K_α

齿轮的重合度总是大于 1，说明在一对轮齿的一次啮合过程中，部分时间内为两对轮齿啮合，所以理想状态下应该由各啮合齿对均等承载。但对于低精度等级的齿轮传动，实际情况并非如此，承载情况受制造精度、轮齿刚度、齿轮啮合刚度、修缘量、跑合量等多方面因素的影响。齿间载荷分配系数 K_α 是用于考虑制造误差和轮齿弹性变形等原因使两对同时啮合的轮齿上载荷分配不均的影响，而引进的修正系数。对一般不需做精确计算的直齿轮传动，可假设为单齿对啮合，故取 $K_\alpha = 1$；对斜齿圆柱齿轮传动，可取 $K_\alpha = 1 \sim 1.4$，精度低、齿面硬度高时取大值，反之取小值。

减小齿间载荷分配系数 K_α 的主要措施：适当提高齿轮加工精度、适量修缘、适量跑合等。

4. 齿向载荷分布系数 K_β

由制造误差引起的齿向误差、齿轮及轴的弯曲和扭转变形、轴承和支座的变形及装配误差等，都会导致轮齿接触线上各接触点间载荷分布不均匀。为此引入齿向载荷分布系数 K_β，用于考虑实际载荷沿轮齿接触线分布不均的影响。其值的大小主要受齿轮相对轴承配置形式、齿宽系数（b/d_1）及齿面硬度的影响，对于一般的工业用的圆柱齿轮，齿向载荷分布系数可按图 7.11 查取；对于直齿锥齿轮，齿向载荷分布系数 $K_\beta = 1.1 \sim 1.3$。

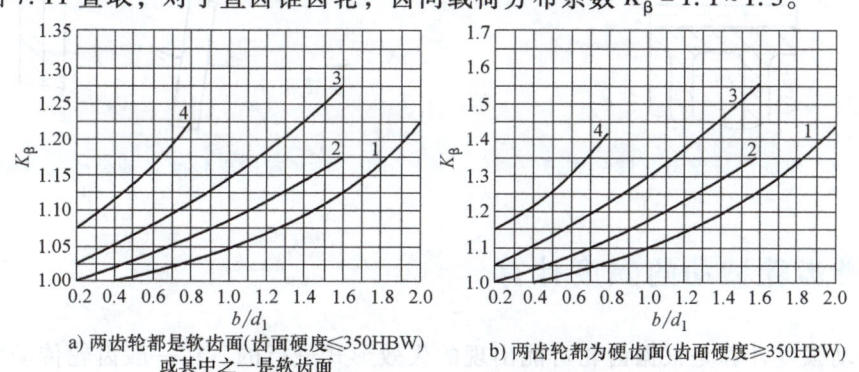

a) 两齿轮都是软齿面(齿面硬度≤350HBW) 或其中之一是软齿面

b) 两齿轮都为硬齿面(齿面硬度≥350HBW)

图 7.11 齿向载荷分布系数 K_β

1—齿轮在两轴承间对称布置　2—齿轮在两轴承间非对称布置，轴的刚度较大
3—齿轮在两轴承间非对称布置，轴的刚度较小　4—齿轮悬臂布置

减小齿向载荷分布系数 K_β 的措施：

1) 对称配置轴承，尽量避免悬臂布置。
2) 增大轴、轴承、支座的刚度。
3) 将轮齿制成鼓形。如图 7.12 所示，将轮齿做鼓形修整，让齿宽中部首先接触，并扩展到整个齿宽，载荷分布不均现象可得到改善。
4) 高速级的齿轮要远离转矩输入端。在多级齿轮传动中，如果高速级齿轮相对支承轴承无法对称布置，则应使高速级的齿轮远离转矩输入端，如图 7.13 所示。
5) 注意保持沿齿宽齿轮刚度一致。当轴的刚度非常高，齿轮的宽度比较大，而且受力比较大时，在有腹板支撑的部分轮齿刚度较大，而其他部分轮齿刚度较小。这种情况下，宜加大轮缘厚度，并采用双腹板或双层辐条，以保证沿齿宽有足够的刚度，使啮合受力均匀，

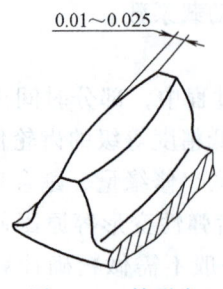

图 7.12 鼓形齿

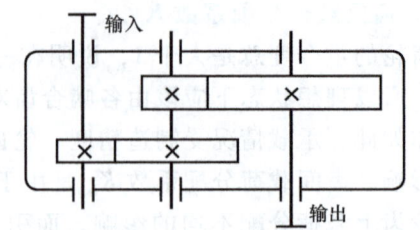

图 7.13 高速级的齿轮要远离转矩输入端

如图 7.14 所示。

6)利用齿轮的不均匀变形补偿轴的变形。当轴和轴承的刚度较差,由于轴和轴承的变形使齿轮沿齿宽不均匀接触造成偏载时,可通过有限元等方法进行精确计算,改变轮辐的位置和轮缘形状,使沿齿宽受力大处齿轮刚度较小,受力小处刚度较大,利用齿轮的不均匀变形补偿轴和轴承的不均匀变形,达到沿齿宽受力均匀分布的目的。如图 7.15 所示,大齿轮右边受力较大,可减小其轮缘刚度。

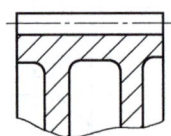

图 7.14 保证沿齿宽有足够的刚度

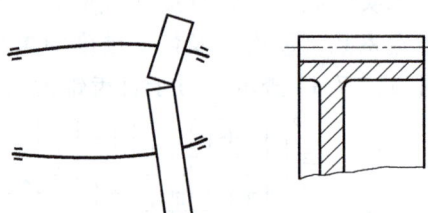

图 7.15 利用齿轮的不均匀变形补偿轴的变形

7.6 标准齿轮传动的强度计算

齿轮传动强度计算是根据齿轮可能出现的失效形式进行的。在一般齿轮传动中,其主要失效形式是齿面接触疲劳点蚀和轮齿弯曲疲劳折断。下面就直齿圆柱齿轮、斜齿圆柱齿轮、直齿锥齿轮分别介绍这两种强度计算。

7.6.1 标准直齿圆柱齿轮传动的强度计算

1. 标准直齿圆柱齿轮传动的弯曲疲劳强度计算

由于齿轮轮缘的刚度很大,因此,在进行弯曲疲劳强度计算时,可将轮齿看成宽度为 b 的悬臂梁,力集中作用在齿宽中面上,如图 7.16 所示。

(1)假设条件

1)齿根处危险截面的确定。确定危险截面的方法有很多,其中 30°切线法最为简单实用,即做与轮齿对称中心线成 30°夹角并与齿根过渡圆角相切的斜线,则认为两切点连线是危险截面位置。

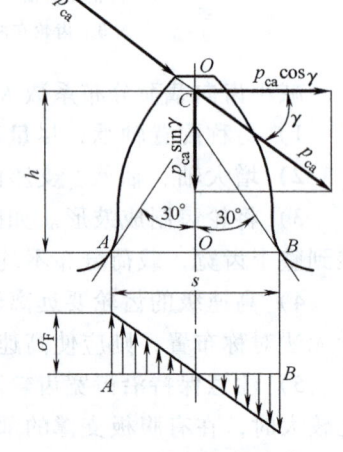

图 7.16 齿根弯曲应力

2）载荷大小及作用位置的确定。为了简化计算，对精度较低的齿轮，认为法向力 F_n 全部作用在一个轮齿的齿顶。考虑理论上载荷应由同时啮合的多对齿分担，可用重合度系数 Y_ε 对齿根弯曲应力进行修正。

3）危险截面上的破坏应力的确定。沿啮合线方向作用的计算载荷 p_{ca} 可分解为相互垂直的两个力：$p_{ca}\cos\gamma$ 和 $p_{ca}\sin\gamma$，前者使齿根产生弯曲应力和切应力，后者使齿根产生压应力。其中弯曲应力起主要作用，因此，取危险截面的破坏应力等于齿根处的弯曲应力，忽略压应力和切应力的影响。同时考虑齿根圆角处应力集中的影响，引进应力修正系数 Y_{Sa} 进行修正。

4）齿根弯曲疲劳强度以受拉侧为计算依据。齿轮长期工作后，受拉侧先产生疲劳裂纹。

（2）直齿圆柱齿轮的弯曲疲劳强度计算公式

1）危险截面上的弯曲应力 σ_F 的计算公式为

$$\sigma_F = \frac{M}{W}Y_{Sa}Y_\varepsilon = \frac{p_{ca}(\cos\gamma)h}{1\times s^2/6}Y_{Sa}Y_\varepsilon = \frac{2KT_1}{bd_1m}\cdot\frac{6(h/m)\cos\gamma}{(s/m)^2\cos\alpha}Y_{Sa}Y_\varepsilon \tag{7.13}$$

式中，σ_F 为危险截面上的弯曲应力（MPa）；s 为齿厚（mm）；T_1 为小齿轮上的转矩（N·mm）；h 为弯曲力臂（mm）；m 为模数（mm）；Y_{Sa} 为应力修正系数；Y_ε 为重合度系数。

2）轮齿弯曲疲劳强度的验算公式。引进齿形系数 Y_{Fa} 和齿宽系数 $\psi_d = b/d_1$，可得轮齿弯曲疲劳强度的验算公式为

$$\sigma_F = \frac{2KT_1}{bd_1m}Y_{Fa}Y_{Sa}Y_\varepsilon = \frac{2KT_1}{\psi_d m^3 z_1^2}Y_{Fa}Y_{Sa}Y_\varepsilon \leq [\sigma_F] \tag{7.14}$$

3）轮齿弯曲疲劳强度的设计公式为

$$m \geq \sqrt[3]{\frac{2KT_1}{\psi_d z_1^2[\sigma_F]}Y_{Fa}Y_{Sa}Y_\varepsilon} \tag{7.15}$$

（3）直齿圆柱齿轮弯曲疲劳强度计算中参数的选择和注意问题

1）齿形系数 Y_{Fa} 及应力修正系数 Y_{Sa}。齿形系数 $Y_{Fa} = \dfrac{6(h/m)\cos\gamma}{(s/m)^2\cos\alpha}$，只取决于轮齿的形状，即随齿数和变位系数而异，而与模数无关，多数情况下随着齿数的增加，Y_{Fa} 减小；应力修正系数 Y_{Sa} 综合考虑齿根圆角处应力集中和除弯曲应力以外其余应力对齿根应力的影响，随着齿数的增加，Y_{Sa} 增加。Y_{Fa} 值可参见图 7.17 查取；Y_{Sa} 值可参见图 7.18 查取。值得注意的是，随着齿数增加，Y_{Fa} 与 Y_{Sa} 乘积减小，因此，在模数一定时，齿数增加对弯曲强度是有益的。

2）重合度系数 Y_ε。重合度系数 Y_ε 的计算公式为

$$Y_\varepsilon = 0.25 + \frac{0.75}{\varepsilon_\alpha}, \quad \varepsilon_\alpha = \left[1.88 - 3.2\left(\frac{1}{z_1} \pm \frac{1}{z_2}\right)\right]\cos\beta \tag{7.16}$$

式中，ε_α 为端面重合度；其中"+"用于外啮合，"-"用于内啮合。若为直齿圆柱齿轮传动，则 $\beta = 0$。

3）齿宽系数 ψ_d。齿宽系数 $\psi_d = b/d_1$。通常轮齿越宽，承载能力也越高，因而轮齿不宜过窄，但增大齿宽又会使齿面上的载荷分布更趋不均匀，故应适当选取齿宽系数。其推荐值可按表 7.4 选取，它取决于齿面硬度和齿轮相对于轴承的位置。

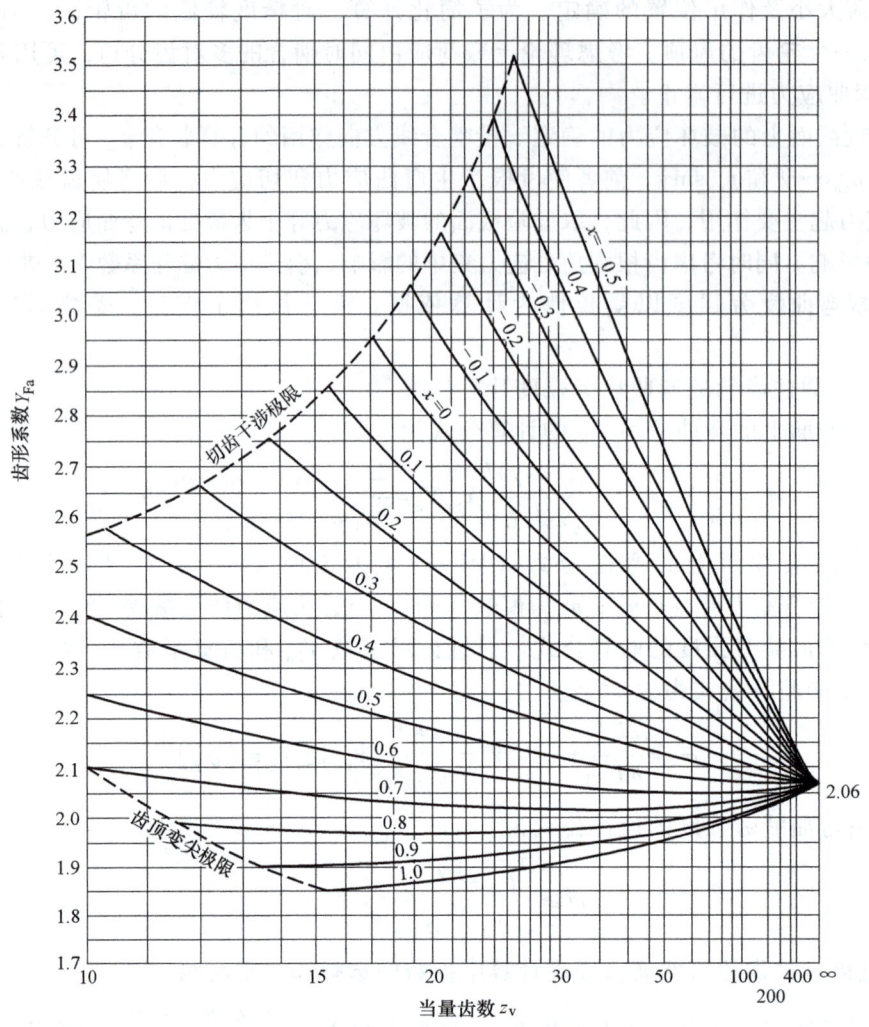

图 7.17 外齿轮齿形系数

表 7.4 齿宽系数 ψ_d

齿轮相对轴承的位置	齿面硬度	
	软齿面	硬齿面
对称分布	0.8~1.4	0.4~0.9
非对称分布	0.6~1.2	0.3~0.6
悬臂布置	0.3~0.4	0.2~0.25

注：直齿圆柱齿轮宜取较小值，斜齿轮可取较大值，人字齿轮可取到2；载荷稳定、轴刚性大时取较大值；变载荷，轴刚性较小时宜取较小值。

4）模数 m。计算出的模数应圆整为标准值，对于传递动力的齿轮，其模数不许低于 1.5mm。因为 $s=\pi m/2$，模数增加，齿厚增加，整个轮齿各处厚度增加，抗弯截面模量增加，工作应力减小，弯曲强度增高；反之模数减少，弯曲强度降低。所以说模数是决定弯曲强度的主要因素。

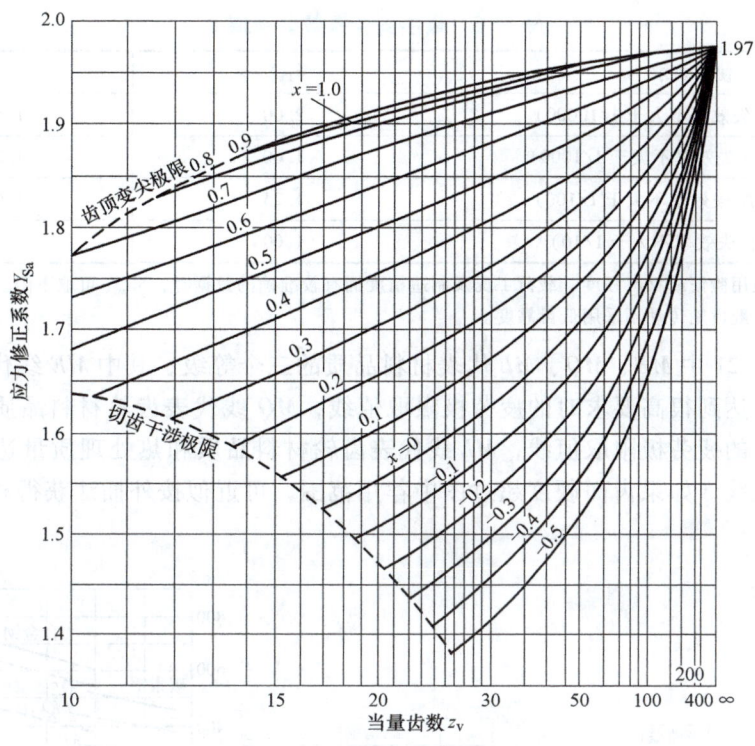

图 7.18 外齿轮应力修正系数

5）许用弯曲应力 $[\sigma_F]$。许用弯曲应力 $[\sigma_F]$ 的计算公式为

$$[\sigma_F] = \frac{\sigma_{Flim} Y_N Y_X}{S_{Fmin}} \qquad (7.17)$$

式中，Y_N 为弯曲疲劳强度计算的寿命系数，其值取决于工作应力循环次数 N_L，查图 7.19；Y_X 为弯曲强度计算的尺寸系数，其值取决于齿轮的模数和材料，查图 7.20；S_{Fmin} 为弯曲疲劳强度的最小安全系数，查表 7.5；σ_{Flim} 为失效率为 1% 时，试验齿轮的齿根弯曲疲劳极限，

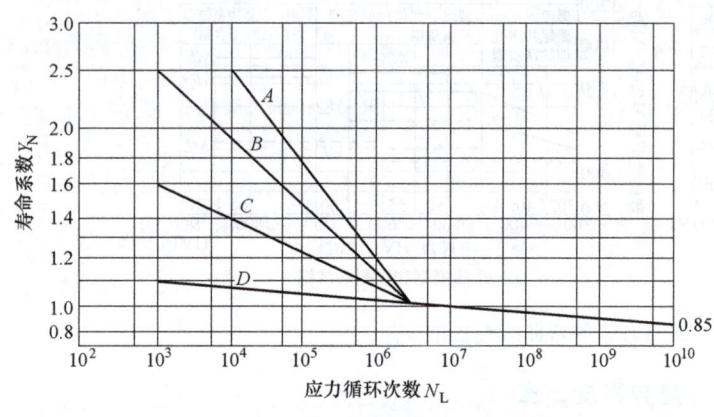

图 7.19 弯曲疲劳强度计算的寿命系数 Y_N

A—调质钢；珠光体、贝氏体球墨铸铁；珠光体黑色可锻铸铁
B—渗碳淬火的渗碳钢；火焰或感应淬火钢和珠光体、贝氏体球墨铸铁
C—渗氮的氮钢；渗氮的调质钢和渗碳钢；铁素体球墨铸铁；灰铸铁；结构钢
D—碳氮共渗的调质钢和渗碳钢

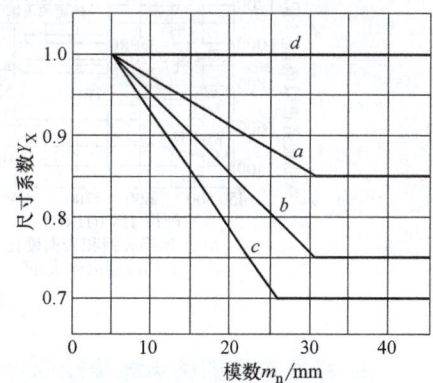

图 7.20 弯曲疲劳强度计算的尺寸系数

a—结构钢、调质钢、球墨铸铁、珠光体可锻铸铁　b—表面硬化钢　c—灰铸铁　d—静强度（所有材料）

表 7.5　最小安全系数参考值

使用要求	S_{Fmin}	S_{Hmin}
高可靠度（失效率不大于 1/10000）	2.00	1.50~1.60
较高可靠度（失效率不大于 1/1000）	1.60	1.25~1.30
一般可靠度（失效率不大于 1/100）	1.25	1.00~1.10
低可靠度（失效率不大于 1/10）	1.00	0.85

注：1. 在经过使用验证或材料强度、载荷工况及制造精度拥有较准确的数据时，S_{Hmin} 可取下限。
　　2. 建议对一般齿轮传动不采用低可靠度。

查图 7.21。图 7.21 中 ME、MQ、ML 代表材料品质的三个等级，其中 ME 线代表齿轮材料品质和热处理质量达到很高要求时的疲劳极限取值线，MQ 线代表齿轮材料品质和热处理质量达到中等要求时的疲劳极限取值线，ML 线代表齿轮材料品质和热处理质量达到最低要求时的疲劳极限取值线。如果齿面硬度超过图中荐用范围，可近似按外插法获得相应的疲劳极限应力值。

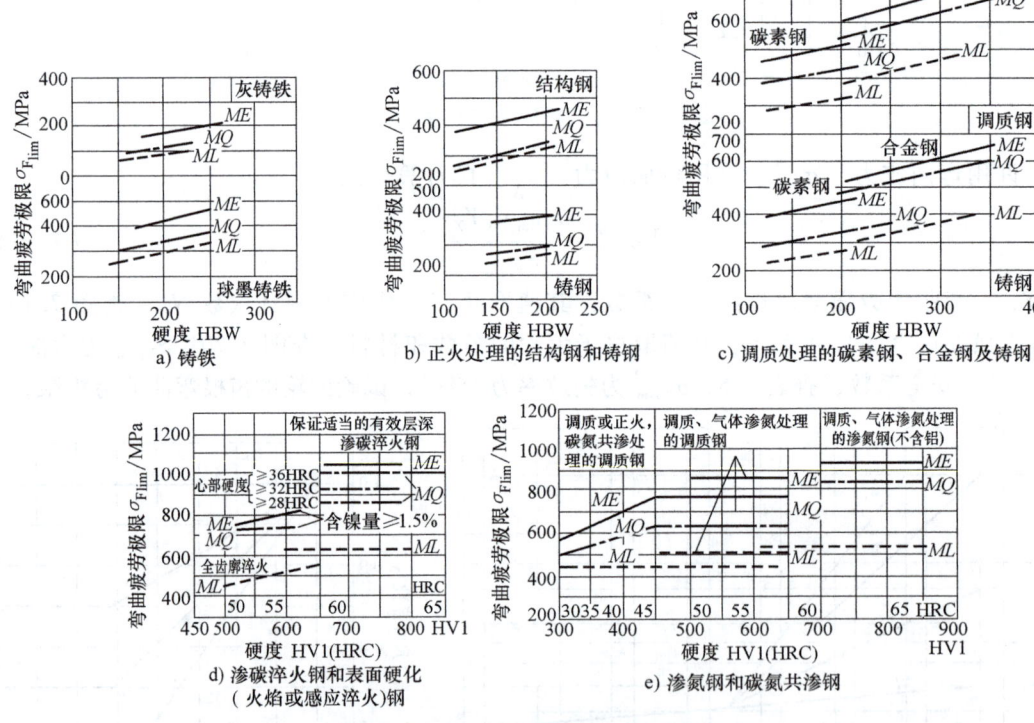

图 7.21　试验齿轮的弯曲疲劳极限 σ_{Flim}

2. 标准直齿圆柱齿轮传动的接触疲劳强度计算

齿面疲劳点蚀与齿面接触应力的大小有关，最易发生在齿根部分靠近节线处，为计算方便，通常取节线处的接触应力作为计算依据，如图 7.22 所示。

（1）直齿圆柱齿轮的接触疲劳强度计算公式

1）齿面最大接触应力 σ_H。齿面最大接触应力 σ_H（MPa）可按两接触圆柱体近似的用弹

性力学的赫兹公式进行计算,即

$$\sigma_H = \sqrt{\dfrac{F_n}{\pi b} \dfrac{\dfrac{1}{\rho_1} \pm \dfrac{1}{\rho_2}}{\dfrac{1-\mu_1^2}{E_1} + \dfrac{1-\mu_2^2}{E_2}}} = Z_E \sqrt{\dfrac{F_n}{b\rho_\Sigma}}$$

式中,正号用于外啮合,负号用于内啮合;F_n 为接触面上的法向压力;ρ_1 和 ρ_2 为两个零件初始接触线处的曲率半径;μ_1 和 μ_2 为两零件材料的泊松比;E_1 和 E_2 为两零件材料的弹性模量;b 为初始接触线长度。

令 $\dfrac{1}{\rho_\Sigma} = \dfrac{1}{\rho_1} \pm \dfrac{1}{\rho_2}$ 为啮合点处的综合曲率;Z_E 为弹性系数,其表达式为

$$Z_E = \sqrt{\dfrac{1}{\pi\left(\dfrac{1-\mu_1^2}{E_1} + \dfrac{1-\mu_2^2}{E_2}\right)}} \quad (7.18)$$

对于标准齿轮传动,由图 7.22 可得节点 P 处的齿廓曲率半径分别为

$$\rho_1 = \overline{N_1P} = \dfrac{d_1}{2}\sin\alpha, \quad \rho_2 = \overline{N_2P} = \dfrac{d_2}{2}\sin\alpha$$

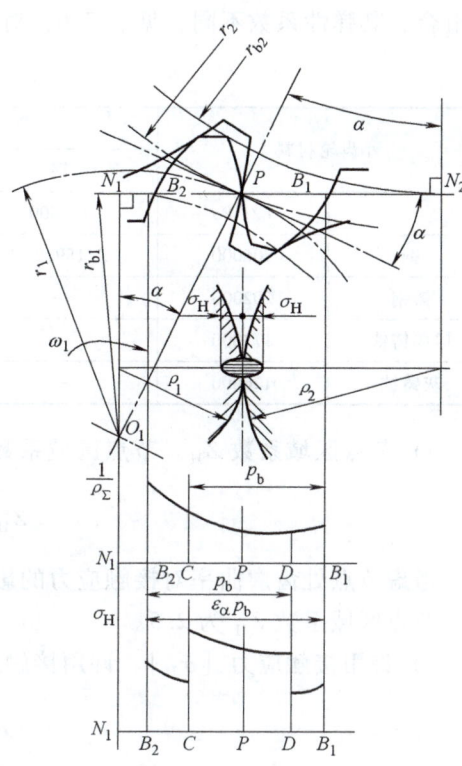

图 7.22 齿面接触应力

由此可得一对齿轮在节点处的综合曲率

$$\dfrac{1}{\rho_\Sigma} = \dfrac{1}{\rho_1} \pm \dfrac{1}{\rho_2} = \dfrac{2(d_2 \pm d_1)}{d_1 d_2 \sin\alpha} = \dfrac{u \pm 1}{u} \dfrac{2}{d_1 \sin\alpha}$$

式中,u 为齿数比,$u = z_2/z_1$。

2) 齿面接触疲劳强度的验算公式。由于端面重合度 ε_α 总是大于 1,故 b 应代以接触线总长度 L,并引进重合度系数 Z_ε,用以考虑重合度对单位齿宽载荷的影响。引入载荷系数 K 得齿面接触疲劳强度的验算公式为

$$\sigma_H = Z_E Z_\varepsilon \sqrt{\dfrac{p_{ca}}{\rho_\Sigma}} = Z_E Z_\varepsilon \sqrt{\dfrac{2}{\cos\alpha\sin\alpha}} \sqrt{\dfrac{2KT_1}{bd_1^2} \dfrac{u \pm 1}{u}} = Z_E Z_H Z_\varepsilon \sqrt{\dfrac{2KT_1}{bd_1^2} \dfrac{u \pm 1}{u}} \leqslant [\sigma_H] \quad (7.19)$$

3) 齿面接触疲劳强度的设计公式为

$$d_1 \geqslant \sqrt[3]{\dfrac{2KT_1}{\psi_d} \dfrac{u \pm 1}{u} \left(\dfrac{Z_E Z_H Z_\varepsilon}{[\sigma_H]}\right)^2} \quad (7.20)$$

(2) 直齿圆柱齿轮接触疲劳强度计算中参数的选择和注意问题

1) 啮合实际长度 L 及重合度系数 Z_ε。L 与 Z_ε 的计算公式分别为

$$L = \dfrac{b}{Z_\varepsilon^2}, \quad Z_\varepsilon = \sqrt{\dfrac{4-\varepsilon_\alpha}{3}} \quad (7.21)$$

2) 弹性系数 Z_E。综合考虑材料的弹性模量 E 和泊松比 μ 对接触应力的影响。不同的材

料组合，其弹性系数不同，见表7.6，对于一对钢制齿轮为$189.8\sqrt{\mathrm{MPa}}$。

表7.6 弹性系数 Z_E （单位：$\sqrt{\mathrm{MPa}}$）

小齿轮材料		大齿轮材料			
		钢	铸钢	球墨铸铁	灰铸铁
	E/MPa	206000	202000	173000	126000
钢	206000	189.8	188.9	181.4	165.4
铸钢	202000	—	188.0	180.5	161.4
球墨铸铁	173000	—	—	173.9	156.6
灰铸铁	126000	—	—	—	146.0

3）节点区域系数Z_H。节点区域系数Z_H的计算公式为

$$Z_H = \sqrt{\frac{2}{\cos\alpha\sin\alpha}} \tag{7.22}$$

考虑节点处齿廓曲率对接触应力的影响，对于标准齿轮（$\alpha=20°$），按标准中心距安装时，节点区域系数Z_H为2.5。

4）许用接触应力$[\sigma_H]$。许用接触应力$[\sigma_H]$的计算公式为

$$[\sigma_H] = \frac{\sigma_{H\lim}Z_N}{S_{H\min}} \tag{7.23}$$

式中，$\sigma_{H\lim}$为失效率为1%时，试验齿轮的接触疲劳极限，查图7.23，图7.23中的ME、MQ、ML线代表的三个等级与弯曲疲劳极限中的相同；$S_{H\min}$为齿面接触疲劳强度最小安全系数，见表7.5，因弯曲疲劳造成的轮齿折断有可能引起重大事故，而接触疲劳产生的点蚀只影响使用寿命，故轮齿弯曲疲劳安全系数$S_{F\min}$的数值远大于齿面接触疲劳安全系数$S_{H\min}$；Z_N为接触疲劳强度计算的寿命系数，取决于工作应力循环次数N_L，查图7.24，N_L的计算见7.6.5节。

对于一对相互啮合的直齿轮传动，其接触线为一平行于轴线的直线，只要两齿轮中有一个齿轮发生点蚀，就不能正常工作，所以设计时应取两轮许用应力的较小值。一般大齿轮材料较弱，所以可取$[\sigma_{H2}]$进行接触疲劳强度计算。

7.6.2 标准斜齿圆柱齿轮传动的强度计算

1. 标准斜齿圆柱齿轮传动的弯曲疲劳强度计算

（1）斜齿圆柱齿轮的当量齿轮 以该斜齿轮的法向模数m_n为当量齿轮的模数，以$\rho_v = r/\cos^2\beta$为当量分度圆半径（其中$r = m_t z/2$），以$z_v = z/\cos^3\beta$为当量齿数，所做的直齿圆柱齿轮即为该斜齿圆柱齿轮的当量齿轮。

（2）斜齿圆柱齿轮的弯曲疲劳强度计算公式 斜齿圆柱齿轮传动的强度计算是利用其当量齿轮直接套用直齿圆柱齿轮的强度计算公式进行的。但是由于斜齿轮存在螺旋角，使得其重合度较大，接触线较长，当量齿轮的分度圆半径也较大，因此斜齿轮的弯曲应力和接触应力比直齿轮有所降低，可引进螺旋角系数Y_β（或Z_β），于是可得斜齿轮强度计算公式。

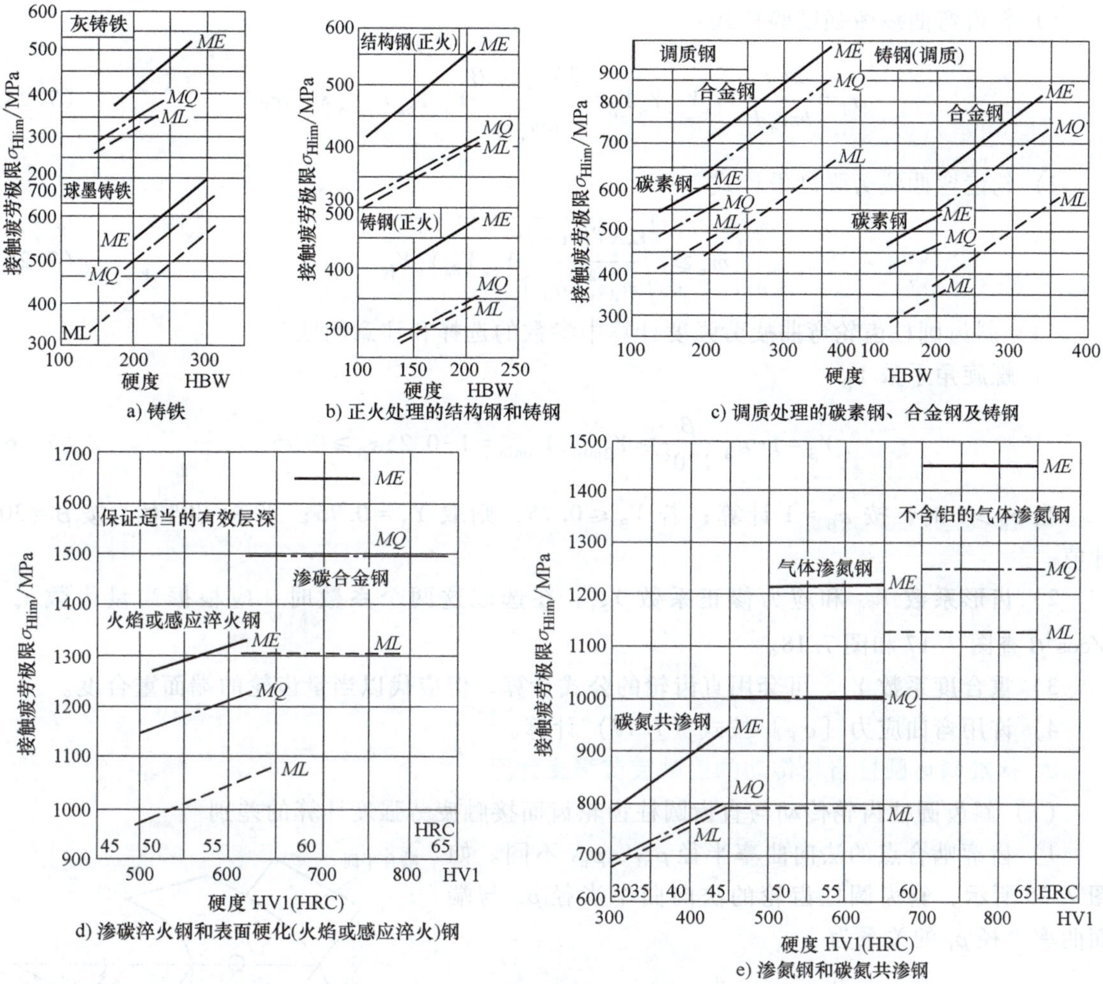

图 7.23 试验齿轮的接触疲劳极限 σ_{Hlim}

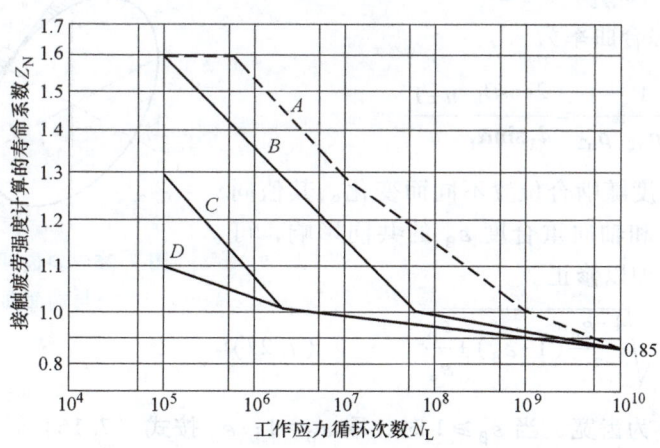

图 7.24 接触疲劳强度计算的寿命系数 Z_N

A—结构钢；调质钢；珠光体、贝氏体球墨铸铁；珠光体黑色可锻铸铁；渗碳淬火的渗碳钢，允许有一定点蚀时
B—结构钢；调质钢；渗碳淬火的渗碳钢；火焰或感应淬火钢和珠光体、贝氏体球墨铸铁；珠光体黑色可锻铸铁
C—灰铸铁；渗氮的氮化钢；铁素体球墨铸铁；渗氮的调质钢和渗碳钢
D—碳氮共渗的调质钢和渗碳钢

1) 轮齿弯曲疲劳强度验算式

$$\sigma_F = \frac{2KT_1}{bm_n d_1} Y_{Fa} Y_{Sa} Y_\varepsilon Y_\beta = \frac{2KT_1 \cos\beta}{bm_n^2 z_1} Y_{Fa} Y_{Sa} Y_\varepsilon Y_\beta \leq [\sigma_F] \tag{7.24}$$

2) 轮齿弯曲疲劳强度设计式

$$m_n \geq \sqrt[3]{\frac{2KT_1 \cos^2\beta}{\psi_d z_1^2 [\sigma_F]} Y_{Fa} Y_{Sa} Y_\varepsilon Y_\beta} \tag{7.25}$$

(3) 斜齿圆柱齿轮弯曲疲劳强度计算中参数的选择和注意问题

1) 螺旋角系数 Y_β：

$$Y_\beta = 1 - \varepsilon_\beta \frac{\beta}{120°} \geq Y_{\beta\min}, \quad Y_{\beta\min} = 1 - 0.25\varepsilon_\beta \geq 0.75 \tag{7.26}$$

当 $\varepsilon_\beta \geq 1$ 时，按 $\varepsilon_\beta = 1$ 计算；若 $Y_\beta \leq 0.75$，则取 $Y_\beta = 0.75$；当 $\beta > 30°$ 时，按 $\beta = 30°$ 计值。

2) 齿形系数 Y_{Fa} 和应力修正系数 Y_{Sa}。在选取这两个系数时，应根据当量齿数 $z_v = z/\cos^3\beta$ 查图 7.17 和图 7.18。

3) 重合度系数 Y_ε。可套用直齿轮的公式计算，但应代以当量齿轮的端面重合度。

4) 许用弯曲应力 $[\sigma_F]$ 按式 (7.17) 计算。

2. 标准斜齿圆柱齿轮传动的接触疲劳强度计算

(1) 斜齿圆柱齿轮传动与直齿圆柱齿轮齿面接触疲劳强度计算的差别

1) 齿廓啮合点的法向曲率半径 ρ_{n1}、ρ_{n2} 不同。如图 7.25 所示，斜齿圆柱齿轮的法向曲率半径 ρ_n 与端面曲率半径 ρ_t 的关系为

$$\rho_n = \frac{\rho_t}{\cos\beta_b}, \quad \rho_t = \frac{d}{2}\sin\alpha_t$$

可推导出法向综合曲率为

$$\frac{1}{\rho_\Sigma} = \frac{1}{\rho_{n1}} \pm \frac{1}{\rho_{n2}} = \frac{2\cos\beta_b}{d_1 \sin\alpha_t} \frac{u \pm 1}{u}$$

2) 接触线总长度随啮合位置不同而变化。其值同时受端面重合度 ε_α 和轴向重合度 ε_β 的共同影响，可引入重合度系数 Z_ε 加以修正。

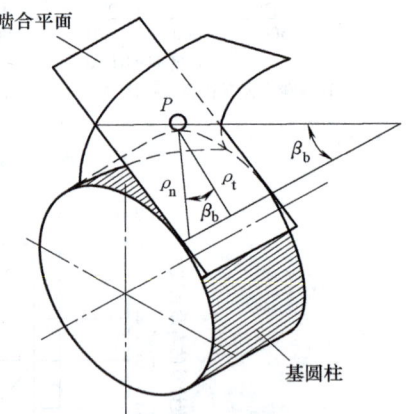

图 7.25 斜齿圆柱齿轮法向曲率半径与端面曲率半径的关系

$$Z_\varepsilon = \sqrt{\frac{4-\varepsilon_\alpha}{3}(1-\varepsilon_\beta) + \frac{\varepsilon_\beta}{\varepsilon_\alpha}} \tag{7.27}$$

式中，$\varepsilon_\beta = \frac{b\sin\beta}{\pi m_n}$，$b$ 为齿宽，当 $\varepsilon_\beta \geq 1$ 时，取 $\varepsilon_\beta = 1$；ε_α 按式 (7.16) 计算。

3) 接触线倾斜有利于提高接触疲劳强度。用螺旋角系数 $Z_\beta = \sqrt{\cos\beta}$ 进行修正。

(2) 斜齿圆柱齿轮的齿面接触疲劳强度计算公式

1) 齿面接触疲劳强度验算式

$$\sigma_H = Z_E Z_H Z_\varepsilon Z_\beta \sqrt{\frac{2KT_1}{bd_1^2} \frac{u \pm 1}{u}} \leqslant [\sigma_H] \tag{7.28}$$

2) 齿面接触疲劳强度设计式

$$d_1 \geqslant \sqrt[3]{\frac{2KT_1}{\psi_d} \frac{u \pm 1}{u} \left(\frac{Z_E Z_H Z_\varepsilon Z_\beta}{[\sigma_H]}\right)^2} \tag{7.29}$$

（3）斜齿圆柱齿轮接触疲劳强度计算中参数的选择和注意问题

1) 节点区域系数 Z_H

$$Z_H = \sqrt{\frac{2\cos\beta_b}{\cos\alpha_t \sin\alpha_t}} \tag{7.30}$$

对于法向压力角 $\alpha_n = 20°$ 的标准齿轮，Z_H 可查图 7.26。

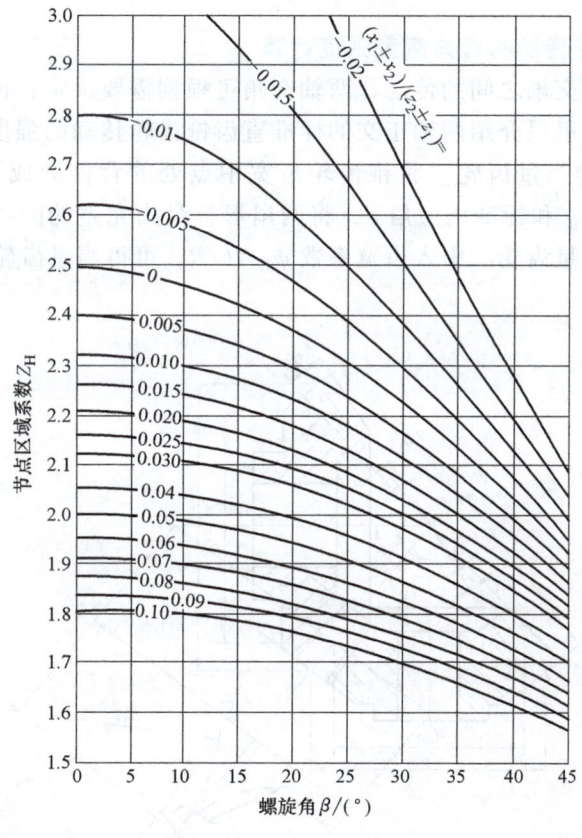

图 7.26 节点区域系数

2) 中心距 a。由几何计算公式算出的中心距，可进行圆整，如 0、2、5、8 结尾的整数值，然后按下式调整螺旋角

$$\beta = \arccos \frac{m_n(z_1 + z_2)}{2a} \tag{7.31}$$

3) 许用接触应力 $[\sigma_H]$。由于直齿圆柱齿轮接触线为一平行轴线的直线，一旦有一个齿轮的齿根面发生点蚀，纵然另一个齿轮未发生，也不能继续工作了。但斜齿圆柱齿轮的接

触线为一斜线，如图 7.27 所示，当一个接触疲劳强度较弱的齿轮在齿根面上发生了点蚀，只要没有扩展到整个轮齿表面，并且另一个齿轮未发生点蚀，斜齿轮就能继续工作，只不过使实际承载区由强度较弱的轮齿齿根面向齿顶面有所移动而已，并不会导致齿轮传动的失效。因此，斜齿圆柱齿轮传动齿面的接触疲劳强度应同时取决于大、小齿轮。实际应用中斜齿轮传动的许用接触应力约可取为 $[\sigma_H]=([\sigma_{H1}]+[\sigma_{H2}])/2$，当 $[\sigma_H]>1.23[\sigma_{H2}]$ 时，应取 $[\sigma_H]=1.23[\sigma_{H2}]$。其中，$[\sigma_{H2}]$ 为较软齿面的许用接触应力。$[\sigma_{H1}]$、$[\sigma_{H2}]$ 按式（7.23）计算。

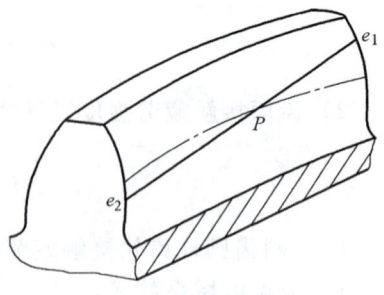

图 7.27　斜齿圆柱齿轮齿面上的接触线

7.6.3　标准直齿锥齿轮传动的强度计算

1. 标准直齿锥齿轮传动的弯曲疲劳强度计算

锥齿轮是用于两相交轴之间的传动，两轴交角可根据需要决定，齿轮根据轮齿形状分为直齿、斜齿和曲齿，这里只介绍两轴正交的标准直齿锥齿轮传动的强度计算方面的问题。

（1）齿宽中点处的当量齿轮　将锥齿轮齿宽中点处的背锥展成平面扇形（图 7.28），并取锥齿轮平均模数 m_m 和标准压力角 α，将两扇形补足为完整的圆柱齿轮，该直齿圆柱齿轮即为齿宽中点处的当量齿轮。引入齿宽系数 $\psi_R=b/R$，可得当量齿轮与锥齿轮大端面之间的参数关系。

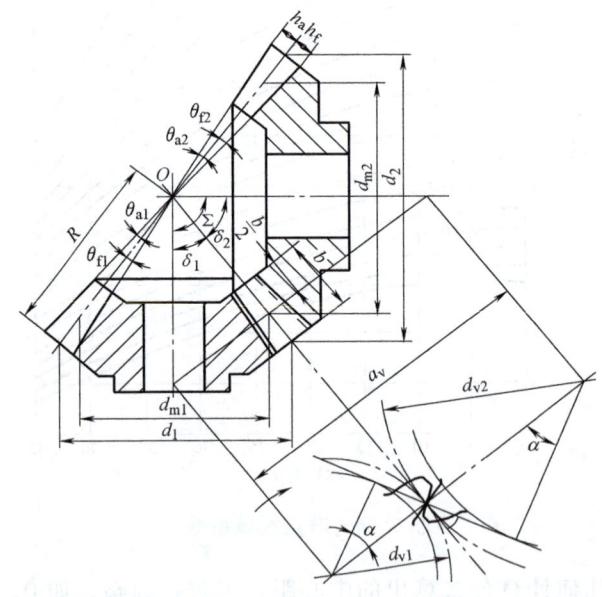

图 7.28　标准直齿锥齿轮传动几何关系（轴交角 $\Sigma=90°$）

1）当量齿轮分度圆直径

$$d_{v1}=d_{m1}/\cos\delta_1=d_1(1-0.5\psi_R)/\cos\delta_1$$
$$d_{v2}=d_{m2}/\cos\delta_2=d_2(1-0.5\psi_R)/\cos\delta_2$$

2）当量齿数

$$z_{v1} = z_1/\cos\delta_1$$
$$z_{v2} = z_2/\cos\delta_2$$

3) 当量齿轮的模数

$$m_m = m(1-0.5\psi_R)$$

4) 当量齿轮的齿数比

$$u_v = \frac{z_{v2}}{z_{v1}} = \frac{z_2}{z_1}\frac{\cos\delta_1}{\cos\delta_2} = u^2$$

(2) 直齿锥齿轮的弯曲疲劳强度计算公式　直齿锥齿轮传动的强度计算可依据其齿宽中点的当量齿轮套用直齿圆柱齿轮的强度计算公式得到。但考虑齿面接触区长短对应力的影响，应取有效宽度为 $0.85b$。

1) 轮齿弯曲疲劳强度验算式

$$\sigma_F = \frac{2KT_1}{0.85bd_{m1}m_m}Y_{Fa}Y_{Sa}Y_\varepsilon$$

$$= \frac{2KT_1}{0.85\frac{\psi_R d_1\sqrt{u^2+1}}{2}(1-0.5\psi_R)d_1(1-0.5\psi_R)m}Y_{Fa}Y_{Sa}Y_\varepsilon$$

$$= \frac{4.7KT_1}{\psi_R(1-0.5\psi_R)^2 z_1^2 m^3\sqrt{u^2+1}}Y_{Fa}Y_{Sa}Y_\varepsilon \leq [\sigma_F] \tag{7.32}$$

2) 轮齿弯曲疲劳强度设计式

$$m \geq \sqrt[3]{\frac{4.7KT_1}{\psi_R(1-0.5\psi_R)^2 z_1^2 [\sigma_F]\sqrt{u^2+1}}Y_{Fa}Y_{Sa}Y_\varepsilon} \tag{7.33}$$

(3) 直齿锥齿轮弯曲疲劳强度计算中参数的选择和注意问题

1) 齿宽系数 $\psi_R = b/R$。由于锥齿轮两端轴承很难对称布置，多为悬臂，载荷分布不均现象较为严重，因此，宽度 b 不能过大，一般取齿宽系数 $\psi_R = 0.25 \sim 0.35$，最常用的值为 $1/3$。

2) 齿形系数 Y_{Fa} 和应力修正系数 Y_{Sa}。在选取这两个系数时，按当量齿数 $z_v = z/\cos\delta$ 分别查图 7.29 和图 7.30。

3) 载荷系数 K。载荷系数 $K = K_A K_V K_\alpha K_\beta$，其中使用系数 K_A 的查取与直齿圆柱齿轮相同；动载系数 K_v 按齿宽中点圆周速度，精度等级最好按低一级的精度查图 7.9；齿间载荷分配系数 $K_\alpha = 1$；齿向载荷分布系数 $K_\beta = 1.1 \sim 1.3$。

其他参数的意义及选取与直齿圆柱齿轮相同。

2. 标准直齿锥齿轮传动的接触疲劳强度计算

同样取有效宽度为 $0.85b$，按齿宽中点的当量齿轮套用直齿圆柱齿轮可得接触疲劳强度计算公式。

(1) 直齿锥齿轮的齿面接触疲劳强度计算公式

1) 齿面接触疲劳强度验算式

$$\sigma_H = Z_E Z_H Z_\varepsilon \sqrt{\frac{4.7KT_1}{\psi_R(1-0.5\psi_R)^2 d_1^3 u}} \leq [\sigma_H] \tag{7.34}$$

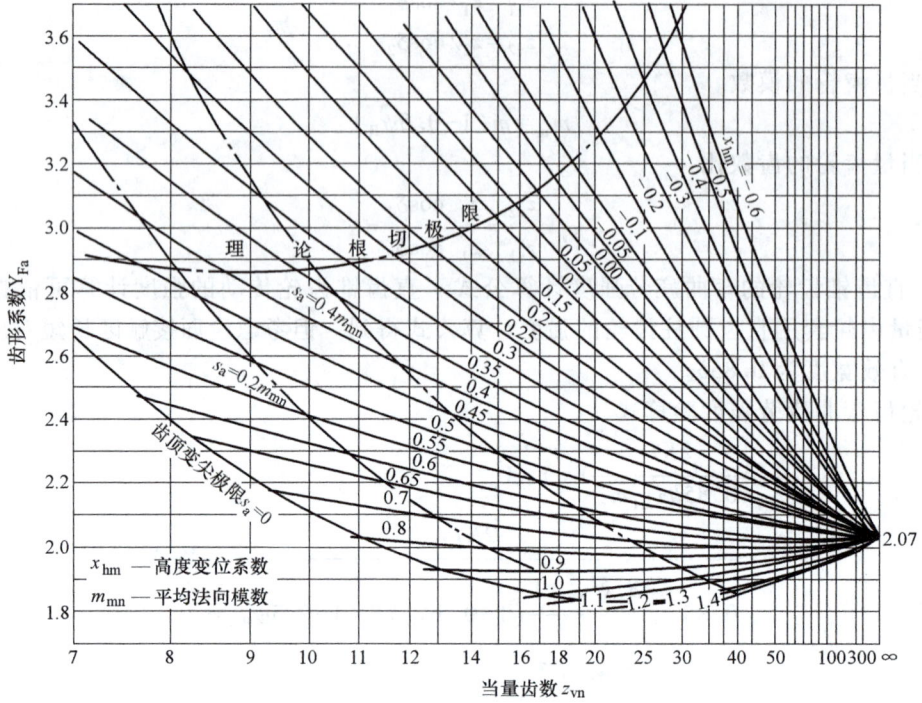

图 7.29　齿形系数

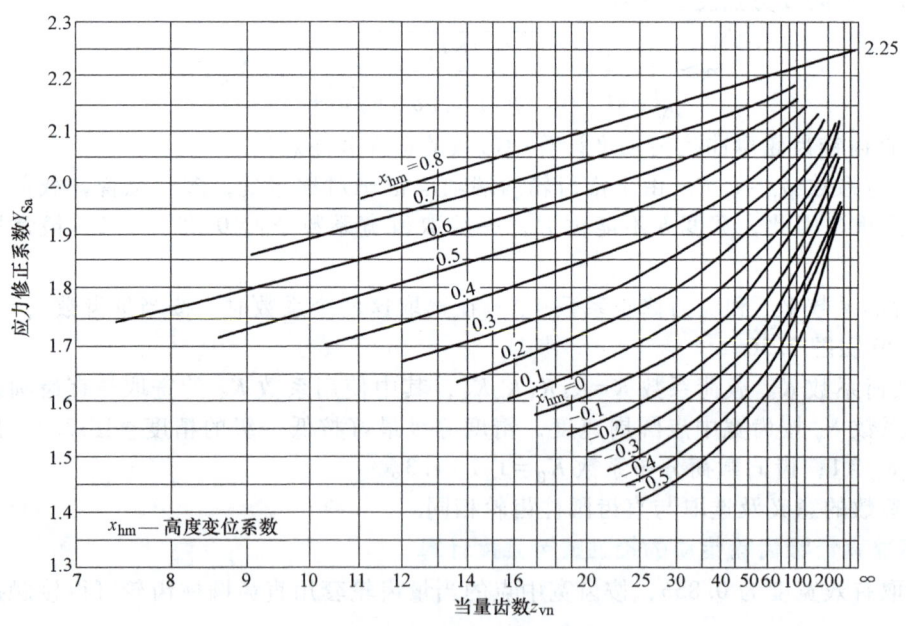

图 7.30　应力修正系数

2）齿面接触疲劳强度设计式

$$d_1 \geqslant \sqrt[3]{\frac{4.7KT_1}{\psi_R(1-0.5\psi_R)^2 u}\left(\frac{Z_E Z_H Z_\varepsilon}{[\sigma_H]}\right)^2} \tag{7.35}$$

(2) 直齿锥齿轮齿面接触疲劳强度计算中参数的选择和注意问题

1) 节点区域系数 Z_H 按 $\beta=0°$，$\alpha_n=20°$ 查图 7.26。
2) 重合度系数 Z_ε 可套用直齿圆柱齿轮的公式，但按当量齿轮重合度 $\varepsilon_{\alpha v}$ 计算。
3) 弹性系数 Z_E、许用接触应力 $[\sigma_H]$、接触疲劳极限 σ_{Hlim} 与直齿圆柱齿轮相同。

7.6.4 齿轮传动的静强度校核计算

静强度校核计算包括少循环次数和瞬时过载两种，当齿轮工作可能出现短时间、少次数的超过额定工况的大载荷时，必须进行静强度校核计算：当 $10^2 < N_L < N_0$ 时，进行少循环次数强度校核；当 $N_L < 10^2$ 时，进行瞬时过载强度校核计算。

具体的计算公式参见机械设计手册。但对于斜齿圆柱齿轮传动，少循环次数齿面接触疲劳强度应乘以 Z_β 进行修正，对于少循环次数齿根弯曲疲劳强度应乘以 Y_β 进行修正。此外，各式中的模数应改为法向模数 m_n。

7.6.5 齿轮传动设计参数的选择

1. 齿轮设计时模数或分度圆直径的估算及修正

当用设计公式初步计算齿轮的模数或分度圆直径时，动载系数 K_v、齿向载荷分布系数 K_β 不能预先确定，此时可初步试选一个载荷系数 K_t，则算出的模数或分度圆直径也是一个估算值，分别记为 m_{nt} 和 d_{1t}，然后按 d_{1t} 计算齿轮的圆周速度，查取 K_v、K_β 值，计算载荷系数 K，再对 m_{nt} 和 d_{1t} 按下列公式进行修正：

$$m_n = m_{nt}\sqrt[3]{\frac{K}{K_t}} \tag{7.36}$$

$$d_1 = d_{1t}\sqrt[3]{\frac{K}{K_t}} \tag{7.37}$$

2. 工作应力循环次数 N_L 的计算

（1）载荷恒定时

$$N_L = 60\gamma n t_h \tag{7.38}$$

式中，γ 为齿轮每转一周，同一侧齿面的啮合次数；n 为齿轮转速（r/min）；t_h 为齿轮的设计寿命（h）。

在图 7.31 所示的齿轮传动中，当 1 轮为主动轮时，1、2 轮每转一周，同侧齿面均啮合一次，且接触应力均按脉动循环变化，但弯曲应力的变化方式是：1 轮按脉动循环变化，2 轮按对称循环变化。当 2 轮为主动轮时，1、2 轮无论是接触应力还是弯曲应力均按脉动循环变化，但 1 轮每转一周，同侧齿面啮合一次，而 2 轮每转一周，同侧齿面啮合两次。

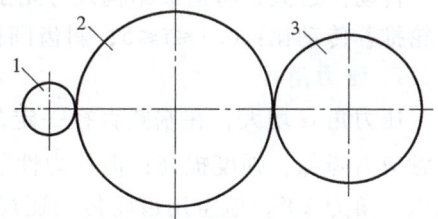

图 7.31 齿轮传动简图

（2）载荷不恒定时

$$N_L = N_v = 60\gamma \sum_{i=1}^{n} n_i t_{hi}\left(\frac{T_i}{T_{max}}\right)^m \tag{7.39}$$

式中,N_v 为当量循环次数;T_{max} 为较长期作用的最大转矩;i 为第 i 个循环;m 为指数。对于钢,拉应力、弯曲应力和切应力时取 $m=9$,接触应力时取 $m=6$;对于青铜,弯曲应力时取 $m=9$,接触应力时取 $m=8$。

3. 一对啮合齿轮弯曲应力的选择

因为 $\sigma_F = \dfrac{KF_t}{bm} Y_{Fa} Y_{Sa} Y_\varepsilon = C Y_{Fa} Y_{Sa}$,$C$ 为常数,所以,当已知 σ_{F1} 和 z_1、z_2 时,可求出 $\sigma_{F2} = \dfrac{Y_{Fa2} Y_{Sa2}}{Y_{Fa1} Y_{Sa1}} \sigma_{F1}$。由于 $z_1 < z_2$,$Y_{Fa1} Y_{Sa1} > Y_{Fa2} Y_{Sa2}$,因此小齿轮的弯曲应力高于大齿轮的弯曲应力。

一对齿轮传动,大、小齿轮的齿形系数、应力校正系数和许用应力是不相同的,$\dfrac{Y_{Fa1} Y_{Sa1}}{[\sigma_{F1}]}$ 和 $\dfrac{Y_{Fa2} Y_{Sa2}}{[\sigma_{F2}]}$ 中哪个大,则哪个强度较弱,设计中可按其较大者进行强度计算。

4. 轮齿双侧工作的齿轮弯曲疲劳极限 σ_{Flim} 的确定

σ_{Flim} 为试验齿轮的齿根弯曲疲劳极限,按图 7.21 查取,该图中的数据为齿轮轮齿单侧工作时测得的。对于长期双侧工作的齿轮传动,齿根弯曲应力为对称循环变应力,应将查得的数据乘以 0.7。

5. 齿数 z 的选择

从运动、结构角度考虑,当分度圆直径一定时,齿数增加而模数减小,则齿顶高、齿顶圆直径减小,省材、减小加工工时;另外重合度增加,传动平稳。

从接触强度考虑,当齿轮材料、传动比、齿宽系数一定时,由齿面接触强度决定的承载能力仅取决于齿轮分度圆直径 d_1 的大小,而非模数。

从弯曲强度考虑,模数越大,弯曲强度和寿命越高。

齿数选取原则:对于闭式软齿传动,主要失效形式是点蚀,这时,在传动尺寸不变并满足弯曲强度的前提下,可适当增加齿数,减小模数,一般 $z_1 = 20 \sim 40$。对于闭式硬齿传动,主要失效形式是疲劳折断,故齿数不宜过多。

对于开式齿轮传动,主要失效形式是轮齿折断和齿面磨损,因此齿数要少,通常 $z_1 = 17 \sim 20$。为防止根切,一般取 $z_1 \geq 17$。

6. 传动比 i

传动比过大,将造成结构尺寸增加,两齿轮轮齿工作负担差增加。因此,直齿圆柱、锥齿轮推荐传动比:$0.2 \leq i \leq 5$;斜齿圆柱齿轮推荐传动比:$0.125 \leq i \leq 8$。

7. 压力角 α

压力角 α 增大,在基圆直径一定的情况下,齿厚增加,弯曲强度提高;同时 Z_H 减小,接触应力降低,强度提高;但传力性能下降,效率降低。我国对一般用途的齿轮传动规定标准压力角为 20°,航空用齿轮传动还规定了标准压力角为 25°。

8. 一对啮合齿轮的接触应力

由接触应力计算公式 $\sigma_H = Z_E Z_\varepsilon \sqrt{p_{ca}/\rho_\Sigma}$ 可知,对于一对相互啮合的齿轮,在接触线处的接触应力是相等的,即 $\sigma_{H1} = \sigma_{H2}$。

9. 一对啮合齿轮的接触疲劳强度

由于 $\sigma_{H1} = \sigma_{H2}$,因此齿轮接触疲劳强度条件取决于 $[\sigma_H]$ 的大小,对于直齿轮取决于两齿轮中许用应力较小者，计算时应按 $[\sigma_{H1}]$ 和 $[\sigma_{H2}]$ 中的较小值代入强度公式。

10. 一对啮合齿轮宽度的计算

相同齿宽的齿轮啮合时，如果装配位置有偏差，则在齿宽的端部会出现没有啮合的部分，导致啮合宽度不够。这种状态下使用还会导致阶梯磨损。为了安装方便和避免齿轮在运转过程中发生阶梯磨损，通常使小齿轮的宽度比大齿轮的宽度大 5~10mm。但如果小齿轮的材料为塑料，则小齿轮应比大齿轮小些，以免在小齿轮上磨出凹痕。

11. 一对啮合齿轮齿面硬度的选择

对于一对齿轮的每一个轮齿，在同一时间内小齿轮的轮齿啮合次数比大齿轮的轮齿啮合次数多。一个小驱动齿轮同时与几个大齿轮啮合时的情况更是如此。

在相同条件下，啮合机会多的齿面磨损快，所以，为了抵抗这部分磨损，应提高同侧齿廓啮合机会多的齿轮齿面硬度，如软齿面传动，小齿轮的齿面硬度高于大齿轮 25~50HBW。

7.7 齿轮的结构

齿轮的结构设计通常根据强度计算确定其主要参数和尺寸，如 z、m_n、b、β、d_1 等，然后综合考虑尺寸、毛坯、材料、加工方法、使用要求、经济性等因素，根据齿轮直径的大小确定齿轮的结构形式，再根据经验公式和经验数据对齿轮进行结构设计，画出齿轮的零件工作图。

常见齿轮的结构形式主要有 5 类。

1. 齿轮轴

对于直径较小的钢制齿轮，当为圆柱齿轮时（图 7.32a），若齿根圆到键槽底部的距离 $e<2m_t$（m_t 为端面模数），或为锥齿轮时（图 7.32b），按小端尺寸计算而得的 $e<1.6m$，齿轮的强度较低，容易断裂。可将齿轮和轴做成一体，称为齿轮轴（图 7.32c、d），这样可以节省加工轴、孔、键和键槽的时间。但齿轮与轴必须采用同一种材料制造。

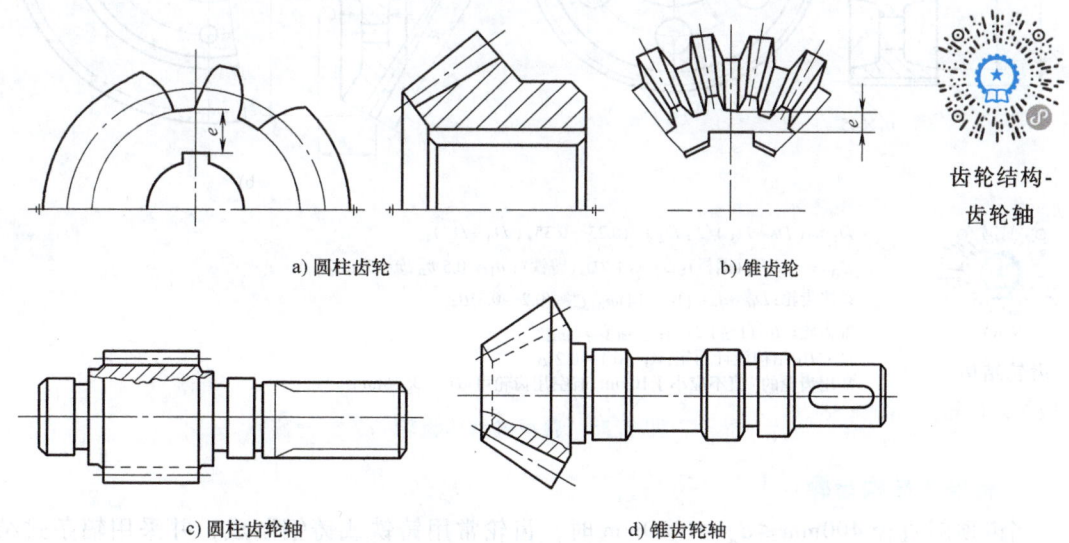

a) 圆柱齿轮 b) 锥齿轮

c) 圆柱齿轮轴 d) 锥齿轮轴

图 7.32 齿轮轴（一）

当齿根圆直径小于轴径时,可设计成如图7.33所示的齿轮轴结构。个别情况下,齿轮的齿顶圆直径可以等于甚至小于轴的直径,但此时应计算轴的强度。初学设计者常认为必须要求齿根圆直径大于轴径,实际上并无此限制。

如果齿轮的直径比轴的直径大得多,则应把齿轮和轴分开制造。

2. 实心结构齿轮

当齿顶圆直径 $d_a \leq 160$mm 时,齿轮可做成图7.34所示的实心结构,在航空工业产品中也有做成腹板式结构的。

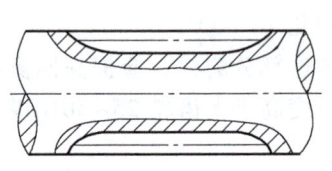

图7.33 齿轮轴(二)

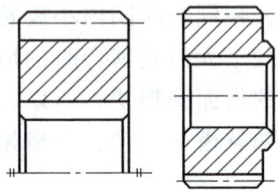

图7.34 实心结构齿轮

齿轮结构-实心齿轮

3. 腹板式结构齿轮

当齿顶圆直径 $d_a \leq 500$mm 时,齿轮可以是锻造的,也可以是铸造的,通常采用图7.35所示的腹板式结构或孔板式结构。

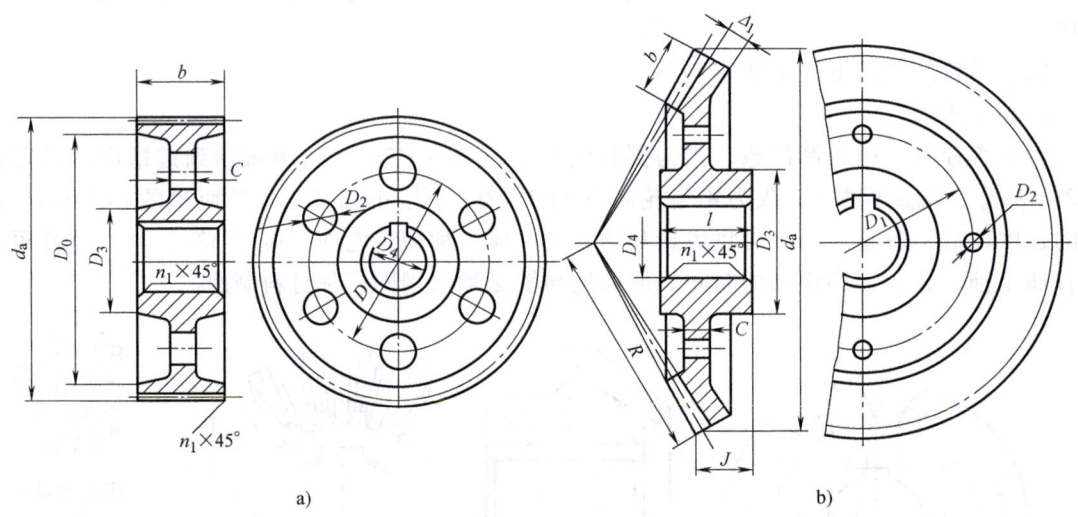

齿轮结构-腹板式齿轮

$D_1 \approx (D_0 + D_3)/2$;$D_2 \approx (0.25 \sim 0.35)(D_0 - D_3)$;
$D_3 \approx 1.6 D_4$(钢材);$D_3 \approx 1.7 D_4$(铸铁);$n_1 \approx 0.5 m_n$;$r \approx 5$mm;
圆柱齿轮:$D_0 \approx d_a - (10 \sim 14)m_n$;$C \approx (0.2 \sim 0.3)B$;
锥齿轮:$l \approx (1 \sim 1.2)D_4$;$C \approx (3 \sim 4)m$;
尺寸J由结构设计而定;$\Delta_1 \approx (0.1 \sim 0.2)B$
常用齿轮的C值不应小于10mm,航空用齿轮可取$C = 3 \sim 6$mm

图7.35 腹板式结构齿轮

4. 辐条式结构齿轮

当齿顶圆直径 400mm $\leq d_a \leq$ 1000mm 时,齿轮常用铸铁或铸钢制成,并采用辐条式结构(图7.36)。

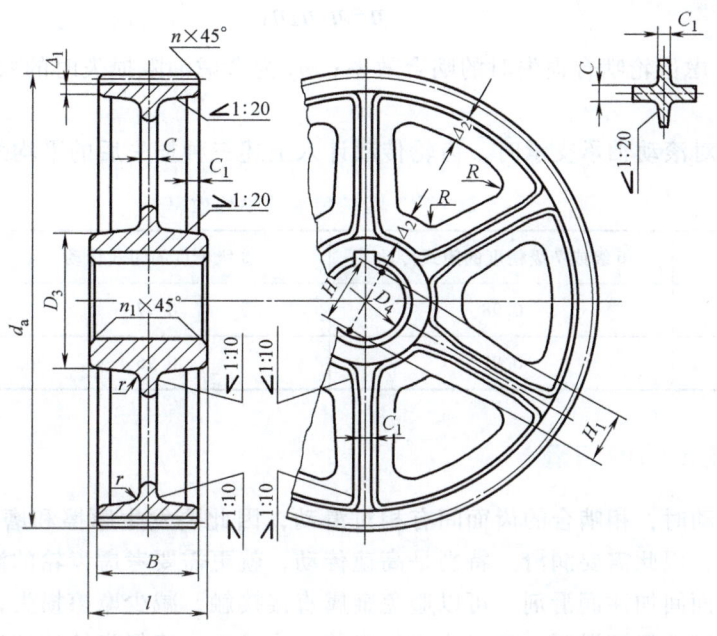

$B<240\text{mm}$；$D_3\approx1.6D_4$(铸钢)；$D_3\approx1.7D_4$(铸铁)；$\Delta_1\approx(3\sim4)m_n$，但不应小于8mm；
$\Delta_2\approx(1\sim1.2)\Delta_1$；$H\approx0.8D_4$(铸钢)；$H\approx0.9D_4$(铸铁)；$H_1\approx0.8H$；$C\approx H/5$；$C_1\approx H/6$；
$R\approx0.5H$；$1.5D_4>l\geqslant B$；辐条数常取为6

图 7.36 辐条式结构齿轮

5. 组合式结构齿轮

有时为了节约贵重金属，对于大尺寸的齿轮可采用组装结构，即齿圈采用贵重金属制造，齿芯可用铸铁或铸钢（图 7.37）。

每种齿轮各部分尺寸，也可参见《机械设计手册》中的经验公式进行计算。

进行齿轮结构设计时，还要进行齿轮和轴的连接设计。通常采用单键连接。但当齿轮转速较高时，要考虑轮芯的平衡及对中性。这时可采用花键或双平键连接。对于沿轴滑移的齿轮，为操作灵活，也应采用花键或双滑键连接。

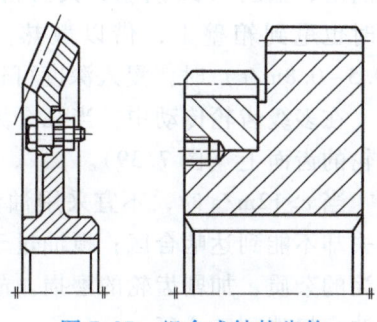

图 7.37 组合式结构齿轮

7.8 齿轮传动的效率和润滑

7.8.1 齿轮传动的效率

齿轮传动的功率损失主要包括：①啮合中的摩擦损失；②润滑油被搅动时的油阻损失；③轴承中的摩擦损失。

闭式齿轮传动的总效率 η 为

$$\eta = \eta_1 \eta_2 \eta_3 \tag{7.40}$$

式中，η_1 为考虑齿轮啮合损失时的啮合效率；η_2 为考虑油阻损失时的效率；η_3 为支承轴承的效率。

当采用一对滚动轴承支承时，齿轮传动计入上述三种损失后的平均效率见表 7.7。

表 7.7 齿轮传动的平均效率

传动装置	6 级或 7 级精度的闭式传动	8 级精度的闭式传动	开式传动
圆柱齿轮	0.98	0.97	0.95
锥齿轮	0.97	0.96	0.93

7.8.2 齿轮传动的润滑

齿轮在传动时，相啮合的齿面间有相对滑动，因此要发生摩擦和磨损，增加动力消耗，降低传动效率，因此需要润滑。特别是高速传动，就更需要考虑齿轮的润滑。

轮齿啮合面间加注润滑剂，可以避免金属直接接触，减少摩擦损失，还可以散热及防锈蚀。因此，合理选择润滑剂，可以改善轮齿的工作状况，确保齿轮传动运转正常及达到预期的寿命。

1. 齿轮传动的润滑方法

开式齿轮传动通常采用人工定期加油润滑。可采用润滑油或润滑脂。

闭式齿轮传动的润滑方式根据齿轮的圆周速度 v 的大小而定。当 $v \leq 12 \text{m/s}$ 时多采用油池润滑，如图 7.38 所示，大齿轮浸入油池一定的深度，齿轮运转时就把润滑油带到啮合区，同时也甩到箱壁上，借以散热。当 v 较大时，浸入深度约为一个齿高；当速度 v 较小 （0.5~0.8m/s） 时，浸入深度可达到齿轮半径的 1/6。

在多级齿轮传动中，当几个大齿轮直径不相等时，可借带油轮将油带到未浸入油池内的齿轮的齿面上（图 7.39）。

当 $v > 12 \text{m/s}$ 时，不宜采用油池润滑，这是因为：圆周速度过高，齿轮上的油大多被甩出去却不能到达啮合区；搅油过于激烈，使油的温升增加，并降低其润滑性能；会搅起箱底沉淀的杂质，加剧齿轮的磨损。故此时最好采用喷油润滑，如图 7.40 所示，用液压泵将润滑油直接喷到啮合区。

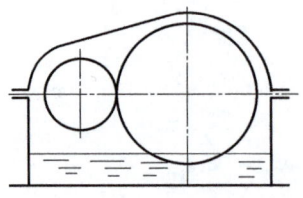
图 7.38 油池润滑

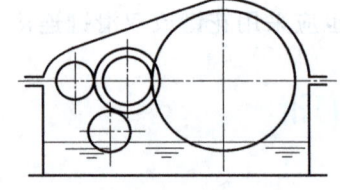
图 7.39 采用带油轮的油池润滑

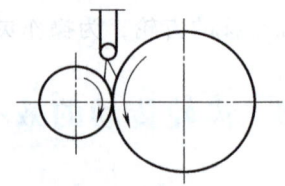
图 7.40 喷油润滑

2. 润滑剂的选择

润滑油的运动黏度可根据齿轮的圆周速度按表 7.8 选取。润滑油的运动黏度确定之后，可参考《机械设计手册》查出所需润滑油的牌号。

表 7.8 齿轮传动润滑油运动黏度荐用值

齿轮材料	抗拉强度极限 σ_B /MPa	圆周速度 v/(m/s)						
		< 0.5	0.5~1	1~2.5	2.5~5	5~12.5	12.5~25	> 25
		运动黏度 ν_{40}/(mm²/s)						
铸铁、青铜	—	350	220	150	100	80	55	—
钢	450~1000	500	350	220	150	100	80	55
	1000~1250	500	500	350	220	150	100	80
渗碳或表面淬火的钢	1250~1580	900	500	500	350	220	150	100

注：1. 多级齿轮传动，采用各级传动圆周速度的平均值来选取润滑油的运动黏度。
2. 对于 $\sigma_B>800$MPa 的镍铬钢制齿轮（不渗碳）的润滑油的运动黏度应取高一档的数值。

例 7.1 如图 7.41 所示，试设计带式输送机减速器的高速级齿轮传动。已知该传动系统由 Y 系列三相异步电动机驱动，高速级输入功率 $P=10$kW，小齿轮转速 $n_1=960$ r/min，齿数比 $u=3.2$，工作寿命 15 年（每年工作 300 天），两班制，带式输送机工作平稳，转向不变。

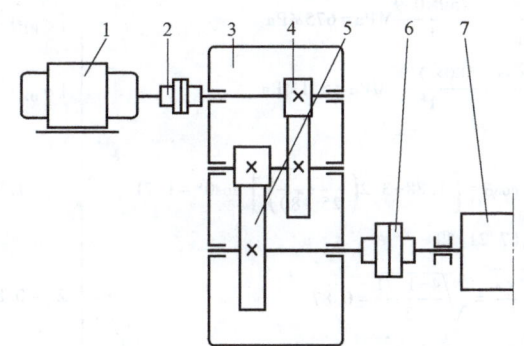

图 7.41 带式输送机传动简图
1—电动机　2、6—联轴器　3—减速器　4—高速级齿轮传动
5—低速级齿轮传动　7—输送机滚筒

解：

设计项目及依据	设计结果
1. 选定齿轮类型、精度等级、材料及齿数 （1）类型选择　按图 7.41 所示的传动方案，选用直齿圆柱齿轮传动 （2）精度选择　输送机为一般工作机，速度不高，故选用 7 级精度 （3）材料选择　由表 7.1 选择小齿轮材料为 40Cr，调质处理，齿面硬度 280HBW；选择大齿轮材料为 45 钢，调质处理，齿面硬度 240HBW 两齿轮齿面硬度差为 280HBW−240HBW=40HBW，在 25~50HBW 范围内 （4）初选齿数　小齿轮齿数 $z_1=25$；大齿轮齿数 $z_2=uz_1=3.2\times25=80$，取 $z_2=80$	选用直齿圆柱齿轮传动 选用 7 级精度 小齿轮为 40Cr 调质，280HBW 大齿轮为 45 钢，调质，240HBW $z_1=25, z_2=80$
2. 按齿面接触疲劳强度设计 由式（7.20）， $d_1 \geq \sqrt[3]{\dfrac{2KT_1}{\psi_d}\dfrac{u\pm1}{u}\left(\dfrac{Z_E Z_H Z_\varepsilon}{[\sigma_H]}\right)^2}$	

(续)

设计项目及依据	设计结果
(1) 确定设计公式中的参数 1) 初选载荷系数 $K_t = 1.3$	$K_t = 1.3$
2) 小齿轮传递的转矩 $T_1 = 9.55 \times 10^6 P/n_1 = (9.55 \times 10^6 \times 10/960) \text{N} \cdot \text{mm} = 9.948 \times 10^4 \text{N} \cdot \text{mm}$	$T_1 = 9.948 \times 10^4 \text{N} \cdot \text{mm}$
3) 选取齿宽系数 ψ_d。查表 7.4,取 $\psi_d = 1$	$\psi_d = 1$
4) 弹性系数 Z_E。查表 7.6,取 $Z_E = 189.8 \sqrt{\text{MPa}}$	$Z_E = 189.8 \sqrt{\text{MPa}}$
5) 小、大齿轮的接触疲劳极限 σ_{Hlim1}、σ_{Hlim2}。查图 7.23c,$\sigma_{\text{Hlim1}} = 750\text{MPa}$,$\sigma_{\text{Hlim2}} = 580\text{MPa}$	$\sigma_{\text{Hlim1}} = 750\text{MPa}$ $\sigma_{\text{Hlim2}} = 580\text{MPa}$
6) 应力循环次数。由式(7.38)得 $N_{L1} = 60\gamma n_1 t_h = 60 \times 1 \times 960 \times (2 \times 8 \times 300 \times 15) = 4.147 \times 10^9$ $N_{L2} = N_1/u = 4.147 \times 10^9/3.2 = 1.296 \times 10^9$	$N_{L1} = 4.147 \times 10^9$ $N_{L2} = 1.296 \times 10^9$
7) 接触寿命系数 Z_{N1}、Z_{N2}。查图 7.24,取 $Z_{N1} = 0.90$,$Z_{N2} = 0.95$	$Z_{N1} = 0.90$ $Z_{N2} = 0.95$
8) 计算许用接触应力 $[\sigma_{H1}]$、$[\sigma_{H2}]$。取失效率为 1%,查表 7.5,取最小安全系数 $S_{\text{Hmin}} = 1$。由式(7.23)得 $[\sigma_{H1}] = \dfrac{\sigma_{\text{Hlim1}} Z_{N1}}{S_{\text{Hmin}}} = \dfrac{750 \times 0.9}{1} \text{MPa} = 675\text{MPa}$ $[\sigma_{H2}] = \dfrac{\sigma_{\text{Hlim2}} Z_{N2}}{S_{\text{Hmin}}} = \dfrac{580 \times 0.95}{1} \text{MPa} = 551\text{MPa}$	$S_{\text{Hmin}} = 1$ $[\sigma_{H1}] = 675\text{MPa}$ $[\sigma_{H2}] = 551\text{MPa}$
9) 计算端面重合度 ε_α $\varepsilon_\alpha = \left[1.88 - 3.2\left(\dfrac{1}{z_1} + \dfrac{1}{z_2}\right)\right]\cos\beta = \left[1.88 - 3.2\left(\dfrac{1}{25} + \dfrac{1}{80}\right)\right]\cos 0° = 1.71$	$\varepsilon_\alpha = 1.71$
10) 计算重合度系数 Z_ε。由式(7.21)得 $Z_\varepsilon = \sqrt{\dfrac{4-\varepsilon_\alpha}{3}} = \sqrt{\dfrac{4-1.71}{3}} = 0.87$	$Z_\varepsilon = 0.87$
(2) 设计计算 1) 试算小齿轮分度圆直径 d_{1t}。取 $[\sigma_H] = [\sigma_{H2}] = 551\text{MPa}$,$Z_H = 2.5$,则 $d_{1t} = \sqrt[3]{\dfrac{2 \times 1.3 \times 9.948 \times 10^4}{1} \times \dfrac{4.2}{3.2} \times \left(\dfrac{189.8 \times 2.5 \times 0.87}{551}\right)^2} \text{mm} = 57.54\text{mm}$	$d_{1t} = 57.54\text{mm}$
2) 计算圆周速度 v $v = \dfrac{\pi d_{1t} n_1}{60 \times 1000} = \dfrac{\pi \times 57.54 \times 960}{60 \times 1000} \text{m/s} = 2.89 \text{m/s}$	$v = 2.89 \text{m/s}$
按表 7.2 校核速度,因 $v < 10\text{m/s}$,故合格 3) 计算载荷系数 K。查表 7.3 得使用系数 $K_A = 1$;根据 $v = 2.89\text{m/s}$、7 级精度查图 7.9 得动载系数 $K_v = 1.12$;假设为单齿对啮合,取齿间载荷分配系数 $K_\alpha = 1$;查图 7.11 曲线 2 得齿向载荷分布系数 $K_\beta = 1.08$,则 $K = K_A K_v K_\alpha K_\beta = 1 \times 1.12 \times 1 \times 1.08 = 1.21$	$K_A = 1$ $K_v = 1.12$ $K_\alpha = 1$ $K_\beta = 1.08$ $K = 1.21$
4) 校正分度圆直径 d_1。由式(7.37)得 $d_1 = d_{1t} \sqrt[3]{K/K_t} = 57.54\text{mm} \times \sqrt[3]{1.21/1.3} = 56.18\text{mm}$	$d_1 = 56.18\text{mm}$
3. 主要几何尺寸计算 1) 计算模数 m $m = d_1/z_1 = 56.18\text{mm}/25 = 2.25\text{mm}$ 按标准取 $m = 2.5\text{mm}$	$m = 2.5\text{mm}$
2) 计算分度圆直径 d_1、d_2 $d_1 = mz_1 = 2.5\text{mm} \times 25 = 62.5\text{mm}$	$d_1 = 62.5\text{mm}$

设计项目及依据	设计结果
$d_2 = mz_2 = 2.5\text{mm} \times 80 = 200\text{mm}$	$d_2 = 200\text{mm}$
3）中心距 a $a = m(z_1+z_2)/2 = 2.5\text{mm} \times (25+80)/2 = 131.25\text{mm}$	$a = 131.25\text{mm}$
4）齿宽 b $b = \psi_d d_1 = 1.0 \times 62.5 = 62.5\text{mm}$ 取 $b_1 = 70\text{mm}$ $b_1 = b_2 + (5 \sim 10)\text{mm}$ 取 $b_2 = 65\text{mm}$	$b_1 = 70\text{mm}$ $b_2 = 65\text{mm}$
5）齿高 h $h = 2.25m = 2.25 \times 2.5\text{mm} = 5.625\text{mm}$	$h = 5.625\text{mm}$
4. 校核齿根弯曲疲劳强度 由式(7.14) $$\sigma_F = \frac{2KT_1}{\psi_d m^3 z_1^2} Y_{Fa} Y_{Sa} Y_\varepsilon \leq [\sigma_F]$$ （1）确定验算公式中的参数 1）小、大齿轮的弯曲疲劳极限 σ_{Flim1}、σ_{Flim2}。查图 7.21c，取 $\sigma_{Flim1} = 620\text{MPa}$，$\sigma_{Flim2} = 450\text{MPa}$ 2）弯曲寿命系数 Y_{N1}、Y_{N2}。查图 7.19，取 $Y_{N1} = 0.86$，$Y_{N2} = 0.88$ 3）尺寸系数 Y_X。查图 7.20，取 $Y_X = 1$ 4）计算许用弯曲应力 $[\sigma_{F1}]$、$[\sigma_{F2}]$。取失效率为1%，查表 7.5，取最小安全系数 $S_{Fmin} = 1.25$，由式(7.17)得 $$[\sigma_{F1}] = \frac{\sigma_{Flim1} Y_{N1} Y_X}{S_{Fmin}} = \frac{620 \times 0.86 \times 1}{1.25}\text{MPa} = 427\text{MPa}$$ $$[\sigma_{F2}] = \frac{\sigma_{Flim2} Y_{N2} Y_X}{S_{Fmin}} = \frac{450 \times 0.88 \times 1}{1.25}\text{MPa} = 317\text{MPa}$$ 5）重合度系数 Y_ε。由式(7.16)得 $$Y_\varepsilon = 0.25 + \frac{0.75}{\varepsilon_\alpha} = 0.25 + \frac{0.75}{1.71} = 0.69$$ 6）齿形系数 Y_{Fa1}、Y_{Fa2}。查图 7.17，$Y_{Fa1} = 2.62$；$Y_{Fa2} = 2.22$ 7）应力修正系数 Y_{Sa1}、Y_{Sa2}。查图 7.18，取 $Y_{Sa1} = 1.59$；$Y_{Sa2} = 1.77$ （2）校核计算 $$\sigma_{F1} = \frac{2KT_1}{\psi_d m^3 z_1^2} Y_{Fa1} Y_{Sa1} Y_\varepsilon = \frac{2 \times 1.21 \times 9.948 \times 10^4}{1.0 \times 2.5^3 \times 25^2} \times 2.62 \times 1.59 \times 0.69 \text{MPa}$$ $= 70.86\text{MPa} \leq [\sigma_{F1}]$ $$\sigma_{F2} = \sigma_{F1} \frac{Y_{Fa2} Y_{Sa2}}{Y_{Fa1} Y_{Sa1}} = 70.86\text{MPa} \times \frac{2.22 \times 1.77}{2.62 \times 1.59} = 66.84\text{MPa} \leq [\sigma_{F2}]$$	$\sigma_{Flim1} = 620\text{MPa}$ $\sigma_{Flim2} = 450\text{MPa}$ $Y_{N1} = 0.86$ $Y_{N2} = 0.88$ $Y_X = 1$ $[\sigma_{F1}] = 427\text{MPa}$ $[\sigma_{F2}] = 317\text{MPa}$ $Y_\varepsilon = 0.69$ $Y_{Fa1} = 2.62$ $Y_{Fa2} = 2.22$ $Y_{Sa1} = 1.59$ $Y_{Sa2} = 1.77$ $\sigma_{F1} = 70.86 \leq [\sigma_{F1}]$ $\sigma_{F2} = 66.84 \leq [\sigma_{F2}]$ 弯曲强度满足要求
5. 静强度校核 传动平稳，无严重过载，故不需静强度校核	
6. 结构设计及绘制齿轮零件工作图 根据齿轮的尺寸，小齿轮采用齿轮轴或实心式齿轮结构；大齿轮采用腹板式齿轮结构。齿轮的其他几何尺寸计算及齿轮零件工作图的绘制从略	

例 7.2 按例 7.1 的数据和要求，改用斜齿圆柱齿轮，试设计此传动。

解：

设计项目及依据	设计结果
1. 选定齿轮类型、精度等级、材料及齿数 （1）类型选择　根据题目要求，选用斜齿圆柱齿轮传动 （2）精度选择　同例 7.1 （3）材料选择　同例 7.1 （4）初选齿数　同例 7.1 （5）初选螺旋角 $\beta = 13°$	选用斜齿圆柱齿轮传动 选用 7 级精度 小齿轮为 40Cr 调质，280HBW 大齿轮为 45 钢，调质，240 HBW $z_1 = 25, z_2 = 80$ $\beta = 13°$
2. 按齿面接触疲劳强度设计 由式（7.29） $$d_1 \geq \sqrt[3]{\frac{2KT_1}{\psi_d} \cdot \frac{u \pm 1}{u} \left(\frac{Z_E Z_H Z_\varepsilon Z_\beta}{[\sigma_H]}\right)^2}$$ （1）确定设计公式中的参数 1）初选载荷系数 $K_t = 1.3$ 2）小齿轮传递的转矩。同例 7.1 3）选取齿宽系数 ψ_d。查表 7.4，$\psi_d = 1$ 4）弹性系数 Z_E。查表 7.6，$Z_E = 189.8\sqrt{\text{MPa}}$ 5）计算许用接触应力。小、大齿轮的许用接触应力 $[\sigma_{H1}]$、$[\sigma_{H2}]$ 同例 7.1 $[\sigma_H] = ([\sigma_{H1}] + [\sigma_{H2}])/2 = (675+551)\text{MPa}/2 = 613\text{MPa}$ 6）节点区域系数 Z_H。查图 7.26，取 $Z_H = 2.43$ 7）计算端面重合度 ε_α $$\varepsilon_\alpha = \left[1.88 - 3.2\left(\frac{1}{z_1} + \frac{1}{z_2}\right)\right]\cos\beta = \left[1.88 - 3.2\left(\frac{1}{25} + \frac{1}{80}\right)\right]\cos 13° = 1.67$$ 8）计算轴向重合度 ε_β。由齿轮几何计算公式得 $$\varepsilon_\beta = \frac{b\sin\beta}{\pi m_n} \approx 0.318\psi_d z_1 \tan\beta = 0.318 \times 1 \times 25 \tan 13° = 1.84$$ 9）计算重合度系数 Z_ε。由式（7.27），因 $\varepsilon_\beta > 1$，取 $\varepsilon_\beta = 1$，故 $$Z_\varepsilon = \sqrt{\frac{4-\varepsilon_\alpha}{3}(1-\varepsilon_\beta) + \frac{\varepsilon_\beta}{\varepsilon_\alpha}} = \sqrt{\frac{1}{\varepsilon_\alpha}} = 0.77$$ 10）螺旋角系数 $$Z_\beta = \sqrt{\cos\beta} = 0.987$$ （2）设计计算 1）试算小齿轮分度圆直径 d_{1t} $$d_{1t} \geq \sqrt[3]{\frac{2 \times 1.3 \times 9.948 \times 10^4}{1} \times \frac{3.2+1}{3.2} \times \left(\frac{189.8 \times 2.43 \times 0.77 \times 0.987}{613}\right)^2}\text{mm}$$ $= 48.06\text{mm}$ 2）计算圆周速度 v $$v = \frac{\pi d_{1t} n_1}{60 \times 1000} = \frac{\pi \times 48.06 \times 960}{60 \times 1000}\text{m/s} = 2.42\text{m/s}$$ 按表 7.2 校核速度，因 $v < 10\text{m/s}$，故合格 3）计算载荷系数 K。查表 7.3 得使用系数 $K_A = 1$；根据 $v = 2.42\text{m/s}$，7 级精度查图 7.9 得动载系数 $K_v = 1.10$；假设为单齿对啮合，取齿间载荷分配系数 $K_\alpha = 1.1$；查图 7.11 曲线 2 得齿向载荷分布系数 $K_\beta = 1.08$，则 $K = K_A K_v K_\alpha K_\beta = 1 \times 1.10 \times 1.1 \times 1.08 = 1.307$ 4）校正分度圆直径 d_1。由式（7.37）得 $d_1 = d_{1t}\sqrt[3]{K/K_t} = 48.06\text{mm} \times \sqrt[3]{1.307/1.3} = 48.15\text{mm}$	$K_t = 1.3$ $T_1 = 9.948 \times 10^4 \text{N} \cdot \text{mm}$ $\psi_d = 1$ $Z_E = 189.8\sqrt{\text{MPa}}$ $[\sigma_{H1}] = 675\text{MPa}$ $[\sigma_{H2}] = 551\text{MPa}$ $[\sigma_H] = 613\text{MPa}$ $Z_H = 2.43$ $\varepsilon_\alpha = 1.67$ $\varepsilon_\beta = 1.84$ $Z_\varepsilon = 0.77$ $Z_\beta = 0.987$ $d_{1t} = 48.06\text{mm}$ $v = 2.42\text{m/s}$ $K_A = 1$ $K_v = 1.10$ $K_\alpha = 1.1$ $K_\beta = 1.08$ $K = 1.307$ $d_1 = 48.15\text{mm}$

(续)

设计项目及依据	设计结果
3. 主要几何尺寸计算 1)计算模数 m_n $$m_n = d_1 \cos\beta/z_1 = 48.15\text{mm} \times \cos13°/25 = 1.88\text{mm}$$ 按标准取 $m_n = 2\text{mm}$ 2)计算中心距 a $$a = \frac{m_n}{2\cos\beta}(z_1+z_2) = \frac{2\text{mm}}{2\times\cos13°} \times (25+80) = 107.76\text{mm}$$ 3)计算螺旋角 β $$\beta = \arccos\frac{m_n(z_1+z_2)}{2a} = \arccos\frac{2\times(25+80)}{2\times110} = 17.3414° = 17°20'29''$$ 4)计算分度圆直径 d_1、d_2 $$d_1 = \frac{m_n z_1}{\cos\beta} = \frac{2\text{mm}\times 25}{\cos17°20'29''} = 52.38\text{mm}$$ $$d_2 = \frac{m_n z_2}{\cos\beta} = \frac{2\text{mm}\times 80}{\cos17°20'29''} = 167.62\text{mm}$$ 5)齿宽 b $$b = \psi_d d_1 = 1.0 \times 52.38\text{mm} = 52.38\text{mm}$$ 取 $b_2 = 55\text{mm}$ $$b_1 = b_2 + (5\sim10)\text{mm}$$ 取 $b_1 = 60\text{mm}$ 6)齿高 h $$h = 2.25m_n = 2.25\times 2\text{mm} = 4.5\text{mm}$$	$m_n = 2\text{mm}$ 圆整为 $a = 110\text{mm}$ $\beta = 17°20'29''$ $d_1 = 52.38\text{mm}$ $d_2 = 167.62\text{mm}$ $b_2 = 55\text{mm}$ $b_1 = 60\text{mm}$ $h = 4.5\text{mm}$
4. 校核齿根弯曲疲劳强度 由式(7.24), $$\sigma_F = \frac{2KT_1}{bm_n d_1} Y_{Fa} Y_{Sa} Y_\varepsilon Y_\beta \leq [\sigma_F]$$ (1)确定验算公式中各参数 1)小、大齿轮的许用弯曲应力 $[\sigma_{F1}]$、$[\sigma_{F2}]$ 同例7.1 2)当量齿数 z_{v1}、z_{v2} $$z_{v1} = \frac{z_1}{\cos^3\beta} = \frac{25}{\cos^3 17.3414°} = 28.74$$ $$z_{v2} = \frac{z_2}{\cos^3\beta} = \frac{80}{\cos^3 17.3414°} = 91.98$$ 3)当量齿轮的端面重合度 $\varepsilon_{\alpha v}$ $$\varepsilon_{\alpha v} = \left[1.88 - 3.2\left(\frac{1}{z_{v1}} + \frac{1}{z_{v2}}\right)\right]\cos\beta$$ $$= \left[1.88 - 3.2\left(\frac{1}{28.74} - \frac{1}{91.98}\right)\right]\cos17.3414° = 1.66$$ 4)重合度系数 Y_ε。由式(7.16)得 $$Y_\varepsilon = 0.25 + \frac{0.75}{\varepsilon_{\alpha v}} = 0.25 + \frac{0.75}{1.66} = 0.70$$ 5)螺旋角系数 Y_β 由式(7.26)得 $Y_{\beta\min} = 1 - 0.25\varepsilon_\beta = 1 - 0.25\times 1 = 0.75$(当 $\varepsilon_\beta \geq 1$ 时,按 $\varepsilon_\beta = 1$ 计算)	 $[\sigma_{F1}] = 427\text{MPa}$ $[\sigma_{F2}] = 317\text{MPa}$ $z_{v1} = 28.74$ $z_{v2} = 91.98$ $\varepsilon_{\alpha v} = 1.66$ $Y_\varepsilon = 0.70$

（续）

设计项目及依据	设计结果
$Y_\beta = 1 - \varepsilon_\beta \dfrac{\beta}{120°} = 0.855 > Y_{\beta min}$	$Y_\beta = 0.855$
6）齿形系数 Y_{Fa1}、Y_{Fa2}。由当量齿数 z_{v1}、z_{v2} 查图 7.17，取 $Y_{Fa1} = 2.57$；$Y_{Fa2} = 2.21$	$Y_{Fa1} = 2.57$ $Y_{Fa2} = 2.21$
7）应力修正系数 Y_{Sa1}、Y_{Sa2}。查图 7.18，取 $Y_{Sa1} = 1.62$；$Y_{Sa2} = 1.78$ （2）校核计算 $\sigma_{F1} = \dfrac{2 \times 1.307 \times 9.948 \times 10^4}{55 \times 2 \times 52.38} \times 2.57 \times 1.62 \times 0.70 \times 0.855 \text{MPa} = 112.46 \text{MPa} \leqslant [\sigma_{F1}]$ $\sigma_{F2} = \sigma_{F1} \dfrac{Y_{Fa2} Y_{Sa2}}{Y_{Fa1} Y_{Sa1}} = 112.46 \text{MPa} \times \dfrac{2.21 \times 1.78}{2.57 \times 1.62} = 106.26 \text{MPa} \leqslant [\sigma_{F2}]$	$Y_{Sa1} = 1.62$ $Y_{Sa2} = 1.78$ $\sigma_{F1} = 112.46 \leqslant [\sigma_{F1}]$ $\sigma_{F2} = 106.26 \leqslant [\sigma_{F2}]$ 所以，弯曲强度满足要求
5. 静强度校核 传动平稳，无严重过载，故不需静强度校核	
6. 结构设计及绘制齿轮零件工作图 1）大齿轮。因齿顶圆直径大于160mm，但小于500mm，故选用腹板式结构，参照图 7.35a 或《机械设计手册》中相关经验公式，大齿轮零件工作图见图 7.42 2）小齿轮。小齿轮结构设计及零件工作图略	大齿轮零件工作图见图 7.42

比较例 7.1 和例 7.2 可以看出：①在工作条件完全相同的情况下，采用斜齿轮可比直齿

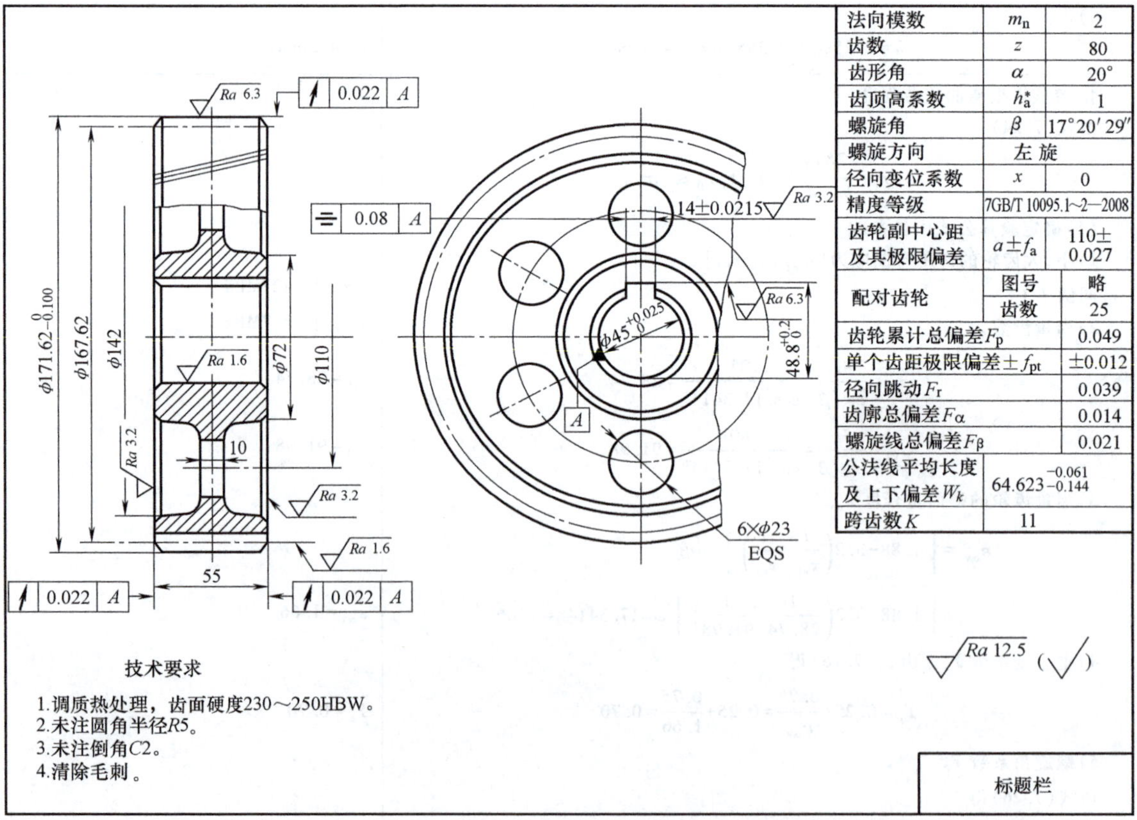

法向模数	m_n	2
齿数	z	80
齿形角	α	20°
齿顶高系数	h_a^*	1
螺旋角	β	17°20′29″
螺旋方向		左旋
径向变位系数	x	0
精度等级		7GB/T 10095.1~2—2008
齿轮副中心距及其极限偏差	$a \pm f_a$	110±0.027
配对齿轮	图号	略
	齿数	25
齿轮累计总偏差 F_p		0.049
单个齿距极限偏差 $\pm f_{pt}$		±0.012
径向跳动 F_r		0.039
齿廓总偏差 F_α		0.014
螺旋线总偏差 F_β		0.021
公法线平均长度及上下偏差 W_k		$64.623^{-0.061}_{-0.144}$
跨齿数 K		11

技术要求
1. 调质热处理，齿面硬度230~250HBW。
2. 未注圆角半径R5。
3. 未注倒角C2。
4. 清除毛刺。

图 7.42 大齿轮零件工作图

轮传动获得较小的传动几何尺寸，也就是说，在同样几何尺寸下，斜齿轮传动比直齿轮传动具有更大的承载能力；②标准直齿圆柱齿轮的中心距不可调整，而标准斜齿圆柱齿轮可以通过调整螺旋角来圆整中心距；③斜齿圆柱齿轮由于螺旋角的存在，从而产生了轴向载荷，因此在轴系的支承结构设计时，必须考虑轴向力的影响。

习　题

7.1　软齿面（≤350HBW）的闭式齿轮传动、硬齿面（>350HBW）的闭式齿轮传动和开式齿轮传动各自的主要失效形式是什么？在设计上有何不同？

7.2　有一对直齿圆柱齿轮传动，$m=2$mm，$z_1=50$，$z_2=200$，$b=75$mm；若用另一对齿轮：$m=4$mm，$z_1=25$，$z_2=100$，$b=75$mm代替之，当载荷及其他条件、参数均相同时，试问：

1）两种方案的接触强度和弯曲强度是否相同？若有不同，请指出哪种方案强度较高。

2）若两种方案的弯曲强度都能满足要求，则哪种方案比较好？为什么？

7.3　试述齿形系数 Y_{Fa} 的物理意义。齿形系数与哪些因素有关？为什么 Y_{Fa} 与模数无关？同一齿数的直齿圆柱齿轮、斜齿圆柱齿轮和锥齿轮的 Y_{Fa} 值是否相同？

7.4　设计圆柱齿轮传动时为何通常选小模数多齿数？为什么常取 z_1、z_2 互为质数？齿宽系数应如何选择？为什么小齿轮的齿宽 b_1 要略大于大齿轮的齿宽 b_2？

7.5　在直齿圆柱齿轮传动中，其载荷系数包括哪几项系数？斜齿圆柱齿轮呢？各项系数分别反映了什么影响因素？

7.6　分析图 7.43 中的齿轮 2、4 和 5 的分度圆圆周力的方向：①当齿轮 2 和 4 为主动轮时；②当齿轮 1 和 5 为主动轮时；③当齿轮 1 为主动轮时，齿轮 2 的轮齿弯曲应力和接触应力的变化性质；若齿轮 1 为被动轮时又如何？

7.7　图 7.44 所示斜齿圆柱齿轮传动中，1 为主动轮，螺旋线方向为右旋，转向如图所示，为使 II 轴所受轴向力最小，试：①在图上标出各轮的转动方向；②在图上标出各轮的螺旋线方向；③画出齿轮 1 所受的圆周力、径向力和轴向力方向。

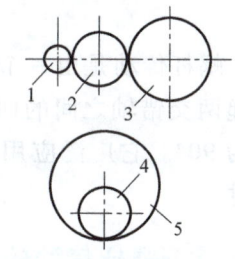

图 7.43　习题 7.6 图

7.8　图 7.45 所示为一对锥齿轮与一对斜齿圆柱齿轮组成的二级减速器。已知：斜齿轮 $m_n=2$mm，$z_3=25$，$z_4=53$，轴 II 转矩 $T_2=1210$N·mm。试求：①如使 z_3、z_4 的中心距 $a=80$mm，求斜齿轮的螺旋角；②如使轴 II 轴向力有所抵消，试确定 z_3、z_4 的螺旋线旋向和 F_{a3} 的方向；并计算 F_{a3} 的大小；③画出齿轮 2 和 3 在啮合点处所受的各分力方向。

7.9　设计图 7.46 所示的卷扬机用闭式两级圆柱齿轮减速器中的高速级齿轮传动。已知：传递功率 $P_1=7.5$kW，转速 $n_1=960$r/min，高速级传动比 $i=3.5$；载荷有不大的冲击，单班制工作，使用寿命 15 年，每年工作 300 天，设备可靠度要求较高，要求画出齿轮零件图。

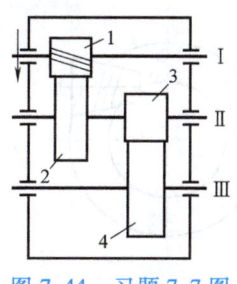

图 7.44　习题 7.7 图

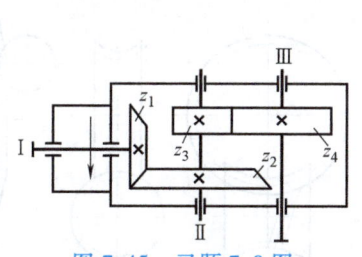

图 7.45　习题 7.8 图

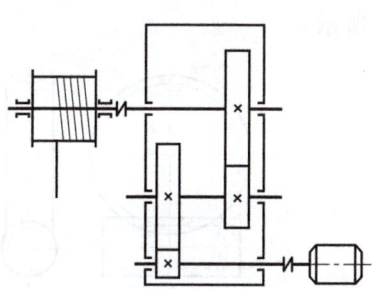

图 7.46　习题 7.9 图

第 8 章 蜗杆传动

8.1 概述

蜗杆传动是由一个带有螺旋结构的蜗杆和一个带有齿的蜗轮组成（图 8.1），它用于传递两交错轴之间的回转运动和动力。蜗杆轴与蜗轮轴交错角 Σ 可以是任意角度，但通常为 90°。它广泛应用于各种机器和仪器设备中，传动中一般蜗杆为主动件，蜗轮为从动件。

8.1.1 蜗杆传动的类型

按蜗杆螺旋线方向不同，蜗杆传动有右旋和左旋之分。除特殊需要外，一般都采用右旋。两者工作原理和设计方法均相同。

按蜗杆头数不同，可分为单头蜗杆与多头蜗杆。单头蜗杆主要用于大传动比的场合，要求自锁的蜗杆传动必须采用单头蜗杆。多头蜗杆主要用于传动比不大和要求效率较高的场合。

按蜗杆形状不同，可分为圆柱蜗杆传动、环面蜗杆传动、锥蜗杆传动三类，如图 8.1 所示。

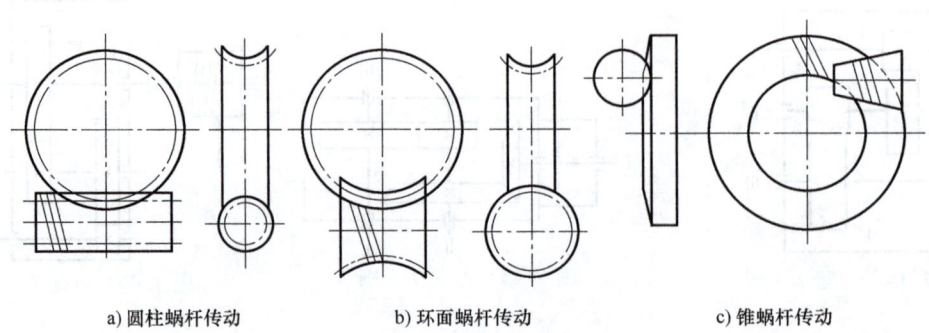

a) 圆柱蜗杆传动　　b) 环面蜗杆传动　　c) 锥蜗杆传动

图 8.1　蜗杆传动的类型

1. 圆柱蜗杆传动

圆柱蜗杆传动分为普通圆柱蜗杆传动和圆弧圆柱蜗杆传动。

蜗轮蜗杆旋向判断

（1）普通圆柱蜗杆传动　根据齿廓曲线的形状，普通圆柱蜗杆可分为阿基米德蜗杆（ZA 蜗杆）、渐开线蜗杆（ZI 蜗杆）、法向直廓蜗杆（ZN 蜗杆）和锥面包络圆柱蜗杆（ZK 蜗杆）。

ZA 蜗杆难以磨削，故精度低，不宜采用硬齿面。一般用于中小载荷、中小速度及间歇工作场合。

ZI 蜗杆制造精度高，适于批量生产及大功率、高速和要求精密的多头蜗杆传动。但需用专用机床磨削，故应用范围不如阿基米德蜗杆传动。

ZN 蜗杆加工简单，可用直母线砂轮磨齿，常用于机床的多头精密蜗杆传动。

ZK 蜗杆便于磨削，加工精度高，但齿形复杂，设计、测量困难。一般用于中速、中载的动力蜗杆传动，其应用范围在逐步扩大。

由于在中平面内，普通圆柱蜗杆传动就相当于齿轮齿条的啮合传动，故蜗杆的轴向齿距 p_x 等于蜗轮的端面齿距 p_t（$p_x = \pi m_{x1}$，$p_t = \pi m_{t2}$）；另外蜗杆传动可看作螺旋传动，故蜗杆与蜗轮的螺旋线方向应该相同。所以普通蜗杆传动的正确啮合条件为

$$m_{x1} = m_{t2} = m, \quad \alpha_{x1} = \alpha_{t2} = \alpha, \quad \gamma = \beta$$

式中，m_{x1} 为蜗杆的轴向模数；m_{t2} 为蜗轮的端面模数；m 为蜗杆传动标准模数，见表 8.1；α_{x1} 为蜗杆轴向压力角；α_{t2} 为蜗轮端面压力角；γ 为蜗杆导程角；β 为蜗轮螺旋角。

（2）圆弧圆柱蜗杆（ZC 型）传动　如图 8.2 所示，在中平面内，蜗杆的齿形为凹弧形，而蜗轮的齿形为凸弧形，工作时有利于油膜的形成，因此在基本条件相同时，圆弧圆柱蜗杆传动的承载能力比普通圆柱蜗杆传动高 50%～150%。当蜗杆主动时，效率可达 95% 以上。传递相同功率时，这种蜗杆传动体积小，结构紧凑。它的缺点是传动的中心距难于调整，对中心距的误差较敏感。这种传动广泛用于冶金、矿山、化工、建筑、起重等机械设备的减速机构中。

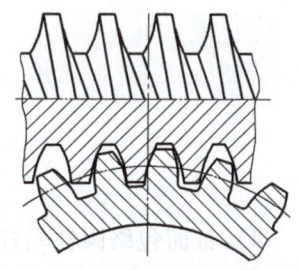
图 8.2　圆弧圆柱蜗杆传动

（3）圆柱蜗杆的齿形与加工　普通圆柱蜗杆的齿面（除锥面包络蜗杆外）一般是在车床上用直母线切削刃的车刀切制的，刀位置不同，所加工出的蜗杆齿面在不同截面中的齿廓曲线也不同。

1）阿基米德蜗杆。这种蜗杆加工简单，与梯形螺纹相似，可用车刀加工，加工时应使切削刃顶平面通过蜗杆轴线，如图 8.3 所示。蜗杆在轴向剖面 I—I 内具有梯形齿条形的直齿廓，而在法向剖面 N—N 内为外凸齿廓，在垂直于轴线的端面内，齿廓曲线为阿基米德螺旋线。

2）渐开线蜗杆。加工该蜗杆时，车刀切削刃顶面切于蜗杆基圆柱，如图 8.4 所示。ZI 蜗杆端面齿廓为渐开线，在切于基圆柱的轴向截面内，齿形一侧为直线，另一侧为凸面曲线。该蜗杆可用滚铣刀滚铣（蜗杆可看成是一个少齿数、大螺旋角 $\beta_b = 37° \sim 45°$ 的渐开线斜齿圆柱齿轮），也可用平面砂轮磨削。

3）法向直廓蜗杆。如图 8.5 所示，车制该蜗杆时，将车刀切削刃置于垂直螺旋线的法面 N—N 内，切制出的蜗杆法面齿形为直边梯形，端面内的齿形为延伸渐开线。该蜗杆可用直母线砂轮磨齿。

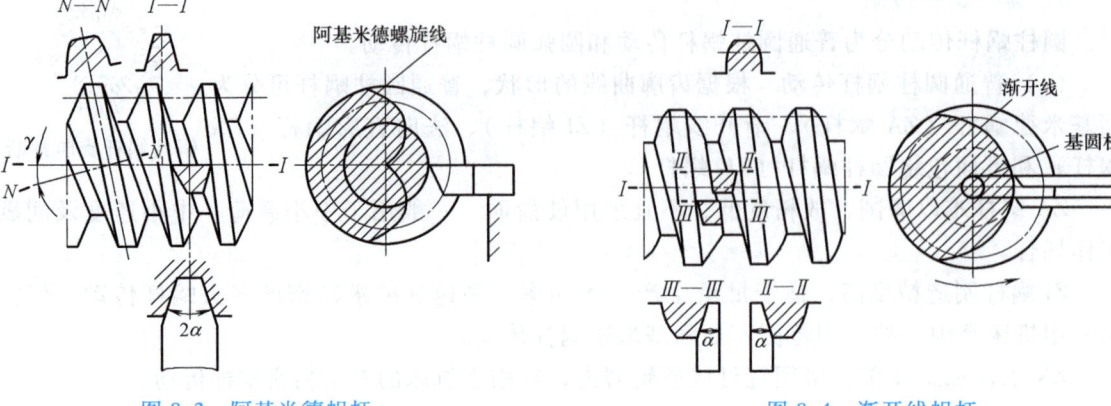

图 8.3 阿基米德蜗杆　　　　　　　图 8.4 渐开线蜗杆

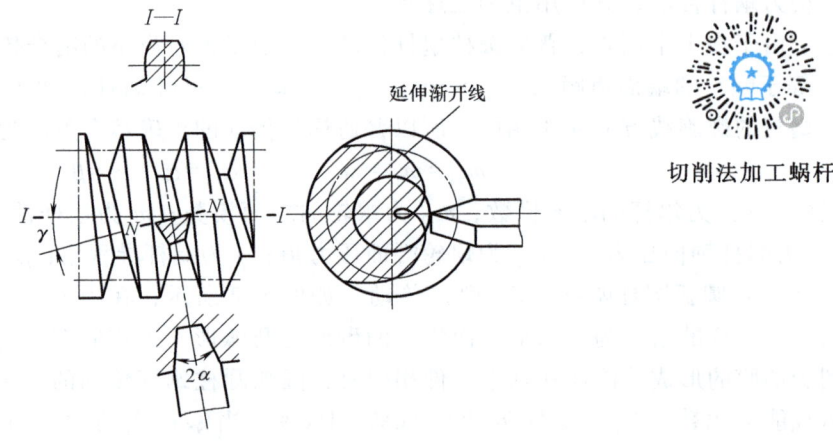

图 8.5 法向直廓蜗杆

4) 锥面包络圆柱蜗杆。该蜗杆采用直母线双锥面盘铣刀或砂轮置于蜗杆齿槽内加工制成，加工时盘铣刀或砂轮绕其轴线做回转运动，蜗杆做螺旋运动，这时盘铣刀或砂轮回转曲面的包络面即为蜗杆的螺旋齿面，如图 8.6 所示。在蜗杆的任意剖面 $I-I$ 及 $N-N$ 内，蜗杆的齿形都是曲线。它是一种非线性螺旋齿面蜗杆，不能在车床上加工，只能在铣床上铣制并在磨床上磨削。

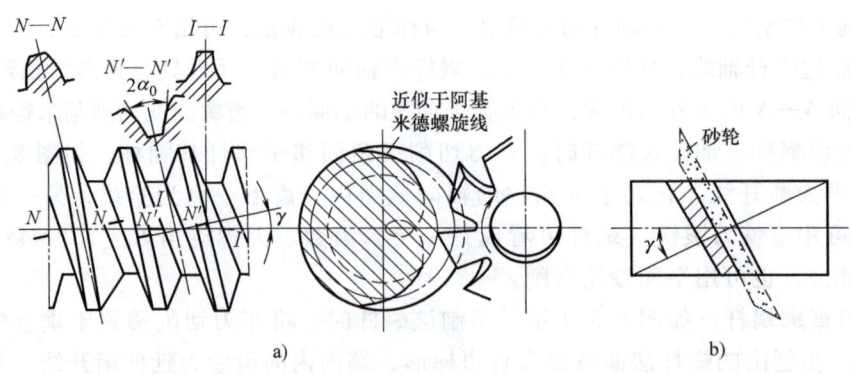

图 8.6 锥面包络圆柱蜗杆

5) 圆弧圆柱蜗杆。如图 8.7 所示，这种蜗杆的齿廓螺旋面是用刃边为凸弧形的刀具加工而成的，加工方法及刀具安装方式与车制 ZA 蜗杆一样，同时蜗杆可用轴向截面为圆弧形的砂轮精磨，在中平面内，蜗杆的齿形为凹弧形，而蜗轮的齿形为凸弧形。蜗轮用展成法制成。

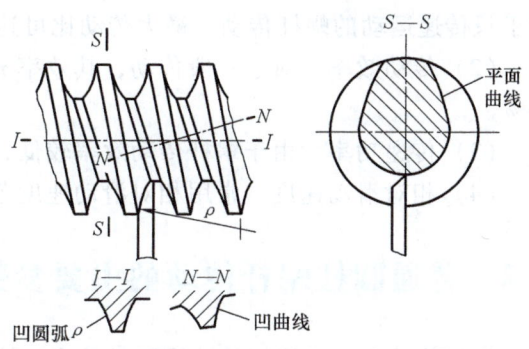

图 8.7 圆弧圆柱蜗杆

2. 环面蜗杆传动

环面蜗杆传动的蜗杆体在轴向的外形是以蜗杆轴线为旋转中心、凹圆弧为母线的旋转体（图 8.1b）。环面蜗杆传动蜗轮的节圆与蜗杆的节弧重合，同时啮合的齿对多，而且轮齿的接触线与蜗杆齿运动方向近似于垂直，使轮齿的受力得到改善，同时轮齿间具有良好的油膜形成条件，因此抗胶合能力强，所以环面蜗杆传动的承载能力大、效率高。一般环面蜗杆传动的承载能力是普通圆柱蜗杆传动的 2~4 倍，效率达 85%~90%。但是为保证环面蜗杆良好的啮合，对环面蜗杆传动的制造和安装精度的要求较高。

3. 锥蜗杆传动

如图 8.1c 所示，锥蜗杆是由在节锥上导程角相同的螺旋所形成的，与蜗杆啮合的蜗轮外形类似于曲线齿锥齿轮，所以称为锥蜗杆传动。锥蜗杆传动的特点是：传动比范围大，一般为 10~60；同时啮合的点数多，重合度大，承载能力高；润滑条件好，效率高；侧隙便于控制和调整，方便离合；结构紧凑，蜗轮可用淬火钢制成，可节约有色金属；制造安装简便，工艺性好。

在普通圆柱蜗杆传动中，ZA 蜗杆具有代表性，应用较为广泛，本章主要介绍 ZA 蜗杆传动的设计。

8.1.2 蜗杆传动的特点和适用范围

1. 蜗杆传动的特点

（1）蜗杆传动的主要优点

1) 蜗杆传动单级传动比大，因此，具有大的减速和增大转矩的作用。
2) 结构紧凑、简单。
3) 由于蜗杆轮齿是连续不断的螺旋齿，它与蜗轮轮齿是逐渐进入啮合、逐渐脱离啮合的，故传动平稳、噪声小。
4) 当蜗杆的导程角小于当量摩擦角时，可实现反向自锁，即具有自锁性。

（2）蜗杆传动的主要缺点

1) 因为传动时啮合齿面间相对滑动速度大，故摩擦损失大，效率低。所以在传动设计时需要考虑散热问题；蜗杆传动不宜用于大功率传动（尤其在大传动比时）。
2) 为了减轻齿面磨损及防止胶合，蜗轮一般使用贵重的减摩材料制造，故成本高。
3) 对制造和安装误差较为敏感，安装时对中心距的尺寸精度要求较高。

2. 蜗杆传动的适用范围

（1）传动比　对于传递动力的蜗杆传动，传动比 i 范围为 8~100，常用范围为 15~50；

对于只传递运动的蜗杆传动,最大传动比可达 1000;对于增速传动,常用范围为 5~15。

(2) 传动效率　对于一般传动,其效率 η = 50%~90%;对于具有自锁性要求的传动 η < 50%。

(3) 传递功率　由于蜗杆传动效率较低,常用的传递功率 P < 50kW,最高可达 750kW。

(4) 相对滑动速度　常用相对滑动速度范围 v_s < 15m/s,最高可达 35m/s。

8.2　普通圆柱蜗杆传动的主要参数和几何尺寸计算

蜗杆传动中,过蜗杆的轴线同时垂直蜗轮的轴线的平面,叫作中平面(图 8.8)。

在中平面内,普通圆柱蜗杆传动相当于斜齿齿条与斜齿轮的啮合传动。因此,传动的基本参数、几何尺寸和强度计算,均以中平面为准。

另外,蜗杆传动可将蜗杆看作螺杆,将蜗轮看作螺母的一部分,因此蜗杆传动具有螺旋传动的某些特性。

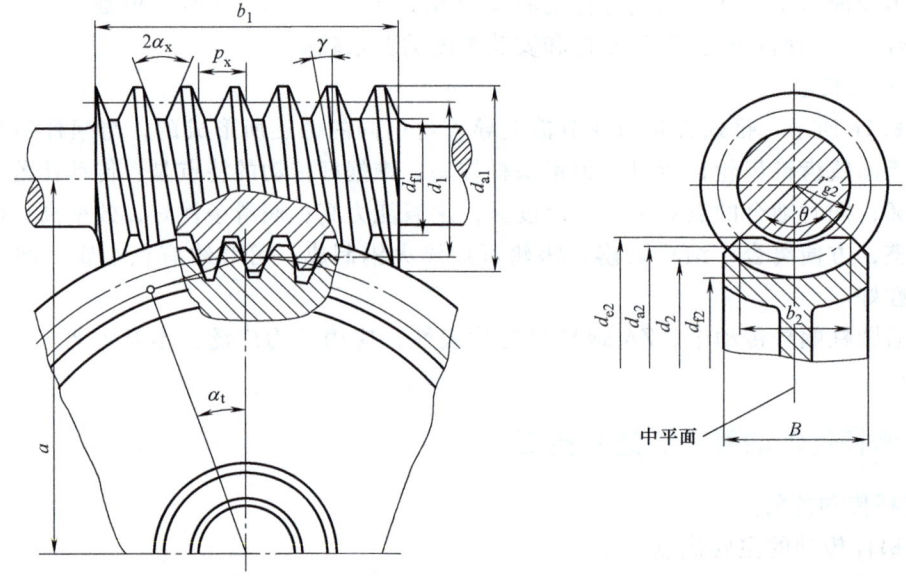

图 8.8　普通圆柱蜗杆传动的几何尺寸

8.2.1　主要参数

正确选择和匹配参数是圆柱蜗杆设计的首要任务,它直接关系到传动的承载能力和经济性。动力蜗杆传动(Σ = 90°)中普通圆柱蜗杆基本参数及其与蜗轮参数的匹配见表 8.1。

表 8.1　普通圆柱蜗杆基本参数及其与蜗轮参数的匹配

中心距 a /mm	模数 m /mm	蜗杆分度圆直径 d_1 /mm	$m^2 d_1 / \text{mm}^3$	蜗杆头数 z_1	直径系数 q	分度圆导程角 γ	蜗轮齿数 z_2	蜗轮变位系数 x_2
40	1	18	18	1	18.000	3°10′47″	62	0.000
50							82	0.000

(续)

中心距 a /mm	模数 m /mm	蜗杆分度圆直径 d_1 /mm	$m^2 d_1$ /mm³	蜗杆头数 z_1	直径系数 q	分度圆导程角 γ	蜗轮齿数 z_2	蜗轮变位系数 x_2
40	1.25	20	31.25	1	16.000	3°34′35″	49	-0.500
50		22.4	35	1	17.920	3°11′38″	62	+0.040
63							82	+0.440
50	1.6	20	51.2	1	12.500	4°34′26″	51	-0.500
				2		9°05′25″		
				4		17°44′41″		
63		28	71.68	1	17.500	3°16′14″	61	+0.125
80							82	+0.250
40	2	22.4	89.6	1	11.200	5°06′08″	29	-0.100
(50)				2		10°07′29″	(39)	(-0.100)
(63)				4		19°39′14″	(51)	(+0.400)
				6		28°10′43″		
80		35.5	142	1	17.750	3°13′28″	62	+0.125
100							82	
50	2.5	28	175	1	11.200	5°06′08″	29	-0.100
(63)				2		10°07′29″	(39)	(+0.100)
(80)				4		19°39′14″	(53)	(-0.100)
				6		28°10′43″		
100		45	281.25	1	18.000	3°10′47″	62	0.000
63	3.15	35.5	352.25	1	11.270	5°04′15″	29	-0.1349
(80)				2		10°03′48″	(39)	(+0.2619)
(100)				4		19°32′29″	(53)	(-0.3889)
				6		28°01′50″		
125		56	555.66	1	17.778	3°13′10″	62	-0.2063
80	4	40	640	1	10.000	5°42′38″	31	-0.500
(100)				2		11°18′36″	(41)	(-0.500)
(125)				4		21°48′05″	(51)	(+0.750)
				6		30°57′50″		
160		71	1136	1	17.75	3°13′28″	62	+0.125
100	5	50	1250	1	10.000	5°42′38″	31	-0.500
(125)				2		11°18′36″	(41)	(-0.500)
(160)				4		21°48′05″	(53)	(+0.500)
(180)				6		30°57′50″	(61)	(+0.500)
200		90	2250	1	18.000	3°10′47″	62	0.000

（续）

中心距 a /mm	模数 m /mm	蜗杆分度圆直径 d_1 /mm	$m^2 d_1/\text{mm}^3$	蜗杆头数 z_1	直径系数 q	分度圆导程角 γ	蜗轮齿数 z_2	蜗轮变位系数 x_2
125				1		5°42′38″	31	−0.6587
(160)				2		11°18′36″	(41)	(−0.1032)
(180)	6.3	63	2500.47	4	10.000	21°48′05″	(48)	(−0.4286)
(200)				6		30°57′50″	(53)	(+0.2460)
250		112	4445.28	1	17.778	3°13′10″	61	+0.2937
160				1		5°42′38″	31	−0.500
(200)				2		11°18′36″	(41)	(−0.500)
(225)	8	80	5120	4	10.000	21°48′05″	(47)	(−0.375)
(250)				6		30°57′50″	(52)	(+0.250)

注：1. 本表中导程角 γ 小于 3°30′ 的圆柱蜗杆均为自锁蜗杆。
2. 括号中的参数不适用于蜗杆头数为 6 时。
3. 本表摘自 GB/T 10085—2018。

1. 模数 m 和压力角 α

由前面蜗杆传动正确啮合条件可知，蜗杆的轴向模数和蜗轮的端面模数相等且均取为标准模数，普通圆柱蜗杆传动的标准模数见表 8.1。

ZA 蜗杆的轴向压力角为标准压力角，即 $\alpha_x = 20°$；ZN、ZI、ZK 蜗杆的法向压力角为标准压力角，即 $\alpha_n = 20°$。蜗杆的轴向压力角和法向压力角的关系为

$$\tan\alpha_x = \frac{\tan\alpha_n}{\cos\gamma} \tag{8.1}$$

2. 蜗杆头数 z_1 与蜗轮齿数 z_2

蜗杆头数 z_1 可根据要求的传动比和效率来选定，z_1 小，导程角小、效率低、发热多、传动比大；z_1 大，蜗杆导程角大、传动效率高，但制造困难。所以，常用的蜗杆头数为 1、2、4、6；要求蜗杆传动实现反行程自锁时，必须选取 $\gamma < 3.5°$ 和 $z_1 = 1$ 的单头蜗杆。

蜗轮齿数 z_2 可根据传动比和蜗杆头数确定，即 $z_2 = iz_1$。用滚刀切制蜗轮时，不产生根切的齿数为 $z_{2\min} = 17$，但对蜗杆传动而言，当 $z_2 < 26$ 时其啮合区急剧减小，这将影响传动的平稳性和承载能力；当 $z_2 > 30$ 时，蜗杆传动可实现两对齿以上的啮合，一般取 $z_2 = 32 \sim 80$。z_2 不宜过大，否则蜗轮尺寸大，蜗杆轴支承间距离将增加，导致蜗杆的刚度差，影响蜗轮与蜗杆的啮合，一般取 $z_2 < 80$。

z_1、z_2 的推荐值见表 8.2，具体选用时应考虑表 8.1 中的匹配关系。

表 8.2　蜗杆头数 z_1 与蜗轮齿数 z_2 的推荐值

传动比 i	≈5	7~15	14~30	29~82
蜗杆头数 z_1	6	4	2	1
蜗轮齿数 z_2	29~31	29~61	29~61	29~82

3. 蜗杆分度圆直径 d_1、蜗杆直径系数 q 和蜗轮分度圆直径 d_2

在蜗杆传动中，为了保证蜗杆与配对的蜗轮正确啮合，常用与蜗杆具有相同尺寸的蜗轮滚刀来展成加工与其配对的蜗轮。这样，只要有一种尺寸的蜗杆，就需要有一种对应的蜗轮滚刀。对于同一模数，可以有很多不同分度圆直径的蜗杆，因而对每一模数就需要配备很多蜗轮滚刀，这样很不经济。为了限制蜗轮滚刀的数目及便于滚刀的标准化，对每一标准模数规定了一定数量的蜗杆分度圆直径 d_1。

滚洗法加工蜗轮

蜗杆直径 d_1 与模数 m 的比值称为蜗杆的直径系数 q，即

$$q = \frac{d_1}{m} \tag{8.2}$$

由于 d_1 与 m 值均为标准值，所以导出的 q 不一定是整数。

蜗轮分度圆直径的确定和齿轮的相同，即

$$d_2 = mz_2 \tag{8.3}$$

4. 传动比 i 和齿数比 u

传动比

$$i = \frac{n_1}{n_2} \tag{8.4}$$

齿数比

$$u = \frac{z_2}{z_1} \tag{8.5}$$

式中，n_1、n_2 分别为蜗杆和蜗轮的转速；z_1、z_2 分别为蜗杆的头数和蜗轮的齿数。

当蜗杆为主动时，传动比

$$i = \frac{n_1}{n_2} = \frac{z_2}{z_1} = u \tag{8.6}$$

蜗杆传动的传动比等于蜗轮的齿数与蜗杆的头数比，而不等于其直径比。

蜗杆传动减速装置的传动比的公称值为：5，7.5，10，12.5，15，20，25，30，40，50，60，70，80。其中，10，20，40，80 为基本传动比，应优先选用。

5. 蜗杆分度圆上的导程角 γ

将分度圆上的螺旋线展开，如图 8.9 所示，按几何关系可知，蜗杆分度圆上的导程角 γ 由下式确定，即

$$\tan\gamma = \frac{z_1 p_{x1}}{\pi d_1} = \frac{mz_1}{d_1} = \frac{z_1}{q} \tag{8.7}$$

通常 $\gamma = 3.5° \sim 27°$。

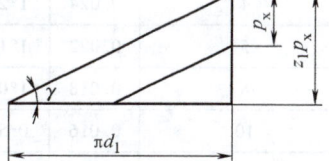

图 8.9 蜗杆螺旋线的几何关系

6. 蜗杆传动的滑动速度 v_s

在蜗杆传动中，蜗杆与蜗轮的啮合齿面间会产生很大的齿向相对滑动速度 v_s（m/s），

如图 8.10 所示。

因为
$$v_s = \sqrt{v_1^2 + v_2^2}$$

所以
$$v_s = \frac{v_1}{\cos\gamma} = \frac{\pi d_1 n_1}{60 \times 1000 \cos\gamma} \quad (8.8)$$

式中，v_1 为蜗杆分度圆的圆周速度（m/s）。

7. 蜗杆传动的啮合效率 η_1

蜗杆传动类似于螺旋传动，当蜗杆主动时，其啮合效率为

$$\eta_1 = \frac{\tan\gamma}{\tan(\gamma + \rho_v)} \quad (8.9)$$

式中，γ 为蜗杆的导程角，它是影响啮合效率的主要因素；ρ_v 为当量摩擦角，$\rho_v = \arctan f_v$，f_v 为当量摩擦因子，其值取决于蜗杆、蜗轮的材料及滑动速度 v_s，在润滑条件良好的情况下，v_s 有助于润滑油膜的形成，从而降低 f_v 值，提高传动效率。f_v、ρ_v 的值见表 8.3。

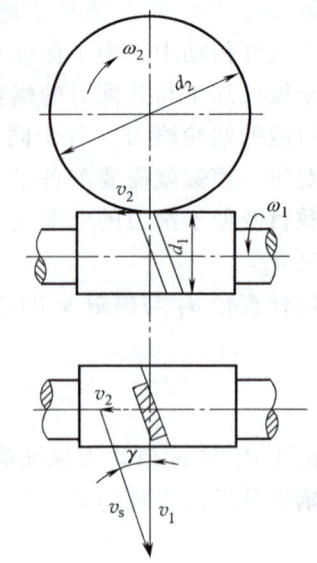

图 8.10 蜗杆传动的滑动速度

表 8.3 蜗杆传动的当量摩擦因子 f_v 和当量摩擦角 ρ_v

蜗轮材料	锡青铜				铝青铜		灰铸铁			
蜗杆齿面硬度	≥45HRC		其他		≥45HRC		≥45HRC		其他	
滑动速度 v_s/(m/s)	f_v①	ρ_v①	f_v	ρ_v	f_v①	ρ_v①	f_v①	ρ_v①	f_v①	ρ_v
0.05	0.090	5°09′	0.100	5°43′	0.140	7°58′	0.140	7°58′	0.160	9°05′
0.10	0.080	4°34′	0.090	5°09′	0.130	7°24′	0.130	7°24′	0.140	7°58′
0.25	0.065	3°43′	0.075	4°17′	0.100	5°43′	0.100	5°43′	0.120	6°51′
0.50	0.055	3°09′	0.065	3°43′	0.090	5°09′	0.090	5°09′	0.100	5°43′
1.0	0.045	2°35′	0.055	3°09′	0.070	4°00′	0.070	4°00′	0.090	5°09′
1.5	0.040	2°17′	0.050	2°52′	0.065	3°43′	0.065	3°43′	0.080	4°34′
2.0	0.035	2°00′	0.045	2°35′	0.055	3°09′	0.055	3°09′	0.070	4°00′
2.5	0.030	1°43′	0.040	2°17′	0.050	2°52′	—	—		
3.0	0.028	1°36′	0.035	2°00′	0.045	2°35′	—	—		
4	0.024	1°22′	0.031	1°47′	0.040	2°17′				
5	0.022	1°16′	0.029	1°40′	0.035	2°00′				
8	0.018	1°02′	0.026	1°29′	0.030	1°43′				
10	0.016	0°55′	0.024	1°22′						
15	0.014	0°48′	0.020	1°09′						
24	0.013	0°45′								

① 列内数值对应蜗杆齿面粗糙度轮廓算术平均偏差 Ra 值为 1.6～0.4μm，且经过充分跑合，正确安装，并采用黏度合适的润滑油进行充分润滑的情况。

8. 蜗杆传动的总效率

闭式蜗杆传动的功率损耗一般包括三部分,即啮合摩擦功耗、轴承摩擦功耗及浸入油池中的搅油损耗,对应的效率分别记为啮合效率 η_1、轴承效率 η_2(可取 0.98~0.99)及搅油效率 η_3(可取 0.99)。因此,蜗杆传动的总效率为

$$\eta = \eta_1 \eta_2 \eta_3 \approx \eta_1 \tag{8.10}$$

也就是说,蜗杆传动的效率主要取决于啮合效率。而影响啮合效率的主要因素是蜗杆的导程角,其次是传动的匹配材料、润滑状态及接触表面的表面粗糙度。

在设计之初,需要先估取总效率 η,以便近似算出蜗轮转轴上的转矩 T_2。η 的经验数据见表 8.4。

表 8.4 蜗杆传动的总效率

蜗杆头数 z_1	1	2	4	6
总效率 η	0.7	0.8	0.9	0.95

9. 蜗杆传动的标准中心距 a

蜗杆传动的标准中心距为

$$a = \frac{1}{2}(d_1 + d_2) = \frac{1}{2}(q + z_2)m \tag{8.11}$$

圆柱蜗杆传动的中心距 a(单位为 mm)的推荐值为:40,50,63,80,100,125,160,(180),200,(225),250,(280),315,(355),400,(450),500。其中不带括号的为优先选用数值。当中心距大于 500mm 时,可按 R20 优先数系选用(R20 为公比 $\sqrt[20]{10}$ 的级数)。

8.2.2 几何尺寸计算及蜗杆传动的标记

1. 几何尺寸计算

普通圆柱蜗杆传动的几何尺寸如图 8.8 所示,其主要几何尺寸计算公式见表 8.5 和表 8.6。

表 8.5 普通圆柱蜗杆传动的主要几何尺寸计算公式

名称	符号	公式
蜗杆轴向模数或蜗轮端面模数	m	由强度条件确定,取标准值(表 8.1)
中心距	a	$a = (d_1 + mz_2)/2$;变位传动,$a' = a + x_2 m$,下同
传动比	i	$i = n_1/n_2 = z_2/z_1$
蜗杆轴向齿距	p_{x1}	$p_{x1} = \pi m$
蜗杆导程	l	$l = z_1 p_{x1}$
蜗杆分度圆导程角	γ	$\tan\gamma = mz_1/d_1$
蜗杆分度圆直径	d_1	d_1 与 m 匹配,由表 8.1 取标准值,$d_1 = mq$;$d_1' = d_1 + 2x_2 m$
蜗杆压力角	α	$\alpha = \alpha_{x1} = 20°$(阿基米德蜗杆),其他蜗杆 $\alpha = \alpha_n = 20°$
蜗杆齿顶高	h_{a1}	$h_{a1} = h_a^* m$
蜗杆齿根高	h_{f1}	$h_{f1} = (h_a^* + c^*)m$

(续)

名称	符号	公式
蜗杆齿高	h_1	$h_1 = h_{a1} + h_{f1} = (2h_a^* + c^*)m$
齿顶高系数	h_a^*	一般 $h_a^* = 1$,短齿 $h_a^* = 0.8$
顶隙系数	c^*	一般 $c^* = 0.2$
蜗杆齿顶圆直径	d_{a1}	$d_{a1} = d_1 + 2h_{a1} = d_1 + 2h_a^* m$
蜗杆齿根圆直径	d_{f1}	$d_{f1} = d_1 - 2h_{f1} = d_1 - 2m(h_a^* + c^*)$
蜗轮分度圆直径	d_2	$d_2 = mz_2 ; d_2' = d_2$
蜗轮齿顶高	h_{a2}	$h_{a2} = h_a^* m ; h_{a2}' = (h_a^* + x_2)m$
蜗轮齿根高	h_{f2}	$h_{f2} = (h_a^* + c^*)m ; h_{f2}' = (h_a^* + c^* - x_2)m$
蜗轮齿顶圆直径	d_{a2}	$d_{a2} = d_2 + 2h_a^* m ; d_{a2}' = d_2 + 2(h_a^* + x_2)m$
蜗轮齿根圆直径	d_{f2}	$d_{f2} = d_2 - 2m(h_a^* + c^*) ; d_{f2}' = d_2 - (2h_a^* + c^* - x_2)m$
蜗轮齿宽	b_2	由设计确定
蜗轮齿宽角	θ	$\sin(\theta/2) = b_2/d_1$
蜗轮咽喉母圆半径	r_{g2}	$r_{g2} = a - d_{a2}/2$

表 8.6 蜗杆螺纹部分长度 b_1、蜗轮外径 d_{e2} 及蜗轮宽度 B 的计算公式

	普通圆柱蜗杆传动	圆弧圆柱蜗杆传动
b_1	$z_1 = 1,2$ 时:$b_1 \geq (11+0.06z_2)m$ $z_1 = 3,4$ 时:$b_1 \geq (12.5+0.09z_2)m$ 磨削蜗杆加长量 $m < 10mm, \Delta b_1 = 15 \sim 25mm$ $m = 10 \sim 14mm, \Delta b_1 = 35mm$ $m \geq 16mm$ 时, $\Delta b_1 = 50mm$	$z_1 = 1,2$ 时:$x_2 < 1, b_1 \geq (12.5-0.1z_2)m$ $x_2 \geq 1, b_1 \geq (13-0.1z_2)m$ $z_1 = 3,4$ 时:$x_2 < 1, b_1 \geq (13.5-0.1z_2)m$ $x_2 \geq 1, b_1 \geq (14-0.1z_2)m$ 磨削蜗杆加长量:$m \leq 6mm$,加长 $20mm$ $m = 7 \sim 9mm$,加长 $30mm$ $m = 10 \sim 14mm$,加长 $40mm$ $m = 16 \sim 25mm$,加长 $50mm$
d_{e2}	$z_1 = 1$ 时:$d_{e2} = d_{a2} + 2m$ $z_1 = 2 \sim 3$ 时:$d_{e2} = d_{a2} + 1.5m$ $z_1 = 4 \sim 6$ 时:$d_{e2} = d_{a2} + m$,或按结构设计	$d_{e2} \leq d_{a2} + (0.8 \sim 1)m$
B	$z_1 \leq 3$ 时,$B \leq 0.75d_{a1}$;$z_1 = 4 \sim 6$ 时,$B \leq 0.67d_{a1}$	$B = (0.67 \sim 0.7)d_{a1}$

2. 蜗杆传动的标记

为了便于识记与交流,蜗杆传动的尺寸规格有规定的标记方法。例如:模数 $m = 10mm$,分度圆直径 $d_1 = 90mm$,头数 $z_1 = 2$ 的右旋阿基米德蜗杆,标记为"蜗杆 ZA10×90R2";与之相配的齿数为 $z_2 = 80$ 的蜗轮标记为"蜗轮 ZA10×80";相应的阿基米德蜗杆传动标记为"蜗杆传动 ZA10×90R2/80"。

8.2.3 蜗杆传动变位的特点

变位蜗杆传动主要用于配凑中心距或改变传动比,使之符合推荐值,强度方面的考虑是次要的。蜗杆传动的变位方法与齿轮传动的变位方法相似,即不改变刀具尺寸,利用刀具相对蜗轮毛坯的径向位移来实现变位。但是在蜗杆传动中,由于蜗杆的齿廓形状和尺寸要与加

工蜗轮的滚刀形状和尺寸相同，所以为了保持刀具尺寸不变，蜗杆尺寸是不能变动的，因而只能对蜗轮进行变位。其变位特点是蜗杆变位前后齿顶圆、齿根圆、分度圆、齿厚的尺寸不变，变位后分度圆与节圆不重合；蜗轮变位前后节圆与分度圆始终重合，其他尺寸有变化。未经变位和几种变位蜗杆传动的情况如图 8.11 所示，图中 a'、z_2' 分别为变位后的中心距和蜗轮齿数，x_2 为蜗轮变位系数。

图 8.11b 所示为标准蜗杆传动，变位蜗杆传动根据使用场合的不同，可在下述两种变位方法中选取一种。

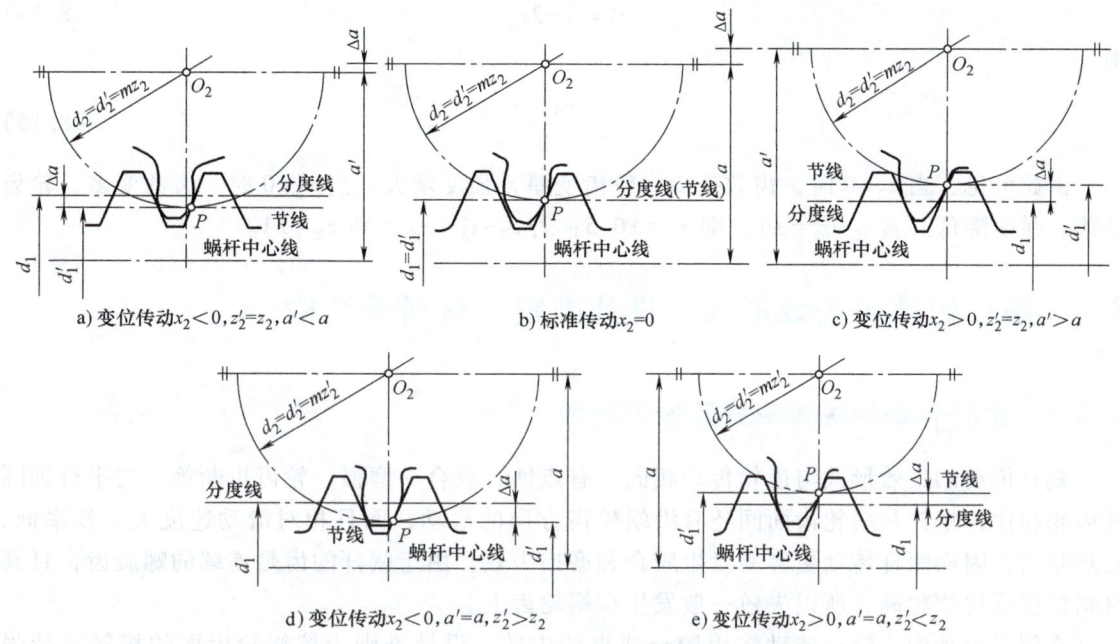

图 8.11 蜗杆传动的变位

1. 调整中心距而不改变传动比的变位

这种变位前后蜗轮齿数保持不变，即 $z_2' = z_2$，而传动的中心距发生变化，即 $a' \neq a$，如图 8.11a、c 所示，变位后蜗杆与蜗轮的节圆直径分别为

$$d_1' = d_1 + 2mx_2$$
$$d_2' = d_2 = mz_2$$

变位后的中心距 a' 为

$$a' = a + x_2 m = \frac{d_1' + d_2'}{2} = \frac{m}{2}(q + 2x_2 + z_2) \tag{8.12}$$

据此可求出变位系数 x_2 为

$$x_2 = \frac{a' - a}{m} = \frac{a'}{m} - \frac{q + z_2}{2} \tag{8.13}$$

由此可见，当 $x_2 > 0$ 时，中心距变大，由于蜗轮齿数不变，故其轮齿变厚，强度增大；当 $x_2 < 0$ 时，中心距变小，其轮齿变薄，强度降低。为了有利于蜗轮轮齿强度的提高，最好采用 x_2 为正值。蜗轮变位系数常用范围为 $-0.5 \leqslant x_2 \leqslant +0.5$。

2. 调整传动比而不改变中心距的变位

这种变位前后传动的中心距保持不变，即 $a'=a$，而蜗轮齿数发生变化，即 $z_2'\neq z_2$，通常将蜗轮齿数增加或减小一两个齿，如图 8.11d、e 所示，这时，传动的啮合节点发生了改变，中心距可表示为

$$a'=\frac{d_1'+d_2'}{2}=\frac{m}{2}(q+2x_2+z_2')=a=\frac{m}{2}(q+z_2)$$

故

$$z_2'=z_2-2x_2 \tag{8.14}$$

则

$$x_2=\frac{z_2-z_2'}{2} \tag{8.15}$$

由此可见，当 $x_2>0$ 时，齿数变少，轮齿变厚，强度增大；当 $x_2<0$ 时，齿数变多，轮齿变薄，强度降低。若 $z_2-z_2'=\pm1$，则 $x_2=\pm0.5$；若 $z_2-z_2'=\pm2$，则 $x_2=\pm1$。

8.3 蜗杆传动的失效形式、设计准则、材料及结构

8.3.1 蜗杆传动的失效形式及设计准则

蜗杆传动的失效形式与齿轮传动相同，有点蚀、胶合、磨损、轮齿折断等。与平行轴圆柱齿轮相比，蜗杆和蜗轮齿面间还有沿蜗轮齿方向的滑动，而且相对滑动速度大、效率低、发热量大，因而蜗杆传动更容易发生胶合和磨损失效。由于蜗杆的齿是连续的螺旋齿，且其材料的强度比蜗轮高，所以失效一般发生在蜗轮齿上。

在闭式传动中，蜗杆传动多因胶合或点蚀失效，设计准则为按蜗轮齿面的接触疲劳强度进行设计，对齿根弯曲疲劳强度进行校核。另外，闭式蜗杆传动在散热不良时会降低蜗杆传动的承载能力，加速失效，故应进行热平衡计算。当蜗杆轴细长且支承跨距大时，还应进行蜗杆轴的刚度计算。

蜗杆点蚀

蜗轮胶合

蜗轮磨损

对开式蜗杆传动，蜗轮多发生齿面磨损和轮齿折断，所以应将保证蜗轮齿根的弯曲疲劳强度作为开式蜗杆传动的设计准则。

8.3.2 蜗杆传动的材料

蜗轮和蜗杆的材料不仅要求有足够的强度，更重要的是配对的材料应具有较好的减摩、耐磨、抗胶合、易跑合的特性。

1. 蜗杆材料

试验证明，在蜗杆齿面表面粗糙度满足技术要求的前提下，蜗杆、蜗轮齿面硬度差越大，抗胶合能力越强，通常蜗杆的齿面硬度应高于蜗轮，故用热处理的方法提高蜗杆齿面硬度很重要，这就要求蜗杆材料要具有良好的热处理、切削和磨削性能。

常用的蜗杆材料有碳素钢和合金钢两类。按热处理的不同可分为硬面蜗杆和调质蜗杆，

设计时应首先考虑选用硬面蜗杆,但要注意硬面蜗杆制造时必须磨削;在缺乏磨削设备或蜗杆传动承受短期冲击载荷作用时,可选用调质蜗杆。常用蜗杆材料及工艺要求见表 8.7。

表 8.7 常用蜗杆材料及工艺要求

材料牌号	热处理	硬度	轮齿表面粗糙度 $Ra/\mu m$
40Cr,40CrNi,42SiMn,35CrMo,38SiMnMo	表面淬火	45~55HRC	1.6~0.8
20Cr,20CrMnTi,16CrMn,20CrV	渗碳淬火	58~63HRC	1.6~0.8
45,40Cr,42CrMo,35SiMn	调质	<350HBW	6.3~3.2
38CrMoAlA,50CrV,35CrMo	表面渗氮	65~70HRC	3.2~1.6

2. 蜗轮材料

蜗轮材料通常是指蜗轮齿冠部分的材料。考虑到蜗杆传动难于达到高的接触精度,滑动速度又较大,以及蜗杆变形等因素,故蜗杆、蜗轮不能都用硬材料制造,通常蜗轮用减摩性良好的软材料来制造。设计时可根据滑动速度 v_s 选择蜗轮材料,常用的材料有:

(1)铸造锡青铜 其耐磨性最好,抗胶合能力高,易加工,用于重要传动,允许的滑动速度 v_s 可达 25m/s,但价格昂贵。常用的有 ZCuSn5Pb5Zn5、ZCuSn10P1 等。其中后者常用于 $v_s<8m/s$ 的传动。

(2)铸造铝青铜 强度较高但价格较锡青铜便宜,其他性能均比锡青铜略差,一般用于 $v_s<4m/s$ 的传动,且与之配套的蜗杆硬度不低于 45HRC。常用的有 ZCuAl10Fe3,ZCuAl10Fe3Mn2 等。

(3)灰铸铁 其各项性能远不如前面两类材料,但价格便宜,适用于 $v_s<2\ m/s$ 的低速且对效率要求不高的一般传动。

为了防止变形,常对蜗轮进行时效处理。

8.3.3 蜗杆和蜗轮的结构

1. 蜗杆传动的精度选择

设计蜗杆传动时,首先应选定传动的精度。

GB/T 10089—2018 对蜗杆、蜗轮和蜗杆传动规定了 12 个精度等级,从 1 级到 12 级,精度等级由高到低。机械制造中蜗杆传动最常用的精度等级为 7~9 级,其应用条件见表 8.8;对于蜗轮分度圆圆周速度大于 5m/s 或运动准确性要求较高的场合,常用的精度等级为 5~6 级。

表 8.8 普通圆柱蜗杆传动常用的精度等级及其应用

精度等级	蜗轮分度圆圆周速度/(m/s)	使用场合
7	≤5	一般中速减速器
8	≤3	不重要的传动,间歇工作的动力装置
9	≤1.5	手动、低速、间歇、开式传动

2. 蜗杆的结构

蜗杆螺旋部分的直径一般与轴径相差不大,因此蜗杆多与轴做成一体,称为蜗杆轴,结构如图 8.12 所示。常用车或铣加工,车制蜗杆如图 8.12a 所示,仅适用于蜗杆齿根圆直径

d_{f1} 大于轴径 d_0 时;铣制蜗杆如图 8.12b 所示,无退刀槽,且 d_{f1} 可小于 d_0,所以其刚度较车制蜗杆大。当蜗杆齿根圆与相配的轴的直径之比 $d_{f1}/d_0>1.7$ 时,可采用装配式。

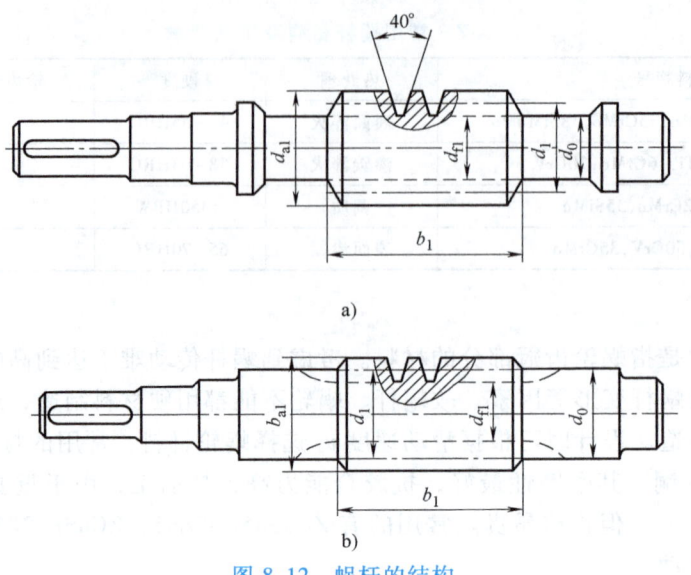

图 8.12 蜗杆的结构

3. 蜗轮的结构

蜗轮的结构可分为整体式和组合式,如图 8.13 所示。整体式适用于铸铁蜗轮、铝合金蜗轮及分度圆直径小于 100mm 的青铜蜗轮,如图 8.13a 所示。在其他情况下,为了节省贵重金属,一般采用组合式结构。组合式蜗轮可分为三种结构。

(1) 齿圈式　为了节约贵重的有色金属,采用青铜蜗轮时,尽可能做成齿圈式结构,如图 8.13b 所示。齿圈与铸铁轮芯多用 H7/r6 过盈配合。为了增加过盈配合的可靠性,有时沿着接合缝还要拧上 4~5 个螺钉。螺钉孔中心线偏向材料较硬的轮芯一侧 1~2mm,螺钉的直径取 1.2~1.4 倍的模数,长度取齿宽的 30%~40%。该结构适用于中等尺寸及工作温度变化较小的蜗轮。

(2) 螺栓连接式　当蜗轮直径较大时,可采用普通螺栓或铰制孔用螺栓连接齿圈和轮芯,如图 8.13c 所示。后者更好,适用于大尺寸蜗轮。

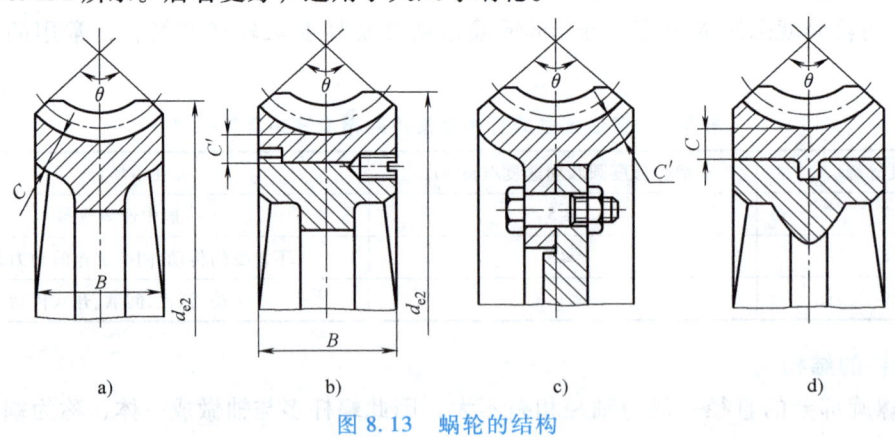

图 8.13 蜗轮的结构
$C=1.5m$, $C'=1.6m+1.5mm$

（3）拼铸式 将青铜齿圈浇注在铸铁轮芯上，然后再切齿，如图 8.13d 所示。该结构适用于中等尺寸、批量生产的蜗轮。

8.4 普通圆柱蜗杆传动承载能力及热平衡计算

8.4.1 蜗杆传动的受力分析

受力分析的目的在于为蜗杆传动的强度计算及为轴、轴承的设计计算做准备。蜗杆传动的受力分析和斜齿圆柱齿轮传动类似，与齿轮不同之处在于失效发生在蜗轮上，因此受力分析应从蜗轮入手。但由于蜗杆传动的啮合摩擦功耗大，通常以传动效率 η 近似考虑该损耗。

1. 计算公式

图 8.14 所示是以右旋蜗杆为主动件，并沿图示的方向旋转时，蜗杆、蜗轮齿面上的受力情况。设法向力 F_n 集中作用在节点 P 处，F_n 可分解为 3 个正交力：圆周力、轴向力和径向力，蜗杆上分别为 F_{t1}、F_{a1}、F_{r1}，蜗轮上分别为 F_{t2}、F_{a2}、F_{r2}。当蜗杆轴与蜗轮轴的轴交角为 90°时，由力的作用与反作用原理可知，F_{t1} 与 F_{a2}，F_{a1} 与 F_{t2}，F_{r1} 与 F_{r2} 分别为大小相等、方向相反的力。各力的大小可按式（8.16）计算，单位均为 N。

$$\begin{cases} F_{t1}=F_{a2}=\dfrac{2T_1}{d_1} \\[4pt] F_{t2}=F_{a1}=\dfrac{2T_2}{d_2} \\[4pt] F_{r1}=F_{r2}=F_{t2}\tan\alpha \\[4pt] T_2=T_1 i\eta \\[4pt] F_n=\dfrac{F_{t2}}{\cos\alpha_n\cos\gamma}=\dfrac{2T_2}{d_2\cos\alpha_n\cos\gamma} \end{cases} \quad (8.16)$$

式中，T_1、T_2 分别为蜗杆、蜗轮的转矩（N·mm）。

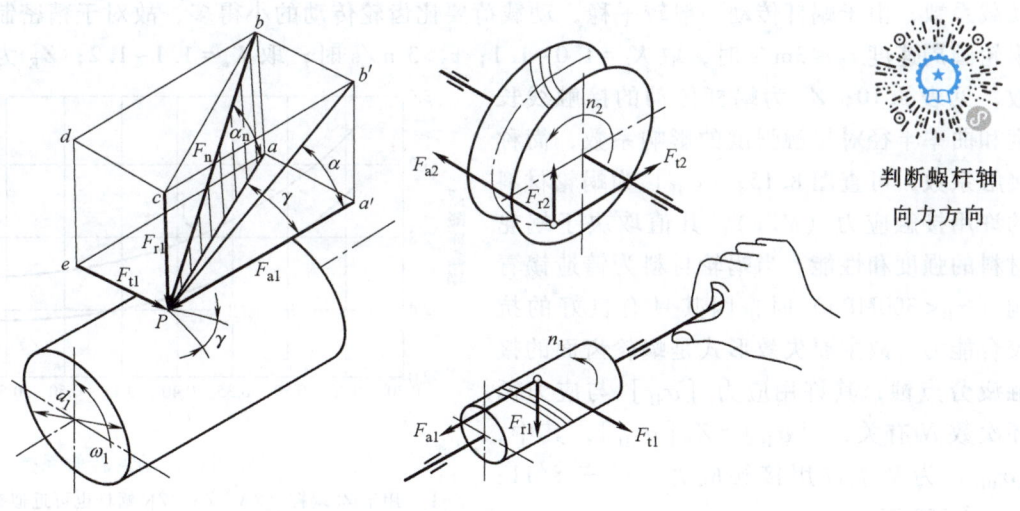

图 8.14 蜗杆传动的受力分析

2. 力的方向

蜗杆上圆周力、径向力和蜗轮上径向力方向的判别，方法与斜齿圆柱齿轮传动相同；蜗杆上的轴向力的方向取决于其螺旋线的旋向和蜗杆的转动方向，可按"主动轮右（左）手法则"（见7.5.2节）确定，右旋用右手，左旋用左手；蜗轮上圆周力、轴向力的方向分别与蜗杆上轴向力、圆周力方向相反。主动轮的圆周力与其转动方向相反，从动轮的圆周力与其转动方向一致。

8.4.2 蜗杆传动的强度计算

由设计准则可知：闭式蜗杆传动的强度主要取决于蜗轮轮齿的齿面接触疲劳强度和齿根弯曲疲劳强度；开式蜗杆传动的强度仅取决于蜗轮轮齿的齿根弯曲疲劳强度。

1. 蜗轮齿面接触疲劳强度计算

由蜗杆传动实质可知，在中平面内，蜗杆传动类似于斜齿轮与斜齿条的传动，故可依据赫兹接触应力公式仿照斜齿轮的分析方法计算蜗轮齿面的接触应力，并对其进行限制，以防止点蚀或胶合的发生。

由于ZA蜗杆具有直线齿廓，$\rho_1 \to \infty$，故节点处的综合曲率半径

$$\rho_\Sigma = \rho_1\rho_2/(\rho_1+\rho_2) \approx \rho_2 = d_2\sin\alpha/(2\cos\gamma)$$

将ρ_Σ和其他相应参数代入赫兹接触应力公式，整理后可得蜗轮齿面接触疲劳强度的验算公式为

$$\sigma_H = Z_E Z_\rho \sqrt{KT_2/a^3} \leq [\sigma_H] \tag{8.17}$$

由此式可推导得蜗轮齿面接触疲劳强度的设计公式为

$$a \geq \sqrt[3]{KT_2\left(\frac{Z_E Z_\rho}{[\sigma_H]}\right)^2} \tag{8.18}$$

式中，K为载荷系数，$K = K_A K_\beta K_v$，其中K_A为使用系数，见表8.9；K_β为齿向载荷分布系数，当蜗杆传动在平稳载荷下工作时，载荷分布不均现象将由于工作表面良好的磨合而得到改善，此时，可取$K_\beta = 1$；当载荷变化较大，或有冲击、振动时，可取$K_\beta = 1.3 \sim 1.6$；K_v为动载系数，由于蜗杆传动一般较平稳，动载荷要比齿轮传动的小得多，故对于精密制造，且蜗轮圆周速度$v_2 \leq 3$m/s时，取$K_v = 1.0 \sim 1.1$；$v_2 > 3$m/s时，取$K_v = 1.1 \sim 1.2$；Z_E为材料系数，见表8.10；Z_ρ为蜗杆传动的接触线长度和曲率半径对接触强度的影响系数，简称接触系数，可查图8.15；$[\sigma_H]$为蜗轮材料的许用接触应力（MPa），其值取决于蜗轮材料的强度和性能。当蜗轮材料为铸造锡青铜（$\sigma_B < 300$MPa）时，因其具有良好的抗胶合能力，故主要失效形式是蜗轮齿面的接触疲劳点蚀，其许用应力$[\sigma_H]$与应力循环次数N有关，$[\sigma_H] = Z_N[\sigma_{0H}]$，其中，$[\sigma_{0H}]$为基本许用接触应力，见表8.11；$Z_N = \sqrt[8]{10^7/N}$称为寿命系数，$N$的计算方法

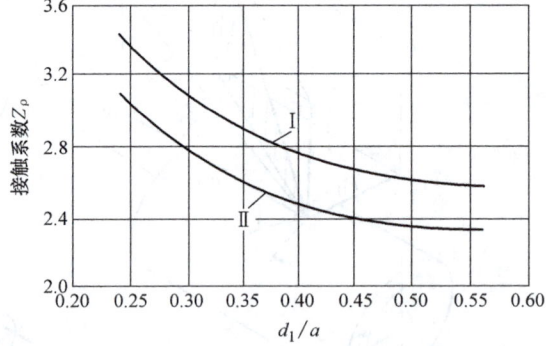

图8.15 圆柱蜗杆传动的接触系数

Ⅰ—用于ZI蜗杆（ZA、ZN、ZK蜗杆也可近似查用）
Ⅱ—用于ZC蜗杆

与齿轮的计算方法相同，但是当 $N>25×10^7$ 时，取 $N=25×10^7$；当 $N<2.6×10^5$ 时，取 $N=2.6×10^5$。当蜗轮材料为铸造铝青铜或铸铁（$\sigma_B>300\text{MPa}$）时，因其具有良好的抗点蚀能力，故主要失效形式是蜗轮齿面的胶合失效，由于胶合失效的强度计算还不完善，故采用接触疲劳强度进行条件性的计算，胶合不同于疲劳失效，其许用应力 $[\sigma_H]$ 与滑动系数有关而与应力循环次数 N 无关，其值可直接由表 8.12 查取。

表 8.9 使用系数 K_A

工作类型	I	II	III
载荷性质	均匀、无冲击	不均匀、小冲击	不均匀、大冲击
每小时起动次数	<25	25~50	>50
起动载荷	小	较大	大
K_A	1	1.15	1.2

表 8.10 材料系数 Z_E （单位：$\sqrt{\text{MPa}}$）

蜗杆材料	蜗轮材料			
	铸造锡青铜	铸造铝青铜	灰铸铁	球墨铸铁
钢	155.0	156.0	162.0	181.4
球墨铸铁	—	—	156.6	173.9

表 8.11 铸造锡青铜蜗轮的基本许用接触应力 $[\sigma_{0H}]$ （单位：MPa）

蜗轮材料	铸造方法	蜗杆螺旋面的硬度	
		≤45HRC	>45HRC
铸造锡磷青铜 ZCuSn10P1	砂模铸造	150	180
	金属模铸造	220	268
铸造锡铅锌青铜 ZCuSn5Pb5Zn5	砂模铸造	113	135
	金属模铸造	128	140
	离心铸造	158	183

表 8.12 铸造铝青铜及铸铁蜗轮的许用接触应力 $[\sigma_H]$ （单位：MPa）

材料		滑动速度/(m/s)						
蜗杆	蜗轮	<0.25	0.25	0.5	1	2	3	4
20 或 20Cr 渗碳淬火，45 钢淬火，齿面硬度大于 45HRC	灰铸铁 HT150	206	166	150	127	95	—	—
	灰铸铁 HT200	250	202	182	154	115	—	—
	铸造铝青铜 ZCuAl10Fe3	230	190	180	173	163	154	149
45 钢或 Q275	灰铸铁 HT150	172	139	125	106	79	—	—
	灰铸铁 HT200	208	168	152	128	96	—	—

由式（8.18）算出蜗杆传动中心距 a 后，可根据预定的传动比 i 从表 8.1 中选择一合适的 a 值，以及相应的蜗杆、蜗轮的参数。

2. 蜗轮齿根弯曲疲劳强度计算

在蜗轮齿数 $z_2>90$ 或开式蜗杆传动中，蜗轮轮齿常因弯曲强度不足而失效。在闭式蜗杆传动中通常只做弯曲强度的校核计算，但这种计算是必须进行的。因为蜗轮轮齿的弯曲强度不只是为了判别其弯曲断裂的可能性，对于承受重载的动力蜗杆副，蜗轮轮齿的弯曲变形量直接影响到蜗杆副的运动平稳性精度。

由于蜗轮的形状较复杂，且离中平面越远的平行截面上轮齿越厚，故其齿根弯曲强度高于斜齿轮。因此，蜗轮轮齿的弯曲疲劳强度难于精确计算，只能进行条件性的概略估算。按照斜齿圆柱齿轮的计算方法，经推导可得蜗轮齿根弯曲疲劳强度的验算公式为

$$\sigma_F = \frac{1.53KT_2}{d_1 d_2 m} Y_{Fa2} Y_\beta \leq [\sigma_F] \tag{8.19}$$

将 $d_2 = mz_2$ 带入式（8.19）并整理，得设计式

$$m^2 d_1 \geq \frac{1.53KT_2}{z_2 [\sigma_F]} Y_{Fa2} Y_\beta \tag{8.20}$$

式中，$[\sigma_F]$ 为蜗轮的许用弯曲应力（MPa），其值 $[\sigma_F] = [\sigma_{0F}] Y_N$，其中 $[\sigma_{0F}]$ 为考虑齿根应力修正系数后的基本许用弯曲应力，见表 8.13；Y_N 为寿命系数，$Y_N = \sqrt[9]{10^6/N}$；N 为应力循环次数，计算方法同前，当 $N>25\times10^7$ 时，取 $N=25\times10^7$；当 $N<10^5$ 时，取 $N=10^5$。Y_{Fa2} 为蜗轮齿形系数，按蜗轮当量齿数 $z_{v2} = z/\cos^3\gamma$ 及蜗轮的变位系数查图 8.16；Y_β 为螺旋角系数，$Y_\beta = 1-\gamma/140°$。

表 8.13 蜗轮材料的基本许用弯曲应力 $[\sigma_{0F}]$ （单位：MPa）

蜗轮材料		铸造方法	单侧工作	双侧工作
铸造锡青铜 ZCuSn10P1		砂模铸造	40	29
		金属模铸造	56	40
铸造锡青铜 ZCuSn5Pb5Zn5		砂模铸造	26	22
		金属模铸造	32	26
铸造铝青铜 ZCuAl10Fe3		砂模铸造	80	57
		金属模铸造	90	64
灰铸铁	HT150	砂模铸造	40	28
	HT200	砂模铸造	48	34

8.4.3 蜗杆的刚度计算

如果蜗杆刚度不足，受载后产生过大的变形，就会影响正确啮合，造成偏载，加剧磨损。因此，对于受力后会产生较大变形的蜗杆，必须进行蜗杆弯曲刚度的校核计算。校核时通常将蜗杆螺旋部分看成以蜗杆齿根圆直径为直径的轴段，采用条件性计算，其刚度条件为

$$y = \frac{\sqrt{F_{t1}^2 + F_{r1}^2}}{48EI} l^3 \leq [y] \tag{8.21}$$

式中，y 为蜗杆弯曲变形的最大挠度（mm）；I 为蜗杆危险截面的惯性矩（mm⁴），$I = \pi d_{f1}^4/64$，其中 d_{f1} 为蜗杆齿根圆直径（mm）；E 为蜗杆材料的拉、压弹性模量（MPa），通常 $E = 2.06\times$

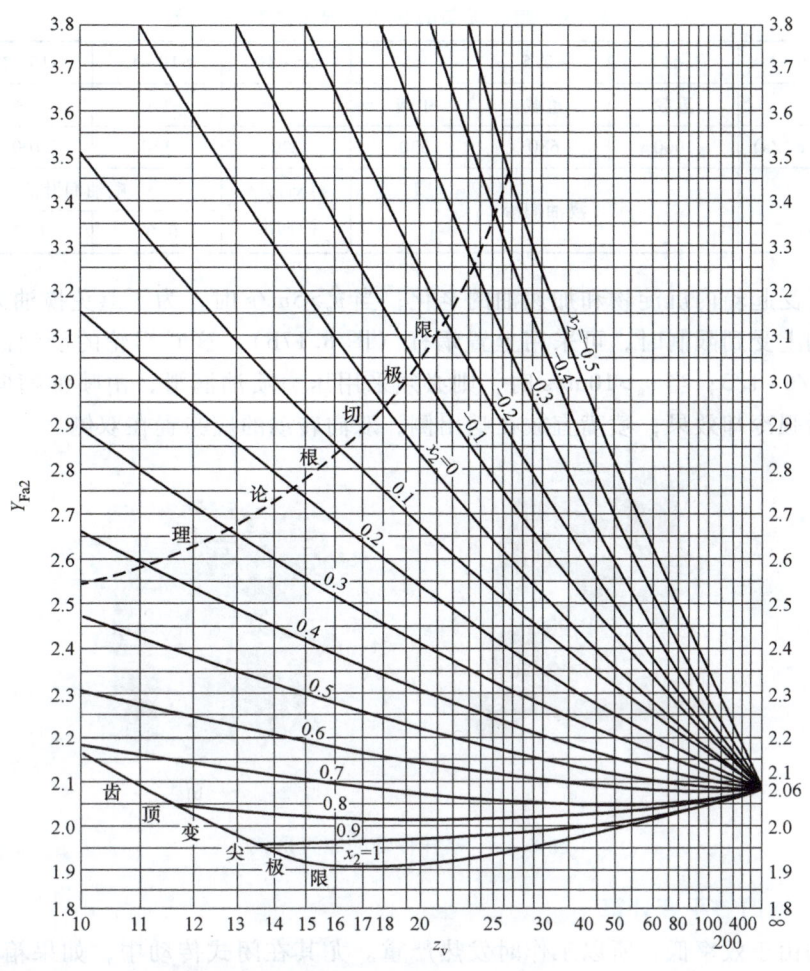

图 8.16 蜗轮的齿形系数

10^5 MPa；l 为蜗杆两端支承间的跨距（mm），视具体结构而定，初步计算时可取 $l \approx 0.9 d_2$，其中 d_2 为蜗轮分度圆直径；$[y]$ 为蜗杆许用最大挠度，通常取 $[y] = d_1/1000$，此处 d_1 为蜗杆分度圆直径（mm）。

8.4.4 蜗杆传动的润滑和热平衡计算

1. 蜗杆传动的润滑方法及布置形式

（1）蜗杆传动的润滑方法　润滑对蜗杆传动尤其重要。充分润滑可以降低齿面的工作温度，减少磨损和避免胶合失效。蜗杆传动常采用黏度大的矿物油进行润滑，为了提高其抗胶合能力，必要时可加入油性添加剂以提高油膜的黏度。但青铜蜗轮不允许采用活性大的油性添加剂，以免被腐蚀。通常可根据载荷的类型和相对滑动速度的大小选用润滑油的黏度和润滑方法，其推荐值见表 8.14。

（2）蜗杆传动的布置形式　蜗杆的布置形式有下置蜗杆与上置蜗杆两种，如图 8.17 所示。若采用油池浸油润滑，当 $v_s \leqslant 5$ m/s 时，可采用下置蜗杆（图 8.17a），蜗杆的浸油深度至少为一个齿高，且油面不应超过滚动轴承最低滚动体的中心，油池容量宜适当加大些，以

表 8.14 蜗杆传动的润滑油黏度及润滑方法

滑动速度 v_s/(m/s)	<1	<2.5	<5	>5~10	>10~15	>15~25	>25
工作条件	重载	重载	中载	—	—	—	—
运动黏度 ν_{40}/(mm²/s)	1000	680	320	220	150	100	68
润滑方法	浸油润滑			浸油或喷油润滑	喷油润滑油压 p/MPa		
					0.07	0.2	0.3

免蜗杆工作时泛起箱内沉淀物和加速油的老化;当 $v_s>5$m/s 时,为了避免搅油太甚、发热过多,或在结构上受到限制时,可采用上置蜗杆(图 8.17b),这时蜗轮的浸油深度允许达到蜗轮半径的 1/6~1/3;当 $v_s>10$m/s 时,则必须采用压力喷油润滑,由喷油嘴向传动的啮合区供油,为增强冷却效果,喷嘴宜放在啮出侧,双向转动的应布置在双侧。

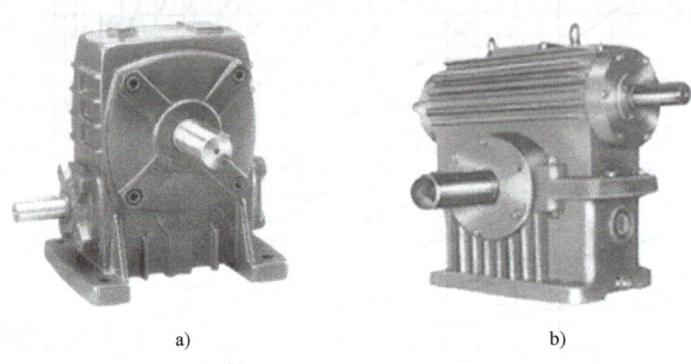

图 8.17 蜗杆传动的布置形式

2. 蜗杆传动的热平衡计算

蜗杆传动由于效率低,所以工作时发热严重。尤其在闭式传动中,如果箱体散热不良,润滑油的温度过高将降低润滑的效果,从而增大摩擦功耗,甚至发生胶合。为了使油温保持在允许范围内,防止胶合的发生,必须进行热平衡的计算。

在热平衡状态下,蜗杆传动单位时间内由摩擦功耗产生的热量等于箱体散发的热量,即

$$1000P(1-\eta) = K_s A(t_i - t_0)$$

$$t_i = \frac{1000P(1-\eta)}{K_s A} + t_0 \tag{8.22}$$

式中,P 为蜗杆传递的功率(kW);K_s 为箱体表面传热系数[W/(m²·K)],即单位箱体面积、单位温差吸收或放出的热量,可取 $K_s = 8.15~17.45$W/(m²·K),当周围空气流通良好时,取偏大值;t_0 为周围空气的温度(℃),通常取 $t_0 = 20$℃;t_i 为热平衡时油的工作温度(℃),一般限制在 60~70℃,最高不超过 80℃;A 为箱体有效散热面积(m²),即箱体内表面能被润滑油浸到或飞溅到而外表面直接与空气接触的箱体表面积。如果箱体有散热片,则有效面积按原面积的 1.5 倍估算;对于散热片布置良好的固定式蜗杆减速器,其散热面积可按 $A = 9 \times 10^{-5} a^{1.88}$ 估算,其中 a 为中心距(mm)。

当油温超过 80℃时,说明散热面积不足,可用以下散热措施提高散热能力。

(1)加散热片以增加散热面积 采用散热片时,为保持正常工作的油温所需的总散热

面积为

$$A = \frac{1000P(1-\eta)}{K_s(t_i - t_0)} \tag{8.23}$$

（2）在蜗杆轴端加装风扇以提高表面传热系数　如图8.18a所示，加装风扇时表面传热系数 K'_s 可按表8.15选取。此时，总功耗加大，传动总效率 η 除了考虑啮合效率 η_1、轴承效率 η_2、搅油效率 η_3 外，还应考虑风扇效率 η_4。

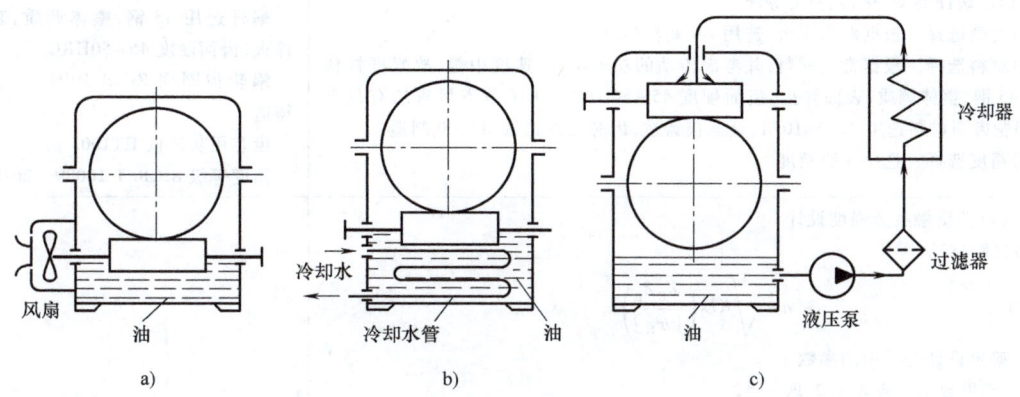

图8.18　蜗杆传动的散热方法

表8.15　风冷时的表面传热系数

蜗杆转速	750	1000	1250	1550
$K'_s/[W/(m^2 \cdot K)]$	27	31	35	38

风扇功耗 ΔP_F（kW）为

$$\Delta P_F = 1.5 v_F^3 \times 10^{-5}$$

式中，$v_F = \pi D_F n_F / (60 \times 1000)$ 为风扇叶轮的圆周速度（m/s），其中，D_F 为风扇叶轮外径（mm）；n_F 为风扇转速（r/min）。

风扇效率为

$$\eta_4 = (P - \Delta P_F)/P$$

此时蜗杆传动的总效率为 $\eta = \eta_1 \eta_2 \eta_3 \eta_4$，因此由摩擦功耗所产生的热量 H_1（W）为

$$H_1 = 1000P(1-\eta)$$

散发到空气中的热量 H_2（W）为

$$H_2 = (K'_s A_1 + K_s A_2)(t_i - t_0)$$

式中，A_1、A_2 分别为风冷面积及自然冷却面积（m²）；其他符号意义同前。

加装风扇后达到热平衡时的工作油温为

$$t_i = \frac{1000P(1-\eta)}{(K'_s A_1 + K_s A_2)} + t_0 \tag{8.24}$$

（3）加循环冷却设施　如图8.18b所示，在油池中安装循环蛇形冷却水管，使冷水和油池中热油进行热交换，以达降低油温的目的。

（4）外冷却喷油润滑　如图8.18c所示，通过外冷却器，将热油冷却后直接喷到蜗杆啮合区，从而降低热平衡时的工作温度。

例 8.1 试设计某运输机用的 ZA 蜗杆减速器的蜗杆传动。已知该传动系统由 Y 系列三相异步电动机驱动,蜗杆轴输入功率 $P=9\text{kW}$,蜗杆转速 $n_1=1440\text{r/min}$,传动比 $i=20$,工作载荷较稳定,但有不大的冲击,单向转动,工作寿命 12000h。

解:

设计项目及依据	设计结果
1. 选定蜗杆类型、材料、精度等级 (1)类型选择　根据题目要求,选用 ZA 蜗杆传动 (2)材料选择　根据常用材料,并考虑传动的功率不大,速度中等,故蜗杆材料选用 45 钢,整体调质,表面淬火,齿面硬度 45~50HRC。为了节省贵重的有色金属,蜗轮齿圈材料选用 ZCuSn10P1,金属模铸造,齿芯用灰铸铁 HT100 制造 (3)精度选择　选用 8 级精度	选用 ZA 蜗杆传动 蜗杆选用 45 钢,整体调质,表面淬火,齿面硬度 45~50HRC 蜗轮齿圈用 ZCuSn10P1,金属模铸造 齿芯用灰铸铁 HT100 精度等级 8 GB/T 10089—2018
2. 按齿面接触疲劳强度设计 由式(8.18), $$a \geq \sqrt[3]{KT_2\left(\frac{Z_E Z_\rho}{[\sigma_H]}\right)^2}$$ (1)确定设计公式中的参数 1)初选齿数 z_1。查表 8.2,取 $z_1=2$ 2)传动效率 η。查表 8.4,估取效率 $\eta=0.8$ 3)计算作用在蜗轮上的转矩 T_2 $$T_2 = 9.55\times 10^6 P_2/n_2 = 9.55\times 10^6 \frac{P\eta}{n_1/i}$$ $$= 9.55\times 10^6 \times \frac{9\times 0.8}{1440/20}\text{N}\cdot\text{mm} = 95.5\times 10^4\text{N}\cdot\text{mm}$$ 4)确定载荷系数 K。因载荷较稳定,故取载荷分布系数 $K_\beta=1$;由表 8.9 选取使用系数 $K_A=1.15$;由于转速不高,冲击不大,可取动载系数 $K_v=1.1$;则 $$K = K_A K_v K_\beta = 1.15\times 1.1\times 1 = 1.27$$ 5)材料系数 Z_E。查表 8.10,取 $Z_E=155\sqrt{\text{MPa}}$ 6)初选接触系数 Z'_ρ。假设蜗杆分度圆直径 d_1 和中心距 a 之比 $d_1/a=0.35$,查图 8.15,初取 $Z'_\rho=2.9$ 7)确定许用接触应力。蜗轮材料的基本许用应力:查表 8.11,取 $[\sigma_{0H}]=268\text{MPa}$ 应力循环次数:$N=60\gamma n_2 t_h = 60\times 1\times \frac{1440}{20}\times 12000 = 5.184\times 10^7$ 寿命系数:$Z_N = \sqrt[8]{10^7/N} = \sqrt[8]{10^7/(5.184\times 10^7)} = 0.814$ 许用接触应力:$[\sigma_H] = Z_N[\sigma_{0H}] = 0.814\times 268\text{MPa} = 218.2\text{MPa}$ (2)设计计算 1)计算中心距 a $$a \geq \sqrt[3]{1.27\times 95.5\times 10^4 \left(\frac{155\times 2.9}{218.2}\right)^2} = 172.66\text{mm}$$ 取 $a=200\text{mm}$ 2)初选模数 m、蜗杆分度圆直径 d_1、分度圆导程角 γ。根据 $a=200\text{mm}$,$i=20$,查表 8.1,取 $m=8\text{mm}$,$d_1=80\text{mm}$,$\gamma=11°18'36''$ 3)确定接触系数 Z_ρ。根据 $d_1/a=80/200=0.4$,查图 8.15,取 $Z_\rho=2.74$ 4)计算滑动速度 v_s $$v_s = \frac{\pi d_1 n_1}{60\times 1000\cos\gamma} = \frac{\pi\times 80\times 1440}{60\times 1000\cos 11°18'36''}\text{m/s} = 6.15\text{m/s}$$	$z_1=2$ $\eta=0.8$ $T_2=95.5\times 10^4\text{N}\cdot\text{mm}$ $K_\beta=1$ $K_A=1.15$ $K_v=1.1$ $K=1.27$ $Z_E=155\sqrt{\text{MPa}}$ $Z'_\rho=2.9$ $[\sigma_{0H}]=268\text{MPa}$ $N=5.184\times 10^7$ $Z_N=0.814$ $[\sigma_H]=218.2\text{MPa}$ $a=200\text{mm}$ $m=8\text{mm}$ $d_1=80\text{mm}$ $\gamma=11°18'36''$ $Z_\rho=2.74$ $v_s=6.15\text{m/s}$

(续)

设计项目及依据	设计结果
5)当量摩擦角 ρ_v。查表 8.3,取 $\rho_v = 1°16'$(取大值) 6)计算啮合效率 η_1 $$\eta_1 = \frac{\tan\gamma}{\tan(\gamma+\rho_v)} = \frac{\tan 11°18'36''}{\tan(11°18'36''+1°16')} = 0.90$$ 7)传动效率 η。取轴承效率 $\eta_2 = 0.99$,搅油效率 $\eta_3 = 0.98$,则 $$\eta = \eta_1\eta_2\eta_3 = 0.9 \times 0.99 \times 0.98 = 0.87$$ 8)验算齿面接触疲劳强度 $$T_2 = 9.55 \times 10^6 \frac{P\eta}{n_1/i} = 9.55 \times 10^6 \times \frac{9 \times 0.87}{1440/20} \text{N·mm} = 103.86 \times 10^4 \text{N·mm}$$ $$\sigma_H = Z_E Z_\rho \sqrt{KT_2/a^3} = 155 \times 2.74 \times \sqrt{1.27 \times 103.86 \times 10^4/200^3} \text{MPa} = 172.45 \text{MPa} \leq [\sigma_H]$$ 原选参数满足齿面接触疲劳强度的要求	$\rho_v = 1°16'$ $\eta_1 = 0.90$ $\eta = 0.87$ $\sigma_H = 172.45 \text{MPa} \leq [\sigma_H]$ 疲劳强度合格
3. 主要几何尺寸计算 查表 8.1,取 $m = 8\text{mm}, d_1 = 80\text{mm}, z_1 = 2, z_2 = 41, \gamma = 11°18'36'', x_2 = -0.5$ (1)蜗杆 1)齿数 z_1。$z_1 = 2$ 2)分度圆直径 d_1。$d_1 = 80\text{mm}$ 3)齿顶圆直径 d_{a1}。$d_{a1} = d_1 + 2h_{a1} = (80 + 2 \times 8)\text{mm} = 96\text{mm}$ 4)齿根圆直径 d_{f1}。$d_{f1} = d_1 - 2h_f = (80 - 2 \times 1.2 \times 8)\text{mm} = 60.8\text{mm}$ 5)分度圆导程角 γ。$\gamma = 11°18'36''$ 6)轴向齿距 p_{x1}。$p_{x1} = \pi m = \pi \times 8\text{mm} = 25.133\text{mm}$ 7)轮齿部分长度 b_1 $b_1 \geq m(11 + 0.06z_2) = 8\text{mm} \times (11 + 0.06 \times 41) = 107.68\text{mm}$,由表 8.4,取 $b_1 = 120\text{mm}$ (2)蜗轮 1)齿数 z_2。$z_2 = 41$ 2)变位系数 x_2。$x_2 = -0.5$ 3)验算传动比相对误差。传动比 i $$i = \frac{z_2}{z_1} = \frac{41}{2} = 20.5$$ 传动比相对误差 $\left\|\frac{20-20.5}{20}\right\| = 2.5\% < 5\%$ 在允许范围内 4)蜗轮分度圆直径 d_2 $$d_2 = mz_2 = 8\text{mm} \times 41 = 328\text{mm}$$ 5)蜗轮齿顶圆直径 d_{a2} $$d_{a2} = d_2 + 2h_{a2} = [328 + 2 \times 8(1 - 0.5)]\text{mm} = 336\text{mm}$$ 6)蜗轮齿根圆直径 d_{f2} $$d_{f2} = d_2 - 2h_{f2} = [328 - 2 \times 8(1.2 + 0.5)]\text{mm} = 300.8\text{mm}$$ 7)蜗轮咽喉母圆半径 r_{g2} $$r_{g2} = a - \frac{1}{2}d_{a2} = \left(200 - \frac{1}{2} \times 336\right)\text{mm} = 32\text{mm}$$	 $d_1 = 80\text{mm}$ $d_{a1} = 96\text{mm}$ $d_{f1} = 60.8\text{mm}$ $\gamma = 11°18'36''$ $p_{x1} = 25.133\text{mm}$ $b_1 = 120\text{mm}$ $z_2 = 41$ $x_2 = -0.5$ $i = 20.5$ 所以满足要求 $d_2 = 328\text{mm}$ $d_{a2} = 336\text{mm}$ $d_{f2} = 300.8\text{mm}$ $r_{g2} = 32\text{mm}$

设计项目及依据	设计结果
4. 校核齿根弯曲疲劳强度 由式(8.19)，$$\sigma_F = \frac{1.53KT_2}{d_1 d_2 m} Y_{Fa2} Y_\beta \leq [\sigma_F]$$ (1) 确定验算公式中的参数 1) 确定许用弯曲应力$[\sigma_F]$。基本许用弯曲应力：查表8.13，$[\sigma_{F0}] = 56$MPa 寿命系数：$Y_N = \sqrt[9]{10^6/N} = \sqrt[9]{10^6/(5.184 \times 10^7)} = 0.645$ 许用弯曲应力：$[\sigma_F] = [\sigma_{0F}] Y_N = 56\text{MPa} \times 0.645 = 36.12\text{MPa}$ 2) 当量齿数 z_{v2} $$z_{v2} = \frac{z_2}{\cos^3 \gamma} = \frac{41}{\cos^3 11.31°} = 43.48$$ 3) 齿形系数Y_{Fa2}。查图8.16，$Y_{Fa2} = 2.87$ 4) 螺旋角系数 γ_β $$Y_\beta = 1 - \gamma/140° = 1 - 11.31°/140° = 0.9192$$ (2) 校核计算 $$\sigma_F = \frac{1.53 \times 1.27 \times 95.5 \times 10^4}{80 \times 328 \times 8} \text{MPa} \times 2.87 \times 0.9192 = 23.32\text{MPa} \leq [\sigma_F]$$	$[\sigma_{F0}] = 56$MPa $Y_N = 0.645$ $[\sigma_F] = 36.12$MPa $z_{v2} = 43.48$ $Y_{Fa2} = 2.87$ $Y_\beta = 0.9192$ $\sigma_F = 23.32\text{MPa} \leq [\sigma_F]$ 所以弯曲强度满足要求
5. 热平衡计算 (1) 估算散热面积 A $$A = 9 \times 10^{-5} a^{1.88} = 9 \times 10^{-5} \times 200^{1.88} \text{m}^2 = 1.91 \text{m}^2$$ (2) 验算油的工作温度 t_i 取 $t_0 = 20℃$，$K_s = 14\text{W}/(\text{m}^2 \cdot \text{K})$，由式(8.22)，得 $$t_i = \frac{1000P(1-\eta)}{K_s A} + t_0$$ $$= \frac{1000 \times 9 \times (1-0.87)}{14 \times 1.91}℃ + 20℃ = 63.8℃ < 70℃$$	$A = 1.91\text{m}^2$ $t_i = 63.8℃ < 70℃$ 所以满足热平衡要求
6. 润滑方式 根据 $v_s = 6.15$m/s，查表8.14，采用浸油润滑，蜗杆上置 油的运动黏度 $\nu_{40} = 220\text{mm}^2/\text{s}$	浸油润滑，蜗杆上置 $\nu_{40} = 220\text{mm}^2/\text{s}$
7. 结构设计及绘制零件工作图 1) 蜗杆。车制，其零件工作图如图8.19所示(注：蜗杆轴其余部分结构设计及参数计算参见轴的设计，从略) 2) 蜗轮。采用齿圈压配式结构，其零件工作图略	

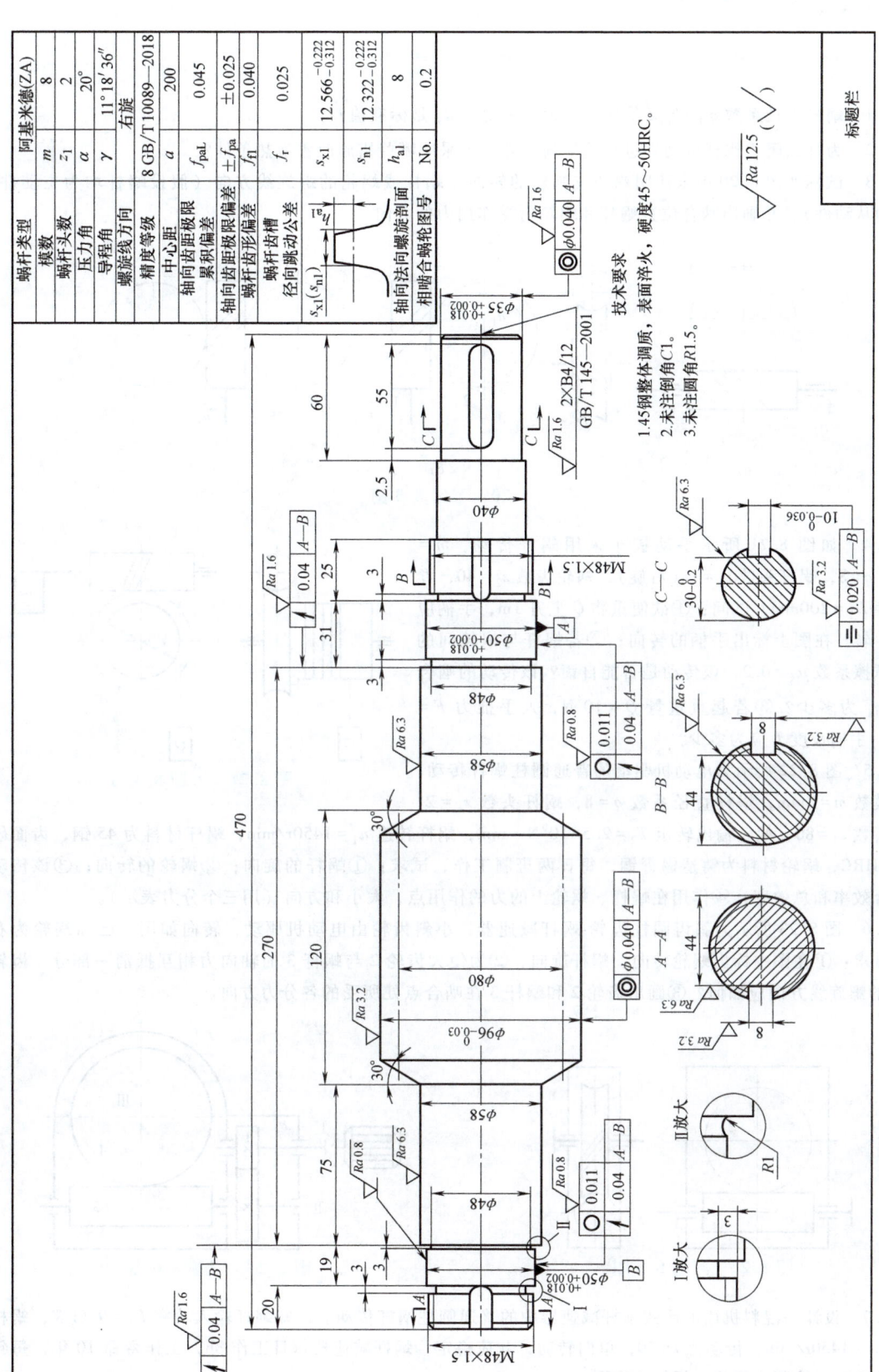

图 8.19 蜗杆零件工作图

习 题

8.1 蜗杆直径系数 q 的含义是什么？为什么规定 d_1 是标准值？

8.2 为什么闭式蜗杆传动要进行热平衡计算？可采取哪些措施改善散热条件？

8.3 试标明图 8.20 中未注明蜗杆或蜗轮的转向及蜗杆或蜗轮的螺旋线方向（假设蜗杆均为主动件，蜗轮为从动件），并画出啮合位置蜗杆和蜗轮所受作用力的方向。

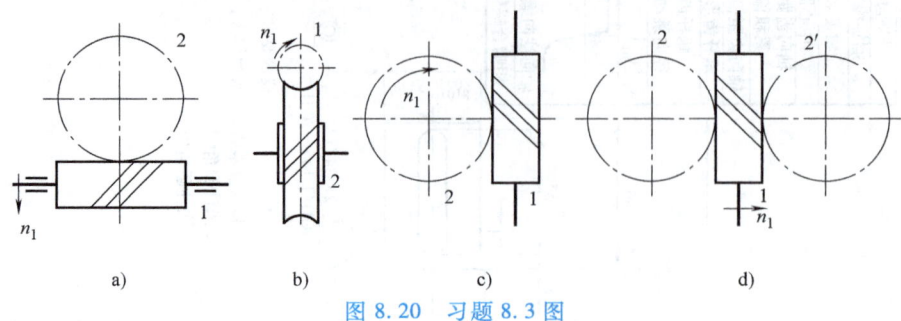

图 8.20 习题 8.3 图

8.4 如图 8.21 所示手动绞车采用蜗杆传动，$m=5\text{mm}$，$q=8$，蜗杆头数 $z_1=1$（右旋），蜗轮齿数 $z_2=40$，卷筒直径 $D_2=200\text{mm}$，试问：①欲使重物 Q 上升 1m，手柄应转多少转？在图上标出手柄的转向；②若蜗杆与蜗轮间的当量摩擦系数 $\mu_v=0.2$，该传动是否能自锁？该传动的啮合效率 η_1 为多少？③若起重重量 $Q=10^4\text{N}$，人手推力 $F=200\text{N}$，手柄长度 L 应为多少？

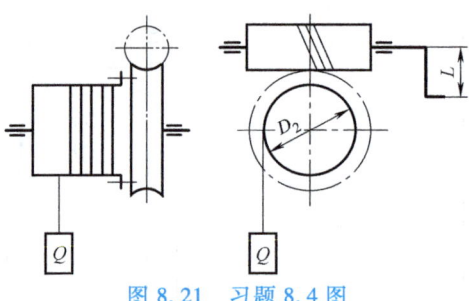

图 8.21 习题 8.4 图

8.5 图 8.22 所示为电动机驱动的普通圆柱蜗杆传动，已知模数 $m=8\text{mm}$，蜗杆直径系数 $q=8$，蜗杆头数 $z_1=2$，蜗轮齿数 $z_2=80$，蜗轮输出转矩 $T_2=2.5\times10^6\text{N}\cdot\text{mm}$，蜗杆转速 $n_1=1450\text{r/min}$，蜗杆材料为 45 钢，齿面硬度 >45HRC，蜗轮材料为铸造锡青铜，每日两班制工作，试求：①蜗杆的旋向；②蜗轮的转向；③该传动的啮合效率和总效率；④作用在蜗杆、蜗轮上的力的作用点，大小和方向（用三个分力表示）。

8.6 图 8.23 所示为斜齿圆柱齿轮-蜗杆减速器，小斜齿轮由电动机驱动，转向如图。已知蜗轮为右旋。试求：①在图中标出蜗轮转向、蜗杆旋向；②为使大齿轮 2 与蜗杆 3 的轴向力相互抵消一部分，齿轮 1、2 的螺旋线方向应如何？③画出齿轮 2 和蜗杆 3 在啮合点处所受的各分力方向。

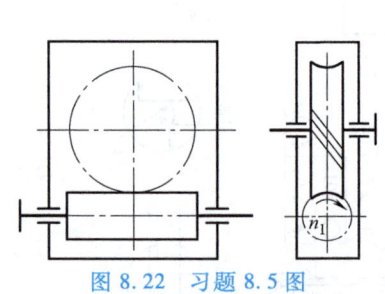

图 8.22 习题 8.5 图

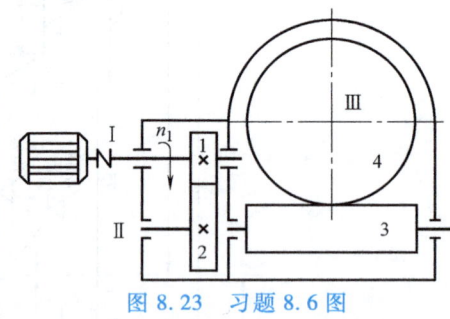

图 8.23 习题 8.6 图

8.7 设计一混料机用的闭式蜗杆减速器中的普通圆柱蜗杆传动。已知蜗杆输入功率 $P_1=9.6\text{kW}$，蜗杆转速 $n_1=1450\text{r/min}$，传动比 $i=20$，单向转动，载荷稳定，蜗杆减速器每日工作 8h，工作寿命 10 年，每年工作 300 天，绘制出蜗轮、蜗杆工作图。

第4篇　轴系零、部件

本篇主要包括轴，滚动轴承，摩擦、磨损及滑动轴承，联轴器、离合器和制动器。

轴用于支撑轴上的回转件并传递运动和动力。轴按不同的分类原则可分为不同类型。减速器中的轴是机械中最常见的轴。轴上零件的设置决定了轴的结构，并且全部的轴上零件都需要可靠的定位，包括周向和轴向的定位。轴的结构设计除了要考虑轴上零件的定位还要考虑便于安装和拆卸、受力合理、容易加工、提高疲劳强度和刚度以及振动稳定性等。

轴承用于支承回转的轴及其上的零部件，按摩擦形式分为滚动轴承和滑动轴承。

滚动轴承一般为标准件，有较多的类型，需要设计者熟悉国家标准规定的轴承代号和工作特点，根据载荷和工作条件合理选用轴承，并进行疲劳寿命和静强度等的校核计算。此外，还须掌握关于滚动轴承的配置、固定、配合、润滑和密封等，能综合设计轴系零部件的结构。

摩擦、磨损及滑动轴承一章简要介绍了摩擦、磨损和润滑的基本概念及摩擦学基本理论，重点介绍了滑动轴承的类型和主要结构形式、混合润滑滑动轴承的设计计算、流体动压润滑的基本方程、形成流体动压润滑的必要条件和流体动压润滑径向轴承的设计计算等。

联轴器和离合器都是用于连接两轴并传递运动和转矩的部件。联轴器必须在机器停止后才能使两轴分离或接合；而离合器在机器运转过程中随时可以使两轴分离或接合。制动器是用于迫使机器迅速降低速度或停止运转的部件。

第 9 章 轴

9.1 轴的功用、类型及设计要求和步骤

9.1.1 轴的功用和类型

轴是机械中普遍使用的重要零件。轴一般要由滑动轴承或滚动轴承支承，使其上零件（齿轮、带轮等）具有确定的工作位置，并传递运动和动力。

根据轴线形状的不同，轴可分为直轴（图 9.1）、曲轴（图 9.2）和钢丝软轴（图 9.3）。曲轴主要用于做往复运动的机械中。钢丝软轴由几层紧贴在一起的钢丝层构成，可以把转矩和旋转运动灵活地传到任何位置，也可用于连续振动的场合，如振捣器等设备中。直轴应用广泛，可分为光轴（各处直径相等）和阶梯轴（各处直径不等的阶梯状）。本章重点介绍阶梯轴的设计，例如图 9.1 所示齿轮减速器中的轴。

图 9.1 直轴

图 9.2 曲轴

图 9.3 钢丝软轴

钢丝软轴

根据轴的承载情况不同，轴可分为转轴、传动轴和心轴三类。转轴既传递转矩又承受弯矩，如图 9.4 所示齿轮减速器中的轴；传动轴只传递转矩而不承受弯矩或承受弯矩很小，如汽车底盘下面由万向联轴器连接的传动轴（驱动轴），如图 9.5 所示；心轴则承受弯矩而不传递转矩，根据工作时轴是否转动又分为转动心轴和固定心轴，如铁路车辆的轴为转动心轴（图 9.6a）、自行车的前轴为固定心轴（图 9.6b）。这三种类型轴的承载情况及特点见表 9.1。

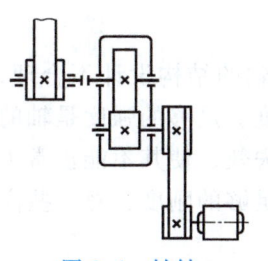
图 9.4 转轴

图 9.5 传动轴

a) 转动心轴

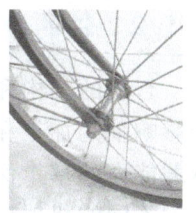
b) 固定心轴

图 9.6 心轴

表 9.1 转轴、传动轴和心轴的承载情况及特点

种类		举例	受力简图	特点
转轴				既承受弯矩又承受转矩,是机器中最常用的一种轴,剖面上受弯曲应力和扭转切应力的复合作用
传动轴				主要承受转矩,不承受弯矩或承受很小的弯矩,仅起传递动力的作用
心轴	转动心轴			只承受弯矩,不承受转矩,起支承作用。转动心轴的剖面上受变应力
	固定心轴			只承受弯矩,不承受转矩,起支承作用。固定心轴的剖面上受静应力

轴一般都制成实心的,但为减轻重量(如大型水轮机轴、航空发动机轴)或满足工作要求(如需在轴中心穿过其他零件或润滑油),也可用空心轴。

9.1.2 轴的设计要求和设计步骤

合理的结构和足够的强度是轴的设计必须满足的基本要求。如果轴的结构设计不合理，会影响轴的加工和装配工艺，增加制造成本，甚至影响轴的强度和刚度。足够的强度是轴的承载能力的基本保证。如果轴的强度不足，则会发生塑性变形或断裂失效，使其不能正常工作。不同的机器对轴的设计要求不同。如机床主轴、电动机轴要求有足够的刚度；对一些高速机械轴，如高速磨床主轴、汽轮机主轴等要考虑振动稳定性问题。

轴的通常设计步骤是：
1) 按工作要求选择轴的材料。
2) 估算轴的基本直径。
3) 设计轴的结构。
4) 校核计算轴的强度。
5) 必要时做刚度或振动稳定性等的校核计算。

在轴的设计计算过程中，应注意轴的设计计算与其他有关零件的设计计算往往相互联系、相互影响，因此必须结合进行。

9.2 轴的材料

轴的常用材料有碳素钢、合金钢及球墨铸铁。钢轴毛坯多是轧制圆钢或锻件。轴的常用材料及其主要力学性能见表 9.2。

表 9.2 轴的常用材料及其主要力学性能

材料及热处理	毛坯直径/mm	硬度 HBW	抗拉强度 σ_B	屈服强度 σ_S	弯曲疲劳极限	应用说明
			MPa			
Q235	≤40	—	440	225	200	用于不重要的轴
35 正火	≤100	149~187	520	270	250	有好的塑性和适当的强度，用于一般轴
45 正火	≤100	170~217	600	300	275	用于较重要的轴，应用最为广泛
45 调质	≤200	217~255	650	360	300	
40Cr 调质	≤100	241~286	750	550	350	用于载荷较大而无很大冲击的重要轴
	>100~300	241~266	700	550	340	
40MnB 调质	25	—	1000	800	485	性能接近于 40Cr，用于重要的轴
	≤200	241~286	750	500	335	
35CrMo 调质	≤100	207~269	750	550	390	用于重要的轴
20Cr 渗碳淬火回火	15	表面 HRC 56~62	850	550	375	用于要求强度、韧性及耐磨性均较高的轴
	≤60		650	400	280	

1. 碳素钢

优质中碳钢 30、35、40、45、50 钢因具有较高的综合力学性能，常用于比较重要或承载较大的轴，其中 45 钢应用最广。对于这类材料，可通过调质或正火等热处理方法改善和提高其力学性能。普通碳素钢 Q235、Q275 等可用于不重要或承载较小的轴。

2. 合金钢

合金钢具有较高的综合力学性能和较好的热处理性能，常用于重要性很强、承载很大而重量尺寸受限或有较高耐磨性、耐蚀性要求的轴。例如采用滑动轴承的高速轴，常用 20Cr、20CrMnTi 等低碳合金钢，经渗碳淬火后可提高轴颈耐磨性；汽轮发电机转子轴在高温、高速和重载条件下工作，必须具有良好的高温力学性能，常采用 27Cr2Mo1V、38CrMoAlA 等合金结构钢。值得注意的是：钢材的种类和热处理对其弹性模量影响甚小，因此若要采用合金钢代替碳素钢或通过热处理来提高轴的刚度，收效甚微。此外，合金钢对应力集中敏感性较强，且价格较高。

3. 球墨铸铁

球墨铸铁适于制造成形轴（如曲轴、凸轮轴等），它具有价廉、强度较高、良好的耐磨性、吸振性和易加工性以及对应力集中的敏感性较低等优点。但铸铁件品质不易控制，可靠性差。

9.3　轴的结构设计

轴的结构设计就是要确定轴的合理外形和包括各轴段长度、直径及其他细小尺寸在内的全部结构尺寸。

轴的结构决定于下列因素：①轴的毛坯种类；②轴上作用力的大小和分布情况；③轴上零件的布置及固定方式；④轴承类型及位置；⑤轴的加工和装配工艺性以及其他一些要求。由于有关的因素很多，所以轴的结构设计具有较大的灵活性和多样性。

轴主要由轴颈、轴头、轴身三部分组成（图 9.7）。轴上被支承的部分叫作轴颈，安装轮毂部分叫作轴头，连接轴颈和轴头的部分叫作轴身。轴颈和轴头的直径应该按规范取圆整尺寸，特别是装滚动轴承的轴颈必须按轴承的内径选取。

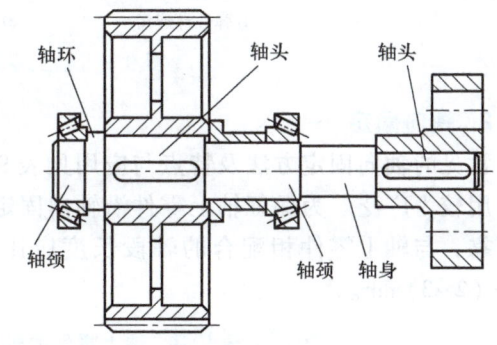

图 9.7　轴的组成

轴颈、轴头与其相连接零件的配合要根据工作条件合理地提出，同时还要规定这些部分的表面粗糙度，这些技术条件与轴的运转性能关系很大。为使运转平稳，必要时还应对轴颈和轴头提出平行度和同轴度等要求。对于滑动轴承的轴颈，有时还须提出表面热处理的条件等。

轴系部件
剖视结构

从节省材料、减轻重量的观点来看，轴的各横截面最好是等强度的。但是从制造工艺观点来看，轴的形状是越简单越好。简单的轴制造时省工，热处理不易变形，并有可能减少应力集中。当决定轴的外形时，在能保证装配质量的前提下，既要考虑节约材料，又要考虑便于加工。因此，实际的轴多做成阶梯形（阶梯轴），只有一些简单的心轴和一些有特殊要求的轴，才做成等直径轴。

轴的结构受多方面因素的影响，不存在一个固定形式，而是随着工作条件与要求的不同而不同。轴的结构设计一般应考虑以下三方面主要问题。

9.3.1 满足使用要求

为实现轴的功能，必须保证轴上零件有准确的工作位置，要求轴上零件沿周向和轴向固定。

1. 周向固定

零件的周向固定可采用键连接、花键连接、成形连接、销连接、弹性环连接、过盈连接等，常见的固定方法如图9.8所示。

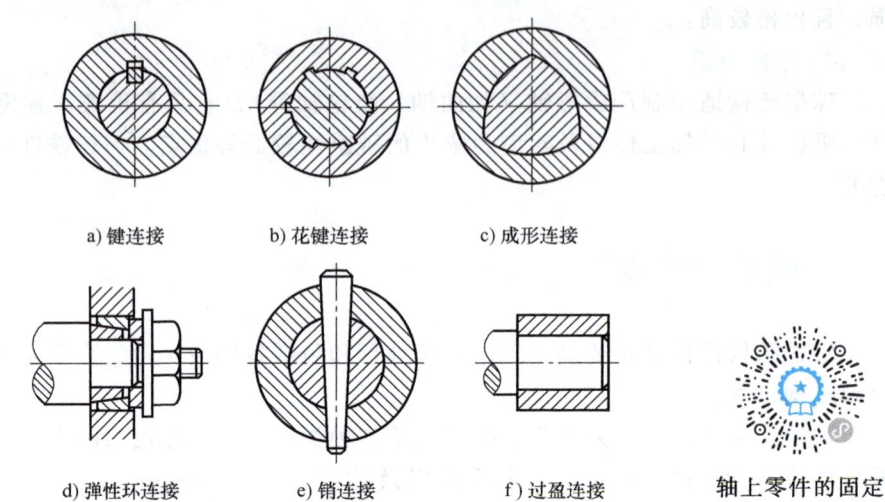

a) 键连接　　　　b) 花键连接　　　　c) 成形连接

d) 弹性环连接　　e) 销连接　　　　f) 过盈连接

轴上零件的固定

图 9.8　轴上零件的周向固定方法

2. 轴向固定

常见的轴向固定方法及特点与应用见表9.3。其中轴肩、轴环、套筒、轴端挡圈及圆螺母应用较为广泛。为保证轴上零件沿轴向固定，可将表9.3中各种方法联合使用。为确保固定可靠，与轴上零件相配合的轴段长度应比轮毂略短，如表9.3中的套筒结构简图所示，$l = B - (2 \sim 3)$ mm。

表 9.3　轴上零件的轴向固定方法及特点与应用

轴向固定方法及结构简图		特点与应用	设计注意要点
轴肩与轴环	a) 轴肩	简单可靠，不需附加零件，能承受较大轴向力。广泛应用于各种轴上零件的固定 该方法会使轴径增大，阶梯处形成应力集中，且阶梯过多将不利于加工	为保证零件与定位面靠紧，轴上过渡圆角半径r应小于零件圆角半径R或倒角C，即$r<C<a$、$r<R<a$；一般取定位高度$a=(0.07\sim0.1)d$，轴环宽度$b=1.4a$
	b) 轴环		

(续)

轴向固定方法及结构简图	特点与应用	设计注意要点
套筒	简单可靠,简化了轴的结构且不削弱轴的强度 常用于轴上两个近距离零件间的相对固定。不宜用于高速轴	套筒内孔与轴的配合较松,套筒结构、尺寸可视需要灵活设计。为确保固定可靠,配合段长度 l 应比轮毂宽 B 短 $2\sim3$mm
轴端挡圈	工作可靠,结构简单,能承受较大轴向力,应用广泛	只能用于轴端。应采用止动垫片等防松措施
锥面	装拆方便,可兼顾周向固定 宜用于高速、冲击及对中性要求高的场合	只能用于轴端。常与轴端挡圈联合使用,实现零件的双向固定
圆螺母	固定可靠,可承受较大轴向力,能实现轴上零件的间隙调整 常用于轴上两零件间距较大处及轴端	为减小对轴端强度的削弱,常用细牙普通螺纹。为防松,必须加止动垫圈或使用双螺母 止动垫圈
弹性挡圈	结构紧凑、简单,装拆方便,但受力较小,且轴上切槽将引起应力集中 常用于轴承的固定	轴上切槽尺寸见有关标准 弹性挡圈
紧定螺钉与锁紧挡圈	结构简单,但受力较小,且不适于高速场合	紧定螺钉

9.3.2 轴的结构工艺性

在进行轴的结构设计时,应尽可能使轴的形状简单,并且具有良好的加工工艺性和装配工艺性。

1. 加工工艺性

轴的直径变化应尽可能少,应尽量限制轴的最大直径与各轴段的直径差,这样既能节省材料,又可减少切削量。

轴上有磨削与切螺纹处,要留砂轮越程槽和螺纹退刀槽(图 9.9),以保证加工的完整和方便。

轴上有多个键槽时,应将它们布置在同一直线上,以免加工键槽时多次装夹,从而提高生产效率。

若有可能,应使轴上各过渡圆角、倒角、键槽、越程槽、退刀槽及中心孔等尺寸分别相同,并符合标准和规定,以利于加工和检验。

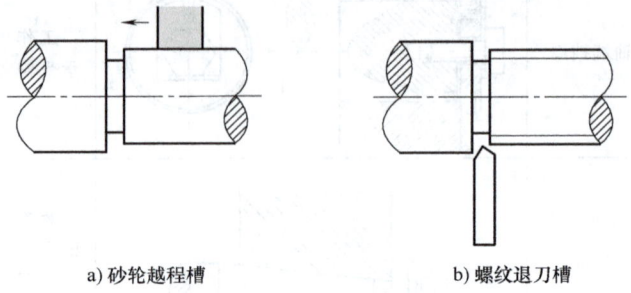

a) 砂轮越程槽   b) 螺纹退刀槽

图 9.9 砂轮越程槽与螺纹退刀槽

各轴段直径选取时可参考标准值(GB/T 2822—2005)。轴上与标准件配合的轴段的直径应查所配合标准件的有关标准选取。例如,与滚动轴承配合的轴颈应按滚动轴承内径尺寸选取;与联轴器配合的轴头直径应查联轴器标准。另外,轴上的螺纹直径应符合螺纹标准。

2. 装配工艺性

为了便于轴上零件的装配,常采用直径从两端向中间逐渐增大的阶梯轴。轴上的各阶梯,除轴上零件轴向固定的可按表 9.3 确定轴肩高度外,其余仅为便于安装而设置的轴肩,轴肩高度可取 0.5~3mm。

轴端应倒角,以去掉毛刺并便于装配。

固定滚动轴承的轴肩高度通常应不大于内圈高度的 3/4,过高不便于轴承的拆卸,具体数值可查滚动轴承标准。

9.3.3 提高轴的疲劳强度

轴通常在变应力下工作,多数因疲劳而失效,因此设计轴时,应设法提高其疲劳强度。常采取的措施有:

1. 改进轴的结构形状

尽量使轴径变化处过渡平缓,宜采用较大的过渡圆角。如相配合零件内孔倒角或圆角很小时,可采用凹切圆角(图 9.10a)或过渡肩环(图 9.10b)。

键槽端部与阶梯处距离不宜过小,以免损伤过渡圆角及减少多种应力集中源重合的机会。

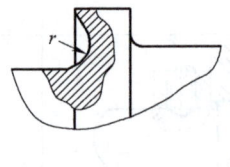 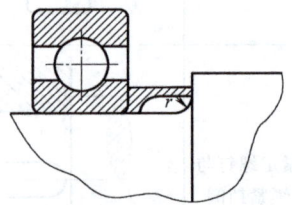

a) 凹切圆角   b) 过渡肩环

图 9.10 减小圆角应力集中的结构

键槽根部圆角半径越小，应力集中越严重。因此在重要轴的零件图上应注明其大小。

避免在轴上打印及留下一些不必要的痕迹，因为它们可能成为初始疲劳裂纹源。

2. 改善轴的表面状态

实践证明，采用滚压、喷丸或渗碳、碳氮共渗、渗氮、高频淬火等表面强化处理方法，可以大大提高轴的承载能力。

9.4 轴的强度计算

轴的强度计算主要有三种方法：①按许用切应力计算；②按许用弯曲应力计算；③安全系数校核计算。按许用切应力计算只需知道转矩的大小，方法简便，常用于传动轴的强度计算和转轴基本直径的估算。按许用弯曲应力计算必须先知道作用力的大小和作用点的位置、轴承跨距、各段轴径等参数，主要用于计算一般重要的、弯扭复合作用的轴。安全系数校核计算要在结构设计后进行，不仅要先已知轴的各段轴径，而且要已知过渡圆角、过盈配合、表面粗糙度等细节，主要用于重要的轴的强度计算。

9.4.1 按许用切应力计算

传动轴只受转矩的作用，可直接按许用切应力设计其轴径。转轴受弯扭复合作用，在设计开始时，因为各轴段长度未定，轴的跨距和轴上弯矩大小是未知的，所以不能按轴所受弯矩来计算轴径。通常是按轴所传递的转矩估算出轴上受扭转轴段的最小直径，并以此作为基本参考尺寸进行轴的结构设计。

由材料力学可知，实心圆轴的扭转强度条件为

$$\tau_T = \frac{T}{W_T} \approx \frac{9.55 \times 10^6 \dfrac{P}{n}}{0.2d^3} \leqslant [\tau_T] \tag{9.1}$$

由此得到轴的基本直径

$$d \geqslant \sqrt[3]{\frac{9.55 \times 10^6 P}{0.2[\tau_T]n}} = C\sqrt[3]{\frac{P}{n}} \tag{9.2}$$

式中，d 为轴的直径（mm）；τ_T 为轴的扭转切应力（MPa）；T 为轴传递的转矩（N·mm）；P 为轴传递的功率（kW）；n 为轴的转速（r/min）；W_T 为轴的抗扭截面系数（mm³），对圆截面轴，$W_T = \pi d^3/16 \approx 0.2d^3$；$[\tau_T]$ 为许用扭转切应力（MPa），已考虑弯矩对轴的影响；C 为计算常数，取决于轴的材料及受载情况，见表 9.4。

表 9.4　轴常用材料的 $[\tau_T]$ 值和 C 值

轴的材料	Q235,20		Q275,35		45			40Cr,35SiMn	
$[\tau_T]$/MPa	12	15	20	25	30	35	40	45	52
C	160	148	135	125	118	112	106	102	98

注：当轴所受弯矩较小或只受转矩时，C 取小值；否则取较大值。

另外，若当按式（9.2）求得直径的轴段上开有键槽时，应适当增大轴径。单键槽轴径增大 3%~5%，双键槽轴径增大 7%~10%，然后将轴径圆整。

9.4.2 按许用弯曲应力计算

在设计转轴时,首先由式(9.2)估算轴的基本直径,并依此完成轴的结构设计。当轴上零件的位置确定后,轴上的载荷大小、位置以及支点跨距等均能确定,此时则可按许用弯曲应力校核轴的强度。为简化计算,将齿轮、带轮、链轮、联轴器等传动零件对轴的载荷视为作用于轮毂宽度中点的集中载荷;轴承处的支反力作用点取轴承的载荷作用中心(图9.11),根据轴承的不同类型确定;不计零件自重。

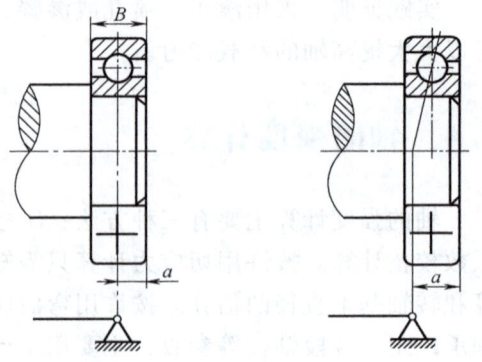

图 9.11 轴支反力点位置的简化

现以如图9.12所示的单级斜齿圆柱齿轮减速器的低速轴Ⅱ为例来介绍按许用弯曲应力校核轴强度的方法。若该轴的结构(图9.13a)已初步确定,则校核的一般顺序如下:

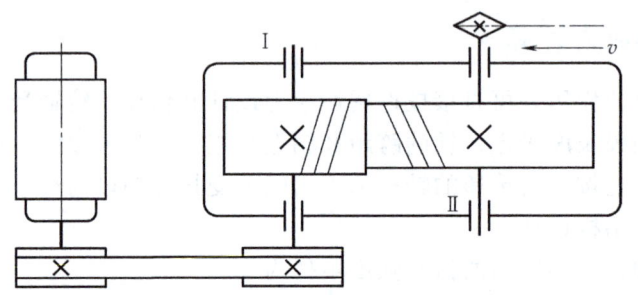

图 9.12 单级平行轴斜齿轮减速器

单级斜齿圆柱齿轮减速器模型

1) 画出轴的空间受力简图(图9.13b)。将齿轮等轴上零件对轴的载荷分解到水平面和竖直面内。

2) 绘制水平面受力图及弯矩 M_H 图(图9.13c)。

3) 绘制垂直面受力图及弯矩 M_V 图(图9.13d)。

4) 绘制合成弯矩 M 图(图9.13e),$M=\sqrt{M_H^2+M_V^2}$。

5) 绘制转矩 T 图(图9.13f)。

6) 绘制当量弯矩 M_e 图(图9.13g)。

7) 强度计算。

① 确定危险截面。根据弯矩、转矩最大或弯矩、转矩较大而相对尺寸较小的原则选一个或几个危险截面。

② 求危险截面上的当量弯矩 M_e。$M_e=\sqrt{M^2+(\alpha T^2)}$(由第三强度理论推出)。其中,$\alpha$ 是考虑转矩与弯矩性质不同而设定的应力校正系数。对于不变的转矩,取 $\alpha=0.3$;对于脉动循环的转矩,取 $\alpha=0.6$;对于对称循环的转矩,取 $\alpha=1$。若转矩变化规律不清楚,一般按脉动循环处理。

③ 强度校核。实心圆轴上危险截面应满足以下强度条件

$$\sigma_e = \frac{M_e}{W} = \frac{M_e}{0.1d^3} \leq [\sigma_{-1W}] \tag{9.3}$$

式中，W 为危险截面的抗弯截面系数（mm^3）；$W = \pi d^3/32 \approx 0.1d^3$；$d$ 为危险截面直径（mm）；$[\sigma_{-1W}]$ 为材料在对称循环状态下的许用弯曲应力（MPa），见表 9.5。

表 9.5　轴的许用弯曲应力　　　　　　　　　　（单位：MPa）

材料	σ_B	$[\sigma_{+1W}]$	$[\sigma_{0W}]$	$[\sigma_{-1W}]$	材料	σ_B	$[\sigma_{+1W}]$	$[\sigma_{0W}]$	$[\sigma_{-1W}]$
碳素钢	400	130	70	40	合金钢	800	270	130	75
	500	170	75	45		1000	330	150	90
	600	200	95	55	铸钢	400	100	50	30
	700	230	110	65		500	120	70	40

9.4.3　按许用安全系数校核轴的疲劳强度

按许用安全系数校核轴的疲劳强度，是考虑了轴上变应力的循环特性、应力集中、表面质量及尺寸因素等对轴疲劳强度影响的精确校核方法。

经过轴的结构设计，确定了轴各部分尺寸、表面质量和结构形状后，按弯矩、转矩最大或弯矩、转矩较大而相对尺寸较小且应力集中较严重的分析原则，可找到一个或几个危险截面，并校核其安全系数。

轴的疲劳强度安全系数校核计算公式如下

$$S = \frac{S_\sigma S_\tau}{\sqrt{S_\sigma^2 + S_\tau^2}} \geq [S] \tag{9.4}$$

$$S_\sigma = \frac{K_N \sigma_{-1}}{\frac{k_\sigma}{\beta \varepsilon_\sigma} \sigma_a + \psi_\sigma \sigma_m} \tag{9.5}$$

$$S_\tau = \frac{K_N \tau_{-1}}{\frac{k_\tau}{\beta \varepsilon_\tau} \tau_a + \psi_\tau \tau_m} \tag{9.6}$$

式中，S_σ、S_τ 分别为弯矩和转矩作用下的安全系数；$[S]$ 为许用安全系数，一般取 $[S] = 1.5 \sim 2.5$；σ_{-1}、τ_{-1} 分别为材料在弯曲和扭转时的对称循环疲劳极限（MPa）；k_σ、k_τ 分别为弯曲和扭转时的有效应力集中系数；ε_σ、ε_τ 分别为弯曲和扭转时的绝对尺寸系数；ψ_σ、ψ_τ 分别为弯曲和扭转时的等效系数；β 为表面质量系数；K_N 为寿命系数；σ_a、σ_m 分别为弯曲应力的应力幅和平均应力（MPa）；τ_a、τ_m 分别为扭转切应力的应力幅和平均应力（MPa）。其中，σ_{-1}、τ_{-1}、k_σ、k_τ、ε_σ、ε_τ、β 可参见本书第 2 章的表 2.4~表 2.10。

应当指出，若危险截面强度不足，需对轴的结构做局部修改并重新计算，直到合格为止；若强度足够，应考虑轴的刚度和工艺性等因素，除非安全余量太大，一般不再改变轴径。

例 9.1　试设计图 9.12 所示单级平行轴斜齿圆柱齿轮减速器的低速轴 II 轴，已知：该轴传递功率 $P = 2.33$ kW，转速 $n = 104$ r/min；大齿轮分度圆直径 $d_2 = 300$ mm，齿宽 $b_2 = $

80mm，螺旋角 $\beta = 8°03'20''$，左旋；链轮轮毂宽度 $b_3 = 60$mm，链轮对轴的压轴力 $Q = 4000$N，方向水平；减速器长期工作，载荷平稳。

解：

1. 估算轴的基本直径

选用 45 钢，正火处理，估计直径 $d < 100$mm，由表 9.2 查得 $\sigma_B = 600$MPa。查表 9.4，取 $C = 118$，由式（9.2）得

$$d = C\sqrt[3]{\frac{P}{n}} = \left(118 \times \sqrt[3]{\frac{2.33}{104}}\right) \text{mm} \approx 33.27 \text{mm}$$

所求 d 应为受扭部分的最细处，即装链轮处的轴径。但因该处有一个键槽，故轴径应增大 3%，即 $d = 1.03 \times 33.27$mm $= 34.27$mm，取 $d_1 = 35$mm。

2. 轴的结构设计

（1）初定各轴段直径　从右端最细处直径 d_1 向左推算各段直径 $d_2 \sim d_7$。步骤及说明见表 9.6。

（2）确定各轴段长度　从右至左推算各轴段长度 $l_1 \sim l_7$。步骤及说明见表 9.7。

（3）传动零件的周向固定　齿轮及链轮处均采用 A 型普通平键，其中齿轮处为：GB/T 1096 键 14×9×70；链轮处为：GB/T 1096 键 10×8×50。

（4）其他尺寸　为加工方便，参照 7209C 轴承的安装尺寸，轴上过渡圆角半径全部取 $r = 2$mm，轴端倒角为 $C2$。

表 9.6　轴径说明

位置	轴径/mm	说明
链轮处 d_1	35	按传递转矩估算的基本直径
油封处 d_2	40	为满足链轮的轴向固定要求而设一轴肩，由表 9.3，轴肩高度 $a = (0.07 \sim 0.1)d = (0.07 \sim 0.1) \times 35$mm $= 2.45 \sim 3.5$mm，取 $a = 2.5$mm。该段轴应满足油封标准
轴承处 d_3	45	因轴承要承受径向力和轴向力，故选用角接触球轴承，为便于轴承从右端拆装，轴承内径应稍大于油封处轴径，并符合滚动轴承标准内径，故取轴径为 45mm，初定轴承型号为 7209C，两端相同
齿轮处 d_4	48	考虑齿轮从右端装入，故齿轮孔径应大于轴承处轴径，并为标准直径
轴环处 d_5	56	齿轮左端用轴环定位，按齿轮处轴径 $d = 48$mm，由表 9.3，轴环高度 $a = (0.07 \sim 0.1)d = (0.07 \sim 0.1) \times 48$mm $= 3.36 \sim 4.8$mm，取 $a = 4$mm
左端轴承轴肩处 d_6	52	为便于轴承拆卸，轴肩高度不能过高，按 7209C 轴承安装尺寸确定，查机械设计手册中 7209C 轴承的 d_a 值，$d_a = 52$mm，则 $d_6 = d_a = 52$mm
左端轴承处 d_7	45	该处轴取与右端轴承相同的型号 7209C，则该处轴径为 45mm。这样有利于提高镗孔精度，箱体上两端轴承座孔一起完成镗孔

表 9.7　轴段长度说明

位置	轴段长度/mm	说明
链轮处 l_1	58	已知链轮轮毂宽度为 60mm，为保证轴端挡圈能压紧链轮，此轴段长度应略小于链轮轮毂宽度，故取 58mm
油封处 l_2	45	此端长度包括两部分：为便于轴承盖的拆装及对轴加润滑脂，本例取轴承盖外端面与链轮左端面的间距为 25mm；由减速器及轴承盖的结构设计，取轴承右端面与轴承盖外端面的间距（即轴承盖的总宽度）为 20mm。故该轴段长度为 25mm+20mm = 45mm

(续)

位置	轴段长度/mm	说明
右端轴承处（含套筒）l_3	46	此轴段包括四部分：轴承内圈宽度为19mm；考虑到箱体的铸造误差，装配时留有余地，轴承左端面与箱体内壁的间距取5mm；箱体内壁与齿轮右端面的间距取20mm，齿轮对称布置，齿轮左右两侧上述两值取同值；齿轮轮毂宽度与齿轮处轴段长度之差为2mm。故该轴段长度为(19+5+20+2)mm=46mm
齿轮处 l_4	78	已知齿轮轮毂宽度为80mm，为保证套筒能压紧齿轮，此轴段长度应略小于齿轮轮毂宽度，故取78mm
轴环处 l_5	10	轴环宽度 $b = 1.4a = 1.4 \times 4 \text{mm} = 5.6 \text{mm}$，取 $b = 10 \text{mm}$
左端轴承轴肩处 l_6	15	等于轴承右端面至齿轮左端面的距离与轴环宽度之差，即(20+5)mm-10mm=15mm
左端轴承处 l_7	19	等于7209C轴承内圈宽度19mm
全轴长 L	271	(58+45+78+46+10+15+19)mm=271mm

3. 轴的受力分析

（1）求轴传递的转矩

$$T = 9.55 \times 10^6 \frac{P}{n} = 9.55 \times 10^6 \times \frac{2.33}{104} \text{N} \cdot \text{mm} = 213957 \text{N} \cdot \text{mm}$$

（2）求轴上作用力

齿轮上的圆周力

$$F_{t2} = \frac{2T}{d_2} = \frac{2 \times 213957}{300} \text{N} = 1426 \text{N}$$

齿轮上的径向力

$$F_{r2} = \frac{F_{t2} \tan\alpha_n}{\cos\beta} = \frac{1426 \text{N} \times \tan 20°}{\cos 8°3'20''} = 524 \text{N}$$

齿轮上的轴向力

$$F_{a2} = F_{t2} \tan\beta = 1426 \text{N} \times \tan 8°3'20'' = 202 \text{N}$$

（3）确定轴的跨距 由《机械设计手册》查得7209C轴承的 a 值为18.2mm，故左、右轴承的支反力作用点至齿轮力作用点的间距（图9.13a）皆为

$$(0.5 \times 80 + 10 + 15 + 19 - 18.2) \text{mm} = 65.8 \text{mm}$$

链轮力作用点与右端轴承支反力作用点的间距（图9.13a）为

$$(18.2 + 45 + 0.5 \times 60) \text{mm} = 93.2 \text{mm}$$

4. 按当量弯矩校核轴的强度

（1）绘制轴的空间受力简图（图9.13b）

（2）绘制水平面受力图及弯矩 M_H 图（图9.13c）

$$F_{AH} = \frac{Q \times 93.2 \text{mm} - F_{r2} \times 65.8 \text{mm} - F_{a2} \frac{d_2}{2}}{(65.8 + 65.8) \text{mm}} = \frac{4000 \times 93.2 - 524 \times 65.8 - 202 \times \frac{300}{2}}{131.6} \text{N} = 2341 \text{N}$$

$$F_{BH} = \frac{Q \times 224.8 \text{mm} + F_{r2} \times 65.8 \text{mm} - F_{a2} \frac{d_2}{2}}{131.6 \text{mm}} = \frac{4000 \times 224.8 + 524 \times 65.8 - 202 \times \frac{300}{2}}{131.6} \text{N} = 6865 \text{N}$$

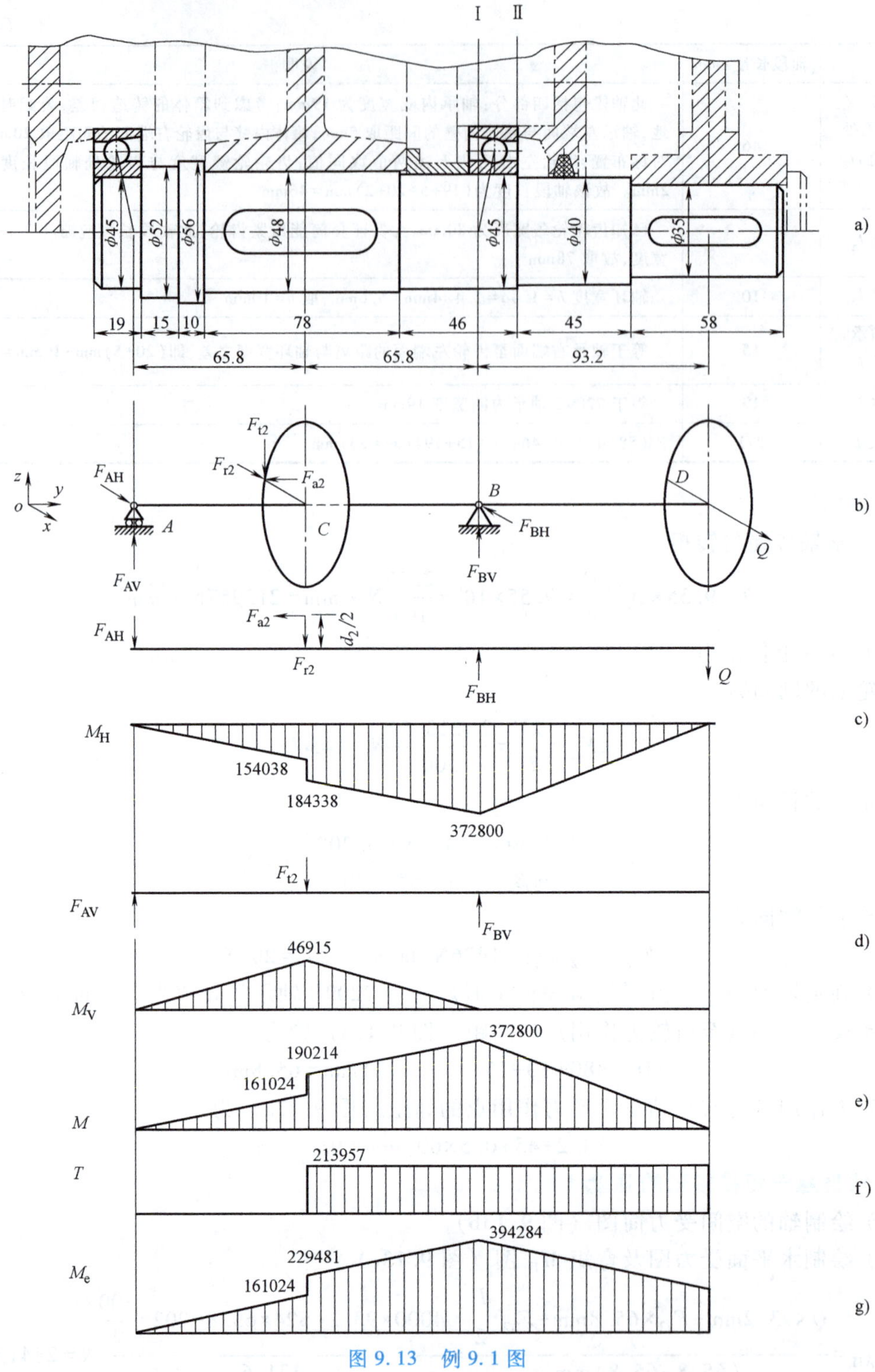

图 9.13 例 9.1 图

$$M_{CHL} = F_{AH} \times 65.8\text{mm} = 2341\text{N} \times 65.8\text{mm} = 154038\text{N} \cdot \text{mm}$$

$$M_{CHR} = M_{CHL} + F_a \frac{d_2}{2} = \left(154038 + 202 \times \frac{300}{2}\right) \text{N} \cdot \text{mm} = 184338\text{N} \cdot \text{mm}$$

$$M_{BH} = Q \times 93.2\text{mm} = 4000\text{N} \times 93.2\text{mm} = 372800\text{N} \cdot \text{mm}$$

(3) 绘制垂直面受力图及弯矩 M_V 图（图 9.13d）

$$F_{AV} = F_{BV} = \frac{F_{t2}}{2} = \frac{1426}{2}\text{N} = 713\text{N}$$

$$M_{CV} = F_{AV} \times 65.8\text{mm} = 713\text{N} \times 65.8\text{mm} = 46915\text{N} \cdot \text{mm}$$

(4) 绘制合成弯矩 M 图（图 9.13e）

$$M_{CL} = \sqrt{M_{CHL}^2 + M_{CV}^2} = \sqrt{154038^2 + 46915^2}\text{N} \cdot \text{mm} = 161024\text{N} \cdot \text{mm}$$

$$M_{CR} = \sqrt{M_{CHR}^2 + M_{CV}^2} = \sqrt{184338^2 + 46915^2}\text{N} \cdot \text{mm} = 190214\text{N} \cdot \text{mm}$$

$$M_B = \sqrt{M_{BH}^2 + M_{BV}^2} = \sqrt{372800^2 + 0^2}\text{N} \cdot \text{mm} = 372800\text{N} \cdot \text{mm}$$

(5) 绘制转矩 T 图（图 9.13f）

$$T = 213957\text{N} \cdot \text{mm}$$

(6) 绘制当量弯矩 M_e 图（图 9.13g）

$$M_{Be} = \sqrt{M_B^2 + (\alpha T)^2} = \sqrt{372800^2 + (0.6 \times 213957)^2}\text{N} \cdot \text{mm} = 394284\text{N} \cdot \text{mm}$$

$$M_{Ce} = \sqrt{M_{CR}^2 + (\alpha T)^2} = \sqrt{190214^2 + (0.6 \times 213957)^2}\text{N} \cdot \text{mm} = 229481\text{N} \cdot \text{mm}$$

(7) 按当量弯矩校核轴的强度

1) 由图 9.13a、g 可见，截面 Ⅰ 处当量弯矩最大，故应对其进行校核。截面 Ⅰ 处的当量弯矩为

$$M_{\text{Ⅰ}} = M_{Be} = \sqrt{M_B^2 + (\alpha T)^2} = \sqrt{372800^2 + (0.6 \times 213957)^2}\text{N} \cdot \text{mm} = 394284\text{N} \cdot \text{mm}$$

由表 9.2，对于 45 钢，取 $\sigma_B = 600\text{MPa}$，由表 9.5 查得，$[\sigma_{-1W}] = 55\text{MPa}$，故按式 (9.3) 得

$$\sigma_{Be} = \frac{M_{Be}}{0.1d^3} = \frac{394284}{0.1 \times 45^3}\text{MPa} = 43.3\text{MPa} < [\sigma_{-1W}]$$

所以，安全。

2) 考虑 Ⅱ 截面相对尺寸较 Ⅰ 截面小，且当量弯矩也较大，故也应进行校核。可在当量弯矩图上用比例法求 Ⅱ 截面的当量弯矩 $M_{\text{Ⅱ}}$，如图 9.14 所示。

$$M_{De} = \sqrt{M_D^2 + (\alpha T)^2} = \alpha T = 0.6 \times 213957\text{N} \cdot \text{mm}$$
$$= 128374\text{N} \cdot \text{mm}$$

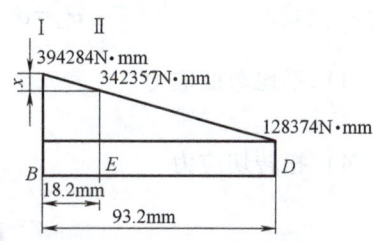

图 9.14 弯矩计算分析图

Ⅱ 截面距 Ⅰ 截面 18.2mm，点 B、点 D 间距为 93.2mm，设 Ⅱ 截面当量弯矩比 Ⅰ 截面当量弯矩小 x，则

$$\frac{x}{18.2\text{mm}} = \frac{394284\text{N} \cdot \text{mm} - 128374\text{N} \cdot \text{mm}}{93.2\text{mm}}$$

$$x = 51927\text{N} \cdot \text{mm}$$

Ⅱ 截面当量弯矩为

$$M_{\text{Ⅱ}} = M_{\text{Ⅰ}} - x = (394284 - 51927)\text{N} \cdot \text{mm} = 342357\text{N} \cdot \text{mm}$$

则 Ⅱ 截面即 E 点处当量应力为

$$\sigma_{Ee} = \frac{M_{II}}{0.1d^3} = \frac{342357}{0.1\times40^3}\text{MPa} = 53.5\text{MPa} < [\sigma_{-1W}]$$

所以，安全。

5. 按许用安全系数校核轴的强度

如果单独使用安全系数校核法，上面当量弯矩校核法中的步骤（1）~（5）仍需进行，一般也需校核两个或更多截面。

通过前面的计算发现Ⅱ截面更危险，且有应力集中，所以下面以Ⅱ截面为例进行安全系数校核。

（1）疲劳极限及等效系数

1）对称循环疲劳极限。由表 2.4 得

$$\sigma_{-1b} = 0.44\sigma_B = 0.44\times600\text{MPa} = 264\text{MPa}$$

$$\tau_{-1} = 0.30\sigma_B = 0.3\times600\text{MPa} = 180\text{MPa}$$

2）脉动循环疲劳极限。由表 2.4 得

$$\sigma_{0b} = 1.7\sigma_{-1b} = 1.7\times264\text{MPa} = 448.8\text{MPa}$$

$$\tau_0 = 1.6\tau_{-1} = 1.6\times180\text{MPa} = 288\text{MPa}$$

3）等效系数为

$$\psi_\sigma = \frac{2\sigma_{-1b}-\sigma_{0b}}{\sigma_{0b}} = \frac{2\times264-448.8}{448.8} = 0.18$$

$$\psi_\tau = \frac{2\tau_{-1}-\tau_0}{\tau_0} = \frac{2\times180-288}{288} = 0.25$$

（2）Ⅱ截面上的应力

1）弯矩

$$M_{II} = Q\times(30+45)\text{mm} = 4000\text{N}\times75\text{mm} = 3\times10^5\text{N}\cdot\text{mm}$$

2）弯曲应力幅

$$\sigma_a = \sigma = \frac{M_{II}}{W} = \frac{3\times10^5}{0.1\times40^3}\text{MPa} = 46.875\text{MPa}$$

3）平均弯曲应力

$$\sigma_m = 0$$

4）扭转切应力

$$\tau = \frac{T}{W_T} = \frac{213957}{0.2\times40^3}\text{MPa} = 16.72\text{MPa}$$

5）扭转切应力幅和平均扭转切应力

$$\tau_a = \tau_m = \frac{\tau}{2} = \frac{16.72}{2}\text{MPa} = 8.36\text{MPa}$$

（3）应力集中系数

1）有效应力集中系数。因为该截面有轴径变化，过渡圆角半径 r = 2mm，则

$$\frac{D}{d} = \frac{45\text{mm}}{40\text{mm}} = 1.125,\quad \frac{r}{d} = \frac{2\text{mm}}{40\text{mm}} = 0.05,\quad \sigma_B = 600\text{MPa}$$

由表 2.5，取 $k_\sigma = 1.815$，$k_\tau = 1.345$（用差值法）。

如果一个截面上有多种产生应力集中的结构,则分别求出其有效应力集中系数,从中取大值。

2) 表面状态系数。该截面表面粗糙度 $Ra=3.2\mu m$,$\sigma_B=600MPa$,由表 2.8,取 $\beta=0.925$。

3) 尺寸系数。由表 2.9,取 $\varepsilon_\sigma=0.88$,$\varepsilon_\tau=0.81$。

(4) 安全系数 按无限寿命,$K_N=1$,由式 (9.4)~式 (9.6) 得

$$S_\sigma = \frac{K_N \sigma_{-1b}}{\frac{k_\sigma}{\beta\varepsilon_\sigma}\sigma_a + \psi_\sigma\sigma_m} = \frac{1\times 264}{\frac{1.815}{0.925\times 0.88}\times 46.875 + 0} = 2.53$$

$$S_\tau = \frac{K_N \tau_{-1}}{\frac{k_\tau}{\beta\varepsilon_\tau}\tau_a + \psi_\tau\tau_m} = \frac{1\times 180}{\frac{1.345}{0.925\times 0.81}\times 8.36 + 0.25\times 8.36} = 10.53$$

$$S = \frac{S_\sigma S_\tau}{\sqrt{S_\sigma^2 + S_\tau^2}} = \frac{2.53\times 10.53}{\sqrt{2.53^2 + 10.53^2}} = 2.46 > [S] = 1.5$$

所以,Ⅱ截面安全。

其他截面的安全系数法校核读者可按与上述分析过程同样的方法进行计算。

9.5 轴的刚度计算

轴受载后要产生弯曲和扭转变形。变形过大,会影响轴上零件甚至整机的正常工作。例如,在电动机中如果由于弯矩使轴所产生的挠度 y 过大,就会改变电动机转子和定子之间的间隙而影响电动机的性能。又如,内燃机凸轮轴受扭矩所产生的扭转角 φ 如果过大就会影响气门起闭时间。对于一般的轴颈,如果弯矩所产生的转角 θ 过大,就会引起轴承上的载荷集中,造成不均匀磨损和过度发热。轴上装齿轮的地方如有过大的转角,会使齿轮啮合发生偏载。因此,在机械设计中常常需要满足轴的刚度要求。

轴的变形通常包括弯曲和扭转,弯曲变形用挠度 y 和转角 θ 表示,而扭转变形用扭转角 φ 表示。对有刚度要求的轴,应进行弯曲和扭转刚度计算,通常按材料力学中的公式和方法计算轴的挠度 y、转角 θ 和扭转角 φ,并使结果满足如下刚度条件:

$$y \leq [y], \quad \theta \leq [\theta], \quad \varphi \leq [\varphi]$$

一般机械中轴的许用挠度 $[y]$、许用转角 $[\theta]$ 和许用扭转角 $[\varphi]$ 见表 9.8。

表 9.8 轴的许用挠度、许用转角和许用扭转角

适用范围	$[y]$/mm	适用范围	$[\theta]$/rad	适用范围	$[\varphi]$/(°/m)
一般用途的轴	$(0.0003\sim 0.0005)l$	安装滑动轴承的轴	0.001	一般传动轴	0.5~1
刚度要求较高的轴	$0.0002l$	安装深沟球轴承的轴	0.005	较精密的传动轴	0.25~0.5
安装齿轮的轴	$(0.01\sim 0.05)m_n$	安装调心球轴承的轴	0.05	重要传动轴	<0.25
安装蜗轮的轴	$(0.02\sim 0.05)m_t$	安装圆柱滚子轴承的轴	0.0025		
蜗杆轴	$(0.01\sim 0.02)m_t$	安装圆锥滚子轴承的轴	0.0016		
电机轴	0.1Δ	安装齿轮处的轴	0.001~0.002		

注:l 为轴的跨距 (mm);Δ 为电动机定子与转子间的间隙;m_n 为齿轮法向模数 (mm);m_t 为蜗轮的端面模数 (mm)。

9.5.1 轴弯曲变形的计算

计算轴在弯矩作用下所产生的挠度 y 和转角 θ 有几种方法，可参见材料力学。本书只介绍一种简化算法，即当量轴径法。

对于阶梯轴，可以简化为一当量等径光轴，然后利用材料力学中的计算公式计算 y 和 θ。当量轴径 d_v 的计算公式为

$$d_v = \sqrt[4]{\frac{l}{\sum(l_i/d_i^4)}} \tag{9.7}$$

式中，l 为阶梯轴的计算长度（mm）；l_i、d_i 为轴上第 i 段的计算长度和直径（mm）。

例 9.2 试用当量轴径法计算例 9.1 中齿轮中点 C 的挠度。

解：

（1）求当量轴径 由式（9.7）得

$$d_v = \sqrt[4]{\frac{l}{\sum \frac{l_i}{d_i^4}}} = \sqrt[4]{\frac{224.8}{\frac{9}{45^4}+\frac{15}{52^4}+\frac{10}{56^4}+\frac{78}{48^4}+\frac{46}{45^4}+\frac{45}{40^4}+\frac{30}{35^4}}} \text{mm} = 42.52 \text{mm}$$

（2）求挠度 此时已将阶梯轴简化为光轴。由材料力学知，应先求出压轴力 Q、齿轮轴向力 F_a、径向力 F_r、圆周力 F_t 单独对轴作用的挠度，然后叠加所得到的挠度即是 C 点的挠度。

1）在水平面内：

链轮压轴力 Q 产生的挠度

$$y_{h1} = \frac{QCL^2}{16EI} = \frac{40000 \times 93.2 \times 131.6^2}{16 \times 2.1 \times 10^5 \times \frac{\pi \times 42.52^4}{64}} \text{mm} = 0.126 \text{mm}$$

径向力 F_{r2} 产生的挠度

$$y_{h2} = \frac{F_{r2}L^3}{48EI} = \frac{524.6 \times 131.6^3}{48 \times 2.1 \times 10^5 \times \frac{\pi \times 42.52^4}{64}} \text{mm} = 0.00074 \text{mm}$$

轴向力 F_{a2} 产生的挠度

$$y_{h3} = 0$$

2）在竖直面内：

圆周力 F_{t2} 产生的挠度

$$y_{V1} = \frac{F_{t2}L^3}{48EI} = \frac{1426 \times 131.6^3}{48 \times 2.1 \times 10^5 \times \frac{\pi \times 42.52^4}{64}} \text{mm} = 0.00201 \text{mm}$$

将水平面和竖直面的挠度叠加得

$$y = \sqrt{(y_{h1} - y_{h2})^2 + y_{V1}^2} = \sqrt{(0.126 - 0.00074)^2 + 0.00201^2} \text{mm} = 0.125 \text{mm}$$

9.5.2 轴扭转变形的计算

轴受转矩 $T(\mathrm{N\cdot m})$ 作用时，其扭转角

$$\varphi = \frac{Tl}{GI_\mathrm{p}} \leq [\varphi] \tag{9.8}$$

式中，l 为轴受转矩作用的长度（m）；I_p 为轴截面的极惯性矩（m^4）；G 为轴材料的切变模量（Pa）；$[\varphi]$ 为每米轴长的许用扭转角。

对于钢制实心轴，代入 $T = 9.55 \times 10^6 \times \dfrac{P}{n}(\mathrm{N\cdot mm})$，$I_\mathrm{p} = \dfrac{\pi d^4}{32}(\mathrm{mm}^4)$，$G = 81000\mathrm{MPa}$，则式（9.8）可化成

$$d = \sqrt[4]{\frac{9.55\times10^6\times1000}{8.1\times10^4\times\dfrac{\pi}{32}\times\dfrac{[\varphi]}{57.3}}} \sqrt[4]{\frac{P}{n}} = A\sqrt[4]{\frac{P}{n}} \tag{9.9}$$

不同的许用扭转角 $[\varphi]$ 所对应的 A 值可由表 9.9 查出。

表 9.9 不同许用扭转角所对应的 A 值

$[\varphi]/(°)$	0.1	0.2	0.3	0.4	0.5	0.75	1
A	162	136	123	115	108	98	91

例 9.3 一钢制等直径轴，传递的转矩 $T = 4000\mathrm{N\cdot m}$。已知轴的许用切应力 $[\tau] = 40\mathrm{MPa}$，轴的长度 $l = 1700\mathrm{mm}$，轴在全长上的扭转角 φ 不得超过 $1°$，钢的切变模量 $G = 8\times10^4\mathrm{MPa}$，试求该轴的直径。

解：

（1）按许用切应力要求进行强度计算 应使

$$\tau = \frac{T}{W_\mathrm{T}} = \frac{T}{0.2d^3} \leq [\tau]$$

故轴的直径

$$d \geq \sqrt[3]{\frac{T}{0.2[\tau]}} = \sqrt[3]{\frac{4000\times10^3}{0.2\times40}}\mathrm{mm} = 79.4\mathrm{mm}$$

（2）按扭转刚度要求 应使

$$\varphi = \frac{Tl}{GI_\mathrm{p}} = \frac{32Tl}{G\pi d^4} \leq [\varphi]$$

按题意 $l = 1700\mathrm{mm}$，在轴的全长上，$[\varphi] = 1° = \pi/180\mathrm{rad}$。故

$$d \geq \sqrt[4]{\frac{32Tl}{\pi G[\varphi]}} = \sqrt[4]{\frac{32\times4000\times10^3\times1700}{\pi\times8\times10^4\times\dfrac{\pi}{180}}}\mathrm{mm} = 83.9\mathrm{mm}$$

因此该轴的直径取决于刚度要求。圆整后可取 $d = 85\mathrm{mm}$。

9.6 轴的振动稳定性概念

轴的转速达到一定值时，运转便不稳定，甚至发生显著的反复变形，这种现象叫作轴的振动。轴的振动主要是由于轴的质量分布不均，制造及安装误差及轴的变形等因素，产生以离心力为表征的周期性激振力，当激振力频率与轴的自振频率接近或相同时，将出现共振失效。如果继续提高转速，振动就会衰减，振动又趋于平稳，但是当转速达到另一较高的定值时，振动又复出现。发生显著变形的转速，称为临界转速。同型振动的临界转速可以有好多个，最低的一个称为第一临界转速。轴的工作转速不能和其临界转速重合或接近，否则将发生共振现象而使轴遭到破坏。计算临界转速的目的在于使工作转速 n 避开轴的临界转速 n_{cr}。

工作转速 n 低于第一阶临界转速 n_{cr1} 的轴，称为刚性轴。超过第一阶临界转速的轴，称为挠性轴。对于刚性轴，通常使 $n \leq (0.75\sim0.8)n_{cr1}$；对于挠性轴，使 $1.4n_{cr1} \leq n \leq 0.7n_{cr2}$。其中，$n_{cr1}$ 和 n_{cr2} 分别为轴的第一阶和第二阶临界转速。

习　题

9.1　轴的功用是什么？按不同的分类原则，分为哪几类？各举一例。

9.2　图 9.15 所示为由电动机驱动的提升重物装置，判断 Ⅰ、Ⅱ、Ⅲ、Ⅳ 轴是心轴、转轴还是传动轴？如果是心轴，是固定心轴还是转动心轴？为什么？

9.3　轴上零件轴向固定有哪些方法？各有何特点？轴上零件的周向固定有哪些方法？各有何特点？

9.4　轴的常用材料有哪些？同一工作条件，若不改变轴的结构尺寸，仅将轴的材料由碳素钢改为合金钢，为什么只提高了轴的强度而不能提高轴的刚度？

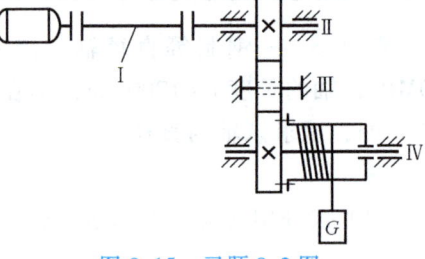

图 9.15　习题 9.2 图

9.5　轴的强度计算公式 $M_e = \sqrt{M^2+(\alpha T)^2}$ 中，α 的含义是什么？其大小如何确定？

9.6　有一台离心风机，由电动机直接驱动，电动机功率 $P = 7.5\text{kW}$，轴的转速 $n = 1440\text{r/min}$，轴的材料为 45 钢。试估算轴的基本直径。

9.7　如图 9.16 所示传动装置，带传动水平布置，工作机转向如图 9.16a，小齿轮左旋，其分度圆直径 $D = 80\text{mm}$，作用在小齿轮上的圆周力 $F_t = 2736\text{N}$，径向力 $F_r = 1009\text{N}$，轴向力 $F_a = 442\text{N}$，带轮压轴力 $Q = 450\text{N}$，Ⅰ轴上的轴承为深沟球轴承 6407，轴结构如图 9.16b，从小端起各段轴径分别为 $d_1 = 25\text{mm}$、$d_2 = 30\text{mm}$、$d_3 = 35\text{mm}$、$d_4 = 40\text{mm}$、$d_5 = 52\text{mm}$、$d_6 = 44\text{mm}$、$d_7 = 35\text{mm}$；各段轴段长分别为 $l_1 = 50\text{mm}$、$l_2 = $

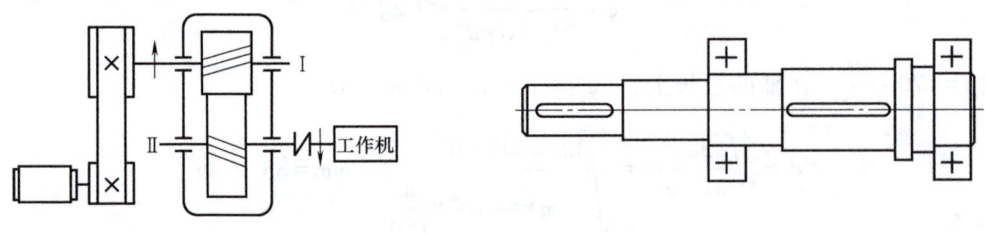

a)　　　　　　　　　　　　　　　　　　b)

图 9.16　习题 9.7 图

45mm，l_3 = 46mm，l_4 = 70mm，l_5 = 8mm，l_6 = 12mm，l_7 = 25mm。试用当量弯矩法对此轴进行强度校核。

9.8 指出图 9.17 所示轴结构中的错误，并画出正确的结构图。

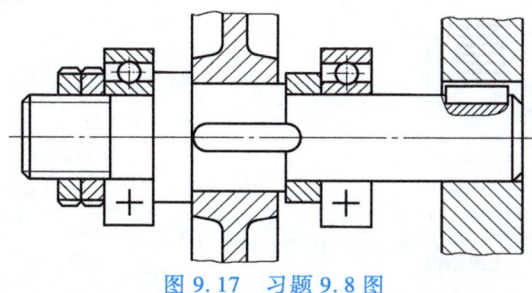

图 9.17 习题 9.8 图

9.9 图 9.18 所示为一单向旋转的齿轮轴，从动齿轮为标准直齿圆柱齿轮。已知模数 m = 2mm，齿数 z = 50，分度圆压角 α = 20°，齿轮传递的扭矩 T = 50N·m，轴危险截面的抗弯截面模量 W = 2500mm³，抗扭截面模量为 W_T = 50000mm³。试求：

(1) 该齿轮受力（图中啮合点为 A）。
(2) 画出轴的弯矩图和转矩图。
(3) 轴危险截面的弯曲应力的应力幅 σ_a 和平均应力 σ_m。
(4) 轴危险截面的扭转剪应力的应力幅 τ_a 和平均应力 τ_m。

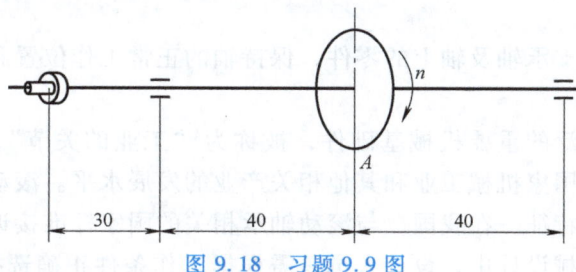

图 9.18 习题 9.9 图

第 10 章 滚动轴承

10.1 概述

滚动轴承的功用是支承轴及轴上的零件,保持轴的正常工作位置和旋转精度,减少运动副之间的摩擦和磨损。

滚动轴承是应用广泛的重要机械基础件,被称为"工业的关节",其发展水平的高低,往往代表或制约着一个国家机械工业和其他相关产业的发展水平。滚动轴承的生产具有标准化、专业化和自动化的特征。在我国,与滚动轴承相关的国家标准接近 100 个。因有专门工厂大量生产,所以在机械设计中,设计人员只需根据工作条件正确选择轴承的类型和尺寸;必要时验算轴承的承载能力;最后进行滚动轴承的组合设计,包括定位、安装、调整、润滑和密封等结构设计。

1. 滚动轴承的构造

典型滚动轴承的基本构造如图 10.1 所示,一般由外圈、内圈、滚动体和保持架 4 部分组成。通常内圈随轴颈转动,外圈装在机座或零件的轴承孔内固定不动。内、外圈都制有滚道,当内、外圈相对旋转时,限制滚动体侧向位移,降低滚动体与内、外圈的接触应力。保持架的作用是把滚动体沿滚道均匀地隔开,避免互相碰撞,减小磨损(若无保持架,相邻滚动体接触处运动方向相反,则相对滑动速度是滚动体表面的两倍,磨损增大)及噪声。滚动轴承元件的运动方向如图 10.2 所示。

2. 滚动轴承的材料

滚动轴承的内圈、外圈和滚动体主要是用轴承钢制造的,具有高而均匀的硬度(洛氏硬度 61~65HRC)和耐磨性,以及高的弹性极限。轴承钢是各种合金钢中技术指标最多且要求最严的钢种,其冶炼水平是一个国家冶金技术水平的标志。

滚动轴承的内圈、外圈和滚动体经整体淬火,以获得抵抗高接触应力的能力和良好的耐磨性;通过回火处理,滚动体可在 120℃的工作条件下工作而不会降低硬度,工作表面须经磨削和抛光。保持架应具有良好的耐磨性和定心准确度,高速轴承多采用有色金属或塑料保

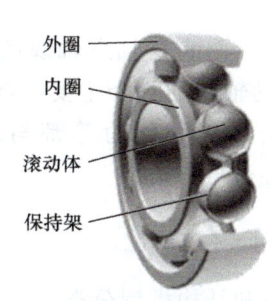
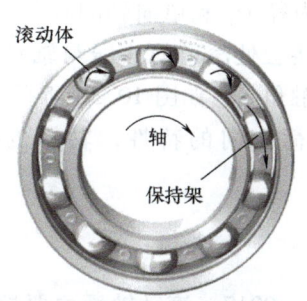

深沟球轴承　　　　　　　　　　　　　　　　　　　　　　　　　　　　深沟球轴承拆开

图 10.1　典型滚动轴承的基本构造　图 10.2　滚动轴承元件的运动方向

持架。除金属材料外，滚动轴承还是许多新材料如工程陶瓷、工程塑料的重要应用领域。

3. 滚动轴承的特点

与滑动轴承相比，滚动轴承的主要优点是：①维护简单，润滑简便，互换性好；②摩擦阻力小，起动转矩小，效率高，在通常的速度范围内，摩擦力矩很少随速度的改变而改变；③轴承单位宽度的承载能力较大，可使机器的轴向尺寸紧凑；④大大减少了有色金属的用量。

滚动轴承的缺点是：①承受冲击载荷能力较差；②高速运转时噪声大；③径向尺寸比滑动轴承大，且不能剖分，安装在长轴或曲轴的中间位置时会受到限制；④高速重载下寿命低于滑动轴承。

10.2　滚动轴承的分类

10.2.1　滚动轴承的主要尺寸和接触角

滚动轴承的外形尺寸由国家标准规定，主要外形尺寸分为轴向和径向尺寸，如图 10.3 所示。轴向尺寸主要有轴承宽度 T、内圈宽度 B 和外圈宽度 C（图 10.3b），当内、外圈宽度一致时，轴承宽度一般使用字母 B（图 10.3a）；径向尺寸主要有轴承外径 D（图 10.3c 中称为座圈外径）和轴承内径 d（图 10.3c 中为轴圈内径），当滚动轴承两个套圈径向尺寸有差异时，国家标准中也规定了一些其他径向尺寸，例如图 10.3b 中的外圈背面直径 E、

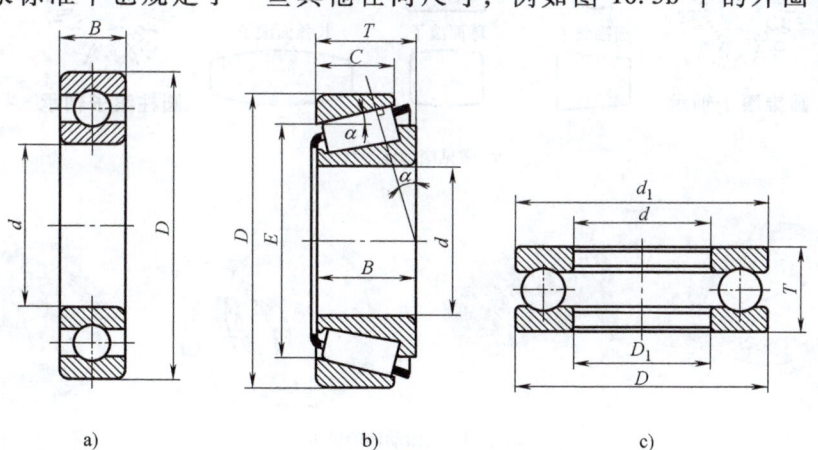

图 10.3　滚动轴承外形尺寸示意图

图 10.3c 中的座圈内径 D_1 和单向轴圈外径 d_1 等。

滚动体与外圈接触处滚道的法线与轴承径向平面（垂直于轴承轴线的平面）之间所夹的锐角称为公称接触角 α，如图 10.3b 所示。α 是滚动轴承的一个主要参数，反映了轴承承受载荷方向的特性，轴承的受力分析和承载能力等都与之有关。

10.2.2 滚动轴承的分类

依据 GB/T 271—2017，滚动轴承主要按尺寸大小和结构类型分类。

按公称外径 D 的不同，滚动轴承可分为 7 类，见表 10.1。

表 10.1　不同类型滚动轴承公称外径 D 的尺寸范围

序号	滚动轴承类型	公称外径尺寸 D 的范围
1	微型轴承	$D \leqslant 26\text{mm}$
2	小型轴承	$26\text{mm} < D < 60\text{mm}$
3	中小型轴承	$60\text{mm} \leqslant D < 120\text{mm}$
4	中大型轴承	$120\text{mm} \leqslant D < 200\text{mm}$
5	大型轴承	$200\text{mm} \leqslant D \leqslant 440\text{mm}$
6	特大型轴承	$440\text{mm} < D \leqslant 2000\text{mm}$
7	重大型轴承	$D > 2000\text{mm}$

按滚动轴承的结构类型进行分类，主要有以下几种分类方式。

1. 按滚动体的种类分类

滚动轴承可分为球轴承和滚子轴承。滚子又分为 5 类，分别是圆柱滚子、圆锥滚子、调心滚子（球面滚子）、长弧面滚子和滚针等。常见滚动体形状如图 10.4a 所示。常用的不同形状滚动体的轴承如图 10.4b 所示。

推力球轴承

圆锥滚子轴承

球

圆锥滚子

圆柱滚子

球面滚子

滚针 长弧面滚子

圆柱滚子轴承

a) 常见滚动体形状

b) 不同形状滚动体的轴承

图 10.4　不同形状的滚动体及其轴承

2. 按承受载荷的方向或公称接触角 α 的不同分类

滚动轴承按其承受载荷的方向或公称接触角 α 的不同，以 α = 45°为界，可分为向心轴承和推力轴承，见表 10.2。α 越大，轴承承受轴向载荷的能力也越大。向心轴承主要用于承受径向载荷，推力轴承主要用于承受轴向载荷。

表 10.2　各类轴承的公称接触角 α

	向心轴承		推力轴承	
	径向接触轴承	角接触向心轴承	角接触推力轴承	轴向接触轴承
公称接触角 α	α = 0°	0° < α ≤ 45°	45° < α < 90°	α = 90°
图例				
承载特性	主要承受径向载荷，球轴承也能承受较小轴向载荷	可同时承受径向和轴向载荷	主要承受轴向载荷，也能承受较小径向载荷	只能承受轴向载荷

3. 按是否能调心分类

制造、安装误差或轴的变形等因素都会引起轴承内外圈中心线发生相对倾斜，其倾斜角称为角偏差 θ（图 10.5），角偏差较大时会影响轴承正常运转。滚动轴承按能否适应较大角偏差可分为调心轴承和非调心轴承。调心轴承的滚道是球面的，能自动补偿两滚道轴心线的角偏差，从而保证轴承正常工作。一般来说调心滚子轴承所允许的工作转速较低。

此外，滚动轴承还可以按滚动体的列数分为单列、双列和多列轴承；按主要用途分为通用和专用轴承；按是否有密封圈和防尘盖分为开式和闭式轴承；按轴承组件能否分离分为可分离和不可分离轴承；以及按其外形尺寸和公差的表示单位，可分为公制（米制）和英制（寸制）轴承。

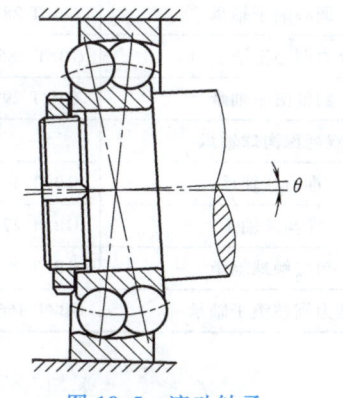

图 10.5　滚动轴承的轴心倾斜

调心球轴承

10.3　滚动轴承的代号和选择

10.3.1　滚动轴承的代号

滚动轴承的类型很多，而各类轴承又有不同的结构、尺寸、精度和技术要求，为便于组织生产和选用，GB/T 272—2017 规定了轴承的代号表示方法。

滚动轴承代号由基本代号、前置代号和后置代号构成，用字母和数字表示，其排列顺序按表 10.3 的规定，其中基本代号是核心，前置和后置代号是补充。

表 10.3 滚动轴承代号的排列顺序

轴承代号					
前置代号	基本代号				后置代号
	轴承系列			内径代号	
	类型代号	尺寸系列代号			
		宽度（或高度）系列代号	直径系列代号		
	×	×	×	××	

注：表中×表示一位数字或字母。

1. 基本代号

基本代号是轴承代号的基础，由轴承类型代号、尺寸系列代号和内径代号构成，一般由五位数字或字母组成，现简介如下：

（1）类型代号　通常基本代号右起第五位的数字或字母表示轴承类型，按结构形式不同，标准滚动轴承分为 13 类，其代号见表 10.4，常用的有六类，其结构如图 10.6 所示。需注意的是，当类型代号为 0 时，编写轴承代号时不用写出来。

表 10.4 轴承类型代号

代号	轴承类型	标准	代号	轴承类型	标准
0	双列角接触球轴承	GB/T 296	N	圆柱滚子轴承	GB/T 283
1	调心球轴承	GB/T 281		双列或多列用字母 NN 表示	GB/T 285
2	调心滚子轴承	GB/T 288	U	外球面球轴承	GB/T 3882
	推力调心滚子轴承	GB/T 5859	QJ	四点接触球轴承	GB/T 294
3	圆锥滚子轴承	GB/T 297	C	长弧面滚子轴承（圆环轴承）	—
4	双列深沟球轴承	—			
5	推力球轴承	GB/T 301			
6	深沟球轴承	GB/T 276			
7	角接触球轴承	GB/T 292			
8	推力圆柱滚子轴承	GB/T 4663			

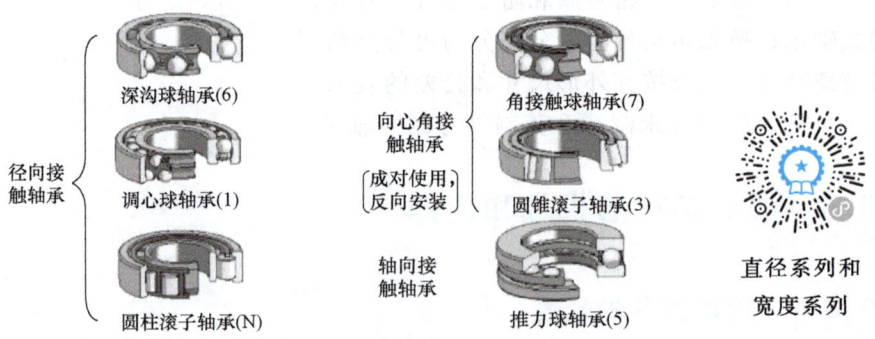

图 10.6 常用滚动轴承结构示意图

（2）尺寸系列代号　由两位数字组成，前一位代表宽度系列（向心轴承）或高度系列（推力轴承），后一位数字代表直径系列，滚动轴承尺寸系列代号见表10.5。

表10.5　尺寸系列代号

直径系列代号	向心轴承								推力轴承			
	宽度系列代号								高度系列代号			
	8	0	1	2	3	4	5	6	7	9	1	2
	尺寸系列代号											
7	—	—	17	—	37	—	—	—	—	—	—	—
8	—	08	18	28	38	48	58	68	—	—	—	—
9	—	09	19	29	39	49	59	69	—	—	—	—
0	—	00	10	20	30	40	50	60	70	90	10	—
1	—	01	11	21	31	41	51	61	71	91	11	—
2	82	02	12	22	32	42	52	62	72	92	12	22
3	83	03	13	23	33	—	—	—	73	93	13	23
4	—	04	—	24	—	—	—	—	74	94	14	24
5	—	—	—	—	—	—	—	—	—	95	—	—

直径系列代号，即基本代号右起第三位数字，表示结构相同、内径相同的轴承在外径和宽度方面的变化系列，如图10.7所示。直径系列中7系列外径最小，5系列外径最大，轴承的内径相同，则外径越大滚动体尺寸也越大，相应的承载能力也越大。

宽度（高度）系列代号，即基本代号右起第四位数字，表示结构、内径和直径系列都相同的轴承，在宽度方面的变化系列（对于推力轴承是指高度系列）。当宽度系列代号为0时，多数轴承在代号中可不标出代号0，但调心滚子轴承和圆锥滚子轴承的宽度系列代号0应标出。增加轴承宽度，可提高轴的刚度。

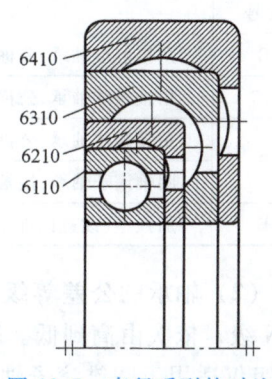

图10.7　直径系列的对比

（3）内径代号　由两位数字组成，表示轴承公称内径的大小，即基本代号中右起第一、二位数字，常用内径代号见表10.6。

表10.6　轴承内径尺寸代号

轴承公称内径 d/mm		内径代号	示例
10~17	10	00	深沟球轴承　6200　$d=10$mm
	12	01	调心球轴承　1201　$d=12$mm
	15	02	圆柱滚子轴承　NU 202　$d=15$mm
	17	03	推力球轴承　51103　$d=17$mm
20~480（22,28,32除外）		公称内径除以5的商数。如商数为个位数，需在商数左边加"0"	调心滚子轴承　22308　$d=40$mm 圆柱滚子轴承　NU 1096　$d=480$mm
≥500以及22,28,32		用公称内径毫米数直接表示，但在与尺寸系列之间用"/"分开	调心滚子轴承　230/500　$d=500$mm 深沟球轴承　62/22　$d=22$mm

2. 前置代号

前置代号是基本代号左侧的字母，经常用于表示轴承的分部件（轴承组件）。例如用 L 表示可分离轴承的可分离内圈或外圈；用 R 表示不带可分离内圈或外圈的组件；用 K 表示滚子与保持架组件等。

3. 后置代号

后置代号是基本代号右侧的字母（或加数字），表示轴承的结构形状、尺寸、公差及材料等的特殊要求。后置代号内容很多，其顺序见表 10.7，下面仅介绍几种常用代号。

表 10.7 轴承后置代号的排列顺序

组别	1	2	3	4	5	6	7	8	9
含义	内部结构	密封及防尘与外部形状	保持架及其材料	轴承零件材料	公差等级	游隙	配置	振动及噪声	其他

（1）内部结构代号　轴承的内部结构代号用于表示类型和外形尺寸相同但内部结构不同的轴承，用紧跟着基本代号的字母来表示。常用轴承内部结构代号见表 10.8。

表 10.8 常用轴承内部结构代号

代号	含义	示例
C	角接触球轴承，公称接触角 $\alpha = 15°$	7005 C
AC	角接触球轴承，公称接触角 $\alpha = 25°$	7210 AC
B	角接触球轴承，公称接触角 $\alpha = 40°$	7210 B
	圆锥滚子轴承，接触角加大	32310 B
E	加强型（改进内部结构，增大承载能力）	NU 207 E

角接触球轴承

（2）轴承的公差等级代号　轴承的公差等级分为 2 级、4 级、5 级、6 级（或 6X 级）和 N 级，依次由高到低。N 级为普通级，在轴承代号中不标出，是最常用的轴承公差等级。6X 级仅适用于圆锥滚子轴承。轴承公差等级代号及示例见表 10.9。

表 10.9 轴承公差等级代号

代号	含义	示例
/PN	公差等级符合标准规定的普通级，代号中省略不标出	6203
/P6	公差等级符合标准规定的 6 级	6203/P6
/P6X	公差等级符合标准规定的 6X 级	30210/P6X
/P5	公差等级符合标准规定的 5 级	6203/P5
/P4	公差等级符合标准规定的 4 级	6203/P4
/P2	公差等级符合标准规定的 2 级	6203/P2

（3）游隙代号　轴承的游隙是指轴承在未安装于轴或轴承箱之前的状态下，固定内圈或外圈的一方，使未固定的套圈做径向或轴向移动时套圈的移动量。根据移动方向，可分为径向游隙和轴向游隙，如图 10.8 所示。游隙是影响轴承运转精度、使用寿命、噪声级别以及温升的重要数据，控制游隙是项重要工作。

常用的轴承径向游隙系列分为 2 组、N 组、3 组、4 组和 5 组等组别，径向游隙依次由小到大，其代号分别为/C2、/CN、/C3、/C4、/C5，轴承内径不同则各组游隙的最小、最大值会有所不同。N 组游隙是常用的游隙组别，在轴承代号中不标出。当公差等级代号与游隙代号需同时表示时，可进行简化，省略游隙组号中的字母 C，取公差等级代号加上游隙组号（N 组不表示）组合表示。例如，/P63 表示轴承公差等级为 6 级，游隙为 3 组。

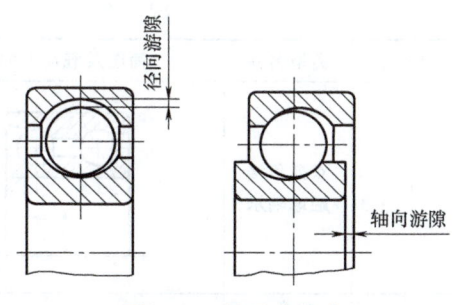

图 10.8　轴承的游隙

实际应用的滚动轴承类型很多，相应的轴承代号也比较复杂。以上介绍的是轴承代号中最基本、最常用的部分，详细的代号说明可参看 GB/T 272—2017。

例 10.1　试说明滚动轴承代号 6203 和 7312AC/P62 的含义。

解： 1）6 表示：深沟球轴承，0（省略）表示：宽度系列代号为 0，2 表示：直径系列代号为 2，03 表示：内径 $d=17$mm，N 级公差，N 组游隙。

2）7 表示：角接触球轴承，0（省略）表示：宽度系列代号为 0，3 表示：直径系列代号为 3，12 表示：内径 $d=60$mm，AC 表示：接触角 $\alpha=25°$，/P62 表示：6 级公差、2 组游隙。

10.3.2　滚动轴承类型的选择

在选用滚动轴承时主要考虑以下 5 个方面的因素：

1）首先要了解轴承的工作载荷的大小、方向和性质。其中，工作载荷的方向是指轴承承受径向还是轴向载荷；载荷性质是指轴承受到的载荷是静载荷、动载荷还是冲击载荷。

2）轴承工作转速的高低。

3）轴承的刚度。

4）轴承的安装尺寸，以便确定轴承的内径、直径和宽（高）度系列等的代号。

5）轴承的供应情况和经济性。

表 10.10 给出了常用滚动轴承的类型代号、名称、简图、主要性能特点及应用等，初选轴承类型时，可参考表中轴承的特点按下列原则来选用轴承：

1）轴承上同时受径向和轴向载荷时，一般选用角接触球轴承或圆锥滚子轴承；若径向载荷较大，轴向载荷较小，可选用深沟球轴承；而当轴向载荷较大、径向载荷较小时，可采用推力角接触球轴承、四点接触球轴承或选用推力球轴承和深沟球轴承的组合结构。

2）转速较高、载荷较小、要求旋转精度高时应选用球轴承；转速较低、载荷较大或有冲击载荷时则选用滚子轴承。

3）在同样外形尺寸下，滚子轴承的承载能力为球轴承的 1.5～3 倍。所以，在载荷较大或有冲击载荷时宜采用滚子轴承。但当轴承内径 $d\leqslant 20$mm 时，滚子轴承和球轴承的承载能力已相差不多。

4）角偏差较大时会影响轴承正常运转，故在这种场合应用调心轴承。调心轴承的外圈滚道表面是球面，能自动补偿两滚道轴心线的角偏差，从而保证轴承正常工作。滚针轴承对轴线偏斜最敏感，应尽可能避免在轴线有偏斜的情况下使用。

5）为了便于装拆和调整间隙，常选用内、外圈可分离型轴承（如圆锥滚子轴承、四点接触球轴承）、具有内锥孔的轴承或带紧定套的轴承。

表 10.10　滚动轴承的主要类型和特性

类型代号	类型名称	简图及载荷方向	极限转速	主要特性及应用
0	双列角接触球轴承		中	能同时承受径向和双向轴向载荷,相当于成对安装背对背的角接触球轴承(接触角30°)
1	调心球轴承		中	调心性能好,内、外圈之间在2°~3°范围内可自动调心,主要承受径向和不太大的轴向载荷。适用于刚性较小的轴及难以对中的场合
2	调心滚子轴承		低	调心性能好,能承受很大的载荷,但不宜承受纯轴向载荷,适用于重载及冲击载荷的场合
2	推力调心滚子轴承		低	能承受很大的轴向载荷和不大的径向载荷,适用于重载和要求调心性能好的场合
3	圆锥滚子轴承		中	能同时承受径向和轴向载荷,承载能力大,外圈可分离,安装方便,一般成对使用。适用于径向和轴向载荷都较大的场合
5	推力球轴承		低	单向——承受单向推力 双向——承受双向推力

(续)

类型代号	类型名称	简图及载荷方向	极限转速	主要特性及应用
6	深沟球轴承		高	主要承受径向载荷,也可承受一定的轴向载荷,价格低廉,应用最普遍。在高速装置中,可代替推力轴承
7	角接触球轴承		高	能同时承受径向和单向轴向载荷,公称接触角大,轴向承载能力也大,一般成对使用
8	推力圆柱滚子轴承		低	只能承受轴向载荷,承载能力比推力球轴承大得多,不允许有角偏差,常用于承受轴向载荷大而又不需调心的场合
N	圆柱滚子轴承		高	内外圈可分离,内外圈允许少量的轴向移动。允许偏差角只有 2′~4′,能承受较大的径向载荷,不能承受轴向载荷。适用于重载和冲击载荷,以及要求支承刚性好的场合

6)考虑经济性时,球轴承的价格一般低于滚子轴承,当其他要求相近时,优选球轴承。此外,轴承的公差等级越高,价格越贵,以/PN、/P6、/P5、/P4、/P2 为例,不同公差等级的滚动轴承价格比大致为 1∶1.5∶2∶7∶10。

10.4 滚动轴承的受力分析、失效形式和计算准则

根据工作情况或根据与轴承配合的轴段尺寸初步选定轴承代号后,都需要根据轴承的受力情况,对轴承能否满足工作要求进行验证。

对于轴系结构支承处的滚动轴承,其径向载荷 F_r 实际上就是支承处的径向支反力,可利用径向力系平衡方法加以确定;其轴向载荷 F_a 的计算方法,则需要考虑轴承的内部结构特点,判断是否有附加(内部)轴向力后,再利用轴向力系平衡的方法加以确定。

10.4.1 轴承的载荷分布和受力分析

向心滚动轴承中,例如圆柱滚子轴承(N0000型)和滚针轴承(NA0000)只能承受径向力,不能承受轴向力,因此,这类轴承的轴向载荷为零;推力滚动轴承中,例如推力球轴承(50000型)和推力圆柱滚子轴承(80000型)只能承受轴向载荷,不能承受径向载荷,因此,这类轴承的轴向载荷就是轴承实际承受的轴向载荷;对于角接触向心轴承和推力角接触轴承,例如圆锥滚子轴承(30000型)和角接触球轴承(70000型),在通过轴线的轴向载荷(中心轴向载荷)F_a作用下,可认为各滚动体所承受载荷是相等的。

当轴承受纯径向载荷F_r作用时(图10.9a),由于承载区内各接触点上滚动体承受不同的载荷,处于F_r作用线最下位置的滚动体受载最大(F_{max}),而远离作用线的各滚动体,其受载就逐渐减小,进入非承载区后不再承受载荷。根据力的平衡条件可近似求出受载最大的滚动体的载荷为

$$\begin{cases} F_{max} = \dfrac{4.37}{z} F_r \approx \dfrac{5}{z} F_r (点接触轴承) \\ F_{max} = \dfrac{4.08}{z} F_r \approx \dfrac{4.6}{z} F_r (线接触轴承) \end{cases} \quad (10.1)$$

式中,z为轴承的滚动体的总数。

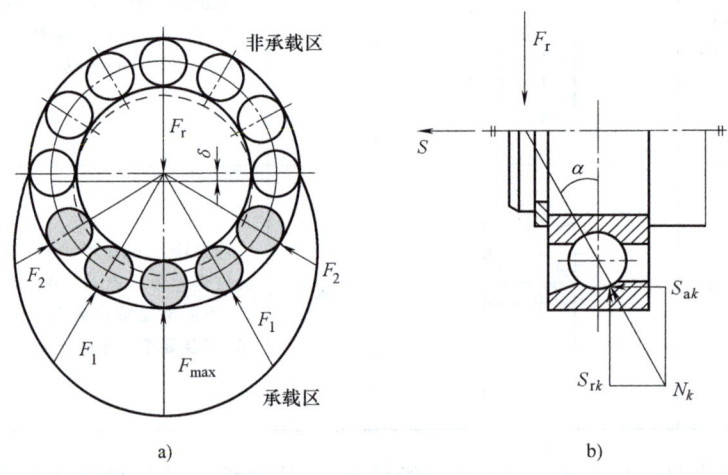

图 10.9 滚动轴承上的径向载荷分布和附加轴向力

此外,由于公称接触角α的存在,在轴承径向载荷F_r的作用下,设轴承承载区内第k个滚动体受到法向接触力为N_k,则N_k可以分解成一个径向分力S_{rk}和轴向分力S_{ak},承载区内所有滚动体的轴向分力合成后即形成轴向合力S(图10.9b)。由此可见,具有接触角α的滚动轴承,由于其内部的结构特征,即使在纯径向载荷的作用下,也会产生一个轴向力S,称其为附加(内部)轴向力。即S并非由于外部轴向载荷的作用产生,而是作用于滚动轴承上的径向载荷引起的内部轴向力。

10.4.2 滚动轴承的失效形式

轴承的损伤或失效往往可能是由设计、制造、运输、安装、操作、维护或是由于其相邻

部件的加工质量等多方面因素造成的，因此，确定失效的根本原因往往是十分困难的。基于轴承使用中的可见的明显特征外观，根据 GB/T 24611—2020 的规定，滚动轴承的失效形式主要有以下六大类：

（1）疲劳点蚀　在工作过程中，滚动轴承工作时内外套圈间有相对运动，滚动体既自转又围绕轴承中心公转，滚动体和套圈可近似地看作是分别受到不同的脉动接触应力。在载荷的反复作用下，首先在表面下一定深度处产生疲劳裂纹，继而扩展到接触表面，发生剥落。通常，疲劳点蚀是滚动轴承的主要失效形式，有表面起源型和次表面起源型疲劳两类。

轴承接触疲劳失效

（2）塑性变形　指大的静载荷或冲击载荷使轴承滚道和滚动体接触处产生的塑性变形，主要有过载变形和颗粒压痕两类。塑性变形使得滚道表面形成变形凹坑或压痕，使轴承在运转中产生剧烈振动和噪声，运转精度也会降低。

轴承塑性变形失效

（3）磨损　有磨粒磨损和黏着磨损两类。在多尘条件工作的滚动轴承，虽然采用密封装置，但仍存在硬颗粒进入相对运动的接触表面的可能，从而产生磨粒磨损。黏着磨损是由于润滑不充分、速度过高等原因引起接触表面的局部发热和黏着，出现涂抹、划伤、黏结和粗化等现象。

轴承磨损和胶合失效

（4）腐蚀　有锈蚀和摩擦腐蚀两类。锈蚀主要指钢制滚动轴承零件与腐蚀性介质（水或酸）接触时，表面发生氧化或生锈，随后出现腐蚀麻点，最后表面出现剥落的现象。摩擦腐蚀（摩擦氧化）是在某些摩擦及载荷条件下，由配合表面之间相对微小运动引发的表面氧化。

轴承锈蚀和腐蚀失效

（5）电蚀　指由于损伤电流造成的接触表面局部显微组织变化和材料的损失，主要有瞬时电流过大电蚀和电流泄漏电蚀两类。当接触面之间存在损伤电流时，会在滚动轴承零件表面形成微米级的环形坑或凹槽。

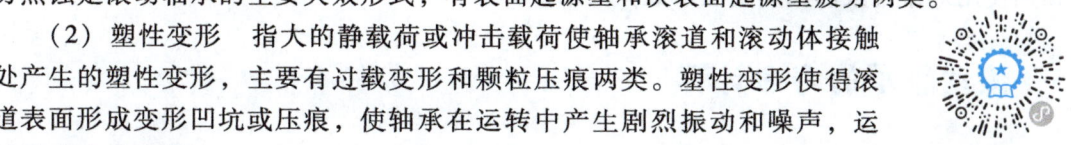

轴承电蚀失效

（6）断裂　指由于静载荷、冲击载荷和高摩擦热等因素引起的，滚动轴承零件局部应力超过材料抗拉强度时的失效形式，主要有过载断裂、疲劳断裂和热裂三类。产生该失效形式的主要原因是安装和维护不当造成的。

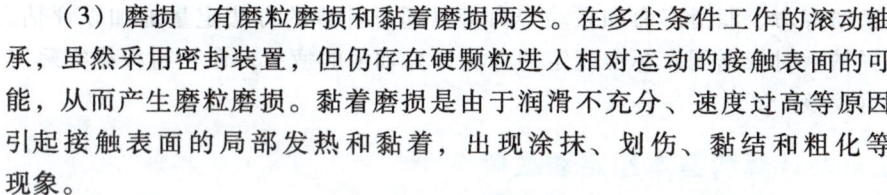

轴承断裂失效

10.4.3　滚动轴承的计算准则

在确定滚动轴承尺寸时，首先要针对其主要失效形式进行必要的计算。一般工作条件的回转滚动轴承，应进行接触疲劳寿命计算和静强度计算；对于摆动或转速较低的轴承，只需做静强度计算；高速轴承由于发热而造成的黏着磨损、热裂是主要失效形式，除了进行寿命计算外，还需要校验极限转速。

此外，还要特别注意轴承组合设计的合理结构、润滑和密封，这对保证轴承的正常工作常常起到决定性作用。

滚动轴承的计算主要需要三个轴承的基本性能参数：

1）满足一定疲劳寿命要求的基本额定动载荷 C（C_r—径向轴承；C_a—轴向轴承）。
2）满足一定静强度要求的基本额定静载荷 C_0（C_{0r}—径向轴承；C_{0a}—轴向轴承）。
3）控制轴承磨损的极限转速 N_0。

各类轴承的性能指标值 C、C_0、N_0 等可在相关标准、手册或产品目录中查取。

滚动轴承的计算准则分为设计（确定轴承代号）和校核两种情况：一是已知轴承的工作情况和预期使用寿命（或静强度安全系数），则根据公式计算额定动（静）载荷 C'，依据 $C' \geqslant C$ 的原则确定适合的轴承代号；二是已确定轴承代号和工作情况，校核该轴承是否满足预期使用寿命（或静强度安全系数）要求。

10.5 滚动轴承的寿命计算

由于滚动轴承的失效形式多种多样，但其中多数失效形式迄今尚无可用的寿命计算方法，只有疲劳寿命、磨损寿命、润滑寿命和微动寿命可以通过计算的方法定量地加以评估。通常，设计人员在选择轴承时依据国家标准规定的方法计算轴承的疲劳寿命，再根据实际需要对其他失效类别进行校核。

10.5.1 基本额定寿命计算和基本额定动载荷

滚动轴承的寿命 L 是指轴承中任一零件上出现第一个疲劳扩展迹象之前，轴承旋转的总转数（r）或某一给定的恒定转速下运转的小时数（h）。

对于一组同一型号的轴承，由于材料、热处理和工艺等很多随机因素的影响，即使在相同条件下运转，寿命也不一样，有的甚至相差几十倍。因此对一个具体轴承，很难预知其确切的寿命。但大量的轴承寿命试验表明，轴承的可靠性与寿命之间有如图10.10所示的关系。可靠性常用可靠度 R 度量。一组相同轴承能达到或超过规定寿命的百分率，称为轴承寿命的可靠度。如图10.10所示，当寿命 $L = 1 \times 10^6 \mathrm{r}$（转）时，可靠度 $R = 90\%$；$L = 5 \times 10^6 \mathrm{r}$（转）时，可靠度 $R = 50\%$。

从图10.10中可以看出，在一定的运转条件下，对应于某一转数，一批轴承中只有一定百分比的轴承能正常工作到该转数；转数增加，轴承的损坏率将增加，而能正常工作到该转数的轴承所占的百分比则相应减少。

一组同一型号轴承在相同条件下运转，其可靠度为 90% 时，能达到或超过的寿命称为基本额定寿命，单位为百万转（$10^6 \mathrm{r}$），用 L_{10} 表示；或单位为小时（h），用 L_{10h} 表示。换言之，即 90% 的轴承在发生疲劳点蚀前能达到或超过的寿命，称为基本额定寿命。对单个轴承来讲，能够达到或超过此寿命的概率为 90%。

对于相同型号的滚动轴承，其寿命随载荷的增大而降低，寿命与载荷有以下关系：

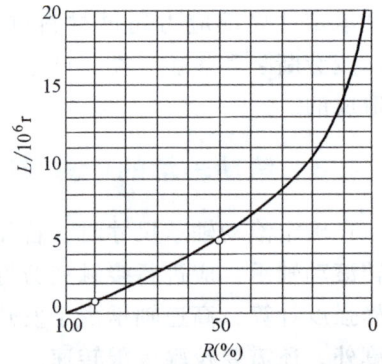

图 10.10 轴承的寿命曲线

$$P^\varepsilon L_{10} = 常数 \tag{10.2}$$

式中，P 为当量动载荷（N）；ε 为寿命指数，对球轴承 $\varepsilon = 3$，滚子轴承 $\varepsilon = 10/3$。

当一套轴承进入运转并且基本额定寿命为 10^6 r 时，轴承所能承受的载荷称之为基本额定动载荷，用 C 表示。也就是说，在基本额定动载荷作用下，轴承可以工作 10^6 r 而不发生疲劳失效，其可靠度为 90%。基本额定动载荷大，轴承抗疲劳的承载能力相应较强。对于向心轴承，由于它是在纯径向载荷下进行寿命试验的，所以其基本额定动载荷通称为径向基本额定动载荷，记作 C_r；对于推力轴承，它是在纯轴向载荷下进行试验的，故称之为轴向基本额定动载荷，记作 C_a。

引入额定动载荷 C 后，式（10.2）可写为

$$L_{10} = \left(\frac{C}{P}\right)^{\varepsilon} \tag{10.3}$$

实际计算时，用小时数 h 表示轴承寿命比较方便，式（10.3）可改写为

$$L_{10h} = \frac{10^6}{60n}\left(\frac{C}{P}\right)^{\varepsilon} \tag{10.4}$$

式中，n 为轴承的转速（r/min）。

考虑到轴承工作温度高于 100℃ 时，轴承的额定动载荷有所降低，故引进温度系数 f_t 对 C 值予以修正，f_t 可查表 10.11。考虑到实际工作情况（如冲击力、不平衡作用力、惯性力以及轴挠曲或轴承座变形产生的附加力等）的影响，还要引入载荷系数 f_p 进行修正，其值见表 10.12。修正后的寿命计算式可写为

$$L_{10h} = \frac{10^6}{60n}\left(\frac{f_t C}{f_p P}\right)^{\varepsilon} \tag{10.5}$$

当已知载荷和所需寿命时，应选的轴承额定动载荷可按下式计算：

$$C = \frac{f_p P}{f_t}\left(\frac{60n}{10^6}L_{10h}\right)^{1/\varepsilon} \tag{10.6}$$

以上两式是设计计算时经常用到的轴承寿命计算式，由此可迅速确定轴承的寿命或尺寸型号。在滚动轴承选用中，必须使其基本额定寿命 L_{10h} 大于应用中所预期的寿命 L_h，各类机器中轴承预期寿命 L_h 的参考值见表 10.13。

表 10.11 温度系数 f_t

轴承工作温度/℃	≤100	125	150	200	250	300
温度系数 f_t	1	0.95	0.90	0.80	0.70	0.60

表 10.12 载荷系数 f_p

载荷性质	f_p	举例
平稳运转或轻微冲击	1.0~1.2	电动机、水泵、通风机、汽轮机等
中等冲击	1.2~1.8	车辆、机床、起重机、造纸机、冶金机械、内燃机等
强大冲击	1.8~3.0	破碎机、轧钢机、振动筛、工程机械、石油钻机等

表 10.13　轴承预期寿命 L_h 的参考值

使用场合	L_h/h
不经常使用的仪器和设备	500
短时间或间断使用，中断时不致引起严重后果	4000～8000
间断使用，中断引起严重后果	8000～12000
每天 8h 工作的机械	12000～20000
24h 连续工作的机械	40000～80000

10.5.2　当量动载荷的计算

由于滚动轴承的基本额定动载荷 C 是在一定条件下确定的，对于向心轴承是指承受纯径向载荷，对于推力轴承是指承受纯轴向载荷。如果轴承同时承受径向和轴向载荷，则必须将实际载荷换算为和上述条件相同的载荷后，才能代入轴承寿命公式和 C 进行比较。当量动载荷即是考虑轴承同时承受径向和轴向载荷复合作用时，与确定基本额定动载荷 C 的条件相匹配的假定载荷。

在当量动载荷的作用下，轴承寿命与实际载荷下的寿命相同。用 F_r 和 F_a 分别表示轴承的径向和轴向载荷（单位为 N），则当量动载荷 P 可由下式进行计算：

$$P = XF_r + YF_a \tag{10.7}$$

式中，X 为径向系数，Y 为轴向系数，可分别按 $F_a/F_r > e$ 和 $F_a/F_r \leq e$ 两种情况，由表 10.14 查出。判断系数 e 反映了轴向载荷对轴承承载能力的影响。

径向轴承只承受径向载荷时，其当量动载荷为

$$P = F_r \tag{10.8}$$

推力轴承只能承受轴向载荷，因此其当量动载荷为

$$P = F_a \tag{10.9}$$

表 10.14　向心轴承当量动载荷的 X、Y 值

轴承类型	F_a/C_{0r}	e	$F_a/F_r > e$		$F_a/F_r \leq e$	
			X	Y	X	Y
深沟球轴承	0.014	0.19		2.30		
	0.028	0.22		1.99		
	0.056	0.26		1.71		
	0.084	0.28		1.55		
	0.11	0.30	0.56	1.45	1	0
	0.17	0.34		1.31		
	0.28	0.38		1.15		
	0.42	0.42		1.04		
	0.56	0.44		1.00		

(续)

轴承类型		F_a/C_{0r}	e	$F_a/F_r > e$		$F_a/F_r \leq e$	
				X	Y	X	Y
角接触球轴承（单列）	$\alpha = 15°$	0.015	0.38	0.44	1.47	1	0
		0.029	0.40		1.40		
		0.056	0.43		1.30		
		0.087	0.46		1.23		
		0.12	0.47		1.19		
		0.17	0.50		1.12		
		0.29	0.55		1.02		
		0.44	0.56		1.00		
		0.58	0.56		1.00		
	$\alpha = 25°$	—	0.68	0.41	0.87	1	0
	$\alpha = 40°$	—	1.14	0.35	0.57	1	0
圆锥滚子轴承（单列）		—	$1.5\tan\alpha$	0.40	$0.4\tan\alpha$	1	0
调心球轴承（双列）		—	$1.5\tan\alpha$	0.65	$0.65\tan\alpha$	1	$0.42\tan\alpha$

例 10.2 试求 N 207 E 轴承允许的最大径向载荷。已知工作转速 $n = 200$r/min，工作温度 $t = 100$℃，载荷平稳，寿命 $L_{10h} = 10000$h。

解：N 207 E 为只承受径向力的向心轴承，由式（10.6）变换可得载荷为

$$P = \frac{f_t C}{f_p} \left(\frac{10^6}{60 n L_{10h}} \right)^{\frac{1}{\varepsilon}}$$

由《机械设计手册》查得圆柱滚子轴承 N 207 E 的径向额定动载荷 $C = 46500$N；因 $t = 100$℃，由表 10.11 查得 $f_t = 1$，因载荷平稳，由表 10.12 查得 $f_p = 1$，对滚子轴承取 $\varepsilon = 10/3$。将以上有关数据代入上式，得

$$P = 46500 \left(\frac{10^6}{60 \times 200 \times 10^4} \right)^{\frac{3}{10}} \text{N} = 11059 \text{N}$$

故在规定的条件下，N 207 E 轴承可承受的最大径向载荷为 11059N。

10.5.3 角接触轴承的载荷计算

1. 载荷作用中心的确定

由于角接触轴承的接触角 α 及轴径的存在，轴系结构支承处的角接触滚动轴承，其支反力的作用点并不是轴承的宽度中点。所以角接触滚动轴承在计算支反力时，首先要确定载荷作用中心 O，它的位置应为各滚动体的载荷矢量与轴中心线的交点，如图 10.11 所示。O 点与轴承外侧端面的距离 a 可由下式计算，也可直接从手册中查得。

$$a = \frac{B}{2} + \frac{D_{pw}}{2} \tan\alpha \quad (10.10)$$

式中，D_{pw} 为滚动体中心圆直径，$D_{pw} = (D+d)/2$；d、D 为轴承内径、外径；B 为轴承宽度。接触角 α 及直径 D_{pw} 越大，载荷作用中心 O 距轴承宽度中点越远。

角接触轴承通常是成对使用的，主要有面对面（外圈窄边相对）和背对背（外圈宽边

相对）两种安装方式，如图10.12所示。为了简化计算，常假设载荷中心就在轴承宽度的中点，但这对于跨距较小的轴，误差较大，不宜随便简化。

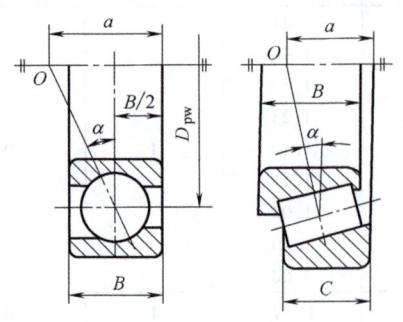

图10.11 角接触轴承的载荷作用中心

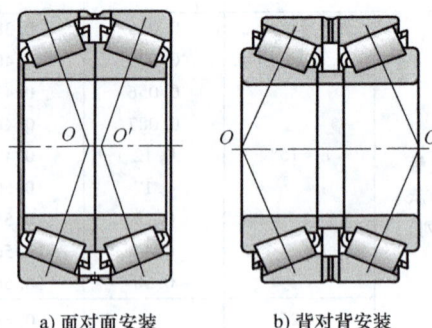

a) 面对面安装　　b) 背对背安装

图10.12 不同安装方式的轴承载荷作用中心

2. 轴向载荷的确定

为了使轴承内部轴向力得到平衡，通常角接触球轴承和圆锥滚子轴承都是成对使用的。当轴系结构同时存在径向载荷 K_r 和轴向载荷 K_a 作用时，表10.15列出了不同安装方式、不同情况下滚动轴承轴向力 F_a 的计算方法。

在计算轴承所受轴向力时，角接触轴承承受的径向载荷（支承反力）$F_{rⅠ}$ 和 $F_{rⅡ}$ 引起的附加轴向力分别为 $S_Ⅰ$ 和 $S_Ⅱ$，可先按表10.16求得 $S_Ⅰ$ 和 $S_Ⅱ$ 的大小。对于滚动轴承的面对面安装方式，当 $K_a+S_Ⅰ>S_Ⅱ$ 时，由于轴向右移动，即轴承Ⅱ被压紧，轴承Ⅰ是放松状态，则被压紧的轴承承受的轴向力是二者中较大的值，放松状态的轴承承受的轴向力是其自身的附加轴向力，即 $F_{aⅠ}=S_Ⅰ$、$F_{aⅡ}=K_a+S_Ⅰ$；当 $K_a+S_Ⅰ<S_Ⅱ$ 时，由于轴向左移动，即轴承Ⅰ被压紧，轴承Ⅱ是放松状态，则 $F_{aⅠ}=S_Ⅱ-K_a$、$F_{aⅡ}=S_Ⅱ$。对于滚动轴承的背对背安装方式，可采用同样的方法来确定轴承的轴向力。

角接触轴承轴向力计算

表10.15 角接触滚动轴承的轴向载荷 F_a 计算

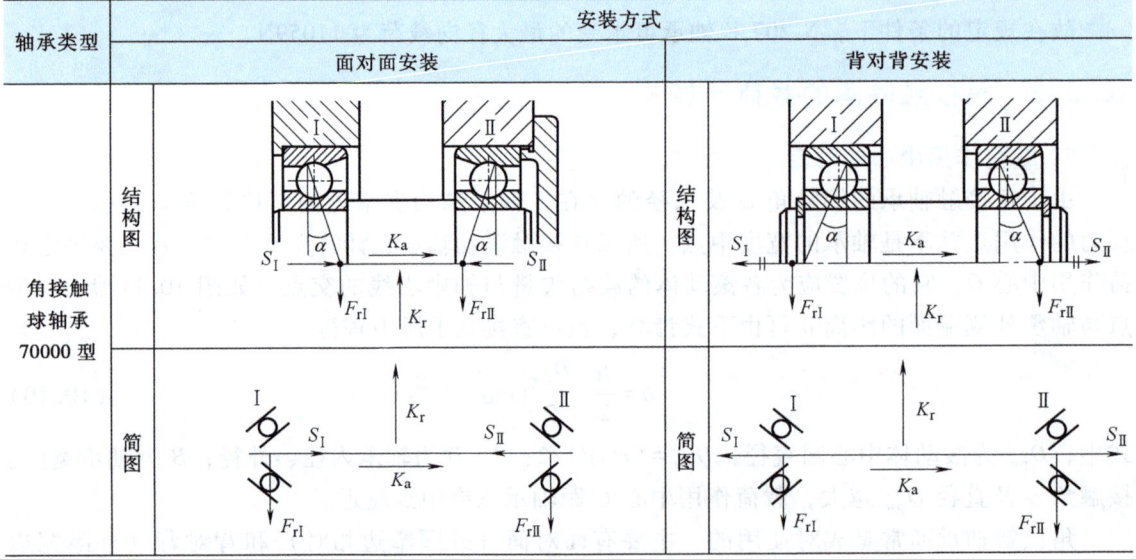

（续）

轴承类型	安装方式	
	面对面安装	背对背安装
圆锥滚子轴承 30000 型	结构图	结构图
	简图	简图
轴承的轴向力 F_{aI} 和 F_{aII} 的计算	情况一：若 $K_a+S_I>S_{II}$，则 轴承 I 放松：$F_{aI}=S_I$ 轴承 II 压紧：$F_{aII}=K_a+S_I$ 情况二：若 $K_a+S_I<S_{II}$，则 轴承 I 压紧：$F_{aI}=S_{II}-K_a$ 轴承 II 放松：$F_{aII}=S_{II}$	情况一：若 $K_a+S_{II}>S_I$，则 轴承 I 压紧：$F_{aI}=K_a+S_{II}$ 轴承 II 放松：$F_{aII}=S_{II}$ 情况二：若 $K_a+S_{II}<S_I$，则 轴承 I 放松：$F_{aI}=S_I$ 轴承 II 压紧：$F_{aII}=S_I-K_a$

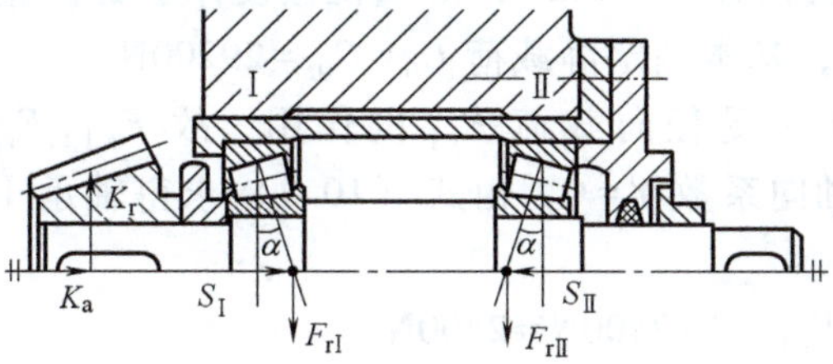

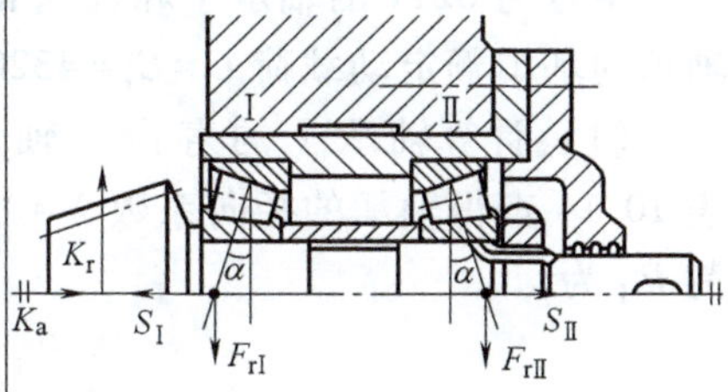

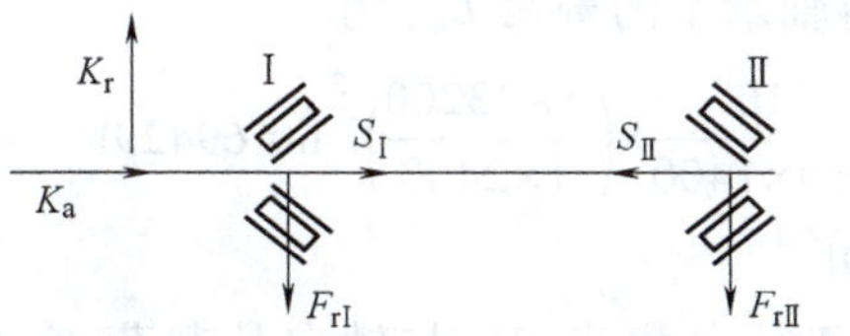

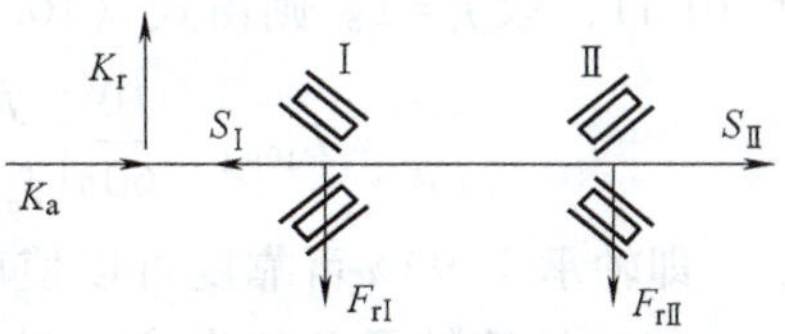

表 10.16 角接触球轴承和圆锥滚子轴承的附加轴向力

轴承类型	角接触球轴承			圆锥滚子轴承
	$\alpha=15°$	$\alpha=25°$	$\alpha=40°$	
内部轴向力 S	eF_r	$0.68F_r$	$1.14F_r$	$F_r/(2Y)$

注：e 是判断系数，Y 是 $F_a/F_r>e$ 时的轴向系数，见表 10.14。

计算角接触轴承轴向力的方法可归纳如下：

1）判明轴上全部轴向力（包括外载荷 K_a 和轴承的附加轴向力 S）合力的指向，确定"压紧"端轴承。

2）"压紧"端轴承的轴向力等于除本身的附加轴向力外其他所有轴向力的代数和。

3）"放松"端轴承的轴向力等于它本身的附加轴向力。

例 10.3 图 10.13 所示是某传动装置中一轴系结构的受力简图，已知该轴的转速 $n=1400$r/min，轴的两个支承处均选用型号为 6211，外径 $D=100$mm 的深沟球轴承，轴承 I 和轴承 II 受到的径向载荷分别为 $F_{rI}=2400$N，$F_{rII}=1290$N，作用于轴上的轴向外载荷 $K_a=1000$N，方向如图 10.13 所示，轴运转时有轻微冲击，室温使用。试求轴承的寿命。

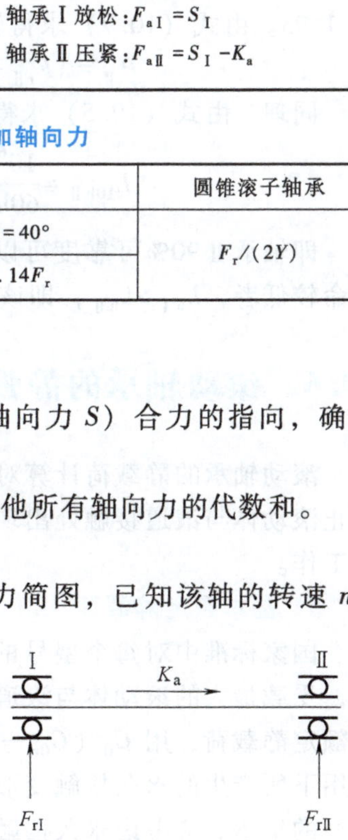

解： 深沟球轴承的滚道与滚动体之间没有接触角，其内

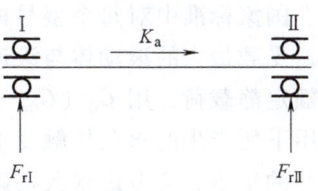

图 10.13 例 10.3 图

圈与外圈之间能够在一定范围内相对游动,并且在径向载荷作用下不会产生内部轴向力。由该轴系结构的受力情况分析知,轴承Ⅰ仅受到径向载荷 $F_{rⅠ}$ 的作用,轴承Ⅱ受到径向载荷 $F_{rⅡ}$ 与轴向外载荷 K_a 的复合作用。

型号为 6211 的轴承Ⅰ和轴承Ⅱ,其内径 $d=55\text{mm}$,由《机械设计手册》查得,6211 型轴承的基本额定动载荷 $C=C_r=43200\text{N}$,基本额定静载荷 $C_0=C_{0r}=29200\text{N}$。

(1) 计算轴承Ⅰ的寿命 轴承Ⅰ仅受径向载荷 $F_{rⅠ}$ 的作用,故 $F_{aⅠ}/F_{rⅡ}=0<e$,由表 10.14 查得轴承的径向系数 $X=1$,轴向系数 $Y=0$,由式(10.7)求得轴承Ⅰ的当量动载荷 $P_Ⅰ$ 为

$$P_Ⅰ=XF_{rⅠ}=1\times2400\text{N}=2400\text{N}$$

球轴承的寿命指数 $\varepsilon=3$。轴运转时有轻微冲击,由表 10.12,取 $f_p=1$。室温使用,由表 10.11,取 $f_t=1$。则由式(10.5)求得轴承Ⅰ的寿命 $L_{hⅠ}$ 为

$$L_{10hⅠ}=\frac{10^6}{60n}\left(\frac{f_tC}{f_pP_Ⅰ}\right)^\varepsilon=\frac{10^6}{60\times1400}\times\left(\frac{1\times43200}{1\times2400}\right)^3\text{h}=69429\text{h}$$

即轴承Ⅰ 90%可靠度可以使用 69429h。

(2) 计算轴承Ⅱ的寿命 轴承Ⅱ受到径向载荷 $F_{rⅡ}$ 与轴向外载荷 K_a 的复合作用,且 $F_{rⅡ}=1290\text{N}$,轴向载荷 $F_{aⅡ}=K_a=1000\text{N}$。

$$\frac{F_{aⅡ}}{C_{0r}}=\frac{1000\text{N}}{29200\text{N}}=0.034\ ;\quad \frac{F_{aⅡ}}{F_{rⅡ}}=\frac{1000\text{N}}{1290\text{N}}=0.775>e$$

由表 10.14 查得轴承Ⅱ的径向动载荷系数 $X=0.56$,通过内插法求得其轴向动载荷系数 $Y=1.93$。由式(10.7)求得轴承Ⅱ的当量动载荷 $P_Ⅱ$ 为

$$P_Ⅱ=XF_{rⅡ}+YF_{aⅡ}=0.56\times1290\text{N}+1.93\times1000\text{N}=2652.4\text{N}$$

同理,由式(10.5)求得轴承Ⅱ的寿命 $L_{hⅡ}$ 为

$$L_{10hⅡ}=\frac{10^6}{60n}\left(\frac{f_tC}{f_pP_Ⅱ}\right)^\varepsilon=\frac{10^6}{60\times1400}\times\left(\frac{1\times43200}{1\times2652.4}\right)^3\text{h}=51435\text{h}$$

即轴承Ⅱ 90%可靠度可以使用 51435h。轴承Ⅰ和轴承Ⅱ组合使用的寿命取决于两者中寿命较低者,$L_{hⅠ}>L_{hⅡ}$,即该对轴承组合 90%可靠度使用的寿命是 51435 h。

10.6 滚动轴承的静强度计算

滚动轴承的静载荷计算对于工作在静止状态、缓慢摆动或以极低速回转的轴承,主要是防止滚动体与滚道接触处出现过大的塑性变形、开裂和断裂等失效形式,保证轴承平稳、可靠工作。

1. 基本额定静载荷

国家标准中对每个型号的轴承规定了一个不许超过的静载荷界限,在该静载荷的作用下,受载最大的滚动体与滚道接触中心处引起的接触应力达到某一定值时,该静载荷称为基本额定静载荷,用 C_0(C_{0r}—径向轴承;C_{0a}—轴向轴承)表示。实践证明,在此接触应力作用下所产生的永久接触变形量,一般还不会影响轴承的正常工作,但对那些要求转动灵活平稳的轴承,应考虑永久接触变形的影响。轴承样本中列有各种型号轴承的基本额定静载荷值,供选择轴承时查用。

2. 当量静载荷

对于承受径向载荷 F_r 和轴向载荷 F_a 联合作用的轴承,应按当量静载荷 P_0 进行分析计算。P_0 也为一假想载荷,其含义与当量动载荷 P 相似。轴承在当量静载荷作用下,受载最大的滚动体与滚道接触中心处引起的接触应力,与联合载荷下引起的接触应力相同。当量静载荷的计算式为

$$P_0 = X_0 F_r + Y_0 F_a \tag{10.11}$$

式中,X_0 为径向静载荷系数;Y_0 为轴向静载荷系数,可查相关手册。

3. 静强度校核计算

按轴承静载能力选择轴承的校核公式为

$$\frac{C_{0r}}{P_{0r}} \geq S_0 \text{ 或 } \frac{C_{0a}}{P_{0a}} \geq S_0 \tag{10.12}$$

式中,S_0 为轴承静强度安全系数,可参考表 10.17 或表 10.18 选取。

表 10.17 静强度安全系数 S_0(非旋转或摆动轴承)

轴承的使用场合	S_0
无振动,附加载荷小的一般场合	0.5~1
有振动冲击,附加载荷大的场合	≥1.5~2

表 10.18 静强度安全系数 S_0(旋转轴承)

使用要求或载荷性质	S_0 球轴承	S_0 滚子轴承
旋转精度及平稳性要求高,或受冲击载荷	1.5~2	2.5~4
正常使用	0.5~2	1~3.5
旋转精度及平稳性要求较低,没有冲击或振动	0.5~2	1~3

例 10.4 锥齿轮减速器主动轴由一对 30206 圆锥滚子轴承支承(图 10.14a)。锥齿轮参数:$m_m = 3.6\text{mm}$,$z = 20$,$n = 1450\text{r/min}$。锥齿轮上的作用力:$F_t = 2000\text{N}$,$F_R = 600\text{N}$,$F_A = 300\text{N}$,载荷系数 $f_p = 1.2$,静强度安全系数 $S_0 = 1.2$,工作温度 $t < 100℃$,轴承寿命 L_h 不少于 24000h,计算并校核所选轴承是否满足要求。

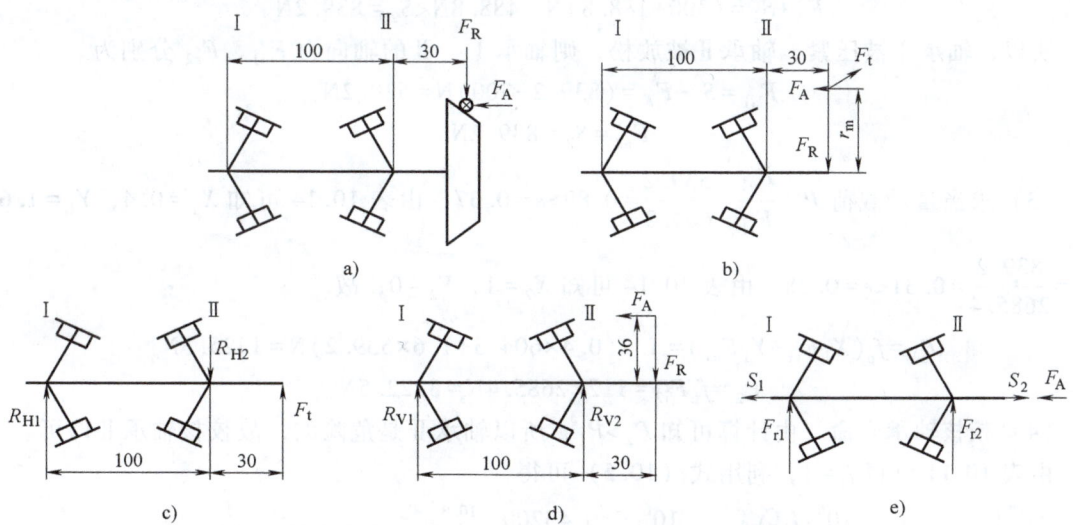

图 10.14 例 10.4 轴承支承示意图

解: 由《机械设计手册》查得轴承 30206 的参数:基本额定动载荷 $C = 43200\text{N}$,基本额定静载荷 $C_0 = 50500\text{N}$,判断系数 $e = 0.37$,径向载荷系数 $X = 0.4$,轴向载荷系数 $Y = 1.6$;径

向静载荷系数 $X_0 = 0.5$,轴向静载荷系数 $Y_0 = 0.9$。

(1) 求轴承上的径向载荷 求锥齿轮平均半径 r_m(图 10.14b)

$$r_m = \frac{m_m z}{2} = \frac{3.6\text{mm} \times 20}{2} = 36\text{mm}$$

水平面支反力(图 10.14c)

$$R_{H1} = \frac{F_t \times 30}{100} = \frac{2000\text{N} \times 30}{100} = 600\text{N}$$

$$R_{H2} = F_t + R_{H1} = (2000 + 600)\text{N} = 2600\text{N}$$

竖直面支反力(图 10.14d)

$$R_{V1} = \frac{-F_A \times 36 + F_R \times 30}{100} = \frac{-300 \times 36 + 600 \times 30}{100}\text{N} = 72\text{N}$$

$$R_{V2} = \frac{-F_A \times 36 + F_R \times 130}{100} = \frac{-300 \times 36 + 600 \times 130}{100}\text{N} = 672\text{N}$$

轴承的径向支反力(图 10.14e)

$$F_{r1} = \sqrt{R_{H1}^2 + R_{V1}^2} = \sqrt{600^2 + 72^2}\text{N} = 604.3\text{N}$$

$$F_{r2} = \sqrt{R_{H2}^2 + R_{V2}^2} = \sqrt{2600^2 + 672^2}\text{N} = 2685.4\text{N}$$

(2) 求轴承上的轴向载荷 由表 10.16,内部轴向力 S 为(图 10.14e)

$$S_1 = \frac{F_{r1}}{2Y} = \frac{604.3\text{N}}{2 \times 1.6} = 188.8\text{N}$$

$$S_2 = \frac{F_{r2}}{2Y} = \frac{2685.4\text{N}}{2 \times 1.6} = 839.2\text{N}$$

$$F_A + S_1 = (300 + 188.8)\text{N} = 488.8\text{N} < S_2 = 839.2\text{N}$$

所以,轴承Ⅰ被压紧,轴承Ⅱ被放松,则轴承Ⅰ、Ⅱ的轴向力 F_{a1}、F_{a2} 分别为

$$F_{a1} = S_2 - F_A = (839.2 - 300)\text{N} = 539.2\text{N}$$

$$F_{a2} = S_2 = 839.2\text{N}$$

(3) 求当量动载荷 P $\frac{F_{a1}}{F_{r1}} = \frac{539.2}{604.3} = 0.89 > e = 0.37$,由表 10.14 可知 $X_1 = 0.4$,$Y_1 = 1.6$;

$\frac{F_{a2}}{F_{r2}} = \frac{839.2}{2685.4} = 0.31 < e = 0.38$,由表 10.14 可知 $X_2 = 1$,$Y_2 = 0$;故

$$P_1 = f_p(X_1 F_{r1} + Y_1 F_{a1}) = 1.2(0.4 \times 604.3 + 1.6 \times 539.2)\text{N} = 1325.3\text{N}$$

$$P_2 = f_p F_{r2} = 1.2 \times 2685.4\text{N} = 3222.5\text{N}$$

(4) 校核轴承寿命 由计算可知 $P_2 > P_1$,所以轴承Ⅱ是危险的,故校核轴承Ⅱ即可。由表 10.11 可得 $f_t = 1$,利用式(10.5)可得

$$L_{10h} = \frac{10^6}{60n}\left(\frac{f_t C}{P}\right)^{\varepsilon} = \frac{10^6}{60 \times 1450} \times \left(\frac{43200}{3222.5}\right)^{10/3}\text{h} = 65783\text{h} > L = 24000\text{h}$$

所以满足寿命要求。

(5) 校核静强度 由《机械设计手册》可知,$X_0 = 0.5$、$Y_0 = 0.9$,所以由式(10.11)可得

$$P_{01} = X_0 F_{r1} + Y_0 F_{a1} = (0.5 \times 604.3 + 0.9 \times 539.2)\text{N} = 787.5\text{N}$$

$$P'_{01} = F_{r1} = 604.3\text{N} < 787.5\text{N}$$

取两者的大值，即 $P_{01} = 787.5\text{N}$。

$$P_{02} = F_{r2} = 2685.4\text{N}$$

因为 $P_{02} > P_{01}$，所以轴承Ⅱ是危险的。由式（10.12）可得

$$S = \frac{C_0}{P_{02}} = \frac{50500}{2685.4} = 18.8 > S_0 = 1.2$$

根据计算可得出结论：轴承 30206 满足工作要求。

10.7 滚动轴承的组合设计

合理设计轴承装置，是滚动轴承设计任务的主要内容之一，它对保证轴承正常可靠工作起着十分重要的作用。为保证轴承在机器中能正常工作，除合理选择轴承类型、尺寸外，在轴承的组合设计过程中，通常要考虑下述几个方面的问题：

1) 轴承支承的刚度和同轴度。
2) 轴承的配置、固定与调整。
3) 轴承的预紧、配合与装拆。
4) 轴承的润滑与密封。

10.7.1 滚动轴承支承的刚度和同轴度

1. 支座刚度对轴承工作的影响及其提高措施

轴承的支座刚度较弱时，在力的作用下容易产生变形，影响轴承滚动体在内、外圈滚道之间正常运转，降低轴承的旋转精度，导致轴承过早损坏、缩短其使用寿命。

通过增加轴承支座孔的壁厚，或者为轴承支座设置加强肋（图 10.15），可以提高轴承支座的刚度。

2. 支座孔同轴度对轴承工作的影响及其保证措施

轴承作为轴的支承件，内圈安装在轴颈上，其中心线与轴颈的中心线重合；外圈安装在轴承的支座孔中，其中心线与轴承座孔的中心线重合。如果一根轴上两个支承处的轴承座孔存在同轴度误差，则轴颈的轴线与轴承支座孔的中心线偏离，这将导致轴承的内圈中心线与外圈中心线产生偏斜，影响轴承正常运转。

无论是否采用调心轴承，设计时都要尽量保证支座孔的同轴度。同一根轴的轴承座孔，应尽可能设计在整体结构的机架中并采用相同直径，以便同时加工出两端支承处的轴承座孔，减小同轴度误差。如果同一根轴两端支承处的轴承外径不同，如图 10.16 所示，可以在外径小的轴承端增加一个套杯。

10.7.2 滚动轴承的配置

一般来说，一根轴需要两个支点，每一个支点可以由一个或一个以上的滚动轴承组成。轴承的内圈紧固在轴颈上，外圈与轴承座孔配合，通过轴承的合理配置，保证轴和安装在轴上的零件在机器中有正确的轴向位置，防止轴受力后的轴向窜动以及在工作温度变化时轴伸

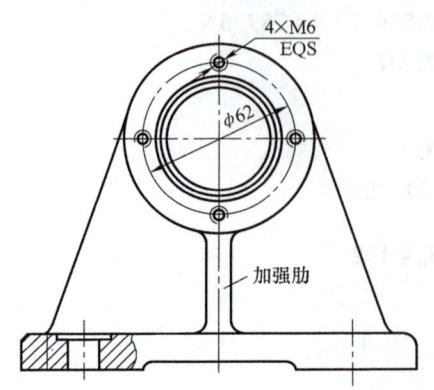

图 10.15 轴承支承座处的加强肋

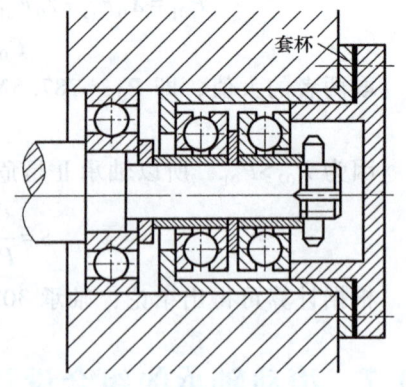

图 10.16 采用套杯的支座孔

缩变形后将轴承卡死。常用的轴承配置方式有以下三种：

1. 双支点单向固定

如图 10.17a 所示，轴的每一个支点都能限制轴的一个方向的移动，两个支点合起来就限制了轴的双向移动。它适用于工作温度不高（小于 70℃）的短轴（跨距 $L<400mm$），考虑到轴因受热而伸长，在轴承盖与外圈端面之间应留出热补偿间隙 c（图 10.17b）。一般取 $c=0.25\sim0.4mm$，此间隙在结构图上不必画出。当采用角接触球轴承或圆锥滚子轴承时，轴的热伸长由轴承自身的游隙来补偿。间隙或游隙的大小，通常用一组垫片（图 10.18a）或调整螺钉（图 10.18b）来调节。

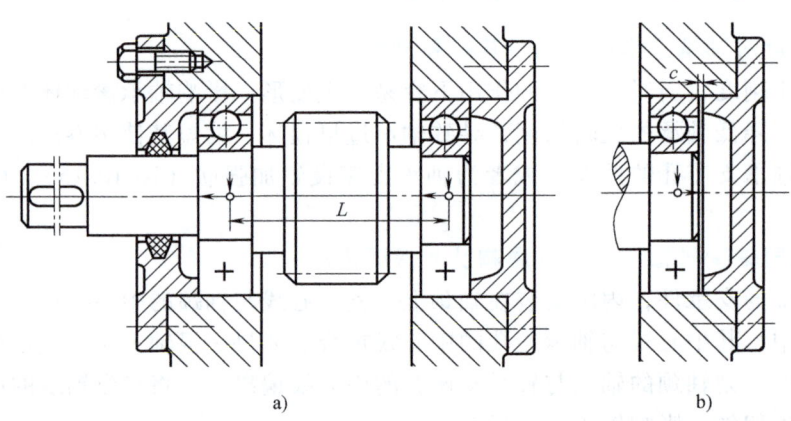

图 10.17 双支点单向固定（一）

2. 单支点双向固定（一端固定、一端游动）

这种配置适用于温度较高（大于 70℃）的长轴（跨距 $L>400mm$），如图 10.19 所示，在两个支点中使一个支点能限制轴的双向移动，另一个支点则可做轴向移动。可做轴向移动的支承称为游动支承，它不承受轴向载荷。图 10.19a 右轴承外圈未完全固定，可以有一定的游动量；图 10.19b 采用的圆柱滚子轴承，其滚子和轴承的外圈之间可以发生轴向游动。为了避免松脱，游动轴承内圈应与轴做轴向固定（常用弹性挡圈）。用圆柱滚子轴承做游动支承时，轴承外圈要与机座做轴向固定，靠滚子与套圈间的游动来保证轴的自由伸缩。

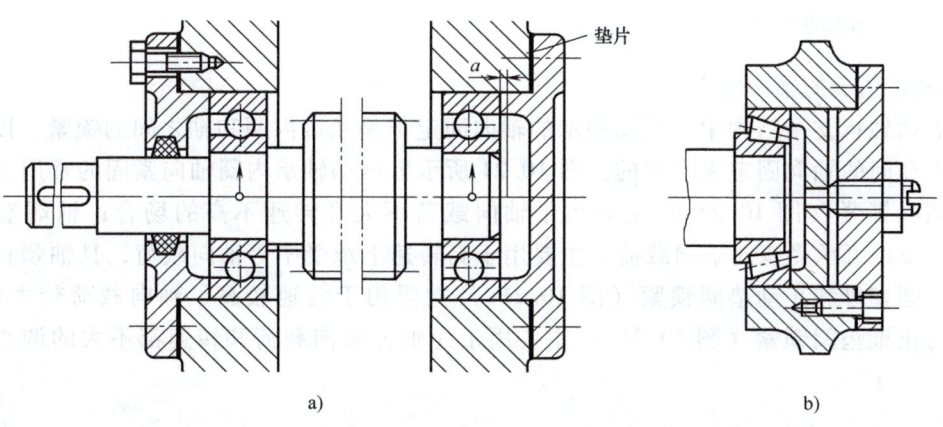

a)　　　　　　　　　　　　　　b)

图 10.18　双支点单向固定（二）

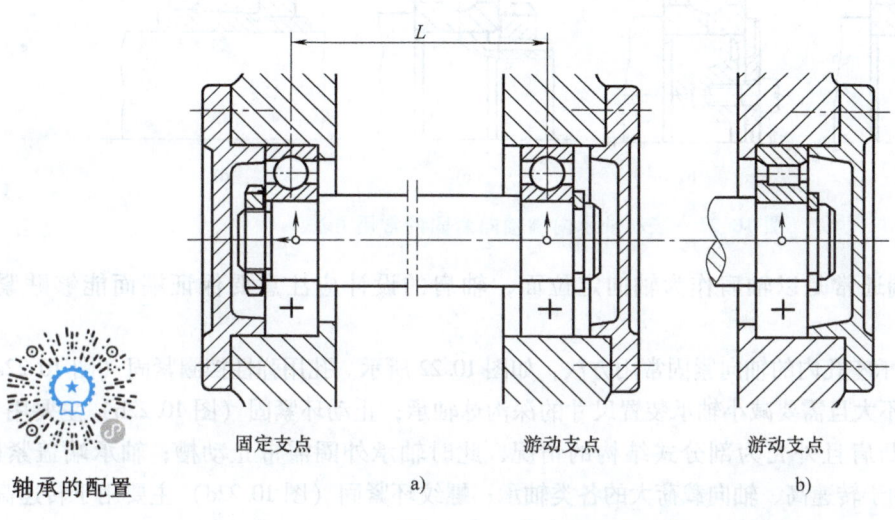

固定支点　　　　　游动支点　　　　　游动支点
a)　　　　　　　　　　　　　　b)

图 10.19　单支点双向固定

3. 两端游动支承

对于安装一对人字齿轮的两根轴，由于一对人字齿轮本身有相互轴向限位作用，两半轮齿螺旋角又不易做到完全相等，通常，它们的轴承组合结构应保证低速轴相对机座有固定的轴向位置，高速轴必须能轴向游动，通过齿轮的啮合实现自动定位（图 10.20）。

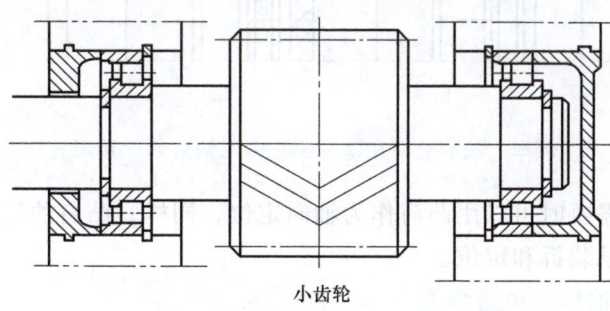

小齿轮

图 10.20　人字齿轮两端游动支承

10.7.3 滚动轴承的固定与调整

1. 滚动轴承的轴向固定

在滚动轴承支承结构中，滚动轴承的轴向固定都是通过内圈和轴之间的锁紧，以及外圈和轴承座孔间的轴向固定来实现的。图 10.21 所示为滚动轴承内圈轴向紧固的常用方法。轴用弹性挡圈锁紧（图 10.21a）主要用于轴向载荷不大和转速不高的场合；轴端端盖锁紧（图 10.21b）可承受双向轴向载荷，主要用于高转速下承受中等轴向载荷，且轴颈直径较大的场合；圆螺母和止动垫圈锁紧（图 10.21c）主要用于转速较高、轴向载荷较大的场合；圆螺母与止推垫圈锁紧（图 10.21d）主要用于光轴上轴向载荷和转速都不大的调心轴承的场合。

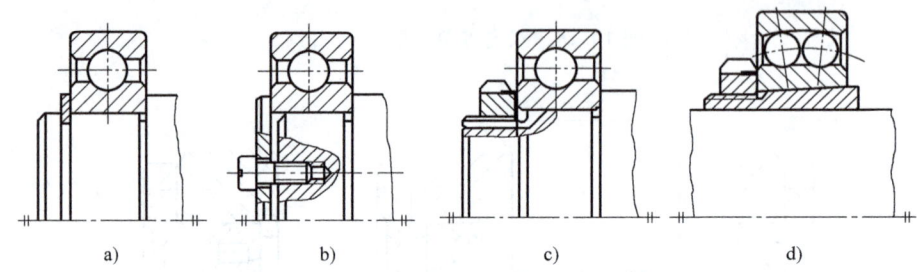

图 10.21 滚动轴承内圈轴向紧固的常用方法

内圈的另一端通常是以轴肩作为轴向定位面，轴肩的设计应注意要保证端面能够贴紧，并便于轴承拆卸。

轴承外圈在轴承座孔内的轴向紧固常用方法，如图 10.22 所示。孔用弹性挡圈紧固（图 10.22a）主要用于轴向载荷不大且需要减小轴承装置尺寸的深沟球轴承；止动环紧固（图 10.22b）主要用于轴承座孔内不便做凸肩且外壳为剖分式结构的情况，此时轴承外圈需带止动槽；轴承端盖紧固（图 10.22c）主要用于转速高、轴向载荷大的各类轴承；螺纹环紧固（图 10.22d）主要用于转速高、轴向载荷大，且不适于使用轴承端盖紧固的场合。

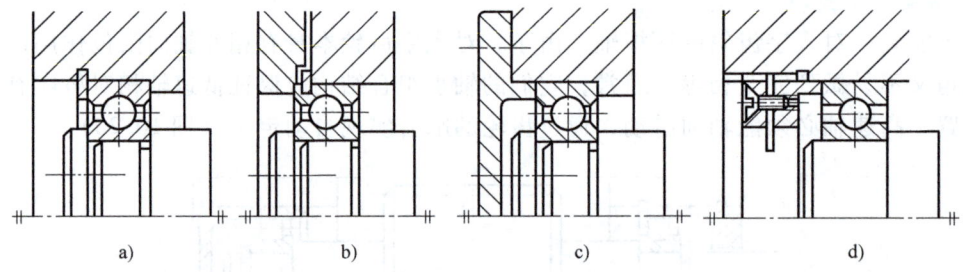

图 10.22 轴承外圈在轴承座孔内的轴向紧固常用方法

外圈的另一端面需要时可以用凸肩作为轴向定位，同样，凸肩的设计应注意要保证端面能够贴紧，并便于轴承装拆和定位。

2. 滚动轴承组合的轴向位置调整

轴承的调整包括轴承间隙调整和轴承位置调整。调整滚动轴承组合的轴向位置，其目的是保证轴上的零件（如齿轮、带轮等）具有准确的工作位置。通常采用螺纹零件或者调整垫片厚度的方式，常用的调整方式有：

1）通过调整轴承端盖与机座间的垫片厚度实现轴承间隙的调整（图10.18a）。

2）利用调整螺钉对轴承外圈的压盖进行调整以实现轴承的间隙调整（图10.18b），调整完毕之后，用螺母锁紧防松。

3）通过调整套杯与机座之间的垫片厚度调整套杯与机座的相对位置，实现轴及轴上零件的轴向位置的调整；通过调整套杯与轴承端盖之间的垫片厚度调整轴承的间隙（图10.16）。

10.7.4 滚动轴承的预紧

一般在安装滚动轴承时，预先在轴向施加一个为径向载荷20%~30%的力，产生相对位移，用以消除了游隙，并使轴承滚道与滚动体之间有一定的过盈量，称为轴承的预紧。预紧可以使得滚动体受力更加均匀，并增加了滚动体和滚道的接触面积，借此提高轴的旋转精度和刚度。

适量的预紧对提高轴承性能是有利的（图10.23），但过大的预紧会导致发热高、磨损加剧的后果。对于不同类型和规格的轴承，存在一个最佳过盈量（最佳间隙量），如图10.24所示，其值应根据具体工作情况和轴承工作温度变化情况来确定。

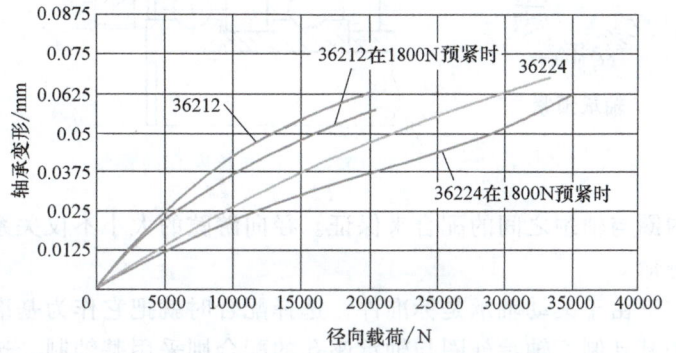

图10.23 轴承预紧前后径向刚度比较

常见的轴承预紧方式如图10.25~图10.28所示。图10.25所示方式通过外圈压紧预紧，利用夹紧一对圆锥滚子轴承的外圈而将轴承预紧；也可按图10.26所示方式，在一对轴承间加入弹簧得到稳定的预紧力；图10.27所示方式用不同长度的套筒预紧，两轴承之间加入不同长度的套筒实现预紧，预紧力可以由两个套筒的长度差加以控制；图10.28所示方式利用磨窄套圈预紧，夹紧一对磨窄了外圈的轴承实现预紧，反装时可磨窄轴承的内圈。这种特制的成对安装的角接触球轴承可由生产厂选配组合成套提供，

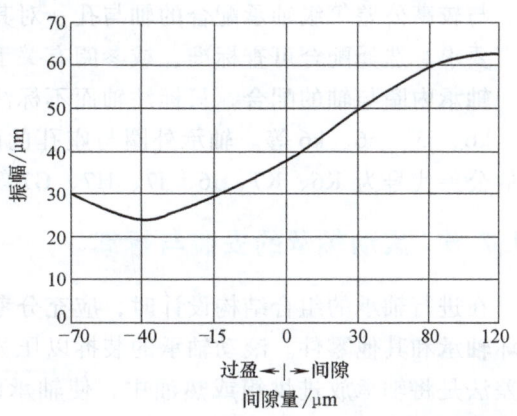

图10.24 轴承间隙对主轴前端共振幅值的影响

并可在滚动轴承样本中查到不同型号成对安装的角接触球轴承的轻、中、重三个系列预紧载荷值及相应的内、外圈磨窄量。

10.7.5 滚动轴承的配合

轴承套圈的周向固定和轴承内部的径向游隙，靠外圈与轴承座孔（或回转零件）之间、

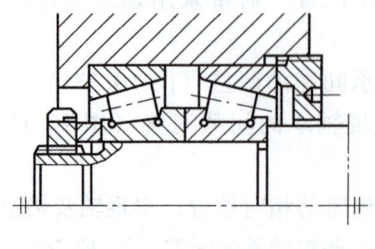

图 10.25　外圈压紧预紧

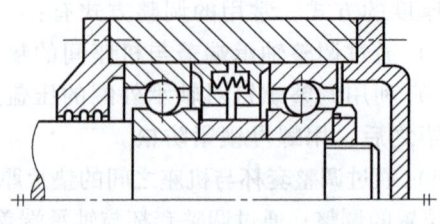

图 10.26　弹簧压紧预紧

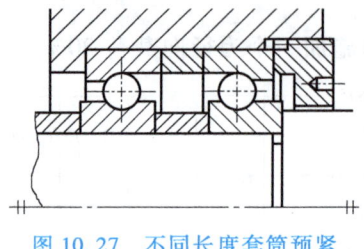

图 10.27　不同长度套筒预紧

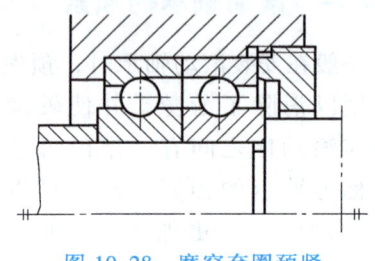

图 10.28　磨窄套圈预紧

内圈与轴颈之间的配合来保证。径向游隙的大小不仅关系到轴承的运转精度，同时影响它的寿命。

由于滚动轴承是标准件，选择配合时就把它作为基准件。因此，轴承内圈与轴的配合采用基孔制，轴承外圈与轴承座孔的配合则采用基轴制。选择配合时，应考虑载荷的方向、大小和性质，以及轴承类型、转速和使用条件等因素。当外载荷方向不变时，转动套圈应比固定套圈的配合紧一些。一般情况下是内圈随轴一起转动，外圈固定不转，故内圈常取具有过盈的过渡配合，外圈常取较松的过渡配合。当轴承做游动支承时，外圈应取保证有间隙的配合。与较高公差等级轴承配合的轴与孔，对其加工精度、表面粗糙度及几何公差都有相应的较高要求。选择配合可查标准，或参阅有关手册。

轴承内圈与轴的配合，只标注轴而不标注孔的公差代号，常采用的公差代号为 n6、m6、k5、k6、j5、js6、k6 等。轴承外圈与座孔的配合，只标注孔而不标注轴的公差代号，常采用的公差代号为 K6、K7、J6、J7、H7、G7 等。

10.7.6　滚动轴承的安装与拆卸

在进行轴承的组合结构设计时，应充分考虑轴承的安装与拆卸，以便在装拆过程中不致损坏轴承和其他零件。滚动轴承的装拆以压力法最常用，此外还有温差法、液压配合法等。温差法是将轴承放进烘箱或热油中，使轴承的内圈受热膨胀，然后即可将轴承顺利装在轴上。液压配合法是通过将压力油打入环形油槽拆卸轴承。图 10.29 和图 10.30 所示分别是轴承内圈、外圈和内、外圈同时压装方式，将轴承压装到轴上或轮毂孔中。

图 10.31 所示是用轴承拆卸器拆卸轴承。为了使轴承在轴上得到正确的定位，轴上应设计有相应的轴肩，但轴肩不宜过高，否则拆卸工具的钩头无法钩住内圈端面。另外应注意：从轴上拆卸时，应卡住轴承的内圈；从座孔中拆卸轴承时，应用反向爪拆卸轴承的外圈。当轴不太重时，可以用压力法拆卸轴承，如图 10.32 所示。注意采用该方法时，不可只垫轴承的外圈，以免损坏轴承。

第 10 章 滚动轴承

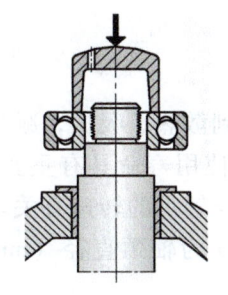

图 10.29 轴承内圈压装

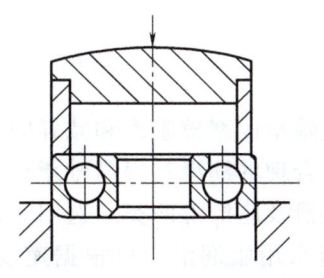

图 10.30 轴承外圈和内、外圈同时压装

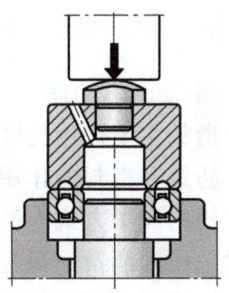

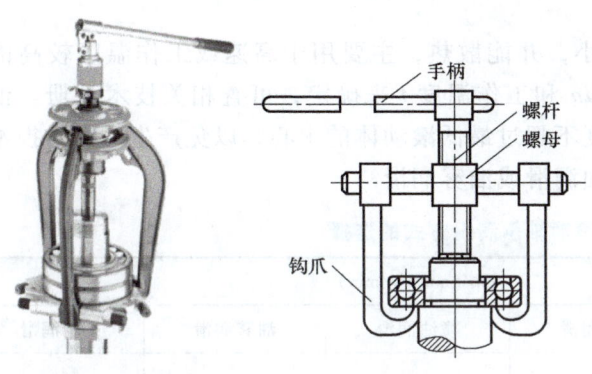

图 10.31 轴承拆卸器

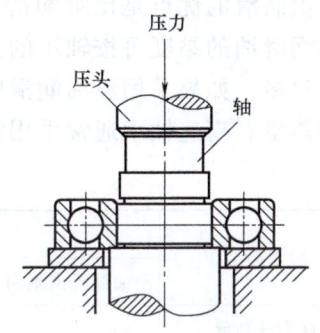

图 10.32 垫平轴承压拆轴承

图 10.33 所示是利用在开口圆锥紧定套上的轴承支承结构装拆轴承。安装轴承时,将圆螺母上紧。在圆螺母沿轴向将轴承压紧在圆锥套上的同时,还在径向压迫圆锥套的开口处使其紧固在轴上。拆卸时,松开螺母使开口处复原,从而很容易将圆锥套与轴分开。图 10.34 所示是利用具有环形油槽的轴颈拆卸轴承。为了轴承的拆卸方便,在轴颈上开出环形槽。在拆卸轴承时,将高压油从油路入口打入。在压力油的作用下轴承的内圈撑大、轴颈压缩,实现拆卸。在拆卸时,高压油还可以起到润滑作用。

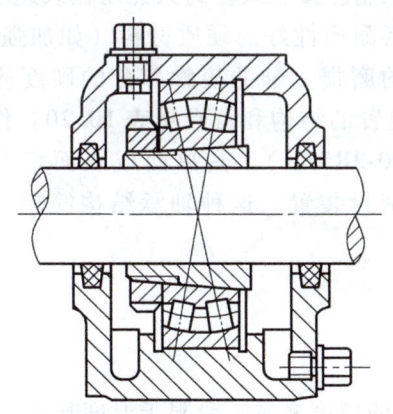

图 10.33 利用开口圆锥结构装拆轴承

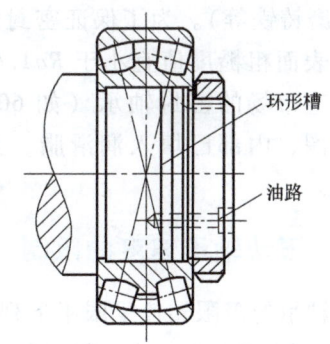

图 10.34 利用有环形油槽的轴颈拆卸轴承

10.7.7 滚动轴承的润滑和密封

1. 滚动轴承的润滑

润滑的主要作用是降低轴承的摩擦阻力和减轻磨损，还可以起到散热、吸振，减少接触应力、防锈和密封的作用。合理的润滑对提高轴承性能，延长轴承使用寿命具有重要意义。轴承常用的润滑方式有油润滑及脂润滑两类。选用哪种润滑方式，与轴承的转速有关。一般高速时采用油润滑，低速时采用脂润滑。可根据速度因数 dn 值［d 为轴颈直径（mm）；n 为工作转速（r/min）］由表 10.19 选择。

脂润滑因润滑脂承载能力高，不易流失，便于密封和维护，且一次充填润滑脂可运转较长时间。润滑脂的装填量一般不超过轴承空间的 1/2，装填量过大，易于引起摩擦发热，影响轴承的正常工作。

油润滑的优点是比脂润滑摩擦阻力小，并能散热，主要用于高速或工作温度较高的轴承。润滑油的黏度可按轴承的速度因数 dn 和工作温度 t 来确定，可查相关技术手册。油量不宜过多，如果采用浸油润滑则油面高度不超过最低滚动体的中心，以免产生过大的搅油损耗和热量。高速轴承通常采用滴油、喷油润滑或油雾润滑。

表 10.19 滚动轴承润滑方式的选择

轴承类型	dn/(mm·r/min)				
	浸油润滑飞溅润滑	滴油润滑	喷油润滑	油雾润滑	脂润滑
深沟球轴承	≤2.5×10⁵	≤4×10⁵	≤6×10⁵	>6×10⁵	≤(2~3)×10⁵
角接触球轴承					
圆柱滚子轴承					
圆锥滚子轴承	≤1.6×10⁵	≤2.3×10⁵	≤3×10⁵	—	
推力球轴承	≤0.6×10⁵	≤1.2×10⁵	≤1.5×10⁵	—	

2. 滚动轴承的密封

密封是为了阻止灰尘、水分和其他杂物进入轴承，并防止润滑剂流失。密封装置可分为接触式和非接触式两大类。非接触式密封不受速度的限制。接触式密封只能用在线速度较低的场合，常用的材料有细毛毡、橡胶、皮革、软木或者耐磨性好的硬质材料（如加强石墨、青铜、耐磨铸铁等）。为了保证密封的寿命及减少轴的磨损，轴的接触部分的硬度应大于 40HRC，表面粗糙度值宜小于 $Ra1.6\mu m$。各种密封装置的结构和特点见表 10.20。作为标准产品供应市场的密封轴承（如 60000-RZ 型、60000-2RS 型），其单面或双面带有防尘盖和密封圈，内部已填入润滑脂，无须再加其他的密封装置。这种轴承结构简单，使用日趋广泛。

10.7.8 滚动轴承速度的限制

滚动轴承的极限转速受限于下列因素：
1) 从润滑剂的稳定性和滚动体及套圈退火危险性的角度来看，受限于温度升高。
2) 受限于保持架的强度和寿命，因保持架的损坏多半与过早的磨损有关。

表 10.20 滚动轴承的密封方法

接触式密封	
毡圈密封（$v<5$m/s） 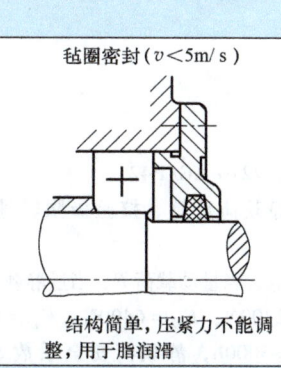 结构简单，压紧力不能调整，用于脂润滑	密封圈密封（$v<4$m/s ~12m/s） 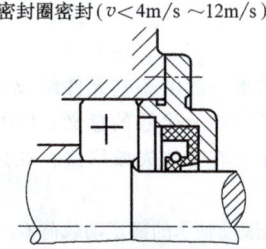 使用方便，密封可靠。耐油橡胶和塑料密封有 O、J、U 等形式，有弹簧箍的密封性能更好
非接触式密封	
立轴综合密封 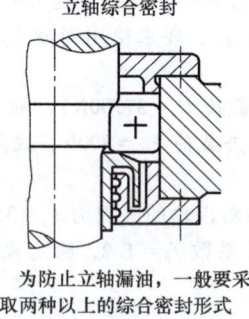 为防止立轴漏油，一般要采取两种以上的综合密封形式	迷宫式密封（$v<30$m/s） 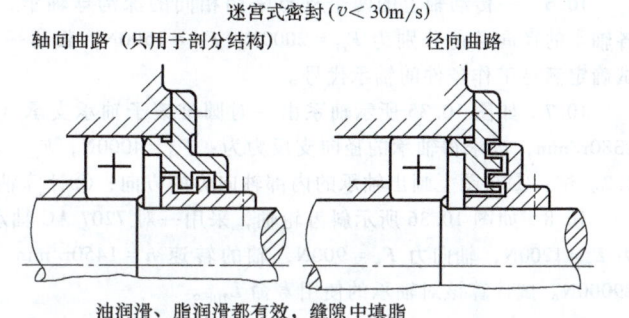 轴向曲路（只用于剖分结构）　　径向曲路 油润滑、脂润滑都有效，缝隙中填脂
组合密封	
毛毡加迷宫密封 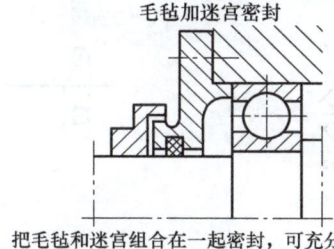 把毛毡和迷宫组合在一起密封，可充分发挥各自优点，提高密封效果，多用于密封要求较高的场合	

3）当载荷较大时，受限于套圈和滚动体因单位时间内循环次数大，而发生过早的疲劳损坏。

滚动轴承的极限转速，根据乘积 $d_m n$ 不致超过每种轴承类型的某一规定值来确定。其中，d_m 为滚动体中心圆直径。

提高滚动轴承极限速度的措施通常有：

1）采用高精度等级，如 2 级、4 级和 5 级的轴承。
2）保证轴承座镗孔有较高的精度，且轴要进行平衡。
3）采用接触面上摩擦损失较低的轴承，特别是滚道廓形曲率半径较大的轴承。
4）将球的直径减小到 $0.5H$，其中 $H=0.5(D-d)$。
5）采用较轻系列轴承或去掉内圈的办法来减低圆周速度。
6）采用优质材料制成的、平衡良好的实体保持架，并使保持架对外圈有较好的定位。

7）规定轴承用过盈不太大的配合，以免减小轴承中的间隙。

8）采用油雾润滑、人工冷却等。

习 题

10.1 滚动轴承一般由哪些元件组成？各有什么作用？

10.2 说明下列轴承代号的意义：6108，N 2420，6316/P5，7407 B，7210 AC/P42。

10.3 滚动轴承有哪些失效形式？在选择轴承型号时的寿命计算、静载荷计算、校验极限转速是针对哪些失效形式的？

10.4 什么是滚动轴承的额定动载荷 C、额定静载荷 C_0、基本额定寿命 L_{10}、当量动载荷 P、当量静载荷 P_0？

10.5 一根轴上有一对 6313 深沟球轴承，载荷 $F_{r1} = 5500\text{N}$，$F_{a1} = 2700\text{N}$；$F_{r2} = 6400\text{N}$，$F_{a2} = 0\text{N}$；$n = 1250\text{r/min}$；运转时工作温度不超过 100℃，有轻微冲击。预期寿命 $L_{10h} > 5000\text{h}$，静载荷安全系数 $S_0 > 1.2$，试分析所选轴承是否满足工作要求。

10.6 一传动轴上的两个支点采用相同的深沟球轴承，已知轴径均为 $d = 40\text{mm}$，转速 $n = 1750\text{r/min}$，各轴承的径向载荷分别为 $F_{r1} = 2000\text{N}$，$F_{r2} = 1500\text{N}$，载荷平稳。常温下工作，要求使用寿命 $L_{10h} = 1000\text{h}$，试确定满足工作条件的轴承代号。

10.7 如图 10.35 所示轴系由一对圆锥滚子轴承支承（基本额定动载荷 $C_r = 57700\text{N}$），轴的转速 $n = 1380\text{r/min}$，已求得轴承的径向支反力为：$F_{r1} = 4000\text{N}$，$F_{r2} = 8000\text{N}$，轴向外载荷 $F_A = 800\text{N}$，载荷系数 $f_p = 1.2$。试：①在图上画出轴承的内部轴向力的方向；②计算轴承的寿命。

10.8 如图 10.36 所示斜齿轮轴，采用一对 7207 AC 轴承支承，已知斜齿轮的圆周力 $F_t = 350\text{N}$，径向力 $F_r = 1200\text{N}$，轴向力 $F_a = 900\text{N}$，轴的转速 $n = 1450\text{r/min}$，轴承的载荷系数 $f_p = 1.2$，额定动载荷 $C_r = 29000\text{N}$。试计算该对轴承的使用寿命 L_{10h}。

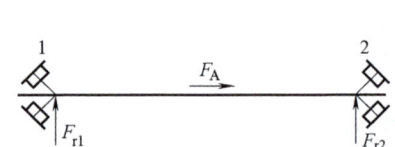

图 10.35 习题 10.7 图

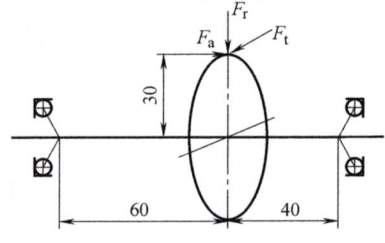

图 10.36 习题 10.8 图

10.9 指出如图 10.37 所示轴系中的错误结构，并改正。

10.10 指出如图 10.38 所示轴系中的错误结构，并画出正确的结构图。齿轮为油润滑，滚动轴承为脂润滑。

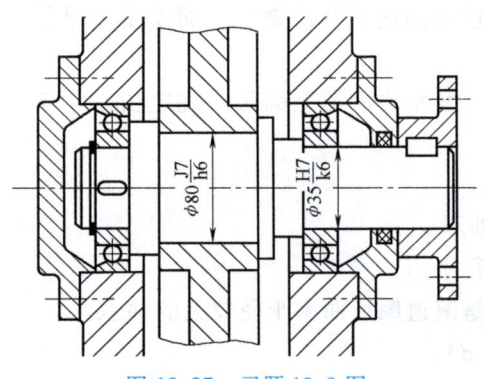

图 10.37 习题 10.9 图

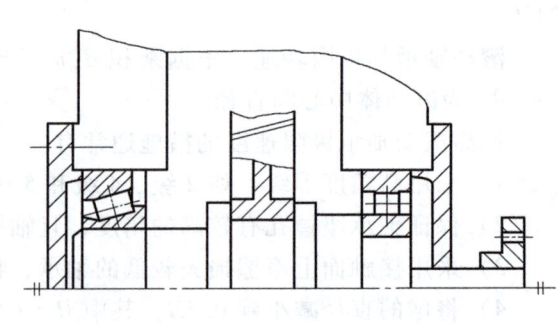

图 10.38 习题 10.10 图

第11章 摩擦、磨损及滑动轴承

11.1 概述

在正压力作用下相互接触的两个物体受到切向外力的作用而产生相对切向运动或相对运动趋势时，在接触表面之间就会产生阻碍相对运动的力，这种现象称为摩擦，这种阻碍相对运动的力称为摩擦力，如果这种相对运动（趋势）是滑动，则称为滑动摩擦；如果这种相对运动（趋势）是滚动，则称为滚动摩擦。滑动摩擦中，如果两接触表面间有相对运动，则这种摩擦称为动摩擦；如果两接触表面间只有相对运动趋势，则这种摩擦称为静摩擦。摩擦将导致能量的损耗、温度的升高及摩擦表面上物质的损失，这种由于摩擦而导致摩擦表面上物质的损失，称为磨损。据估计由于摩擦而失效的机械零件占失效机械零件总量的80%左右，全世界工业能源消耗量的30%多是由于克服摩擦而消耗的。

摩擦除了有对机械运转有害的一面，也有有利的一面，如摩擦传动、各种运转机器的制动等都是利用摩擦工作的。机械工程中，支承机器运转的轴承根据轴承相对运动表面间的摩擦形式可以分为滑动轴承和滚动轴承。滚动轴承摩擦系数小，起动阻力小，而且已经标准化，选用、润滑、维护方便，在一般机械中应用广泛。

由于滑动轴承有滚动轴承不具备的特点（运动平稳、可靠，噪声小，旋转精度高，承载能力强，耐冲击，适用转速高达30m/s），在有些滚动轴承不能胜任的场合（转速特别高、载荷特别大、冲击振动特别严重、径向空间小、必须采用剖分结构及在腐蚀介质和水中工作）必须使用滑动轴承。例如，在轧钢机、汽轮机、内燃机、铁路机车和车辆等装备中，滑动轴承得到了广泛应用。

滑动轴承的类型很多。按照承受载荷方向的不同，滑动轴承可分为承受径向载荷的径向轴承和承受轴向载荷的推力轴承（止推轴承）；按照相对运动表面间的摩擦状态的不同，滑动轴承可分为流体润滑滑动轴承、混合润滑滑动轴承和干摩擦滑动轴承；按照润滑机理的不同，流体润滑滑动轴承又可以分为流体动压滑动轴承和流体静压滑动轴承。本章主要介绍与滑动轴承相关的摩擦学知识和滑动轴承设计。

11.2 摩擦

11.2.1 摩擦的分类

1. 按摩擦副的运动状态分类

（1）静摩擦　两个物体做宏观位移前的微观位移时，其接触表面之间的摩擦称为静摩擦。

（2）动摩擦　两个物体做相对运动时，其接触表面之间的摩擦称为动摩擦。一般情况下，动摩擦系数小于静摩擦系数。

2. 按摩擦副的运动形式分类

（1）滑动摩擦　接触表面相对滑动或有相对滑动趋势时的摩擦。

（2）滚动摩擦　物体在力矩作用下沿接触表面滚动时的摩擦。

3. 按摩擦副表面的润滑状况分类

（1）干摩擦　两摩擦表面间无任何润滑剂（或保护膜）直接接触时形成的摩擦，称为干摩擦。在工程实际中没有真正的干摩擦，因为暴露在大气中的任何零件的表面，不但会因氧化而形成氧化膜，而且或多或少也会被润滑油所湿润或者受到"油污"，此时摩擦将显著降低。在机械设计中，通常把未经人为润滑的摩擦状态当作干摩擦处理。

（2）流体摩擦　两相对运动的表面被一层连续的流体润滑剂薄膜完全隔开时的摩擦称为流体摩擦。这时摩擦发生在界面间的流体润滑膜内，摩擦特性取决于流体内部分子间的黏性阻力。这种摩擦是在流体内部的分子之间进行的，因此摩擦系数极小。此时的摩擦规律已有了根本性的变化，与干摩擦完全不同。

（3）边界摩擦　相对运动的两接触面间被一层极薄的润滑膜隔开时的摩擦。其摩擦和磨损不取决于润滑剂的黏度，而是取决于两表面的特性和润滑剂的性能。

（4）混合摩擦　在摩擦副中既有干摩擦又有边界摩擦，或者既有边界摩擦又有流体摩擦的混合状态下的摩擦。混合摩擦一般以半干摩擦或半流体摩擦的形式出现。混合摩擦是最常见的摩擦形式。不同摩擦的状态如图11.1所示。

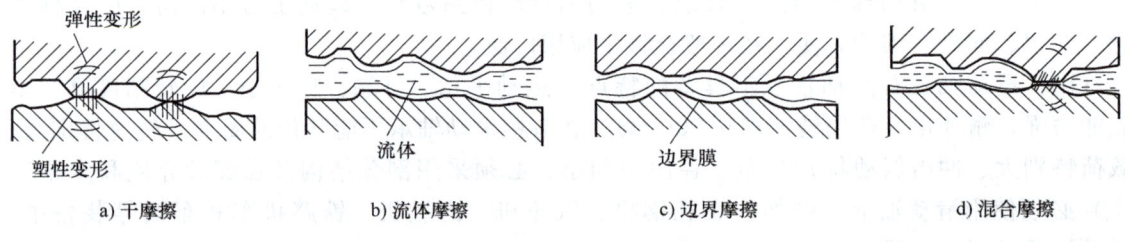

图 11.1　不同摩擦的状态

边界摩擦、混合摩擦及流体摩擦都必须具备一定的润滑条件，所以，相应的润滑状态也常分别称为边界润滑、混合润滑及流体润滑。可以用膜厚比 λ 来估计滑动表面的润滑状态，即

$$\lambda = \frac{h_{\min}}{(R_{q1}^2 + R_{q2}^2)^{\frac{1}{2}}} \tag{11.1}$$

式中，$h_{\min}$ 为两滑动粗糙表面间的最小公称油膜厚度（μm）；R_{q1}、R_{q2} 为两表面形貌轮廓的均方根偏差（μm）（约为算术平均偏差 Ra_1、Ra_2 的 1.20~1.25 倍）。

通常认为：$\lambda \leq 1$ 时为边界摩擦（润滑）状态；$\lambda > 3$ 时为流体摩擦（润滑）状态；$1 \leq \lambda \leq 3$ 时为混合摩擦（润滑）状态。

11.2.2 摩擦学理论

1. 干摩擦

干摩擦理论分为黏着理论和机械理论。黏着理论是建立在大量试验的基础上的。试验表明，相互接触的两物体表面并不是完全接触，实际接触面积大约只占名义接触面积的 1/100~1/1000，使得接触区压力很高，材料发生塑性变形后表面污染膜遭到破坏，使基体金属发生黏着现象，形成冷焊结点，如图 11.2a 所示。当两摩擦表面发生相对滑动时，必须先将结点剪断，如图 11.2b 所示。同时，当较硬的凸峰在较软的材料上滑过时，在较软的材料表面切出沟纹（犁沟），从而相对滑动时的摩擦力为上述两种因素所形成的阻力之和。由于后者相对来说较小，通常可以忽略。

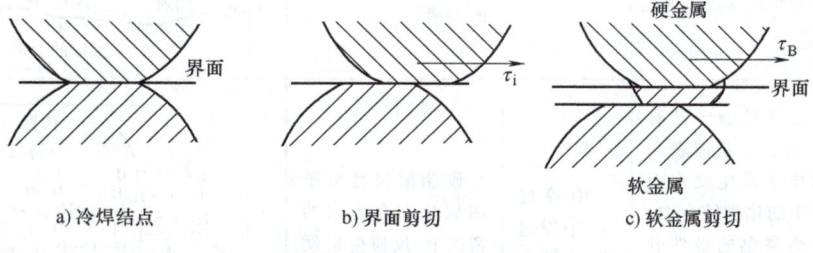

图 11.2　冷焊结点及剪切

机械理论认为摩擦力是两表面凸峰的机械啮合力的总和，因而可解释为什么表面越粗糙，摩擦力越大；分子-机械理论认为，摩擦力由表面凸峰间的机械啮合力和表面分子相互吸引力两部分组成，所以这一理论可解释为什么当接触表面光滑时，摩擦力也会很大。但上述两种理论不能解释能量是如何被消耗的。此外还有能量理论等。目前应用较多的是修正后的黏着理论。

2. 边界摩擦

边界摩擦是一种综合的复杂现象，它涉及物理吸附、化学吸附、腐蚀、催化和化学反应等多种因素。在机械运转过程中，边界润滑常和流体动压润滑混合发生或交替发生。边界润滑最重要的特征是在金属表面上生成表面膜，以降低固体与固体接触时的表面损伤。

边界润滑机理的模型如图 11.3 所示，在法向载荷的作用下，做相对运动的表面微凸体的接触增加，其中一部分接触点处的边界膜破裂，产生金属-金属接触。在这种情况下，摩擦力等于剪断表面黏附部分的剪切阻力及边界膜分子间的剪切阻力之和。因此，当边界膜能够起很好的润滑作用时，摩擦系数取决于边界膜内部的剪切强度。

按边界膜形成机理，边界膜分为物理吸附膜、化学吸附膜和化学反应膜三种。边界膜的

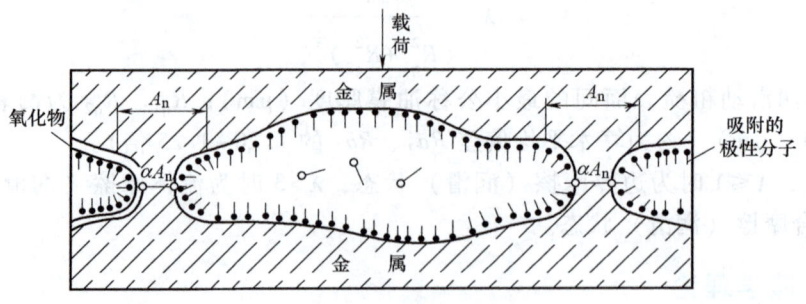

图 11.3　边界润滑机理的模型

分类及特点见表 11.1。

表 11.1　边界膜的分类及特点

分类	特点	适用范围	举例	示意图
物理吸附膜	由分子吸引力使极性分子定向排列，吸附在金属表面，吸附与脱吸完全可逆	常温、低速、轻载	脂肪酸极性分子吸附在金属表面，形成脂肪胶膜，可作为滑动导轨、轻载蜗杆的润滑	
化学吸附膜	由极性分子的有价电子与基体表面的电子发生交换而产生的化学结合力，使金属皂的极性分子定向排列，吸附在金属表面上，吸附与脱吸不完全可逆	中等温度、中等速度、中载	硬脂酸极性分子和氧化铁在有水的情况下，反应生成硬脂酸铁膜	
化学反应膜	硫、磷、氯等元素与金属表面进行化学反应，生成金属膜。其熔点高，剪切强度低，反应是不可逆的	重载、高温、高速	十二烷基硫醇中的硫原子与铁反应，生成硫化铁，只作为重载齿轮、蜗杆传动的润滑及金属切削冷却液用	

11.2.3　摩擦系数

在没有润滑的固体表面间，产生摩擦的主要原因是表面形貌的粗糙不平、表面间存在分子之间的吸引力和表面凸峰间的"焊-剪-刨"作用。在黏着中，设结点较软材料的剪切强度极限为 τ_B，压缩屈服极限为 σ_{sy}，实际接触面积为 A_r，两表面间的压力为 F_n，则摩擦力为

$$F_f \approx A_r \tau_B = \frac{F_n}{\sigma_{sy}} \tau_B \tag{11.2}$$

接触表面间的摩擦系数 μ 为

$$\mu = \frac{F_f}{F_n} = \frac{\tau_B}{\sigma_{sy}} = \frac{界面剪切强度极限}{两种材料中较弱材料的压缩屈服极限} \tag{11.3}$$

影响摩擦系数的因素很多，主要包括摩擦副配偶材料的性质、表面膜、镀层或涂层、滑动速度、环境温度及表面粗糙度等。

流体润滑条件下，摩擦力（摩擦系数）的大小取决于流体的内摩擦力。边界润滑条件下摩擦力的大小取决于表面膜的性质。对有机化合物物理吸附膜，主要由吸附膜的类型及分子参数决定。试验发现，当吸附膜中碳分子含量增加时，摩擦系数和磨损都减小。各种摩擦状态下的摩擦系数粗略值见表 11.2。

表 11.2 不同摩擦状态下的摩擦系数 μ（粗略值）

	摩擦状况	摩擦系数
干摩擦	相同金属： 　　黄铜-黄铜；青铜-青铜 异种金属： 　　铜铅合金-钢 　　巴氏合金-钢 非金属： 　　橡胶-其他材料 　　聚四氟乙烯-其他材料	0.8~1.5 0.15~0.3 0.15~0.3 0.6~1.9 0.04~0.12
固体润滑	石墨-二硫化钼 铅膜润滑	0.06~0.20 0.08~0.20
边界润滑	矿物油湿润表面加油性添加剂的油润滑： 　　钢-钢 　　尼龙-钢 　　尼龙-尼龙	0.15~0.30 0.05~0.10 0.10~0.20
流体润滑	流体动压润滑 流体静压润滑	0.08~0.20 <0.001（与设计参数有关）
滚动摩擦	滚动摩擦系数与接触面材料的硬度、表面粗糙度、湿度等有关。球和圆柱滚子轴承的摩擦大体与流体动压润滑相近，其他滚子轴承则稍大	

11.2.4 摩擦特性曲线

如前所述，流体摩擦状态是最理想的润滑状态；而干摩擦状态是恶劣的摩擦状态，在工程实际中应该避免干摩擦状态的出现；边界摩擦和混合摩擦是最常见的摩擦状态，也称为边界润滑状态和混合润滑状态。试验证明，随着某些参数的改变，这些摩擦润滑状态是相互转化的。它们的摩擦系数 μ 与流体黏度 η、两摩擦表面相对滑动速度 v、载荷 F 之间的关系如图 11.4 所示。

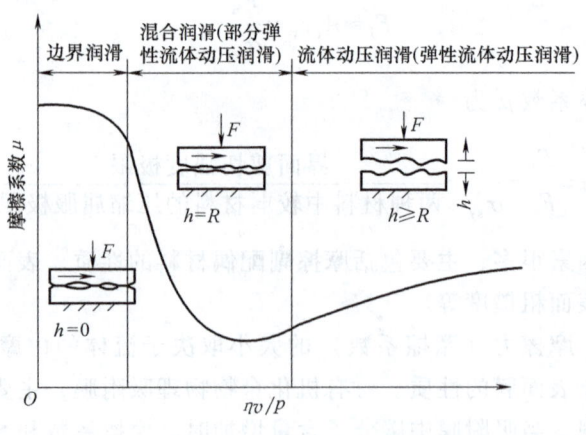

图 11.4　摩擦特性曲线

由图 11.4 可知，无量纲系数 $\eta v/p$ 由 0 逐渐增大时，油膜的厚度也逐渐增大，摩擦系数逐渐减小，润滑情况逐步得到改善。当 $\eta v/p$ 达到混合润滑区域的某一临界值时，摩擦系数达到最小值，当 $\eta v/p$ 继续增加时，很快进入流体动压润滑区，在流体动压润滑情况下，随着 $\eta v/p$ 的增大，摩擦系数也在缓慢增加，此时的摩擦是由于润滑剂的黏性内摩擦产生的，摩擦系数仍然很小。

11.3　磨损

由于相对运动表面间的摩擦导致的表面材料的逐渐损失或迁移的现象称为磨损。磨损是伴随摩擦而产生的必然结果，它是相互接触的物体在相对运动时，表层材料不断发生损耗的过程，或者产生塑性变形的现象。因此，磨损不仅是材料消耗的主要原因，也是影响机器使用寿命的重要因素。材料的损耗，最终反映到能源的消耗上，减少磨损是节约能源不可忽视的重要环节。在现代工业自动化、连续化的生产中，某一零件的磨损失效，会影响整个生产过程。因此，设计时需要考虑如何避免或者减轻磨损，以保证机器达到设计寿命。

此外磨损并不完全是有害的，例如机器的"跑合"、零件的成形加工（磨削、抛光等加工）都是依靠磨损的机械作用来实现的。

11.3.1　磨损过程

当两表面相互接触时，表面上的微凸体首先发生接触，当发生相对滑动时，接触点的结合受到破坏。在接触点结合的不断形成又不断受到破坏的过程中，由于机械、摩擦热以及与周围介质发生的物理或化学复合作用下，材料表层发生变形、氧化、软化等现象，结果引起表面的损坏和材料的脱落。

机械零件的典型磨损过程一般可以划分为三个阶段，如图 11.5 所示。

（1）跑合磨损阶段　由于摩擦表面具有不同的表面粗糙度，而且运转初期，相对运动表面的实际接触面积较小，单位面积上的实际载荷较大，摩擦表面逐渐磨平，实际接触面积逐渐增大，磨损速度由快逐渐减缓，此时处于跑合阶段。人们常常利用跑合阶段轻微磨损为正常运行稳定磨损创造条件。例如新机器的跑合试车就是这个原因。跑合阶段磨损速度较快，很快会进入稳定磨损阶段。

（2）稳定磨损阶段　经过跑合后，摩擦表面相互适应，尖峰高度降低，峰顶半径增大，尖顶变钝，实际接触面积增加，磨损速度降低，磨损量减小，运动表面间以平稳缓慢的速度磨损。磨损量与时间关系的斜率（即磨损速度）基本保持不变。这个阶段的长短就代表零件使用寿命的长短。

（3）剧烈磨损阶段　经长时间的稳定磨损阶段后，物体表面性质发生变化，表面强度降低、表面层裂纹扩展，机器各运动表面间的精度降低、间隙增大，此时机械效率下降，精度降低，出现异常的噪声及振动，磨损加剧，温度升高，常常是导致机器零件工作失效的主要原因。

磨损过程有时也会发生下述情况：

1）进入稳定磨损阶段后，长时间内磨损甚微，无明显的剧烈磨损阶段，零件寿命较长。

2）跑合阶段和稳定磨损阶段无明显磨损，当零件表层达到疲劳极限后，产生剧烈磨损。

3）摩擦条件恶劣，跑合后立即转入剧烈磨损阶段，机器无法正常工作。

从磨损过程的变化来看，机器零部件的正常工作往往是在稳定磨损阶段。所以，要提高使用寿命，应尽量延长稳定磨损阶段，拖后剧烈磨损阶段的到来。润滑是影响跑合磨损阶段长短的因素之一，润滑不良时，则跑合磨损阶段很短，并立即转入剧烈磨损阶段，使零件很

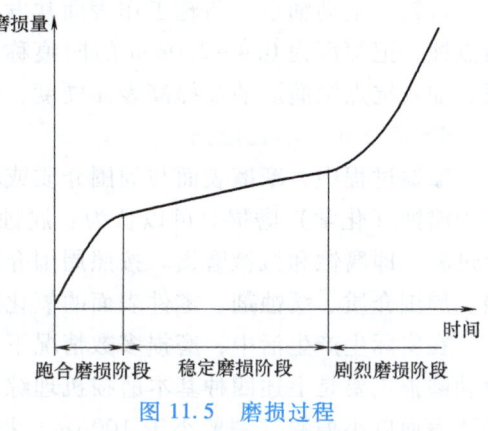

图 11.5　磨损过程

快报废。通过在润滑油中加入一定的添加剂，可以缩短跑合时间，提高跑合质量。

11.3.2　磨损分类及其影响因素

磨损的分类方法有很多，许多学者从不同的角度提出了不同的分类方法，本书按照磨损机理将磨损主要分为四种基本类型，即黏着磨损、磨粒磨损、表面疲劳磨损和腐蚀（化学）磨损。

1. 黏着磨损

当摩擦副接触时，由于微观表面不平，表面之间为点接触。在相对滑动和一定载荷作用下，在接触点发生塑性变形或剪切，使其表面膜破裂，摩擦表面温度升高，严重时表层金属会软化或熔化，此时，接触点产生黏着。形成黏着（冷焊）结点后相对滑移时，黏着（冷焊）结点发生剪切断裂，或者材料从一个表面转移到另一个表面，从而形成黏着破坏（或黏着磨损）。

滑动轴承和高速重载齿轮的"胶合"现象均是严重的黏着磨损。影响黏着磨损的主要因素有载荷（压强）、速度、表面温度、摩擦副材料、润滑剂等。同类材料组成的摩擦副比异类材料组成的摩擦副更容易黏着，塑性材料的抗黏着能力不如脆性材料抗黏着能力高。有油的表面，要在油膜破裂后才可能发生黏着。无油的表面，也只有在表面污染膜失效后，金属才能直接黏着。

2. 磨粒磨损

在摩擦过程中，由于摩擦表面上硬的微凸体或外部进入摩擦界面上的硬颗粒在摩擦过程中引起的摩擦表面材料脱落的现象称为磨粒磨损。在农业机械、工程机械、石油矿山机械、建筑机械和运输机械中，许多机械零件与泥沙、矿石或灰渣等直接摩擦会发生不同形式的磨粒磨损。据统计，因磨粒磨损而产生的损失约占各类磨损所造成的全部损失的一半。影响磨粒磨损的主要因素有摩擦材料的硬度、磨粒的硬度、重复摩擦次数、载荷和滑动速度等。

3. 表面疲劳磨损

在接触变应力的作用下，摩擦副表面上材料微体积由于受到交变接触应力的作用，其表面因疲劳而产生物质流失的现象，称为表面疲劳磨损。产生疲劳磨损的零件表面特征是有深浅不同、大小不一的痘斑状凹坑，或有较大面积的表层剥落。

齿轮、滚动轴承、凸轮工作表面常发生这种磨损。一般把深度为 0.1~0.4mm 的凹痕称为点蚀，把深度为 0.4~2.0mm 的凹痕称为剥落。合理选择摩擦副材料、减小表面粗糙度值、加入抗点蚀润滑油及提高表面硬度，可以提高抗接触疲劳磨损的能力。

4. 腐蚀（化学）磨损

摩擦过程中，摩擦表面与周围介质或者摩擦表面之间发生化学反应或电化学反应的磨损称为腐蚀（化学）磨损。可以认为：腐蚀磨损时材料的摩擦表面破坏是由于同时发生了两个过程，即腐蚀和机械磨损。按照周围介质的不同，腐蚀磨损可分为氧化磨损和化学腐蚀磨损。周围介质、缓蚀剂、零件表面的氧化膜性质及环境温度等是影响腐蚀磨损的主要因素。

在实际生产生活中，磨损多数情况下是以复合形式出现的，即几种磨损同时存在。例如微动磨损主要是上述四种基本磨损机理综合作用而形成的一种磨损形式。当相互接触的两个固体表面以小振幅（一般小于 100μm）振动而相互作用时，就会产生这种磨损现象。它一般发生在轴颈、螺栓连接、键槽和花键等配合较紧的零件上，以及金属密封和离合器中。在磨损过程中，随着工作条件的变化，可能出现黏着磨损、氧化磨损、磨粒磨损以及疲劳磨损等多种磨损组合形式，仅在不同阶段，不同形式磨损中的主次不同而已。要找到主要的磨损类型，采取有效措施，合理选择摩擦副材料、润滑剂及其添加剂、控制摩擦副的工作条件，可以改善摩擦副的耐磨性，减少磨损。

11.4 润滑

为了减小摩擦、减轻磨损，通常在两摩擦表面间加入减小摩擦的物质，这种方法叫润滑，所加入的物质叫润滑剂。此时由于摩擦表面不直接接触，产生的摩擦为润滑油分子之间的内摩擦，因此，摩擦系数很小，可以有效地降低磨损，提高设备的使用寿命。此外润滑剂在减少摩擦的同时还能起减振、防锈等作用；液体润滑剂还能带走摩擦热、污物等。

根据几何形状、材料、运转条件及油膜厚度，润滑状态可分为流体润滑、边界润滑、混合润滑等，见表 11.3。

表 11.3 各种润滑状态的基本特征

润滑状态	典型膜厚	润滑膜形成方式	应用
流体动压润滑	1~100μm	由摩擦表面的相对运动所产生的动压效应形成流体润滑膜	中高速的面接触摩擦副，如滑动轴承

(续)

润滑状态	典型膜厚	润滑膜形成方式	应用
流体静压润滑	1~100μm	通过外部压力将流体送到摩擦表面之间,强制形成润滑膜	各种速度下的面接触摩擦副,如滑动轴承、导轨等
薄膜润滑	10~100nm	与流体动压润滑相同	低速下的点线接触高精度摩擦副,如精密滚动轴承等
边界润滑	1~50nm	润滑油分子与金属表面产生物理或化学作用而形成润滑膜	低速重载条件下的高精度摩擦副
干摩擦	1~10nm	表面氧化膜、气体吸附膜等	无润滑或自润滑的摩擦副

11.4.1 润滑剂的分类及其特点

润滑剂可分为气体润滑剂、液体润滑剂、润滑脂和固体润滑剂 4 种基本类型。

1. 液体润滑剂

液体润滑剂是用量最大、品种最多的一类润滑剂。液体润滑剂的特点是具有较宽的黏度范围,对不同的载荷、速度和温度条件下工作的运动部件提供了较宽的选择余地。液体润滑剂包括矿物润滑油、合成润滑油、有机油及水基液体等。矿物润滑油主要是石油产品,此种油来源充足、稳定性好、成本低,并且可以加入适当的添加剂提高其质量,因而得到广泛的应用。有机油通常是动植物油,因其含有较多的硬脂酸,在边界润滑时有很好的润滑性能,但因其稳定性差,来源有限,因此应用较少。化学合成油是通过化学合成方法制成的新型润滑油,能满足矿物油所不能满足的某些特性要求,如高温、低温、高速、重载和其他条件。如磷酸酯(低温润滑剂)、硅酸盐酯(高温润滑剂)、氟化物(耐氧化润滑剂)等,近年来应用范围不断扩大。

2. 固体润滑剂

固体润滑剂是为解决一些极端状态下的润滑需求而出现的一类新型润滑剂。如航空航天飞行器,某些零部件的工作温度很高或温度变化范围很大,需要使用专门的固体润滑剂。另外,在某些情况下如食品、纺织机械等为防止污染不允许使用润滑油脂,还可以在给油不便、拆装困难等情况下使用固体润滑剂。

固体润滑剂分无机化合物(石墨、二硫化钼、硼砂等)与有机化合物(金属皂、动物脂等)两类,常将润滑剂粉末与粘结剂混合起来使用,也可与金属或塑料等混合后制成自润滑复合材料使用。固体润滑剂具有耐高温、耐低温、抗辐射、抗腐蚀、不污染环境等优点。但固体润滑剂的缺点是摩擦系数较高,冷却性能差。

3. 润滑脂

为使润滑剂易于保持在摩擦表面,通常用稠化剂和添加剂经特定的工艺将润滑油稠化成膏状,即润滑脂。润滑脂是一种介于液体和固体之间的润滑材料,俗称"黄油",它在常温常压下呈半固态油性软膏状,能附着在摩擦表面上不流动。

润滑脂由润滑油、稠化剂、稳定剂和添加剂组成。润滑油是润滑脂的主要组成部分,含量占 80%~90%,所以润滑油的性质直接影响润滑脂的性能。稠化剂是各种金属皂,如钙皂、钾皂、钠皂等,从而可形成不同皂类的润滑脂,如钙基润滑脂、钾基润滑脂、钠基润滑脂等。

钙基润滑脂有比较好的抗水性,但是耐热能力差,一般工作温度不超过 65℃。钠基润滑脂具有比较高的耐热性，工作温度可以达到120℃，但是抗水能力差，由于它能与少量的水乳化，可以保护金属免遭腐蚀，所以比钙基润滑脂有更好的防锈能力。钾基润滑脂具有比较好的抗水性和耐高温性（小于145℃），而且具有比较好的机械稳定性，用途比较广泛。铝基润滑脂具有良好的抗水性，对金属表面具有很高的吸附能力，可以起到很好的防锈作用。

目前使用的润滑剂主要为液体润滑剂，但某些情况下需要使用润滑脂。如某些开放的润滑部位，利用润滑脂良好的黏附性，不会流失或滴落；在有尘埃、水分或有害气体侵蚀的条件下，润滑脂具有良好的密封性、防护性和耐蚀性；因工作条件的限制，某些机械的运动部位要求长期不更换润滑剂，使用润滑脂能够满足要求。虽然润滑脂仅占润滑剂总量的2%左右，但在润滑中起的作用很大，大约90%的滚动轴承使用润滑脂润滑。润滑脂的缺点是流动性小，冷却性差，高温下易产生相变和分解。

4. 气体润滑剂

一般气体都可以作为润滑剂，最常用的是空气，其特点是黏度低、功耗少、温升小、黏度随温度变化小。气体润滑剂可在比润滑油脂更高或更低温度条件下使用，如在1000~600000r/min的高速转动和在-200~500℃的温度范围内润滑滑动轴承。但气体润滑剂的承载能力低，而且排气噪声高。

普通润滑剂在工作条件恶劣的情况下将很快恶化变质，为了提高润滑剂的品质和性能，通常在润滑剂中加入少量的添加剂，以改变润滑剂的性能。主要是提高油性、极压性，使其具有更有效的工作能力；推迟老化，延长使用寿命；改善物理性能（如降低凝点、提高黏度、改进黏-温特性等）。常用的润滑剂添加剂有硫系、磷系、氯系和复合添加剂。

11.4.2 润滑剂的性能指标

润滑剂的性质主要用以下几个性能指标衡量。对于流体润滑剂有黏度（包括运动黏度、动力黏度、相对黏度）、油性、凝点、闪点，对于润滑脂有滴点和针入度（也称锥入度）。

1. 流体润滑剂的性能指标

（1）黏度　把静止的液体放在互相平行的两平板之间，如图11.6所示，下板固定不动，对上板施加某一恒定的力，使其匀速平行于下板移动，形成如图所示的速度分布。液体在层流状态流动时，内部各层的速度是不相同的，在相邻流层的接触面上，存在着对等值反向的力，这种阻滞力称为内摩擦力。流层间的这种相互作用称为液体的内摩擦。流体（通常为液体）润滑剂黏度是指流体抵抗剪切变形的能力，它表示流体内摩擦阻力的大小，是选择流体润滑剂的重要指标。

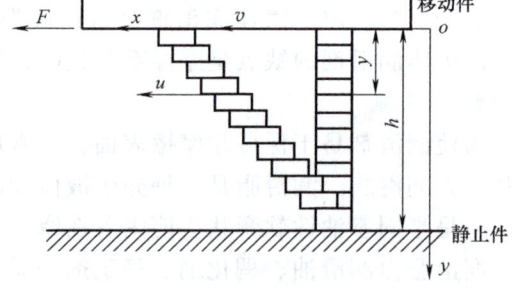

图11.6　平行板间液体的层流流动

1）动力黏度。牛顿在1687年提出牛顿流体内摩擦定律，即在流体中任意点处的切应力均与该处流体的速度梯度成正比。其数学表达式为

$$\tau = -\eta \frac{\partial u}{\partial y} \tag{11.4}$$

式中，τ 为流体的切应力（MPa）；u 为流体任意层处的速度（m/s）；η 为比例系数，即为流体的动力黏度；式中的负号表示切应力的方向与相对速度方向相反。

动力黏度的法定计量单位为 Pa·s（帕·秒）。在绝对单位制（CGS 制）中，动力黏度的单位为 P（泊）。P 与 Pa·s 的换算关系为：1P=0.1Pa·s。

如图 11.7 所示，长、宽、高各为 1m 的流体上下平面发生 1m/s 的相对滑动速度所需要的切向力为 1N 时，则该流体的动力黏度为 1N·s/m^2，动力黏度的国际单位是 Pa·s（帕·秒），1Pa·s=1N·s/m^2。为使用方便，工程上常用的动力黏度单位有 1dyn·s/cm^2，称 1P（泊）。百分之一泊（厘泊），记为 cP。三者关系为 1000cP=10P=1Pa·s。

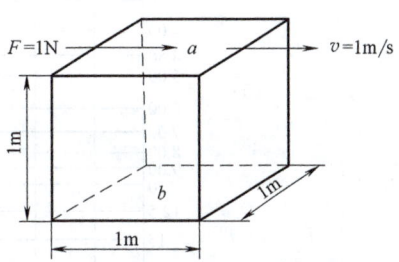

图 11.7 单位液体动力黏度 1Pa·s 的含义

2）运动黏度。工程上把同温度下动力黏度 η 与流体密度 ρ 的比值称为润滑剂的运动黏度 ν，记为 $\nu=\eta/\rho$。在国际单位制中，ρ 的单位是 kg/m^3，所以运动黏度的单位为 m^2/s，工程上把 1cm^2/s 称为 1St（斯），取其百分之一称为 cSt（厘斯）。蒸馏水在 20℃ 的运动黏度为 1cSt。

3）相对黏度。相对黏度是用各种黏度计测得的黏度，根据所用黏度计的不同分为恩氏黏度 E、雷氏黏度 R 和赛氏黏度 S 等。我国常用恩氏黏度，其为 200mL 试验油在规定温度下流经恩氏黏度计的时间与 20℃ 时 200mL 水流经恩氏黏度计时间的比值，以符号 E 表示。E20 表示测定温度为 20℃。工业用润滑油黏度牌号分类、运动黏度范围及其中心值列于表 11.4 中。

表 11.4 工业用润滑油黏度牌号分类、运动黏度范围及其中心值　　（单位：mm^2/s）

黏度牌号	40℃运动黏度中心值	40℃运动黏度范围	黏度牌号	40℃运动黏度中心值	40℃运动黏度范围
2	2.2	1.98~2.42	68	68	61.2~74.8
3	3.2	2.88~3.52	100	100	90.0~110
5	4.6	4.14~5.06	150	150	135~165
7	6.8	6.12~7.48	220	220	198~242
10	10	9.00~11.0	320	320	288~352
15	15	13.5~16.5	460	460	414~506
22	22	19.8~24.2	680	680	612~748
32	32	28.8~35.2	1000	1000	900~1100
46	46	41.4~50.6	1500	1500	1350~1650

4）润滑油黏度与温度、压力之间的关系。润滑油黏度受温度变化的影响十分显著。由于润滑油成分及性能不同，很难用解析式表达各种润滑油的黏-温关系。图 11.8 给出了压力不变的情况下几种润滑油的运动黏度随温度变化的曲线，从图中可以看出，黏度随着温度的升高而下降。黏度随温度变化越小的油，品质越高。压力对润滑油的黏度也有影响。黏度随

压力的增高而增大，但对润滑油来说，在低压时变化很小，可忽略不计。高压（大于 5MPa）时，影响较大，特别是在弹性流体动压润滑中不容忽视。

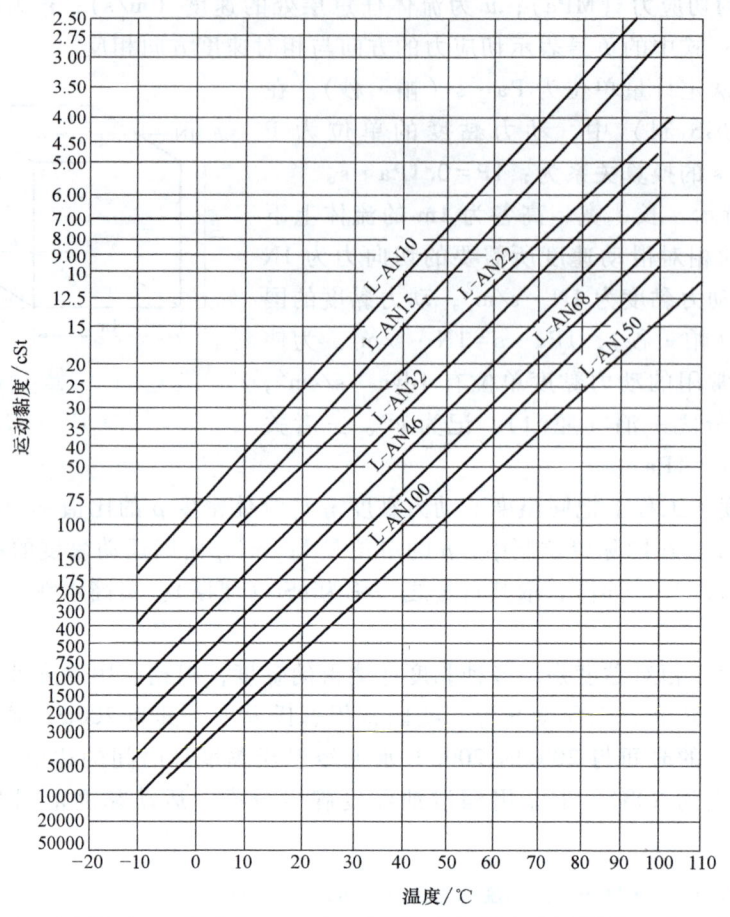

图 11.8 几种润滑油的黏-温曲线

（2）油性 润滑油能在金属摩擦表面形成吸附膜的性能称为油性。油性越好，越有利于形成边界油膜，与金属表面的吸附能力越强。动、植物油和脂肪酸的油性较好。目前尚没有一个定量的指标评价润滑油的油性。

（3）凝点 润滑油在标准规定的条件下冷却到不能流动的温度称为凝点。低温工作的场合应选用凝点低的润滑油。

（4）闪点 润滑油蒸气在火焰下闪烁的温度称为闪点。高温工况的场合应选用闪点高的润滑油。

2. 润滑脂的性能指标

（1）滴点 润滑脂受热开始滴下的温度称为滴点，润滑脂的工作温度最少要低于滴点 20℃。

（2）锥入度（针入度） 质量为 1.5N 的标准锥体，在 25℃ 的恒定温度下，经 5s 由润滑脂表面锥入润滑脂的深度称为锥入度。锥入度是润滑脂的稠度指标。锥入度越小，稠度越大，流动性越小，承载能力越强，密封性越好，但摩擦阻力也越大。

11.4.3 润滑剂的选择

润滑剂中用的最多的是润滑油和润滑脂。选择滑动轴承的润滑油时，主要是考虑黏度和油性两项性能指标。对流体润滑轴承，黏度起主要作用，对混合润滑轴承，油性起主要作用（主要是吸附性）。

由于目前油性尚无具体性能指标，因此，对混合润滑滑动轴承，通常也是参考黏度来选择润滑油。当转速高、压强小时可选黏度低的润滑油，反之应选黏度高的润滑油；在高温环境下工作时选择高黏度的润滑油，反之选择低黏度的润滑油。

对于要求不高，难以经常供油或摆动工作的混合润滑滑动轴承，通常采用润滑脂润滑。钙基润滑脂有良好的抗水性，但耐热能力差，工作温度不宜超过65℃；钠基润滑脂有较高的耐热性，工作温度可达120℃，但抗水性差；锂基润滑脂既能抗水，又能在较高温度下工作，适用于-20~120℃的温度，但价格较贵。总之，润滑油、润滑脂、固体润滑剂和气体润滑剂性能差别很大，有着不同的使用条件和适用场合，其性能比较见表11.5。

表11.5 各类润滑剂的润滑特性

特性	种类			
	润滑油	润滑脂	固体润滑剂	气体润滑剂
流体动压润滑	优	一般	无	良
边界润滑	差至优	良至优	良至优	差
冷却散热	很好	差	无	一般
低摩擦	一般至良	一般	差	优
易于加入轴承	良	一般	差	良
保持在轴承中的能力	差	良	很好	很好
密封能力	差	很好	一般至良	很好
防大气腐蚀	一般至优	良至优	差至一般	差
温度范围	一般至优	良	很好	优
蒸发性（低为好）	很高至低	通常低	低	很高
闪火性（低为好）	很高至很低	通常低	通常低	取决于气体
润滑剂价格	低至高	相当高	相当高	通常很低
轴承设计复杂性	相当低	相当低	低至高	很高
决定使用寿命的因素	衰败和污染	衰败	磨损	保持气体供给能力

11.4.4 润滑方式

润滑方式根据不同润滑剂和工作情况有不同的选择。在设计时需要保证零件工作时润滑油和润滑脂的供应。

1. 油润滑

润滑油的供油可以分为连续供油和间歇供油。图11.9a所示为压配式注油杯，图11.9b所示为旋套式注油杯，两者均为间歇供油装置。手工用油壶或油枪向油杯注油，适用于小型、低速润滑场合。对于重要的轴承应该采用连续供油润滑。连续供油有以下几种方式：

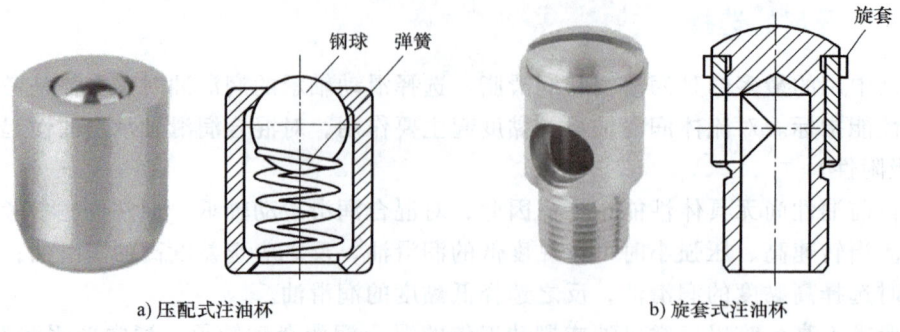

图 11.9　润滑油杯

（1）滴油润滑　图 11.10 中的针阀式注油杯可以用于连续供油，也可以用于间歇供油。当用于连续供油时，如果手柄放倒，针阀受弹簧的压力，向下堵住底部油孔，停止供油；如果手柄立直，针阀被向上提，放开底部油孔，连续供油。油芯润滑油杯是用毛线或棉线做成芯捻浸泡在油中，利用毛细管的作用把油引到需要润滑的表面，以达到润滑的目的（图 11.11）。但油芯润滑油杯在停车时仍继续滴油，会引起无用的消耗。

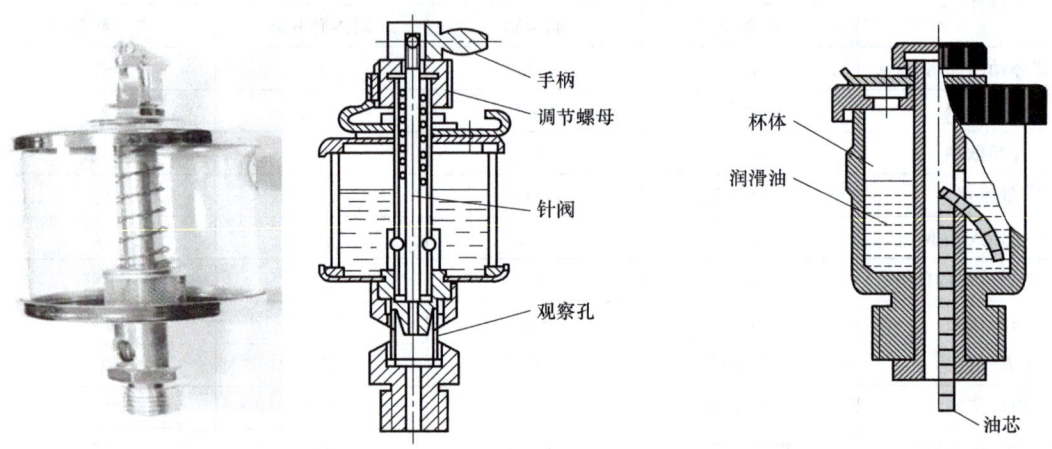

图 11.10　针阀式注油杯　　　　　　图 11.11　油芯润滑油杯

（2）油环润滑　这种润滑方式是利用套在轴颈上的轴环与轴颈的摩擦带动浸在油池的轴环旋转，从而把油带到润滑表面上，以达到润滑的目的（图 11.12）。这种方式只能用于水平安装且连续旋转的轴颈，适用速度范围为 60~2000r/min，速度太高时，油会被从油环上甩掉；速度太低时，油不会被油环带到润滑表面。

（3）飞溅润滑　利用浸在油中的转动件的旋转将油飞溅到箱体内壁，再从油沟流进轴承室，从而对轴承进行润滑。

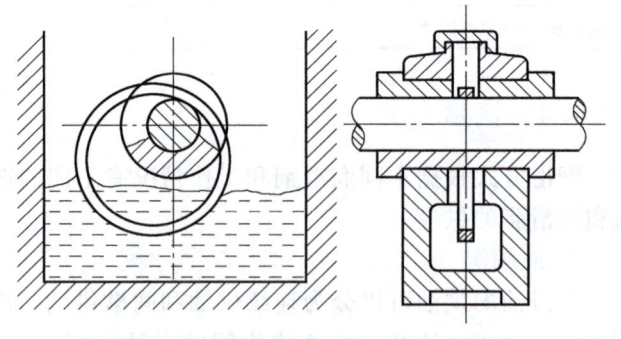

图 11.12　油环润滑

（4）浸油润滑　将零件直接浸在油池中，以达到润滑的目的。

（5）压力循环润滑　利用外来压力（液压泵）供油润滑（图11.13），以达到很好的润滑和冷却效果。这种润滑可多用于重载、振动及交变载荷条件下工作的轴承。

2. 脂润滑

脂润滑主要用油杯进行，如图11.14所示，将润滑脂装在油杯中，通过旋转带有螺纹的油杯顶盖把润滑脂压送到轴承孔内。脂润滑的第二种润滑方式是用油枪把润滑脂压送到轴承孔内进行润滑。

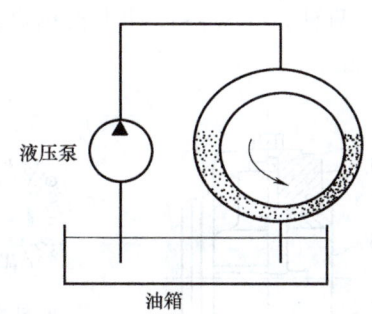

图 11.13　压力循环润滑

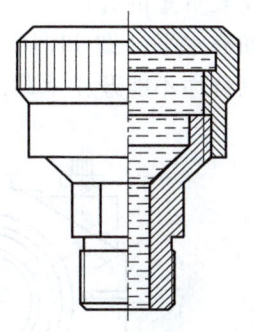

图 11.14　旋盖式油脂杯

滑动轴承的润滑方式可以根据以下公式选择：

$$k=\sqrt{pv^3} \tag{11.5}$$

式中，p 为平均压力（MPa）；v 为轴颈的线速度（m/s）。$k \leq 2$ 时，用油杯式脂润滑；$k=2\sim16$ 时，采用针阀式注油杯润滑；$k=16\sim32$ 时，采用油环或飞溅式润滑；$k>32$ 时，采用压力循环润滑。

11.5　滑动轴承的主要结构形式

11.5.1　径向滑动轴承

1. 整体式

整体式径向滑动轴承的结构形式如图11.15所示。它由轴承座、减摩材料制成的整体轴

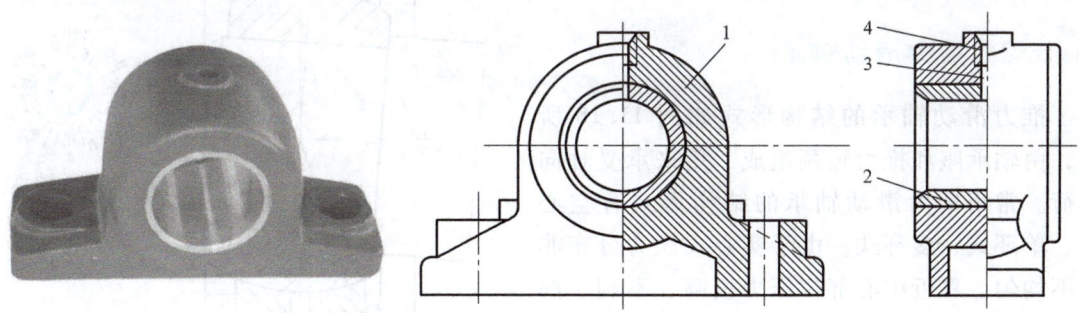

图 11.15　整体式径向滑动轴承

1—轴承座　2—轴承　3—油孔　4—油杯螺纹孔

套等组成。轴承座上方设有安装润滑油杯的螺纹孔。其缺点是整体轴套磨损后,轴承间隙过大时无法调整。另外装拆时轴颈只能从端部装入,不方便,有时甚至无法装拆。该类轴承常用在低速、轻载、间歇工作等不重要的场合,如农用机械、手动机械等。

2. 剖分式

剖分式径向滑动轴承如图 11.16a 所示,由轴承座、轴承盖、剖分式轴瓦、双头螺柱等组成。轴承盖上开设有安装油杯的螺纹孔。轴承座和轴承盖的接合处设计成阶梯形以便定位对中,并防止错位。剖分式轴瓦由上、下两部分组成,轴瓦的内部通常加一层具有减摩性和耐磨性且由比较贵重的有色金属合金构成的轴承衬,下部分轴瓦承受载荷。剖分式径向滑动轴承的剖分面有水平(图 11.16b)、倾斜(图 11.16c)两种,在实际设计中根据具体情况而定,但是剖分面不能开在承载区内,以防止影响承载能力。

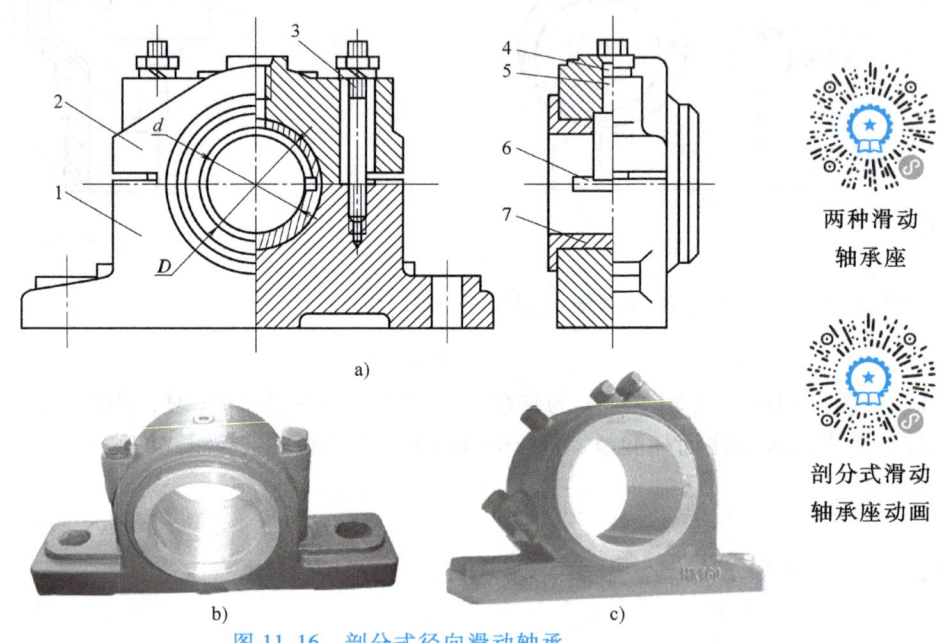

图 11.16 剖分式径向滑动轴承

1—轴承座;2—轴承盖;3—双头螺柱;4—螺纹孔;5—油孔;6—油槽;7—剖分式轴瓦

此外,为了适应轴的变形,还有调心滑动轴承(图 11.17)。

11.5.2 推力滑动轴承

推力滑动轴承的结构形式如图 11.18 所示,由轴承座和推力轴颈组成,用来承受轴向载荷。常用推力滑动轴承的结构形式有空心式、单环式、多环式。由于实心式压力分布非常不均匀,靠近中心部位压力极高,不利于润滑,因此通常不用实心式。空心轴颈压力分布相对均匀些;多环轴颈推力轴承可以承受较大

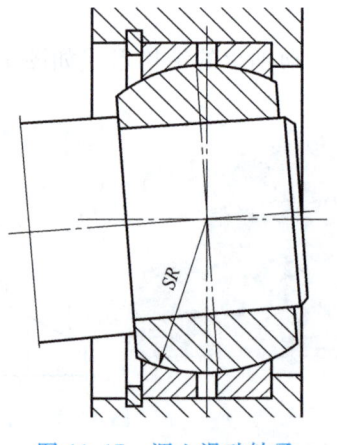

图 11.17 调心滑动轴承

的载荷，还能承受双向载荷；此外还有可倾瓦（活动瓦）推力滑动轴承（图 11.19）。

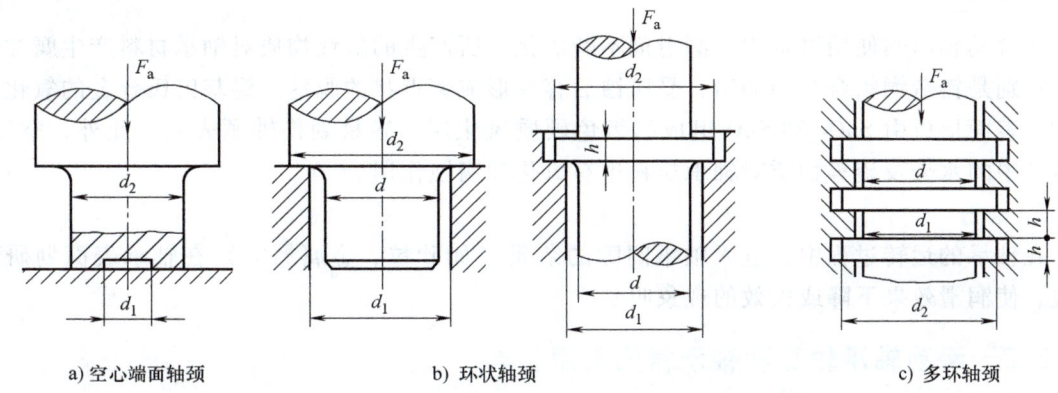

a) 空心端面轴颈　　　　b) 环状轴颈　　　　c) 多环轴颈

图 11.18　推力滑动轴承的类型

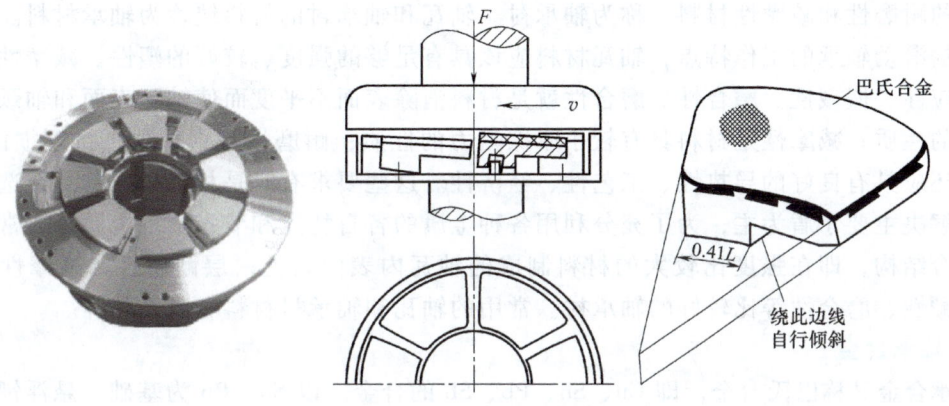

图 11.19　可倾瓦推力滑动轴承

11.6　滑动轴承的失效形式和常用材料

11.6.1　滑动轴承的失效形式

1. 磨损

进入轴承间隙的杂质（砂粒、金属屑、灰尘等）在轴颈和轴瓦间随轴颈一起转动，从而造成轴瓦和轴颈的磨损，导致几何尺寸的改变、轴承间隙的加大和精度的降低，使轴承的性能和寿命降低。

2. 胶合

当滑动轴承的载荷过大、温度过高，润滑油膜破裂或润滑油不足时，轴颈和轴瓦表面间的材料相互粘连，在强行运动时材料发生迁移，从而造成轴承失效的现象称为胶合（俗称烧瓦或抱轴）。

3. 疲劳剥落

滑动轴承在载荷的反复作用下轴瓦表面出现与运动方向垂直的裂纹，随着裂纹的扩展，当裂纹穿透轴承衬达到衬背面接合处时,轴承衬材料将发生剥落,从而造成轴承的失效。

4. 腐蚀

在滑动轴承的使用过程中,润滑剂不断氧化,所产生的酸性物质对轴承材料产生腐蚀作用,特别是铸造铜铅合金中的铅,受腐蚀后容易形成斑点状的脱落。锡基巴氏合金的氧化会使轴承表面形成由 SnO_2 和 SnO 组成的黑色硬质氧化层,容易划伤轴颈表面。此外,空气、润滑油中的水分及硫等物质对轴承材料也有氧化和腐蚀作用。

5. 刮伤

在轴承的运转过程中,进入轴承间隙的杂质(如砂粒、金属屑等)在轴承表面划研出沟痕,使润滑效果下降或失效的现象叫刮伤。

11.6.2 滑动轴承轴瓦和轴承衬的常用材料

轴瓦是安装于轴承座内、直接支承轴颈的零件,为了增加耐磨性和减摩性在轴瓦的内表面浇注的耐磨性和减摩性材料,称为轴承衬。轴瓦和轴承衬的材料统称为轴承材料。

根据滑动轴承的工作特点,轴瓦材料应该具有足够的强度、较好的塑性、减摩性、耐磨性、顺应性、嵌藏性、磨合性。磨合性就是材料消除表面不平度而使轴瓦表面和轴颈表面相互吻合的性质;减摩性是材料具有较小摩擦阻力的性质;耐磨性是指材料抵抗磨损的性质。此外,还应具有良好的导热性、工艺性、经济性。这些要求有时是相互矛盾的,在选择材料时应以解决主要矛盾为主,为了充分利用各种金属的各自特点和节省贵重金属,通常把轴瓦制成复合结构,即在强度比较大的材料制成的轴瓦内表面附上一层耐磨性、减摩性、顺应性、嵌藏性、磨合性等比较好的轴承衬。常用的轴瓦和轴承衬材料有以下几种。

1. 轴承合金

轴承合金又称巴氏合金,即 Cu、Sn、Pb、Sb 的合金。以 Sn、Pb 为基础,悬浮锑、锡及铜、锡的硬晶粒,均匀地分布于基体内,硬晶粒起抗磨作用,软基体则增加材料的塑性。巴氏合金在所有的轴承合金中的嵌入性、顺应性最好,容易与轴颈磨合,同时它的抗胶合能力强;但其强度低,不能单独制造成轴瓦,只能贴附在青铜、钢、铸铁等强度高的材料制成的轴瓦的内表面上作轴承衬使用。这样的轴承适用于高速、重载场合,但是价格昂贵。

2. 铸铁和耐磨铸铁

灰铸铁、耐磨灰铸铁或球墨铸铁中的石墨可以在润滑表面形成一层起润滑作用的石墨层,所以具有一定的耐磨性和减摩性。石墨吸附碳氢化合物也有助于提升边界润滑的性能,但是由于铸铁比较脆,只适用于低速、轻载场合的不重要轴承。

3. 粉末冶金

粉末冶金是金属粉末加石墨高压成形再经高温烧制而成的含有孔隙的轴承材料,孔隙占总体积的 15%~35%,可预先浸满油,工作时自行润滑,所以又称含油轴承。

4. 非金属材料

非金属材料(如尼龙、塑料等)具有耐水、耐酸、耐碱、减摩性好以及具有一定的自润滑性等优点,但导热性差,塑性及强度差,多用于在水、酸、碱等金属容易腐蚀的场合下工作的轴承材料。

常用金属轴承材料的性能见表 11.6。

表 11.6 常用金属轴承材料的性能

材料类别	牌号（名称）	最大许用值[pv]①			最高工作温度/℃	轴颈硬度 HBW	性能比较②				备注
		[p]/MPa	[v]/(m/s)	[pv]/(MPa·m/s)			抗咬黏性	顺应性、嵌入性	耐蚀性	疲劳强度	
		平稳载荷									
锡基轴承合金	ZSnSb11Cu6	25	80	20	150	150	1	1	1	5	用于高速、重载下工作的重要轴承,变载荷下不易于疲劳,价贵
	ZSnSb8Cu4	20	60	15							
		冲击载荷									
铅基轴承合金	ZPbSb16Sn16Cu2	15	12	10	150	150	1	1	3	5	用于中速、中等载荷的轴承,不宜受显著冲击。可作为锡锑合金的代用品
	ZPbSb15Sn5Cu3Cd2	5	8	5							
锡青铜	ZCuSn10P1(10-1)锡青铜	15	10	15	280	300~400	3	5	1	1	用于中速、重载及受变载荷的轴承
	ZCuSn5Pb5Zn5(5-5-5锡青铜)	8	3	15	280	300	3	4	4	2	用于中速、重载、轴承受变载和冲击
铅青铜	ZCuPb30(30铅青铜)	25	12	30	280	300	5	5	5	2	用于高速、重载轴承,最宜用于润滑充分的增速、重载轴承
铝青铜	ZCuAl10Fe3(10-3铝青铜)	15	4	12	200	200	5	5	1	1	用于低速、中载轴承
黄铜	ZCuZn16Si4(16-4硅黄铜)	12	2	10	200	200	5	5	2	2	用于高速、中载轴承,是较新的轴承材料,强度高、耐腐蚀,表面性能好。可用于增压强化柴油机轴承
	ZCuZn40Mn2(40-2锰黄铜)	10	1	—	140	300	4	3	1	1	
铝基轴承合金	2%铝镉合金	28~35	14	—	170	200~300	1	2	2	2	镀铝锡青铜中间层,再镀10~30μm三元锡铟铅,疲劳强度高,嵌入性好
三元电镀合金	铝-硅-镉镀层	14~35	—	—	180	300~400	2	3	3	1	镀银,上附薄层铅,再镀铟铅,常用于飞机发动机、柴油机轴承
银	镀层	28~35	—	—	150	<150	4	5	4	1	
耐磨铸铁	HT300	0.1~6	0~0.75	0.3~4.5	—	—	4	5	1	1	宜用于低速、轻载的不重要轴承,价廉
灰铸铁	HT150~HT250	1~4	2~0.5	—	—	—					

① [pv] 为混合润滑下的许用值。
② 性能比较：1~5 依次由好到差。

11.7 滑动轴承的轴瓦结构

轴瓦（图 11.20）是安装于轴承座内、直接支承轴颈的零件。为了增加耐磨性和减摩性、节约贵重金属并使轴瓦具有一定的强度，通常在轴瓦的内表面浇注一层具有耐磨性和减摩性的轴承合金，称为轴承衬。

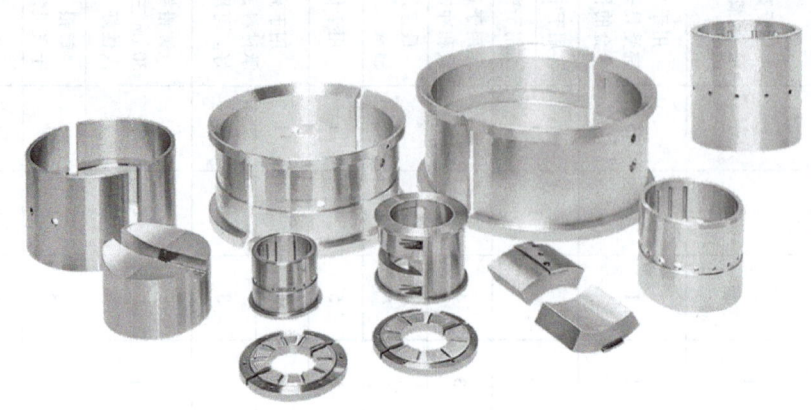

图 11.20 滑动轴承轴瓦示例

1. 向心滑动轴承的轴瓦结构

（1）轴瓦结构形式 向心滑动轴承的轴瓦分为整体式和剖分式两种。整体式轴瓦结构如图 11.21 所示，剖分式轴瓦结构如图 11.22 所示。

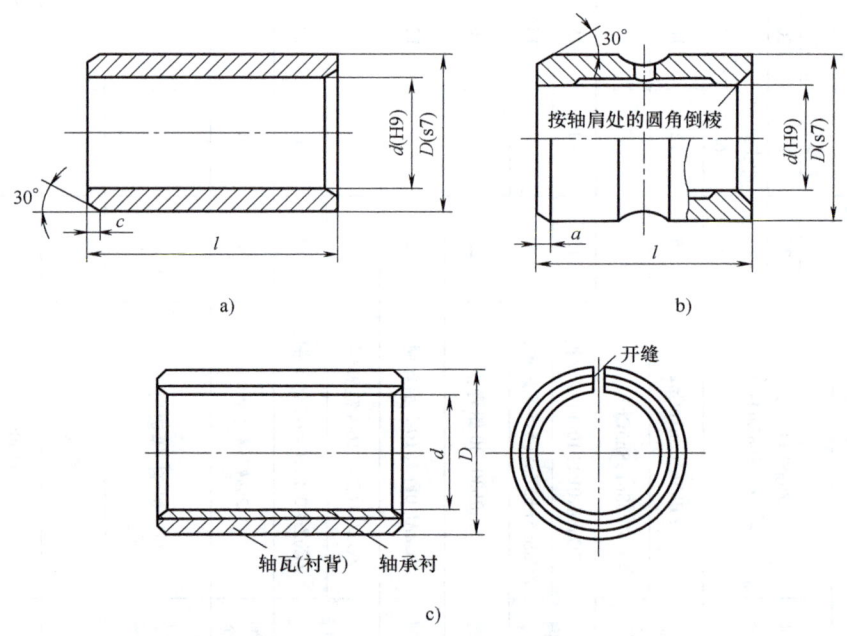

图 11.21 整体式轴瓦结构

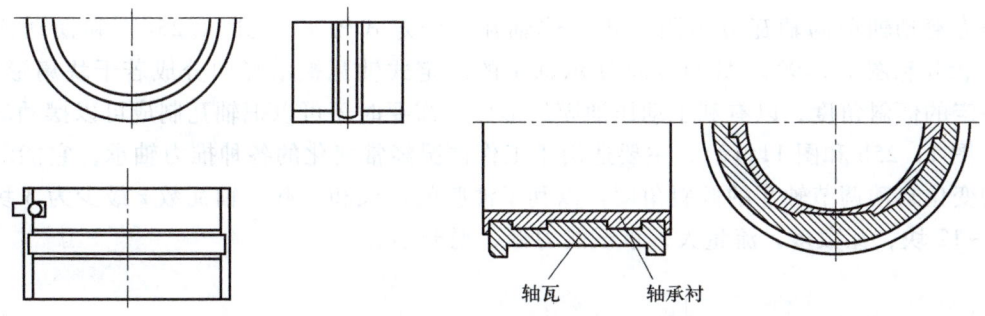

图 11.22　剖分式轴瓦结构

（2）油孔和油沟　为了使润滑油流入轴径和轴瓦之间形成油膜，在轴瓦的内表面不受载荷的部分开有油孔（提供润滑油）、油沟（分布润滑油）。常见的剖分式轴瓦及油孔、油沟如图 11.23 和图 11.24 所示。开设油孔、油沟有以下原则：

1）对于整体式径向轴承，轴向油沟最好开在最大油膜厚度位置（图 11.24a），以保证润滑油从压力最小的地方输入轴承。

2）对于剖分式轴瓦，如果开设轴向油沟，则应开在非承载区，通常轴向油沟开在剖分面处（剖分面与载荷作用线成 90°），如图 11.24b 所示，而且油沟轴向不能开通，以免油从油沟端部流失，降低油膜的承载能力。对于往复转动的重载轴承，油室结构可起到使润滑油沿轴向均匀分布和贮油的作用。

3）对于水平安装轴承，周向油沟开半周，不要延伸到承载区；全周油槽应开在靠近轴承端部处。

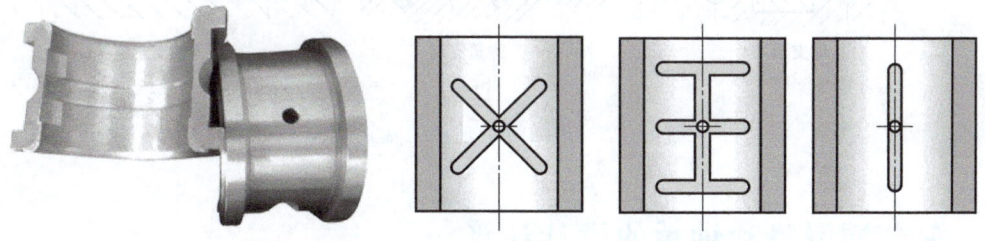

图 11.23　轴瓦、油孔和油沟

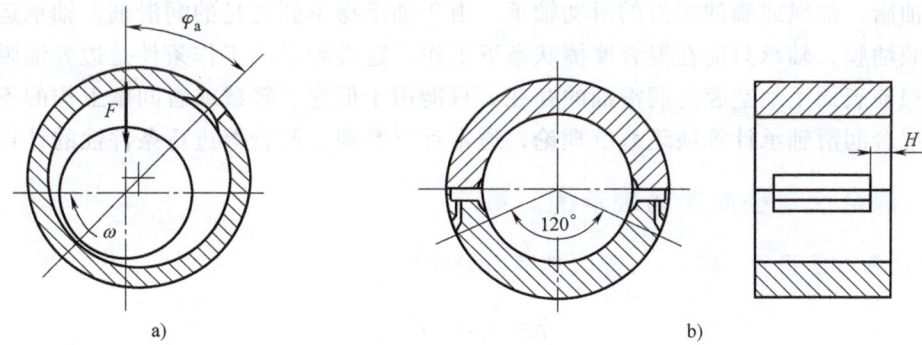

图 11.24　油沟、油孔及油室

2. 推力滑动轴承的轴瓦结构

推力滑动轴承的轴瓦分为固定式整体轴瓦、固定式轴瓦（图11.25a）和摆动式轴瓦（图11.25b和图11.19）。图11.25a所示轴承的固定式轴瓦被沿径向分成若干块扇形轴瓦，且有一定的倾斜角度，以有利于动压油膜的形成。需要时还可以把轴瓦制成可以摆动的活动轴瓦（图11.25b和图11.19），主要适用于工作情况经常变化的各种推力轴承，它能随工作情况的变化自动调节轴瓦的倾斜角度，以利于油膜的形成和承载。轴瓦数 z 最少为3块，通常为6~12块，瓦数多，流量大，承载能力低，温升小。

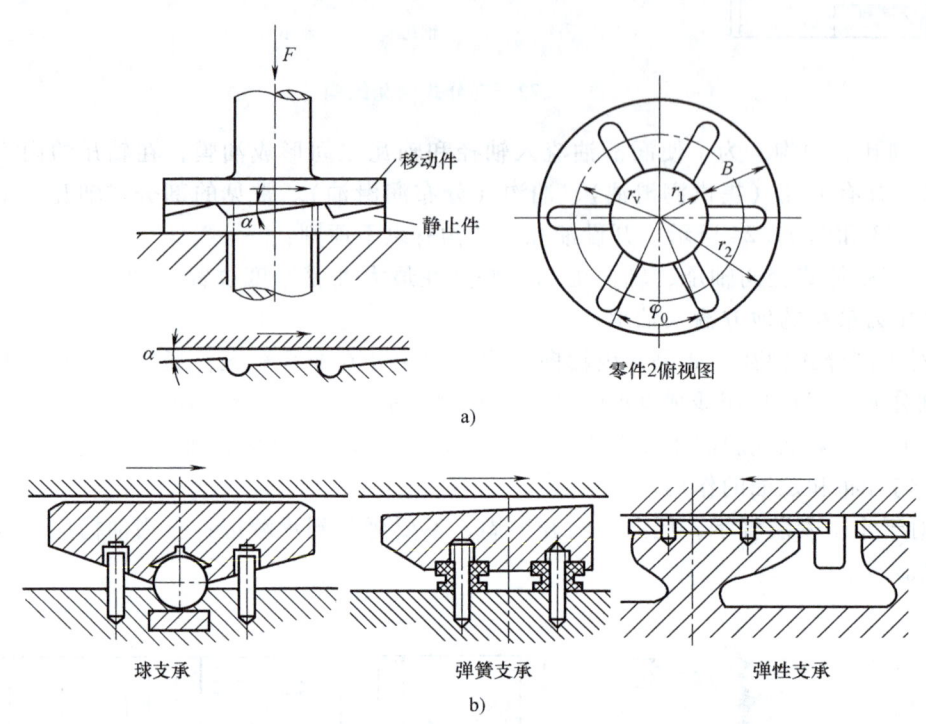

图11.25 推力滑动轴承的轴瓦结构

11.8 混合润滑滑动轴承的设计计算

采用油脂、油绳或滴油润滑的滑动轴承，由于轴承得不到充足的润滑剂，轴承运转时难以形成承载油膜，轴承只能在混合摩擦状态下工作，这类轴承的工作条件是边界油膜不被破坏，维持粗糙表面毛细空腔内润滑油的存在，只能用于低速、轻载或者间歇工作的不重要场合。但是混合润滑轴承计算缺乏系统理论，通常针对磨损、胶合等进行条件性的计算。

11.8.1 混合润滑径向滑动轴承的计算

1. 限制平均压强 p（MPa）（即限制磨损失效）

$$p = \frac{F}{dB} \leq [p] \qquad (11.6)$$

式中，F 为轴承径向载荷（N）；d、B 分别为轴颈直径（mm）及有效宽（mm）；$[p]$ 为许用压强（MPa）。

2. 限制 pv 值（即限制胶合）

由于摩擦功率损失产生热量，导致温度的升高，而 pv 值与功率损失成正比，因而限制 pv 值就可以限制发热量，进而限制了胶合。发热量 H 的计算公式为

$$H = \mu Fv = \mu Bdpv \tag{11.7}$$

式中，μ 为摩擦系数；F 为径向载荷（N）；v 为速度（m/s）。而且 B、d、μ 为定值，pv 为变值，所以控制 pv 即可限制胶合失效。即

$$pv = \frac{F}{Bd} \frac{\pi dn}{60 \times 1000} = \frac{Fn}{20000B} \leqslant [pv] \tag{11.8}$$

3. 限制滑动速度 v

有时由于安装误差或轴的弹性变形，使轴径与轴承局部接触，此时即使平均压强 p 较小，p 及 pv 皆小于许用值，但也可能由于轴颈圆周速度较高，而使轴承局部过度磨损或胶合。因此，安装精度较差、轴的弹性变形较大和轴承宽径比（B/d）较大时，还需验算轴径的圆周速度 v（m/s）：

$$v = \frac{\pi dn}{60 \times 1000} \leqslant [v] \tag{11.9}$$

材料的 $[p]$、$[pv]$ 及 $[v]$ 见表 11.6。

11.8.2 混合润滑推力滑动轴承的计算

1. 验算轴承的平均压强 p

推力轴承的结构尺寸如图 11.18 所示，因此

$$p = \frac{F_a}{A} = \frac{F_a}{z \frac{\pi}{4}(d_2^2 - d_1^2)} \leqslant [p] \tag{11.10}$$

式中，d_1 为轴承孔直径（mm）；d_2 为轴环直径（mm）；F_a 为轴向载荷（N）；z 为轴环数目；$[p]$ 为许用压强，见表 11.6。

2. 验算轴承的 pv 值

轴承环面平均直径处的圆周速度为

$$v = \frac{n\pi(d_1 + d_2)}{2 \times 60 \times 1000}$$

则

$$pv = \frac{F_a}{A}v = \frac{F_a}{z\frac{\pi}{4}(d_2^2 - d_1^2)} \frac{n\pi(d_1 + d_2)}{2 \times 60 \times 1000} = \frac{nF_a}{30000z(d_2 - d_1)} \leqslant [pv] \tag{11.11}$$

式中，n 为轴颈的转速（r/min）；$[pv]$ 为 pv 的许用值，见表 11.6。

11.9 流体动压润滑滑动轴承的设计计算

11.9.1 流体动压润滑的形成

流体润滑油膜的形成机理如图 11.26a 所示，a 板受向下的载荷 F，a、b 两板之间充满润滑油，板 a 以速度 v 向右移动，板 b 静止。由于润滑油的黏附作用，与 a 板接触的润滑油的速度与 a 板速度一致，即速度为 v；与 b 板接触的润滑油速度与 b 板速度一致，即速度为零。设润滑油为层流状态，速度图呈三角形分布，板 a、b 间带进润滑油量等于带出润滑油量，板间润滑油量保持不变。由于 a、b 两板不平行，左侧间隙大，右侧间隙小，两板间隙沿板 a 运动方向由大到小呈收敛的楔形。此时楔形间隙内的润滑油受两个力的作用，一个是上下板的相对移动产生的剪切作用，使得楔形间隙内的润滑油速度分布呈三角形；另一个是载荷 F 的向下作用使得润滑油受到挤压作用（假设润滑油不可压缩，且板沿垂直纸面的 z 轴方向无限长），由此引起在进、出口处的速度分布变化。在以上两种因素的作用下，进口端的速度图形向内凹，出口端的速度图形向外凸，使进口油量等于出口的油量。间隙内润滑油形成的压力与外载荷 F 平衡，这样就在楔形间隙内形成了可以承受外载荷的油膜，此油膜称为动压油膜。由于进口处和出口处有油泄出，所以油压比较小。

如果 a、b 两板平行，如图 11.26b 所示，若 a 板承受向下载荷，则润滑油从板（速度方向的）前后向两侧溢出，于是板 a 下沉，所以 a 板不能承载。

滑动轴承形成流体动压油膜的过程与上述原理类似。如图 11.27a 所示，制造时轴承孔直径 D 大于轴径 d，二者之间存在直径间隙，静止时，轴处于轴承孔最下方的稳定位置，轴径开始转动时，轴承孔与轴径为金属相接触，构成金属摩擦，轴承对轴径的摩擦力方向与轴径表面圆周速度方向相反，迫使轴径向左移动而偏移，如图 11.27b 所示。当轴径速度继续增加时，楔形间隙内形成的油膜将轴径推开，轴径与轴承孔脱离接触，形成动压油膜。动压油膜形成后，稳定运转状态如图 11.27c 所示。油压计算通过雷诺方程进行。

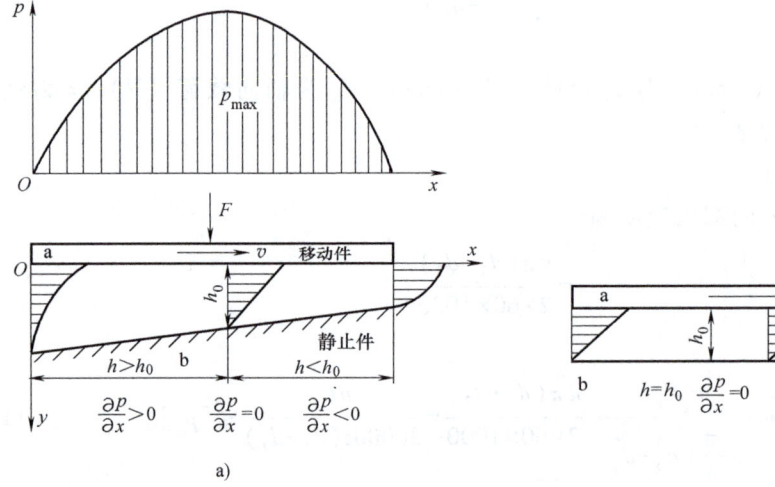

图 11.26 油楔承载机理

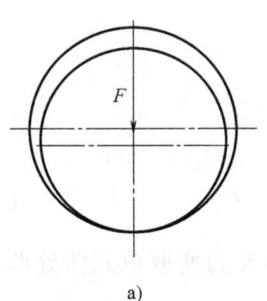 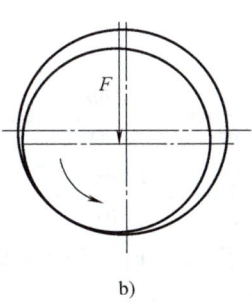 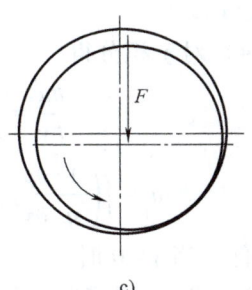 

a)　　　　　　　　b)　　　　　　　　c)

图 11.27　建立流体动压润滑的过程

11.9.2　流体动压润滑的基本方程——雷诺方程

如图 11.28a 所示，两刚性板中间充满润滑油，一个刚性板以速度 v 沿 x 方向移动，另一个刚性板静止不动。假设两板 z 方向无穷大（润滑油在此方向不流动），润滑油做层流流动，油不可压缩，润滑油黏度不随温度、压力变化，忽略油层重力和惯性，油与工作表面吸附牢固，表面油分子随工作表面一同运动或静止。

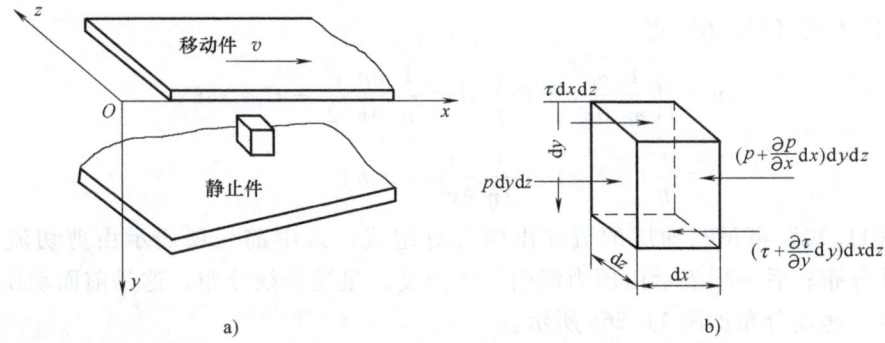

a)　　　　　　　　b)

图 11.28　动压分析

取微单元体分析，如图 11.28b 所示，设 p 为单位压力。因沿 z 方向不流动，所以前后面压强相等。作用于微单元体左右两侧的压力分别为 $p\mathrm{d}y\mathrm{d}z$ 及 $\left(p+\dfrac{\partial p}{\partial x}\mathrm{d}x\right)\mathrm{d}y\mathrm{d}z$ 作用于微单元体上下两面的剪切力分别为 $\tau\mathrm{d}x\mathrm{d}z$ 及 $\left(\tau+\dfrac{\mathrm{d}p}{\mathrm{d}y}\mathrm{d}y\right)\mathrm{d}x\mathrm{d}z$，因为等速运动，所以 x 方向受力平衡：

$$p\mathrm{d}y\mathrm{d}z-\left(p+\frac{\partial p}{\partial x}\mathrm{d}x\right)\mathrm{d}y\mathrm{d}z+\tau\mathrm{d}x\mathrm{d}z-\left(\tau+\frac{\partial\tau}{\partial y}\mathrm{d}y\right)\mathrm{d}x\mathrm{d}z=0 \tag{11.12}$$

整理得

$$\frac{\partial p}{\partial x}=-\frac{\partial \tau}{\partial y} \tag{11.13}$$

根据牛顿黏性流体内摩擦定律 $\tau=-\eta\dfrac{\partial u}{\partial y}$ 得

$$\frac{\partial p}{\partial x}=\eta\frac{\partial^2 u}{\partial y^2} \tag{11.14}$$

1. 油的速度分布

将式（11.14）对 y 积分得

$$\frac{\partial u}{\partial y} = \int \frac{1}{\eta} \frac{\partial p}{\partial x} \mathrm{d}y = \frac{1}{\eta} \frac{\partial p}{\partial x} y + C_1 \tag{11.15}$$

$$u = \int \left(\frac{1}{\eta} \frac{\partial p}{\partial x} y + C_1 \right) \mathrm{d}y = \frac{1}{\eta} \frac{\partial p}{\partial x} \frac{y^2}{2} + C_1 y + C_2 \tag{11.16}$$

根据边界条件，当 $y=0$ 时，$u=v$，得到 $C_2=v$；当 $y=h$ 时（h 为所取单元体处两板间的距离），$u=0$，代入式（11.16），即

$$u = \frac{1}{\eta} \frac{\partial p}{\partial x} \frac{y^2}{2} + C_1 y + C_2 \tag{11.17}$$

则

$$u = \frac{1}{\eta} \frac{\partial p}{\partial x} \frac{h^2}{2} + C_1 h + v \tag{11.18}$$

整理得

$$C_1 = -\frac{1}{\eta} \frac{\partial p}{\partial x} \frac{h}{2} - \frac{v}{h} \tag{11.19}$$

将 C_1、C_2 代入式（11.16）得

$$u = \int \left(\frac{1}{\eta} \frac{\partial p}{\partial x} y + C_1 \right) \mathrm{d}y = \frac{1}{\eta} \frac{\partial p}{\partial x} \frac{y^2}{2} + C_1 y + C_2$$

$$= \frac{v}{h}(h - y) + \frac{1}{2\eta} \frac{\partial p}{\partial x} y(y - h) \tag{11.20}$$

由式（11.20）可见，油层的流速由两部分组成：式中前一项表示由剪切流引起的速度，呈线性分布；后一项表示由压力流引起的速度，呈抛物线分布，这是前面动压油膜形成的数学解释。速度分布如图 11.26a 所示。

2. 润滑油流量计算

在无侧漏的情况下，考虑到润滑油连续流动的条件及流量 q 等于速度 u 乘以截面面积，即 $\mathrm{d}q = u\mathrm{d}y\mathrm{d}z = u\mathrm{d}y$（$\mathrm{d}z=1$，即单位宽度），所以任一剖面处，单位宽度流量为

$$q = \int_0^h u \mathrm{d}y$$

$$= \int_0^h \left[\frac{v}{h}(h - y) + \frac{1}{2\eta} \frac{\partial p}{\partial x} y(y - h) \right] \mathrm{d}y \tag{11.21}$$

$$= \frac{vh}{2} - \frac{1}{12\eta} \frac{\partial p}{\partial x} h^3$$

设以 h_0 表示油膜中油压最大处的间隙 $\left(\frac{\partial p}{\partial x}=0\right)$，此截面上的流量为

$$q = \frac{1}{2} v h_0 \tag{11.22}$$

因为流量必相等，式（11.21）应等于式（11.22），即

$$\frac{vh}{2} - \frac{h^3}{12\eta} \frac{\partial p}{\partial x} = \frac{1}{2} v h_0 \tag{11.23}$$

整理得

$$\frac{\partial p}{\partial x} = 6\eta v \frac{(h-h_0)}{h^3} \tag{11.24}$$

此为一维雷诺方程，是计算流体动压润滑的基本方程，从公式可看出油膜压力的变化与润滑油的黏度、表面间滑动速度、间隙（油膜厚度）有关，利用这一公式可求出油膜上各点油压 p，根据油压分布可算出油膜承载能力。

由式（11.24）和图 11.26 可以看出，当 $h>h_0$ 时，$\frac{\partial^2 u}{\partial y^2}>0$，速度分布图呈现内凹形，此时 $\frac{\partial p}{\partial x}>0$，即压力随 x 的增加而增大；当 $h=h_0$ 时，$\frac{\partial^2 u}{\partial y^2}=0$，表明速度分布图既不内凹也不外凸，呈直线分布，此时 $\frac{\partial p}{\partial x}=0$，压力达最大值；当 $h<h_0$ 时，$\frac{\partial^2 u}{\partial y^2}>0$，速度分布图呈现外凸形，此时 $\frac{\partial p}{\partial x}<0$，表明压力沿 x 方向逐渐降低。

由于沿 x 方向入口和出口的油压最小，其他位置的油压都大于入口和出口的油压，压力分布如图 11.26 所示。由于将油压曲线积分（面积乘以压强）得到的是力，因而能承受一定外载荷，由此可以得出流体动压润滑的必要条件：

1) 相对滑动表面间必须形成楔形间隙。
2) 两相对运动表面间必须具有足够的相对滑动速度，而且速度方向必须使得润滑油从楔形的大口流进，小口流出。
3) 润滑油必须具有一定的黏度，且供油充分。

式（11.24）是一维雷诺方程，整理并对 x 取偏导数得

$$\frac{\partial}{\partial x}\left(\frac{h^3}{\eta}\frac{\partial p}{\partial x}\right) = 6v\frac{\partial h}{\partial x} \tag{11.25}$$

若再考虑润滑油沿 z 向流动，则

$$\frac{\partial}{\partial x}\left(\frac{h^3}{\eta}\frac{\partial p}{\partial x}\right) + \frac{\partial}{\partial z}\left(\frac{h^3}{\eta}\frac{\partial p}{\partial z}\right) = 6v\frac{\partial h}{\partial x} \tag{11.26}$$

式（11.26）为二维雷诺动力润滑方程式，是计算流体动压轴承的基本公式。

11.9.3 流体动压润滑径向轴承的计算

1. 几何计算

图 11.29 所示为轴承工作时轴径的位置，轴颈中心与轴承孔中心的连线 OO' 与外载荷 F 方向的夹角为 θ，轴承孔半径为 R，轴颈半径为 r，则半径间隙 $\delta = R-r$，相对间隙 $\psi = \frac{\delta}{r}$，轴颈稳定运转时，其中心 O 与轴承孔中心 O' 的距离称为偏心距，用 e 表示，即 $e = \overline{OO'}$。为了表示偏心距的相对大小，引入偏心距与半径间隙的比值，称为偏心率，即 $\varepsilon = \frac{e}{\delta} = \frac{e}{R-r}$，则轴承的最小油膜厚度为

$$h_{\min} = \delta - e = \delta - \delta\varepsilon = \delta(1-\varepsilon) = r\psi(1-\varepsilon) \tag{11.27}$$

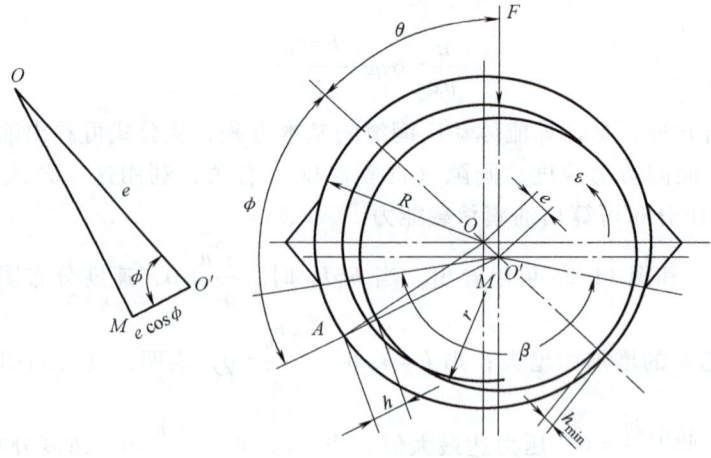

图 11.29 径向滑动轴承的几何关系

对于径向滑动轴承，采用极坐标描述更为方便。现以轴颈中心 O' 为极坐标的极点，轴颈与轴承孔中心的连线 OO' 为极轴，对应于任意角 ϕ 处的油膜厚度 h 可以在 $\triangle AOO'$ 中应用余弦定理求得：

$$R^2 = e^2 + (r+h)^2 - 2e(r+h)\cos\phi \tag{11.28}$$

解得

$$r+h = e\cos\phi \pm R\sqrt{1-\left(\frac{e}{R}\right)^2\sin^2\phi} \tag{11.29}$$

由于 $\left(\dfrac{e}{R}\right)^2\sin^2\phi$ 很小，计算中忽略不计，得到任意角 ϕ 处的油膜厚度 h 为

$$h \approx R - r + e\cos\phi = \delta + e\cos\phi = \delta(1+\varepsilon\cos\phi) \tag{11.30}$$

最大压力处油膜厚度为

$$h_0 = \delta(1+\varepsilon\cos\phi_0) \tag{11.31}$$

2. 判断润滑的流动状态

流体动压润滑的雷诺方程是建立在层流流动基础上的。设计时应该判断轴承的流体润滑是否处在层流状态。因此，要对雷诺数 Re 进行校核，对于径向滑动轴承，层流条件是

$$Re = \frac{\rho v \delta}{\eta} \leq 41.3\sqrt{\frac{1}{\psi}} \tag{11.32}$$

式中，Re 为雷诺数，无量纲；v 为轴颈速度（m/s）；δ 为轴承间隙（m）；η 为动力黏度（Pa·s）；ρ 为流体密度（kg/m³）；ψ 为相对间隙。如果不满足上述公式，则应按湍流设计计算。

3. 承载能力和索氏数 So

轴承的结构直接影响轴承的承载能力。如图 11.30 所示，轴瓦连续包围轴颈所对应的角度称为轴承包角，用 β 表示；承载油膜包围轴颈的角度称为承载油膜角，用 $\alpha_1+\alpha_2$ 表示。轴承包角 β 和承载油膜角（$\alpha_1+\alpha_2$），直接影响轴承的承载能力。为了方便计算轴承的承载能力，现在将一维雷诺方程改为极坐标形式。即将 $dx = rd\varphi$、h_0、h、$v = r\omega$ 代入一维雷诺方

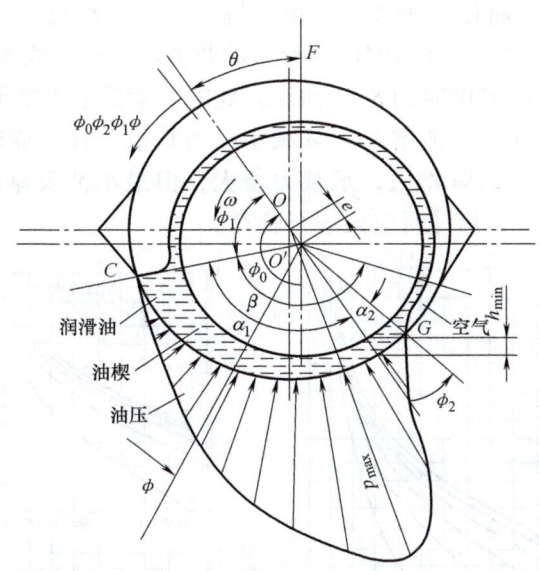

图 11.30 轴承油膜

程 $\dfrac{\partial p}{\partial x} = 6\eta v \dfrac{(h-h_0)}{h^3}$，整理后得

$$dp = \dfrac{6\eta\omega\varepsilon(\cos\phi - \cos\phi_0)}{\psi^2(1+\varepsilon\cos\phi)^3} d\phi \tag{11.33}$$

将式（11.33）积分，可得任意 ϕ 角处的油膜压力为

$$p_\phi = \int_{\phi_1}^{\phi} dp = \dfrac{6\eta\omega}{\psi^2} \int_{\phi_1}^{\phi} \dfrac{\varepsilon(\cos\phi - \cos\phi_0)}{(1+\varepsilon\cos\phi)^3} d\phi \tag{11.34}$$

在 ϕ_1 至 ϕ_2 区间，沿外载荷方向单位宽度的油膜压力为

$$F_1 = \int_{\phi_1}^{\phi_2} p_\phi \cos[180° - (\phi+\theta)] r d\phi$$

$$= \dfrac{6\eta\omega}{\psi^2} \int_{\phi_1}^{\phi_2} \left[\int_{\phi_1}^{\phi} \dfrac{\varepsilon(\cos\phi - \cos\phi_0)}{(1+\varepsilon\cos\phi)^3} d\phi \right] \cos[180° - (\phi+\theta)] r d\phi \tag{11.35}$$

式中，θ 为轴承偏位角，即外载荷 F 作用线和 OO' 的夹角；ϕ 为油膜角，即从 OO' 至任意油膜处的角；ϕ_1、ϕ_2 分别为压力油膜起、止点角坐标；ϕ_0 为油膜压力为最大处的油膜角。

将式（11.35）乘以轴承宽度 B，代入 $r = d/2$，经整理得有限宽度轴承不考虑端泄时的油膜承载力 F 为

$$F = 3\varepsilon \dfrac{Bd\eta\omega}{\psi^2} \int_{\phi_1}^{\phi_2} \left[\int_{\phi_1}^{\phi} \dfrac{(\cos\phi - \cos\phi_0)}{(1+\varepsilon\cos\phi)^3} d\phi \right] \cos[180° - (\phi+\theta)] d\phi \tag{11.36}$$

整理得

$$So = \dfrac{F\psi^2}{Bd\eta\omega} = 3\varepsilon \int_{\phi_1}^{\phi_2} \left[\int_{\phi_1}^{\phi} \dfrac{(\cos\phi - \cos\phi_0)}{(1+\varepsilon\cos\phi)^3} d\phi \right] \cos[180° - (\phi+\theta)] d\phi \tag{11.37}$$

式（11.37）左端的值称为索氏数，用 So 表示。索氏数是轴承包角 $\beta(=\phi_2-\phi_1)$ 和偏心率 ε 的函数，索氏数是无量纲数群。调整各参数间的大小可以改变承载能力，例如：在允许

的情况下减小 ψ，增大 η，将使 F 增大。但由于端泄，实际承载力比式（11.36）低，因此在实际计算中，常采用二维雷诺动力润滑方程式的数值解提供的线图进行计算。图 11.31 给出了轴承包角 $\beta = 180°$ 和 $\beta = 120°$ 时的 So-ε 曲线。此时，索氏数为轴承包角 β、偏心率 ε 和宽径比 B/d 的函数。B/d 减小，端泄增大，So 减小；当其他参数不变时，减小 So，承载力减小；当 B/d 一定时，增大 ε，So 增大，承载力增大，但最小油膜厚度 h_{min} 很小，为安全运转，必须满足 $h_{min} \geq [h_{min}]$，设计时应该进行验算。

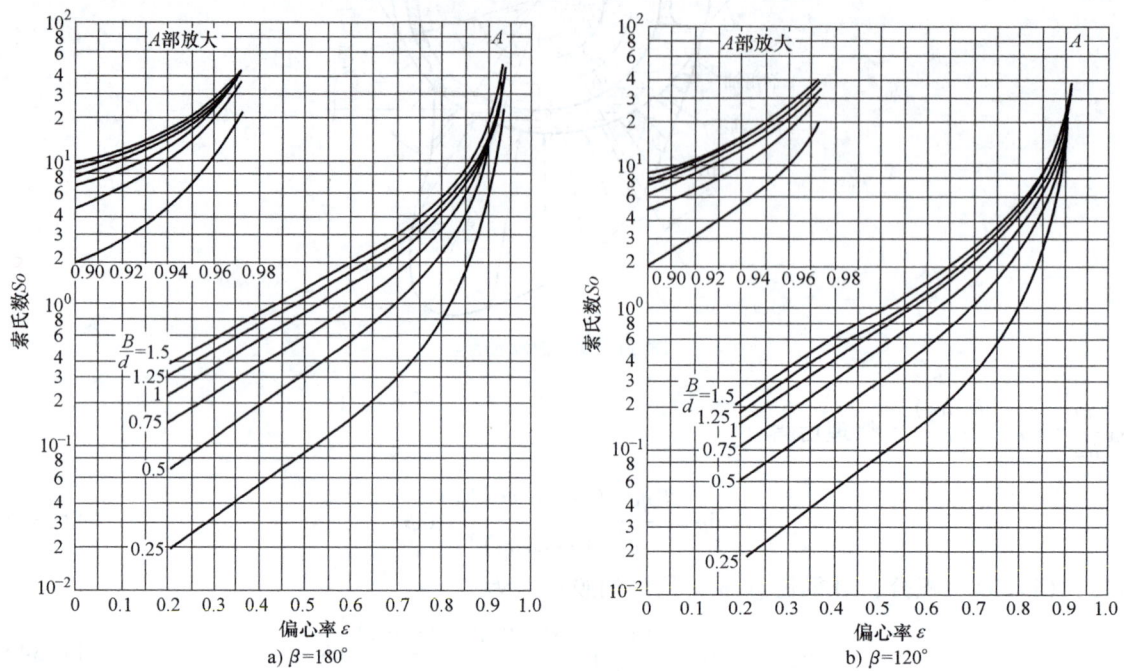

图 11.31 动压径向滑动轴承的 So-ε 曲线

4. 流量计算

轴承的体积流量 q_V（m^3/s）计算公式为

$$q_V = \psi d^3 \omega \bar{q}_V \tag{11.38}$$

式中，$\bar{q}_V$ 为体积流量系数，无量纲，是 ε、B/d、β 的函数，可由图 11.32 查得。

5. 功耗计算

径向轴承在承载区的摩擦动耗为

$$P_\mu = \mu F v = \bar{\mu} \psi F v \tag{11.39}$$

式中，P_μ 为摩擦功耗（W）；$\bar{\mu} = \dfrac{\mu}{\psi}$ 为摩擦特性系数，是 ε、B/d、β 的函数，可由图 11.33 查得。

6. 热平衡计算

滑动轴承运转过程中摩擦转化为热量，一部分被润滑油带走，一部分使轴承座升温并扩散到周围空气中，使周围空气升温。所以设计时要控制润滑油温度，即要求轴承温度不超过许用值。滑动轴承运转的热平衡条件是单位时间内产生的摩擦热量，等于流动油带走的热量及轴承散发出去的热量，即

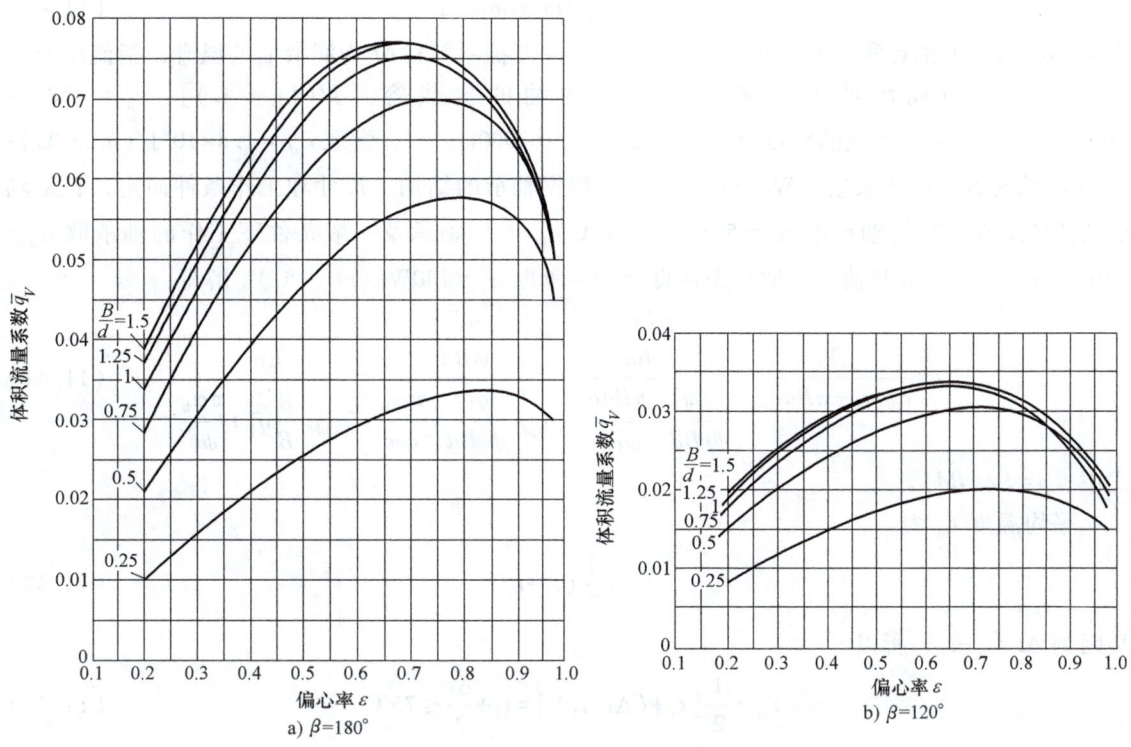

图 11.32 流体动压径向滑动轴承的体积流量系数 $\bar{q}_V$

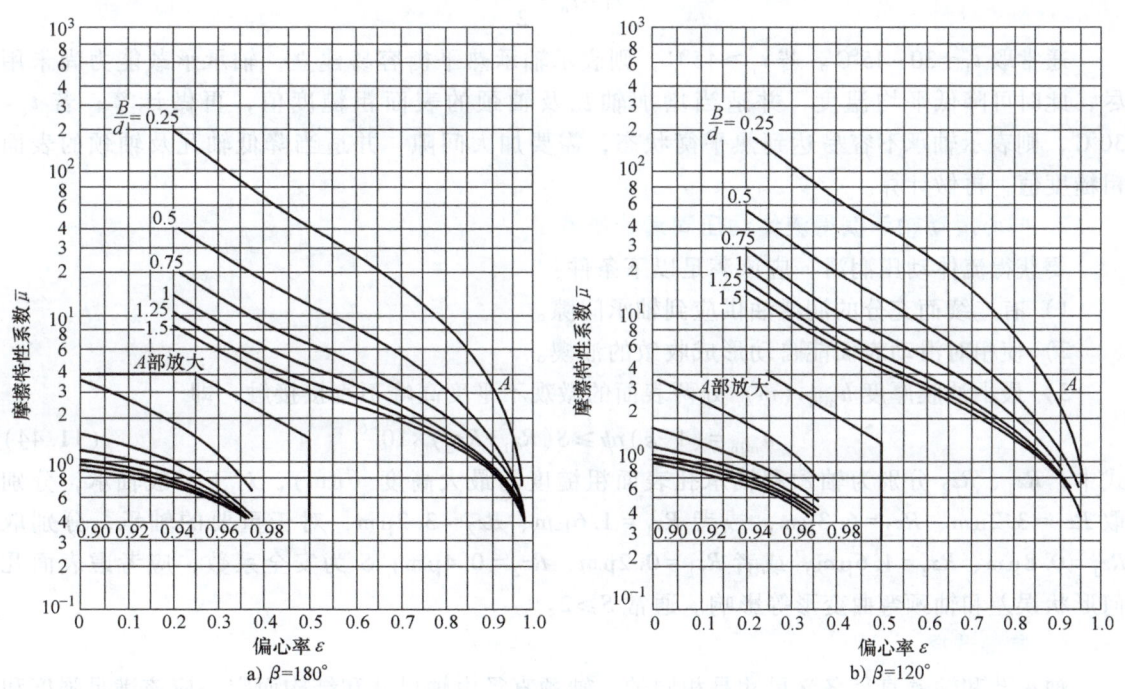

图 11.33 流体动压径向滑动轴承的摩擦特性系数 $\bar{\mu}$

$$\mu F v = c_p \rho q_V \Delta t + \pi B d \alpha_b \Delta t \tag{11.40}$$

式中，q_V 为润滑油体积流量（m³/s）；μ 为轴承的摩擦系数；Δt 为润滑油的温升，指流出及流入轴承间隙的润滑油的温差（℃）；c_p 为油的比热容 [J/(kg·℃)]，$c_p = 1680 \sim 2100$ J/(kg·℃)；ρ 为油的密度（kg/m³），$\rho = 850 \sim 900$ kg/m³，常取 $c_p \rho = 1.8 \times 10^6$ J/(m³·℃)；α_b 为轴承的表面传热系数 [W/(m²·℃)]，根据轴承的结构、尺寸和工作条件而定，轻型轴承及散热条件不好的轴承取 $\alpha_b = 50$ W/(m²·℃)，中型轴承及一般条件下工作的轴承取 $\alpha_b = 80$ W/(m²·℃)，重型轴承及散热条件良好的轴承取 $\alpha_b = 140$ W/(m²·℃)。解得：

$$\Delta t = \frac{\mu F v}{c_p \rho q_V + \pi B d \alpha_b} = \frac{\frac{\mu F v}{\psi v B d}}{\frac{c_p \rho q_V}{\psi v B d} + \frac{\pi B d \alpha_b}{\psi v B d}} = \frac{\frac{\mu F}{\psi B d}}{\frac{q_V}{c_p \rho \psi v B d} + \frac{\pi \alpha_b}{\psi v}} = \frac{\overline{\mu} p}{2 c_p \rho \frac{d}{B} \overline{q_V} + \frac{\pi \alpha_b}{\psi v}} \tag{11.41}$$

式中，$p = F/(Bd)$。

平均温度 t_m 为

$$t_m = \frac{1}{2}(t_1 + t_2) \tag{11.42}$$

又因为 $\Delta t = t_2 - t_1$，所以

$$t_m = \frac{1}{2}[t_1 + (\Delta t + t_1)] = t_1 + \frac{\Delta t}{2} \leq 75 ℃ \tag{11.43}$$

设计时，通常先给定平均温度，按照式（11.41）求出出口的温升 Δt，然后校核油的入口温度 t_1，即

$$t_1 = t_m - \frac{\Delta t}{2}$$

通常取 $t_1 = 30 \sim 45$ ℃。若 $t_1 \geq 45$ ℃，则表示轴承热平衡容易建立，轴承承载能力尚未用尽，此时可降低平均温度，并适当增加轴瓦及轴颈的表面粗糙度值，再做计算；若 $t_1 < 30$ ℃，则表示轴承不容易达到热平衡状态，需要加大间隙，并适当降低轴瓦及轴颈的表面粗糙度值，再做计算。

7. 向心滑动轴承获得流体动压润滑的条件

要获得流体动压润滑，应该满足以下条件：

1) 有连续而充分的润滑油供应到轴承间隙。
2) 使相对滑动表面能自动形成收敛的油楔。
3) 最小油膜厚度 h_{min} (m) 处两表面的微观不平度高峰不直接接触，即

$$h_{min} = (1 - \varepsilon) r \psi \geq S(Rz_1 + Rz_2) \times 10^{-6} \tag{11.44}$$

式中，Rz_1、Rz_2 分别为轴颈和轴承孔表面粗糙度的最大高度（μm），对于一般轴承，分别取 $Rz_1 = 3.2$ μm、$Rz_2 = 6.3$ μm，或者 $Rz_1 = 1.6$ μm、$Rz_2 = 3.2$ μm，对于重要的轴承，分别取 $Rz_1 = 0.8$ μm、$Rz_2 = 1.6$ μm，或者 $Rz_1 = 0.2$ μm、$Rz_2 = 0.4$ μm；S 为安全系数，应考虑表面几何形状误差和轴颈弯曲变形等影响。通常 $S \geq 2$。

8. 参数选择

轴承孔和轴颈直径名义尺寸是相同的，轴颈直径由轴尺寸和结构而定，应该满足强度和刚度要求，还应满足润滑及散热条件要求。此外，轴承设计中还需要选择宽径比 B/d、轴承

包角相对间隙 ψ 等参数。

（1）宽径比的范围　宽径比 B/d 的范围为 $0.5\sim1.5$。B/d 越小，占空间越小，有利于提高轴颈运转稳定性，增大端泄量，降低温升；但是轴承承载力也越小。选择时可参考手册，用类比法确定：对于高速、重载轴承，B/d 取小值，以增加端泄，避免温升过高；对于低速、重载轴承，B/d 取大值，以提高轴承刚性；对于高速、轻载轴承，如果对轴承无刚度要求，B/d 可取小值，如果对刚度要求较高，B/d 可取大值。机床、拖拉机中取 $B/d=0.8\sim1.2$；轧钢机中取 $B/d=0.6\sim0.9$。

（2）相对间隙 ψ　相对间隙 ψ 主要由载荷、轴颈速度选取。轴颈速度越高，ψ 的值应该越大，使流量增大，降低温升；载荷越大，ψ 的值应该取得越小，可提高承载力。ψ 的值可由轴颈圆周速度 v（m/s）按下列经验公式计算，即

$$\psi = 0.001\xi\sqrt[4]{v} \tag{11.45}$$

式中，$\xi = 0.6\sim1$，对于重载，$B/d<0.8$，能自动调心的轴承以及轴承材料硬度比较低的轴承，$\xi(\psi)$ 可以取小值，反之取大值。

（3）平均压力 p　设计平均压力 p 取大值时，轴承的尺寸减小，运转平稳。但是 p 过大，轴承易损坏。相对间隙 ψ、最小油膜厚度 h_{min}、耗油量 q_V、油膜平均温度 t_m、摩擦功率 P_μ 的相互关系如图 11.34 所示，取最佳 ψ_{opt} 时，h_{min} 出现最大值，t_m 接近最小，P_μ 接近最小。

（4）润滑油黏度 η'　润滑油黏度对轴承的承载能力、功率损失、轴承温升等影响很大。润滑油的工作温度直接影响润滑油工作黏度。工作温度高，则工作黏度下降，承载能力

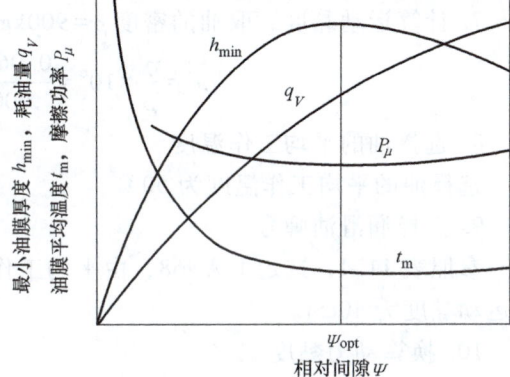

图 11.34　相对间隙 ψ 对轴承性能的影响

下降，反之承载能力上升。轴承各处的工作温度是不同的，设计时一般按平均工作温度计算。平均工作温度可以在设计时先假定，一般取平均工作温度 $t_m=50\sim75$℃ 进行初步设计。最后通过热平衡计算校核轴承入口处的油温 t_i 是否为 $35\sim45$℃。如果不满足要求，需要重新设计。润滑油黏度一般可以按下式进行估算：

$$\eta' = \frac{1}{10\sqrt[3]{n/60}}$$

再由下式计算运动黏度，然后选择润滑油牌号，即

$$\nu' = \frac{\eta}{\rho}$$

查黏-温曲线，重新确定 t_m 时的运动黏度 ν 及动力黏度 η，最后再验算入口处的油温。

例 11.1　一机床用流体动压润滑径向滑动轴承，载荷稳定，轴承的径向工作载荷 $F=100000\text{N}$，轴颈直径 $d=200\text{mm}$，轴颈转速 $n=200\text{r/min}$，试设计该滑动轴承。

解：

1. 选宽径比 $B/d=1$，$\beta=180°$ 则

$$B=(B/d)d=200\text{mm}=0.2\text{m}$$

2. 计算轴颈圆周速度

$$v = \frac{n\pi d}{60 \times 1000} = \frac{200 \times \pi \times 200}{60 \times 1000} \text{m/s} = 2.094 \text{m/s}$$

3. 计算轴承工作压力

$$p = \frac{F}{dB} = \frac{100000}{0.2 \times 0.2} \text{Pa} = 2.5 \text{MPa}$$

4. 计算 pv 值

$$pv = 2.5 \text{MPa} \times 2.094 \text{m/s} = 5.24 \text{MPa} \cdot \text{m/s}$$

5. 选择轴承材料

由表 11.6，选用 ZCuSn5Pb5Zn5。

6. 选择润滑油黏度

$$\eta' = \frac{1}{10 \times \sqrt[3]{n/60}} = \frac{1}{10 \times \sqrt[3]{200/60}} \text{Pa} \cdot \text{s} = 0.0669 \text{Pa} \cdot \text{s}$$

7. 计算运动黏度，取油的密度 $\rho = 900 \text{kg/m}^3$，则有

$$\nu = \frac{\eta'}{\rho} \times 10^6 = \frac{0.0669}{900} \times 10^6 \text{cSt} = 74.33 \text{cSt}$$

8. 选择油的平均工作温度

选择油的平均工作温度为 50℃。

9. 选择润滑油牌号

参照表 11.4，选定 L-AN68，由平均工作温度根据图 11.8 查得 L-AN68 润滑油 50℃ 的工作运动黏度为 40cSt。

10. 换算动力黏度

$$\eta_{50} = \rho \nu_{50} \times 10^{-6} = 900 \times 40 \times 10^{-6} \text{Pa} \cdot \text{s} = 0.36 \text{Pa} \cdot \text{s}$$

11. 计算相对间隙 ψ

由式（11.45）得

$$\psi = \frac{0.001 \xi \sqrt[4]{v}}{1000} = \frac{0.001 \times (0.6 \sim 1) \times \sqrt[4]{2.094}}{1000} = 0.00072 \sim 0.0012$$

取 $\psi = 0.001$。

12. 选择润滑方式

由式（11.5）得

$$k = \sqrt{pv^3} = \sqrt{2.5 \times 2.094^3} = 4.79$$

因此应该采用针阀式注油杯润滑。

13. 计算轴的角速度

$$\omega = 2\pi n/60 = (2\pi \times 200/60) \text{rad/s} = 20.94 \text{rad/s}$$

14. 计算索氏数

$$So = \frac{F\psi^2}{Bd\eta\omega} = \frac{100000 \times 0.001^2}{0.2 \times 0.2 \times 0.036 \times 20.94} = 3.32$$

15. 偏心率 ε

由图 11.31a 查得 $\varepsilon = 0.77$。

16. 计算半径间隙

$$\delta = \psi r = 0.001 \times 0.1 \text{m} = 0.0001 \text{m} = 0.1 \text{mm}$$

17. 流动状态判断

临界雷诺数为：

$$[Re] = 41.3\sqrt{\frac{1}{\psi}} = 41.3\sqrt{\frac{1}{0.001}} = 1306.02$$

轴承实际雷诺数为：

$$Re = \frac{\rho v \delta}{\eta} = \frac{900 \times 2.094 \times 0.0001}{0.036} = 5.24 < 1306.02$$

所以轴承处于层流状态。

18. 流量计算

流量系数查图 11.32a 得 $\bar{q}_V = 0.074$。

流量为

$$q_V = \psi d^3 \omega \bar{q}_V = 0.001 \times 0.2^3 \times 20.94 \times 0.074 \text{m}^3/\text{s} = 1.24 \times 10^{-5} \text{m}^3/\text{s}$$

19. 功耗计算

摩擦特性系数由图 11.33 查得 $\bar{\mu} = 2$，故摩擦系数

$$\mu = \bar{\mu}\psi = 2 \times 0.001 = 0.002$$

摩擦功耗

$$P_\mu = \mu F v = 0.002 \times 100000 \times 2.094 \text{W} = 418.8 \text{W}$$

20. 热平衡计算

$$\Delta t = \frac{\bar{\mu} p}{2c_p \rho \frac{d}{B} q_V + \frac{\pi \alpha_b}{\psi v}} = \frac{2 \times 2.5 \times 10^6}{2 \times 1.8 \times 10^6 \times 1 \times 0.074 + \frac{80\pi}{0.001 \times 2.094}} \text{℃} = 12.94 \text{℃}$$

进油温度

$$t_1 = t_m - \frac{\Delta t}{2} = \left(50 - \frac{12.94}{2}\right) \text{℃} = 43.53 \text{℃}$$

出油温度

$$t_2 = t_m + \frac{\Delta t}{2} = \left(50 + \frac{12.94}{2}\right) \text{℃} = 56.47 \text{℃}$$

均符合要求。

21. 安全校检

最小油膜厚度

$$h_{\min} = (1-\varepsilon) r \psi = (1-0.77) \times 0.1 \text{m} \times 0.001 = 2.3 \times 10^{-5} \text{m}$$

按一般轴承，取 $Rz_1 = 1.6 \mu\text{m}$，$Rz_2 = 3.2 \mu\text{m}$，则

$$[h] = S(Rz_1 + Rz_2) \times 10^{-6} = 2 \times (1.6 + 3.2) \times 10^{-6} \text{m} = 9.6 \times 10^{-6} \text{m}$$

$h_{\min} > [h]$，所以满足要求。

11.10 其他轴承简介

除以上介绍的轴承，还有多油楔滑动轴承、流体静压轴承、磁悬浮轴承、气体轴承及自

润滑轴承等。

1. 多油楔滑动轴承

为了提高滑动轴承的工作稳定性和旋转精度，常把轴承做成多油楔滑动轴承，图 11.35 所示是常见的多油楔径向滑动轴承。图 11.35a、b 所示为二油楔滑动轴承，图 11.35c、d 所示为三油楔滑动轴承。其中图 11.35b、d 只适用于单向旋转。三油楔滑动轴承工作较稳定，单油楔滑动轴承易失稳。载荷越轻、转速越高，越易失稳。

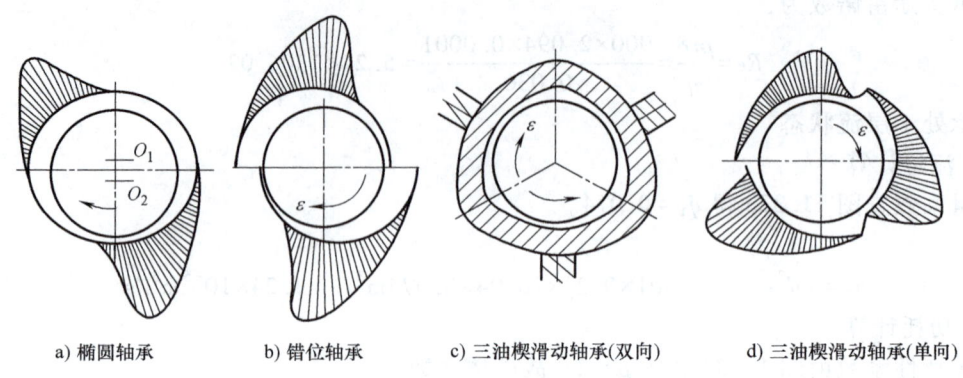

a) 椭圆轴承　　b) 错位轴承　　c) 三油楔滑动轴承(双向)　　d) 三油楔滑动轴承(单向)

图 11.35　常见的多油楔径向滑动轴承

多油楔滑动轴承也可以做成活动瓦轴承，如图 11.36 所示。工作时活动的轴瓦可以随轴颈的位置不同而自动调整，易于适应不同的载荷、速度、变形和倾斜，从而建立动压润滑油膜。

2. 流体静压轴承

流体静压轴承是利用液压泵将高压油输送到轴承的润滑表面，强制形成润滑油膜，靠静压平衡外载荷。其工作原理如图 11.37 所示。这种轴承有以下特点：①提高供油压力就可以提高承载能力；②无论工作转速多低，都可以形成润滑油膜；③轴的转速不高时，摩擦系数极小。

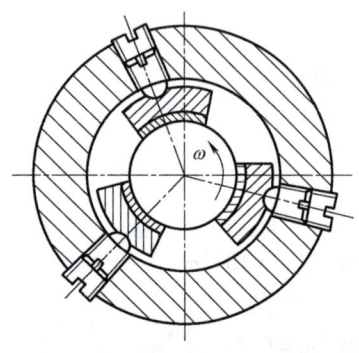

图 11.36　摆动轴瓦径向滑动轴承

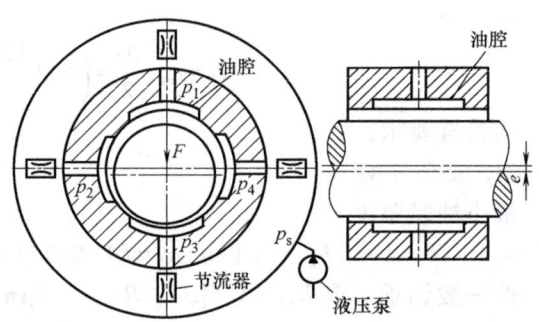

图 11.37　流体静压径向滑动轴承的工作原理

3. 磁悬浮轴承

利用磁场力使轴悬浮的轴承称为磁悬浮轴承。磁悬浮轴承的基本工作原理如图 11.38 所示，位移传感器在线获得转子的位移信号，控制系统按策略对位移信号进行处理并生成控制信号，通过信号放大器生成电磁线圈控制电流，使被支承的转子无接触地悬浮起来。

该类轴承无需任何润滑剂,无机械接触,因而无磨损,功耗也小,为普通滑动轴承的1/100~1/10。该类轴承工作转速高、功耗小、使用寿命长、不需要维修,能在真空、低温、高温、低速、高速等各种特殊环境下工作。通过对位移信号进行主动控制,如在线参数识别和调整、自动不平衡补偿等,可使对转子系统的控制达到很高的精度与动态稳定性。

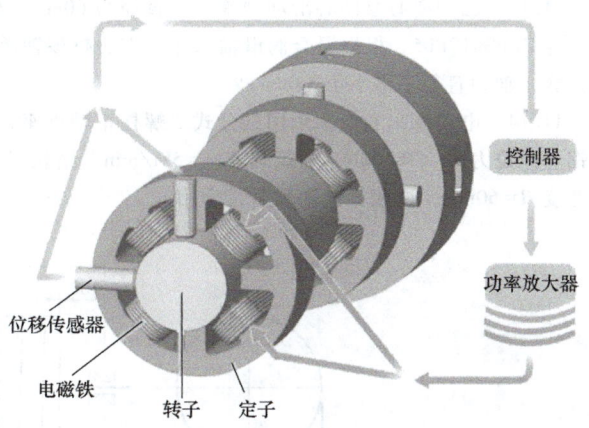

图 11.38 磁悬浮轴承的工作原理

磁悬浮轴承主要应用于精密陀螺仪、加速度计、空间飞行器姿态飞轮、真空泵、功率表、钟表、超高速离心机、超高速磨头、精密机床、发电机、汽轮机等。随着电子控制技术、磁性材料、超导技术和大规模集成电路等技术的发展,磁悬浮轴承价格下降,应用范围逐步扩大,可靠性不断提高。

气体轴承、自润滑轴承等可以参考有关资料,这里不做介绍。

习 题

11.1 什么是动力黏度、运动黏度?它们的单位是什么?它们之间有什么换算关系?

11.2 牛顿内摩擦定律 $\tau = -\eta \frac{\partial u}{\partial y}$ 中,τ、η、$\frac{\partial u}{\partial y}$ 的意义是什么?

11.3 产生流体动压润滑的条件是什么?

11.4 混合润滑滑动轴承的设计准则是什么?分别限制轴承的哪种失效?

11.5 相对间隙 ψ 对轴承的工作性能有何影响?设计时应如何选取?

11.6 宽径比 B/d 对轴承工作性能有何影响?设计时应如何合理选取?

11.7 选取轴瓦(轴承衬)材料时通常应满足哪些要求?常用的轴承材料有哪几类?

11.8 验算蜗轮轴的混合润滑径向滑动轴承。已知:蜗轮轴转速 $n = 60$r/min,轴颈直径 $d = 80$mm,轴承宽度 $B = 80$mm,轴承载荷 $F = 7000$mN,轴瓦衬材料为 ZCuSn10P1,轴材料为 45 钢。

11.9 已知一起重机卷筒的滑动轴承,其轴颈直径 $d = 90$mm,轴的转速 $n = 9$r/min,轴承材料采用铸造铝青铜 ZCuAl10Fe3,求此轴承能承受的最大径向载荷 F。

11.10 有一混合润滑向心滑动轴承,轴颈直径 $d = 60$mm,轴承宽度 $B = 60$mm,轴瓦材料为 ZCuAl10Fe3,试:

1)当载荷 $F = 36000$N,转速 $n = 150$r/min 时,校核该轴承是否满足混合润滑滑动轴承的使用条件。

2)当载荷 $F = 36000$N 时,轴的允许转速 n。

3)当轴的转速 $n = 900$r/min 时的允许载荷 F。

4)轴的允许最大转速 n_{max}。

11.11 已知径向轴承包角为 $180°$,轴承载荷为 $F = 18000$N,轴的转速 $n = 1200$r/min,轴承宽度 $B = 100$mm,宽径比 $B/d = 1$,半径间隙 $\delta = 0.005$mm,非压力供油,润滑油在 $60℃$ 时的黏度 $\eta = 0.018$Pa·s,轴承平均工作温度 $t_m = 60℃$,试求最小油膜厚度,每分钟需补充的润滑油流量,功耗,温升和供油温度。

11.12 确定一流体动压单油楔向心滑动轴承的主要参数。已知轴颈直径 $d = 100$mm,径向载荷 $F = 28000$N,轴转速 $n = 950$r/min(载荷方向一定,工作情况稳定,采用对开式轴承)。

11.13 已知离心泵向心滑动轴承，轴直径为60mm，转速为1500r/min，轴承径向载荷为2600N，轴承材料为ZCuSn10Pb5，根据混合润滑轴承计算方法校核轴承是否可用。如果不可用，应如何改进（按轴的强度计算，轴颈直径不得小于48mm）？

11.14 电动铰车卷筒轴采用剖分式二螺柱正轴承座，轴瓦材料为ZCuSn5Pb5Zn5，轴材料为45钢。已知钢丝绳拉力 $F_r = 38000$N，卷筒转速 $n = 55$r/min，结构尺寸如图 11.39 所示，其中轴颈直径 $d = 50$mm，轴承宽度 $B = 60$mm，试验算该轴承是否合用。

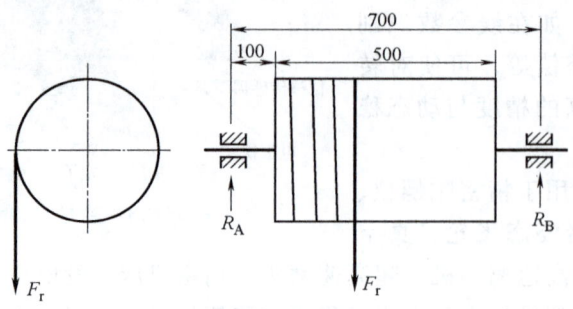

图 11.39 习题 11.14 图

11.15 图 11.40 所示几种情况是否都有可能建立流体动压润滑？为什么？

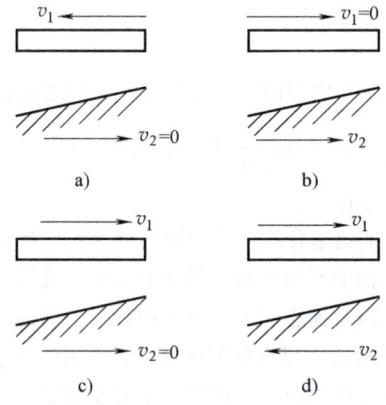

图 11.40 习题 11.15 图

第 12 章 联轴器、离合器和制动器

12.1 概述

联轴器和离合器是机械传动中广泛应用的重要部件。它们主要用来连接两轴使之一起转动并传递运动和动力。用联轴器连接的两根轴，只有在机器停车后，经过拆卸才能使它们分离。用离合器连接的两根轴，在机器工作中可随时分离或接合。

制动器是用来降低机器的速度或使机器停车的部件。

如图 12.1 所示，在卷扬机传动系统中，电动机 1 和减速器 4 之间采用牙嵌离合器 2 连接，不但起到传递运动和动力作用，而且在电动机运转时，卷筒 6 可以随时停车或运转。在减速器和卷筒之间采用刚性联轴器 5 连接，保证运动和动力的传递。安装制动器 3，可以使卷筒按工作需要及时停车，并保证在卷筒停车后，钢丝绳 7 所吊重物能可靠地停在需要的位置上。

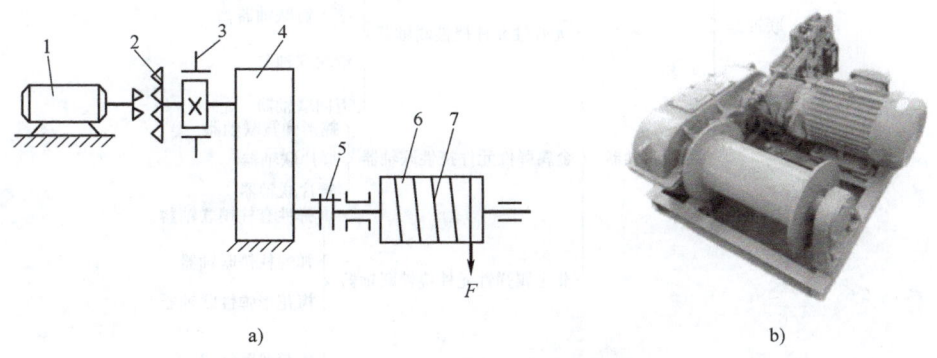

图 12.1 联轴器与离合器的应用

1—电动机 2—牙嵌离合器 3—制动器 4—减速器 5—刚性联轴器 6—卷筒 7—钢丝绳

联轴器与离合器大都已标准化，设计时主要问题是如何合理的选择，一般选择步骤为：

1) 根据机器的工作条件与使用要求选择合适的类型。

2）按轴径计算转矩及轴的转速，从标准中选取具体的型号。
3）必要时对易损件进行校核计算。

联轴器和离合器的计算转矩 T_c 应考虑机器起动时的惯性力及过载等因素的影响，可按下式计算：

$$T_c = KT \leqslant T_n \tag{12.1}$$

式中，T 为名义转矩（N·m）；K 为工作情况系数，见表12.1；T_n 为公称转矩（N·m），由联轴器标准查出。

表 12.1 工作情况系数 K

工作机		动力机			
工作情况	实例	电动机汽轮机	四缸以上内燃机	双缸内燃机	单缸内燃机
转矩变化小	汽轮压缩机、木工机床、运输机	1.5	1.7	2.0	2.4
转矩变化中等	搅拌机、增压泵、往复式压缩机	1.7	1.9	2.2	2.6
转矩变化中等,有冲击	拖拉机、织布机、混凝土搅拌机	1.9	2.1	2.4	2.8
转矩变化较大,有较大冲击	造纸机、挖掘机、起重机、碎石机	2.3	2.5	2.8	3.2
转矩变化大,有强烈冲击	压力机、轧钢机	3.1	3.3	3.6	4.0

12.2 联轴器

为了适应不同工作需要，人们设计了多种形式的联轴器，联轴器的分类大致如下：

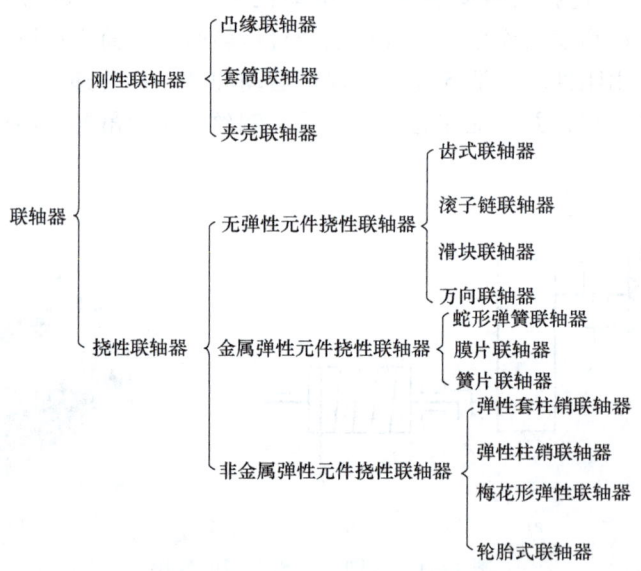

刚性联轴器适用于两轴能严格对中，并在工作中不发生相对位移的场合；挠性联轴器适用于两轴有偏斜（可分为同轴线、平行轴线、相交轴线）或在工作中有相对位移（可分为轴向位移、径向位移、角位移、综合位移）的场合，如图12.2所示。挠性联轴器有无弹性

元件的、金属弹性元件的和非金属弹性元件的，后两种统称为弹性联轴器。

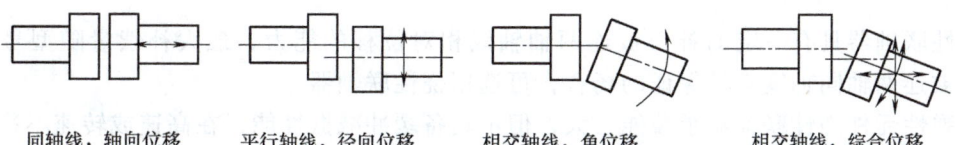

图 12.2　两轴的相对位置和相对位移

12.2.1　刚性联轴器

刚性联轴器不具有补偿被连两轴线相对位移的能力，也不具有缓冲减振能力，但结构简单，价格便宜，它适用于载荷平稳、转速稳定、被连接两轴轴线相对位移极小的情况。工程中应用较多的刚性联轴器有以下几种。

1. 凸缘联轴器

凸缘联轴器是刚性联轴器中应用最多的一种，如图 12.3 所示。图 12.3a 中由具有凸肩的半联轴器和具有凹槽的半联轴器相嵌合而对中；图 12.3b 中用铰制孔用螺栓对中，当要求两轴分离时，后者只要卸下螺栓即可，不用移动轴，因此装卸比前者简便。图 12.3c 所示为凸缘联轴器实物图。

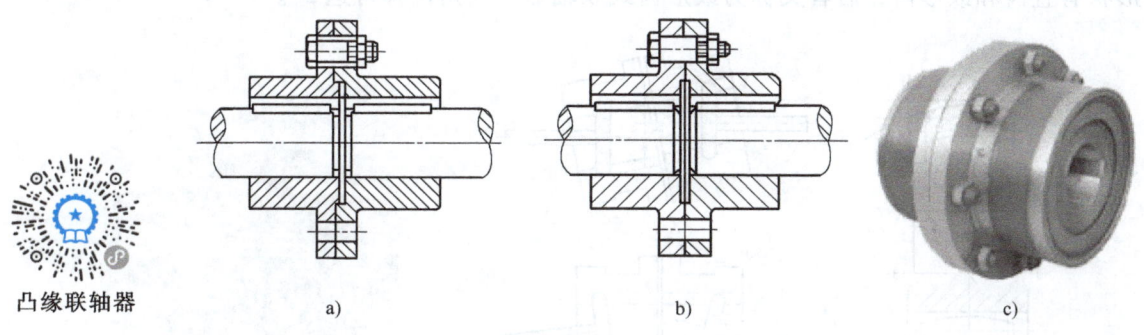

凸缘联轴器　　　　　　　a)　　　　　　　　　　　　b)　　　　　　　　　　　　c)

图 12.3　凸缘联轴器

2. 套筒联轴器

图 12.4 所示为套筒联轴器。它是一个用钢或铸铁制造的套筒，用键（图 12.4a）或销（图 12.4b）与两轴相连。图 12.4a 中的紧定螺钉起轴向固定作用。图 12.4b 中的销既起传递转矩的作用，又起轴向固定的作用，选择适当的直径后，可起过载保护作用。这种联轴器结构简单，制造容易，径向尺寸小。它适用于两轴同心度好、工作平稳、无冲击的场合。

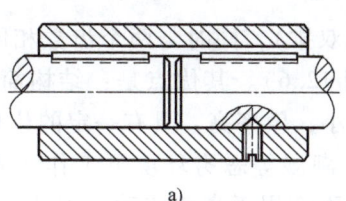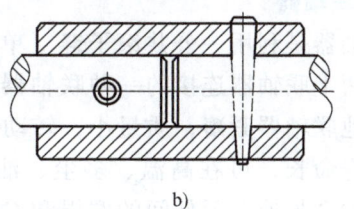

套筒联轴器-键　　　　　　a)　　　　　　　　　　　　b)　　　　　　　　　　套筒联轴器-销

图 12.4　套筒联轴器

12.2.2 挠性联轴器

挠性联轴器具有一定的补偿被连两轴轴线相对位移的能力,最大补偿量随型号不同而异。凡被连两轴同轴度不易保证的场合,可选用挠性联轴器。

无弹性元件挠性联轴器承载能力大,但不具备缓冲减振性能,在高速或转速不稳定或正反转时,有冲击和噪声,适于低速、重载、转速平稳的场合。

非金属弹性元件挠性联轴器,有很好的缓冲减振性能,但由于非金属(橡胶、尼龙等)弹性元件强度低、寿命短、承载能力小,故适用于高速、轻载和常温的场合。

金属弹性元件挠性联轴器,除了具有较好的缓冲减振性能外,承载能力大,适用于速度和载荷变化较大及高温或低温场合。

1. 齿式联轴器

齿式联轴器如图 12.5 所示,是一种无弹性元件的挠性联轴器,在允许综合位移的联轴器中,齿式联轴器是最有代表性的一种。它由两个具有外齿环的半联轴器和两个具有内齿环的外壳及连接螺栓所组成。两个带外齿环的半联轴器分别与两轴相连,内外齿环上的轮齿相互啮合,齿廓为渐开线,其啮合角通常为 $20°$,在外壳内贮有润滑油,以便润滑啮合轮齿。齿式联轴器之所以具有良好的补偿两轴做任何方向位移的能力,是由于啮合齿间留有较大的齿侧间隙,并将齿顶做成球面(球面中心位于轴线上)。一般允许的角位移 $\alpha \leqslant 30'$。轮齿的形状有直齿和鼓形齿,后者又称为鼓形齿式联轴器,其角位移可达 $3°$。

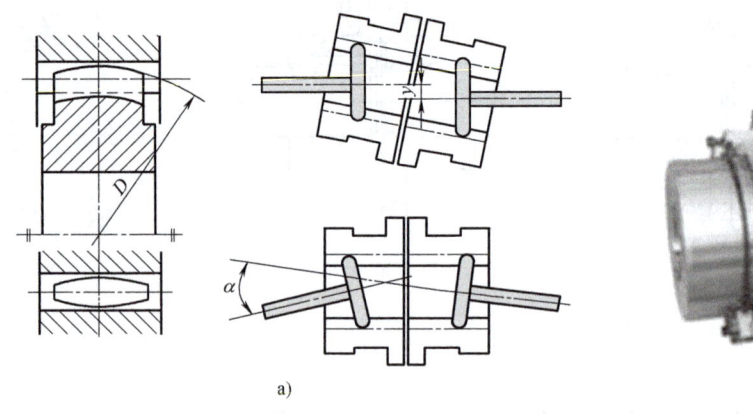

图 12.5 齿式联轴器

齿式联轴器与尺寸相近的其他联轴器相比,承载能力较大,但不具备缓冲减振能力;齿轮啮合处需要润滑,结构较复杂,造价高,适用于重载、低速场合。

2. 滚子链联轴器

滚子链联轴器是利用一公共滚子链(单排或双排),同时与两个齿数相同的并列链轮相啮合,以实现两半联轴器连接的一种联轴器(图 12.6)。其优点是:结构简单,装拆方便,径向尺寸比其他联轴器紧凑,质量小,转动惯量小,效率高,具有一定的位移补偿能力,工作可靠,使用寿命长,可在高温、多尘、油污、潮湿等恶劣环境下工作,成本低。其缺点是:离心力过大会加速各元件间的磨损和发热,不宜用于高速传动;缓冲、减振能力不大,不宜在频繁起动、强烈冲击下工作;不能传递轴向力。

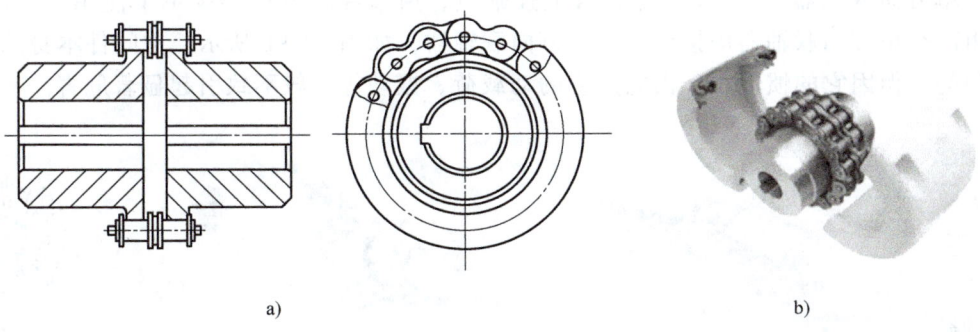

图 12.6　滚子链联轴器（双排）

3. 十字滑块联轴器

图 12.7 所示为十字滑块联轴器，它由两个端面开有凹槽的半联轴器 1、3 和一个两面都有榫的圆盘 2 组成。凹槽的中心线分别通过两轴的中心，两榫中线相互垂直并通过圆盘中心。圆盘两榫分别嵌在固装于主动轴和从动轴上的两半联轴器凹槽中而构成一动连接。当两轴有径向位移时，榫可在凹槽中来回滑行进行补偿。

十字滑块联轴器结构简单、径向尺寸小，主要用于两轴径向位移较大、无冲击及低速场合。

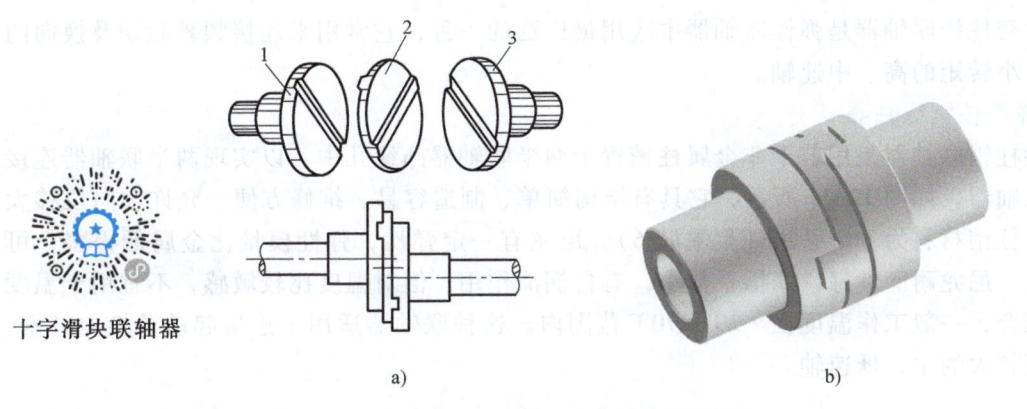

图 12.7　十字滑块联轴器
1、3—半联轴器　2—圆盘

4. 万向联轴器

万向联轴器的结构示意图如图 12.8 所示，图中十字形零件的四端用铰链分别与轴 1、轴 2 上的叉形接头相连。因此，当一轴的位置固定后，另一轴可以在任意方向偏斜 α 角，角位移 α 可达 $40°\sim 45°$。为了增加其灵活性，可在铰链处配置滚针轴承（图中未画出）。

单个万向联轴器两轴的瞬时角速度并不是时时相等，即当主动轴 1 以等角速度回转时，从动轴 2 做变角速度转动，从而引起动载荷，对使用不利。从动轴 2 的角速度 ω_2 变化的幅度与两轴的夹角 α 有关，α 越大，则 ω_2 变动越剧烈。

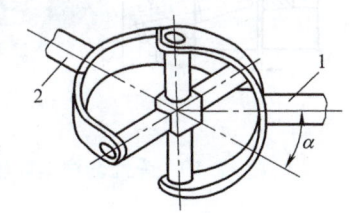

图 12.8　万向联轴器结构示意图
1、2—轴

由于单万向联轴器（12.9a）存在着上述缺点，所以在机器中很少单个使用。实用上，常采用由两个单万向联轴器串接而成的双万向联轴器，如图 12.9b 所示。中间件本身的转速是不均匀的，但因它的惯性小，由它产生的动载荷、振动等一般不致引起显著危害。

单万向联轴器

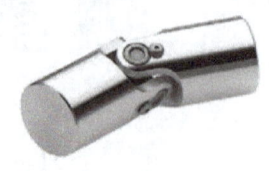
a)

b)

双万向联轴器

图 12.9 单万向联轴器和双万向联轴器

5. 弹性套柱销联轴器

弹性套柱销联轴器的结构与凸缘联轴器相似，只是用带有非金属（如橡胶等）弹性套的柱销代替连接螺栓，如图 12.10 所示，它靠弹性套的弹性变形来缓冲吸振，并能补偿被连两轴的相对位移。安装这种联轴器时，应在两个半联轴器之间留出一定间隙，以便给两个半联轴器留出足够的相对位移量。按标准选用，必要时要校核柱销弯曲强度和弹性套挤压强度。

弹性套柱销联轴器是弹性联轴器中应用最广泛的一种，它常用来连接频繁起动及换向的传递中、小转矩的高、中速轴。

6. 弹性柱销联轴器

弹性柱销联轴器是用若干非金属柱销置于两半联轴器凸缘孔中，以实现两半联轴器连接的一种联轴器，如图 12.11 所示，它具有结构简单、制造容易、维修方便、允许轴向位移大等特点。柱销材料为 MC 尼龙（聚酰胺 6）。尼龙有一定弹性，弹性模量比金属低得多，可缓和冲击。尼龙耐磨性好，摩擦系数小，有自润滑作用，但对温度比较敏感，不宜用于温度较高的场合，一般工作温度在 $-20°\sim70℃$ 范围内。这种联轴器适用于连接起动及换向频繁、传递转矩较大的中、低速轴。

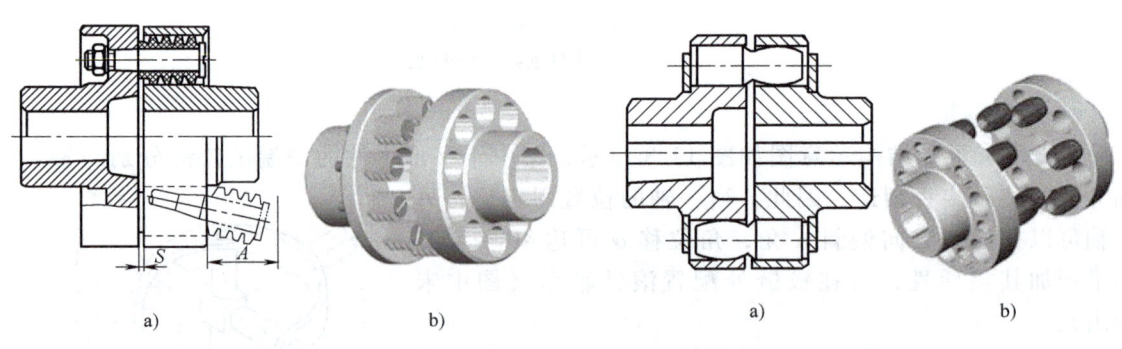

图 12.10 弹性套柱销联轴器　　　　图 12.11 弹性柱销联轴器

7. 梅花形弹性联轴器

图 12.12 所示为梅花形弹性联轴器，1、2 为两个半联轴器，它们的端面上各有凸齿，

各凸齿的两侧面呈内凹形，并在齿侧间隙放置非金属弹性元件（橡胶或尼龙），通过其弹性变形补偿两轴相对偏移，实现缓冲减振。

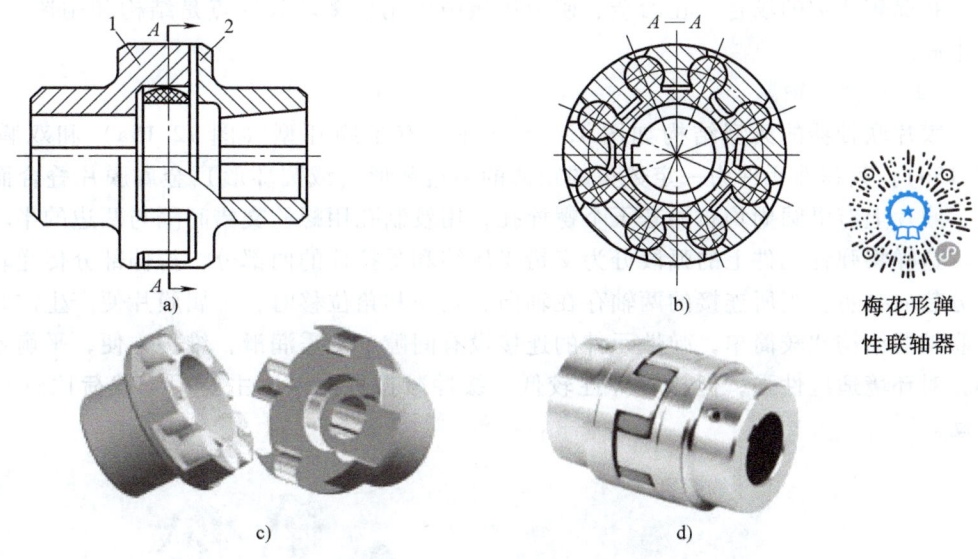

图 12.12 梅花形弹性联轴器
1、2—半联轴器

8. 轮胎式联轴器

轮胎式联轴器如图 12.13 所示，是利用环形轮胎状弹性元件连接两半联轴器，以实现两轴连接的一种联轴器。轮胎环材料为橡胶或增强织物橡胶。前者弹性好，后者强度高，寿命长。这种联轴器的工作温度为 $-20° \sim 80℃$。两端用压板及螺钉分别压在两个半联轴器上。这种联轴器富有弹性，具有良好的减振能力，能有效地降低动载载荷和补偿较大的轴向位移，而且绝缘性能好，运转时无噪声，工作可靠，可用于潮湿多尘、频繁起动及换向的冲击较大而外缘线速度不超过 30m/s 的场合，尤其在起重机械中应用较广。其缺点是径向尺寸较大，当转矩较大时会因过大扭转变形而产生附加轴向载荷。

9. 蛇形弹簧联轴器

蛇形弹簧联轴器是由两个带外齿的半联轴器，以及在齿间安装的 6~8 组蛇形弹簧所组成，如图 12.14 所示。为防止蛇形弹簧在联轴器运转时因惯性离心力而脱出，在半联轴器上

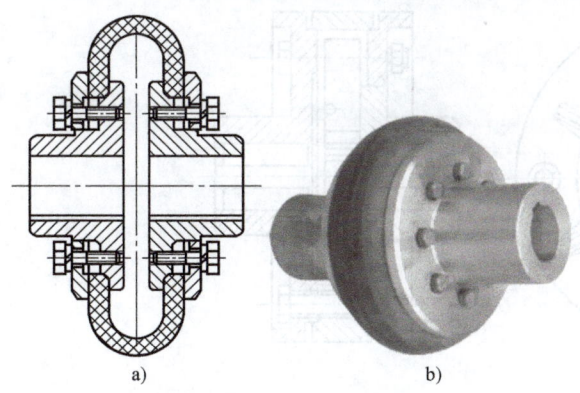

图 12.13 轮胎式联轴器

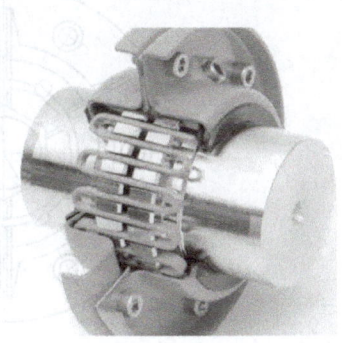

图 12.14 蛇形弹簧联轴器

装有外壳,外壳用螺栓连接。外壳内贮有润滑脂,以减轻齿与弹簧的摩擦。转矩是通过半联轴器上的齿和蛇形弹簧传递。这种联轴器对被连两轴相对位移的补偿量较大,适用于重载和工作状况较恶劣的场合,在冶金、矿山机械中应用较多。其缺点是结构和制造工艺较复杂,成本高。

10. 膜片联轴器

膜片联轴器的典型结构如图 12.15 所示,有单膜片型(图 12.15a)和双膜片型(图 12.15b)。其弹性元件为一定数量的很薄的多边环形(或圆环形)金属膜片叠合而成的膜片组,膜片上有沿圆周均布的若干个螺栓孔,用铰制孔用螺栓交错间隔与两边的半联轴器相连接。这样将弹性元件上的弧段分为交错受压缩和受拉伸的两部分,拉伸部分传递转矩,压缩部分趋向皱折。当所连接的两轴存在轴向、径向和角位移时,金属膜片便产生波状变形。这种联轴器结构比较简单,弹性元件的连接没有间隙,不需润滑,维护方便,平衡容易,质量小,对环境适应性强,但扭转弹性较低,缓冲减振性能差,主要用于载荷比较平稳的高速传动。

a)

b)

双膜片型-膜片联轴器

图 12.15 膜片联轴器

11. 径向簧片联轴器

径向簧片联轴器有多层簧片,如图 12.16 所示。在受到变载荷和冲击载荷的过程中,借助簧片间的摩擦和油在缝隙间的流动阻尼作用,消耗部分能量,既有缓冲作用,又有减振能力。它适用于载荷变动较大,有可能发生扭转振动的轴系,多用于各种中、高速大功率柴油机拖动的机组中。其优点是阻尼性、弹性、减振性好,安全可靠,不受温度、灰尘影响,不

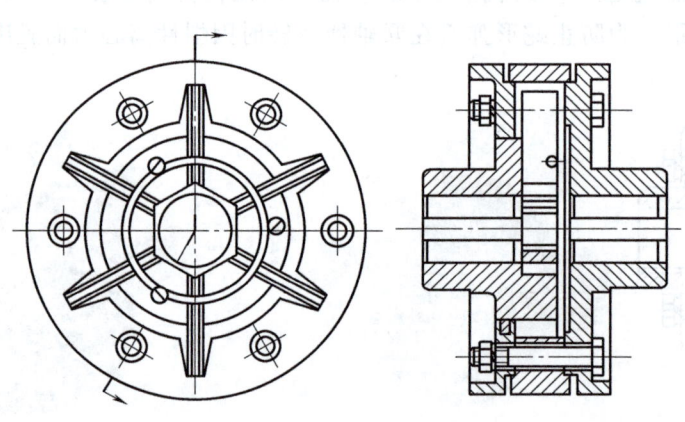

图 12.16 径向簧片联轴器

需经常维修。其缺点是结构和制造工艺均较复杂，成本高，需充满润滑油。

12.2.3 联轴器类型的选择

选择联轴器类型时应着重考虑以下几个方面：①载荷的大小及性质；②轴转速的高低；③两轴相对位移的大小及性质；④工作环境，如温度、湿度、周围介质及允许的空间尺寸等；⑤装拆、调整、维护等要求；⑥价格。例如，对载荷平稳的低速轴，如刚度大而对中严格的轴，可选用刚性联轴器；如载荷有冲击振动及相对位移的高速轴，可采用挠性联轴器；对动载荷较大、转速很高的轴，宜选用重量轻、转动惯量小的联轴器；对有相对位移而工作环境恶劣的场合，可选用滚子链联轴器。有关各类联轴器的性能及特点详见有关设计手册。

例 12.1 选择混砂机中电动机与减速器之间的联轴器。已知电动机额定功率 $P=15\text{kW}$，满载转速 $n=1460\text{r/min}$，电动机轴直径 $D=42\text{mm}$，轴伸长 $E=110\text{mm}$；减速器输入轴的直径 $d=40\text{mm}$。

解：

（1）选择联轴器类型 考虑到轴的转速较高，转矩不太大，起动频繁，电动机与减速器两轴间一般都有一定的相对位移，故选用弹性套柱销联轴器。

（2）确定计算转矩 T_c 混砂机转矩变化中等，由表 12.1 取 $K=1.7$，由式（12.1）得

$$T_c = KT = 1.7 \times 9.55 \times 10^6 \frac{P}{n} = 1.7 \times 9.55 \times 10^6 \times \frac{15}{1460} \text{N} \cdot \text{m} = 166.8 \text{N} \cdot \text{m}$$

（3）选择型号 按 GB/T 4323—2017，选弹性套柱销联轴器型号为 LT6，该联轴器公称转矩 $T_n=355\text{N} \cdot \text{m} > T_c = 166.8\text{N} \cdot \text{m}$；许用转速 $[n]=3800\text{r/min} > n=1460\text{r/min}$，故选择的联轴器合适。

电动机轴端半联轴器用 J 型轴孔，轴孔直径 $d_1=42\text{mm}$，轴孔长 $L_1=112\text{mm}$；减速器轴端半联轴器用 Y 型轴孔，轴孔直径 $d_2=40\text{mm}$，轴孔长 $L_2=84\text{mm}$。联轴器标记为：

$$\text{LT6 联轴器} \frac{\text{J}42\times112}{\text{Y}40\times84} \text{GB/T 4323—2017}$$

12.3 离合器

离合器按离合方式分类大致如下：

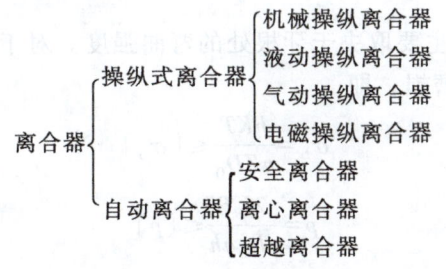

离合器的种类很多，部分已经标准化，可以从有关样本或《机械设计手册》中选取。

12.3.1 操纵式离合器

离合器的接合与分离由外界操纵的称为操纵式离合器。

1. 牙嵌离合器

牙嵌离合器的结构如图 12.17 所示，它是由两个端面带牙的半离合器所组成。半离合器 1 固定在主动轴上，半离合器 2 可以沿导向平键 3 在从动轴上移动。利用操纵杆（图中未画出）移动滑环 4，可使两半离合器的牙相互接合或分离。为了便于两轴对中，在半离合器 1 中装有对中环 5，从动轴可在对中环中滑动。

牙嵌离合器的牙型有三角形、矩形、梯形、锯齿形（图 12.18）。三角形牙传递中、小转矩，牙数为 15~60。梯形、锯齿形牙可传递较大的转矩，牙数为 3~15。梯形牙可以补偿磨损后的牙侧间隙。锯齿牙只能单向工作，反转时由于有较大的轴向分力，会迫使离合器自行分离。各牙应精确等分，以使载荷均布。

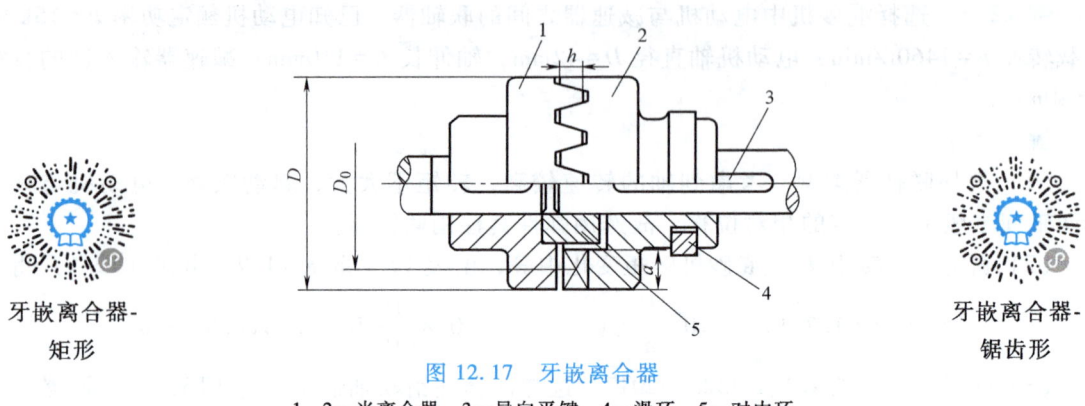

图 12.17 牙嵌离合器

1、2—半离合器　3—导向平键　4—滑环　5—对中环

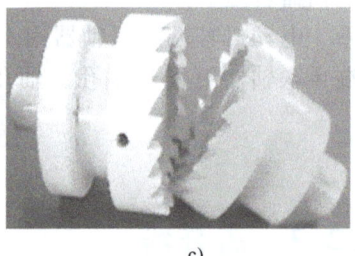

图 12.18 牙嵌离合器的牙形

牙嵌离合器的承载能力主要取决于牙根处的弯曲强度。对于操作频繁的离合器，尚需验算牙面的压强 p，由此控制磨损，即

$$\sigma_b = \frac{hKT}{nZD_0} \leq [\sigma_b] \tag{12.2}$$

$$p = \frac{2KT}{nD_0 ah} \leq [p] \tag{12.3}$$

式中，σ_b 为弯曲应力；h 为牙的高度；n 为牙的数目；Z 为牙根的弯曲截面系数；D_0 为牙的平均直径；a 为牙的宽度；$[\sigma_b]$ 为许用弯曲应力；$[p]$ 为许用压强。对于表面淬硬的钢制牙嵌离合器，在停车时接合，$[\sigma_b] = \dfrac{\sigma_s}{1.5}$，$[p] = 90 \sim 120\text{MPa}$；在低速运转时接合，$[\sigma_b] = \dfrac{\sigma_s}{3}$，

$[p] = 50\sim70\text{MPa}$,σ_S 为牙嵌离合器材料的屈服强度。

牙嵌离合器结构简单，外廓尺寸小，能传递较大的转矩，故应用较多。但牙嵌离合器只宜在两轴不回转或转速差很小时进行接合，否则牙齿可能会因此受到撞击而折断。

牙嵌离合器的常用材料为低碳合金钢（如 20Cr、20MnB），经渗碳淬火等处理后使牙面硬度达到 56~62HRC；有时也采用中碳合金钢（如 40Cr、45MnB），经表面淬火等处理后硬度达到 48~58HRC。

牙嵌离合器可以借助电磁线圈的吸力来操纵，称为电磁牙嵌离合器。电磁牙嵌离合器通常采用嵌入方便的三角形细牙。它依据电信号而动作，所以便于遥控和程序控制。

2. 摩擦离合器

摩擦离合器是靠两半离合器接合面间的摩擦力传递转矩的。常用的有圆盘式摩擦离合器，按摩擦盘数多少可分为单圆盘式和多圆盘式。

图 12.19 所示为单圆盘式摩擦离合器，它由两个摩擦盘组成，摩擦盘 1 固装在主动轴上，摩擦盘 2 用导向平键与从动轴连接。工作时利用操纵杆使滑环 3 左移，则两摩擦盘压紧，实现接合；若使滑环右移，则两摩擦盘松开，离合器分离。

单圆盘式摩擦离合器当传递转矩很大时，需要很大的轴向力，或很大的摩擦盘直径，所以多用于传递转矩不大（<2000N·m）的轻型机械，如包装机械、纺织机械等。

当传递转矩较大时，可采用多圆盘式摩擦离合器，如图 12.20 所示。它有两组摩擦片，一组为外摩擦片 3，以其外缘齿插入主动轴上鼓轮 2 内缘的纵向槽内，随鼓轮 2 一起转动，并可在轴向力 Q 作用下沿轴向移动。另一组为内摩擦片 4，用花键与从动轴上的另一半离合器 1 相连并与从动轴一起转动，也可在轴向力 Q 作用下沿轴向移动。移动滑环 6 使压块 5 压紧或松开摩擦片，实现接合或分离。

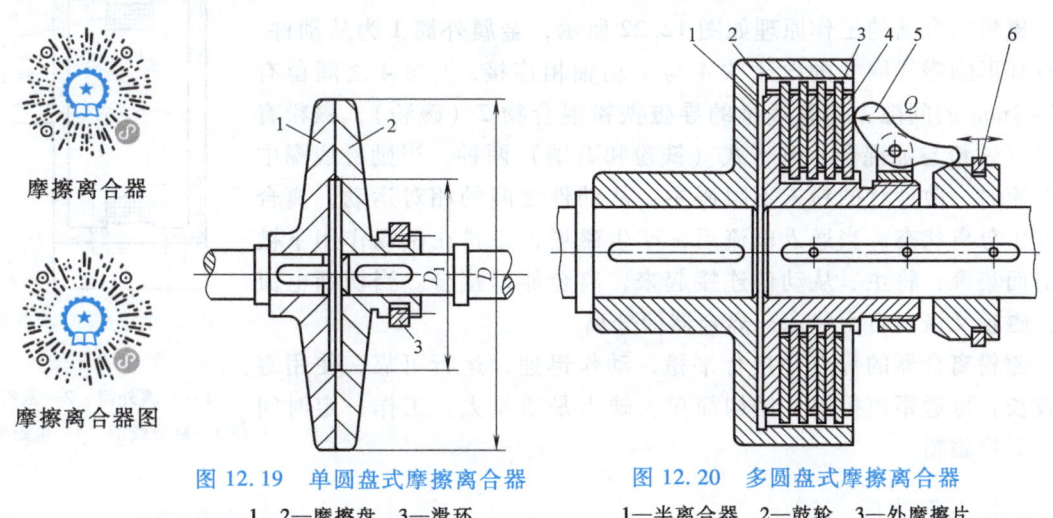

摩擦离合器

摩擦离合器图

图 12.19 单圆盘式摩擦离合器
1、2—摩擦盘 3—滑环

图 12.20 多圆盘式摩擦离合器
1—半离合器 2—鼓轮 3—外摩擦片
4—内摩擦片 5—压块 6—滑环

外摩擦片结构如图 12.21a 所示。内摩擦片结构有平板形和碟形两种，如图 12.21b 所示。后者接合时被压平，分离时借其弹力作用可以更快加速。尽管摩擦片的数目越多，传递的转矩越大，但片数过多会降低分离动作的灵活性，所以一般限制内、外摩擦片总数不超过 30。

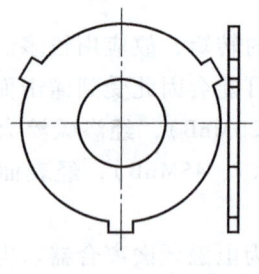 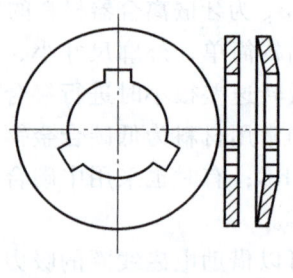

图 12.21 摩擦片的结构

根据内、外摩擦片是否浸油工作，离合器又有干式离合器和湿式离合器两种。前者反应灵敏，后者磨损小，散热快。

摩擦片材料应满足如下要求：有大而稳定的摩擦系数；耐磨性与抗胶合性良好；耐高温、高压且价格低廉等。其常用材料为淬火钢、铸铁、粉末冶金及压制石棉等。

多圆盘式摩擦离合器常用于传递转矩较大、经常在运转中离合或频繁起动、重载的场合，广泛应用于汽车、拖拉机和各种机床中。

摩擦离合器与牙嵌离合器相比，主要具有如下特点：①对任何不同转速的两轴都可以在运转时接合或分离；②接合时冲击和振动较小；③过载时摩擦面间自动打滑，可防止其他零件损坏；④调节摩擦面间压力，可改变从动轴加速时间和传递的转矩；⑤接合与分离时，摩擦面间产生相对滑动，消耗一定能量，造成磨损和发热；⑥结构较复杂，体积较大。

3. 磁粉离合器

磁粉离合器的工作原理如图 12.22 所示，金属外筒 1 为从动件，嵌有环形励磁线圈 3 的电磁铁 4 与主动轴相连接，1 与 4 之间留有 1.5~2mm 的间隙，内装适量的导磁铁粉混合物 2（磁粉），磁粉有湿式（铁粉与油混合）和干式（铁粉和石墨）两种。当励磁线圈中无电流时，散沙状的粉末不阻碍主、从动件之间的相对运动，离合器处于分离状态；当通入电流后，产生磁场，磁粉在磁场作用下被吸引而集聚，将主、从动件连接起来，离合器即接合。当切断电流后，磁粉又恢复自由状态，离合器即分离。

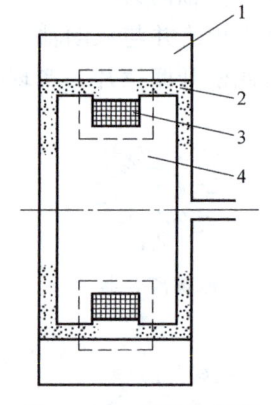

图 12.22 磁粉离合器工作原理图

1—金属外筒 2—磁粉
3—励磁线圈 4—电磁铁

磁粉离合器的优点是接合平稳，动作迅速，运行可靠，使用寿命较长，可远距离操纵，结构简单；缺点是质量大，工作一定时间后需更换磁粉。

12.3.2 自动离合器

在工作时能自动完成接合和分离的离合器称为自动离合器。当传递的转矩达到某一限定值能自动分离的离合器，由于有防止系统过载的安全作用，称为安全离合器；当轴的转速达到某一转速时靠离心力能自动接合或超过某一转速时靠离心力能自动分离的离合器，称为离心离合器；根据主、从动轴间的相对速度差的不同以实现接合或分离的离合器，称为超越离合器。

图 12.23 所示为弹簧-滚珠安全离合器。内套筒 1 与主动轴相连，外套筒 3 通过键 2 与从动轴（或从动件）相连。弹簧 5 和滚珠 4 装在弹簧套筒 6 内，而弹簧套筒 6 是用导向键与内套筒 1 相连的，用螺母 7 来调节弹簧的压力，即调节滚珠 4 与外套筒 3 之间的摩擦力。当传递的转矩超过滚珠 4 与外套筒 3 之间形成的摩擦力矩时，离合器即分离。由于分离后滚珠 4 与外套筒 3 均会磨损，故这种离合器只用于传递转矩较小的场合。

离合器的型式还有很多种，可查阅有关《机械设计手册》。

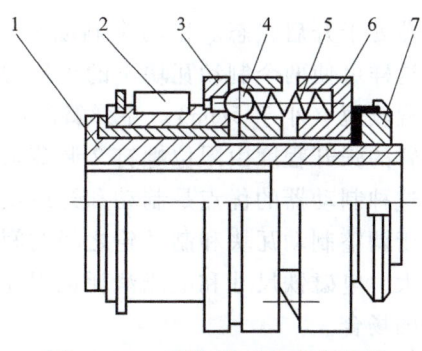

图 12.23 弹簧-滚珠安全离合器
1—内套筒 2—键 3—外套筒 4—滚珠
5—弹簧 6—弹簧套筒 7—螺母

12.4 制动器

制动器的作用是使运转中的机器迅速停止，并闸住不动；或者使重物以恒定速度下降。制动器的工作原理是利用摩擦副中产生的摩擦力矩来实现制动作用，或者利用制动力与重力的平衡，使机器运转速度保持恒定。为了减小制动力矩和制动器的尺寸，通常将制动器配置在机器的高速轴上。

制动器的种类很多，按用途可分为停止式和调速式两种。前者只有停止和支持运动物体的作用；后者除具有前者的功能外，还具有调节物体运动速度的作用。

按结构特征，制动器可分为块式制动器、带式制动器和盘式制动器三种。

按操纵方式，制动器可分为手动制动器、自动制动器和混合制动器三种。

按工作状态，制动器可分为常开式制动器和常闭式制动器两种。前者经常处于松闸状态，必须施加外力才能实现制动；后者的工作状态正好与前者相反，即经常处于合闸即制动状态（通常为机器停机时），只有施加外力才能解除制动状态（如机器起动和运转时）。起重机械中的提升机构常采用常闭式制动器，而各种车辆的主制动器则采用常开式制动器。

部分制动器已标准化，其选择计算方法可查阅《机械设计手册》，下面介绍几种常见的通用制动器。

12.4.1 短行程电磁铁双瓦块式制动器

短行程电磁铁双瓦块式制动器的工作原理如图 12.24 所示，在图示状态中，电磁铁线圈断电，主弹簧 8 将左、右两制动臂 4（4′）收拢，两个制动瓦块 3（3′）同时闸紧制动轮 10，此时为制动状态。当电磁铁线圈 5 通电时，电磁铁 6 绕 O 点逆时针转动，迫使推杆 7 向右移动，于是主弹簧 8 被压缩，左、右两制动臂 4、4′的上端距离增大，两个制动瓦块 3（3′）离开制动轮，

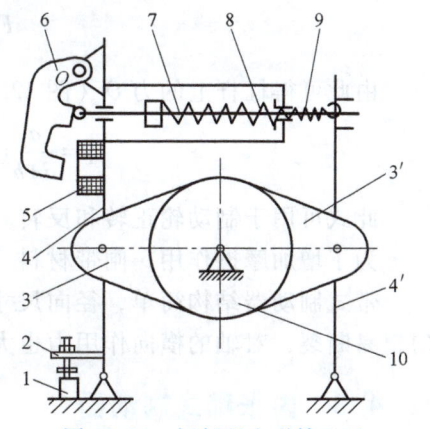

图 12.24 短行程电磁铁双瓦块式制动器的工作原理
1—固定件 2—限位螺钉 3、3′—制动瓦块
4、4′—制动臂 5—电磁铁线圈
6—电磁铁 7—推杆 8—主弹簧
9—副弹簧 10—制动轮

制动器处于开启状态。将两个制动臂对称布置在制动轮两侧，并将两个制动瓦块铰接在其上，这样可使两个制动瓦块下的正压力相等及两个制动臂上的合闸力相等，从而使制动轮上的行程较短（小于 5mm）。主弹簧的压力可由位于其端部装在推杆 7 上的螺母来调节。两个制动臂的张开程度由限位螺钉 2 调节限定。

这种制动器的优点是制动和开启迅速，尺寸小、重量轻，更换制动瓦块、电磁铁方便，并易于调整制动瓦块和制动轮之间的间隙；缺点是制动时冲击力较大，开启时所需电磁铁吸力较大，电磁铁尺寸和电能消耗也因此较大。这种制动器不宜用于需要很大制动力矩和频繁制动的场合。

12.4.2 带式制动器

图 12.25 所示为简单的带式制动器。当杠杆上作用外力 Q 后，收紧闸带而抱住制动轮，靠带与制动轮间的摩擦力达到制动目的。

计算时，设制动力矩为 T，圆周力为 F，制动轮直径为 D，则

$$F = \frac{2T}{D}$$

制动力矩作用在带上时，将使带的两端产生拉力 F_1 和 F_2，则

$$F = F_1 - F_2$$

由欧拉公式知

$$F_1 = F_2 e^{f\alpha}$$

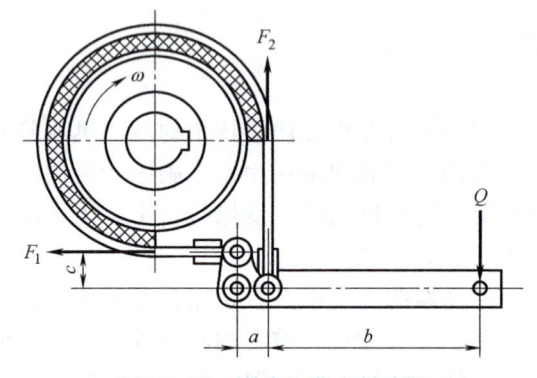

图 12.25 简单的带式制动器

式中，e 为自然对数的底（$e \approx 2.718$）；f 为摩擦系数；α 为带绕在制动轮上的包角，一般为 $\pi \sim 3\pi/2$。所以

$$F_2 = \frac{F}{e^{f\alpha}-1} = \frac{2T}{D}\frac{1}{(e^{f\alpha}-1)}$$

由此可得杠杆上的力 Q（图 12.25 中取 $a=c$）为

$$Q = \frac{a}{a+b}(F_1 + F_2) = \frac{2T}{D}\frac{a}{(a+b)}\frac{(e^{f\alpha}+1)}{(e^{f\alpha}-1)}$$

此式可用于制动轮正转和反转。

为了增加摩擦作用，闸带材料一般为钢带上覆以石棉或夹铁纱帆布。

带式制动器结构简单，径向尺寸紧凑，包角较大，制动力矩也大；但因制动带磨损不均匀，易断裂，对轴的横向作用力也大，所以带式制动器多用于集中驱动的设备及绞车上。

12.4.3 内张蹄式制动器

图 12.26 所示为内张蹄式制动器的工作原理。两个制动蹄 1（1'）分别与机架的制动底板铰接，制动轮 3 与被制动轴连接。制动轮内圆柱表面装有耐磨材料制的摩擦瓦 6。当压力油进入液压缸 4 后，推动左、右两活塞，两制动蹄在液压缸的推动力 F 作用下，压紧制动轮内圆柱表面，从而实现制动。松闸时，将液压缸卸压，弹簧 5 收缩，使制动器离开制动轮，实现松闸。

这种制动器结构紧凑，尺寸小，而且具有自动增力的效果，因而广泛用于结构尺寸受限制的机械设备和各种运输车辆上。

某些应用广泛的制动器，如各种双瓦块式制动器已标准化，有系列产品可供选择。额定制动力矩是表征制动器工作能力的主要参数，制动力矩是选择制动器型号的主要依据，所需制动力矩应根据不同的机械设备的具体情况而定。例如，起重机的起升机构制动力需平衡的是载重力矩；而其他的运行机构（以及各种车辆）制动力矩需平衡的是运动质量的惯性力矩。选择制动器时，为了安全可靠，一般将所需制动力矩适当增大，即按计算制动力矩 T_{ZC} 来选择制动器型号，其计算公式为

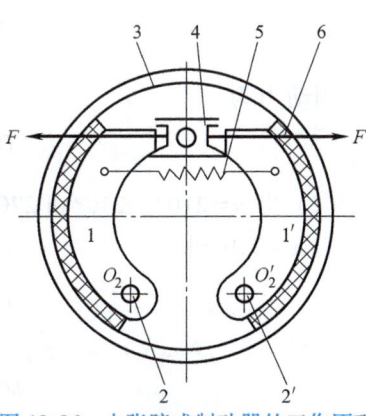

图 12.26 内张蹄式制动器的工作原理

1、1'—制动蹄　2、2'—销轴
3—制动轮　4—液压缸
5—弹簧　6—摩擦瓦

$$T_{ZC} = K_Z T_Z \quad (12.4)$$
$$T_{eZ} \geq T_{ZC} \quad (12.5)$$

式中，T_Z 为制动轮所在轴的力矩（N·m）；K_Z 为制动安全系数，见表 12.2；T_{eZ} 为制动器额定制动力矩，见制动器产品样本或查《机械设计手册》。

表 12.2　制动安全系数

工作级别 JC	15%	25%	40%	60%
K_Z	1.5	1.75	2.0	2.5

例 12.2 图 12.27 所示为一带式制动器，已知制动轮直径 $D=100$mm，制动轮转矩 $T=60$N·m，制动杠杆长 $l=250$mm，制动带与制动轮之间的摩擦系数 $f=0.4$。试：

1）求制动力 Q。

2）分别计算当包角为 $\alpha=210°$、$240°$、$270°$ 时所要求的制动力 Q。

3）当制动轮的转矩 T 方向改变时，制动力 Q 又应为多少（取 $\alpha=180°$）?

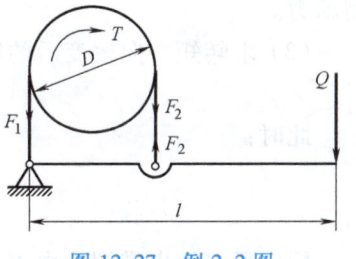

图 12.27　例 2.2 图

解： 带式制动器和带传动工作原理相同，但工作方式不同，前者用于制动，后者用于传动。

（1）求制动力 Q　制动轮的圆周力为

$$F_t = \frac{T}{D/2} = \frac{2000 \times 60}{100} \text{N} = 1200\text{N}$$

由力的平衡可知

$$F_t = F_1 - F_2$$

又由欧拉公式知

$$\frac{F_1}{F_2} = e^{f\alpha}$$

以上两式联立可求出带松边拉力 F_2

$$F_2 = \frac{F_t}{e^{f\alpha}-1} = \frac{1200\text{N}}{e^{0.4\pi}-1} = 477.4\text{N}$$

制动力为

$$Q = F_2 \frac{D}{l} = 477.4 \times \frac{100}{250}\text{N} = 191\text{N}$$

（2）当 $\alpha = 210°$、$240°$ 和 $270°$ 时的制动力 Q

当 $\alpha = 210°$ 时：

$$F_2 = \frac{F_t}{e^{f\alpha}-1} = \frac{1200\text{N}}{e^{0.4 \times 1.17\pi}-1} = 360\text{N}$$

$$Q = F_2 \frac{D}{l} = 360\text{N} \times \frac{100\text{mm}}{250\text{mm}} = 144\text{N}$$

当 $\alpha = 240°$ 时：

$$F_2 = \frac{F_t}{e^{f\alpha}-1} = \frac{1200\text{N}}{e^{0.4 \times 1.35\pi}-1} = 276\text{N}$$

$$Q = F_2 \frac{D}{l} = 276 \times \frac{100}{250}\text{N} = 110\text{N}$$

当 $\alpha = 270°$ 时：

$$F_2 = \frac{F_t}{e^{f\alpha}-1} = \frac{1200\text{N}}{e^{0.4 \times 1.5\pi}-1} = 215\text{N}$$

$$Q = F_2 \frac{D}{l} = 215 \times \frac{100}{250}\text{N} = 86\text{N}$$

从上述公式的计算结果看：增大包角可增大带和带轮之间的摩擦力，因而可有效地减小制动力。

（3）求转矩方向改变后的制动力 若制动轮的转矩 T 改变方向，由力的平衡关系可得

$$F_t = F_2 - F_1$$

此时：

$$\frac{F_2}{F_1} = e^{f\alpha}$$

同样可以解出带端拉力 F_2（紧边）为

$$F_2 = \frac{F_t e^{f\alpha}}{e^{f\alpha}-1} = \frac{1200\text{N} \times e^{0.4\pi}}{e^{0.4\pi}-1} = 1677\text{N}$$

$$Q = F_2 \frac{D}{l} = 1677 \times \frac{100}{25}\text{N} = 671\text{N}$$

转矩 T 方向改变之后，制动力要增大为原有制动力的 $e^{f\alpha}$ 倍，所以原设计不宜用于双向制动。

习 题

12.1 联轴器和离合器的作用是什么？二者在功用和使用中有哪些相同和不同之处？

12.2 在选择联轴器时，应考虑哪些因素？

12.3 刚性凸缘联轴器有哪几种对中方法？各对中方法的特点是什么？常用凸缘联轴器的适用场合是什么？

12.4 对载荷与速度变化都比较大的机器，选用哪种类型的联轴器比较合适？

12.5 什么是万向联轴器？单万向联轴器与双万向联轴器有何不同？

12.6 齿式联轴器的优缺点有哪些？使用场合是什么？

12.7 刚性可移式联轴器和弹性联轴器补偿位移的方式有何不同？

12.8 已知某增压液压泵与电动机之间用弹性套柱销联轴器连接，电动机功率 $P=4\text{kW}$，转速 $n=1440\text{r/min}$，轴端直径 $d_1=28\text{mm}$，液压泵轴端直径 $d_2=28\text{mm}$。试确定联轴器的型号。

12.9 摩擦式离合器与牙嵌离合器相比较有哪些优缺点？

12.10 简述制动器的作用和种类。

12.11 如图 12.28 所示的传动装置中，1 为十字滑块联轴器，2 为弹性套柱销联轴器，a 图与 b 图所示两种方案哪种合理？为什么？

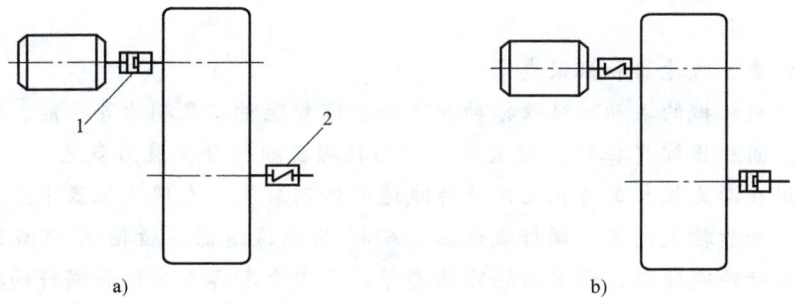

图 12.28 习题 12.11 图

1—十字滑块联轴器 2—弹性套柱销联轴器

第5篇　其他零、部件

本篇包括弹簧、减速器和机架类零件。

弹簧具有控制机械的运动、吸收振动和冲击、储蓄能量以及测力等功能。弹簧的种类很多，结构各异。圆柱压缩（拉伸）螺旋弹簧和圆柱螺旋扭转弹簧最为多见。

减速器常用在动力机与工作机之间作为减速的传动装置，在现代机器中应用很广。减速器的种类很多，如齿轮减速器、蜗杆减速器、蜗杆-齿轮减速器、齿轮-蜗杆减速器、行星齿轮减速器、摆线针轮减速器、谐波齿轮减速器等。其中含有各类齿轮和蜗杆的减速器，因其传递功率、尺寸和速度等的范围较大，在生产实际中应用最为广泛。

机架类零件包括机器的底座、机架、箱体和基础板等，主要用于容纳、约束和支承机器的其他零部件。机架经常占机器总重量的大部分，并且对机器的工作精度、抗振性能和稳定性等影响很大。任何机器的设计都离不开对机架的设计。因此，了解机架类零件的结构和性能特点以及基本设计准则非常重要。

第13章 弹簧

13.1 概述

1. 弹簧的功能

弹簧是一种弹性元件,多数机械设备均离不开弹簧。弹簧利用本身的弹性,在受载后产生较大变形,当外载卸除后,变形消失而弹簧将恢复原状。弹簧在产生变形后恢复原状时,能够把机械功或动能转变为变形能,或把变形能转变为机械功或动能。利用弹簧这种特性可以满足一些特殊机械的要求。

弹簧有以下四种功能:①控制机械的运动,例如内燃机中的阀门弹簧、制动器、离合器上的弹簧;②吸收振动及冲击能量,例如车辆的缓冲弹簧、联轴器中的弹簧;③储蓄能量,例如钟表中的弹簧;④测力,如弹簧秤、测力器中的弹簧。

2. 弹簧的类型

弹簧的种类很多,有多种分类方法。按承受的载荷类型分,有拉压弹簧、扭转弹簧、弯曲弹簧等。按结构形状分,有圆柱螺旋弹簧、非圆柱螺旋弹簧、板簧、碟形弹簧、环形弹簧、片弹簧、扭转弹簧,平面涡卷弹簧,恒力弹簧等。按材料分,有金属弹簧、非金属的空气弹簧、橡胶弹簧等。按弹簧所受的应力类型分,有产生弯曲应力的螺旋扭转弹簧、平面涡卷弹簧、碟形弹簧、板弹簧;产生扭应力的螺旋拉压弹簧、扭杆弹簧;产生拉压应力的环形弹簧等。几种常用弹簧如图13.1所示,其类型和特性见表13.1。

弹簧的类型

a) 圆形截面圆柱螺旋压缩弹簧

b) 矩形截面圆柱螺旋压缩弹簧

c) 圆形截面圆柱螺旋拉伸弹簧

图 13.1 几种常用弹簧

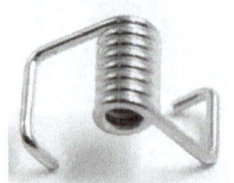  

d) 圆形截面圆柱螺旋扭转弹簧　　e) 碟形弹簧　　f) 环形弹簧

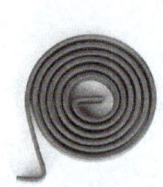    

g) 平面涡卷弹簧　　h) 截锥涡卷弹簧　　i) 空气弹簧　　j) 橡胶弹簧　　汽车板簧多层

k) 单板弹簧　　l) 多板弹簧

图 13.1　几种常用弹簧（续）

表 13.1　弹簧的类型和特性

名称	简图	特性线	特点和应用
圆柱螺旋弹簧	圆形截面圆柱螺旋压缩弹簧	F-f 线性关系图	特性线成线性，结构简单，制造方便，应用广泛
	矩形截面圆柱螺旋压缩弹簧		在所占空间相同时，矩形截面的弹簧比圆形截面的弹簧吸收的能量多，刚度更接近常量

（续）

名称	简图	特性线	特点和应用
圆柱螺旋弹簧	圆柱螺旋拉伸弹簧	F-f 线性	结构简单，制造方便，应用广泛
	圆柱螺旋扭转弹簧	T-ϕ 线性	主要用于各种机构的压紧和储能
板弹簧	单板弹簧	F-f 线性	具有良好的缓冲和减振性能，多用于汽车、拖拉机和铁路车辆的悬架装置
	多板弹簧	F-f 迟滞曲线	
碟形弹簧		F-f 非线性迟滞曲线	结构简单，减振和缓冲能力强，采用不同的组合可以得到不同的特性线，多用于中型车辆的缓冲和减振装置
环形弹簧		F-f 非线性	阻尼作用大，有很高的减振能力，用于空间受限制的重型机械的缓冲和减振，如锻锤、机车牵引装置

（续）

名称	简图	特性线	特点和应用
涡卷弹簧	截锥涡卷弹簧 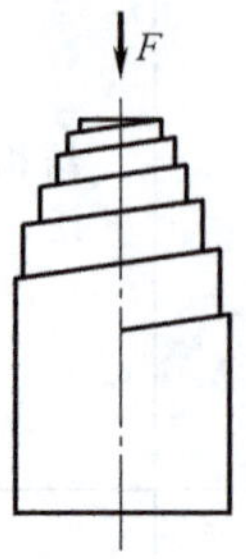	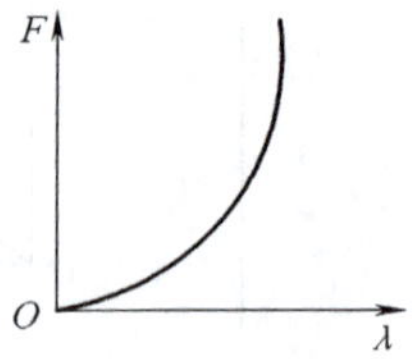	比圆锥螺旋弹簧吸收的能量大，但制造困难。只在空间受限制时，用以代替圆锥螺旋弹簧
	平面涡卷弹簧 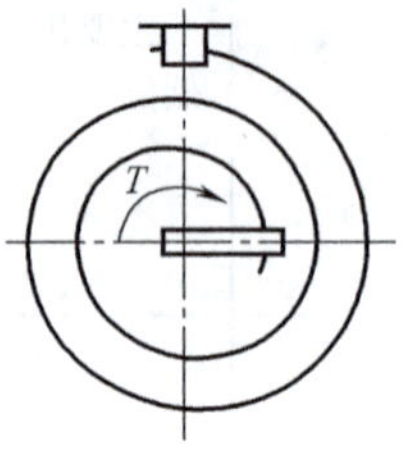	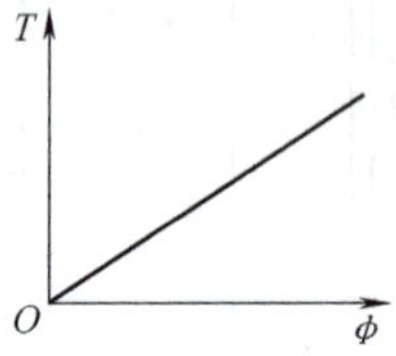	圈数多，变形角大，储存的变形能量大，多用作压紧弹簧和仪器、钟表中的储能弹簧
空气弹簧	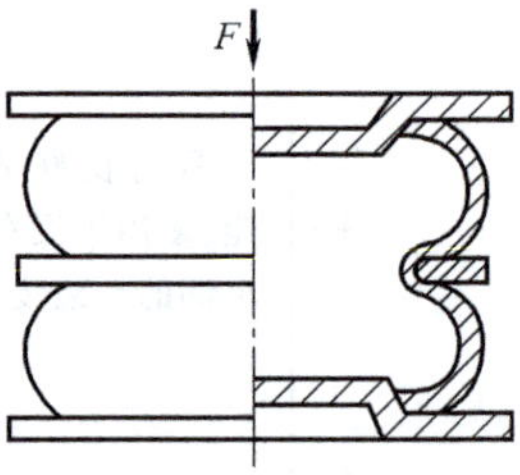	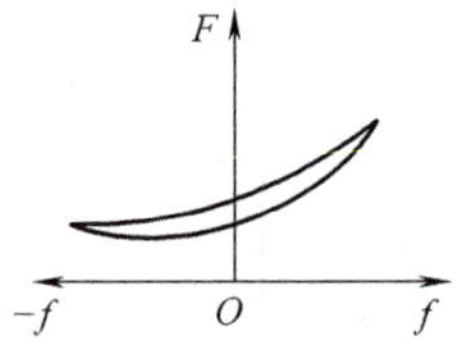	可按需要设计特性线和高度，多用于车辆悬架装置
橡胶弹簧	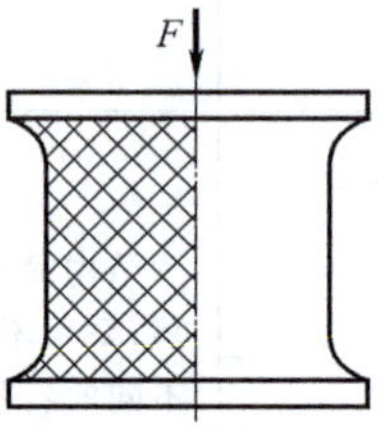	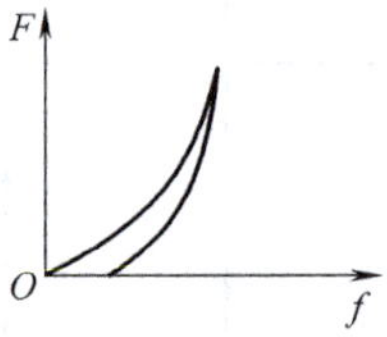	弹性模量小，容易得到需要的非线性特性线。形状不受限制，各方向刚度可自由选择，可承受来自多方面的载荷

注：F—载荷，T—转矩，f—变形量，ϕ—扭转角，λ—变形角。

13.2 弹簧的材料、许用应力及制造

13.2.1 弹簧的材料

弹簧多数在变应力下工作，其性能和使用寿命很大程度上取决于材料，弹簧要求材料具有较高的弹性极限、强度极限、疲劳极限和足够的冲击韧性。对热成形的弹簧还要求材料有良好的淬透性、低的过热敏感性和不易脱碳等性能。

弹簧的常用材料有碳素钢、合金钢、铜合金、非金属等。在国家标准 GB/T 1222—2016《弹簧钢》中共有 26 个牌号。常用弹簧材料的使用性能见表 13.2。

表 13.2 常用弹簧材料的使用性能（GB/T 23935—2009）

材料		许用切应力/MPa			推荐使用温度/℃	推荐硬度范围（HRC）	特性及用途
名称	牌号	Ⅰ类弹簧 $[\tau_Ⅰ]$	Ⅱ类弹簧 $[\tau_Ⅱ]$	Ⅲ类弹簧 $[\tau_Ⅲ]$			
碳素弹簧钢丝（可分为 B、C、D 三级）	65、70	$(0.3\sim0.38)R_m$	$(0.38\sim0.45)R_m$	$0.5R_m$	-40~130		强度高，但尺寸大，不易淬透。B、C、D 级分别适用于低、中、高应力弹簧
	65Mn	340	455	570	-40~130		
合金弹簧钢丝	60Si2Mn	445	590	740	-40~200	45~50	弹性好，回火稳定性好，易脱碳，用于重载弹簧
	50CrVA	445	590	740	-40~210	45~50	疲劳强度高，淬透性和回火稳定性好，常用于受变载荷的弹簧
	60CrMnA	430	570	710	-40~250	47~52	抗高温，用于重载、大尺寸弹簧
青铜丝	QSi3-1	196	250	333	-40~120		耐腐蚀，防磁
	QSn4-3	196	250	333	-250~120		

注：1. 钩环式拉伸弹簧因钩环过渡部分存在附加应力，其许用切应力取表中数值的 80%。
　　2. 对重要的、其损坏会引起整个机械损坏的弹簧，许用切应力 $[\tau]$ 应适当降低。例如受静载荷的重要弹簧，可按Ⅱ类选用许用应力。
　　3. 经强压、喷丸处理的弹簧，许用切应力可提高约 20%。
　　4. 极限切应力可取为：Ⅰ类，$\tau_S = 1.67[\tau_Ⅰ]$；Ⅱ类，$\tau_S = 1.25[\tau_Ⅱ]$；Ⅲ类，$\tau_S = 1.12[\tau_Ⅲ]$。

根据弹簧生产的特点，弹簧钢材通常可分为热成形和冷成形两大类。

热成形弹簧钢材的直径或高度一般为 8~12mm，主要有热轧弹簧圆钢、方钢及扁钢，梯形弹簧钢，冷拉合金弹簧圆钢等，用作较大型的弹簧。冷成形弹簧钢材有弹簧钢丝、弹簧钢带和弹簧钢板，这类弹簧均应进行热处理。

弹簧用铜合金有优良的导电性、非磁性、导热性以及良好的耐蚀性和耐磨性，冷拔（轧）强化后有较高的强度，冲击时不产生火花等特点。用作弹簧的铜合金主要有硅青铜、铝青铜、锡青铜、铍青铜和黄铜等。

弹簧材料的选取要根据弹簧的功能、载荷大小、载荷性质、载荷循环特性、工作强度、周围介质及重要程度来选择。若无导电要求，最好不选铜合金。在酸、碱类腐蚀性介质下工作的弹簧一般选用不锈耐酸钢或镍合金等耐蚀材料。在一般工况下使用的弹簧选用普通弹簧钢，成形后以镀锌、镀镉或镀铜等方法防蚀。弹簧合金价格昂贵，若非特殊耐蚀环境应尽量避免选用。

13.2.2 弹簧材料的许用应力

碳素弹簧钢丝的许用应力取决于弹簧钢丝的抗拉强度极限。表 13.3 给出了弹簧钢丝的抗拉强度 R_m。

表13.3 弹簧钢丝的抗拉强度 R_m（GB/T 23935—2009） （单位：MPa）

级别	钢丝直径 d/mm												
	0.5	0.8	1.0	1.2	1.6	2.0	2.5	3.0	3.5	4.0	4.5	5.0	6.0	8.0
B级	1860	1710	1660	1620	1570	1470	1420	1370	1320	1320	1320	1320	1220	1170
C级	2200	2010	1960	1910	1810	1710	1660	1570	1570	1520	1520	1470	1420	1370
D级	2550	2400	2300	2250	2110	1910	1760	1710	1660	1620	1620	1570	1520	—

冷卷压缩弹簧的试验切应力及许用切应力见表13.4，拉伸弹簧的许用应力取表13.4中的80%，扭转弹簧的许用弯曲应力见表13.5，热卷弹簧的试验应力及许用应力见表13.6。

表13.4 冷卷压缩弹簧的试验切应力及许用切应力（GB/T 23935—2009）

（单位：MPa）

应力类型		材料			
		油淬火-退火弹簧钢丝	碳素弹簧钢丝、重要用途碳素弹簧钢丝	弹簧用不锈钢丝	铜及铜合金线材、铍青铜线
试验切应力		$0.55R_m$	$0.50R_m$	$0.45R_m$	$0.40R_m$
静负荷许用切应力		$0.50R_m$	$0.45R_m$	$0.38R_m$	$0.36R_m$
动负荷许用切应力	有限疲劳寿命	$(0.40\sim0.50)R_m$	$(0.38\sim0.45)R_m$	$(0.34\sim0.38)R_m$	$(0.33\sim0.36)R_m$
	无限疲劳寿命	$(0.35\sim0.40)R_m$	$(0.33\sim0.38)R_m$	$(0.30\sim0.34)R_m$	$(0.30\sim0.33)R_m$

注：1. 抗拉强度 R_m 取材料标准的下限值。
2. 材料直径 d 小于1mm的弹簧，试验切应力为表列值的90%。
3. 当试验切应力大于压并切应力时，取压并切应力为试验切应力。

表13.5 扭转弹簧的许用弯曲应力（GB/T 23935—2009） （单位：MPa）

应力类型		材料			
		油淬火-退火弹簧钢丝	碳素弹簧钢丝、重要用途碳素弹簧钢丝	弹簧用不锈钢丝	铜及铜合金线材、铍青铜线
试验弯曲应力		$0.80R_m$	$0.78R_m$	$0.75R_m$	$0.75R_m$
静负荷许用弯曲应力		$0.72R_m$	$0.70R_m$	$0.68R_m$	$0.68R_m$
动负荷许用弯曲应力	有限疲劳寿命	$(0.60\sim0.68)R_m$	$(0.58\sim0.66)R_m$	$(0.55\sim0.65)R_m$	$(0.55\sim0.65)R_m$
	无限疲劳寿命	$(0.50\sim0.60)R_m$	$(0.49\sim0.58)R_m$	$(0.45\sim0.55)R_m$	$(0.45\sim0.55)R_m$

注：抗拉强度 R_m 取材料标准的下限值。

表13.6 热卷弹簧的试验应力及许用应力（GB/T 23935—2009） （单位：MPa）

弹簧类型	应力类型		材料 60Si2Mn、60Si2MnA、50CrVA、55CrSiA、 60CrMnA、60CrMnBA、60Si2CrA、60Si2CrVA
压缩弹簧	试验切应力		710~890
	静负荷许用切应力		
	动负荷许用切应力	有限疲劳寿命	568~712
		无限疲劳寿命	426~534

(续)

弹簧类型	应力类型		材料 60Si2Mn、60Si2MnA、50CrVA、55CrSiA、60CrMnA、60CrMnBA、60Si2CrA、60Si2CrVA
拉伸弹簧	试验切应力		475~596
	静负荷许用切应力		
	动负荷许用切应力	有限疲劳寿命	405~507
		无限疲劳寿命	356~447
扭转弹簧	试验弯曲应力		994~1232
	静负荷许用弯曲应力		
	动负荷许用弯曲应力	有限疲劳寿命	795~986
		无限疲劳寿命	636~788

注：1. 弹簧硬度范围为 42~52HRC（392~535HBW）。当硬度接近下限，试验应力或许用应力则取下限值；当硬度接近上限，试验应力或许用应力则取上限值。
    2. 拉伸、扭转弹簧试验应力或许用应力一般取下限值。

13.2.3 弹簧的制造

弹簧的制造工艺包括卷制，挂钩的制作或端面圈的精加工，热处理和工艺试验及强压处理。卷制是把合乎技术条件规定的弹簧丝卷绕在芯棒上。大量生产时，是在万能自动卷簧机上卷制。单件及小批件生产时则在普通车床或手动卷绕机上卷制。卷制分冷卷及热卷两种。冷卷用于经预先热处理后拉成的直径 $d=8\sim10\text{mm}$ 的弹簧丝，成形后只进行回火处理，以消除卷制时产生的内应力；直径较大的弹簧丝制作的强力弹簧则用热卷，成形后，再经淬火、回火处理制成。热卷时的温度随弹簧丝的粗细在 800~1000℃ 的范围内选择。不论采用冷卷或热卷，卷制后均应视具体情况对弹簧的节距做必要的调整。

大型弹簧主要用热轧弹簧钢经热卷，其材料的直径一般在 5mm 以上，小型弹簧多用冷拉（轧）弹簧钢丝。

弹簧丝表面必须光洁，没有裂纹、伤痕等缺陷，弹簧制作后表面不应脱碳，因为这些都会影响材料的持久强度和抗冲击性能。脱碳层深度和其他表面缺陷应在弹簧验收技术条件中详细规定。

13.3 圆柱螺旋压缩（拉伸）弹簧的结构及设计计算

13.3.1 圆柱螺旋压缩（拉伸）弹簧结构

GB/T 23935—2009 规定的压缩弹簧端部结构见表 13.7，设计时根据需要选择。

压缩弹簧两端圈应与邻圈并紧，只起支承作用，称为死圈。热卷弹簧端圈应锻扁后并紧。重要应用的弹簧还应保证支承端面与轴线垂直。弹簧丝直径小于或等于 0.5mm 时，弹簧支承端面可以不磨平，弹簧丝直径大于 0.5mm 的弹簧，两支承端圈应磨平。

拉伸弹簧的端部制有挂钩以便于弹簧加载。其端部结构形式见表 13.8。

表 13.7 压缩弹簧的端部结构 (GB/T 23935—2009)

类型	代号	简图	端部结构型式
冷卷压缩弹簧	YⅠ		两端圈并紧磨平 $n_z \geqslant 2$
	YⅡ		两端圈并紧不磨 $n_z \geqslant 2$
	YⅢ		两端圈不并紧 $n_z < 2$
热卷压缩弹簧	RYⅠ		两端圈并紧磨平 $n_z \geqslant 1.5$
	RYⅡ		两端圈并紧不磨 $n_z \geqslant 1.5$
	RYⅢ		两端圈制扁、并紧磨平 $n_z \geqslant 1.5$
	RYⅣ		两端圈制肩、并紧不磨 $n_z \geqslant 1.5$

表 13.8 拉伸弹簧的端部结构 (GB/T 23935—2009)

代号	简图	端部结构形式
LⅠ		半圆钩环
LⅡ		长臂半圆钩环

（续）

代号	简图	端部结构形式
LⅢ		圆钩环扭中心（圆钩环）
LⅣ		长臂偏心半圆钩环
LⅤ		偏心圆钩环
LⅥ		圆钩环压中心
LⅦ		可调式拉簧
LⅧ		具有可转钩环
LⅨ		长臂小圆钩环

(续)

代号	简图	端部结构形式
LX	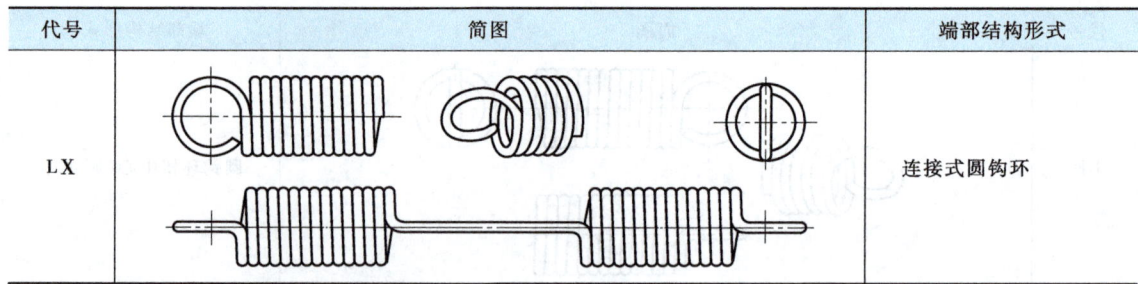	连接式圆钩环

注：1. 弹簧结构型式推荐采用圆钩环扭中心。
   2. 高强度油淬火-退火钢丝推荐采用 LⅦ、LⅧ 形式的弹簧。

13.3.2 圆柱螺旋压缩（拉伸）弹簧设计计算

1. 弹簧几何参数计算

弹簧的几何尺寸计算见表 13.9，几何尺寸之间的关系如图 13.2 所示。

表 13.9 弹簧的几何尺寸计算

几何尺寸	压缩弹簧	拉伸弹簧
弹簧的中径 D	$D=Cd$	
弹簧圈的外径 D_2	$D_2=D+d=D_1+2d$	
弹簧圈的内径 D_1	$D=D_2-d=D_1-2d$	
弹簧圈的总圈数 n_1	$n_1=n+n_z$	$n_1=n$
弹簧的节距 t	$t=d+\dfrac{f_{max}}{n}+\delta_1$ 余隙 δ_1 是在最大工作负荷 F_n 作用下，有效圈相互之间应保留的间隙。一般取 $\delta_1 \geq 0.1d$。推荐 $0.28D<t<0.5D$	$t \approx d$
弹簧的螺旋角	$\alpha=\arctan(t/\pi D)$ 推荐 $5° \leq \alpha < 9°$	—
弹簧的自由高度	$H_0=nt+(n_z-0.5)d$ （两端圈磨平） $H_0=nt+(n_z-1)d$ （两端圈不磨）	$H_0=nd+H_h$（H_h 为挂钩轴向长度）
弹簧的展开长度	$L=\pi Dn_1/\cos\alpha$	$L=\pi Dn_1/\cos\alpha+$ 钩环展开长度

注：n 为有效圈数；n_z 为支承圈数；δ_1 为压缩弹簧的余隙，一般取 $\delta_1 \geq 0.1d$；C 为旋绕比，其推荐值见表 13.10。

表 13.10 旋绕比推荐值

d/mm	0.2~0.5	>0.5~1.1	>1.1~2.5	>2.5~7.0	>7.0~16	>16
C	7~14	5~12	5~10	4~9	4~8	4~16

2. 弹簧特性线

弹簧所受载荷和变形量之间关系曲线称弹簧特性线。受压或受拉的弹簧，载荷是指压力或拉力，变形量是指弹簧压缩量或伸长量；受扭转的弹簧，载荷是指扭矩，变形量是指扭转

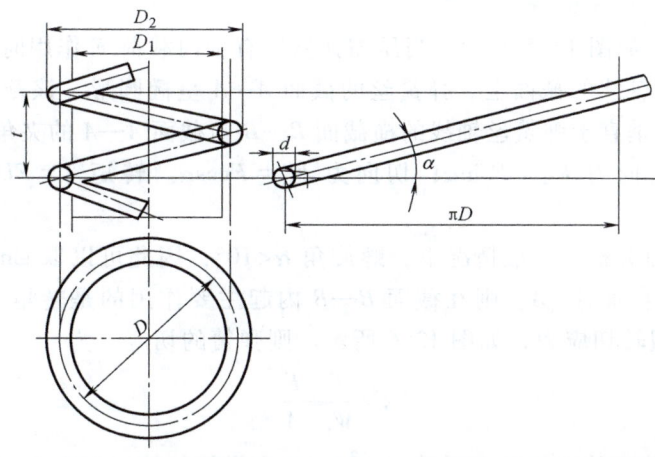

图 13.2 圆柱螺旋弹簧的几何尺寸

角。按结构形式不同,弹簧特性线可分为直线型、刚度渐增型、刚度渐减型、混合型,如图 13.3 所示。圆柱螺旋压缩和拉伸弹簧的特性线如图 13.4 所示。

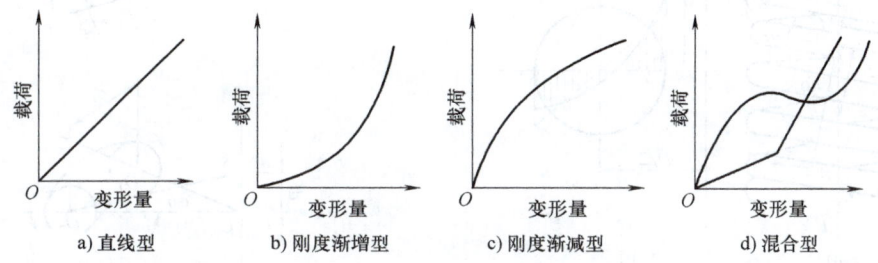

图 13.3 弹簧特性线

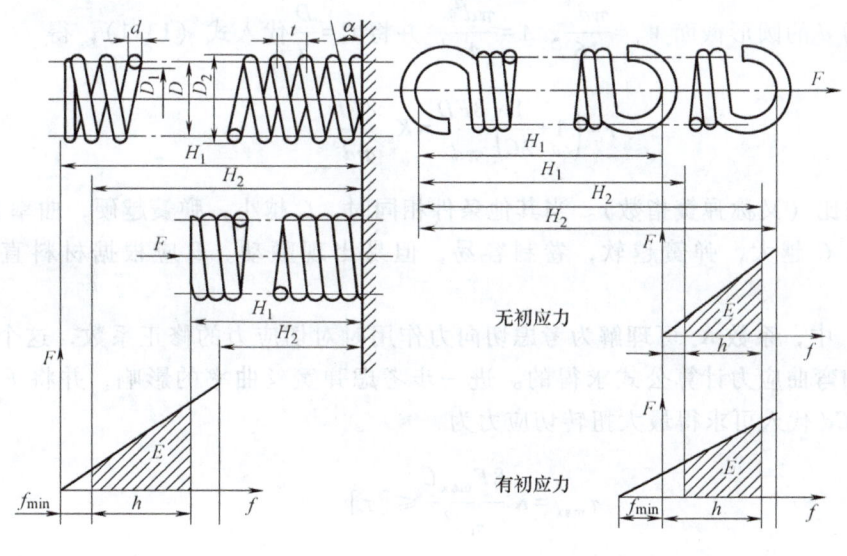

弹簧-有无初拉力

图 13.4 圆柱螺旋压缩和拉伸弹簧的特性线

3. 圆柱螺旋压缩弹簧的强度计算

（1）受力分析　如图 13.5 所示，当压缩弹簧受有轴向载荷 F 作用时，由于弹簧具有螺旋角 α，在通过弹簧轴线的截面上，弹簧丝的截面 A—A 呈椭圆形，该截面上作用着切向力 F 和转矩 $T=FD/2$。垂直于弹簧丝轴线的横截面 B—B 与截面 A—A 的夹角为螺旋角 α，故截面 B—B 上作用有法向力 $F_N=F\sin\alpha$；切向力 $F_Q=F\cos\alpha$。转矩 $T=FD\cos\alpha/2$，弯矩 $M=FD\sin\alpha/2$。

（2）弹簧的应力分析　一般情况下，螺旋角 $\alpha<10°$，因此可以取 $\sin\alpha=0$。如果近似地用截面 B—B 面代替截面 A—A，则在截面 B—B 内起主要作用的是转矩 T 和横向力 $F\cos\alpha$，弹簧的应力主要为扭转切应力，如图 13.6 所示。则弹簧的切应力为

$$\tau = \frac{T}{W_t} + \frac{F}{A} \tag{13.1}$$

式中，W_t 为弹簧丝截面的抗扭截面系数（m³）；A 为弹簧丝的截面面积（m²）。

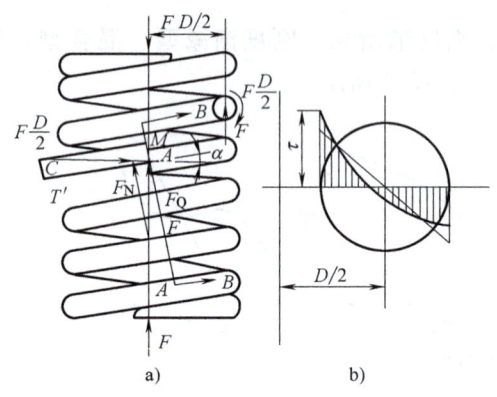

图 13.5　弹簧受力分析

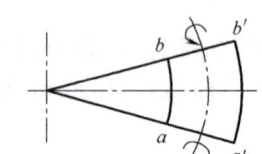

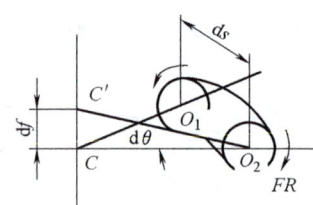

图 13.6　弹簧丝扭转变形

对于直径为 d 的圆形截面 $W_t = \dfrac{\pi d^3}{16}$，$A = \dfrac{\pi d^2}{4}$，并将 $C = \dfrac{D}{d}$ 代入式（13.1），得

$$\tau = \left(1 + \frac{1}{2C}\right)\frac{8FD}{\pi d^3} = K_s \frac{8FD}{\pi d^3} \tag{13.2}$$

式中，C 为旋绕比（又称弹簧指数）。当其他条件相同时，C 越小，弹簧越硬，曲率也越大，卷绕时越困难；C 越大，弹簧越软，卷制容易，但易出现颤动。C 应根据材料直径从表 13.10 中选取。

式（13.2）中，系数 K_s 可理解为考虑切向力作用时对切应力的修正系数，这个公式是按直杆的扭转和弯曲应力计算公式求得的。进一步考虑弹簧丝曲率的影响，并将 F 用最大载荷 F_{max}，$D=Cd$ 代入可求得最大扭转切应力为

$$\tau_{max} = K\frac{8F_{max}C}{\pi d^2} \leq [\tau] \tag{13.3}$$

$$K = \frac{4C-1}{4C-4} + \frac{0.615}{C} \tag{13.4}$$

式中，K 为曲度系数，可理解为弹簧丝曲率和切向力对切应力的修正系数，其值取决于旋绕比的大小；$[\tau]$ 为许用切应力（MPa），见表 13.2；F 为轴向载荷（N）；d 为弹簧丝直径（mm）。

联立式（13.3）和式（13.4），可求得

$$d \geqslant \sqrt{\frac{8F_{max}CK}{\pi[\tau]}} = 1.6\sqrt{\frac{F_{max}KC}{[\tau]}} \tag{13.5}$$

4. 弹簧的刚度计算

刚度计算的目的是确定弹簧丝的有效圈数，而前面的强度计算可以确定弹簧中径 D 和弹簧丝直径 d。

使弹簧产生单位变形量所需要的载荷称为刚度，用 F' 表示，即弹簧特性线上某点斜率，斜率越大，刚度也越大，弹簧越硬，反之弹簧越软。具有直线型（图 13.3a）特性线的弹簧，刚度值为一常数，称为定刚度弹簧。当特性线为曲线或折线时（图 13.3b、c），弹簧刚度为一变数，称为变刚度弹簧。例如涡卷螺旋弹簧的特性线（图 13.3b）为渐增型，当载荷达到一定程度后，刚度急剧增加，从而起到保护弹簧的作用。

拉压弹簧的刚度

$$F' = \frac{\mathrm{d}F}{\mathrm{d}f}$$

扭转弹簧的刚度

$$F'_T = \frac{\mathrm{d}T}{\mathrm{d}\phi}$$

式中，F 为拉力或压力（N）；T 为转矩（N·mm）；f 为弹簧的伸长量或压缩量（mm）；ϕ 为弹簧的转角（°）。

如图 13.6 所示，当微段弹簧丝 $\mathrm{d}s$ 受转矩作用后，aa' 相对于 bb' 扭转了一个角度 $\mathrm{d}\theta$，于是半径 CO_2 相对于 CO_1 也扭转了一个角度 $\mathrm{d}\theta$，这就使点 C 移至点 C'，从而使弹簧产生了相应的轴向微量变形 $\mathrm{d}f$。对 $\mathrm{d}f$ 积分，得到圆弹簧丝螺旋弹簧在受载荷 F 后所产生的变形量为

$$f = \frac{8FD^3n}{Gd^4} \tag{13.6}$$

式中，n 为弹簧的有效圈数；G 为弹簧材料的切变模量（MPa），钢为 8×10^4 MPa，青铜为 4×10^4 MPa。

利用式（13.6）可以求出有效圈数

$$n = \frac{Gfd^4}{8FD^3} \tag{13.7}$$

弹簧的有效圈数 $n \geqslant 2$，但一般不少于 3 圈，才能保证弹簧具有稳定性能。对于拉伸弹簧，$n \geqslant 20$ 时，应圆整为整数圈；$n \leqslant 20$ 时，则圆整为 1/2 的整数倍。对于压缩弹簧，n 的尾数应取为 1/4、1/2 或整数圈，弹簧的有效圈数系列见表 13.11。

表 13.11 弹簧的有效圈数系列

压缩弹簧
2   2.25   2.5   2.75   3   3.25   3.5   3.75   4   4.25   4.5   4.75   5   5.5   6   6.5   7   7.5
8   8.5   9   9.5   10   10.5   11.5   12.5   13.5   14.5   15   16   18   20   22   25   28   30
拉伸弹簧
2   3   4   5   6   7   8   9   10   11   12   13   14   15   16   17   18
19   20   22   25   28   30   35   40   45   50   55   60   65   70   80   90   100

注：对于拉伸弹簧，由于两钩环相对位置不同，其尾数还可为 0.25、0.5、0.75。

由式（13.7）可得弹簧的刚度为

$$F' = \frac{F}{f} = \frac{Gd}{8C^3 n} \tag{13.8}$$

5. 弹簧的稳定性计算

当压缩弹簧的圈数较多时，还应满足稳定性指标，用高径比 $H_0/D \leq b$ 来表征弹簧的稳定性。弹簧不失稳的极限高径比与弹簧两端支承情况有关。弹簧两端均为回转端时 $b \leq 2.6$，均为固定端时 $b \leq 5.3$，一端固定、一端回转时 $b \leq 3.7$。否则，应在弹簧外侧加导向套或在弹簧内侧加导向杆，以免工作时造成弹簧的侧向弯曲，如图 13.7 所示。

若 b 不能满足要求，则必须进行稳定性计算，限制弹簧的工作载荷 F 小于失稳时的临界载荷 F_c，通常取 $F = F_c/(2 \sim 2.5)$。临界载荷的计算公式为

$$F_c = C_B F' H_0 \tag{13.9}$$

式中，C_B 为不稳定系数，如图 13.8 所示。

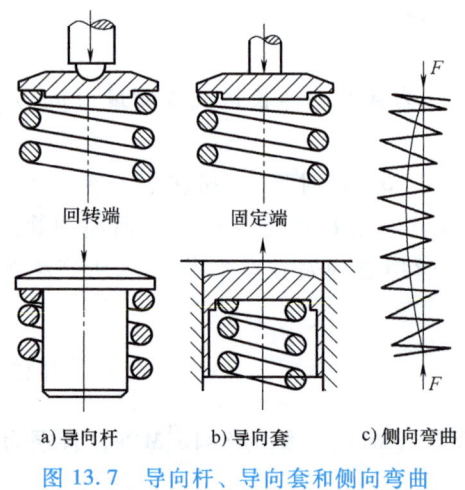

图 13.7 导向杆、导向套和侧向弯曲

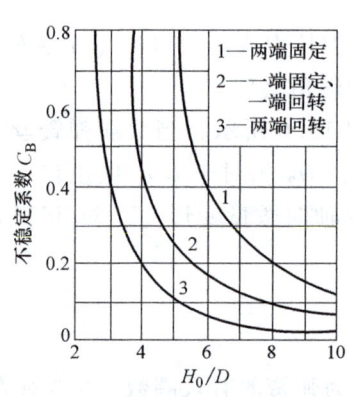

图 13.8 不稳定系数

6. 共振验算

受变载荷的弹簧在加载频率很高的条件下工作时应进行共振验算，圆柱螺旋弹簧的自振频率为

$$f_c = \frac{1}{2}\sqrt{\frac{F'}{m}} \tag{13.10}$$

式中，m 为弹簧质量。两端固定的钢制圆柱螺旋弹簧自振频率为

$$f_c = 3.56\times10^5 \frac{d}{nD^2} \tag{13.11}$$

弹簧的自振频率与工作频率之比应大于10。

7. 校核弹簧疲劳强度

受交变载荷作用的重要弹簧应进行疲劳强度校核。受交变载荷作用弹簧的最大应力和最小应力分别为

$$\tau_{max} = K\frac{8F_{max}D}{\pi d^3}, \tau_{min} = K\frac{8F_{min}D}{\pi d^3}$$

疲劳强度的安全系数为

$$S_c = \frac{\tau_0 + 0.75\tau_{min}}{\tau_{max}} \geq [S_c] \tag{13.12}$$

例 13.1 设计在静载荷作用下圆柱螺旋压缩弹簧，要求此弹簧在最大工作载荷为 1000N 时最大变形量为 20mm。

（1）选材 选取 C 级碳素弹簧钢丝。由表 13.4 知，$[\tau] = 0.45R_m$，R_m 与 d 有关，假设 $d = 6$mm，查表 13.3，$R_m = 1420$MPa，则

$$[\tau] = 0.45R_m = 0.45\times1420\text{MPa} = 639\text{MPa}$$

（2）初选旋绕比 选 $C = 5$。

（3）求出弹簧丝直径 先求出曲度系数 $K = \frac{4C-1}{4C-4} + \frac{0.615}{C} = 1.31$

根据式（13.5）得

$$d \geq \sqrt{\frac{8F_{max}CK}{\pi[\tau]}} = 1.6\sqrt{\frac{F_{max}KC}{[\tau]}} = 5.12\text{mm}$$

圆整取为6，与假设的弹簧丝直径相符。

（4）计算弹簧中径 $D = Cd = 30$mm。

（5）计算弹簧圈数 由表 13.2 查得，$G = 78500$MPa，则由式（13.7）得

$$n = \frac{Gfd^4}{8FD^3} = 9.42 \approx 10$$

（6）求弹簧的几何尺寸（略）

（7）结构设计及稳定性计算（略）

（8）绘制弹簧工作图（略）

13.4 圆柱螺旋扭转弹簧

扭转弹簧常用作压紧弹簧、储能弹簧和传力（扭矩）弹簧等。

螺旋扭转弹簧分为无间距和有间距两种，无间距扭转弹簧在工作时由于圈间产生摩擦力，故弹簧寿命较短，但因容易制造，所以应用较多。精度要求较高的扭转弹簧相邻两圈间应有 0.3~0.5mm 的间隙。

13.4.1 圆柱螺旋扭转弹簧的结构

圆柱螺旋扭转弹簧常见的结构型式见表 13.12，分为内臂型、外臂型、中心臂型和双臂型 4 种。

表 13.12 扭转弹簧的端部结构

代号	简图及端部结构型式	代号	简图及端部结构型式
NⅠ	外臂扭转弹簧	NⅣ	平列双扭弹簧
NⅡ	内臂扭转弹簧	NⅤ	直臂扭转弹簧
NⅢ	中心距扭转弹簧	NⅥ	单臂弯曲扭转弹簧

13.4.2 圆柱螺旋扭转弹簧的设计计算

圆柱螺旋扭转弹簧的特性线和受力分析如图 13.9 所示。在垂直于弹簧轴线平面内受一

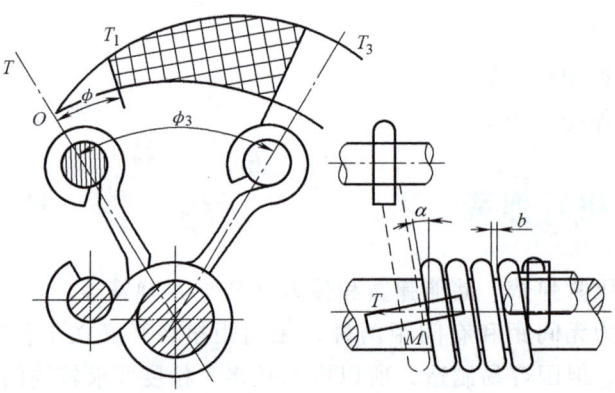

图 13.9 圆柱螺旋扭转弹簧特性线和受力

扭矩 T 作用的螺旋弹簧，在其弹簧丝的任一截面上将作用着：弯矩 $M = T\cos\alpha$ 和扭矩 $T' = T\sin\alpha$。由于螺旋角很小，所以扭矩 T' 可以忽略不计，并可认为 $M \approx T$。因此，扭转弹簧的弹簧丝主要受弯矩 M 的作用。

由此可知，扭转弹簧应按受弯矩的曲梁来计算，在它的任一截面上的应力分布情况与压缩弹簧完全相似，只是应力为弯曲应力。最大弯曲应力可按下式计算

$$\sigma_{\text{bmax}} = K\frac{M_{\max}}{W} \leqslant [\sigma_{\text{b}}] \tag{13.13}$$

式中，W 为弯曲时的抗弯截面系数（mm^3），对于直径为 d 的圆弹簧丝 $W = \dfrac{\pi d^3}{32} \approx 0.1 d^3$，边长为 a 的方弹簧丝 $W = \dfrac{a^3}{6}$；K 为曲度系数，圆弹簧丝 $K = \dfrac{4C-1}{4C-4}$，方弹簧丝 $K = \dfrac{3C-1}{3C-3}$；$[\sigma_{\text{b}}]$ 为许用弯曲应力（MPa），取 $[\sigma_{\text{b}}] = 1.25[\tau]$。

扭转弹簧受扭矩 T 作用后的扭转变形为

$$\phi = \frac{Ml}{EI} = \frac{M\pi D_2 n}{EI} \tag{13.14}$$

式中，I 为弹簧丝截面的轴惯性矩（mm^4），圆弹簧丝 $I = \dfrac{\pi d^4}{64}$，方弹簧丝 $I = \dfrac{a^4}{12}$。

由式 (13.14) 得

$$n = \frac{EI\phi}{\pi M D_2} \tag{13.15}$$

由于扭转弹簧的弹簧丝主要受弯矩作用，所以从材料利用方面看，采用方弹簧丝制造扭转弹簧较为合理，但因方弹簧丝不容易获得，所以仍普遍使用圆弹簧丝。

13.5 其他弹簧简介

1. 板弹簧

板弹簧主要用于汽车、拖拉机和铁路车辆等的悬架装置，起缓冲和减振的作用。货车悬架用板弹簧如图 13.10 所示。

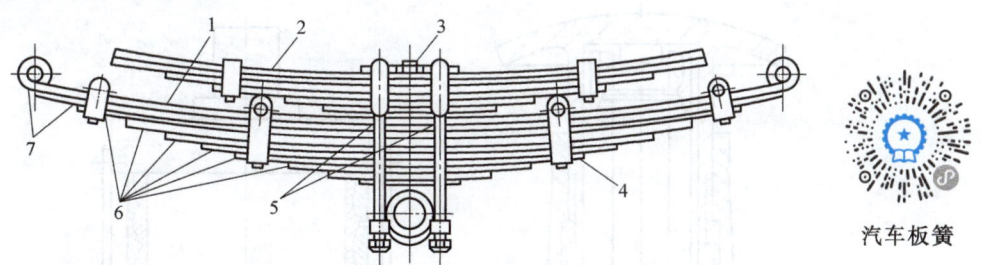

图 13.10 货车悬架用板弹簧

1—主簧 2—副簧 3—中心螺栓 4—弹簧卡 5—骑马螺栓 6—副板 7—主板

板弹簧按照形状和传递载荷的方式不同，分为椭圆形、弓形、伸臂弓形、悬臂形和直线形等几种。弓形板弹簧又有对称型和非对称型两种结构，以适应悬架装置的需要。板弹簧又有定刚度和变刚度之分，变刚度板弹簧能使车辆在不同载重量下获得接近的减振效果。

汽车载重量较轻，常用弓形板弹簧；铁路车辆载重量较大，常用椭圆形板弹簧，甚至将几组椭圆形板弹簧并排使用。

2. 碟形弹簧

碟形弹簧是一种呈碟状的弹簧，简称碟簧，如图13.11所示。常用钢带、钢板或锻造坯料加工成截锥形而成，其刚度大、具有变刚度特性，但是碟形弹簧只能承受轴向载荷。碟形弹簧可以单片使用，更多的是组合使用。

a) 碟形弹簧　　　　b) 用于角接触轴承的预紧　　　　c) 用作螺栓连接的垫圈

图 13.11　碟形弹簧及其应用

碟形弹簧在许多装置中都得到了广泛的应用，例如用于重型机械设备、飞机、大炮中作强力缓冲和减振弹簧。

3. 环形弹簧

环形弹簧是由若干具有锥面的内、外圆环相互叠合而组成的一种压缩弹簧（表13.1），当弹簧受轴向力 F 时，在内、外圆环的接触面间产生了相当大的法向力从而使：内圆环受到外压力，直径减小；外圆环受到内压力，直径增大。由于内、外环直径的改变，就使弹簧产生了轴向位移。当载荷取消以后，弹簧又由于弹性内力的作用而恢复至原来的尺寸。

环形弹簧具有很大的消振能力，常用于空间尺寸受限制而又要求强力缓冲的场合，例如大型管道的吊架、振动机械的支承、重型铁路车辆的连接部分等。

环形弹簧由多对内、外圆环组成，因此损坏或磨损后，往往只需更换个别圆环即可，维修方便、经济。环形弹簧的应用如图13.12所示。

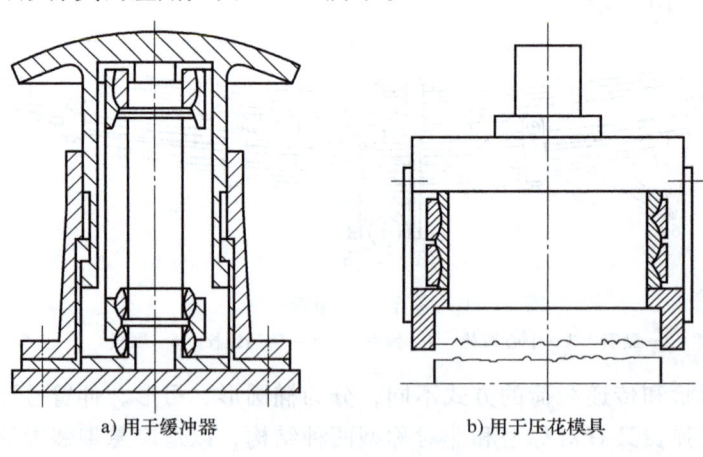

a) 用于缓冲器　　　　b) 用于压花模具

图 13.12　环形弹簧的应用

4. 平面涡卷弹簧

平面涡卷弹簧是将等截面细长材料绕制成平面螺旋形弹簧，工作时一端固定，一端施加转矩。把施加外力矩做的功转换成弹簧变形能。弹簧工作时再把变形能逐渐释放，驱动机构运动而做功。

这种弹簧有非接触式（图 13.13a，特性线为直线性）和接触式（图 13.13b，特性线为非直线性）。

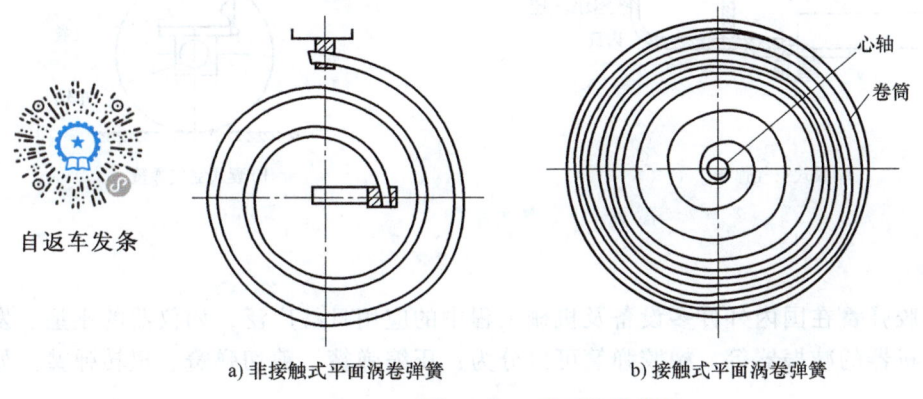

a) 非接触式平面涡卷弹簧　　b) 接触式平面涡卷弹簧

图 13.13　平面涡卷弹簧

这种弹簧圈数多，变形角大，储存能量大，工作可靠，维护简单，一般应用于仪器仪表、医疗器械、日用器械等方面。平面涡卷弹簧的应用如图 13.14 所示。

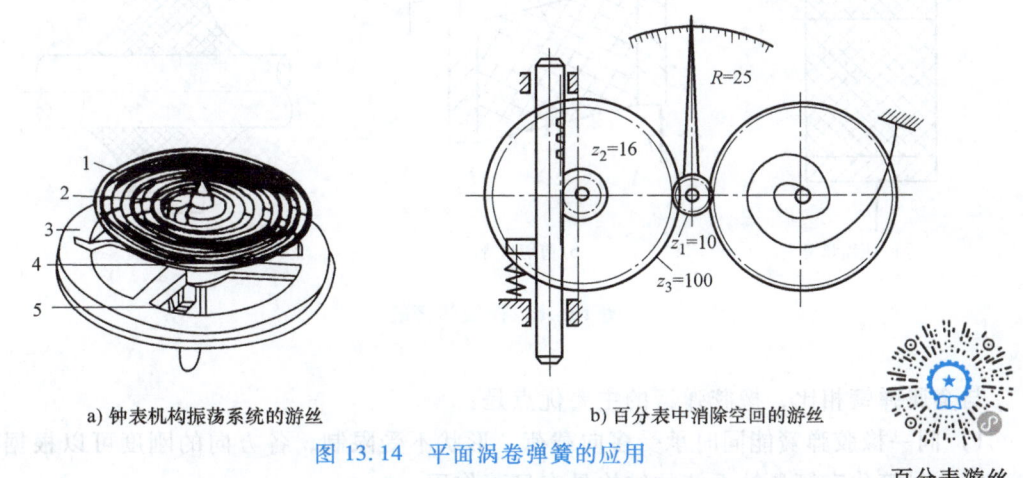

a) 钟表机构振荡系统的游丝　　b) 百分表中消除空回的游丝

图 13.14　平面涡卷弹簧的应用

1—游丝　2—游丝座　3—摆轮　4—摆轮轴　5—小圆盘

5. 空气弹簧

空气弹簧是在一密闭容器中，储入压力空气，利用空气的可压缩性实现弹簧作用。空气弹簧与金属弹簧相比，有许多优点：能同时承受轴向和径向载荷；通过高度控制阀，可使空气弹簧的工作高度在任何载荷条件下保持一定；可以将特性线设计成理想的形状；吸收高频振动，隔音的性能好，具有良好的弹性等。为防止振动公害，空气弹簧是一个重要的发展方向。

国外应用空气弹簧较早，在我国空气弹簧也逐渐被人们所认识。它广泛应用于航空、船舶、建筑、冶金、矿山等领域。由于它具有优良的弹性，特别适用于车辆悬挂装置。空气弹簧可分为膜式和囊式两类。图13.15所示为铁道车辆上用的空气弹簧结构简图。

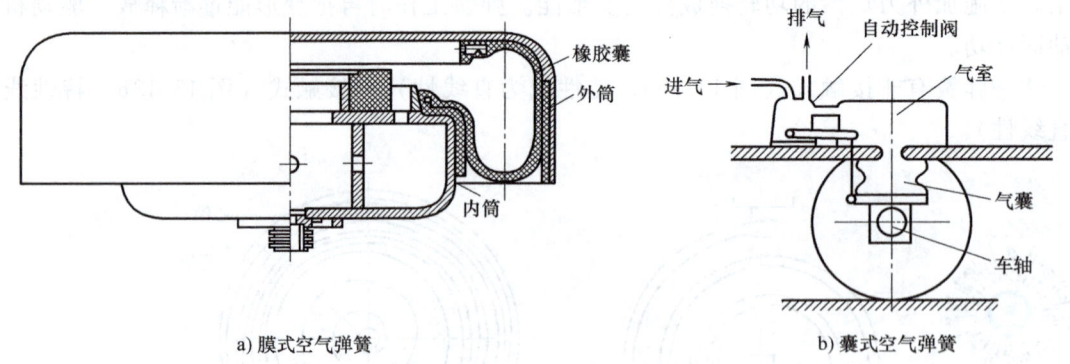

图 13.15　空气弹簧

6. 橡胶弹簧

近年来，橡胶弹簧在国内外许多设备及机械工程中的应用日益广泛，如仪器的座垫、发动机的支承以及机器的减振器等。橡胶弹簧可以分为：压缩弹簧、剪切弹簧、扭转弹簧。如图13.16所示。

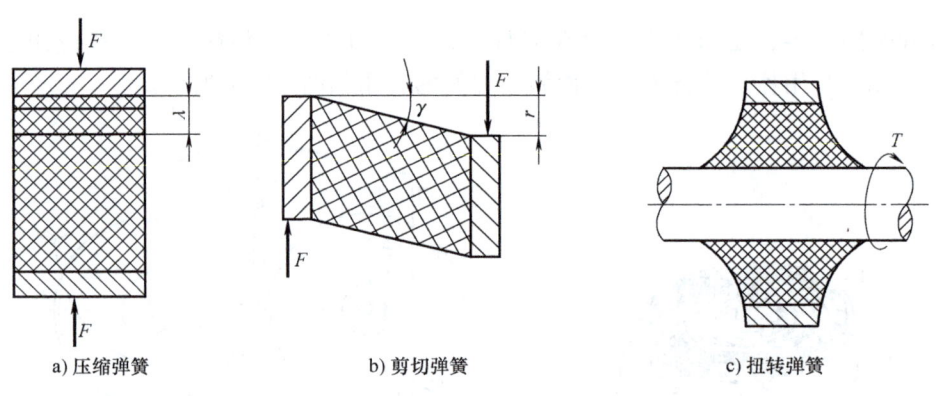

图 13.16　橡胶弹簧的类型

与金属弹簧相比，橡胶弹簧的主要优点是：

1) 同一橡胶弹簧能同时承受多向载荷，形状不受限制，各方向的刚度可以根据设计要求选择，对简化车辆悬挂系统的结构具有显著作用。

2) 单位体积储能量较高，能产生较高的内阻，这对于突然冲击和高频振动的吸收以及隔音具有良好的效果。

3) 弹性模量远比金属小，可得到较大的弹性变形，易实现理想的非线性特性。

4) 结构简单，装拆方便，且无需润滑油，有利于维护和保养。

其缺点是耐高、低温和耐油性比金属弹簧差。但相信随着橡胶工业的发展，将会得到改善。

橡胶弹簧的应用如图13.17所示。

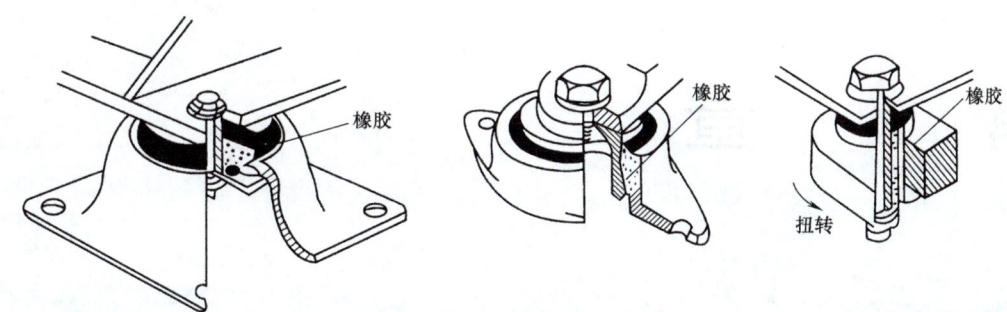

图 13.17 橡胶弹簧的应用

习 题

13.1 什么是旋绕比（又称弹簧指数）C？设计弹簧时为什么要求 $C \geqslant 4$？

13.2 圆柱螺旋压缩弹簧受载后，簧丝截面受哪些力和力矩作用？它们在簧丝截面中各产生什么应力？

13.3 现有 A、B 两个弹簧，簧丝直径 d、簧丝材料及弹簧有效圈数 n 均相同，仅中径不同（$D_A > D_B$），问：

1) 当外载荷 F 相同时，哪个弹簧变形大？

2) 当载荷 F 以相同大小连续增加时，哪个弹簧先断？

13.4 试设计一圆柱螺旋压缩弹簧，要求绘制弹簧工作图，其最大工作载荷为 $F_2 = 2790$N，在此载荷作用下的变形量要求为 $f_2 = 100$mm。根据工作条件，此弹簧为受静载荷的重要弹簧，弹簧两端为回转支承，空间尺寸没有严格要求。

13.5 设计一个圆柱螺旋拉伸弹簧，已知该弹簧在一般条件下工作，并要求 $D_2 = 11$mm，外径 $D \leqslant 16$mm，当弹簧拉伸变形量 $f_1 = 7.5$mm 时，拉力 $F_1 = 180$N，拉伸变形量 $f_2 = 17$mm，拉力 $F_2 = 340$N。

第14章 减速器

14.1 概述

减速器是一种由封闭在刚性壳体内的齿轮传动、蜗杆传动或齿轮-蜗杆传动所组成的独立部件,常用在动力机与工作机之间作为减速的传动装置;在少数场合下也用作增速的传动装置,这时就称为增速器。减速器由于结构紧凑、效率较高、传递运动准确可靠、使用维护简单,并可成批生产,故在现代机器中应用很广。

减速器的种类很多,按照传动形式不同可分为齿轮减速器、蜗杆减速器和行星减速器;按照传动的级数可分为单级和多级减速器;按照传动的布置形式又可分为展开式减速器、分流式减速器和同轴式减速器。这里仅讨论由齿轮传动、蜗杆传动以及由它们组合成的减速器。若按传动和结构特点来划分,这类减速器有下述 6 种:

1) 齿轮减速器。主要有圆柱齿轮减速器、锥齿轮减速器和锥齿轮-圆柱齿轮减速器。
2) 蜗杆减速器。主要有圆柱蜗杆减速器、环面蜗杆减速器和锥蜗杆减速器。
3) 蜗杆齿轮减速器及齿轮-蜗杆减速器。
4) 行星齿轮减速器。
5) 摆线针轮减速器。
6) 谐波齿轮减速器。

此外,还有一些专用减速器(如在电梯、阀门开关等处使用的减速器)。本章主要介绍齿轮减速器和蜗杆减速器的主要类型、特点及应用。

14.2 常用减速器的特点

1. 齿轮减速器

齿轮减速器的特点是效率及可靠性高,工作寿命长,维护简便,因而应用范围很广。齿轮减速器按其减速齿轮的级数可分为单级、二级、三级和多级;按其轴在空间的布置可分为立式和卧式;按其运动简图的特点可分为展开式、同轴式(又称回归式)和分流式等。表 14.1 列出了齿轮减速器的几种主要类型及其特点和应用。

表 14.1 齿轮减速器的主要类型及其特点和应用

名称		运动简图	推荐传动比	特点和应用
单级圆柱齿轮减速器			$i = 8\sim10$	轮齿可做成直齿、斜齿和人字齿 直齿轮用于速度较低($v \leqslant 8$m/s)、载荷较轻的传动,斜齿轮用于速度较高的传动,人字齿轮用于载荷较重的传动
二级圆柱齿轮减速器	展开式		$i = 8\sim60$	结构简单,但齿轮相对于轴承的位置不对称,因此要求轴有较大的刚度 高速级齿轮布置在远离转矩的输入端,这样,轴在转矩作用下产生的扭转变形和在载荷作用下轴产生的弯曲变形可部分地互相抵消,以减缓沿齿宽载荷分布不均匀的现象,用于载荷比较平衡的场合
	同轴式		$i = 8\sim60$	减速器横向尺寸较小,两对齿轮浸入油中深度大致相同。但轴向尺寸大、质量也较大,且中间轴较长、刚度差,沿齿宽载荷分布不均匀,高速轴的承载能力难于充分利用
	分流式		$i = 8\sim60$	结构复杂,由于齿轮相对于轴承对称布置,与展开式相比载荷沿齿宽分布均匀、轴承受载较均匀。中间轴危险截面上的转矩只相当于轴所传递转矩的一半。适用于变载荷的场合
	同轴分流式		$i = 8\sim60$	每对啮合齿轮仅传递全部载荷的一半,输入轴和输出轴只承受转矩,中间轴只受全部载荷的一半,故与传递同样功率的其他减速器相比,轴颈尺寸可以缩小

（续）

名称		运动简图	推荐传动比	特点和应用
三级圆柱齿轮减速器	展开式		$i = 40 \sim 400$	同二级展开式
	分流式		$i = 40 \sim 400$	同二级分流式
单级锥齿轮减速器			$i = 8 \sim 10$	轮齿可做成直齿、斜齿或曲线齿。用于两轴垂直相交的传动中，也可用于两轴垂直相错的传动中。由于制造安装复杂、成本高，所以仅在传动布置需要时才采用
锥齿轮-圆柱齿轮减速器			$i = 8 \sim 22$	特点同单级锥齿轮减速器，锥齿轮在高速级，以使锥齿轮尺寸不致太大，否则加工困难
三级锥齿轮-圆柱齿轮减速器			$i = 25 \sim 75$	同锥齿轮-圆柱齿轮减速器

单级圆柱齿轮减速器 3 个

单级直齿圆柱齿轮减速器

二级展开式圆柱齿轮减速器

单级锥齿轮减速器

2. 蜗杆减速器

蜗杆减速器的特点是在外廓尺寸不大的情况下，可以获得大的传动比，工作平稳，噪声较小，但效率较低。其中应用最广的是单级蜗杆减速器，二级蜗杆减速器则应用较少。表 14.2 列出了蜗杆减速器的几种常见类型及其特点和应用。

表 14.2 蜗杆减速器的常见类型及其特点和应用

名称		运动简图	推荐传动比	特点和应用
单级蜗杆减速器	蜗杆下置		$i = 10 \sim 80$	蜗杆在蜗轮下方啮合处的冷却和润滑都较好，蜗杆轴承润滑也方便，但当蜗杆圆周速度高时，搅油损失大，一般用于蜗杆圆周速度 $v < 10$ m/s 的场合

(续)

名称		运动简图	推荐传动比	特点和应用
单级蜗杆减速器	蜗杆上置	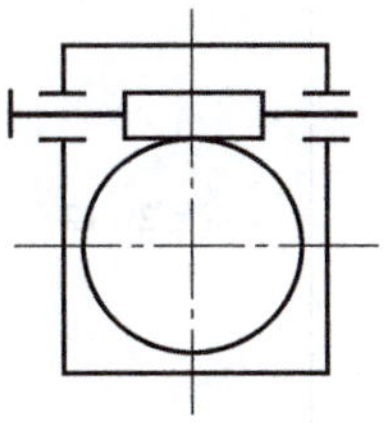	$i = 10 \sim 80$	蜗杆在蜗轮上方，蜗杆的圆周速度可高些，但蜗杆轴承润滑不太方便
	蜗杆侧置	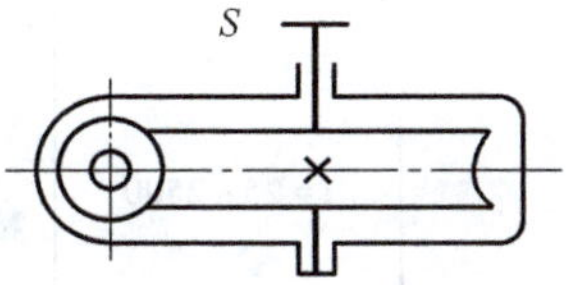	$i = 10 \sim 80$	蜗杆在蜗轮侧面，蜗轮轴垂直布置，一般用于水平旋转机构的传动
二级蜗杆减速器		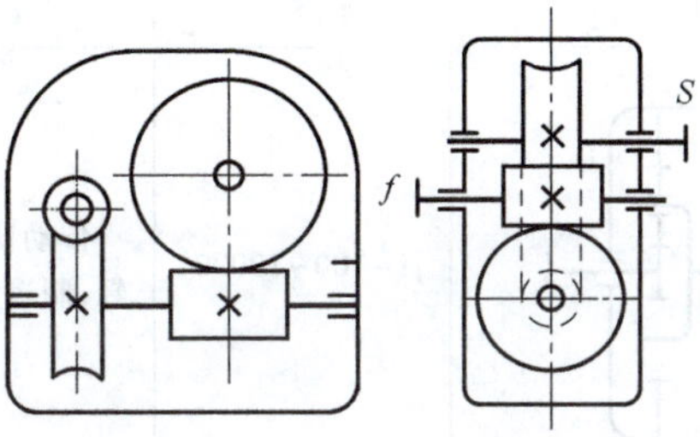	$i = 43 \sim 3600$	传动比大，结构紧凑，但效率低，为使高速级和低速级传动浸油深度大致相等，可取高速级的中心距等于低速级的1/2
齿轮-蜗杆减速器		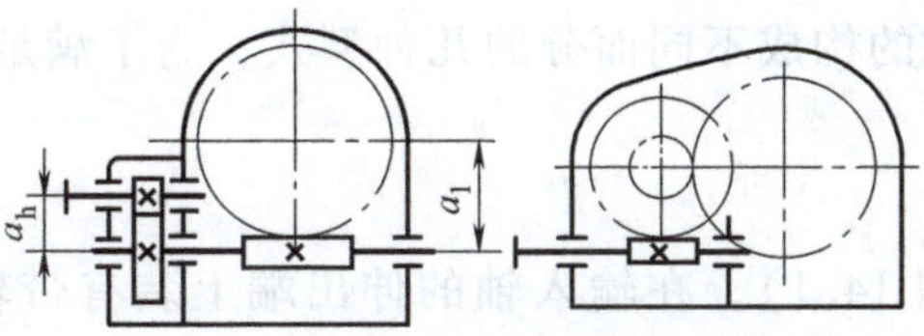	$i = 15 \sim 480$	有齿轮传动在高速级和蜗杆传动在高速级两种形式。前者结构紧凑，而后者传动效率高

单级蜗杆减速器

蜗杆-圆柱齿轮减速器

蜗杆-圆锥齿轮减速器

3. 行星齿轮减速器

行星齿轮减速器由于具有减速比大、体积小、重量轻、效率高（单级达到96%～99%）等优点，在许多情况下可代替二级、三级的普通齿轮减速器和蜗杆减速器。表14.3列出了几种行星齿轮减速器的常用类型及其特点和应用。

除渐开线行星齿轮减速器外，目前还广泛采用行星摆线针轮减速器、少齿差渐开线行星齿轮减速器，它们都具有传动比大、结构紧凑、相对体积小等特点。但总的说来，行星减速器结构较复杂，制造精度要求较高。

表 14.3　行星齿轮减速器的常用类型及其特点和应用

名称	运动简图	推荐传动比	特点和应用
单级行星齿轮减速器		$i \leqslant 2 \sim 12$	与普通圆柱齿轮减速器相比，尺寸小，重量轻，但制造精度要求较高，结构较复杂，在要求结构紧凑的动力传动中应用广泛
二级行星齿轮减速器		$i = 25 \sim 2500$	传动比大，尺寸小，重量轻，制造精度要求较高，结构较复杂
三级行星齿轮减速器		$i = 100 \sim 10000$	传动比很大，径向尺寸小，重量较轻，制造精度要求较高，结构复杂

以上减速器主要是依传动系统的构成不同而分的几种型式，为了满足不同的需要，下面列举一些其他的型式。

4. 轴装式减速器

轴装式减速器外形为圆形（图 14.1），在输入轴的伸出端上装有带轮，由电动机-带传

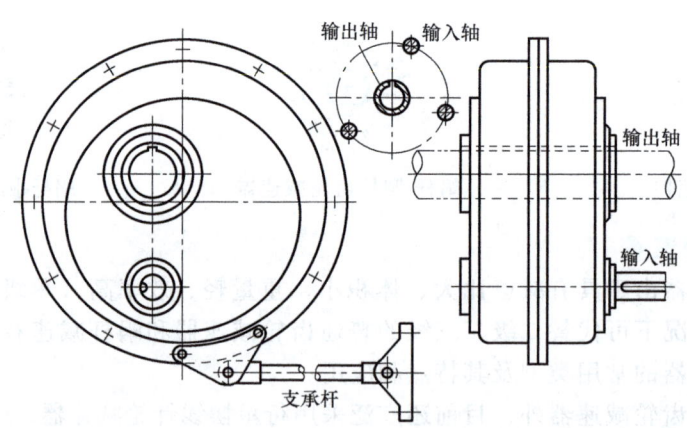

图 14.1　轴装式齿轮减速器

动驱动。输出轴为一空心轴，机器的被驱动轴穿过空心轴并用键与之连接。在减速器的壳体上装有支承杆，杆的另一端可固定在适当位置以防止减速器转动。轴装式减速器的特点是占用空间小，输入轴可围绕输出轴调整到任意合适的位置。

5. 组装式减速器

这种减速器的箱体呈矩形（图 14.2）。箱体正面有盖，盖上最多可安排 A、B、C、D 四个平行轴孔，中心距 $a_{AB}<a_{BC}<a_{CD}$，按要求选用齿轮和进出轴盖板可安装成单级、二级、三级减速器。每一级传动可有若干种传动比，所以，利用同一个箱体可以构成许多不同传动比的齿轮减速器。矩形箱体也便于各种布置方式，如直立、横卧等。需要垂直轴间的传动时，箱体侧面还留有窗口，以便固定支架，安装小锥齿轮轴，构成锥齿轮减速器或锥齿轮-圆柱齿轮减速器。

箱体有多种规格，每一种箱体的第一、二级传动正是小它一号箱体的第二、三级传动，第二、三级传动又正是大它一号箱体的第一、二级传动。所以，组装式减速器可以用最少规格、品种的零件，组成许多不同传动比、不同传动功率、不同安装位置的减速器，以满足使用者的要求。组装式减速器便于大量生产，生产效率高，经济性好。

6. 多安装式减速器

这是指将减速器箱体的外形设计成便于立式、卧式、侧式、倒置等各种不同要求安装位置时都能使用的一类减速器。图 14.3 列举了一种多安装式减速器的箱体。图 14.4 所示为多安装式蜗杆减速器使用不同底脚时的安装位置。底脚可以用铸件也可以用型钢。

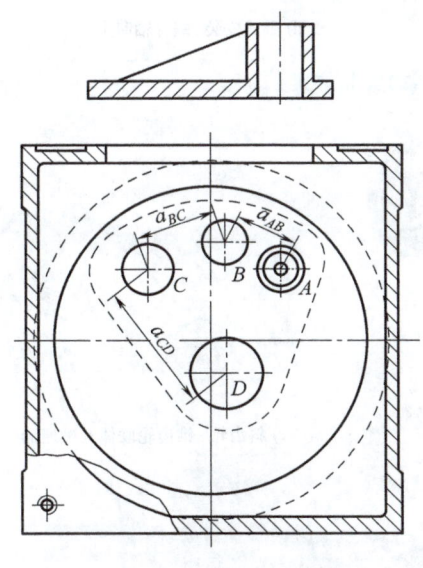

图 14.2 组装式减速器

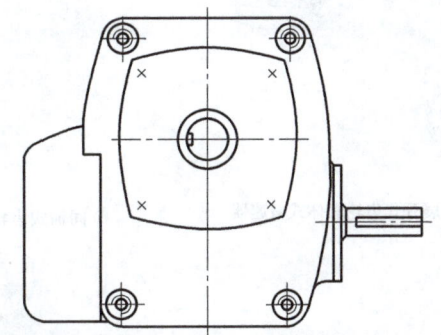

图 14.3 多安装式减速器的箱体

7. 联体式减速器

联体式减速器也称减速机，其是一类由电动机和减速器相联而组成的独立部件，因其结构紧凑、占空间小，故很受广大用户的欢迎。这类减速器品种也很多，有齿轮减速、蜗杆减速、齿轮-蜗杆减速等，有单级也有多级，甚至还有电动机-无级变速器-减速器联体。常用联体式减速器的结构如图 14.5 所示。这类减速器主要是中小尺寸的。

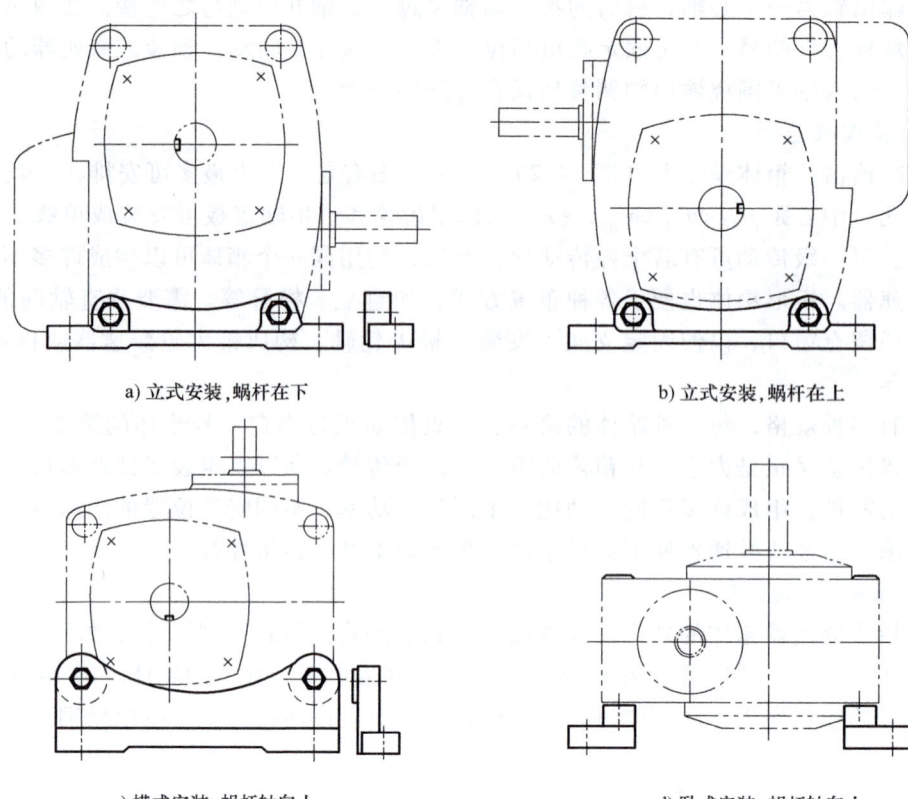

a) 立式安装,蜗杆在下　　　　　　　　b) 立式安装,蜗杆在上

c) 横式安装,蜗杆轴向上　　　　　　　d) 卧式安装,蜗杆轴向上

图 14.4　多安装式蜗杆减速器的安装位置

a) 展开式齿轮联体式减速器　　b) 同轴式齿轮联体式减速器　　c) 斜齿轮-锥齿轮联体式减速器

d) 齿轮-蜗杆联体式减速器　　e) 行星联体式减速器　　f) 卧式双轴联体式减速器

图 14.5　常用联体式减速器的结构

14.3　减速器的类型选取原则

本章所介绍的几类常用减速器已有行业系列标准,并由专业工厂生产。一般情况下,使用时只需结合所需传动功率、转速、传动比、工作条件以及机器的总体布置等具体要求,从产品目录或有关手册中选择即可。当传动布置、传动比、功率等有特殊要求时,标准减速器无法选出才需自行设计。

在选择减速器的类型时,首先必须根据传动装置总体配置的要求,结合减速器的效率、外廓尺寸或质量、制造及运转费用等指标进行综合的分析比较,以期获得最合理的结果。

通用减速器的选用包括提出原始条件、选择类型、确定规格等步骤。

（1）确定减速器工作情况条件　根据实际需要,确定减速器的工作情况条件,如确定减速器的输入转速和输出转速,减速器所需要传递的最大功率,减速器输出轴与输入轴的相对位置及距离,工作中有无冲击振动,有无正反转要求,是否频繁起动,减速器工作环境温度以及在使用寿命上的要求等。

（2）选择减速器类型　在选择减速器类型时,需根据传动装置总体配置的要求,如总体布局要求、实际的工作环境和工作情况条件、所需传动比,并结合不同类型减速器的效率、外廓尺寸或质量、使用范围、制造及运转费用等指标进行综合分析与比较,从而选择最合理的减速器类型。

（3）确定减速器规格　在确定减速器类型的基础上,需要进一步依据输入转速、传动比、功率、输出转矩等参数,确定减速器的具体规格,对于大型减速器还需要进行热平衡校核。其主要步骤包括减速器的功率或转矩校核、减速器的热平衡校核和减速器轴伸部位的强度校核,有关的校核方法可参考相关技术资料。

14.4　减速器结构

14.4.1　传统型减速器结构

单级的圆柱齿轮减速器和蜗杆减速器的结构如图 14.6 和图 14.7 所示。

绝大多数减速器的箱体用中等强度的铸铁铸成,重型减速器的箱体用高强度铸铁或铸钢。少量生产时也可以用焊接箱体。铸造或焊接箱体都应进行时效或退火处理。大量生产小型减速器时有可能采用板材冲压箱体。减速器箱体的外形目前比较倾向于形状简单和表面平整。

箱体应具有足够的刚度以免受载后变形过大而影响传动质量。箱体上轴承孔的尺寸精度为 H7,表面粗糙度应小于 $Ra3.2\mu m$。轴承孔轴线的相互位置偏差必须在允许的范围内。

箱体通常由箱座和箱盖两部分所组成,其剖分面则通过传动的轴线。剖分面的表面粗糙度应小于 $Ra6.3\mu m$。为了卸盖容易,在剖分面处的一个凸缘上攻有螺纹孔,以便拧进起盖螺钉时能将上箱盖顶起来。

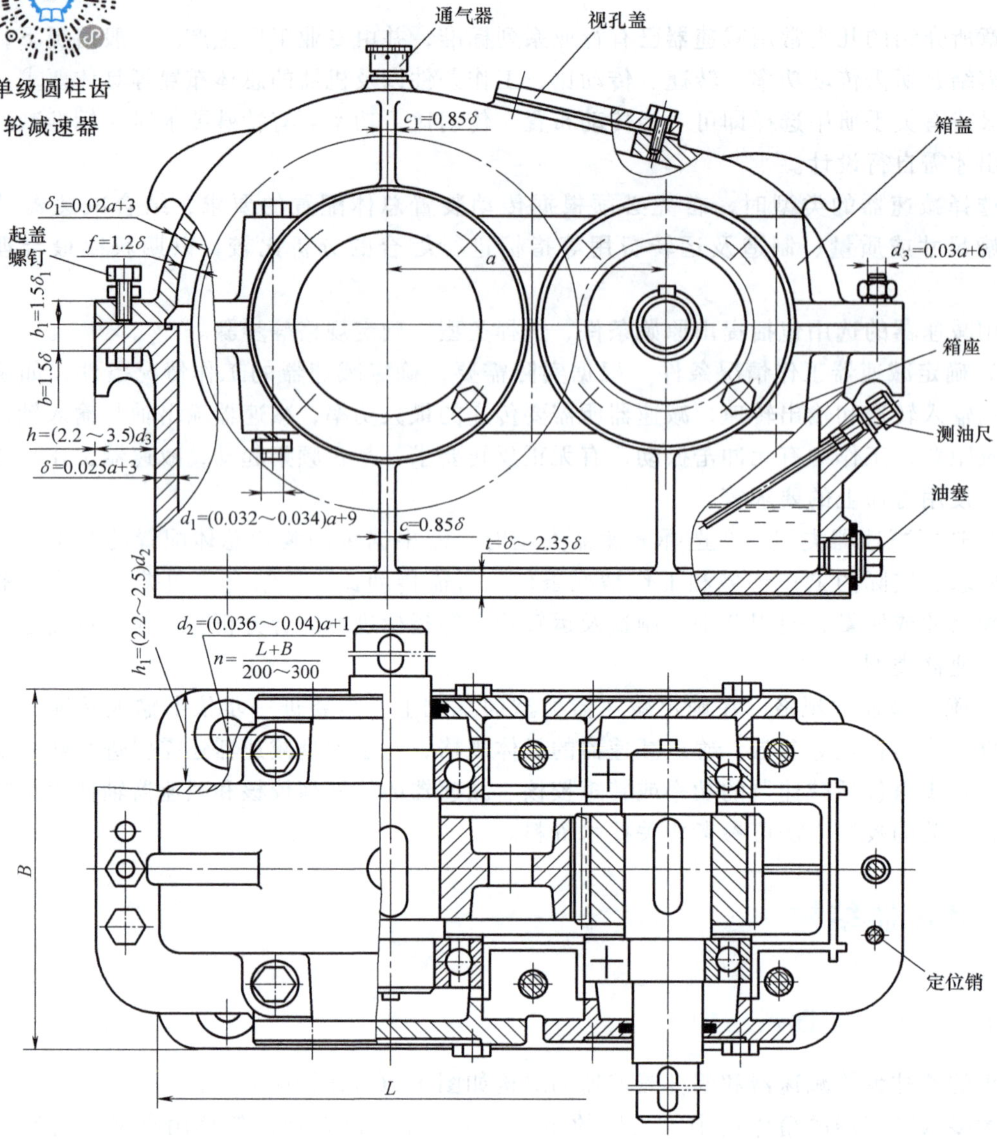

图 14.6 单级圆柱齿轮减速器

连接箱座和箱盖的螺栓应合理布置，并留出扳手的活动空间。在轴承附近的螺栓宜稍大些并尽量靠近轴承。为保证箱座和箱盖位置的准确性，在剖分面的凸缘上应设有位置非对称的 2~3 个圆锥定位销。

在箱盖上备有为观察传动啮合情况用的视孔、为排出箱内热空气用的通气孔和为提取箱盖用的起重吊钩。在箱座上则常设有为提取整个减速器用的起重吊钩和为观察或测量油面高度用的油面指示器或测油孔。

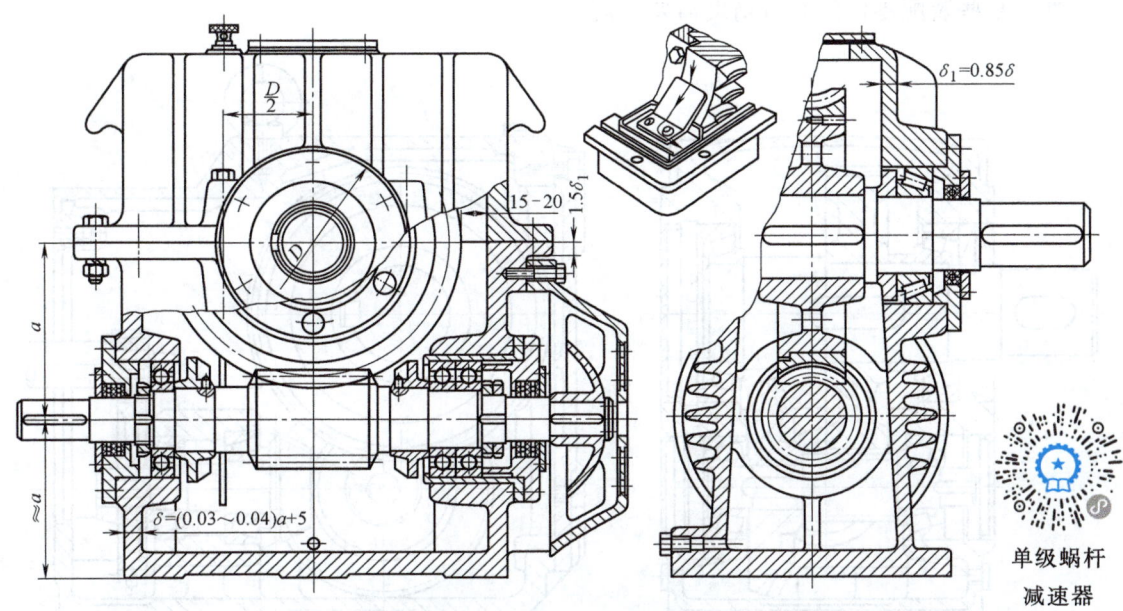

图 14.7 单级蜗杆减速器

关于箱体的壁厚、肋厚、凸缘厚、螺栓尺寸等均可根据经验公式计算,见有关图册。关于视孔、通气孔和通气器、起重吊钩、油面指示器或测油孔等均可从有关的设计手册和图册中查出。

在减速器中广泛采用滚动轴承。只有在载荷很大、工作条件繁重和转速很高的减速器中才采用滑动轴承。关于滚动轴承类型的选择及其组合设计详见第 10 章。

14.4.2 新型减速器结构

下面列举两种联体式减速器的新型结构。图 14.8 所示为齿轮-蜗杆二级减速器,图 14.9 所示为圆柱齿轮-锥齿轮-圆柱齿轮三级减速器,图中均未将电动机部分画出。从两图中可以看到这些减速器都具有以下结构特点:

1) 在箱体上不沿齿轮或蜗轮轴线开设剖分面。为了便于传动零件的安装,在适当部位开有较大的开孔。

2) 在输入轴和输出轴端不采用传统的法兰式端盖,而改用机械密封圈;在盲孔端则装有冲压薄壁端盖。

3) 输出轴的尺寸加大了,键槽的开法和传统的规定不同,甚至跨越了轴肩,有利于充分发挥轮毂的作用。

与传统的减速器相比,这些结构上的改进,既可简化结构,减少零件数目,同时又改善了制造工艺性,但设计时要注意装配的

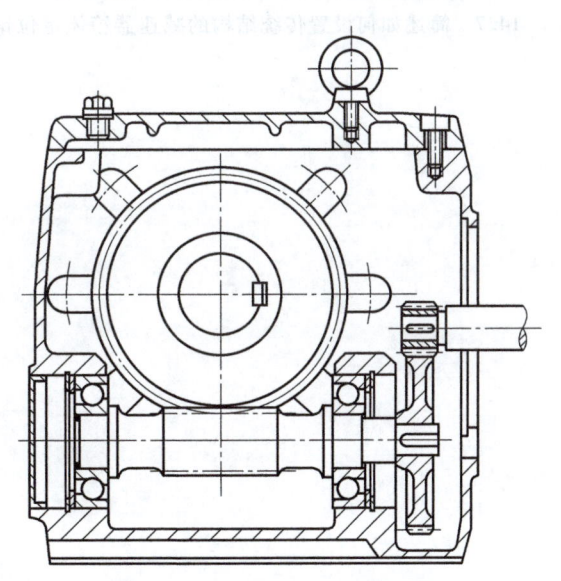

图 14.8 齿轮-蜗杆二级减速器

工艺性，某些装配零件的制造精度需要提高。

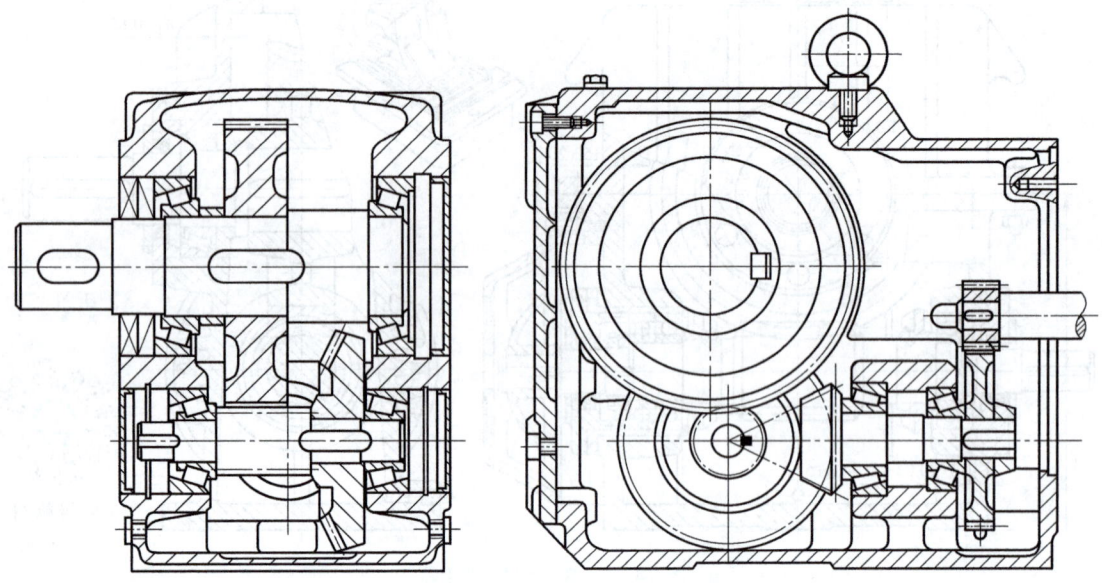

图 14.9　圆柱齿轮-锥齿轮-圆柱齿轮三级减速器

习　题

14.1　通用减速器有哪几种主要类型？其特点如何？
14.2　选择通用减速器类型的主要依据是什么？
14.3　齿轮减速器按其运动简图的特点分哪几类？
14.4　从运动学和动力学角度简述减速器的功能。
14.5　简述在锥齿轮-圆柱齿轮减速器设计中，为何通常将锥齿轮放在高速级。
14.6　从润滑和冷却问题容易解决的角度出发，简述蜗杆减速器中蜗杆合理的放置方式。
14.7　简述如何设置传统结构的减速器箱体定位销的位置。

第 15 章 机架类零件

15.1 概述

机架类零件包括机器的机座、机架、箱体和基础板等,是任何机器都不可缺少的组成部分,主要用于容纳、约束、直接或间接支承机器的其他零部件,将整机的质量及机器的各种工作载荷传递给基础,并使机器稳定在基础上。机架类零件占机器总重量的 70%~90%,同时在很大程度上影响着机器的工作精度、抗振性能和耐磨性等,所以合理设计机架类零件是减轻机器重量、提高机器工作精度和稳定性的重要途径。本章仅就机架类零件的一般类型、材料、结构特点及基本设计准则做简要介绍。

1. 机架类零件的分类

按构造外形不同,机架类零件大体上可归纳成四类:①机座类(图 15.1a~d);②机架类(图 15.1e~g);③基板类(图 15.1h);④箱壳类(图 15.1i、j)。此外,按结构分类可分为整体式机架和装配式机架;按制造方法分类可分为铸造机架和焊接机架;按相对基础能否运动分类可分为固定机架和移动机架等。

2. 机架类零件的材料及制法

固定式机器,尤其是固定式重型机器(如机床等),其机座及箱体的结构较为复杂,刚度要求也较高,因而一般都为铸件。铸件材料常用既便于施工又廉价的铸铁(包括普通灰铸铁、球墨铸铁与变性灰铸铁等),只有在需要强度高、刚度大时才用铸钢;对于运行式机器,如飞机、汽车、拖拉机及运行式起重机等,其设计要求机架类零件的重量尽可能轻时,可采用铝合金等轻合金,结构形式也常用钢或轻合金型材焊制。大型机座的制造,则常采取分零件铸造,然后采用焊接工艺焊制成一体。

铸造或焊接机架类零件的基本工艺、应用特性及一般选择原则可参考有关金属工艺学或相关专业书籍,设计时应全面进行分析比较,以期设计合理,且能符合生产实际。一般来说,成批生产且结构复杂的零件以铸造为宜;单件或少批量生产,且生产期限较短的零件则以焊接为宜。

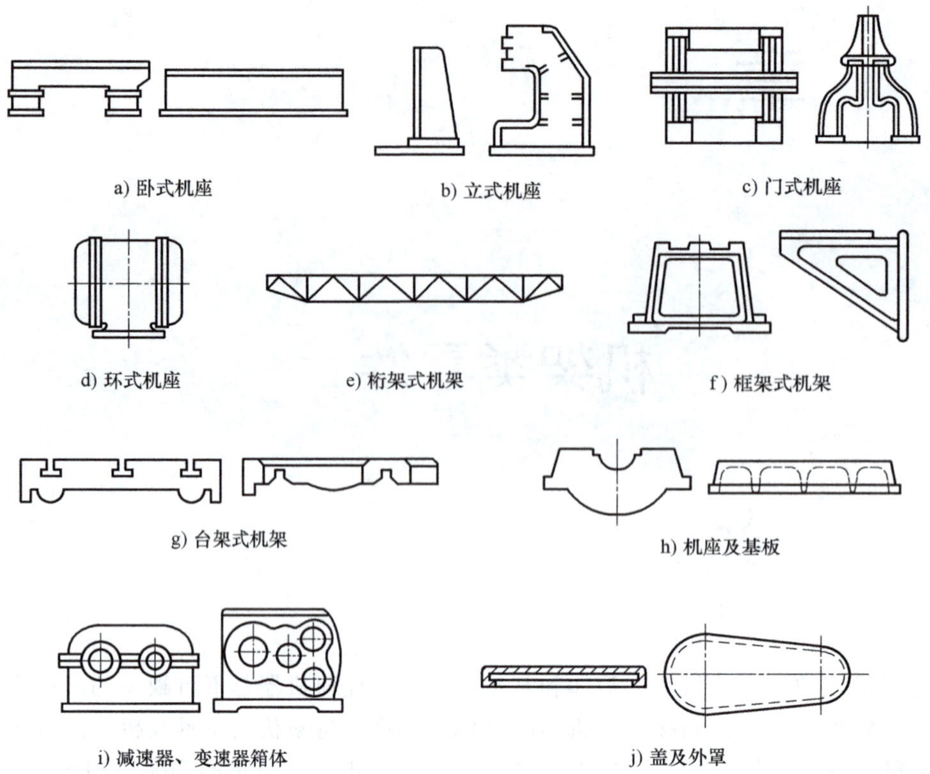

图 15.1 机架类零件的类型

- a) 卧式机座
- b) 立式机座
- c) 门式机座
- d) 环式机座
- e) 桁架式机架
- f) 框架式机架
- g) 台架式机架
- h) 机座及基板
- i) 减速器、变速器箱体
- j) 盖及外罩

右侧标注：门式机座；桁架式和框架式机架；环式机座和基板；自行车链罩

15.2 机架结构设计要点

15.2.1 合理选择截面形状

绝大多数的机架类零件的受力情况都很复杂，主要产生拉伸（压缩）、弯曲和扭转等变形。由材料力学可知，当其他条件相同，受拉或受压零件的强度和刚度只取决于截面面积的大小，而与截面形状无关；受弯曲和扭转的零件，当截面面积不变（即材料用量不变），通过合理改变截面形状、增大它的惯性矩和截面系数的方法，可以提高零件的强度和刚度。在复杂承载状态下，合理选择截面形状可以充分发挥材料的作用，因此是机架类零件设计中的一个重要问题。

表 15.1 和表 15.2 给出了几种常用截面形状（面积接近相等）的弯曲刚度和强度、扭转强度和扭转刚度，通过比较可知：受弯情况下选用工字形截面为好，横板截面最差；受扭情况下选用空心矩形截面为最佳。

为了得到较大的弯曲刚度和扭转刚度，应在设计机架类零件时，尽量使材料沿截面周边分布。截面面积相等而材料分布不同的几种梁的相对弯曲刚度比较见表 15.3，可见：方案Ⅲ的弯曲刚度比方案Ⅰ的大 49 倍，比方案Ⅱ的大将近 10 倍。

表 15.1　常用截面形状的刚度和强度对比

截面形状		100×29 矩形	φ100 圆管(壁厚10)	100×75 方管(壁厚10)	工字形 100×100(壁厚10)
截面面积/cm²		29.0	28.3	29.5	29.5
弯曲	许用弯矩/N·m	4.83[σ_b]	5.82[σ_b]	6.63[σ_b]	9.0[σ_b]
	相对强度	1.0	1.2	1.4	1.8
	相对刚度	1.0	1.15	1.6	2.0
扭转	许用扭矩/N·m	0.27[τ_T]	11.6[τ_T]	10.4[τ_T]	1.2[τ_T]
	单位长度许用扭矩/N·m	6.6G[φ_0]	58G[φ_0]	207G[φ_0]	12.6G[φ_0]
	相对强度	1.0	43	38.5	4.5
	相对刚度	1.0	8.8	31.4	1.9

注：[σ_b]为许用弯曲应力；[τ_T]为许用扭转应力；G为剪切模量；[φ_0]为单位长度许用扭转角。

表 15.2　非圆截面材料参数的对比

截面形状	截面面积为常数					抗弯截面模量为常数			
相对质量	1	1	1	1	1	0.6	0.33	0.2	0.12
相对抗弯截面模量	1	2.2	5	9	12	1	1	1	1
相对惯性矩	1	5	25	40	70	1.7	3	3	3.5

表 15.3　材料分布不同的矩形截面梁的相对弯曲刚度对比

方案	Ⅰ	Ⅱ	Ⅲ
矩形截面梁	60×60 实心	100×100（壁厚10）	303×303（壁厚3）
相对弯曲刚度	1	4.55	50

承受动载荷的机架类零件，为了提高它的吸振能力，也应采用合理的截面形状。各种工字形截面梁在承受弯矩作用时的相对性能对比见表 15.4。从表中数据可知，方案Ⅱ的动载性能比方案Ⅰ的大 13%，而重量降低 18%，且静载强度同时降低约 10%（比较抗弯截面系数）。将受压翼缘缩短 40mm、受拉翼缘放宽 10mm 的方案Ⅲ则较好，重量减少约 11%，静载强度不变，而动载性能约增加 21%。

综上对比分析，只要合理设计截面形状，即使截面面积并不增加，也可以提高机架类零件的承载性能。

表 15.4 不同尺寸的工字形截面梁在承受弯矩作用时的相对性能对比

方案	Ⅰ	Ⅱ	Ⅲ
工字形截面梁			
相对惯性矩	1(4.5)	0.72(3.26)	0.82(3.68)
相对抗弯截面系数	1(90)	0.91(81.5)	1(90)
相对重量	1	0.82	0.89
相对最大变形能	1	1.13	1.21

注：( ) 内的数字，第一行为惯性矩 $I \times 10^{-6}$（mm^4）；第二行为抗弯截面系数 $W \times 10^{-3}$（mm^3）。

15.2.2 合理布置间壁和肋板

一般来说，增加壁厚固然可以增大机座及箱体的强度和刚度，但将导致零件的重量和成本增加，不如加设间壁和肋板来得有利。因为通过加设间壁和肋板，不仅可实现在重量变化不大的前提下增大强度和刚度，又可使得零件的结构更加合理。对于铸件，由于不需要增加壁厚，则可以减少铸造的缺陷；对于焊件，则壁薄时更易保证焊接的品质。特别是当受到铸造、焊接工艺及结构要求的限制时，例如，为了便于砂芯的安装或清除，以及须在机座内部装置其他构件等，往往须把机座制成一面或两面敞开的，或者至少须在某些部位开出较大的孔洞，这样必然大大削弱了机座的刚度，此时加设间壁和肋板不但是有利的，而且常常是必要的。

设置间壁和肋板在提高强度和刚度方面的效果主要取决于布置是否合理，不适当的布置不仅达不到要求，反而可能会增加铸造难度和浪费材料。表 15.5 所列为几种间壁和肋板的布置形式，不同空心矩形梁的弯曲刚度、扭转刚度及质量的比较结果。由表 15.5 可知：除了第Ⅳ、Ⅴ方案的斜间壁布置情况外，其他几种间壁、肋板布置形式对于弯曲刚度增加得很少，方案Ⅱ、Ⅲ的相对弯曲刚度 C_b 的增加值还小于相对质量 m_R 的增加值（$C_b / m_R < 1$），说明这两种间壁设置方案不适合承受弯矩；方案Ⅴ的效果最好，弯曲刚度比方案Ⅰ增加了

表 15.5 各种布置形式的间壁、肋板的空心矩形梁的刚度及质量比较

方案	Ⅰ	Ⅱ	Ⅲ	Ⅳ	Ⅴ
间壁、肋板的布置形式					
相对质量 m_R	1	1.14	1.38	1.49	1.26
相对弯曲刚度 C_b	1	1.07	1.51	1.78	1.55
相对扭转刚度 C_T	1	2.04	2.16	3.69	2.94
C_b / m_R	1	0.95	0.85	1.20	1.23
C_T / m_R	1	1.79	1.56	2.47	2.34

55%，扭转刚度增加了194%，而质量却只增加了26%；虽然方案Ⅳ交叉间壁的相对弯曲刚度和相对扭转刚度都是最大的，但相对质量的增加值也是最大的。若以刚度和质量之比作为评定间壁、肋板设置的经济指标，则方案Ⅴ是最优方案。

15.2.3 壁厚的选择

当机架类零件的外廓尺寸一定时，壁厚的确定需要从设计指标、制造工艺等方面综合考虑。从减轻重量的角度出发，在满足强度、刚度、振动稳定性等条件下，应尽量选用最小的壁厚；对于面积大而壁薄的箱体，容易因齿轮、滚动轴承的噪声而共鸣，故壁厚应适当取厚一些，并适当布置肋板以提高箱体刚度。此外，当机器运转的噪声较大时，增加壁厚和箱体刚度，还可以起到隔声罩的作用。

铸造零件的最小壁厚主要受铸造工艺限制，需要保证液态金属能通畅地流满铸型，壁厚最小值可参考机械设计手册来确定。在工程实际中，由于制造木模、造型、安放砂芯等工艺过程的不准确性，以及为防备出芯、清理和修整铸件时的撞击等原因，选用壁厚往往比最小许用壁厚大得多。通常间壁和肋板的厚度可取为主壁厚度的60%～80%，肋板的高度约为主壁厚度的5倍。同一铸件的壁厚应尽可能趋于相近。当壁厚不同时，在厚壁和薄壁相连接处应设置平缓的过渡圆角或斜度，有关尺寸可参考有关设计手册。

铸钢件的最小壁厚应比铸铁件的大20%～40%，前者用于碳素钢铸件，后者用于合金钢铸件；此外，钢铸件的过渡圆角或斜度也比铸铁件的要大一些。

15.2.4 采用隔振措施

根据机构动力学的平衡、速度波动相关内容可知，任何机械运转时都会发生不同程度的振动。机械设备的振动频率一般在10～1000Hz范围内，若不采取隔振措施，振波将通过机器底座传给基础和建筑结构，从而影响周围环境，干扰相邻机械。一般生产车间地基的振动频率为2～60Hz，振幅为1～20μm。对于精密加工机床或精密测量设备来说，若不采取隔振措施，必然会使得加工和测量精度有所降低。此外，振动频率若与建筑物的固有频率相近，则又有发生共振的危险，容易造成安全事故。

隔振的目的就是要尽量隔离和减轻振动波的传递。常用的方法是在机器或仪器的底座与基础之间设置弹性零件，通常称为隔振器（图15.2）或隔振垫（图15.3），使振动波的传递很快衰减。使用隔振器无须对机器做任何变动，简便易行，效果极好，是目前普遍使用的隔振方法。当然，在设计机器时，首先应考虑到有可能产生振动的振动源，如齿轮噪声、滚动轴承噪声、切削噪声、气体噪声、送料噪声等，并设法在设计工作中采取相应的改善措施。

橡胶隔振器　　　　　可调式弹簧隔振器　　　　　轨道弹簧阻尼隔振器

图15.2　隔振器

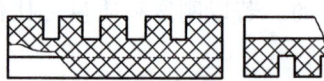
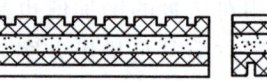
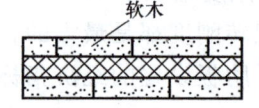
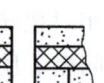

图 15.3　隔振垫

隔振器中的弹性零件可以是金属弹簧,也可以是橡胶弹簧,因橡胶优点很多,故应用很广。隔振器用橡胶材料可根据使用条件不同来选用:①在一般环境下工作的,可选用耐疲劳性和抗蠕变性都较好的天然橡胶,顺丁橡胶在动载荷下发热量少,但强度稍差;②需要在耐油环境下工作的,可选用丁腈橡胶;③在露天环境下工作的(如建筑机械、车辆、桥梁等),可选用耐气候性较好的氯丁橡胶;④在受冲击较大环境中工作的,可选用振动衰减较快的丁基橡胶;⑤在温度偏高的环境中工作的,可选用耐热性较好的乙丙橡胶。

几种机器安放隔振器的实例如图 15.4 所示。隔振器由专门工厂生产,可根据产品样本选用。安装隔振器的机器或设备应注意:①要留有一定的空间,允许它能自由的振动;②凡有和外界相连的管路、电路、联轴器等,在连接处都应设有挠性零件,以免降低或破坏隔振效果。

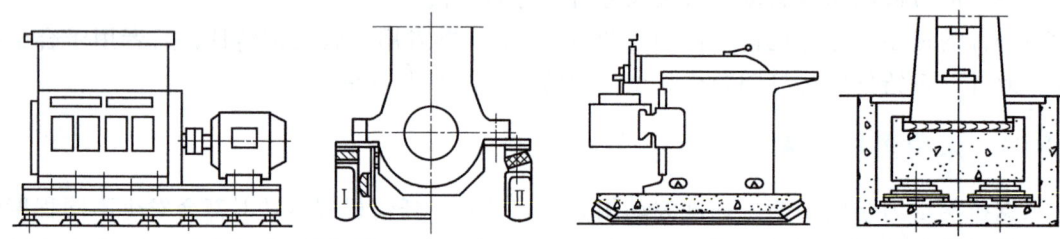

图 15.4　几种机器安放隔振器的实例

15.3　机架类零件设计概要

机架类零件多数处于复杂受载形态,外形结构复杂,其工作能力的主要指标是刚度,其次是强度和抗振性能;当同时用作滑道时,滑道部分还应具有足够的耐磨性。此外,对具体的机械,还应该满足特殊的要求,并力求具有良好的工艺性。

机架类零件的结构形状和尺寸大小,取决于安装在它的内部或外部的零件、部件的形状、尺寸及其相互配置、受力与运动情况等。设计时,应使所装的零件和部件便于装拆与操作。

机架类零件的一些结构尺寸,如壁厚、凸缘宽度、间壁和壁板厚度等,对机架类零件的工作能力、材料消耗、质量和成本等均有重大的影响。但是,由于这些部位形状的不规则和应力分布的复杂性,以前大多是按照经验公式、经验数据或比照现有的类似零部件进行设计,而略去强度和刚度等的分析与校核。这对那些不太重要的场合虽是可行的,但却带有一定的盲目性。因而,对重要的机架类零件,考虑到上述设计方法不够可靠,或者资料不够成熟,还需用模型或实物进行实测试验,以便按照测定数据进一步修改结构及尺寸,从而弥补经验设计的不足。但是,随着科技的发展,尤其是计算机技术在机械领域内的广泛应用,计算机辅助设计（Computer Aided Design，CAD）、计算机辅助工程（Computer Aided Engineering，CAE）、计算机辅助制造（Computer Aided Manufacturing，CAM）等专业工程软件也逐渐成为工程师设计建模、力学分析的有效工具，可高效地解决复杂结构精确分析的问题，具体的方法和技术可参考有关专业书籍和手册。机架类零件的一般性设计原则如下。

1) 确保足够的强度和刚度，尤其是保证足够的刚度。例如，锻压机床、冲剪机床等机器，以满足强度条件为主；金属切削机床及其他要求精确运转的机器，以满足刚度条件为主。

2) 在便于其他零部件拆装和操作的前提下，机架类零件的结构要力求简单，并有良好的工艺性，便于制造。

3) 应合理选择机架截面形状，并恰当布置间壁和肋板，同样质量下使其强度和刚度尽可能提高。

4) 就设计方法而言，目前大多按照经验公式、经验数据或比照现有同类零部件进行保守设计，一般安全系数取得较大，许用值较低，无法充分发挥结构和材料的性能，因此，采用计算机技术进行精确分析和优化设计，具有很大的减重空间。

5) 在选择制造材料时，要注意不同制造方法对设计的限制。

6) 注意满足特定机器的特殊要求，如耐磨性、吸振和抗振性、隔声降噪等。

习　题

15.1　机架零件有哪些分类？

15.2　机架零件结构的设计要点有哪些？

15.3　在选择机架零件的截面形状、间壁和肋板时，应注意哪些问题？

参 考 文 献

[1] 濮良贵,陈国定,吴立言. 机械设计 [M]. 10 版. 北京:高等教育出版社,2019.
[2] 邱宣怀. 机械设计 [M]. 4 版. 北京:高等教育出版社,1997.
[3] 吴宗泽,高志. 机械设计 [M]. 2 版. 北京:高等教育出版社,2009.
[4] 刘莹,吴宗泽. 机械设计教程 [M]. 2 版. 北京:机械工业出版社,2008.
[5] 刘向锋. 机械设计教程 [M]. 北京:清华大学出版社,2008.
[6] 王军,田同海. 机械设计 [M]. 北京:机械工业出版社,2015.
[7] 张锋,宋宝玉,王黎钦. 机械设计 [M]. 2 版. 北京:高等教育出版社,2017.
[8] 王黎钦,陈铁鸣. 机械设计 [M]. 6 版. 哈尔滨:哈尔滨工业大学出版社,2015.
[9] 彭文生,李志明,黄华梁. 机械设计 [M]. 2 版. 北京:高等教育出版社,2008.
[10] 徐龙祥,周瑾. 机械设计 [M]. 北京:高等教育出版社,2008.
[11] 徐锦康. 机械设计 [M]. 北京:高等教育出版社,2004.
[12] 杨可桢,程光蕴,李仲生,等. 机械设计基础 [M]. 7 版. 北京:高等教育出版社,2020.
[13] 庞振基,黄其圣. 精密机械设计 [M]. 北京:机械工业出版社,2000.
[14] 路敦勇,王文中. 高等机械设计理论 [M]. 北京:北京理工大学出版社,2011.
[15] 吴宗泽. 高等机械设计 [M]. 北京:清华大学出版社,1991.
[16] 范元勋,梁医,张龙. 机械原理与机械设计:下册 [M]. 2 版. 北京:清华大学出版社,2020.
[17] 于惠力,向敬忠,张春宜. 机械设计 [M]. 2 版. 北京:科学出版社,2013.
[18] 潘承怡,向敬忠,宋欣. 机械零件设计 [M]. 北京:清华大学出版社,2012.
[19] 潘承怡,鲍玉冬,刘红博. 机械设计基础 [M]. 北京:清华大学出版社,2022.
[20] 潘承怡,向敬忠. 常用机械结构选用技巧 [M]. 北京:化学工业出版社,2016.
[21] 潘承怡,向敬忠. 机械结构设计技巧与禁忌 [M]. 2 版. 北京:化学工业出版社,2021.
[22] 潘承怡,解宝成. 机械结构设计禁忌 [M]. 2 版. 北京:机械工业出版社,2020.
[23] 潘承怡,解宝成. 机械结构选用及创新技巧 [M]. 北京:化学工业出版社,2022.
[24] 潘承怡,姜金刚. TRIZ 实战:机械创新设计方法及实例 [M]. 北京:化学工业出版社,2019.
[25] 于惠力,潘承怡,向敬忠,等. 机械零部件设计禁忌 [M]. 2 版. 北京:机械工业出版社,2018.
[26] 于惠力,潘承怡,冯新敏,等. 机械设计学习指导 [M]. 2 版. 北京:科学出版社,2013.
[27] 于惠力,张春宜,潘承怡. 机械设计课程设计 [M]. 2 版. 北京:科学出版社,2013.
[28] 成大先. 机械设计图册 [M]. 北京:化学工业出版社,2000.
[29] 成大先. 机械设计手册 [M]. 6 版. 北京:化学工业出版社,2016.
[30] 秦大同,谢里阳. 现代机械设计手册 [M]. 2 版. 北京:化学工业出版社,2019.
[31] 吴宗泽,高志. 机械设计实用手册 [M]. 4 版. 北京:化学工业出版社,2021.
[32] 吴宗泽,高志. 机械设计师手册:上册 [M]. 3 版. 北京:机械工业出版社,2019.
[33] 吴宗泽,高志. 机械设计师手册:下册 [M]. 3 版. 北京:机械工业出版社,2019.
[34] 吴宗泽,冼健生,杨小明. 简明机械零件设计手册 [M]. 2 版. 北京:中国电力出版社,2018.
[35] 闻邦椿. 机械设计手册 [M]. 6 版. 北京:机械工业出版社,2018.
[36] 温诗铸,黄平,田煜,等. 摩擦学原理 [M]. 5 版. 北京:清华大学出版社,2018.
[37] 刘启跃,王文健,何成刚. 摩擦学基础及应用 [M]. 成都:西南交通大学出版社,2015.
[38] 吴宗泽,于亚杰. 机械设计与节能减排 [M]. 北京:机械工业出版社,2012.